★ 职业教育"十三五"改革创新规划教材 ★

新编 大学语文教程

主　编／黄瑞芳

副主编／高　莉　范颖睿　张晓宇　于丽娟　包冬梅

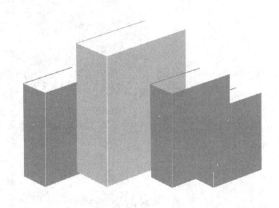

清华大学出版社

北京

内 容 简 介

本书是为适应高等职业院校教育改革新形势,专为高职高专院校各专业提供大学语文与应用写作的通识教材。全书分为上下两编:上编为文本鉴赏,编排时打乱体裁之限,采用主题模块分类选文,每个专题均有专题介绍,每篇选文辅以作者介绍、注释、阅读导引、思考训练、平行阅读等。各专题力求将思想性、艺术性和文体示范性有机结合,联系现实,拓展学生的视野。下编为应用文写作,涉及公务文书、事务文书、专用文书及常用应用文写作等。各种文体既考虑大学生在校时的实用性,又考虑其就业以及发展性学习的需要,注重学用结合,突出时代性与实用性。各文体后均附例文与习题,供读者复习巩固知识。

本书不仅适用于高职高专各专业学生,而且适用于应用型本科院校的相关专业学生,也适用于成人高校相关专业作为教材或参考书。

图书在版编目(CIP)数据

新编大学语文教程/黄瑞芳主编. —北京:清华大学出版社,2018
(职业教育"十三五"改革创新规划教材)
ISBN 978-7-302-49173-6

Ⅰ. ①新… Ⅱ. ①黄… Ⅲ. ①大学语文课－职业教育－教材 Ⅳ. ①H19

中国版本图书馆 CIP 数据核字(2017)第 325963 号

责任编辑:张龙卿
封面设计:墨创文化
责任校对:赵琳爽
责任印制:丛怀宇

出版发行:清华大学出版社
　　　网　　　址:http://www.tup.com.cn,http://www.wqbook.com
　　　地　　　址:北京清华大学学研大厦 A 座　　　　　　邮　　编:100084
　　　社 总 机:010-62770175　　　　　　　　　　　　　邮　　购:010-62786544
　　　投稿与读者服务:010-62776969,c-service@tup.tsinghua.edu.cn
　　　质量反馈:010-62772015,zhiliang@tup.tsinghua.edu.cn
印 装 者:三河市铭诚印务有限公司
经　　销:全国新华书店
开　　本:185mm×260mm　　　　印　　张:26.25　　　　字　　数:600 千字
版　　次:2018 年 6 月第 1 版　　　　　　　　　　　　印　　次:2018 年 6 月第 1 次印刷
定　　价:59.80 元

产品编号:074872-01

# 前言

"大学语文"是一门综合性较强的素质教育课程,其目的是在一个更高的层次上,帮助同学们改善其语言文字的表达、交流与应用能力。与本科院校的"大学语文"相比,高等职业院校的"大学语文"不仅要让学生通过"好文章"的欣赏和体味来提高语文能力,而且要让学生通过对各类应用文体写作要领及语言表达能力的灵活掌握来提高语言文字的实际应用水平。

为适应高等职业院校教育改革新形势,本书是专为高职高专院校各专业提供大学语文与应用写作的通识教材,本书紧扣高职教育背景,权衡了传统大学语文课程理论的不同观点,为高等职业教育语文课程的学习提供了一个新视角。与其他同类教材相比,本书有如下鲜明特色。

(一) 构思新颖,选文开阔宽泛

本书突破了以往"文学"教材的编写思路,融读、说、听、写、人文、自然于一体,强化了对其他学科的关联力度。本书为各专题精心安排了"专题概说",从哲学、历史、思想、政治、经济、社会生活等多个方位评析解剖、点化提升相关内容,彰显出教材的时代性、思想性、批判性和创新性。

本书力求扩大选文的传统时空范围,坚持历史与现实、传统与创新、审美与生活、实训和实践结合的编写原则。全书打破惯有的文选讲解模式,将文本鉴赏部分整体分成十个专题模块,系列讲授语文知识(文化史、文学史、思想史等知识),加之下编的应用文写作部分,引导学生构建阅读、解析、思考和写作"四位一体"通盘感悟的学习模式,给师生的教与学提供更大、更广、更宽、更深的思维选择空间,让文化知识系统与"育人系统"融为一体。

(二) 人文性与工具性并重

高等职业院校的大学语文教材一直在人文性与应用性的编写理念之间徘徊,若教材过分注重人文性,全书都是诸子散文、唐诗宋词,虽有利于对学生进行人文素养的熏陶,但对实际生活、就业的帮助不够及时有效;但若教材只将实际语文运用能力作为重点,全书多是对写作能力、口语交际能力的训练,偏向理论学习,则又忽视了对文学常识的学习、优秀文学作品的阅读,缺少应有的文化底蕴。

本书分为上下两编,文本鉴赏部分既有从文学史考量的诗经渊源、骚体传统以及魏晋风度、唐诗宋词,又有贴近大学生情感与人生体验的大学之魂、亲情爱情、人情世态、现代歌诗等章节;应用文写作部分各种文体既考虑大学生在校时的实用性(如条据、书信、海报、计

划、总结、调查报告以及学术论文），又考虑其就业以及发展性学习的需要（如求职信、各类公文以及申论写作等），总体来说，既有人文的意义，又合乎时代的精神，兼顾了理想与实用。

本书吸取了"大学语文"理论研究的最新成果，同时又将多位作者教学一线的经验融入其中，因此具有较强的针对性和实用性。

本书由内蒙古财经大学黄瑞芳老师拟定编写大纲，并对全书进行总纂修改定稿。黄瑞芳老师负责编写上编第一、二章，下编第十一章（第一节）；内蒙古财经大学高莉老师负责编写上编第三、四章，下编第十一章（第二至六节）；内蒙古财经大学范颖睿老师负责编写上编第五、六章，下编第十一章（第九节）；内蒙古财经大学张晓宇老师负责编写上编第七、八章，下编第十一章（第十节）、第十四、十五章；内蒙古财经大学于丽娟老师负责编写上编第九、十章，下编第十一章（第七、八节）、第十三章（第一、四节）；呼和浩特民族学院包冬梅老师负责编写下编第十二、十三章（第二、三节）、第十六章以及附录一、附录二。

本书在编写过程中参阅了大量有关教材和论著，并吸收其成果，转录某些例文，在此特作说明，并向原作者表示衷心的感谢！

由于编者水平有限，书中错漏之处在所难免，恳请同仁批评指正，我们一定会积极采纳各方面的意见，以便在再版或修订中更正。

编　者

2018 年 1 月

目录

上编 文本鉴赏

下编　应用文写作

上编 文本鉴赏

第一章　大学之魂

【专题概说】

"大学之魂"也即大学的使命、大学的本质属性。

我们知道,大学是民族性极强的教育和学术机构,她担负着积淀与传承人类文明和民族文化的任务。从历史上看,大学在欧洲中世纪黑暗时期,即从事着代表当时最高级专门学问——宗教神学的传授和研究,而在古老的中国,各种名称的"大学"同样进行着代表当时最高级专门学问——儒家内圣外王之道的传授和研究。两者最后的历史归宿虽然不同,但她们的历史起点都是欲图对人类的文化进行保存、传承与创新。在欧洲文艺复兴时期,在大学占据主导地位的已经不再是宗教神学,而是孕育着宗教改革,以致后来形成启蒙运动的人文教育。步入近代,科学教育则在大学里"一统天下",目前则是自然科学、社会科学及人文学科的三足鼎立。

大学的特殊性还在于她有学生,并承担着培养人才的任务。学生,尤其是大学生,是文化传承的主要载体。大学所要做的就是把思想和文化系统化、规范化,将其转变为课程,把它传授给学生,把包括中国在内的人类所有文明、精神进行传承。在大学里,教师和学生共享着人类的知识,学生在教师指导下汲取人类最广泛的精神资源,用人类文化和一切知识财富来充实头脑,这样他们不仅学到了专业知识,更为一生的精神成长打下了基础。在大学里,传授专业知识固然重要,但培养一个人的精神却更加重要。美国教育家德怀特·艾伦曾说过:"如果我们使学生变得聪明而未使他们具备道德性,那么我们就在为社会创造危害。"

这样的历史使命要求大学在不脱离现实,努力为社会提供各种高水平、有深度的服务的同时,又能与世风俗流保持一定的距离,远离尘嚣,保持一份宁静与清醒。当然,大学也应是社会思想的中流砥柱。在民族危难、社会失范之时,大学对精神的坚守显得尤为重要。

如北京大学,因其作为中国新思想文化的策源地,并与中国社会的历史发展和时代精神变迁保持着密不可分的关联,而被网民评为"最具偶像价值的大学";清华大学,以其怀抱利器,以济天下的治学理念,以及对世俗驾驭表象下所保有的不随波逐流的品格,被称为"最纯粹的大学";西南联大,在特殊的年代里,本着保存文化、储备人才的文化使命,为抗战救国及文化自强复兴培养造就了大批优秀人才,成为"内树学术自由""外塑民主堡垒"之楷模……

本专题旨在通过追溯大学的渊源,使学生获得一种历史视野,更深刻地领悟历史赋予大学的信仰教化使命。从现代文部分所介绍的北大、清华、西南联大等国内知名大学去感知大学的精神,了解大学的精神是多方面的,其中大学人文精神是支撑现代社会的终极价值。

礼记·大学（节选）

【作品介绍】

《礼记》是战国至秦汉时期的儒学家解释说明经书《仪礼》的文章选集，内容包括古代社会情况、典章制度以及儒家思想，《大学》原为《礼记》中的一篇。唐代，《礼记》被列在"五经"之中，北宋理学家程颢、程颐将《大学》编次解释，南宋理学家朱熹把《大学》《中庸》与《论语》《孟子》合编注释，并称"四书"。到了元代，《大学》成为科举考试必考内容，备受士人推崇。关于《大学》的作者，历代学者说法众多，并无定论。程颢认为《大学》乃"孔氏遗作"，也有学者认为《大学》作者是子思、荀子，或董仲舒。朱熹则将《大学》分为经传两部分，认为"经盖孔子之言，而曾子述之。其传十章，则曾子之意，而门人记之也"。本文所选内容为《大学》第一章。

大学之道[1]，在明明德[2]，在亲民[3]，在止于至善[4]。

知止[5]而后有定，定而后能静，静而后能安，安而后能虑，虑而后能得[6]。物有本末，事有终始[7]。知所先后，则近道矣。

古之欲明明德于天下者，先治其国[8]；欲治其国者，先齐其家[9]；欲齐其家者，先修其身[10]；欲修其身者，先正其心[11]；欲正其心者，先诚其意[12]；欲诚其意者，先致其知。致知在格物[13]。物格而后知至，知至而后意诚，意诚而后心正，心正而后身修，身修而后家齐，家齐而后国治，国治而后天下平。

自天子以至于庶人[14]，壹是皆以修身为本[15]。其本乱，而末治者否矣[16]。其所厚者薄，而其所薄者厚，未之有也[17]。此谓知本，此谓知之至也[18]。

选自《四书章句集注》，朱熹，中华书局1983年版

【注释】

[1] 大学之道：大学的宗旨。大，旧读"太"，郑玄认为应读本音 dà，为"博大"之义。大学，是古代一种高级学校的名称，区别于小学。朱熹在《大学章句序》中指出："大学之书，古之大学所以教人之法也。……人生八岁，则自王公以下，至于庶人之子弟，皆入小学，而教之以洒扫、应对、进退之节，礼乐、射御、书数之文；及其十有五年，则自天子之元子、众子，以至公、卿、大夫、元士之适子（即嫡子），与凡民之俊秀，皆入大学，而教之以穷理、正心、修己、治人之道。此又学校之教、大小之节所以分也。""道"的本义是道路，引申为规律、原则等。

[2] 明明德：彰显光辉的品德。前一个"明"作动词，为"彰显""弘扬"之义；后一个"明"作形容词，为"光明的""光辉的"之义。

[3] 亲民：也即"新民"，其意义为使人民弃旧图新、去恶从善，道德境界不断更新。

[4] 止于至善：达到并坚守一种至高的道德境界。止：达到并能坚守不移。至善：完美的道德境界。

[5] 知止：朱熹解释"'知'为'所当止之地'"，也即明确目标。

[6] 定：有确定的志向。静：心态平静。安：精神安宁。虑：思虑。得：有所收获。"定、静、安、虑、得"说明了心理上认识、完善的过程，是儒家修身的重要途径，对后人影响很大。

　　〔7〕物有本末：万物都有主次轻重。本即根,末即梢,"根本"与"枝末"是我国古代重要的哲学概念之一。事有终始：万事都有先后次序。

　　〔8〕治其国：治理其国家政务。国：指诸侯国。

　　〔9〕齐其家：整顿其家庭、家族。家：不同于现代的"家庭"之义,这里主要指封建家族所特有的宗法、等级含义。

　　〔10〕修其身：修养其自身。

　　〔11〕正其心：端正其心。

　　〔12〕诚其意：使其意念诚实。

　　〔13〕致知：获得事理、物理、伦理等方面的认知。格物："格物"一词素有"朱""陆"之辩,朱熹解释为"穷究事物的道理"之义,陆王心学则解释为"格除物欲"之义。

　　〔14〕庶人：指平民百姓。

　　〔15〕壹是皆以修身为本：一律都以修身作为根本。壹是：一律。本：根本。朱熹说："正心以上,皆所以修身也。齐家以下,则举此而措之耳。"

　　〔16〕本：指"修身"。末：指身外的种种事物。否：为"不可能"之义。

　　〔17〕所厚者薄：该重视的不重视,"所厚者"即上文所提的"本"。所薄者厚：不该重视的却加以重视,"所薄者"即上文所提的"末"。未之有也：即"未有之也",表示没有这样的道理。

　　〔18〕知之至：智慧的极致。知：即"智"。

【阅读导引】

　　《大学》是早期儒家典籍中最为系统地论述政治伦理哲学的一篇文章。它论述了个人的道德品质修养、为学次第及其与治国、平天下的关系,集中阐述了儒家的教育理论与政治理想。深刻地影响了一代又一代的知识分子,曾被奉为人生治学之圭臬。

　　本文选自《大学》第一章,其主题是人所熟悉的"明明德、亲民、止于至善"的三纲领和"格物、致知、诚意、正心、修身、齐家、治国、平天下"的八目。

　　文章开宗明义,以"明明德""亲民""止于至善"的"三纲领"集中概括了大学教育的基本宗旨,这三者内在关联,逻辑上自成一体。君子首重个人道德修养以"明明德",但绝不止步于自明其德,故将内修之"明德"外化而"亲民",将"明德"推而广之,教化民众,振作自新,从而使整个社会达到最高的道德境界,最终实现"止于至善"的人生宏义。这是个体与社会、内修与外化的辩证统一,它通过"苟日新,日日新,又日新"的不断推进,最终指向"至善"目的,它是儒学垂世立教的价值追求和人生意义。

　　"格物、致知、诚意、正心、修身、齐家、治国、平天下",被朱熹称为《大学》的"八目"。孙中山认为"八目"都是"应该要保存"的中国的"独有宝贝"。人之修身的阶梯包括"内修"和"外治"两大方面："格物、致知、诚意、正心"是"内修";"齐家、治国、平天下"是"外治"。而中间的"修身",则是联结"内修"和"外治"两方面的枢纽,它与前面的"内修"连在一起,是"独善其身";它与后面的"外治"连在一起,是"兼济天下"。

　　"八目"是达成"三纲领"的基本实践过程。这"八目"层层递进,"物有本末,事有终始。知所先后,则近道矣"一句则提出了"八目"间"本末""始终"的出发点和目的地问题："格物致知",就是要深刻探究,透彻认识事物发展变化的规律,也就是认识和把握自然的世界、社会的世界、人的内心世界的普遍联系和发展变化规律;"诚意正心",就是教人防止个人感情、欲望的偏向,不自欺,要慎独,从而来完善自我;"修身齐家",在儒家学说中,"家""国"

"天下"紧密相连,"国"是君侯的"家","天下"是帝王的"家"。治国和治家的道理相通,治家和修身为一体两面。身不正则家不齐,"治国"须以"齐家"为基础,齐家须以治国为目标;"治国平天下",国泰民安,民富国强,这是士大夫和平民百姓的共同理想。从"治国平天下"到今天的爱国主义教育,中国的教育一直将国家摆在非常重要的位置,这可能是中华文明延续五千年的重要因素。

【思考训练】

1.《大学》中所论述的"格物、致知、诚意、正心、修身、齐家、治国、平天下"八个方面有怎样的关系?

2.《大学》以精练而深刻的语言揭示了儒家"内圣外王"思想体系的基本内涵,揭示了教育与修身的一般过程、目标和做法,具有浓厚的伦理道德色彩和政治意义。从"三纲领""八目"中,我们能否悟出什么是大学之道? 这与现代教育理念有何异同?

【平行阅读】

《报任安书》 〔西汉〕司马迁
《中国之社会伦理》 冯友兰
《为学与为人》 牟宗三

赠与今年的大学毕业生

胡 适

【作者介绍】

胡适(1891—1962),现代著名作家、学者、思想家和教育家。学名洪骍,字适之,安徽绩溪人。出身于官僚地主兼商人家庭,幼年就读于家乡私塾,1910 年以庚子赔款官费生身份留学美国,就读于康奈尔大学和哥伦比亚大学,师从杜威,攻读哲学,后获博士学位。1917 年回国后,任北京大学教授等职。作为新文化运动的领袖人物,他以《新青年》为阵地发表《文学改良刍议》等文章,大力提倡白话文,宣扬个性解放、思想自由。1920 年出版的《尝试集》是我国现代文学史上第一部白话诗集。1938 年出任国民党政府驻美大使,1946—1948 年任北京大学校长。1949 年旅居美国,1958 年返中国台湾地区任"中央研究院院长"等职,1962 年病逝于中国台湾地区。胡适一生著作颇丰,有《中国哲学史大纲》(卷上)、《胡适文存》《白话文学史》《红楼梦考证》《四十自述》《胡适论学近著》《读书与治学》等,在哲学、史学、文学、语言学、政治学、教育学等领域都有突出成就。辑有《胡适全集》。

这一两个星期里,各地的大学都有毕业的班次,都有很多的毕业生离开学校去开始他们的成人事业。学生的生活是一种享有特殊优待的生活,不妨幼稚一点,不妨吵吵闹闹,社会都能纵容他们,不肯严格地要他们负行为的责任。现在他们要撑起自己的肩膀来挑起他们自己的担子了。在这个国难最紧要的年头,他们的担子真不轻! 我们祝他们的成功,同时也不忍不依据我们自己的经验,赠与他们几句送行的赠言,——虽未必是救命毫毛,也许作个防身的锦囊罢!

你们毕业之后,可走的路不出这几条:绝少数的人还可以在国内或国外的研究院继续作学术研究;少数的人可以寻着相当的职业;此外还有做官,办党,革命三条路;此外就是在家享福或者失业闲居了。第一条继续求学之路,我们可以不讨论。走其余几条路的人,都不能没有堕落的危险。堕落的方式很多,总括起来,约有这两大类:

第一是容易抛弃学生时代的求知识的欲望。你们到了实际社会里,往往所用非所学,往往所学全无用处,往往可以完全用不着学问,而一样可以胡乱混饭吃,混官做。在这种环境里,即使向来抱有求知识学问的决心的人,也不免心灰意懒,把求知的欲望渐渐冷淡下去。况且学问是要有相当的设备的;书籍,实验室,师友的切磋指导,闲暇的工夫,都不是一个平常要糊口养家的人所能容易办到的。没有做学问的环境,又谁能怪我们抛弃学问呢?

第二是容易抛弃学生时代的理想的人生的追求。少年人初次与冷酷的社会接触,容易感觉理想与事实相去太远,容易发生悲观和失望。多年怀抱的人生理想,改造的热诚,奋斗的勇气,到此时候,好像全不是那么一回事。渺小的个人在那强烈的社会炉火里,往往经不起长时期的烤炼就熔化了,一点高尚的理想不久就幻灭了。抱着改造社会的梦想而来,往往是弃甲曳兵而走,或者做了恶势力的俘虏。你在那俘虏牢狱里,回想那少年气壮时代的种种理想主义,好像都成了自误误人的迷梦!从此以后,你就甘心放弃理想人生的追求,甘心做现在社会的顺民了。

要防御这两方面的堕落,一面要保持我们求知识的欲望,一面要保持我们对于理想人生的追求。有什么好法子呢?依我个人的观察和经验,有三种防身的药方是值得一试的。

第一个方子只有一句话:"总得时时寻一两个值得研究的问题!"问题是知识学问的老祖宗;古往今来一切知识的产生与积聚,都是因为要解答问题,——要解答实用上的困难或理论上的疑难。所谓"为知识而求知识",其实也只是一种好奇心追求某种问题的解答,不过因为那种问题的性质不必是直接应用的,人们就觉得这是无所谓的求知识了。我们出学校以后,离开了做学问的环境,如果没有一个两个值得解答的疑难问题在脑子里盘旋,就很难继续保持追求学问的热心。可是,如果你有了一个真有趣的问题天天逗你去想他,天天引诱你去解决他,天天对你挑衅笑你无可奈何他,——这时候,你就会同恋爱一个女子发了疯一样,坐也坐不下,睡也睡不安,没工夫也得偷出工夫去陪她,没钱也得搏衣节食去巴结她。没有书,你自会变卖家私去买书;没有仪器,你自会典押衣服去置办仪器;没有师友,你自会不远千里去寻师访友。你只要能时时有疑难问题来逼你用脑子,你自然会保持发展你对学问的兴趣,即使在最贫乏的智识环境中,你也会慢慢地聚起一个小图书馆来,或者设置起一所小试验室来。所以我说:第一要寻问题。脑子里没有问题之日,就是你智识生活寿终正寝之时!古人说,"待文王而兴者,凡民也。若夫豪杰之士,虽无文王犹兴。"试想伽利略(Galileo)和牛顿(Newton)有多少藏书?有多少仪器?他们不过是有问题而已。有了问题而后他们自会造出仪器来解答他们的问题。没有问题的人们,关在图书馆里也不会用书,锁在试验室里也不会有什么发现。

第二个方子也只有一句话:"总得多发展一点非职业的兴趣。"离开学校之后,大家总得寻个吃饭的职业。可是你寻得的职业未必就是你所学的,或者未必是你所心喜的,或者是你所学而实在和你性情不相近的。在这种情况之下，工作就往往成了苦工，就不感觉兴趣了。为糊口而作那种非"性之所近而力之所能勉"的工作，就很难保持求知的兴趣和生活的理想主义。最好的救济方法只有多多发展职业以外的正当兴趣与活动。一个人应该有他的职业，又应该有他非职业的玩意儿，可以叫做业余活动。凡一个人用他的闲暇来做的事业，都是他的业余活动。往往他的业余活动比他的职业还更重要，因为一个人的前程往往会靠他怎样用他的闲暇时间。他用他的闲暇来打麻将，他就成了赌徒；你用你闲暇来做社会服务，你也许成个社会改革者；或者你用你的闲暇去研究历史，你也许成个史学家。你的闲暇往往定你的终身。英国十九世纪的两个哲人，弥儿（J. S. Mill）终身做东印度公司的秘书，然而他的业余工作使他在哲学上，经济学上，政治思想史上都占一个很高的位置；斯宾塞（Spencer）是一个测量工程师，然而他的业余工作使他成为前世纪晚期世界思想界的一个重镇。古来成大学问的人，几乎没有一个不是善用他的闲暇时间的。特别在这个组织不健全的中国社会，职业不容易适合我们性情，我们要想生活不苦痛不堕落，只有多方发展业余的兴趣，使我们的精神有所寄托，使我们的剩余精力有所施展。有了这种心爱的玩艺儿，你就做六个钟头的抹桌子工夫也不会感觉烦闷了，因为你知道，抹了六点钟的桌子之后，你可以回家去做你的化学研究，或画完你的大幅山水，或写你的小说戏曲，或继续你的历史考据，或做你的社会改革事业。你有了这种称心如意的活动，生活就不枯寂了，精神也就不会烦闷了。

第三个方子也只有一句话："你总得有一点信心。"我们生当这个不幸的时代，眼中所见，耳中所闻，无非是叫我们悲观失望的。特别是在这个年头毕业的你们，眼见自己的国家民族沉沦到这步田地，眼看世界只是强权的世界，望极天边好像看不见一线的光明，——在这个年头不发狂自杀，已算是万幸了，怎么还能够希望保持一点内心的镇定和理想的信任呢？我要对你们说：这时候正是我们要培养我们的信心的时候！只要我们有信心，我们还有救。古人说："信心（Faith）可以移山。"又说："只要工夫深，生铁磨成绣花针。"你不信吗？当拿破仑的军队征服普鲁士，占据柏林的时候，一位穷教授叫做菲希特（Fichte）的，天天在讲堂劝他的国人要有信心，要信仰他们的民族是有世界的特殊使命的，是必定要复兴的。菲希特死的时候（1814），谁也不能预料德意志统一帝国何时可以实现。然而不满五十年，新的统一的德意志帝国居然实现了。

一个国家的强弱盛衰，都不是偶然的，都不能逃出因果的铁律的。我们今日所受的苦痛和耻辱，都只是过去种种恶因种下的恶果。我们要收将来的善果，必须努力种现在新因。一粒一粒的种，必有满仓满屋的收，这是我们今日应该有的信心。

我们要深信：今日的失败，都由于过去的不努力。

我们要深信：今日的努力，必定有将来的大收成。

佛典里有一句话："福不唐捐。"[1]唐捐就是白白地丢了。我们也应该说："功不唐捐！"没有一点努力是会白白地丢了的。在我们看不见想不到的时候，在我们看不见想不到的方向，你瞧！你下的种子早已生根发芽开花结果了！

你不信吗？法国被普鲁士打败之后，割了两省地，赔了五十万万法郎的赔款。这时候有一位刻苦的科学家巴斯德（Pasteur）终日埋头在他的试验室里做他的化学试验和微菌学研究。他是一个最爱国的人，然而他深信只有科学可以救国。他用一生的精力证明了三个科学问题：①每一种发酵作用都是由于一种微菌的发展；②每一种传染病都是由于一种微菌在生物体中的发展；③传染病的微菌，在特殊的培养之下，可以减轻毒力，使他从病菌变成防病的药苗。——这三个问题，在表面上似乎都和救国大事业没有多大关系。然而从第一个问题的证明，巴斯德定出做醋酿酒的新法，使全国的酒醋业每年减除极大的损失。从第二个问题的证明巴斯德教全国的蚕丝业怎样选种防病，教全国的畜牧农家怎样防止牛羊瘟疫，又教全世界的医学界怎样注重消毒以灭除外科手术的死亡率。从第三个问题的证明，巴斯德发明了牲畜的脾热瘟的疗治药苗，每年替法国农家减除了两千万法郎的大损失；又发明了疯狗咬毒的治疗法，救济了无数的生命。所以英国的科学家赫胥黎（Huxley）在皇家学会里称颂巴斯德的功绩道："法国给了德国五十万万法郎的赔款，巴斯德先生一个人研究科学的成绩足够还清这一笔赔款了。"

巴斯德对于科学有绝大的信心，所以他在国家蒙奇辱大难的时候，终不肯抛弃他的显微镜与试验室。他绝没想到他的显微镜底下能偿还五十万万法郎的赔款，然而在他看不见想不到的时候，他已收获了科学救国的奇迹了。

朋友们，在你最悲观最失望的时候，那正是你必须鼓起坚强的信心的时候。你要深信：天下没有白费的努力。成功不必在我，而功力必不唐捐。

选自《胡适全集》第四卷，胡适，安徽教育出版社 2004 年版

【注释】

[1] 福不唐捐：出自《法华经八·观世音菩萨普门品二五》中的"若有众生，恭敬礼拜观世音菩萨，福不唐捐"。唐捐：虚掷、落空。

【阅读导引】

本文是胡适先生 1932 年 6 月 27 日为即将走上社会的大学毕业生们写的毕业赠言。初载于 1932 年 7 月 3 日《独立评论》第 7 号，当时距"九一八事变"还不到一年，乃"国难最紧急的年头"，于是毕业生们"要撑起自己的肩膀来挑他们自己的担子了"。文中作者对毕业生问题的把握非常准确，对形势的分析也十分贴切，对青年学生寄予无限希望，他告诫、激励青年一代为实现国家和民族的复兴而奋发努力。他预测了毕业生的去向；担忧大学生踏上社会的沉沦，开出了应对的"药方"。

胡适先生提醒青年学生走出大学后，在社会上要时刻防备可能会出现丧失求知欲望、丧失理想的人生追求这两方面的堕落，并且送给他们三剂"防身的药方"：一是要寻求值得研究的问题；二是发展非职业的兴趣；三是培养坚定的信心。他设计了一个较为全面的就业方案——问题＋兴趣＋信心，以问题为起点，以兴趣为加速器，以信心为动力，既为当时的大学毕业生提出了可操作性的策略，又为今天的大学毕业生提供了重要的参考和借鉴价值。文章条分缕析，旁征博引，将道理阐述得细致入微、淋漓尽致。语言浅近朴实而又形象生动，时见警句，更增强了文章的说服力和感染力。

作者以师长身份面对学子，在这篇临别赠言里，满是诚恳与真情，使人感动。在胡适先生关于教育的许多文章里，多能见到他对于大学生的殷切期望："少年中国的人生观，依我个人看，该有下列的几种要素：第一，须有批评的精神；第二，须有冒险进取的精神；

第三,须要有社会协进的观念。""大学教育毕竟难以教给我们一整套精通与永久适用的求知习惯,原因是其所需的时间远超过大学的四年。我所想要的建议的是各个大学毕业生都应当有一个或两个或更多足以引起兴趣和好奇心的疑难问题,借以激起他的注意、研究、探讨或实验的心思。""趁现在年富力强的时候,努力做一种专门学问。吃饭而不求学问,三年五年之后,你们都要被后进少年淘汰掉的。""人生的意义全是个人自己寻出来,造出来的,高尚、卑劣、清贵、污浊、有用、无用……全靠自己的作为。生命本身不过是一件生物学的事实,有什么意义可说? 生一个人与一只猫,一只狗,有什么分别? 人生的意义不在于何以有生,而在于自己怎样生活。总之,生命本没有意义,你要能给他什么意义,他就有什么意义。"细品先生话语,受益匪浅。七八十年前对大学生的谆谆教导也展现出大师思想的前瞻性、预测性和时代性。

【思考训练】

1. 作者送给大学毕业生的三种防身的药方是什么? 你认为这些药方现在还是否有效? 为什么?

2. 作者在文章结尾处说:"成功不必在我,而功力必不唐捐。"如何领会这句话的含义?

3. 写一篇演讲稿,谈谈大学生应如何珍惜在大学学习的机会,努力学习。题目自拟。

【平行阅读】

《读书与用书》 陶行知
《胡适的声音》 胡适
《思考的威力》 牛守贤

就任北京大学校长之演说

蔡元培

【作者介绍】

蔡元培(1868—1940),字鹤卿,号子民。浙江绍兴人。著名的民主革命家、教育家、思想家。生于商人世家,11 岁丧父,家境从此萧条。蔡元培自幼刻苦好学,博览群书。早年考中进士,任翰林院编修。后投身革命,他认为戊戌运动中,维新派失败的主要原因是没有培养革新人才,决定投身教育,曾任绍兴中西学堂监督。1908 年秋入莱比锡大学,攻读哲学、心理学、美术史等学科。1912 年回国出任南京临时政府教育总长,发表《对于教育方针之意见》,提倡改革学制,修订课程,实行小学男女同校,推行义务教育和社会教育等。1917 年起,先后两次担任北京大学校长共十余年,而实际在校视事四年余,改造旧北大为新北大,成就斐然,影响深远。又历任民国政府教育总长、大学院院长、"中央研究院院长"等。1940 年病逝于中国香港地区。著作编为《蔡元培全集》。

五年前,严几道先生为本校校长时,余方服务教育部,开学日曾有所贡献于同校。诸君多自预科毕业而来，想必闻知。士别三日，刮目相见，况时阅数载，诸君较昔当必为长足之进步矣。予今长斯校，请更以三事为诸君告。

一曰抱定宗旨。诸君来此求学，必有一定宗旨，欲知宗旨之正大与否，必先知大学之性质。今人肄业[1]专门学校，学成任事，此固势所必然。而在大学则不然，大学者，研究高深学问者也。外人每指摘本校之腐败，以求学于此者，皆有做官发财思想，故毕业预科者，多入法科，入文科者甚少，入理科者尤少，盖以法科为干禄[2]之终南捷径也。因做官心热，对于教员，则不问其学问之浅深，惟问其官阶之大小。官阶大者，特别欢迎，盖为将来毕业有人提携也。现在我国精于政法者，多入政界，专任教授者甚少，故聘请教员，不得不聘请兼职之人，亦属不得已之举。究之外人指摘之当否，姑不具论，然弭谤[3]莫如自修，人讥我腐败，而我不腐败，问心无愧，于我何损？果欲达其做官发财之目的，则北京不少专门学校，入法科者尽可肄业于法律学堂，入商科者亦可投考商业学校，又何必来此大学？所以诸君须抱定宗旨，为求学而来。入法科者，非为做官；入商科者，非为致富。宗旨既定，自趋正轨，诸君肄业于此，或三年，或四年，时间不为不多，苟能爱惜光阴，孜孜求学，则其造诣，容有底止[4]。若徒志在做官发财，宗旨既乖[5]，趋向自异。平时则放荡冶游[6]，考试则熟读讲义，不问学问之有无，惟争分数之多寡；试验既终，书籍束之高阁，毫不过问，敷衍三四年，潦草塞责，文凭到手，即可借此活动于社会，岂非与求学初衷大相背驰乎？光阴虚度，学问毫无，是自误也。且辛亥之役，吾人之所以革命，因清廷官吏之腐败。即在今日，吾人对于当轴[7]多不满意，亦以其道德沦丧。今诸君苟不于此时植其基，勤其学，则将来万一因生计所迫，出而任事，担任讲席，则必贻误学生；置身政界，则必贻误国家。是误人也。误己误人，又岂本心所愿乎？故宗旨不可以不正大。此余所希望于诸君者一也。

二曰砥砺德行。方今风俗日偷[8]，道德沦丧，北京社会，尤为恶劣，败德毁行之事，触目皆是，非根基深固，鲜不为流俗所染。诸君肄业大学，当能束身自爱。然国家之兴替，视风俗之厚薄。流俗如此，前途何堪设想。故必有卓绝之士，以身作则，力矫颓俗。诸君为大学学生，地位甚高，肩此重任，责无旁贷，故诸君不惟思所以感己，更必有以励人。苟德之不修，学之不讲，同乎流俗，合乎污世，己且为人轻侮，更何足以感人。然诸君终日伏首案前，芸芸攻苦，毫无娱乐之事，必感身体上之苦痛。为诸君计，莫如以正当之娱乐，易不正当之娱乐，庶[9]于道德无亏，而于身体有益。诸君入分科时，曾填写愿书，遵守本校规则，苟中道而违之，岂非与原始之意相反乎？故品行不可以不谨严。此余所希望于诸君者二也。

三曰敬爱师友。教员之教授，职员之任务，皆以图诸君求学便利，诸君能无动于衷乎？自应以诚相待，敬礼有加。至于同学共处一堂，尤应互相亲爱，庶可收切磋之效。不惟开诚布公，更宜道义相劝[10]，盖同处此校，毁誉共之。同学中苟道德有亏，行有不正，为社会所訾詈[11]，己虽规行矩步，亦莫能辨，此所以必互相劝勉也。余在德国，每至店肆[12]购买物品，店主殷勤款待，付价接物，互相称谢，此虽小节，然亦交际所必需，常人如此，况堂堂大学生乎？对于师友之敬爱，此余所希望于诸君者三也。

余到校视事仅数日，校事多未详悉，兹所计划者二事：一曰改良讲义。诸君既研究高深学问，自与中学、高等不同，不惟恃教员讲授，尤赖一己潜修。以后所印讲义，只列纲要，细微末节，以及精旨奥义，或讲师口授，或自行参考，以期学有心得，能裨实用；二曰添购书籍。本校图书馆书籍虽多，新出者甚少，苟不广为购办，必不足供学生之参考。刻拟筹集款项,多购新书,将来典籍满架,自可旁稽博采,无虞缺乏矣。今日所与诸君陈说者只此,以后会晤日长,随时再为商榷可也。

选自《蔡元培全集》第三卷,蔡元培,浙江教育出版社 1997 年版

【注释】

[1] 肄(yì)业:就学。肄:学习。

[2] 干禄:求功名利禄。干:追求;禄:古代官吏的俸给。

[3] 弭谤:禁止非议,制止指责议论。弭:消除,平息。

[4] 则其造诣,容有底止:那么其学业、艺术的水准,或许能有所精进。造诣:指学问、艺术等达到的程度。容:大概,或许。底:根基深。止:语气词。

[5] 若徒志在做官发财,宗旨既乖:如果只是为了发财做官,宗旨就是错误的。徒:只、仅仅;乖:背离。

[6] 冶游:同"游冶",四处游荡寻乐。

[7] 当轴:旧指当政大臣,比喻居于政要地位。

[8] 日偷:日渐苟且怠惰或者日益衰弱。偷:苟且。

[9] 庶:期望,希望。

[10] 相勖(xù):相互勉励。

[11] 訾詈(zǐ lì):指责,诋毁,谩骂。

[12] 店肆(sì):店铺。

【阅读导引】

这是 1917 年蔡元培先生就任北京大学校长时的演说。蔡元培到任之前,北京大学校风腐败,大多数学生仍然继承前清老爷式的作风,无心问学,只想混取文凭,作为升官发财的敲门砖;很多教员也不学无术,混饭度日。学校制度混乱,学术空气稀薄。学生课外没有正当娱乐,大多在外吃喝嫖赌,所以演说针对问题,列举种种,痛加针砭。纵观全文,作者在简单回忆了与北大的渊源之后,开门见山地对在校大学生乃至所有青年学子提出了殷殷期望,勉励他们抱定宗旨、研究学问、砥砺德行、尊敬师长,以民族兴亡为己任,把自己塑造成栋梁之材。其用心之良苦,思想之高远,启人深思,发人深省。该演说对北京大学乃至整个中国的现代教育都曾产生过相当重要的影响。

全文三个部分是一个浑然完整的有机整体。首先,作者高屋建瓴地匡正了大学的性质,明确求学的目的。其次,作者着眼于做人的品性,希望北大的学子能以天下为己任,以身作则,担当起匡正流俗的职责,做天下人的道德楷模。最后,在第三部分,从个人修养方面勉励北大学子团结友爱,互相帮助。这三点在当时有着振聋发聩、匡正时弊的重要意义。整篇演说集中阐述了蔡元培的教育理想。这里有对学术尊严的捍卫,也有蔡元培作为现代中国知识分子对道德修行、以道自认、心怀天下的人格追求,更有他对精神独立和学术自由的"大学理想"的精到阐发。蔡元培所概括的"大学者,研究高深学问者也",体现了中国知识分子对学术精神的坚守。

本文作者善于说理,情理并重,有破有立。在旗帜鲜明地痛责腐败校风和错误思想的同时,又明确提出了"抱定宗旨""砥砺德行""敬爱师友"的具体要求。演说感情丰富,以情

动人,有痛心的指陈,有激越的阐发,既有对不良校风的痛责,也有设身处地的恳切告诫。一针见血地发问,更是会让听者如芒刺在背,大有催人猛醒之势。

演说的语言亦文亦白,明确有力,堪称中国现代的经典演说。

【思考训练】

1. 蔡元培先生所言,青年学子应该抱定的"正确宗旨"是指什么?

2. 文中指出,以前的北大学生多抱做官发财的目的来此读书,专业多以实惠取巧的法科为主,对于教师不以学问的深浅来衡量,而只问官职的大小等。这些现象产生的深层原因是什么? 请结合现实,谈谈你的看法。

【平行阅读】

《文学改良刍议》 胡适

《中国伦理学史》 蔡元培

《青年烦闷的解救法》 宗白华

学术独立与新清华

罗家伦

【作者介绍】

罗家伦(1897—1969),字志希,笔名毅。浙江绍兴人。"五四运动"的命名者,现代著名教育家、思想家、社会活动家。早年求学于复旦公学和北京大学,受教于蔡元培、陈独秀等。1919年,与傅斯年等发起成立"新潮社",出版《新潮》月刊。"五四运动"时起草"北京学界全体宣言",送达意见书至各国使馆,并以北京学生联合会代表身份赴沪谒孙文。"五四运动"后游学欧美七年,专治历史与哲学。回国后参加北伐。1928年,时年30岁的罗家伦成为清华大学首任校长。在任期间,采取一系列措施,将清华大学由留美预备学校转变成一所高水平的国立大学,对清华大学的发展建树甚伟。1949年赴台,历任"国民党中央党史"编纂委员会主任委员、"考试院"副院长、"国史馆"馆长等职,1969年病逝于中国台湾地区。著有《科学与玄学》《新人生观》《文化教育与青年》《新民族观》。

在中国近代史上,革命的潮流常是发源于珠江流域,再澎湃到长江流域。但是辛亥革命的时候,革命的力量到长江流域就停顿了,黄河以北不曾经他涤荡过,以致北平仍为旧日帝制官僚军阀的力量所盘踞,障碍了统一的局面十几年。这回国民革命军收复北平,是国民革命力量彻底达到黄河流域的第一次,这是中国历史上一个新的纪元。国民政府于收复旧京以后,首先把清华学校改为国立清华大学,正是要在北方为国家添树一个新的文化力量!

国民革命的目的是要为中国在国际间求独立自由平等。要国家在国际间有独立自由平等的地位,必须中国的学术在国际间也有独立自由平等的地位。把美国庚款兴办的清华学校正式改为国立清华大学，正有这个深意。我今天在就职宣誓的誓词中，特别提出"学术独立"四个字，也正是认清这个深意。

我今天在这庄严的礼堂里，正式代表政府宣布国立清华大学在这明丽的清华园中成立。从今天起，清华已往留美预备学校的生命，转变而为国家完整大学的生命。

我们停止旧制全部毕业生派遣留美的办法，而且要以纯粹学术的标准，重行选聘外籍教授，这不是我们对于友邦的好意不重视，反过来说，我们倒是特别重视。我们既是国立大学，自然要研究发扬我国优美的文化，但是我们同时也以充分的热忱，接受西洋的科学文化。不过我们接受的办法不同。不是站在美国的方面，教中国的学生"来学"，虽然我还要以公开考试的办法，选拔少数成绩优良的学生到美国去深造；乃是站在中国的方面，请西方著名的，第一流的不是第四五流的学者"来教"。请一班真正有造就的学者，尤其是科学家，来扶助我们科学教育的独立，把科学的根苗移植在清华园里，不，在整个的中国的土壤上，使他开花结果，枝干扶疏。

我动身来以前，便和大学院院长蔡先生商量好如何调整和组织清华的院系。我们决定先成立文、理、法三个学院。文学院分中国文学、外国文学、哲学、历史、社会人类五系。理学院分数学、物理、化学、生物、心理五系。我到北平以后，又深深地觉得以中国土地之广，地理知识之缺乏，拟添设地理一系，为科学的地理学树一基础。我们不要从文史上谈论地理，我们要在科学上把握地理。至于工程方面，则以现在的人才设备论，先成立土木工程系，而注重在水利。因为华北的水利问题太忽视了，在我们附近的永定河，还依然是无定河。等到将来人才设备够了，再行扩充成院。法学院则仅设政治、经济两系，法律系不拟添设，因为北平的法律学校太多了，我们不必叠床架屋。我们的发展，应先以文理为中心，再把文理的成就，滋长其他的部门。文理两学院，本应当是大学的中心。文哲是人类心灵能发挥得最机动最弥漫的部分。社会科学都受他们的影响。纯粹科学是一切应用科学的基础，也是源泉。断没有一个大学里，理学院办不好而工学院能单独办得好的道理。况且清华优美的环境，对于文哲的修养，纯粹科学的研究，也最为相宜。

要大学好，必先要师资好。为青年择师，必须破除一切情面，一切顾虑，以至公至正之心。凭着学术的标准去执行，经改组以后，留下的十八位教授，都是学问与教学经验，很丰富而很有成绩的。新聘的各位教授，也都是积学之士，科学是西洋的，科学是进步的，所以我希望能吸收大量青年而最有前途的学者，加入我们的教学集团来工作。只要各位能从尽心教学、努力研究八个字上做，一切设备，我当尽力添置。我想只要大家很尽心努力，又有设备，则在这比较生活安定的环境之中，经过相当年限，一定能为中国学术界放一光彩。若是本国人才不够，我们还当不分国籍的借材异地。一面请他们教学，一方面帮助我们研究。我认为罗致良好教师，是大学校长第一个责任！

至于学生，我们今年应当添招。我希望此后要做到没有一个不经过严格考试而进清华的学生；也没有一个不经过充分训练，不经过严格考试，而在清华毕业的学生。各位现在做了大学生，便应当有大学生的风度。体魄康强，精神活泼，举止端庄，人格健全，便是大学生的风度。不倦的寻求真理，热烈的爱护国家，积极的造福人类，才是大学生的职志。有学问的人，要有"振衣千仞冈，濯足万里流"的心胸，要有"珠藏川自媚，玉蕴山含辉"的仪容，处人接物，才能受人尊敬。

关于学生，我今天还有一句话要说，就是从今年起，我决定招收女生。男女教育是要平等的。我想不出理由，清华的师资设备，不能嘉惠于女生。我更不愿意看见清华的大门，劈面对女生关了！

研究是大学的灵魂。专教书而不研究，那所教的必定毫无进步。不但没进步，而且有退步。清华以前的国学研究院，经过几位大师的启迪，已经很有成绩。但是我以为单是国学还不够，应该把他扩大起来，先后成立各科研究院，让各系毕业生都有在国内深造的机会。尤其在科学研究方面，应当积极的提倡。这种研究院，是外国大学里的毕业院的性质。我说先后成立，因为我不敢好高骛远，大事铺张。这必须先视师资和设备而后定。二者不全，那研究院便是空话。我上面指出来要借材异地，主要的还是指着研究院方面。老实说，像我们在国外多读过几年书的人，回国以后，不见得都有单独研究的能力。交一个研究实验室给他，不见得主持得好；不见得他的学问，都能追踪本科在世界学术上最近的进步；不见得他的经验和眼光，能把握得住本科的核心问题。所以借材异地是必要的。不过借材异地的方法，不能和前几年请几位外国最享盛名的学者，来讲学一年或几个月一样。龚定庵说：“但开风气不为师。”这种办法，只是请人家来“开风气”，而不是来“为师”。现在风气已开，这个时间已过。我心目中的办法，不是请外国最享盛名的人来一短期，而是请几位造诣已深，还在继续工作，日进未已，而又有热忱的学者，多来“为师”几年。在这期间，我们应予以充分设备上和生活上的便利，使他安心留着，不但训练我们的学生，而且辅导我们的教员。三五年后，再让他们回国；他们经营的研究室和实验室，我们便可顺利地接收过来。我认为这是把科学移植到中国来的最好的办法。但是这需要不断的接洽，适当的机会，不是一下可以成功的。假以时日，我一定在这方面努力进行。

一切近代的研究工作，需要设备。清华现在的弱点是房子太华丽，设备太稀少。设备最重要的是两方面：一方面是仪器，一方面是图书。我以后的政策是极力减少行政的费用，每年在大学总预算规定一个比例数，我想至少百分之二十，为购置图书仪器之用。呈准大学院，垂为定法，做清华设备上永久的基础。我想有若干年下去，清华的设备，一定颇有可观。积极设备，是我的职责；但是我希望各院系动用设备费的时候，要格外小心。我们不能学美国大学阔绰的模样。我们的设备当然不是买来摆架子的；我们也不能把什么设备弄得“得心应手”以后，才来动手做研究。我们要看英国剑桥大学克文的煦物理实验室的典型。这个实验室在一八九六年方得到一次四千镑的英金，扩充他狭小的房屋及设备；一九〇八年才另得一项较大的数目，七千一百三十五镑英金，来做设备的用途，当一九一九年大物理家卢斯佛德教授（Rutheiford）主持该实验室的时候，每个部门的研究费每年不过五十镑，而好几位教授争这一点小小的款子，来做研究，但是这个实验室对于世界科学的贡献太大了！

我站在这华丽的礼堂里，觉得有点不安；但是我到美丽的图书馆里，并不觉得不安。我只嫌他如此讲究的地方，何以阅书的位置如此之少，所以非积极扩充不可。西文专门的书籍太少，中文书籍尤其少得可怜，这更非积极增加不可。我以为图书馆不厌舒适，不厌便利，不厌书籍丰富，才可以维系读者。我希望图书馆和实验室成为教员学生的家庭。我希望学生不在运动场就在实验室和图书馆，我只希望学生除晚上睡觉外不在宿舍！

至于行政方面人员的紧缩，费用的裁减，我已定有办法。行政效率不一定是和人员之多寡成正比例的。我们要做到廉洁化的地步。我们要把奢侈浪费的习惯,赶出清华园去!

还有一件事我不能不稍提一下,就是清华基金问题。几个月前我担任战地政务委员主管教育处来到北平的时候,知道一点内幕。我现在不便详说。其中四百多万元的存款,已化为二百多万元。有第一天把基金存进银行去,第二天银行就倒闭的事实。这不是爱护清华的人所忍见的。我当沉着进行,务必使他达到安全的地步,这才使清华经济基础得到稳定。各位暂且不问,这是我的责任所在,我更希望清华改为国立大学以后,将来行政隶属上,更能纳入大学的正轨系统,使清华能有蒸蒸日上的机会。

总之,我既然来担任清华大学的校长,我自当以充分的勇气和热忱,要来把清华办好。我职权所在的地方,决不推诿。我们既然从事国民革命,就不应该有所顾忌。我们要共同努力,为国家民族,树立一个学术独立的基础,在这优美的"水木清华"环境里面。我们要造成一个新学风以建设新清华!

民国十七年九月于国立清华大学校长就职典礼时演讲

选自《文化教育与青年》,罗家伦,商务印书馆1945年版

【阅读导引】

1928年9月18日,国立清华大学首任校长罗家伦在清华大礼堂宣誓就职。宣誓后发表就职演说,宣布国立清华大学是日成立,并报告了办理清华的方针。演说词后来以《学术独立与新清华》为题收入罗家伦的著作《文化教育与青年》(商务印书馆,1943年初版)。这篇演说词,旨正思深,文情并茂。倡言学术独立,以固国家独立。简述院系规划,以利清华发展。推重教师的学术水准,阐释学生的风度职志。强调学术研究是为大学之灵魂,仪器图书是为大学之基础。可以说,这篇文字代表了罗家伦的大学教育思想。

罗家伦虽在清华时间不长,但在任期间,增聘名师,裁并学系,招收女生,添造宿舍,裁汰冗员,结束旧制留美预备部,停办国学研究院,创设与大学各系相关联的研究所,将清华大学由留美预备学校转变成一所高水平的国立大学,对清华大学的发展建树甚伟。尤其在人才问题上,敢于解放思想、打破常规、不拘一格。清华大学黄金时代的学术大师们,大多是他亲自聘请来的;国学大师钱钟书、历史学家吴晗报考清华大学严重偏科,也是他破格录取的。(孟凡茂《就职演说 言文未合》)

1930年,罗家伦黯然离开清华。在他晚年所作的《我和清华大学》中有一段自我评说:"我虽然主持清华不过两年,可是我相信我这两年中艰苦的奋斗,为清华打下了一个学术的基础。"中国台湾地区"清华大学"校史研究者苏云峰说:"罗家伦的奋斗成果与经验,实为梅氏的成就铺下了一条康庄大道。"

清华大学从改制到抗日战争爆发不到十年,就培养出钱钟书、费孝通、王力、季羡林、曹禺、王淦昌、钱伟长、钱三强、何泽慧、王大珩、赵九章等一大批优秀人才,形成一个群星璀璨的时代。(张昌华《曾经风雅》)

【思考训练】

1. 清华大学在一百多年的办学历史中,其大学理念在中国和世界大学中独树一帜,焕发出动人的魅力。罗家伦先生的教育理念既有理想的成分,也是实际的体现;既有超越的

目标和精神,也具经验的形式和行为。请结合课文,谈谈你对罗家伦先生教育理念的认识。

2. 罗家伦在任职清华大学期间,对特殊人才,他坚持破格录取,钱钟书即为一例。钱钟书说"我数学考得不及格,但国文及英语还可以……蒙他特准而入学"。这两位年龄相差一轮的校长和学生,后来常切磋诗词,引为知音,成为文坛佳话。在中国教育史上,如此"不拘一格降人才"的事情,你还知道哪些?

【平行阅读】

《清华大学王观堂先生纪念碑铭》　陈寅恪

《专家与通人》　雷海宗

《理工科学生也要有文史知识》　苏步青

上学记(节选)

何兆武

【作者介绍】

何兆武,1921 年 9 月生于北京,湖南岳阳人,现代著名历史学家、思想文化史学家、翻译家。1939 年考入西南联合大学,1943 年毕业于西南联大历史系,1943 年至 1946 年在西南联大外文系读研究生。1956 年至 1986 年任中国社科院历史研究所助理研究员、研究员。1986 年至今任清华大学思想文化研究所教授,兼任美国哥伦比亚大学访问教授和德国马堡大学客座教授。长期从事历史理论、历史哲学及思想史的研究和西方经典著作的翻译工作。译有卢梭的《社会契约论》、帕斯卡尔的《思想录》、康德的《历史理性批判文集》、罗素的《西方哲学史》等,2015 年,年届 94 岁的何兆武老先生荣获中国翻译协会向其颁发的"翻译文化终身成就奖"。著有《历史理性批判散论》《历史与历史学》《文化漫谈》等,口述《上学记》等。

三个大学从来都"联"得很好

西南联大是北京大学、清华大学、南开大学合起来的一所大学——而不是三所。南开的人少、钱少、物质力量也小,占不到十分之一,其余的是另两个学校分摊,其中清华占了有多一半。三个学校基本上合成一个,而且合作得很好,抗战后酝酿联合政府的时候,有人就曾提出来,说:"西南联大联合的那么好,联合政府为什么就不能呢? 不如请三个学校的校长来做联合政府的委员。"不过也有联不好的,像西北联大联了一年就垮台了,因为它原来几个学校就是不一样的,后来硬把它们捏在一起,矛盾闹得非常厉害,以致无法维持。西南联大却是一直都联合得很好,我想有它人事方面的优越条件。比如清华校长梅贻琦,他是南开出身的,清华文学院院长冯友兰,他是北大出身的,北大文学院院长胡适,他是清华出身的,由此可见这三个学校彼此之间血缘关系非常密切,这是一个先天的优越条件,不然可能也合不到一起。

三个学校合并以后，组织了一个常务委员会，三个常务委员就是三位校长，主席是梅贻琦。张伯苓在重庆，实际上是做官了，不常来，我在昆明七年只见过他一面。他那次来向学生做了一次讲话，不过张伯苓好像并不是很学术性，言谈话语之间还带有天津老粗的味道，满口的天津腔。他说："蒋梦麟先生是我最好的朋友。我有一个表，我就给他戴着，我跟他说：'你是我的代表（戴表）。'"又说："我听说你们学生烦闷，你有什么可烦闷的？烦闷是你糊涂。"蒋梦麟以前是教育部长，主要搞一些外部事务，对学校里边的事情不怎么管，实际上联大校长一直都是梅贻琦，他还兼过很长一段时期的教务长，所以我们写呈文的时候都写"梅兼教务长"。他的工作成绩还是挺不错的，能把三个学校都联合起来，而且一直联合得很好，在抗战那么艰苦的条件下非常不容易，他确实挺有办法。而且梅贻琦风度很好，顶有绅士派头，永远拿一把张伯伦式的雨伞，甚至于跑紧急警报的时候，他还是很从容的样子，同时不忘疏导学生。在那种紧急的关头还能保持这种风度确实很不容易，大概正是因为他的修养，所以能够让一个学校在战争时期平稳度过。

西南联大有五个学院，文、理、法、工，工学院主要就是清华的，其余三个学院是三个学校都有的，另外还有一个师范学院，是云南教育厅提出合办的，比较特殊。云南教育差一些，希望联大给云南培养些教师，我想联大也不好拒绝，就合办了一个师范学院（今云南师范大学），先调云南中学的教师来上，后来就直接招生了。可在我们看来，师范学院有点像"副牌"，比如我们有历史系，可师范学院只有"史地系"，大概考虑到将来到中学教书除了教历史还得教地理，所以两门一起学。再如他们有个"理化系"，可是我们理学院的物理系、化学系是分开的，课程的内容和他们也不一样。

西南联大五个学院在地址上分三块，其中，工学院在拓东路，在昆明城的东南角，文、法、理学院和校本部在一起，在昆明城的西北角。校本部就是挂"西南联大"牌子的地方，像校长办公室以及学校的主要部门都在那里。我们住在校本部，是新盖的校舍，叫"新校舍"其实只是泥墙茅草棚的房子。

那时候的学生比起今天实在太少了，工学院的学生是最多的，总共不过四五百人。工学院五个系，土木、电机、机械、化工、航空，有一个航空系的同学跟我很熟，带我去参观看那些风洞器、流体实验之类，像是很先进的。我第一年上的是工学院，记得普通物理课的第一个实验是落体实验，仪器都是国外的，物体在自由状态下下落的时候越来越快，通过振动仪在玻璃板上划出一条曲线，然后根据测量曲线两点间的距离得到各种数据。实验时需要用一块玻璃板，上面刷的白粉是用酒精调的，那是学国外的规矩，因为酒精挥发得快，一下就干了，可以立即进行实验，要用水的话还得等老半天。可是酒精比水贵得多，现在回想起来都觉得有点奢侈，可见那时候做实验一点都不含糊，比我们中学的时候强多了。而且工学院的每个星期都有一个下午到工厂实习，制模翻砂、打铁炼钢，都是自己动手。所以后来批知识分子不参加劳动，四体不勤、五谷不分，其实并不都是那样。我们在工厂里和工人一样干，就是没人家熟练，笨手笨脚的。

文、法、理三个学院有多少学生我没有统计过，加起来不过七八百人。文学院有中文系、外文系、历史系、哲学系，只有外文系的人最多，大概一级总有二十多人吧，像中文系、历史系每年招十几个人，哲学系人最少，每年只有两三个人。可是我那一年历史系人特别多，总得有二十个。法学院包括政治系、法律系、经济系、商学系和社会系,因为我上过政治系两年课,知道他们一年也就六七个人,法律系基本上也是这个数字,只有经济系的人比较多一年总有四五十人。我想这大概和将来就业有关系,学经济的毕业以后出路好一点,可是其他的,比如学政治的,出来你干什么?做官也没你的份。理学院里数学系人最少,我们四十三级那一届只有三个人,物理系一年有八九个,多的时候有十几个,四十二级那一班的好像只有八个人,可是他们那一班不得了,出了五六个尖子,包括黄昆、张守廉和杨振宁,号称"三大才子",现在都是大名人了。

新校舍只有一个院子,地方就那么一点儿,房子不多,住也在那里,上课也在那里,所以彼此都非常熟悉,包括那些理学院的老师,虽然并不一定交往,可是大家都知道这是吴有训、叶企孙,那是周培源、吴大猷,像数学系的华罗庚、陈省身,都是大名人,几乎天天见面的。而且我们还常听同学讲那些老师的小段子,现在回想起来,我们做学生的有时候对老师也不大恭敬。记得刚入大学的时候,有个同学跟我讲:"今年来了三个青年教师,才二十八岁,都是正教授。"不要说当时,就是今天怕也很少有,哪有二十几岁就做正教授的?一个钱钟书,一个华罗庚,还有一个徐宝騄,都是刚回国。徐宝騄搞统计学,据说非常了不起,属于世界级的权威,后来就在北大经济系,但我不懂统计学,不知其详。我还记得有人问:"华罗庚是谁?"有同学就说:"就是那个瘸子。"华罗庚那时候瘸得很厉害,抗战后他到伊利诺伊大学教书,在美国治了一次才好一些,可是以前他瘸得非常厉害,有一条腿总在那划圆圈。

上面说的是理学院的老师,文学院的更是天天见面了,朱自清、闻一多、沈从文、罗常培、罗庸都是中文系的,我们都认得,当然他们对于学生就不一定都认得了。历史系至少陈寅恪、钱穆在那里,都是大师了,傅斯年也在,但不教书,他是北大文科研究所所长,只是挂个名。还有雷海宗先生,后来在南开,像刘崇鋐先生、姚从吾先生,后来都去台湾了。后来台湾大学[1]的那批人大致就是北大的底子,傅斯年是校长,除了刚才说的那几个人,还有钱思亮、毛子水等等都在那里,所以台湾大学实际上就是北京大学,虽则不用北京大学的名字。

自由,学术之生命

我做学生的时候,各个老师教的不一样,各个学校也不同,有很大的自由度。比如中国通史,每个教师都可以按照自己的一套讲,当然国民党也有它意识形态上的标准讲法,既不是唯物史观,也不是唯心史观,叫作"唯生史观","生"就是三民主义里的"民生主义",教育部长陈立夫提倡这个。我不知道这套官方的理论是不是有市场,不过我上中学的时候没有老师这么讲,只记得有个同学会考得了第一,学校奖励他一本陈立夫的《唯生史观》,我想他也不看,我们都不看,所以并没受它的影响。再如国文,老师高兴教哪篇文就教哪篇,今天选几首李白、杜甫的诗,明天选《史记》里的一篇,比如《刺客列传》,或者选一篇庄子的《逍遥游》来讲,没有标准教本。大学入学考试的题目也没有标准一说,倒是解放以后,全国有统一的规定、统一的模式,有标准教科书,考试还必须按"标准答案"。不过我想还是应该没有"标准",包括自然科学,我认为也不需要有个标准,如果大家都按一个思路想,科学怎么进步？包括爱因斯坦的理论也不应该成为标准，否则永远不可能超越。

解放后我们学苏联，搞"五节教学制"，上课五十分钟，先五分钟复习，再几分钟如何如何，规定得非常仔细。相形之下，联大老师讲课是绝对自由，讲什么、怎么讲全由教师自己掌握。比如中国通史，那是全校的公共必修课，听课的人多，分两个班，钱穆、雷海宗两位先生各教一班，各有一套自己的理论体系，内容也大不相同，可他们都是讲到宋代就结束了。《国史大纲》是钱穆当年的讲稿，学期末的时候他说："我这本书就要出了，宋代以后的你们自己去看。"再比如二年级必修的中国近代史，老师只从鸦片战争讲到戊戌变法，清朝的灭亡、民国成立都没讲。实际上，中国近代史应该从 1840 年鸦片战争到二十世纪四十年代，正好一百年，可是老师只讲了五十年，等于只讲了前一半。向达先生教印度史，两个学期只讲了印度和中国的关系，成了"中印文化交流史"。我爱人上过北大陈受颐先生的西洋史，一年下来连古埃及还没讲完。我记得冯友兰在回忆录里说，他在北大上学的时候有位老先生讲中国哲学史，结果一年只讲了个《周易》，连诸子百家都没涉及。可见当年的老师讲课多么随便。我觉得这有一个最大的好处：教师可以在课堂上充分发挥自己的见解。

学术自由非常重要，或者说，学术的生命力就在于它的自由，不然每人发一本标准教科书，自己看去就是了，老师照本宣读成了播音员，学生也不会得到真正的启发。比如学习历史，孔子是哪一年生、哪一年死，怎么周游列国等等，每本教科书上都有，根本用不着老师讲，而老师的作用正在于提出自己的见解启发学生，与学生交流。我在二年级的时候才十九岁，教政治学概论的是刚从美国回来的年轻教师周世逑，他的第一节课给我的印象就非常深。他问："什么叫政治学？"政治学就是研究政治的学问，这是当然的，那么，什么叫政治？孙中山有个经典定义："政者，众人之事；治者，管理。"所以"管理众人之事"就是政治，这是官方的经典定义。可是我们老师一上来就说："这个定义是完全错误的。你们在食堂吃饭，有人管伙食账；你们借书，有人管借书条；你们考试，注册组要登记你们的成绩。这些都是众人之事，但它们是政治吗？"这可是大逆不道的事情，他怎么敢这么说，不过我觉得他说的也有道理。有些老师喜欢在课堂上胡扯，甚至于骂人，但我非常喜欢听，因为那里有他的风格、他的兴趣，有他很多真正的思想。比如冯友兰在课堂上骂胡适，说："胡适到二七年就完了，以后再没有东西了，也没起多大的作用。"这是教科书里看不来的。

当然，联大里也有老师是非常系统的教科书式的讲法，比如皮名举先生的西洋近代史。皮名举是清末经学大师皮锡瑞的孙子，讲课非常系统、非常有条理，比如今天讲维也纳会议，那么整堂课就是维也纳会议，虽然有时也谈些闲话，但并不扯远。皮先生有个特点，每堂课只讲一个题目，而且恰好能在下课时把这个题目讲完，据说以前只有蒋廷黻能做到这一点，后来我教课的时候也想学着做，可是非常失败，因为总免不了要多说两句或者少说两句，不能那么恰好在五十分钟内讲完。另外，上皮先生的课必须交作业，像我们在中学的时候一样，可是他留的那些作业我到现在都觉得非常的好：画地图。近代史从 1815 年拿破仑失败以后的维也纳会议，一直讲到 1914 年第一次世界大战，正好一百年，一个学期要求画六张欧洲政治地图，那么一个学年就得画十二张，当然我们也是照着现成书上抄的，不过我觉得这确实太有用了。以前我们对政治地图重新划分没有地理上的具体印象，但画过一遍之后就非常清楚明白了。包括中国史也应该是这样，可是除了皮先生，没有别的老师再要求过。

老师各讲各的见解，对于学生来讲，至少比死盯着一个角度要好得多。学生思路开阔了，逐渐形成自己的判断，不一定非要同意老师的观点，这是很自然的事情，而且可以公开反对。记得有一次数学系考试，有个同学用了一种新的方法，可是老师认为他做错了，这个同学就在学校里贴了一张小字报，说他去找这位老师，把某杂志上的新解法拿给他看，认为自己的没有错。再比如钱穆先生的《国史大纲》，里面很多见解我不同意，不但现在不同意，当时就不同意。钱先生对中国传统文化的感情太深厚了，总觉得那些东西非常之好，有点像情人眼里出西施，只看到它美好的一面，而对它不怎么美好的另一面绝口不谈。我承认传统文化里确实有好东西，但并不像他讲的那么非常之好。人无完人，总有优点、缺点，文化也没有完美的，也有它很黑暗、很落后、很腐败的部分，比如血统论。封建时代科举考试的时候要写三代履历，曾祖父、祖父、父亲必须三代清白，"王八戏子吹鼓手"，妓院的、唱戏的、搞演奏的都是贱民，凡这类出身的人都不准进入考场。这是传统文化里腐朽的部分，可是钱先生好像并没有正视它，讲的全是中国传统文化里美好的部分，以为这才是中国命脉的寄托所在，这是他的局限性。另外，钱先生旧学出身，对世界史，特别是对近代世界的知识了解不够，可是在我看来，中国近代历史的最大特点就在于参与了世界，这时候中国面临的最重要的任务是如何近代化以及如何与近代世界合拍，所以闭关的政策行不通了，一定要开放，包括我们的思想认识，要有世界的眼光。钱先生对于这些似乎关注得不太够——这是对前辈的妄论了，不过学术上不应该论资排辈，不然学生只局限在老师的圈子里，一代不如一代，那就没有进步了。

再说几件小事。逻辑学那时候是必修，我上的是金岳霖先生的课。金先生讲得挺投入，不过我对逻辑一窍不通，虽然上了一年，也不知道学的是什么东西。只记得有一个湖北的同学，年纪很大了，课堂上总跟金先生辩论，来不来就："啊，金先生，您讲的是……"我们没那个水平，只能听他们两个人辩。我觉得这样挺好，有个学术气氛，可以充分发挥自己的思想，如果什么都得听老师的，老师的话跟训令一样，那就不是学术了。还有一个理学院的同学，姓熊，他对所有物理学家的理论都不赞成，认为他们全是错的。周培源先生那时候教力学，这位熊同学每次一下课就跟周先生辩，周先生说："你根本就没懂，你连基本概念都没弄通！"可是这位同学总是不依不饶，周围还有很多人听，每次路过理学院都看见他们站在院子里辩，都变成南区教室的一景了。

同学之间也经常讨论，一则学校小，几乎天天见面，二则非常穷，一切娱乐都与我们绝缘，三则战争时期，大家都是背井离乡，一年三百六十天，天天待在校园里，所以惟一的乐趣就是聊天了。物理系的郑林生和我中学就是同学，后来住一个宿舍，联大的时候我在求实中学教英文，他也在那里，后来他出国了，1956年回国在高能物理研究所工作，现在住在中关村，我们有时候见上一面，那是一辈子的好朋友了。联大的时候郑林生曾经指出我对近代科学的不了解，是我的一大缺欠。有时候他跟我谈一些物理学对宇宙的看法，特别是认识论，记得有一次说起法拉第。法拉第学徒出身，没有受过正规教育，所以不懂高等数学，这对于学物理的人来讲是致命伤，可是他发现了磁力线，用另外的方式表述电磁现象，后来成为电学之父。这类谈话使我深受启发。其实我们对于这个世界的理解以及表述，不必非得用原来的模式，比如过去讲历史都讲正统，讲仁义道德，但这只是理解历史的一个层面，完全可以换一种方式。亚里士多德说过：诗人可能比历史学家更真实，因为他们能够看到普遍的人性的深处。所以有时我想，或许艺术家、文学家对于历史的理解比历史学家要深刻得多。古人说："人之相知，贵相知心。"如果你不理解人心，而只是知道一个人几点钟起床、几点钟吃饭，并不等于了解他。而专业的历史学家往往止步于专业的历史事件，没有能够进入到人的灵魂深处，知道得再多，也不意味着他就懂得了历史。我的许多想法就是在和同学们的交谈中得到的启发，有些甚至伴我一生。

选自《上学记》，何兆武口述，文靖撰写，三联书店 2008 年版

【注释】

[1] 台湾大学：现在中国台湾地区的"台湾大学"。

【阅读导引】

《上学记》是由何兆武先生口述、文靖撰写而成，它浓缩了 20 世纪中国知识分子的心灵史。该书叙述的尽管只是 20 世纪 20 年代到 40 年代末不足 30 年间何先生学生时期的陈年往事，却蕴含着一个饱经沧桑的老人对整个 20 世纪历史的反思。何先生在北平读小学和中学，在西南联大读大学和研究生，之后在清华大学任教。《上学记》写的就是何先生 1949 年以前的求学生涯，其中西南联大的七年是主要篇幅。何先生曾言："对我来说，平生读书最美好的岁月只有两度，一次是从初二到高一这三年，另一次就是西南联大的七年。1939 年至 1946 年，我在西南联大度过了整整七年，读过四个系，现在回想起来，那是我一生中最惬意、最值得怀念的好时光。"本文选取了 1939 年至 1946 年间，何先生西南联大就学的两个片段，先生以治哲学史和思想史的思想底蕴，以谦和率真的学者姿态，以历史亲历者的回忆和感受，讲述了在特殊的年代，尤其是抗战烽火中，一代人的青春和理想、知识和风雅。

20 世纪三四十年代正是我们民族内外交困的年代，战火接连不断，整个国家都处在极其贫穷落后的境地。战时昆明通货膨胀，物价飞涨，公教人员生活受到极大冲击，西南联大师生们的生活异常艰辛，然而物质生活的匮乏，更是对精神生活的考验。联大师生在生活上首先就表现出了这种安贫乐道的气质，可谓实现了"一箪食，一瓢饮，在陋巷，人不堪其忧，回也不改其乐"的精神境界。冯友兰在晚年也多次指出西南联大的学风及精神，他在回忆梅贻琦的一篇短文中指出："在风雨飘摇、惊涛骇浪的环境中，联大保存了原来三校的教学班子，维持了'学术第一，讲学自由，兼容并包'的学风，一直维持到抗战胜利，三校北返"。也正是这样的坚持与坚定，终使艰苦的环境下培育了中国学界无数的泰斗级人物，他们的成就和贡献至今在学林依然光彩夺目。以学抗战，学以报国，用学术的方式肩负起民族振兴的责任，是这一代读书人的共同心态。外敌的凌辱，南渡的悲愤，北归的期待，促使西南联大的读书人让自己的研究与整个国家和民族的命运联系在一起。

选文中，何先生不惮于表露自己的真情实感，也不忌讳议论先贤的道德文章，既树立了理性的尊严，又使自己的性情展露无遗，使每一位读者都能在该书中获得丰富鲜活的历史体验，也对我们重新认识过往、观察现在以及展望未来都有着重要的启迪。特别是今天"上学者"和"治学者"，或可借此思考：学应该如何上、如何治。

【思考训练】

1. 冯友兰先生曾言，"在风雨飘摇、惊涛骇浪的环境中，联大保存了原来三校的教学班子，维持了'学术第一，讲学自由，兼容并包'的学风，一直维持到抗战胜利，三校北返"。请结合本文，谈谈"学术第一，讲学自由，兼容并包"学风在文中的体现。

2.《上学记》是由何兆武先生口述、文靖撰写而成。口述作品涉及的人和事，多数是过去人们了解较少的，带有一定的"揭秘"性质，当事人生动的口述叙述，既满足了人们的探究心理，也有助于人们了解历史的真相。但是口述史源于记忆、主观性较强，很难做到纯粹的中立和一切都符合"客观事实"，即使口述者无意作伪造假，而是抱着实话实说的真诚，但因为其当时的见闻条件、历时记忆在一定程度上的必然失真，以及不可能不加进的主观因素等，对历史事件的忆述也不可能完全符合已逝的客观真实。请你谈谈口述故事、回忆录以及学术类文章著作的区别。

3. 在你的上学经历中，有没有让你记忆深刻的人或事，不妨说来听听。

【平行阅读】

《国立西南联合大学纪念碑碑文》 冯友兰

《追忆似水年华》 许渊冲

《怎样当一个大学生》 徐复观

第二章 文化中国

【专题概说】

"文化中国"是以文化为中心坐标并横跨地缘、超越政治的文化群体概念。它产生于人类文化既多元又沟通的时代,特别是东西方文化由对立而走向互谅互容互补的时代。"文化中国"不同一般"中国文化"的理念,后者是地域性的,限于中国,也是以汉族为主的,不包含少数族裔。"文化中国"是指文化上的中国,这"文化"一词包括中国所有少数族裔的文化,这文化上的中国,也不限在中国的地域,而是全球的,代表人类文明中的一个精神资源,是具有普遍价值的。"文化中国"源自古老传统而又充满现代精神,代表当今社会的先进性,是一种深度的思想和价值,从精神上统一多民族的中国,带来文化上的多元和谐,锻造中国人的骨气和灵魂,且以这种价值观为世界的和平作出贡献,积极地推动世界从对抗走向对话。

具有五千年悠久历史的中华文化,是人类历史上唯一一条从未断流的古代文明的长河。她独具特色,博大精深,光辉灿烂。自西汉开始,到魏、晋、南北朝、隋、唐、宋、元、明、清,中华文化就在人类文明交流的冲突中不断丰富发展,根深叶茂,生生不息,有其强大无比的生命力和深厚的民族精神。但是中国近几十年在步履维艰地走现代化的道路上,既出现过否定自己、全盘西化的思潮,也出现过闭关自守、否定西方、盲目排拒西方的偏激行为。这都是由于不能正确认识与对待西方文化,不能沟通与超越东西文化的结果。

任何一个国家的民族文化要繁荣,要发展,要自立于世界民族之林,都必须要实行对外开放和开展对外文化交流。当然对外开放和文化交流的广度和深度取决于我们的自信心和胸怀。一个国家,一个民族要开放要交流,要发展要前进,必须要有对本民族文化坚定的自信心和雄强博大的胸怀,而这些必须建立在我们对本民族文化正确认识了解的基础上。

中华各民族在共同开拓了辽阔的疆域的同时,也在多区域发展着各异的文化,并经过数千年的交流和发展、影响和借鉴,形成了中华民族气象万千、多姿多彩的宏大文化景观。她弘浩博大,流丽万有;她钟山慕水,骋怀畅意;她刚健有为,自强不息;她阴阳相济,神人以和。

生于斯,长于斯,我们不能弃掷故园那万千的珍宝,也不能剔除自己血液中流淌的中华文化的精脉。那是一种文明历练的结晶体,可能永世不会再造;那是生命体验的一种深度,可能后人终究无法企及;那是一种文明塑形的原始意象,将成为一种文化积淀甚至生物性的遗传,延及子孙。

过去,我们从来没有也不可能逃离这一宿命——文化中国;今天,我们必然也必须以心、以手、以生命去重新打造——文化中国。

听听那冷雨

余光中

【作者介绍】

余光中(1928—2017),中国当代著名诗人、散文家、文艺评论家和翻译家。祖籍福建永春。曾就读于金陵大学和厦门大学外文系,1951 年毕业于"台湾大学"外文系,20 世纪 50 年代留学美国,获爱荷华大学艺术硕士学位。曾任"台湾师范大学""政治大学"与"香港中文大学"教授,1985 年离港回台,任"台湾中山大学"教授及讲座教师,并兼任文学院院长及外文研究所所长,90 年代以来,相继受聘于厦门大学、江南大学、北京大学等高校。2015 年7 月,荣获第 13 届花踪世界华文文学大奖。余光中学贯中西,涉猎广泛,一手写诗,一手写散文。主要作品有诗集《蓝色的羽毛》《钟乳石》《白玉苦瓜》等;散文集《左手的缪斯》《逍遥游》《听听那冷雨》等;评论集《掌上雨》《分水岭上》等;译作《梵谷传》《老人和大海》《满目的铁丝网》等。

惊蛰一过,春寒加剧。先是料料峭峭,继而雨季开始,时而淋淋漓漓,时而淅淅沥沥,天潮潮地湿湿,即使在梦里,也似乎把伞撑着。而就凭一把伞,躲过一阵潇潇的冷雨,也躲不过整个雨季。连思想也都是潮润润的。每天回家,曲折穿过金门街到厦门街迷宫式的长巷短巷,雨里风里,走入霏霏令人更想入非非。想这样子的台北凄凄切切完全是黑白片的味道,想整个中国整部中国的历史无非是一张黑白片子,片头到片尾,一直是这样下着雨的。这种感觉,不知道是不是从安东尼奥尼那里来的。不过那一块土地是久违了,二十五年,四分之一的世纪,即使有雨,也隔着千山万山,千伞万伞。十五年,一切都断了,只有气候,只有气象报告还牵连在一起,大寒流从那块土地上弥天卷来,这种酷冷吾与古大陆分担。不能扑进她怀里,被她的裾边扫一扫吧也算是安慰孺慕之情。

这样想时,严寒里竟有一点温暖的感觉了。这样想时,他希望这些狭长的巷子永远延伸下去,他的思路也可以延伸下去,不是金门街到厦门街,而是金门到厦门。他是厦门人,至少是广义的厦门人,二十年来,不住在厦门,住在厦门街,算是嘲弄吧,也算是安慰。不过说到广义,他同样也是广义的江南人,常州人,南京人,川娃儿,五陵少年。杏花春雨江南,那是他的少年时代了。再过半个月就是清明。安东尼奥尼的镜头摇过去,摇过去又摇过来。残山剩水犹如是,皇天后土犹如是。纭纭黔首纷纷黎民从北到南犹如是。那里面是中国吗?那里面当然还是中国,永远是中国。只是杏花春雨已不再,牧童遥指已不再,剑门细雨渭城轻尘也都已不再。然则他日思夜梦的那片土地,究竟在哪里呢?在报纸的头条标题里吗?还是香港的谣言里?还是傅聪的黑键白键马思聪的跳弓拨弦?还是安东尼奥尼的镜底勒马洲的望中?还是呢,故宫博物院的壁头和玻璃柜内,京戏的锣鼓声中太白和东坡的韵里?

杏花。春雨。江南。六个方块字,或许那片土就在那里面。而无论赤县也好神州也好中国也好,变来变去,只要仓颉的灵感不灭,美丽的中文不老,那形象,那磁石一般的向心力当必然长在。因为一个方块字是一个天地。太初有字，于是汉族的心灵，祖先的回忆和希望便有了寄托。譬如凭空写一个"雨"字，点点滴滴，滂滂沱沱，淅淅沥沥，一切云情雨意，就宛然其中了。视觉上的这种美感，岂是什么 rain 也好 pluie 也好所能满足？翻开一部《辞源》或《辞海》，金木水火土，各成世界，而一入"雨"部，古神州的天颜千变万化，便悉在望中，美丽的霜雪云霞，骇人的雷电霹雹，展露的无非是神的好脾气与坏脾气，气象台百读不厌门外汉百思不解的百科全书。

听听，那冷雨。看看，那冷雨。嗅嗅闻闻，那冷雨，舔舔吧，那冷雨。雨在他的伞上，这城市百万人的伞上，雨衣上，屋上，天线上。雨下在基隆港，在防波堤，在海峡的船上，清明这季雨。雨是女性，应该最富于感性。雨气空蒙而迷幻，细细嗅嗅，清清爽爽新新，有一点点薄荷的香味，浓的时候，竟发出草和树沐发后特有的淡淡土腥气，也许那竟是蚯蚓和蜗牛的腥气吧，毕竟是惊蛰了啊。也许地上的地下的生命，也许古中国层层叠叠的记忆皆蠢蠢而蠕，也许是植物的潜意识和梦吧，那腥气。

第三次去美国，在高高的丹佛山居了两年。美国的西部，多山多沙漠，千里干旱，天，蓝似益格鲁·撒克逊人的眼睛；地，红如印第安人的肌肤；云，却是罕见的白鸟。落基山簇簇耀目的雪峰上，很少飘云牵雾。一来高，二来干，三来森林线以上，杉柏也止步，中国诗词里"荡胸生层云"或是"商略黄昏雨"的意趣，是落基山上难睹的景象。落基山岭之胜，在石，在雪。那些奇岩怪石，相叠互倚，砌一场惊心动魄的雕塑展览，给太阳和千里的风看。那雪，白得虚虚幻幻，冷得清清醒醒，那股皑皑不绝一仰难尽的气势，压得人呼吸困难，心寒眸酸。不过要领略"白云回望合，青霭入看无"的境界，仍须回中国。台湾湿度很高，最饶云气氤氲雨意迷离的情调。两度夜宿溪头，树香沁鼻，宵寒袭肘，枕着润碧湿翠苍苍交叠的山影和万籁都歇的岑寂，仙人一样睡去。山中一夜饱雨，次晨醒来，在旭日未升的原始幽静中，冲着隔夜的寒气，踏着满地的断柯折枝和仍在流泻的细股雨水，一径探入森林的秘密，曲曲弯弯，步上山去。溪头的山，树密雾浓，蓊郁的水汽从谷底冉冉升起，时稠时稀，蒸腾多姿，幻化无定，只能从雾破云开的空处，窥见乍现即隐的一峰半壑，要纵览全貌，几乎是不可能的。至少入山两次，只能在白茫茫里和溪头诸峰玩捉迷藏的游戏，回到台北，世人问起，除了笑而不答心自闲，故作神秘之外，实际的印象也无非山在虚无之间罢了。云缭烟绕，山隐水迢的中国风景，由来予人宋画的韵味。那天下也许是赵家的天下，那山水却是米家的山水。而究竟，是米氏父子下笔像中国的山水，还是中国的山水上纸像宋画，恐怕是谁也说不清楚了吧？

雨不但可嗅，可观，更可以听。听听那冷雨。听雨，只要不是石破天惊的台风暴雨，在听觉上总是一种美感。大陆上的秋天，无论是疏雨滴梧桐，或是骤雨打荷叶，听去总有一点凄凉，凄清凄楚。于今在岛上回味，则在凄楚之外，更笼上一层凄迷了。饶你多少豪情侠气，怕也经不起三番五次的风吹雨打。一打少年听雨，红烛昏沉。二打中年听雨，客舟中，江阔云低。三打白头听雨在僧庐下，这便是亡宋之痛，一颗敏感心灵的一生，楼上，江上，庙里，用冷冷的雨珠子串成。十年前，他曾在一场摧心折骨的鬼雨中迷失了自己。雨，该是一滴湿漓漓的灵魂，在窗外喊谁。

雨打在树上和瓦上，韵律都清脆可听。尤其是铿铿敲在屋瓦上，那古老的音乐，属于中国。王禹偁在黄冈，破如椽的大竹为屋瓦。据说住在竹楼上面，急雨声如瀑布，密雪声比碎玉,而无论鼓琴,咏诗,下棋,投壶,共鸣的效果都特别好。这样岂不像住在竹筒里面,任何细脆的声响,怕都会加倍夸大,反而令人耳朵过敏吧。

雨天的屋瓦,浮漾湿湿的流光,灰而温柔,迎光则微明,背光则幽黯,对于视觉,是一种低沉的安慰。至于雨敲在鳞鳞千瓣的瓦上,由远而近,轻轻重重轻轻,夹着一股股的细流沿瓦槽与屋檐潺潺泻下,各种敲击音与滑音密织成网,谁的千指百指在按摩耳轮。"下雨了",温柔的灰美人来了,她冰冰的纤手在屋顶拂弄着无数的黑键啊灰键,把响午一下子奏成了黄昏。

在古老的大陆上,千屋万户是如此。二十多年前,初来这岛上,旧式的瓦屋亦是如此。先是天黯了下来,城市像罩在一块巨幅的毛玻璃里,阴影在户内延长复加深。然后凉凉的水意弥漫在空间,风自每一个角落里旋起,感觉得到,每一个屋顶上呼吸沉重都覆着灰云。雨来了,最轻的敲打乐敲打这城市。苍茫的屋顶,远远近近,一张张敲过去,古老的琴,那细细密密的节奏,单调里自有一种柔婉与亲切,滴滴点点滴滴,似幻似真,若孩时在摇篮里,一曲耳熟的童谣摇摇欲睡,母亲吟哦鼻音与喉音。或是在江南的泽国水乡,一大筐绿油油的桑叶被啮于千百头蚕,细细琐琐屑屑,口器与口器咀咀嚼嚼。雨来了,雨来的时候瓦这么说,一片瓦说,千亿片瓦说,轻轻地奏吧沉沉地弹,徐徐地叩吧挞挞地打,间间歇歇敲一个雨季,即兴演奏从惊蛰到清明,在零落的坟上冷冷奏挽歌,一片瓦吟千亿片瓦吟。

在旧式的古屋里听雨,听四月,霏霏不绝的黄梅雨,朝夕不断,旬月绵延,湿黏黏的苔藓从石阶下一直侵到他舌底,心底。到七月,听台风台雨在古屋顶上一夜盲奏,千寻海底的热浪沸沸被狂风挟来,掀翻整个太平洋只为向他的矮屋檐重重压下,整个海在他的蜗壳上哗哗泻过。不然便是雷雨夜,白烟一般的纱帐里听羯鼓一通又一通,滔天的暴雨滂滂沛沛扑来,强劲的电琵琶忐忐忑忑忐忐忑忑,弹动屋瓦的惊悸腾腾欲掀起。不然便是斜斜的西北雨斜斜,刷在窗玻璃上,鞭在墙上打在阔大的芭蕉叶上,一阵寒潮泻过,秋意便弥漫旧式的庭院了。在旧式的古屋里听雨,春雨绵绵听到秋雨潇潇,从少年听到中年,听听那冷雨。雨是一种单调而耐听的音乐是室内乐是室外乐,户内听听,户外听听,冷冷,那音乐。雨是一种回忆的音乐,听听那冷雨,回忆江南的雨下得满地是江湖下在桥上和船上,也下在四川在秧田和蛙塘,下肥了嘉陵江下湿布谷咕咕的啼声,雨是阴潮润润的音乐下在渴望的唇上,舔舔那冷雨。因为雨是最最原始的敲打乐从记忆的彼端敲起。瓦是最最低沉的乐器灰蒙蒙的温柔覆盖着听雨的人,瓦是音乐的雨伞撑起。但不久公寓的时代来临,台北你怎么一下子长高了,瓦的音乐竟成了绝响。千片万片的瓦翻翻,美丽的灰蝴蝶纷纷飞走,飞入历史的记忆。现在雨下下来,下在水泥的屋顶和墙上,没有音韵的雨季。树也砍光了,那月桂,那枫树,柳树和擎天的巨椰,雨来的时候不再有丛叶嘈嘈切切,闪动湿湿的绿光迎接。鸟声减了啾啾,蛙声沉了咯咯,秋天的虫吟也减了唧唧。七十年代的台北不需要这些,一个乐队接一个乐队便遣散尽了。要听鸡叫,只有去诗经的韵里找。现在只剩下一张黑白片,黑白的默片。

正如马车的时代去后,三轮车的时代也去了。曾经在雨夜,三轮车的油布篷挂起,送她回家的途中,篷里的世界小得多可爱,而且躲在警察的辖区以外,雨衣的口袋越大越好,盛得下他的一只手里握一只纤纤的手。台湾的雨季这么长,该有人发明一种宽宽的双人雨衣,一人分穿一只袖子,此外的部分就不必分得太苛。而无论工业如何发达,一时似乎还废不了雨伞。只要雨不倾盆,风不横吹,撑一把伞在雨中仍不失古典的韵味。任雨点敲在黑布伞或是透明的塑料伞上,将骨柄一旋,雨珠向四方喷溅,伞缘便旋成了一圈飞檐。跟女友共一把雨伞,该是一种美丽的合作吧。最好是初恋,有点兴奋,更有点不好意思,若即若离之间,雨不妨下大一点。真正初恋,恐怕是兴奋得不需要伞的,手牵手在雨中狂奔而去,把年轻的长发和肌肤交给漫天的淋淋漓漓,然后向对方的唇上颊上尝凉凉甜甜的雨水。不过那要非常年轻且激情,同时,也只能发生在法国的新潮片里吧。

大多数的雨伞想不会为约会张开。上班下班,上学放学,菜市来回的途中。现实的伞,灰色的星期三。握着雨伞。他听那冷雨打在伞上。索性更冷一些就好了,他想。索性把湿湿的灰雨冻成干干爽爽的白雨,六角形的结晶体在无风的空中回回旋旋地降下来。等须眉和肩头白尽时,伸手一拂就落了。二十五年,没有受故乡白雨的祝福,或许发上下一点白霜是一种变相的自我补偿吧。一位英雄,经得起多少次雨季?他的额头是水成岩削成还是火成岩?他的心底究竟有多厚的苔藓?厦门街的雨巷走了二十年与记忆等长,一座无瓦的公寓在巷底等他,一盏灯在楼上的雨窗子里,等他回去,向晚餐后的沉思冥想去整理青苔深深的记忆。前尘隔海,古屋不再。听听那冷雨。

选自《余光中散文集》,余光中,国际文化出版公司 2014 年版

【阅读导引】

余光中这一代作家有着特殊的经历与遭遇,从大陆到中国台湾地区,他们始终怀有着失去文化之根赖以生长土壤的悲患情怀。在他的诸多散文中,这种怀乡之情、忧国之思、今昔对照的寂苦之感,都凝结着他对祖国文化的深深忧虑和以复兴祖国文化为己任的浓郁之情。

《听听那冷雨》是余光中先生的散文名篇,写于 1974 年春天,作者通过巷里听雨,抚今追昔,思绪万端,写了自己在台北春雨中凄凉、凄清、凄楚、凄迷,而又柔婉与亲切的复杂感受,抒发了一个远离大陆多年的游子对久别故土的深切思念和对祖国悠久历史文化的热切眷恋之情。

余光中曾经说过:"当年离开大陆,乃此生最大伤痛。幸好那时我已二十一岁,故土的回忆,文化的濡染已经深长,所以日后的欧风美雨都不能夺走我的汉唐魂魄。"这种深厚的古典文学修养和诗人气质在他的散文中处处体现出"以诗为文"的审美取向,为散文的写作开拓出一片新天地。情景交融的意境,精辟简洁,富于音乐美感的诗化语言……增强了散文语言的艺术感染力,从而给散文创造带来新的美学风貌。

在《听听那冷雨》一文中,或直接引用古诗词原文,或用典,或化用古诗词的意境,散文语言呈现出诗的美质。优美古典诗句的点染,意境的烘托,给作品带来了古韵之美。无论是化用"小楼一夜听春雨,深巷明朝卖杏花""借问酒家何处有,牧童遥指杏花村""渭城朝雨浥轻尘,客舍青青柳色新"等诗词名篇名句的意境,还是直接引用"荡胸生层云""商略黄昏雨""白云回望合,青霭入看无"等诗句,均承载着丰厚的文化信息,增加了作品的历史厚重感。

在意象经营上,作者也像写诗一样凭借大胆的想象和非凡的才力,把乡愁化入了种种

奇异的意象之中。无论是"杏花春雨""剑门细雨""商略黄昏雨""雨中梧桐""经历风雨的荷叶""飓风暴雨"这些与雨直接相关的意象,还是由雨而联想到的意象,诸如"凄凄切切的黑白片子""云缭烟绕的宋画""湿漓漓的灵魂""温柔的灰美人""美丽的灰蝴蝶""昏沉的红烛""古老的琴""零落的坟""雨中之伞""厚厚的苔藓"等,都在文中被有机地组合成一幅凄迷朦胧的思乡图。

在文中,作者还娴熟地化用古代汉语中的双声、叠韵以及叠字,以叠字叠句和长短句交错的方式,将汉语特有的音韵节奏之美发挥得淋漓尽致,读之纡徐有致,回肠荡气。

【思考训练】

1. "乡愁文学"是中国台湾地区当代文坛出现最早且延续时间最久的寻根文学。余光中先生的许多散文便是这种乡愁文学的典型代表,请结合他的散文名篇,体悟余光中先生的寻根意识与家国情怀。

2. 在《听听那冷雨》一文中,乡愁不仅仅表现为余光中先生对大陆的思念,更表现为作者对中华古文明的倾慕和对中华古文明失落的忧虑。谈谈这种"倾慕"和"忧虑"在文中的体现。

3. 余光中是诗歌、散文、评论三栖作家,20世纪六七十年代,他倡导并实践"以诗为文""为文近诗"这一创作理论,也即把散文当作诗歌来写。披开散文的外形,见到的却是诗词的神韵。就《听听那冷雨》而言,试分析作者在意象、意境以及语言特色上向中国古典诗词歌赋的借鉴。

【平行阅读】

《怀国与乡愁的延续》 夏志清
《台北人》 白先勇
《陶然亭的雪》 俞平伯

离骚(节选)

屈 原

【作者介绍】

屈原(约前340—前278),名平,字原,又自云名正则,字灵均。丹阳秭归人。战国时期楚国伟大的文学家、政治家、思想家。在楚怀王时期,任三闾大夫、左徒等职,兼管内政外交大事。他主张对内举贤能,修明法度,对外力主联齐抗秦。后因遭贵族排挤,被流放沅、湘流域,顷襄王继位后,屈原又被流放江南。公元前278年秦将白起一举攻破楚国首都郢都,忧国忧民的屈原对楚国的政治感到绝望,怀石自沉汨罗江。

屈原是中国历史上第一位伟大的爱国诗人,中国浪漫主义文学的奠基人,"楚辞"文体的创立者和代表作者,开辟了"香草美人"的创作传统,标志着中国诗歌进入了一个由集体歌唱到个人独创的新时代。屈原的主要作品有《离骚》《天问》《招魂》《卜居》《渔父》《九歌》（11篇）、《九章》（9篇），计25篇。以屈原作品为主体的《楚辞》是中国浪漫主义文学的源头，与《诗经》并称"风骚"，对后世诗歌产生了深远影响。

帝高阳之苗裔兮[1]，朕皇考曰伯庸[2]。摄提贞于孟陬兮[3]，惟庚寅吾以降[4]。皇览揆余初度兮[5]，肇锡余以嘉名[6]。名余曰正则兮[7]，字余曰灵均[8]。

纷吾既有此内美兮[9]，又重之以修能[10]。扈江离与辟芷兮[11]，纫秋兰以为佩[12]。汩余若将不及兮[13]，恐年岁之不吾与[14]。朝搴阰之木兰兮[15]，夕揽洲之宿莽[16]。日月忽其不淹兮[17]，春与秋其代序[18]。惟草木之零落兮[19]，恐美人之迟暮[20]。不抚壮而弃秽兮[21]，何不改乎此度[22]？乘骐骥[23]以驰骋兮，来吾道夫先路[24]！

昔三后之纯粹兮[25]，固众芳之所在[26]。杂申椒与菌桂兮[27]，岂维纫夫蕙茝[28]！彼尧、舜之耿介兮[29]，既遵道而得路[30]。何桀纣之猖披兮[31]，夫唯捷径以窘步[32]。惟夫党人之偷乐兮[33]，路幽昧以险隘[34]。岂余身之惮殃兮[35]，恐皇舆之败绩[36]。忽奔走以先后兮[37]，及前王之踵武[38]。荃不察余之中情兮[39]，反信谗而齌怒[40]。余固知謇謇[41]之为患兮，忍而不能舍也[42]。指九天以为正兮[43]，夫唯灵修[44]之故也。曰黄昏以为期兮，羌中道而改路[45]。初既与余成言兮[46]，后悔遁而有他[47]。余既不难夫离别兮，伤灵修之数化[48]。

余既滋兰之九畹兮[49]，又树蕙之百亩[50]。畦留夷与揭车兮[51]，杂杜衡与芳芷[52]。冀枝叶之峻茂兮[53]，愿竢时乎吾将刈[54]。虽萎绝[55]其亦何伤兮，哀众芳之芜秽[56]。

众皆竞进以贪婪兮[57]，凭不厌乎求索[58]。羌内恕己以量人兮[59]，各兴心而嫉妒[60]。忽驰骛以追逐兮[61]，非余心之所急。老冉冉其将至兮，恐修名之不立[62]。朝饮木兰之坠露兮，夕餐秋菊之落英[63]。苟余情其信姱以练要兮[64]，长顑颔亦何伤[65]。擥木根以结茝兮[66]，贯薜荔之落蕊[67]。矫[68]菌桂以纫蕙兮，索胡绳之纚纚[69]。謇吾法夫前修兮[70]，非世俗之所服[71]。虽不周[72]于今之人兮，愿依彭咸之遗则[73]。长太息以掩涕兮[74]，哀民生之多艰[75]。余虽好修姱以鞿羁兮[76]，謇朝谇而夕替[77]。既替余以蕙纕兮[78]，又申之以揽茝[79]。亦余心之所善兮，虽九死[80]其犹未悔！怨灵修之浩荡兮[81]，终不察夫民心[82]。众女嫉余之蛾眉兮[83]，谣诼谓余以善淫[84]。固时俗之工巧兮[85]，偭规矩而改错[86]。背绳墨以追曲兮[87]，竞周容以为度[88]。忳郁邑余侘傺兮[89]，吾独穷困乎此时也[90]。宁溘死以流亡兮[91]，余不忍为此态也[92]！鸷鸟之不群兮[93]，自前世而固然[94]。何方圜之能周兮[95]，夫孰异道而相安[96]？屈心而抑志兮[97]，忍尤而攘诟[98]。伏清白以死直兮[99]，固前圣之所厚[100]。

悔相道之不察兮[101]，延伫乎吾将反[102]。回朕车以复路兮[103]，及行迷之未远[104]。步余马于兰皋兮[105]，驰椒丘且焉止息[106]。进不入以离尤兮[107]，退将复修吾初服[108]。制芰荷以为衣兮[109]，集芙蓉以为裳[110]。不吾知其亦已兮[111]，苟余情其信芳[112]。高余冠之岌岌兮[113]，长余佩之陆离[114]。芳与泽其杂糅兮[115]，唯昭质其犹未亏[116]。忽反顾以游目兮[117]，将往观乎四荒[118]。佩缤纷其繁饰兮，芳菲菲其弥章[119]。民生[120]各有所乐兮，余独好修以为常[121]。虽体解[122]吾犹未变兮，岂余心之可惩[123]！

选自《楚辞新集注》，屈复撰写，上海古籍出版社 2002 年版

【注释】

[1] 高阳：传说中古帝颛顼的称号。苗裔：后代子孙。

[2] 朕：秦始皇以后成为皇帝的专用自称。皇：光明，美盛。考：父亲死后称考，后文简称"皇"。"帝高……伯庸"：自己是古帝王高阳氏的后代，父亲名叫伯庸。

[3] 摄提：古代纪年的术语，即摄提格，太岁在寅叫摄提格，指寅年。贞：正当。孟陬（zōu）：夏历正月，与十二地支相配属寅月。

[4] 庚寅：庚寅之日。降：降生。这两句是屈原自道出生于一个特别的日子，即寅年、寅月、寅日，全碰上"寅"的日子是很难得的，显示他出生不凡。

[5] 皇：皇考。览：察看。揆（kuí）：测度，估量。初度：初生时的样子，初生时的气度。（楚贵族是子生三月之后由父亲抱至祖庙中，通过卦兆，根据先祖的旨意取名。）

[6] 肇：通"兆"，卦兆。锡：通"赐"。嘉：美。"皇览……嘉名"：父亲根据先祖的神灵通过卦兆赐给他美好的名字。

[7] 名：取名，命名。正：平。则：法。"平""正"同义，连用则为评判、主持正义之义，隐含屈原的名"平"。

[8] 灵均：屈原的字"原"在诗中的化名。灵：美，善。均：形容地势均衡平坦。"灵均"隐含屈原的字"原"（高而平坦的土地）。

[9] 纷：多，盛。内美：内在的美好品质。

[10] 重：加上。修能：美好的仪态。"能"也作"态"。

[11] 扈：披，楚方言。江离：香草名，即江蓠，今名川芎。辟芷：生在幽僻处的芷草。芷也是一种香草。

[12] 纫：连缀成串的意思。秋兰：即兰草，秋末开淡紫色小花，香气更浓，也称香草。佩：指身上佩戴的饰物，古人一般以玉为之。因南方多虫瘴，楚人也有戴香草的习俗。

[13] 汩（yù）：形容水流迅急的样子，这里比喻时光流逝之快。不及：赶不上。

[14] 与：等待。不吾与：不等待我。

[15] 搴（qiān）：摘，拔取。阰（pí）：山坡，大土坡。木兰：一种乔木，大的高二十米左右，冬季不凋零，树身如青杨，树花如莲花，有香味。

[16] 揽：采。宿莽：一种常绿灌木，经冬不死，有香味。

[17] 日月：指时光。忽：倏忽，快的样子，形容时光迅速。淹：停留，久留。

[18] 代序：代谢更迭、交替，春秋季节轮换变化，即春去秋来、周而复始之义。序：次序。

[19] 惟：思，念。零落：飘零、飘落、凋谢、落下。

[20] 美人：比喻国君，此处指楚怀王。迟暮：指年岁大。

[21] 抚：持。"抚壮"即趁着盛壮之年。秽：指恶德。

[22] 度：法度，指法规制度。"不抚……此度"：楚王为何不趁年富力强的时候抛弃秽政，为什么不改变这种法规制度呢？

[23] 骐骥：骏马，比喻良才。此处比喻国君的权力与威势。

[24] 来：表呼唤、号召的语气。道：通"导"，引导。先路：前路，前驱。"乘骐骥……先路"：楚王如肯委任贤臣，自己愿为先导。

[25] 三后：即楚三王。西周末年楚君熊渠所封句亶王、鄂王、越章王。纯粹：德行、精神纯洁、纯真、完美。

[26] 固：本来。众芳：即下文椒、桂、蕙、茝等香草，比喻贤能的人。

[27] 申椒：申地所产的椒。菌桂：肉桂，一种常绿乔木，高数米，皮可用作香料、调料。

[28] 维：通"唯"，仅，只。蕙：蕙草，药用可以止疠。茝：即芷，白芷。"杂申……蕙茝"：不仅把蕙、茝等香草联结成串以为佩饰，还杂有申椒、菌桂等香木。意思是求贤普遍，贤才众多。

[29] 彼：指三后。耿：光明。介：正直。"耿介"表示专一而有节度，刚正不阿。

[30] 道：治国之道。"彼尧……得路"：尧、舜光明正直，他们循着正道前进，因而得到宽广的前途。

[31] 猖：猖狂。披：邪恶。猖披：放纵妄行的样子。

[32] 夫：彼。唯：只有，一味地。捷径：斜出的步道，捷路。窘步：举步难行。"何桀……窘步"：桀、纣是狂妄邪恶的，他们走上斜出的小路，因此寸步难行。

[33] 惟：想，想起。党人：朋党，小集团，结党营私者，指楚宫内部把持政权的贵族集团。偷乐：苟安享乐。

[34] 幽昧：昏暗不明。以：加以。险隘：危险而狭窄，指党人将楚王引上危险而狭窄的道路。

[35] 惮（dàn）：怕。殃：灾祸。

[36] 皇舆：国君所乘之车，这里喻王朝、国家。败绩：战车倾覆，颠覆倾拜。

[37] 忽：即"忽忽"，快、匆忙、迅疾的样子。以：而。先后：用作动词，一会儿在前，一会儿在后。

[38] 及：赶上。前王：前代国君。此处承上指楚三王。踵：脚跟，此处指步伐。武：足迹。"忽奔……踵武"：自己要在皇舆前后奔走效力，使他赶上三后、尧、舜的正路。即要在政治上辅佐怀王，使他走上正确的道路。

[39] 荃：香草名，比喻楚王。中情：内心。

[40] 齌怒：急怒，暴怒。齌（jì）：用急火烧饭。

[41] 謇謇（jiǎn）：尽忠直言的样子，为楚方言，同"耿直"的"耿"。

[42] 忍而不能舍也：想忍耐却止不住，即打算忍住不说，但总是丢不开。

[43] 九天：九重天，高天，古人认为天有九重。正：证。

[44] 灵修：神灵，楚人对君王的美称，这里指楚怀王。

[45] "曰黄……改路"：古人黄昏时结婚，所以这里将与楚王结亲的日期定在黄昏，可是婚还没结，走到半路上却改路了。都是比喻的说法。据洪兴祖的《楚辞补注》，这两句是衍文，应删。

[46] 初：当初。成言：彼此约定。此指楚怀王十年任命屈原为左徒，联络五国伐秦，后又命屈原草拟宪令进行变法事。

[47] 悔遁：后悔而改变心意。他：别的。此指他心，别的想法。"初既……有他"：先已同我有了约定，可是后来竟改变初衷，有了另外的打算。

[48] 离别：指被楚怀王疏远而离去。伤：痛惜。数化：屡次改变主意。数：屡次。化：变化。

[49] 滋：生，栽种。畹（wǎn）：楚人的土地单位，一畹等于三十亩。一说十二亩为一畹。

[50] 树：栽种。"余既……百亩"：比喻培养贤才。

[51] 畦：田垄，此处用作动词，指一垄一垄地种植。留夷：即芍药。揭车：一种香草，白花，作药用，煎水淋之，可以杀死树上的虫蠹。

[52] 杂：夹杂，此指穿插种植，套种。杜衡：香草名，马兜铃科常绿草本植物，又名杜葵、马蹄香等，一作"杜蘅"。芳芷：白芷。

[53] 冀：希望。峻茂：高大舒展茂盛。

[54] 竢时：指等到成长之后。竢：同"俟"，等待。刈（yì）：收割。

[55] 萎绝：黄落，枯萎断折而死，比喻所培植的人受到迫害。

[56] 芜秽：与杂草混同而荒秽，比喻所培植的人变节。

[57] 众：指楚国的腐朽贵族。竞进：竞相追逐权势利禄。

[58] 凭：满足，楚国方言。求索：追求索取，此处指对人民的搜刮勒索。

[59] 羌：语气助词，楚国方言，表反诘，同"何为""何乃"。恕己以量人：根据自己的思想来推测别人。

[60] 兴心：生心。"羌内……嫉妒"：这些小人宽恕自己而苛求别人,生性嫉妒贤能。

[61] 忽：忽忽,快的样子。驰骛：本指马乱跑,此处比喻奔走钻营。追逐：指追逐权势利禄。

[62] 冉冉：渐渐,"苒苒"。修名：美名。

[63] 餐：食。落英：落花。落：坠落。英：花。

[64] 苟：假如。信姱：确实好。信：诚。姱(kuā)：美好。以：与。练要：精诚专一,精要。

[65] 长：长久。顑颔(kǎn hàn)：因饥饿而面黄的样子。

[66] 擥：同"揽",持。木根：兰槐之根,借指树枝。结：系。

[67] 贯：穿过,串上。薜荔(bì lì)：又名木莲,桑科常绿灌木,木质蔓生植物,常攀援其他大树或墙崖生长,夏季开花,花白色,果实又叫凉粉果,可做凉粉,先秦时也作药用。"擥木……落蕊"：拿白纸编花枝,拿薜荔编花串。

[68] 矫：使之直。本义指使箭杆变直,这里是指使弯曲的菌桂枝条变直,然后将蕙草挽结在上面。

[69] 索：用作动词,编绳。胡绳：香草名,蔓状植物,着地之处生细根,如线相结,故又名结缕。纚纚(xǐ)：形容以绳串物,索好貌。"矫菌桂……纚纚"与前面"朝饮……落英"意思相近,均言自己平素修养美好,一是以服饰喻之,另一以饮食喻之。

[70] 謇：语气助词,楚国方言。法：效法。前修：前代贤人。

[71] 服：用。

[72] 周：相合,重合。

[73] 依：依照。彭咸：相传为殷商时代的贤大夫,因屡谏其君不听,投水而死。遗则：留下的准则。

[74] 太息：大声叹息。掩涕：揩拭涕泪。

[75] 民：人。民生：人生。

[76] 修姱：美好。鞿(jī)：马缰绳。羁：马笼头。这里"鞿羁"是约束自己、行为不苟且的意思。

[77] 谇(suì)：进谏。替：废弃。此句意思是早上进谏晚上就被废弃。

[78] 蕙：蕙草。纕(xiāng)：佩戴。

[79] 申：重,加上。茝：一种香草。

[80] 九死：死九次,言其多。

[81] 浩荡：脑子空荡无所思虑、恣意放纵的样子。

[82] 民心：人心。

[83] 众女：比喻楚国当权派。蛾眉：如蚕蛾的触角一样细长而好看的眉,用以代指女子的美貌,这里指美德。

[84] 谣：造谣。诼(zhuó)：谮毁。

[85] 固：本来,诚然是。工巧：善于投机取巧,指表面工作十分到位。

[86] 偭(miǎn)：面向之意。规：画圆的工具。矩：画方的工具。规矩：法度,比喻政治和道德的准则。错：通"措",措施。此句表示面对现有规矩不用而胡乱改变设置,即公然违法。

[87] 背：违背。绳墨：木工用墨斗打的线,以取直线的工具。曲：邪曲。

[88] 周容：指求合与取悦于人的柔媚表情。容：接纳。

[89] 忳(tún)：忧懑烦乱、忧愁深积的样子。郁邑：心情抑郁、苦闷不伸的样子。邑：通"悒"。侘傺(chà chì)：失神,茫然无主的样子。

[90] 穷：尽。这句是说没有出路。

[91] 宁：宁愿。溘(kè)：忽然,很快地。以：且。流亡：指灵魂漂泊,昏死魄散。

[92] 态：样子。

[93] 鸷鸟：性情专一的鸟,即雎鸠。旧以为雎鸠雌雄情挚而有别。屈原以鸷鸟自喻,表现了坚持真理、恪守正道的精神。不群：不愿与凡鸟同群。

[94] 自前世而固然：从前世就是如此。

[95] 圜：通"圆"。周：相合。

[96] 道：指思想意识、政治主张。"何方……相安"：道不同不能安处，正如方与圆不能苟合。

[97] 屈心：委屈本心。抑志：压抑心志。屈心而抑志：心志受到委屈、压抑。

[98] 忍尤：忍受着加给自己的罪名。尤：过错，罪过。攘诟：招致来各种侮辱。攘：本义是取，通"让"，为忍辱不理睬之意。诟：耻辱。

[99] 伏：同"服"，此处为保守、持守。死直：为正直而死。

[100] 固：本来。厚：看重，重视，嘉许。

[101] 相：看，观察。不察：未能明察。

[102] 延伫：停下来长久站立。延：久。伫：站立。反：通"返"。

[103] 复路：原路。

[104] 及：及时。"回朕车……未远"：赶快回去吧，虽然迷失了一阵，幸好走得还不是太远。

[105] 步：慢慢走。兰皋：生有兰草的水边高地。皋（gāo）：水边高地。

[106] 驰：奔驰。椒丘：有椒树的小山。且：暂且。焉：于此。且焉止息：正常语序是"且止息焉"，意思是在那儿休息一下，倒序是为了跟下文押韵。

[107] 进不入：进取但是没能取效。进：进仕于朝廷。不入：不被容纳。离尤：同"罹尤"，遭罪。离：通"罹"，遭受。尤：罪。

[108] 初服：当初未进入仕途时的衣服，比喻原来的志趣、高洁的品行。意思是由原来的进取改为隐退。

[109] 芰（jì）：菱，指菱角叶。荷：指荷叶。衣：上衣。

[110] 集：连缀集结。芙蓉：水芙蓉，就是荷花。裳：下裙。

[111] 不吾知：即不知我。已：罢了。

[112] 苟：只要。信芳：确实好。信：的确。芳：芬芳高洁。

[113] 高：作动词用，加高。岌岌（jí）：高耸的样子。

[114] 长：作动词用，加长。陆离：长长的样子。

[115] 芳与泽：香草的芳香与佩玉的润泽，比喻自身的品质、美德。芳：芳香。泽：润泽。"芳与泽"在《楚辞》中几次出现，都是指的美德。杂糅（róu）：集于一处的意思。

[116] 昭质：光明洁白的品质。亏：损，亏缺。

[117] 反顾：回头看。游目：极目远望。

[118] 四荒：四方遥远之地。

[119] 菲菲：香气浓郁。章：通"彰"，显著。弥章：更加显著。

[120] 民生：人生。

[121] 好修：喜欢修饰，即执着于自身美德的修养。常：常道，恒久不变的道。好修以为常：把修身高洁作为最重要的事。

[122] 体解：肢解，粉身碎骨，古代一种酷刑。

[123] 惩：打击并使之从心底里感到恐惧、戒惧而悔恨。与《九歌·国殇》中"首身离兮心不惩"的"惩"同义。

【阅读导引】

战国时代百家争鸣、诸子横议的文化氛围为"发愤以抒情"的文学自觉的到来提供了契机。南楚巫风文化孕育的独特的原始艺术思维，是自觉艺术创造萌生的沃土。屈原以其才华和人格成为实践这一艺术史上历史性飞跃的第一人。《离骚》作为屈原的代表作，它显示了抒情主人公对自我生命价值的执着以及与溷浊现实之间的格格不入而产生的悲剧情怀，在中国文学史上第一次凸显了完整的独立人格。

《离骚》全诗 372 句，2400 余字，是中国古代最为恢宏的抒情诗篇。尽管《离骚》篇章宏富，忽天忽地，倏东倏西，但细细读来，才觉全诗结构完整，构思严密。从文本分析来看，《离骚》全篇始终显现抒情主人公决计去留之际动荡不安的心理状态。全文分为两大部分，课文选自前半部分。这一部分以内心独白的形式在骚体特定的象征体系中娓娓叙其现实境遇：显赫的世系，高洁的品行，追步前王的远大抱负，思君忧国的忠诚。由此铸造的理想人格却在现实中陷入种种困顿：灵修"数化""浩荡"，党人纷争构难，众芳污秽从俗，时光易逝难再。在溷浊现世与理想人格之间不可调和的冲突中，抒情主人公毅然选择了"退将复修吾初服"，以退隐来保持人格独立。"虽体解吾犹未变兮，岂余心之可惩"，足见其保守节操意志之坚定。

如果说前半部分以铺叙现实困境来说明抒情主人公"离"意之初定，那么后半部分就在历史追问、神话漫游中展示其"骚"心之忡忡。通过君之放逐，党人之嫉妒，女婴之詈，折中重华，叩帝阍，上下求女，占灵氛，问巫咸，远逝自疏，莫与为美政，表现"皆莫我知"的痛苦孤独，在诗篇的结尾，抒情主人公最终选择了"从彭咸之所居"。

《离骚》在历史回顾与神话幻象交织叙事的框架中展开戏剧性情景，铺叙心路历程，其语境多重交错，情节跌宕起伏，可称得上是一首宏丽奇诡的心灵史诗。《离骚》继承发展了《诗经》的比兴传统，以香草美人的意象构成了一个完整的象征比喻系统，全诗也因此显得蕴藉生动。《离骚》打破了《诗经》的四言格式，创造了一种句法参差、韵散结合的新形式，较之《诗经》，扩大了结构，增加了容量，有利于表达丰富复杂的思想内容和热烈奔放的感情。诗中大量采用楚地方言，"兮"字的运用更令人注目，多置于句尾，隔句一用，切合感叹抒发幽愤感情的语气。极富抒情味和感染力，这一特点也成为"骚体"诗的标志之一。

【思考训练】

1. 冯友兰在《中国哲学史新编》中认为，屈原的作品之所以伟大，是因为它是以屈原的政治主张和哲学思想为内容的。请结合课文，谈谈你对屈原"政治主张"与"哲学思想"的了解。

2. 在《离骚》中，屈原向楚王表达了"抚壮而弃秽""改乎此度"的改革呼声，并明确了"举贤才而授能兮，循绳墨而不颇"的改革举措。请结合楚国当时的政治社会环境，谈谈屈原改革所面临的内交外困。

3. 有评论家指出，在屈原的许多作品中，既有关注个人社会存在、社会价值的儒家人生观，又有超越现实功利、求得精神解脱的道家人生观。请谈谈在《离骚》中，屈原在这两种人生观之间是如何抉择的。

4. 在 2012 年 7 月 5 日的《渤海早报》中，报道了一则讯息：前不久，全国高校 200 多位英语教师云集上海，批阅 26 万份专业英语四级卷。有一道关于端午节的试题，题涉屈原的性别、屈原生活的年代、屈原之死、投粽之意，对于屈原这位彪炳千秋的历史人物，大学生们的答案却五花八门、笑话百出。对于这则材料，请就"民族文化虚无""民族文化传承"及"民族文化创新"，说说你的思考。

【平行阅读】

《我们究竟应当不应当爱国》 陈独秀

《可爱的中国》 方志敏

《拿来主义》 鲁迅

《楚辞·渔父》 〔战国〕屈原

楚辞·渔父

屈 原

屈原既放,游于江潭,行吟泽畔,颜色憔悴,形容枯槁。渔父见而问之曰:"子非三闾大夫与? 何故至于斯?"屈原曰:"举世皆浊我独清,众人皆醉我独醒,是以见放。"

渔父曰:"圣人不凝滞于物,而能与世推移。世人皆浊,何不淈其泥而扬其波? 众人皆醉,何不餔其糟而歠其醨? 何故深思高举,自令放为?"

屈原曰:"吾闻之,新沐者必弹冠,新浴者必振衣;安能以身之察察,受物之汶汶者乎? 宁赴湘流,葬于江鱼之腹中。安能以皓皓之白,而蒙世俗之尘埃乎?"

渔父莞尔而笑,鼓枻而去,乃歌曰:"沧浪之水清兮,可以濯吾缨;沧浪之水浊兮,可以濯吾足。"遂去,不复与言。

选自《屈原集校注》,金开诚、高路明、董洪利,中华书局 1981 年版

秦 腔

贾平凹

【作者介绍】

贾平凹(1952—),原名贾平娃,中国当代著名作家。陕西丹凤人。1975 年毕业于西北大学中文系,后任陕西人民出版社文艺编辑、《长安》文学月刊编辑。1982 年后从事专业创作。任中国作家协会理事、陕西省作家协会副主席等。著有小说《腊月正月》《天狗》《浮躁》《废都》《商州》《白夜》,自传体长篇《我是农民》,散文集《爱的踪迹》等。作品获多项国内外大奖,并被翻译成多种外文。贾平凹的作品多以独特的视角表现了 20 世纪末到 21 世纪初,现代化进程中中国社会芸芸众生的生存本相,并在当代中国文学的民族化与现代化互融问题上,做出了具有时代特征的艺术创新工作。

山川不同,便风俗区别,风俗区别,便戏剧存异;普天之下人不同貌,剧不同腔;京,豫,晋,越,黄梅,二簧,四川高腔,几十种品类;或问:历史最悠久者,文武最正经者,是非最汹

汹者？曰：秦腔也。正如长处和短处一样突出便见其风格，对待秦腔，爱者便爱得要死，恶者便恶得要命。外地人——尤其是自夸于长江流域的纤秀之士——最害怕秦腔的震撼；评论说得婉转的是：唱得有劲；说得直率的是：大喊大叫。于是，便有柔弱女子，常在戏台下以绒堵耳，又或在平日教训某人：你要不怎么怎么样，今晚让你去看秦腔！秦腔成了惩罚的代名词。所以，别的剧种可以各省走动，唯秦腔则如秦人一样，死不离窝。严重的乡土观念，也使其离不了窝：可能还在西北几个地方变腔走调地有些市场，却绝对冲不出往东南而去的潼关呢。

但是，几百年来，秦腔却没有被淘汰，被沉沦，这使多少人在大惑而不得其解。其解是有的，就在陕西这块土地上。如果是一个南方人，坐车轰轰隆隆往北走，渡过黄河，进入西岸，八百里秦川大地，原来竟是：一抹黄褐的平原；辽阔的地平线上，一处一处用木椽夹打成一尺多宽墙的土屋，粗笨而庄重；冲天而起的白杨，苦楝，紫槐，枝干粗壮如桶，叶却小似铜钱，迎风正反翻覆……你立即就会明白了：这里的地理构造竟与秦腔的旋律惟妙惟肖的一统！再去接触一下秦人吧，活脱脱的一群秦始皇兵马俑的复出：高个，浓眉，眼和眼间隔略远，手和脚一样粗大，上身又稍稍见长于下身。当他们背着沉重的三角形状的犁铧，赶着山包一样团块组合式的秦川公牛，端着脑袋般大小的耀州瓷碗，蹲在立的卧的石碌碡碌磥上吃着牛肉泡馍，你不禁又要改变起世界观了：啊，这是块多么空旷而实在的土地，在这块土地摸爬滚打的人群是多么"二愣"的民众！那晚霞烧起的黄昏里，落日在地平线上欲去不去的痛苦的妊娠，五里一村，十里一镇，高音喇叭里传播的秦腔互相交织，冲撞，这秦腔原来是秦川的天籁，地籁，人籁的共鸣啊！于此，你不渐渐感觉到了南方戏剧的秀而无骨吗？不深深地懂得秦腔为什么形成和存在而占据时间，空间的位置吗？

八百里秦川，以西安为界，咸阳，兴平，武功，周至，凤翔，长武，岐山，宝鸡，两个专区几十个县为西府；三原，泾阳，高陵，户县，合阳，大荔，韩城，白水，一个专区十几个县为东府。秦腔，就源于西府。在西府，民性敦厚，说话多用去声，一律咬字沉重，对话如吵架一样，哭丧又一呼三叹。呼喊远人更是特殊：前声拖十二分的长，末了方极快地道出内容。声韵的发展，使会远道喊人的人都从此有了唱秦腔的天才。老一辈的能唱，小一辈的能唱，男的能唱，女的能唱；唱秦腔成了做人最体面的事，任何一个乡下男女，只要唱秦腔，才有出人头地的可能，大凡有出息的，是个人才的，哪一个何曾未登过台，起码也能吼一阵乱弹呢！

农民是世上最劳苦的人，尤其是在这块平原上，生时落草在黄土炕上，死了被埋在黄土堆下；秦腔是他们大苦中的大乐，当老牛木犁疙瘩绳，在田野已经累得筋疲力尽，立在犁沟里大喊大叫来一段秦腔，那心胸肺腑，关关节节的困乏便一尽儿涤荡净了。秦腔与他们，要和"西凤"白酒，长线辣子，大叶卷烟，牛肉泡馍一样成为生命的五大要素。若与那些年长的农民聊起来，他们想象的伟大的共产主义生活，首先便是这五大要素。他们有的是吃不完的粮食，他们缺的是高超的艺术享受，他们教育自己的子女，不会是那些文豪们讲的，幼年不是祖母讲着动人的、美丽的童话，而是一字一板传授着秦腔。他们大都不识字，但却出奇地能一本一本整套背诵出剧本，虽然那常常是之乎者也的字眼从那一圈胡子的嘴里吐出来十分别扭。有了秦腔，生活便有了乐趣，高兴了，唱"快板"，高兴得像被烈性炸药爆炸了一样，要把整个身心粉碎在天空！痛苦了，唱"慢板"，揪心裂肠的唱腔却表现了多么有情有味的美来，美给了别人的享受，美也熨平了自己心中愁苦的皱纹。当他们在收获时节的土场上,在月在中天的庄院里大吼大叫唱起来的时候,那种难以想象的狂喜,激动,雄壮,与那些献身于诗歌的文人,与那些有吃有穿却总感空虚的都市人相比,常说的什么伟大的永恒的爱情是多么渺小、有限和虚弱啊!

我曾经在西府走动了两个秋冬,所到之处,村村都有戏班,人人都会清唱。在黎明或者黄昏的时分,一个人独独地到田野里去,远远看着天幕下一个一个山包一样隆起的十三个朝代帝王的陵墓,细细辨认着田埂土,荒草中那一截一截汉唐时期石碑上的残字,高高的土屋上的窗口里就飘出一阵冗长的二胡声,几声雄壮的秦腔叫板,我就痴呆了,感觉到那村口的尘土里,一头叫驴的打滚是那么有力,猛然发现了自己心胸中一股强硬的气魄随同着胳膊上的肌肉疙瘩一起产生了。

每到农闲的夜里,村里就常听到几声锣响:戏班排演开始了。演员们都集合起来,到那古寺庙里去。吹、拉、弹、奏、翻、打、念、唱,提袍甩袖,吹胡瞪眼,古寺庙成了古今真乐府,天地大梨园。导演是老一辈演员,享有绝对权威,演员是一定几口,夫妻同台,父子同台,公公儿媳也同台。按秦川的风俗:父和子不能不有其序,爷和孙却可以无道,弟与哥嫂可以嬉闹无常,兄与弟媳则无正事不能多言。但是,一到台上,秦腔面前人人平等,兄可以拜弟媳为帅为将,子可以将老父绳绑索捆。寺庙里有窗无扇,屋梁上蛛丝结网,夏天蚊虫飞来,成团成团在头上旋转,薰蚊草就墙角燃起,一声唱腔一声咳嗽。冬天里四面透风,柳木疙瘩火当中架起,一出场一脸正经,一下场凑近火堆,热了前怀,凉了后背。排演到什么时候,什么时候都有观众,有抱着二尺长的烟袋的老者,有凳子高、桌子高趴满窗台的孩子。庙里一个跟头未翻起,窗外就哇地一声叫倒好,演员出来骂一声:谁说不好的滚蛋!他们抓住窗台死不滚去,倒要连声讨好:翻得好!翻得好!更有殷勤的,跑回来偷拿了红薯、土豆,在火堆里煨熟给演员作夜餐,赚得进屋里有一个安全位置。排演到三更鸡叫,月儿偏西,演员们散了,孩子们还围了火堆弯腰踢腿,学那一招一式。

一出戏排成了,一人传出,全村振奋,扳着指头盼那上演日期。一年十二个月,正月元宵日,二月龙抬头,三月三,四月四,五月五日过端午,六月六日晒丝绸,七月过半,八月中秋,九月初九,十月一日,再是那腊月五豆,腊八,二十三……月月有节,三月一会,那戏必是上演的。戏台是全村人的共同的事业,宁肯少吃少穿也要筹资集款,买上好的木石,请高强的工匠来修筑。村子富不富,就比这戏台阔不阔。一演出,半下午人就找凳子去占地位了,未等戏开,台下坐的、站的人头攒拥,台两边阶上立的卧的是一群顽童。那锣鼓就叮叮咣咣地闹台,似乎整个世界要天翻地覆了。各类小吃趁机摆开,一个食摊上一盏马灯,花生,瓜子,糖果,烟卷,油茶,麻花,烧鸡,煎饼,长一声短一声叫卖不绝。锣鼓还在一声儿敲打,大幕只是不拉,演员偶尔从幕后往下望望,下边就喊:开演呀,场子都满了!幕布放下,只说就要出场了,却又叮叮咣咣不停。台下就乱了,后边的喊前边的坐下,前边的喊后边的为什么不说最前边的立着;场外的大声叫着亲朋子女名字,问有坐处没有,场内的锐声回应快进来;有要吃煎饼的喊熟人去买一个,熟人买了站在场外一扬手,"日"地一声隔人头甩去,不偏不倚目标正好;左边的喊右边的踩了他的脚,右边的叫左边的挤了他的腰,一个说:"狗年快完了,你还叫啥哩?"一个说:"猪年还没到,你便拱开了!"言语伤人,动了手脚;外边的趁机而入,一时四边向里挤,里边向外扛,人的旋涡涌起,如四月的麦田起风,根儿不动,头身一会儿倒西,一会儿倒东,喊声,骂声,哭声一片;有拼命挤将出来的,一出来方觉世界偌大，身体胖肿，但差不多却光了脚，乱了头发。大幕又一挑，站出戏班头儿，大声叫喊要维持秩序；立即就跳出一个两个所谓"二干子"人物来。这类人物多是头脑简单，四肢发达，却十二分忠诚于秦腔，此时便拿了枝条儿，哪里人挤，哪里打去，如凶神恶煞一般。人人恨骂这些人，人人又都盼有这些人，叫他们是秦腔宪兵，宪兵者越发忠于职责，虽然彻夜不得看戏，但大家一夜满足了，他们也就满足了一夜。

终于台上锣鼓停了，大幕拉开，角色出场。但不管男的女的，出来偏不面对观众，一律背身掩面，女的就碎步后移，水上漂一样，台下就叫：瞧那腰身，那肩头，一身的戏哟！是男的就摇那帽翎，一会双摇，一会单摇，一边上下飞闪，一边纹丝不动，台下便叫：绝了，绝了！等到那角色儿猛一转身，头一高扬，一声高叫，声如炸雷豁啷啷直从人们头顶碾过，全场一个冷颤，从头到脚，每一个手指尖儿，每一根头发梢儿都麻酥酥的了。如果是演《救裴生》，那慧娘站在台中往下蹲，慢慢地，慢慢地，慧娘蹲下去了，全场人头也矮下去了半尺，等那慧娘往起站，慢慢地，慢慢地，慧娘站起来了，全场人的脖子也全拉长了起来。他们不喜欢看生戏，最欢迎看熟戏，那一腔一调都晓得，哪个演员唱得好，就摇头晃脑跟着唱，哪个演员走了调，台下就有人要纠正。说穿了，看秦腔不为求新鲜，他们只图过过瘾。

在这样的地方，这样的环境，这样的气氛，面对着这样的观众，秦腔是最逞能的，它的艺术的享受，是和拥挤而存在，是有力气而获得的。如果是冬天，那风在刮着，像刀子一样，如果是夏天，人窝里热得如蒸笼一般，但只要不是大雪、冰雹、暴雨，台下的人是不肯撤场的。最可贵的是那些老一辈的秦腔迷，他们没有力气挤在台下，也没有好眼力看清演员，却一溜一排地蹲在戏台两侧的墙根，吸着草烟，慢慢将唱腔品赏。一声叫板，便可以使他们坠入艺术之宫，"听了秦腔，肉酒不香"，他们是体会得最深。那些大一点的，脾性野一点的孩子，却占领了戏场周围所有的高空，杨树上，柳树上，槐树上，一个枝杈一个人。他们常常乐而忘了险境，双手鼓掌时竟从树杈上掉下来，掉下来自不会损伤，因为树下是无数的人头，只是招致一顿臭骂罢了。更有一些爬在了场边的麦秸积上，夏天四面来风，好不凉快，冬日就趴个草洞，将身子缩进去，露一个脑袋，也正是有闲阶级享受不了秦腔吧，他们常就瞌睡了，一觉醒来，月在西在，戏毕人散，只好苦笑一声悄然没声儿地溜下来回家敲门去了。

当然，一次秦腔演出，是一次演员亮相，也是一次演员受村人评论的考场。每每角色一出场，台下就一片喊喊喳喳：这是谁的儿子，谁的女子，谁家的媳妇，娘家何处？于是乎，谁有出息，谁没能耐，一下子就有了定论。有好多外村的人来提亲说媒，总是就在这个时候进行。据说有一媒人将一女子引到台下，相亲台上一个男演员，事先夸口这男的如何俊样，如何能干，但戏演了过半，那男的还未出场，后来终于出来，是个国民党的伪兵，还持枪未走到中台，扮游击队长的演员挥枪一指，"叭"地一声，那伪兵就倒地而死，爬着钻进了后幕。那女子当下哼一声，闭了嘴，一场亲事自然了了。这是喜中之悲一例。据说还有一例，一个老头在脖子上架了孙孙去看戏，孙孙吵着要回家，老头好说好劝只是不忍半场而去，便破费买了半斤花生，他眼盯着台上，手在下边剥花生，然后一颗一颗扬手喂到孙孙嘴里，但喂着喂着，竟将一颗塞进孙孙鼻孔，吐不出，咽不下，口鼻出血，连夜送到医院动手术，花去了七十元钱。

但是，以秦腔引喜的事却不计其数。每个村里，总会有那么个老汉，夜里看戏，第二天必是头一个起床往戏台下跑。戏台下一片石头、砖头，一堆堆瓜子皮，糖果纸，烟屁股，他掀掀这块石头,踢踢那堆尘土,少不了要捡到一角两角甚至三元四元钱币来,或者一只鞋,或者一条手帕。这是村里钻刁人干的营生,而馋嘴的孩子们有的则夜里趁各家锁门之机,去地里摘那香瓜来吃,去谁家院里将桃杏装在背心兜里回来分红。自然少不了有那些青春妙龄的少男少女,则往往在台下混乱之中眼送秋波,或者就悄悄退出,相依相偎到黑黑的渠畔树林子里去了……

秦腔在这块土地上,有着神圣的不可动摇的基础。凡是到这些村庄去下乡,到这些人家去做客,他们最高级的接待是陪着看一场秦腔,实在不逢年过节,他们就会要合家唱一会乱弹,你只能点头称好,不能耻笑,甚至不能有一点不入神的表示。他们一生最崇敬的只有两种人:一是国家领导人,一是当地的秦腔名角。即是在任何地方,这些名角没有在场,只要发现了名角的父母,去商店买油是不必排队的,进饭馆吃饭是会有座位的,就是在半路上挡车,只要喊一声:我是某某的什么,司机也便要嘎地停车。但是,谁要侮辱一下秦腔,他们要争死争活地和你论理,以至大打出手,永远使你记住教训。每每村里过红白丧喜之事,那必是要包一台秦腔的,生儿以秦腔迎接,送葬以秦腔致哀,似乎这人生的世界,就是秦腔的舞台。人只要在舞台上,生,旦,净,丑,才各显了真性,恶的夸张其丑,善的凸现其美,善的使他们获得美的教育,恶的也使丑化作了美的艺术。

广漠旷远的八百里秦川,只有这秦腔,也只能有这秦腔,八百里秦川的劳作农民只有,也只能有这秦腔使他们喜怒哀乐。秦人自古是大苦大乐之民众,他们的家乡交响乐除了大喊大叫的秦腔还能有别的吗?

1983 年 5 月 2 日草于五味村

选自《贾平凹散文自选集》,贾平凹,漓江出版社 1993 年版

【阅读导引】

据《史记·秦本记》记载,商末周初,秦人先祖中谲"在西戎,保西垂",从而开始了秦人、秦族和秦文化的兴起,经 14 世,历时约 300 年。秦人逐渐强大,并被华夏文化所认同。秦人一方面积极从先进的中原华夏文化中吸收养料,促进了自身社会制度的进步和经济的飞速发展;与此同时,又能在同戎人的频繁接触中,融西戎游牧文化中剽悍勇敢、长于骑射征伐的风格,形成了自己劲悍质朴、尚武重利、进取向上的文化性格。

秦腔又称乱弹,属于西秦腔,源于古代陕西、甘肃一带的民间歌舞,经历代人民的创造而逐渐形成,是相当古老的剧种。流行于我国西北地区的陕西、甘肃、青海、宁夏、新疆等地,又因其以枣木梆子为击节乐器,所以又叫"梆子腔",俗称"桄桄子"(因以梆击节时发出"吭吭"声)。秦腔"一声秦腔吼,吓死山坡老黄牛,八尺汉子眼泪流,出嫁的姑娘也回头"。这是陕西人民对家乡戏曲艺术的赞词。唱戏大声吼起来,说的是秦腔声如黄河奔腾,如华山宏伟,如黄土地般深厚的特点。

读贾平凹的《秦腔》实际上是在鉴赏一块民族历史的活化石,当我们从《秦腔》里得知,这调门原是有着与生长白杨、苦楝、紫槐的秦川广漠的地理同构的旋律,内化着秦川公牛的力度,融合着秦川农民的生活节奏的时候,我们怎能不随着作者慨叹:"这秦腔原来是秦川的天籁、地籁、人籁的共鸣啊!"本文虽以"秦腔"为题目,但真意是在写秦人,写他们的生存状态和精神面貌。两千年前班固在《汉书地理志》中讲:"凡民函五常之性,而其刚柔缓

急,音声不同,系水土之风气,故谓之风。移风易俗,莫善于乐。"实际已指出地理环境和地域性族群的性格、方言民歌乃至音乐之间血脉相通的关系。正如听了长调就懂得了内蒙古草原的马背上的民族,欣赏越剧就如同徜徉于江南水乡,由秦腔特别是贾平凹笔下的秦腔,我们活生生地感受到了秦地人刚烈、粗放、坚韧的族群气质,体认到他们精神上自满自足的生存状态,也使我们进一步拓宽了对本民族历史的认识视野。

贾平凹是文章高手,他能把传统的古文、农民方言口语、现代白话文很自然地融合在一起,传达出作者对人生、社会和艺术通达洞明的理解。而且本文最妙处就在于"烘云托月""以实衬实",全文笔墨都在写秦腔的自然地理环境、人文社会环境、准备和演出环境、人们看秦腔的态度和效果、演员的社会地位和声誉等,就是不写秦腔艺术本身。但我们读完全文,却能对秦腔有极为真切、生动、深刻的印象和认识。正如刘熙载言:"山之精神写不出,以烟霞写之;春之精神写不出,以草木写之。"

【思考训练】

1. 本文以"秦腔"为题,但把笔墨放到排练、观众等方面,谈谈这样安排的艺术效果。

2. 秦人痴迷秦腔体现在哪些地方?并请找出文中描写民众看戏时拥挤热闹场景的句子,体味秦腔这种地方戏剧所扎根的独特生活方式。

3. 为什么说秦腔"绝不冲出往东往南而去的潼关"呢?如果将戏剧在风格上也分为豪放和婉约两派,谈谈你所了解的与秦腔相同的豪放派剧种,以及与秦腔相反的婉约派剧种都有哪些。

4. 以你的家乡戏曲、曲艺、民歌或方言为例,谈谈你对"地理环境和地域性族群的性格、方言民歌乃至音乐之间具有血脉相通的关系"这一见解的看法。

【平行阅读】

《商州初录》 贾平凹

《棋王》 阿城

《北京城杂忆》 萧乾

黑骏马(节选)

张承志

【作者介绍】

张承志(1948—)当代作家,回族,原籍山东,出生并成长于北京。曾供职于中国历史博物馆(现中国国家博物馆)、中国社会科学院民族研究所、海军创作室、日本爱知大学等处,现为自由职业作家。20世纪八九十年代,以"理想主义气质"著称。截至20世纪90年代中期,张承志共计发表了三十多篇短篇小说、八部中篇小说、三部长篇小说、一百多篇散文以及大量的学术论著。

代表作有长篇小说《北方的河》《金牧场》《心灵史》，中篇小说《黑骏马》《黄泥小屋》等，短篇小说《雪路》《顶峰》《美丽的瞬间》等。张承志的人生经历了内蒙古大草原、文明的新疆、黄土高原的磨砺，这三个地区不同的文化特质极大地影响了他的创作，同时也造就了这位独特的歌者。

我举目眺望那茫茫的四野呵
那长满艾可的山梁上有她的影子

哦，如果我们能早些懂得人生的真谛；如果我们能读一本书，可以从中知晓一切哲理而避开那些必须步步实践的泥泞的逆旅和必须口口亲尝的酸涩苦果，也许我们会及时地抓住幸福，而不致和它失之交臂。可是，哪怕是为着最平凡、微小的追求吧，想完美如愿也竟是那样艰难莫测。也许，正因此人们才交口感叹生活。我们成长着，强壮和充实起来，而感情的重负和缺憾也在增加着，使我们渐渐学会了认真的感慨。而当我们突然觉得在思想上长大了一岁，并实在地看清了前方时，往事却不能追赶，遗恨已无法挽回。我们望着比我们年轻些的后来者，望着他们的无畏、幻想和激情，会有一点儿深沉些的目光。在清风中，在人群里，我们神情平静地走着，暗暗地加快了一点儿步伐……

当见到了索米娅以后，我体会到了上述的这一切。

我们见面时，并没有出现什么戏剧性的情景。索米娅用力拽着牛鼻绳，大步迎面走来。她笑着向我问好："呵，白音宝力格！我听达瓦仓说你来啦，怎么样，路上累么？工作好么？你还是老样子！嗬——嘿！"她使劲拉着缰绳。

她牵着首车的一头红花牛，和我并排走着。她并没有哇地哭出来，更没有一下子扑进我的怀里，甚至也没有喊我"巴帕"，她丝毫没有流露对往事的伤感和这劳苦生涯的委屈。甚至在我挡开她，用力挥着三齿耙和平底锹，替她把那四车煤炭卸在学校伙房后面时，也是一样。她随口说着什么，若无其事。

她变了。若是没有那熟悉的脸庞，那斜削的肩膀和那黑黑的眼睛，或许我会真的认不出她来，毕竟我们已阔别九年。她身上消逝了一种我永远记得的气味；一种从小时、从她骑在牛背上扶着我的肩头时就留在我记忆里的温馨。她比以前粗壮多了，棱角分明，声音喑哑，说话带着一点大嫂子和老太婆那样的、急匆匆的口气和随和的尾音。她穿着一件磨烂了肘部的破蓝布袍子，袍襟上沾满黑污的煤迹和油腻。她毫不在意地抱起沉重的大煤块，贴着胸口把它们搬开，我注意到她的手指又红又粗糙。当我推开她，用三齿耙去对付那些煤块时，她似乎并没有觉察到我的心情，马上又从牛车另一侧再抱下一块。她絮叨叨地和我以及前来帮忙的炊事员聊着天气和一路见闻，又自然又平静。但是，我相信这只是她的一层薄薄的外壳。因为，此刻的我在她眼里也一定同样是既平静又有分寸。生活教给了我们同样的本领，使我们能在那层外壳后面隐藏内心的真实。我们一块儿干着活儿，轰轰地卸着煤块；我们也一定正想着同样的往事，让它在心中激起轰轰的震响。

下午的诺盖淖尔湖边小镇阳光明丽。已经放了学的孩子们像小鸟一样在索米娅周围又吵又嚷。休息的教师们，乳品厂的临时工，还有蹒跚着串门的老汉，都围着这堆刚卸下的煤评头品足地议论，我发觉索米娅在这里人缘很好，她总是被那些人们喊住，谈笑上几句什么。

直到活儿干完了，她领着我回家时，我们还是用这样的方式随意闲谈着。当我们转过学校前面的低缓土坡，顺着湖畔的小路朝那间半地穴式的小泥坯屋走去的时候，突然传来一阵急促的马嘶。钢嘎·哈拉拖着脚绊，一蹦一跳地奔来，直到马儿蹦跳着来到我们眼前，不管不顾地径自把脖颈伸向索米娅，把颤动着的嘴唇伸到她的怀里时，我才明白了这黑马所具备的一切。

我惊奇万分地望着钢嘎·哈拉。它一声不吭地用黑黑的大脑袋在索米娅怀里揉搓着，双耳一耸一耸，不安地睁大着那对琥珀色的眼睛，好像在无言地诉说着什么。

索米娅用沾满煤末的手轻轻搂着黑骏马的头，久久地抚摸着它。我看见，她的眼睛里盈满着泪水，肩膀在微微地发抖。但是她始终背朝着我，一句话也没有说。

她飞快地收拾着屋子。打开窗子，点燃炉火，刷洗所有的锅碗什物，挨个地给三个男孩洗掉脸蛋上的脏污，把其其格支使得团团转。

泥屋里又充满了温暖，但不是昨夜那种热烘烘、乱糟糟。她烧了一大锅浓浓的酽茶，把大茶壶煨在炉灶旁的红灰上。她找出一罐黄油和一包黑砂糖，煎了很多黄澄澄的小面饼。她把炸饼摆在我面前，那散着诱人甜香的饼上，油花在嗞嗞地响着。

山那边白音乌拉公社没有送过柴油机发的电来，天黑了，屋里一片昏暗。索米娅点燃了煤油灯。又一个傍晚，我一直盼望着，又一直害怕的傍晚降临了。炉灶里的牛粪火闪着橘黄色的火焰。这活泼的暖色点缀了浓暮灰蓝的阴暗色彩。一闪一跳地，把那被严严压实的不安和激动引了出来，像一阵气浪，像一支无声的旋律，在这低矮的小泥屋里愈来愈浓郁地回旋着。

小面饼又甜又香，我吃了好多。这时我才想起：中午我在湖畔睡着了，忘了喝午茶。

孩子们在炕上闹着，争抢着被褥和枕头。

索米娅吩咐其其格给我铺一条新毡子。小姑娘跑进旁边的小屋，很快抱来一块白条毡。她把条毡铺在靠墙的炕头，又麻利地扫净上面的草末。最后，她把一个新皮袍子摊开在条毡上。然后下了炕，站在一旁，默默地望望母亲，又望望我。不知为了什么，我忍不住一把拉过她来，抚摸了一下她的头发。接着，我躺下了。

索米娅一口吹熄了灯。黑暗中，我睁着眼睛，仔细地倾听着隔着四个孩子的土炕那一头传来的每一点轻微的声响。好久，我都判断不出索米娅是否已经躺下。我茫然望着屋顶，而那里也是混沌一片，数不清究竟有几条椽檩。最小的那个男孩，也就是马车夫的宝贝心肝突然哼了起来。于是我听见索米娅开始小声哄着他。我屏住呼吸，倾听着她低柔的嗓音。她在用那种只有母亲和孩子才懂的、只有在沉睡的蒙古包里才能听到的甜美的、气声很重的絮语在说着什么。这种声音使人近如咫尺地感觉到女人独有的浓郁气息……就这样，我和我昔日的姑娘，和我的沙娜躺在一个低矮的屋顶之下，躺在一条土炕上。我们都竭力使自己弄出的声响小些。我们是那么疏远，那么直似路人。哦，别了，我的草原上的百灵鸟儿。我的披着红霞的、眸子黑黑的姑娘，我已经永远地失去了你……

没有月光。夜空上大概布满了乌云，连窗棂那儿也是昏黑一片。只有炉膛里残存的牛粪火亮着微弱的红光，时而响起一星半点清晰的爆裂声。屋子里响起了均匀的鼾声：孩子们都睡熟了。

这时，我听见索米娅发出一声压低的、长长的叹息。像是一声颤抖的呻吟般的、缓缓舒出的叹息。

像是听见了召唤的号角，我猛地坐了起来。我宁愿去死也不能继续在这沉寂中煎熬。我咻咻喘着，对着黑暗大声说：

"索米娅！不，沙娜！你……你说点什么吧！"

说罢我就使劲闭上眼睛，死命咬着嘴唇。

过了好久，索米娅开口了。她低声说道：

"奶奶死了。"

又是沉默。我明白，该我对那湮没的质问回答了。

我开始艰难地讲起来。自从我跨着黑骏马踏上旅途，这个问题已经不止一次地撕扯着我的心。九年多了，在学院里和机关里，在研究室同事当中和在一切朋友之间，我从来没有想到荒僻草原上有这样一个严厉的法庭，在准备着对我的灵魂审判。现在由索米娅进行的，也许是最后一次，我费劲地讲着，讲到了那条山石峥嵘的山谷，讲到了天葬的牧人遗骨，讲到了我怎样在那里向亲爱的奶奶告别并请求她的饶恕，我也讲到了赶车人达瓦仓对我的责备。我讲着，泪水止不住哗哗流下。

这是我第一次哭。以前我从来没有流过眼泪。甚至，我曾怀疑这是自己的一种生理缺陷。我总是咬着牙关，皱紧眉头，把一切痛楚强咽而下；人们则常常因此认定我是个冷酷和无情无义的家伙……

我拼命咬着袖子，生怕吵醒沉睡的孩子们。但是这次我忍不住了，我已经说不下去，只管没出息地发出一声声难听的哭声。

"别这样，白音宝力格……"索米娅低声唤着我。她哑声说，"难道有永远活着的老人么？"

而我已经悲恸难禁。我已经分不清究竟是在为奶奶，还是在为自己而哭泣。我想到自己把匕首扔在地上时对那老人的蔑视，也想到自己捂着被踢伤的小腹挣扎回家的情形。我想到荒凉的天葬沟旁那清冷孤单的感觉，也想到自己把皮袍披在索米娅身上时的柔情。我想到那红霞，那黑马驹，那卑污的希拉，那可怕的分离。又想到了像一柄勺子和一只小猫般大小的婴儿，想到女教师、马车夫和诺盖淖尔湖的清波。我想到自己那已无法分辨的委屈，更想起了那些简直已经无法全部记忆的，使我从一个儿童成长为一个青年的许许多多的岁月，想起父亲怎样把幼年丧母的我托付给那个慈祥的老人……"奶——奶！"我伤心极了，只顾把头埋在手里呜呜地哭着。"奶——奶！"我只想拼命拉回那不归的老人，然后对着她痛快地大哭一场。

索米娅轻轻地下了地，往炉膛里添了些牛粪，然后给我端来一碗茶。

她坐在炕沿上，看着我咽着茶水，喝完了茶，我渐渐平静了下来。

炉火在轻轻地闪跳，暗红的火焰摇动着索米娅映在土墙上的影子，无声地和我们一起默送着流逝的时间。

"索米娅。"我谨慎地用这个称呼叫着她。

"嗯？"她刚才仿佛沉入了遐思。

"你给学校干临时工，累吧？"我问。

"不，没什么，反正我也要干活儿的。一个月能挣四十五块呢。"

"昨天,一个姓林的女老师给我讲了好多你的事,她可喜欢你啦。"

索米娅淡然笑了,"她心肠好。"她说。

我又说:"达瓦仓昨晚和我喝了好多酒,他也是个好人。"

索米娅没有回答。一会儿,她轻轻地说:

"白音宝力格,你还记得吗?那条伯勒根小河……"

"什么?我们家乡的伯勒根小河么?"

"嗯。"她的声音低得几乎听不见,"还记得么,奶奶讲过那样的歌谣:'伯勒根,伯勒根,姑娘涉过河水,不见故乡亲人……'奶奶还说过,希望我永远不要跨过伯勒根小河嫁到异乡去。可是,看来,我还是没能叫她称心。知道吗,那天,我坐着丈夫的马车,离开了咱们住过那么多年的营盘。那营盘光秃秃的,只留着一层青灰的羊粪。蒙古包拆掉啦,装到了车上。钢嘎·哈拉……因为你走了,我把它卖给了公社。那天风刮得很凶,马车走进伯勒根河的芦苇里,风刮得苇叶哗啦啦地响,后来,我们路过了那个地方,那个咱们曾经和奶奶一块烧茶休息的硝土岸上的地方。那时候,我突然想起了奶奶说过的话,想起了她讲过的那个歌谣……我哭了。呵,我想,我到底还是没能逃开蒙古女人的命运;到底还是跨过了伯勒根的河水,成了这白音乌拉地方的伯勒根……"

索米娅终于讲完了,我听着,什么也没有说,从窗棂子往外望去,好像浮云已经褪尽,微微发亮的夜空上,闪着几颗晶亮的星,我转过身望见索米娅黑暗里的面影,觉得那儿也闪着晶莹的光亮。我想伸出手去替她擦掉那些泪珠,可是我没敢。

这时,索米娅又讲了:"白音宝力格,那时我猜不出你在哪里,我只记得马车一摇一晃地走在河水里,车轮子溅起冰凉的浪头,溅了我一脸一身。我使劲搂紧女儿,把脸藏在她身子后面。哦,那时我多么感激其其格呀,我觉得只有这块小小的血肉在暖和着我……当然,白音宝力格,这样的话你是不愿意听的。我知道,你非常讨厌我有这么一个女儿……"

"不!"我绝望地喊起来。我打断了她的话,激动地分辩说:"沙娜!你错了。我喜欢她,其其格是个好孩子……而且,好像她也、也喜欢我。她喊我'巴帕'。她还知道钢嘎·哈拉。我发现,和我在一块的时候,这孩子就爱说话……"

索米娅叹了口气,我似乎感到她在暗影里惨然一笑。

"你不知道真情,白音宝力格。"她迟疑着,犹豫了一阵,才继续说道:

"是这样的:我丈夫不喜欢这个女儿。去年他喝醉啦。打其其格,还骂她是……野狗养的。后来,啊,女儿就一直盯着我。天哪,一连几天盯着我,那眼神很吓人。我慌了,就悄悄对她说:其其格,你有一个巴帕,现在正骑着一匹举世无双的漂亮黑马在闯荡世界。我们给这匹马取名叫钢嘎·哈拉——黑骏马。这巴帕就是你父亲,他的名字叫白音宝力格。会有一天,他突然骑着黑骏马来到这里,来看我们……"

我望望炕上,其其格正拥着一角毯子睡着,小手枕在脸颊下面。索米娅疲惫地垂下了头,吁了长长一口气。

"别记恨我吧,白音宝力格!"她用微弱的声音喃喃着。"我实在没有别的办法。我想,反正这一生再也不会见到你啦……"

我鼓足勇气。向她伸出手去,抚摸着她蓬乱的长发。索米娅佝偻着身子,用双手紧紧掩着脸庞,随着我的抚摸,她浑身剧烈地颤抖着。

过了许久,她猛然昂起头来,用一种异样的、嘶哑的声调大声问我:

"为什么你不是其其格的父亲呢? 为什么? 如果是你该多好啊……哪怕你远走高飞,哪怕你今天也不来看我!"

我木然地、僵硬地坐着,好久答不上话来,后来,我不知是背诵了一句谁的话:

"我不能够……索米娅,你是多么美好呵。"

炉膛里的牛粪火完全熄灭了。灶口那儿早已没有了那种枯黄的或是暗红的火光。可是,这间小泥屋里已经不再那么黑暗,木窗框里乌蒙蒙的玻璃上泛出了一层白亮。不觉之间,我们的周围已经流进了晨曦。

天亮了。

这又是一个难忘的、我们俩的黎明。

选自《黑骏马》,张承志,重庆出版社 2009 年版

【阅读导引】

张承志走上文坛,很大程度上得益于他魂牵梦绕的第二故乡——内蒙古大草原。广阔的草原开阔了他的视野、净化了他的灵魂,草原也奠定了他的平民情怀和底层立场。他创作了众多以草原为对象的小说和散文,这足以证明他是一名出色而成功的草原歌者。

《黑骏马》是张承志草原小说的力作。它为转型期社会提供了一个可供精神参照的文本,也更能注释游牧文化对作家的影响,具有积极的现实意义。张承志带着激情来到宁静秀美的草原,在政治意识相对单薄的草原上他不可避免地有一种疏离感。随着时间的推移,曾经的激情在宁静的草原上被慢慢销蚀,主体欲望的空缺不免使他产生了焦躁与困惑,这可能也是一代青年人共有的心理征兆。张承志此时沉潜到游牧文化深处,更多地思考生存的价值和生命的意义。以前的狂热激情落尽铅华转化成牧人的热情和真诚,作者在用心体会着人生、社会,以守卫精神和人格的纯真。他曾在随笔《荒芜英雄路》中写下了这种认知:"我看见了无限辽阔的原野平川,地平线默默无声,但毫不伤感。他如同最宁静最温和的女人,等着我一步一步走过去。"

小说《黑骏马》中,张承志内心的转变以现代文明与草原文化的冲突在草原上展开。白音宝力格带着梦幻离开了繁华的京城,投身于草原之中,他有着美好的向往和诚挚的爱情追求。但黄毛希拉将这一切击得粉碎,他奸污了索米娅,当白音宝力格提刀准备拼命时,善良的额吉却以"知道索米娅能生养,也是件让人放心的事呀"为借口制止了他,这让接受过汉文明教育的白音宝力格十分的懊恼与痛苦,而索米娅"敌视的目光"更使有血性的白音宝力格痛楚,这一切促使他逃离了心爱的姑娘和养育他的草原。当白音宝力格再次回到草原寻找往昔的恋人时,恋人已为人妇,当他面对酷似希拉的小其其格忧郁的"巴帕"声时,他只能接受这残酷的现实。这似乎也是他对草原文化某种层次的默契与认同。

在草原文化语境中,张承志的思想完成了质的变化。以前的狂热激情在"黑骏马"的歌声中消退,他的英雄主义能量得以释放,旅人的灵魂也暂时得到了安置之所,他在追梦之途中完成了第一次生命的超越。

【思考训练】

1. 家园是生存的根,有关寻觅家园的故事是探讨生存意义的永久话题,请结合你所了

解的寻根小说文本，谈谈你对"家园"的理解。

2. 表面上看，"爱情"似乎是《黑骏马》贯穿始终的主题，然而，细细读来，"爱情"在小说中只不过是一个被架空的美好字眼。"我"所谓的"爱情"，并没有落脚在一个真实独特的个体之上，而成为缥缈的所指——一方面是"我"长成男子汉的陪衬和必需品；另一方面寄托着"我"的某种理想，某种"心绪"，某种"看不见的、独特的灵性"。关于"爱"与"成长"你是怎样看待的？

3. 在经济全球化的现时代，随着人员、信息与货物的跨民族、跨国界流动，人们的文化认同、民族认同以及国家认同日益成为一个必须时刻思考并做出选择的问题。请你谈谈，在一个多民族并存的统一国家中，如何做到民族认同与国家认同？

【平行阅读】

《狼图腾》　姜戎

《心灵史》　张承志

《穆斯林的葬礼》　霍达

第三章　亲情爱情

【专题概说】

　　文学作品是情感的宣泄与寄托,本章所辑作品每一篇都如同一把灵动的钥匙,从不同角度向读者叙述了亲情的细腻和隽永,歌颂了爱情的深沉和伟大。纵然亲人有别离,爱情有悲欢,但人生的隽永之处也许正在于此。一个人没有体会过亲人的关心与爱护,没有品尝过爱情的甜美动人,没有拥有过人间最美好的情真意切,他的人生必将是苍白无味的。

　　每个人的生命,从孕育开始就拥有亲情。亲情是一泓清泉,是一种深度,是一种没有条件、不求任何索取和回报的阳光沐浴。在岁月的长河中,父母之爱、夫妻之爱、手足之情最让人难以割舍,如同呼吸,伴人一生。文学作品中呈现出的亲情或温情脉脉,或含蓄深沉,都有一种震撼人心的力量。

　　爱情作为人类精神的一种最深沉的冲动,它有别于其他生物类的浅层生理冲动,其"深沉"正是由于人的道德、伦理、审美等诸多意识因素给予生理冲动一种感受,所以,爱情才成为人类独享的一种情感。自古以来,爱情与文学结下了不解之缘,成为文学最重要的主题之一。爱情为文学作品提供了素材,文学作品又将这些爱情传唱。爱情中的各个阶段、各个侧面、各种心情,在文学作品中都有精妙的展现。

　　文学可以丰富人的情感,它既可以唤醒、引发我们作为人性所必须具备的各种情感,比如爱、感激、怜悯、慈悲,甚至怨恨、悲伤等,并引导人感受之、体验之,又可以使人的情感体验与他人、自然、社会、生活相联系,加强对自我和他人、对自然和社会的关心和理解,从而使其情感世界日益丰富和完善,充满立体感。这些文学作品引导我们去感受爱,丰富爱的情感,扩大爱的范围,从爱亲人到爱家庭、爱祖国,从爱自然到爱美、爱真理,形成对人、对事、对己的社会态度与人性特征,在个体丰富多样的爱的活动中建构起爱的品质。人是渴望丰富的情感体验、强烈的感情共鸣的。我们要善于运用这些情感素材,激起我们内心的感情波澜,构建我们自己的情感世界。

女孩子的花

唐　敏

【作者介绍】

　　唐敏(1954—　　),原名齐红,中国当代散文家、小说家,中国作家协会会员、国际笔会荣誉会员。出生于上海,祖籍山东沂水,曾到福建山区插队,后曾在福建文联、厦门市文联工作。曾多次获得国内外文学奖,著有散文集《女孩子的花》《纯净的落叶》等。

相传水仙花是由一对夫妻变化而来的。丈夫名叫金盏,妻子名叫百叶。因此水仙花的花朵有两种,单瓣的叫金盏,重瓣的叫百叶。

"百叶"的花瓣有四重,两重白色的大花瓣中夹着两重黄色的短花瓣。看过去既单纯又复杂,像闽南善于沉默的女子,半低着头,眼睛向下看的。悲也默默,喜也默默。

"金盏"由六片白色的花瓣组成一个盘子,上面放一只黄花瓣团成的酒盏。这花看去一目了然,确有男子干脆简单的热情。特别是酒盏形的花蕊,使人想到死后还不忘饮酒的男人的豪情。

要是他们在变成花朵之前还没有结成夫妻,百叶的花一定是纯白的,金盏也不会有洁白的托盘。世间再也没有像水仙花这样体现夫妻互相渗透的花朵了吧?常常想象金盏喝醉了酒来亲昵他的妻子百叶,把酒气染在百叶身上,使她的花朵里有了黄色的短花瓣。百叶生气的时候,金盏端着酒杯,想喝而不敢,低声下气过来讨好百叶。这样的时候,水仙花散发出极其甜蜜的香味,是人间夫妻和谐的芬芳,弥漫在迎接新年的家庭里。

刚刚结婚,有没有孩子无所谓。只要有一个人出差,另一个就想方设法跟了去。炉子灭掉、大门一锁,无论到多么没意思的地方也是有趣的。到了有朋友的地方就尽兴地热闹几天,留下愉快的记忆。没有负担的生活,在大地上遛来逛去,被称作"游击队之歌"。每到一地,就去看风景,钻小巷走大街,袭击眼睛看得到的风味小吃。

可是,突然地、非常地想要得到唯一的"独生子女"。

冬天来临的时候,开始养育水仙花了。

从那一刻起,把水仙花看作是自己孩子的象征了。

像抽签那样,在一堆价格最高的花球里选了一个。

如果开"金盏"的花,我将有一个儿子;

如果开"百叶"的花,我会有一个女儿。

用小刀剖开花球,精心雕刻叶茎。一共有六个花苞。看着包在叶膜里像胖乎乎婴儿般的花蕾,心里好紧张。到底是儿子还是女儿呢?

我希望能开出"金盏"的花。

从内心深处盼望的是男孩子。

绝不是轻视女孩子。而是无法形容地疼爱女孩子。

爱到根本不忍心让她来到这个世界。

因为我不能保证她一生幸福,不能使她在短暂的人生中得到最美的爱情。尤其担心她的身段容貌不美丽而受到轻视,假如她奇丑无比却偏偏又聪明又善良,那就注定了她的一生将多么痛苦。

而男孩就不一样。男人是泥土造的,苦难使他们坚强。

"上帝"用泥土创造了男人,却用男人的肋骨造出了女人。肋骨上有新鲜的血和肉,只要轻轻一碰就会痛彻心肠。因此,女子连最微小的伤害也是不能忍受的。

从这个意义来说,女子是一种极其敏锐和精巧的昆虫。她们的触角、眼睛、柔软无骨的躯体,还有那艳丽的翅膀,仅仅是为了感受爱、接受爱和吸引爱而生成的。她们最早预感到灾难,又最早在灾难的打击下夭亡。

一天和朋友在咖啡座小饮。这位比我多了近十年阅历的朋友说:

"男人在爱他喜欢的女人的过程中感到幸福。他感到美满是因为对方接受他为她做的每件事。女人则完全相反,她只要接受爱就是幸福。如果女人去爱去追求她喜欢的男子,那是顶痛苦的事,而且被她爱的男人也就没有幸福的感觉了。这是非常奇妙的感觉。"

在茫茫的暮色中,从座位旁的窗口望下去,街上的行人如水,许多各种各样身世的男人和女人在匆匆走动。

"一般来说,男子的爱比女子长久。只要是他寄托过一段情感的女人,在许多年之后向他求助,他总是会尽心地帮助她的。男人并不太计较那女的从前对自己怎样。"

那一刹间我更加坚定了要生儿子的决心。男孩不仅仅天生比女孩能适应社会、忍受困苦,而且是女人幸福的源泉。我希望我的儿子至少能以善心厚待他生命中的女人,给她们短暂人生中永久的幸福感觉。

"做男人最大的缺点就是,没有办法珍惜他不喜欢的女人对他的爱慕。这种反感发自真心一点不虚伪,他们忍不住要流露出对那女儿的轻视。轻浮的少年就更加过分,在大庭广众下伤害那样的姑娘。这是男人邪恶的一面。"

我想到我的女儿,如果她有幸免遭当众的羞辱,遇到一位完全懂得尊重她感情的男人,却把尊重当成了对她的爱,那样的悲哀不是更深吗?在男人,追求失败了并没有破坏追求时的美感;在女人则成了一生一世的耻辱。

怎么样想,还是不希望有女孩。

用来占卜的水仙花却迟迟不开放。

这棵水仙长得从未有过地结实,从来没晒过太阳也绿葱葱的,虎虎有生气。

后来,花蕾冲破包裹的叶膜,像孔雀的尾巴一样张开来,六只绿孔雀停在一块。

每一个花骨朵都胀得满满的,但是却一直不肯开放。

到底是"金盏"还是"百叶"呢?

弗洛伊德的学说已经够让人害怕了,婴儿在吃奶的时期起就有了爱欲。而一生的行为都受着情欲的支配。

偶然听佛学院学生上课,讲到佛教的"缘生"说。关于十二因缘,就是从受胎到死的生命的因果律,主宰一切有形和无形的生命与精神变化的力量是情欲。不仅是活着的人对自身对事物的感觉受着情欲的支配,就连还没有获得生命形体的灵魂,也受着同样的支配。

生女儿的,是因为有一个女的灵魂爱上了做父亲的男子,投入他的怀抱,化作了他的女儿;

生儿子的,是因为有一个男的灵魂爱上了做母亲的女子,投入她的怀抱,化作她的儿子。

如果我到死也没有听到这种说法,脑子里就不会烙下这么骇人的火印。如今却怎么也忘不了。

回家,我问我的郎君:"要男孩还是女孩?"

"女孩!"他毫不犹豫地回答。

"男孩!"我气极了!

"为什么?"他奇怪了。

我却无从回答。

就这样,在梦中看见我的水仙花开放了。

无比茂盛,是女孩子的花,满满地开了一盆。

我失望得无法形容。

开在最高处的两朵并在一起的花说:

"妈妈不爱我们,那就去死吧!"

她俩向下一倒,浸入一盆滚烫的开水中。

等我急急忙忙把她们捞起来,并表示愿意带她们走的时候,她们已经烫得像煮熟的白菜叶子一样了。

过了几天,果然是女孩子的花开放了。

在短短的几天内,她们拼命地开放所有的花朵。也有一枝花茎抽得最高的,在这簇花朵中,有两朵最大的花并肩开放着。和梦中不同的是,她们不是抬着头的,而是全部低着头,像受了风吹,花向一个方向倾斜。抽得最长的那根花茎突然立不直了,软软地东倒西歪。用绳子捆,用铅笔顶,都支不住。一不小心,这花茎就倒下来。

不知多么抱歉,多么伤心。终日看着这盆盛开的花。

它发出一阵阵锐利的芬芳,香气直钻心底。她们无视我的关切,完全是为了她们自己在努力地表现她们的美丽。

每朵花都白得浮悬在空中,云朵一样停着。其中黄灿灿的花朵,是云中的阳光。她们短暂的花期分秒流逝。

她们的心中鄙视我。

我的郎君每天忙着公务,从花开到花谢,他都没有关心过一次,更没有谈到过她们。他不知道我的鬼心眼。

于是这盆女孩子的花就更加显出有多么的不幸了。

她们的花开盛了,渐渐要凋谢了,但依然美丽。

有一天停电,我点了一支蜡烛放在桌上。

当我从楼下上来时,发现蜡烛灭了,屋内漆黑。

我划亮火柴。

是水仙花倒在蜡烛上,把火压灭了。是那支抽得最高的花茎倒在蜡烛上,和梦中的花一样,她们自尽了。

蜡烛把两朵水仙花烧掉了,每朵烧掉一半。剩下的一半还是那样水灵灵地开放着,在半朵花的地方有一条黑得发亮的墨线。

并非不雅观!

我吓得好久回不过神来。

这就是女孩子的花,刀一样的花。

在世上可以做许多错事,但绝不能做伤害女孩子的事。

只剩了养水仙的盆。

我既不想男孩也不想女孩,更不做可怕的占卜了。

但是我命中的女儿却永远不会来临了。

1986 年 3 月妇女节写于厦门

选自《女孩子的花》,唐敏,福建人民出版社 1992 年版

【阅读导引】

《女孩子的花》是 20 世纪 80 年代"女性散文"的典范作品。

这是一篇浸透着女性生命体验的散文,文章主旨并不隐晦,通过对"女孩子的花"意象化的处理,细腻、生动地展现了青年女性对自身命运的紧张思考和复杂心态。所谓"女孩子的花",乃指传说中由一位名叫百叶的女孩变化而来的重瓣水仙花。作者以花喻人,呈现出女性命运中敏感、脆弱,却又万分倔强、不惜缩短生命也要怒放的"刀一样"的一面,也写出了同为女性,对女性生命的呵护、爱到极致而不愿其出生的敏感。"在世上可以做许多错事,但绝不能做伤害女孩子的事。"这是一种隐秘而深层的人性之美。结尾戛然而止,引人深思。

本文创作于 1986 年的"三八"妇女节,作为女性作家,选择这样一个极具特殊意义的写作时间本身就是值得深思的,深入文本之后我们会发现,作者提供的就是一个具有浓厚女性意识的女性话题。用唐敏自己的话来说,她的作品有一个最基本的主题,就是她始终着力于"写女性的苦难的美丽"。女性的苦难是有着特定的历史文化背景的,而女性的美丽即是自然造化之所赐。在唐敏的笔下将美丽与苦难双双呈现,使她对女性意识的抒写在温暖中更见凌厉。

另外,本文诗化的语言和结构与女性特有的情感和思想巧妙融合,笔墨流淌处,尽显作者对于文本独特、机智的安排,含蓄蕴藉,读来令人回味。

【思考训练】

1. 本文对于女性人生命运的思考,你有什么不同的见解?

2. 分析文章中的中心意象及其象征意蕴。

【平行阅读】

《拣麦穗》 张洁

《羞女山》 叶梦

《牡丹的拒绝》 张抗抗

家书一则

傅 雷

【作者介绍】

傅雷（1908—1966），字怒安，号怒庵，江苏省南汇县（今上海市浦东新区航头镇）人，著名的翻译家、教育家、评论家，早年留学法国巴黎大学。1940年以后主要从事外国文学翻译，译有《艺术哲学》《约翰·克利斯朵夫》及巴尔扎克小说15种。20世纪60年代初，因在翻译巴尔扎克作品方面的卓越贡献，被法国巴尔扎克研究会吸收为会员。另有散文、书评、札记及《傅雷家书》等著作多种。

一九六一年二月七日

从文艺复兴以来，各种古代文化，各种不同民族，各种不同的思想感情大接触之下，造成了近代人的极度复杂的头脑与心情。加上政治经济和社会的急剧变化（如法国大革命，十九世纪的工业革命，封建社会与资本主义社会的交替等），人的精神状态愈加充满了矛盾。这个矛盾中最尖锐的部分仍是基督教思想与个人主义的自由独立与自我扩张的对立。凡是非基督教的矛盾，仅仅反映经济方面的苦闷，其程度绝没有那么强烈。——在艺术上表现这种矛盾特别显著的，恐怕要算贝多芬了。以贝多芬与歌德作比较研究，大概更可证实我的假定。贝多芬乐曲中两个主题的对立，决不仅仅从技术要求出发，而主要是反映他内心的双重性。否则，一切sonata form（奏鸣曲式）都以两个对立的motifs（主题）为基础，为何独独在贝多芬的作品中，两个不同的主题会从头至尾斗争得那么厉害，那么凶猛呢？他的两个主题，一个往往代表意志，代表力，或者说代表一种自我扩张的个人主义（绝对不是自私自利的庸俗的个人主义或侵犯别人的自我扩张，想你不致误会）；另外一个往往代表扩张的暴力，或者说是命运，或者说是神，都无不可。虽则贝多芬本人决不同意把命运与神混为一谈，但客观分析起来，两者实在是一个东西。斗争的结果总是意志得胜，人得胜。但胜利并不持久，所以每写一个曲子就得重新挣扎一次，斗争一次。到晚年的四重奏中，斗争仍然不断发生，可是结论不是谁胜谁败，而是个人的隐忍与舍弃；这个境界在作者说来，可以美其名曰皈依，曰觉悟，曰解脱，其实是放弃斗争，放弃挣扎，以换取精神上的和平宁静，即所谓幸福，所谓极乐。挣扎了一辈子以后再放弃挣扎，当然比一开场就奴颜婢膝的屈服高明得多，也就是说"自我"的确已经大大地扩张了；同时却又证明"自我"不能无限制地扩张下去，而且最后承认"自我"仍然是渺小的，斗争的结果还是一场空，真正得到的只是一个觉悟，觉悟斗争之无益，不如与命运、与神，言归于好，求妥协。当然我把贝多芬的斗争说得简单化了一些，但大致并不错。此处不能作专题研究，有的地方只能笼统说说。——你以前信中屡次说到贝多芬最后的解脱仍是不彻底的，是否就是我以上说的那个意思呢？——我相信，要不是基督教思想统治了一千三四百年（从高卢人信奉基督教算起）的西方民族，现代欧洲人的精神状态决不会复杂到这步田地，即使复杂，也将是另外一种性质。比如我们中华民族，尽管近半个世纪以来也因为与西方文化接触之后而心情变得一天天复杂,尽管对人生的无常从古至今感慨伤叹,但我们的内心矛盾,决不能与宗教信仰、与现代精神(自我扩张)的矛盾相比。我们心目中的生死感慨,从无仰慕天堂的极其烦躁的期待与追求,也从无对永堕地狱的恐怖与忧虑;所以我们的哀伤只是出于生物的本能,而不是由发热的头脑造出许多极乐与极可怖的幻象来一方面诱惑自己一方面威吓自己。同一苦闷,程度强弱之大有差别,健康与病态的分别,大概就取决于这个因素。

中华民族从古以来不追求自我扩张,从来不把人看作高于一切,在哲学文艺方面的表现都反映出人在自然界中与万物占着一个比例较为恰当的地位,而非绝对统治万物,奴役万物的主宰。因此我们的苦闷,基本上比西方人为少为小;因为苦闷的强弱原是随欲望与野心的大小而转移的。农业社会的人比工业社会的人享受差得多,因此欲望也小得多。况中国古代素来以不滞于物,不为物役为最主要的人生哲学。并非我们没有守财奴,但比起莫里哀与巴尔扎克笔下的守财奴与野心家来,就小巫见大巫了。中华民族多数是性情中正和平,淡泊,朴实,比西方人容易满足。——另一方面,佛教影响虽然很大,但天堂地狱之说只是佛教中的小乘(净土宗)的说法,专为知识较低的大众而设的。真正的佛教教理并不相信真有天堂地狱;而是从理智上求觉悟,求超度;觉悟是悟人世的虚幻,超度是超脱痛苦与烦恼。尽管是出世思想,却不予人以热烈追求幸福的鼓动,或急于逃避地狱的恐怖;主要是劝导人求智慧。佛教的智慧正好与基督教的信仰成为鲜明的对比。智慧使人自然而然的醒悟,信仰反易使人入于偏执与热狂之途。——我们的民族本来提倡智慧。(中国人的理想是追求智慧而不是追求信仰。我们只看见古人提到彻悟,从未以信仰坚定为人生乐事[这恰恰是西方人心目中的幸福]。你认为韩德尔比巴赫为高,你说前者是智慧的结晶,后者是信仰的结晶:这个思想根源也反映出我们的民族性。)故知识分子受到佛教影响并无恶果。即使南北朝时代佛教在中国极盛,愚夫愚妇的迷信亦未尝在吾国文化史上遗留什么毒素,知识分子亦从未陷于虚无主义。(即使有过一个短时期,但在历史上并无大害)——相反,在两汉以儒家为惟一正统,罢斥百家,思想入于停滞状态之后,佛教思想的输入倒是给我们精神上一种刺激,令人从麻痹中觉醒过来,从狭隘的一家一派的束缚中解放出来。在纪元二三世纪的思想情况之下这是一个可喜的现象。——对中国知识分子拘束最大的倒是僵死的礼教,从南宋的理学(程子朱子)起一直到清朝末年,养成了规行矩步,整天反省,惟恐背礼越矩的迂腐头脑,也养成了口是心非的假道学、伪君子。其次是明清两代的科举制度,不仅束缚性灵,也使一部分有心胸有能力的人徘徊于功名利禄与真正修心养性,致知格物的矛盾中(反映于《儒林外史》中)。——然而这一类的矛盾也绝不像近代西方人的矛盾那么有害身心。我们的社会进步迟缓,资本主义制度发展若断若续,封建时代的经济基础始终存在,封建时代的道德观、人生观、宇宙观以及一切上层建筑,到近百年中还有很大势力,使我们的精神状态,思想情形不致如资本主义高度发展的国家的人那样混乱、复杂、病态;我们比起欧美人来一方面是落后,一方面也单纯,就是说更健全一些。——从民族特性,传统思想,以及经济制度等等各个方面看,我们和西方人比较之下都有这个双重性。——"五四"以来,情形急转直下,西方文化的输入使我们的头脑受到极大的骚动,正如"帝国主义的资本主义"的侵入促成我们半封建半资本主义社会的崩溃一样。我们开始感染到近代西方人的烦恼,幸而时期不久,并且宗教影响在我们思想上并无重大作用(西方宗教只影响到买办阶级以及一部分比较落后地区的农民,而且也并不深刻),故虽有现代式的苦闷,并不太尖锐。我们还是有我们老一套的东方思想与东方哲学,作为批判西方文化的尺度。当然以上所说特别是限于解放以前为止的时期。解放以后情形大不相同,暇时再谈。但即是解放以前我们一代人的思想情况,你也承受下来了,感染得相当深了。我想你对西方艺术、西方思想、西方社会的反应和批评,骨子里都有我们一代(比你早一代)的思想根源,再加上解放以后新社会给你的理想,使你对西欧的旧社会更有另外一种看法,另外一种感觉。——倘能从我这一大段历史分析(不管如何片面、如何不正确)来分析你目前的思想感情,也许能大大减少你内心苦闷的尖锐程度,使你的矛盾不致影响你身心的健康与平衡,你说是不是?

人没有苦闷,没有矛盾,就不会进步。有矛盾才会逼你解决矛盾,解决一次矛盾即往前迈进一步。到晚年矛盾减少,即是生命将要告终的表现。没有矛盾的一片恬静只是一个崇高的理想,真正实现的话并不是一个好现象。——凭了修养的功夫所能达到的和平恬静只是极短暂的,比如浪潮的尖峰,一刹那就要过去的。或者理想的平和恬静乃是微波荡漾,有矛盾而不太尖锐,而且随时能解决的那种精神修养,可绝非一泓死水:一泓死水有什么可羡呢?我觉得倘若苦闷而不致陷入悲观厌世,有矛盾而能解决(至少在理论上认识上得到一个总结),那么苦闷与矛盾并不可怕。所要避免的乃是因苦闷而导致身心失常,或者玩世不恭,变做游戏人生的态度。从另一角度看,最伤人的(对己对人,对小我与集体都有害的)乃是由 passion(激情)出发的苦闷与矛盾,例如热衷名利而得不到名利的人,怀着野心而明明不能实现的人,经常忌妒别人、仇恨别人的人,那一类苦闷便是与己与人都有大害的。凡是从自卑感自溺狂等等来的苦闷对社会都是不利的,对自己也是致命伤。反之,倘是忧时忧国,不是为小我打算而是为了社会福利、人类前途而感到的苦闷,因为出发点是正义,是理想,是热爱,所以即有矛盾,对己对人都无害处,倒反能逼自己作出一些小小的贡献来。但此种苦闷也须用智慧来解决,至少在苦闷的时间不能忘了明哲的教训,才不至于转到悲观绝望,用灰色眼镜看事物,才能保持健康的心情继续在人生中奋斗,——而惟有如此,自己的小我苦闷才能转化为一种活泼泼的力量而不仅仅成为愤世嫉俗的消极因素;因为愤世嫉俗并不能解决矛盾,也就不能使自己往前迈进一步。由此得出一个结论,我们不怕经常苦闷,经常矛盾,但必须不让这苦闷与矛盾妨碍我们愉快的心情。

选自《傅雷家书》增订第五版,傅雷,生活·读书·新知三联书店 1998 年版

【阅读导引】

《傅雷家书》是作者写给儿子的书信选集,摘编了傅雷先生 1954 年至 1966 年 6 月的 186 封书信,最长的一封信长达七千多字。字里行间,充满了父亲对儿子的挚爱与期望,以及对国家和世界的高尚情感。

傅雷说,他给儿子写的信有好几种作用:一是讨论艺术;二是激发青年人的感想;三是训练傅聪的文笔和思想;四是做一面忠实的"镜子"。信中的内容,除了生活琐事之外,更多的是谈论艺术与人生,灌输一个艺术家应有的高尚情操,让儿子知道"国家的荣辱、艺术的尊严",做一个"德艺俱备,人格卓越的艺术家"。爱子本是人之常情,而傅雷对傅聪的爱没有止于脉脉的舐犊之情,而是始终把道德与艺术放在第一位。可以说,傅雷夫妇作为中国父母的典范,一生苦心孤诣,呕心沥血培养的两个孩子:著名钢琴大师傅聪和英语特级教师

傅敏,是他们先做人、后成"家",超脱小我,独立思考,因材施教等教育思想的成功体现。

本文所选是作者 1961 年 2 月 7 日写给儿子傅聪的信件,从文艺复兴以来人们的精神状态谈起,延伸到对欧洲文化的认识,进而谈论欧洲文化和中国文化的特征,以及欧洲文化所面临的问题,中国文化的优秀传统等,最后谈到个人修养和人生态度的问题。作者学识渊博,文学艺术修养深湛,所谈切中要害,对于读者了解中西方文化的一些根本问题,极有助益。当然,由于深受人文主义的影响,作者对基督教文明对近代欧洲社会的历史作用更多持批评的态度,在今天看来可能有一定的局限性。但是在作者所处的特殊环境中,他的感受和看法无疑是有相当的合理性和深沉的历史意味的。

《傅雷家书》是一本"充满着父爱的苦心孤诣、呕心沥血的教子篇";也是"最好的艺术学徒修养读物";更是既平凡又典型的近代中国知识分子的深刻写照,对青年学子的思想情操、文化修养的启迪作用既深且远。

【思考训练】

1. 傅雷对东西方文化差异的看法,你有哪些不同的见解?

2. 你有多久没有写信了?请重拾这种情感交流的方式,给远方的亲人、朋友写一封信。

【平行阅读】

《诫子歆书》 [西汉]刘向

《傅雷家书》 傅雷

《给我的孩子们》 丰子恺

祭十二郎文

韩 愈

【作者介绍】

韩愈(768—824),字退之,河南河阳(今河南孟州市)人,自称"郡望昌黎",世称"韩昌黎""昌黎先生"。唐代杰出的文学家、思想家、哲学家,政治家。贞元八年(792 年),韩愈登进士第,两任节度推官,累官监察御史。后因论事而被贬阳山,历都官员外郎、史馆修撰、中书舍人等职。元和十二年(817 年),出任宰相裴度的行军司马。其后又被贬至潮州。晚年官至吏部侍郎,人称"韩吏部"。长庆四年(824 年),韩愈病逝,年五十七,追赠礼部尚书,谥号"文",故称"韩文公"。元丰元年(1078 年),追封昌黎伯,并从祀孔庙。是唐代古文运动的倡导者,其散文气势充沛,雄奇奔放,对当时及后世都有重大影响,因而被列于"唐宋八大家"之首,与柳宗元并称"韩柳",后人将其与柳宗元、欧阳修和苏轼合称"千古文章四大家"。他提出的"文道合一""气盛言宜""务去陈言""文从字顺"等散文的写作理论,对后人很有指导意义。著有《韩昌黎集》等。

年月日[1]，季父愈闻汝丧之七日，乃能衔哀致诚，使建中远具时羞之奠[2]，告汝十二郎之灵：

呜呼！吾少孤[3]，及长，不省所怙，惟兄嫂是依。中年，兄殁南方，吾与汝俱幼，从嫂归葬河阳。既又与汝就食江南[4]。零丁孤苦，未尝一日相离也。吾上有三兄，皆不幸早逝，承先人后者，在孙惟汝，在子惟吾。两世一身，形单影只。嫂尝抚汝指吾而言曰："韩氏两世，惟此而已！"汝时尤小，当不复记忆；吾时虽能记忆，亦未知其言之悲也！

吾年十九，始来京城；其后四年，而归视汝。又四年，吾往河阳省坟墓，遇汝从嫂丧来葬。又二年，吾佐董丞相于汴州，汝来省吾。止一岁，请归取其孥[5]；明年丞相薨，吾去汴州，汝不果来。是年，吾佐戎徐州，使取汝者始行，吾又罢去，汝又不果来。吾念汝从于东，东亦客也，不可以久；图久远者，莫如西归，将成家而致汝。呜呼！孰谓汝遽去吾而殁乎！吾与汝俱少年，以为虽暂相别，终当久相与处，故舍汝而旅食京师，以求斗斛之禄[6]。诚知其如此，虽万乘之公相，吾不以一日辍汝而就也。

去年，孟东野往。吾书与汝曰："吾年未四十，而视茫茫，而发苍苍，而齿牙动摇。念诸父与诸兄，皆康强而早世。如吾之衰者，其能久存乎？吾不可去，汝不肯来，恐旦暮死，而汝抱无涯之戚也！"孰谓少者殁而长者存，强者夭而病者全乎！呜呼！其信然邪？其梦邪？其传之非其真邪？信也，吾兄之盛德而夭其嗣乎？汝之纯明而不克蒙其泽乎？少者强者而夭殁，长者衰者而存全乎？未可以为信也。梦也，传之非其真也，东野之书，耿兰之报[7]，何为而在吾侧也？呜呼！其信然矣！吾兄之盛德而夭其嗣矣！汝之纯明宜业其家者，不克蒙其泽矣！所谓天者诚难测，而神者诚难明矣！所谓理者不可推，而寿者不可知矣！虽然，吾自今年来，苍苍者或化而为白矣，动摇者或脱而落矣，毛血日益衰，志气日益微，几何不从汝而死也！死而有知，其几何离；其无知，悲不几时，而不悲者无穷期矣[8]！汝之子始十岁，吾之子始五岁。少而强者不可保，如此孩提者又可冀其成立邪？呜呼哀哉！呜呼哀哉！

汝去年书云："比得软脚病，往往而剧。"吾曰："是疾也，江南之人常常有之。"未始以为忧也。呜呼！其竟以此而殒其生乎？抑别有疾而至斯乎？汝之书，六月十七日也；东野云：汝殁以六月二日，耿兰之报无月日。盖东野之使者不知问家人以月日，如耿兰之报不知当言月日，东野与吾书，乃问使者，使者妄称以应之耳。其然乎？其不然乎？

今吾使建中祭汝，吊汝之孤与汝之乳母。彼有食可守以待终丧，则待终丧而取以来；如不能守以终丧，则遂取以来。其余奴婢，并令守汝丧。吾力能改葬，终葬汝于先人之兆[9]，然后惟其所愿。呜呼！汝病吾不知时，汝殁吾不知日；生不能相养以共居，殁不得抚汝以尽哀，敛不凭其棺，窆不临其穴[10]；吾行负神明而使汝夭，不孝不慈，而不得与汝相养以生，相守以死；一在天之涯，一在地之角，生而影不与吾形相依，死而魂不与吾梦相接：吾实为之，其又何尤？彼苍者天，曷其有极！

自今已往，吾其无意于人世矣。当求数顷之田于伊颍之上，以待馀年。教吾子与汝子，幸其成；长吾女与汝女，待其嫁——如此而已。呜呼！言有尽而情不可终，汝其知也邪？其不知也邪？呜呼哀哉！尚飨[11]！

选自《韩昌黎文集校注》，马其昶校注，马茂元整理，上海古籍出版社1986年版

【注释】

[1] 年月日：写祭文的时间。这里的具体时间在拟稿时作了省略。

[2] 时羞：应时的鲜美食物。奠：这里指祭品。

[3] 孤：幼年丧父。韩愈的父亲去世时，韩愈只有三岁。

[4] 就食江南：到江南谋生。

[5] 请归取其孥：请求回去接妻、子来同住。孥(nú)：妻子儿女的统称。

[6] 斗斛之禄：很少的俸禄。古代以十斗为一斛。

[7] 耿兰：送报丧信的仆人。报：指报丧信。

[8] 不悲者：指死后无喜无悲的状态。

[9] 兆：坟地。

[10] 窆(biǎn)：落葬，即下棺木于墓穴。

[11] 尚飨：古代祭文常用的结束语，意思是希望死者来享受祭品。

【阅读导引】

此文是韩愈于唐德宗贞元十九年(803年)，在长安任监察御史时，为祭侄子十二郎而写的一篇祭文，追叙他与十二郎孤苦相依的幼年往事，融注了深厚的感情，被前人誉为祭文中的"千年绝调"。

韩愈幼年丧父，靠兄嫂抚养成人，与其侄十二郎自幼相守，历经磨难，感情特别深厚。但成年以后，韩愈四处漂泊，与十二郎很少见面。正当他官运好转，有可能与十二郎相聚的时候，突然传来噩耗。韩愈悲痛欲绝，写下这篇祭文。

祭文偏重于抒发对死者的悼念哀痛之情，一般是结合对死者功业德行的颂扬而展开的。本文一反传统祭文以铺排郡望、藻饰官阶、历叙生平、歌功颂德为主的固定格式，把抒情与叙事结合在一起，联系家庭、身世和生活琐事，反复抒写他对亡侄的无限哀痛，表达刻骨铭心的骨肉至情。同时，也饱含着自己凄楚的宦海沉浮的人生感慨。全文以向死者诉说的口吻写成，哀家族之凋落，哀己身之未老先衰，哀死者之早夭，疑天理疑神明，疑生死之数，乃至疑后嗣之成立，极写内心的辛酸悲痛。文章语意反复而一气贯注，最能体现在特定情景下散文的优长，具有浓厚的抒情色彩；形式上则破骈为散，采用自由多变的散体，正如林纾在《韩柳文研究法·韩文研究法》中所说："祭文体，本以用韵为正格……至《祭十二郎文》，至痛彻心，不能为辞，则变调为散体。"使全文有吞声呜咽之态，无夸饰艳丽之辞，为后世欧阳修《泷冈阡表》、归有光《项脊轩志》、袁枚《祭妹文》等开辟新径。

只要有生命存在，吊祭就不会消失，所以也可以说祭文是最有实用价值的文体之一。这篇千古传颂的祭文佳作，读者当能从中汲取营养，得到启示。

【思考训练】

1. 这篇祭文为什么深情感人？作者是如何抒发感情的？

2. 有人认为袁枚的《祭妹文》是本文的接踵之作，比较两篇文章，你能否找出祭文佳作的一些共通之处？

【平行阅读】

《怀念萧珊》 巴金

《哭小弟》 宗璞

《祭妹文》 [清]袁枚

祭 妹 文

袁 枚

乾隆丁亥冬，葬三妹素文于上元之羊山，而奠以文曰：

呜呼！汝生于浙，而葬于斯，离吾乡七百里矣；当时虽觭梦幻想，宁知此为归骨所耶？

汝以一念之贞，遇人仳离，致孤危托落，虽命之所存，天实为之；然而累汝至此者，未尝非予之过也。予幼从先生授经，汝差肩而坐，爱听古人节义事；一旦长成，遽躬蹈之。呜呼！使汝不识《诗》《书》，或未必艰贞若是。

余捉蟋蟀，汝奋臂出其间；岁寒虫僵，同临其穴。今予殓汝葬汝，而当日之情形，憬然赴目。予九岁，憩书斋，汝梳双髻，披单缣来，温《缁衣》一章；适先生奓入户，闻两童子音琅琅然，不觉莞尔，连呼"则则"，此七月望日事也。汝在九原，当分明记之。予弱冠粤行，汝掎裳悲恸。逾三年，予披宫锦还家，汝从东厢扶案出，一家瞠视而笑，不记语从何起，大概说长安登科、函使报信迟早云尔。凡此琐琐，虽为陈迹，然我一日未死，则一日不能忘。旧事填膺，思之凄梗，如影历历，逼取便逝。悔当时不将婴婉情状，罗缕记存；然而汝已不在人间，则虽年光倒流，儿时可再，而亦无可与为证印者矣。

汝之义绝高氏而归也，堂上阿奶，仗汝扶持；家中文墨，眹汝办治。尝谓女流中最少明经义、谙雅故者。汝嫂非不婉嫕，而于此微缺然。故自汝归后，虽为汝悲，实为予喜。予又长汝四岁，或人间长者先亡，可将身后托汝；而不谓汝之先予以去也！

前年予病，汝终宵刺探，减一分则喜，增一分则忧。后虽小差，犹尚殗殢，无所娱遣；汝来床前，为说稗官野史可喜可愕之事，聊资一欢。呜呼！今而后，吾将再病，教从何处呼汝耶？

汝之疾也，予信医言无害，远吊扬州；汝又虑戚吾心，阻人走报；及至绵惙已极，阿奶问："望兄归否？"强应曰："诺。"已予先一日梦汝来诀，心知不祥，飞舟渡江，果予以未时还家，而汝已辰时气绝；四肢犹温，一目未瞑，盖犹忍死待予也。呜呼痛哉！早知诀汝，则予岂肯远游？即游，亦尚有几许心中言要汝知闻，共汝筹画也，而今已矣！除吾死外，当无见期。吾又不知何日死，可以见汝；而死后之有知无知，与得见不得见，又卒难明也。然则抱此无涯之憾，天乎人乎！而竟已乎！

汝之诗，吾已付梓；汝之女，吾已代嫁；汝之生平，吾已作传；惟汝之窀穸，尚未谋耳。先茔在杭，江广河深，势难归葬，故请母命而宁汝于斯，便祭扫也。其旁葬汝女阿印；其下两冢：一为阿爷侍者朱氏，一为阿兄侍者陶氏。羊山旷渺，南望原隰，西望栖霞，风雨晨昏，羁魂有伴，当不孤寂。所怜者，吾自戊寅年读汝哭侄诗后，至今无男；两女牙牙，生汝死后，才周晬耳。予虽亲在未敢言老，而齿危发秃，暗里自知；知在人间，尚复几日？阿品远官河南，亦无子女，九族无可继者。汝死我葬，我死谁埋？汝倘有灵，可能告我？

呜呼！生前既不可想，身后又不可知；哭汝既不闻汝言，奠汝又不见汝食。纸灰飞扬，朔风野大，阿兄归矣，犹屡屡回头望汝也。呜呼哀哉！呜呼哀哉！

选自《袁枚全集》第二册，王英志审校，江苏古籍出版社 1993 年版

赋得永久的悔

季羡林

【作者介绍】

季羡林(1911—2009)，著名的古文字学家、历史学家、东方学家、思想家、翻译家、佛学家、作家。山东临清人。1930 年考入清华大学西洋文学系专修德文。1935 年入德国哥廷根大学主修印度学，先后掌握了梵文、巴利文、佛教混合梵文、吐火罗文等古代语言。1946 年被聘为北京大学教授，主持创建东方语言文学系。1956 年当选为中国科学院哲学社会科学部委员。1978 年任北京大学副校长，中国社科院南亚研究所所长。学术研究领域范围极广，主要研究印度古代语言、中印佛教史、吐火罗文译释、中印文化交流史、比较文学、文艺理论、东方文化、敦煌学等，成就惊人。100 多部著作已汇编成 24 卷《季羡林文集》。主持编纂的《四库全书存目丛书》《传世藏书》《神州文化集成》《东方文化集成》等大型丛书在传播中国传统文化、弘扬中华民族精神方面发挥了重要作用。

题目是韩小蕙小姐出的，所以名之曰"赋得"。但文章是我心甘情愿作的，所以不是八股。

我为什么心甘情愿作这样一篇文章呢？一言以蔽之，题目出得好，不但实获我心，而且先获我心；我早就想写这样一篇东西了。

我已经到了望九之年。在过去的七八十年中，从乡下到城里；从国内到国外；从小学、中学、大学到洋研究院；从"志于学"到超过"从心所欲不逾矩"，曲曲折折，坎坎坷坷。既走过阳关大道，也走过独木小桥；既经过"山重水复疑无路"，又看到"柳暗花明又一村"。喜悦与忧伤并驾，失望与希望齐飞，我的经历可谓多矣。要讲后悔之事，那是俯拾皆是。要选其中最深切、最真实、最难忘的悔，也就是永久的悔，那也是唾手可得，因为它片刻也没有离开过我的心。

我这永久的悔就是：不该离开故乡，离开母亲。

我出生在鲁西北一个极端贫困的村庄里。我们家是贫中之贫，真可以说是贫无立锥之地。"十年浩劫"中，我自己跳出来反对北大那一位倒行逆施但又炙手可热的"老佛爷"，被她视为眼中钉，必欲除之而后快。她手下的小喽啰们曾两次窜到我的故乡，处心积虑地把我"打"成地主，他们那种狗仗人势穷凶极恶的教师爷架子，并没有能吓倒我的乡亲。我小时候的一位伙伴指着他们的鼻子，大声说："如果让整个官庄来诉苦的话，季羡林家是第一家！"

这一句话并没有夸大,他说的是实情。我祖父母早亡,留下了我父亲等三个兄弟,孤苦伶仃,无依无靠。最小的一叔送了人。我父亲和九叔饿得没有办法,只好到别人家的枣林里去捡落到地上的干枣充饥。这当然不是长久之计。最后兄弟俩被逼背井离乡,盲流到济南去谋生。此时他俩也不过十几二十岁。在举目无亲的大城市里,必然是经过千辛万苦,九叔在济南落住了脚。于是我父亲就回到了故乡,说是农民,但又无田可耕。又必然是经过千辛万苦,九叔从济南有时寄点钱回家,父亲赖以生活。不知怎么一来,竟然寻上了媳妇,她就是我的母亲。母亲的娘家姓赵,门当户对,她家穷得同我们家差不多,否则也决不会结亲。她家里饭都吃不上,哪里有钱、有闲上学。所以我母亲一个字也不识,活了一辈子,连个名字都没有。她家是在另一个庄上,离我们庄五里路。这个五里路就是我母亲毕生所走的最长的距离。

北京大学那一位"老佛爷"要"打"成"地主"的人,也就是我,就出生在这样一个家庭里,就有这样一位母亲。

后来我听说,我们家确实也"阔"过一阵。大概在清末民初,九叔在东三省用口袋里剩下的最后五角钱,买了十分之一的湖北水灾奖券,中了奖。兄弟俩商量,要"富贵而归故乡",回家扬一下眉,吐一下气。于是把钱运回家,九叔仍然留在城里,乡里的事由父亲一手张罗。他用荒唐离奇的价钱,买了砖瓦,盖了房子。又用荒唐离奇的价钱,置了一块带一口水井的田地。一时兴会淋漓,真正扬眉吐气了。可惜好景不长,我父亲又用荒唐离奇的方式,仿佛宋江一样,豁达大度,招待四方朋友。一转瞬间,盖成的瓦房又拆了卖砖、卖瓦。有水井的田地也改变了主人。全家又回归到原来的情况。我就是在这个时候,在这样的情况下降生到人间来的。

母亲当然亲身经历了这个巨大的变化。可惜,当我同母亲住在一起的时候,我只有几岁,告诉我,我也不懂。所以,我们家这一次陡然上升,又陡然下降,只像是昙花一现,我到现在也不完全明白。这谜恐怕要成为永恒的谜了。

不管怎样,我们家又恢复到从前那种穷困的情况。后来听人说,我们家那时只有半亩多地。这半亩多地是怎么来的,我也不清楚。一家三口人就靠这半亩多地生活。城里的九叔当然还会给点接济,然而像中湖北水灾奖那样的事儿,一辈子有一次也不算少了。九叔没有多少钱接济他的哥哥了。

家里日子是怎样过的,我年龄太小,说不清楚。反正吃得极坏,这个我是懂得的。按照当时的标准,吃"白的"(指麦子面)最高,其次是吃小米面或棒子面饼子,最次是吃红高粱饼子,颜色是红的,像猪肝一样。"白的"与我们家无缘。"黄的"(小米面或棒子面饼子颜色都是黄的)与我们缘分也不大。终日为伍者只有"红的"。这"红的"又苦又涩,真是难以下咽。但不吃又害饿,我真有点谈"红"色变了。

但是,小孩子也有小孩子的办法。我祖父的堂兄是一个举人,他的夫人我喊她奶奶。他们这一支是有钱有地的。虽然举人死了,但家境依然很好。我这一位大奶奶仍然健在。她的亲孙子早亡,所以把全部的钟爱都倾注到我身上来。她是整个官庄能够吃"白的"的仅有的几个人中之一。她不但自己吃,而且每天都给我留出半个或者四分之一个白面馍馍来。我每天早晨一睁眼,立即跳下炕来向村里跑,我们家住在村外。我跑到大奶奶跟前,清脆甜美地喊上一声:"奶奶!"她立即笑得合不上嘴,把手缩回到肥大的袖子,从口袋里掏出一小块馍馍,递给我,这是我一天最幸福的时刻。

此外,我也偶尔能够吃一点"白的",这是我自己用劳动换来的。一到夏天麦收季节,我们家根本没有什么麦子可收。对门住的宁家大婶子和大姑——她们家也穷得够呛——就带我到本村或外村富人的地里去"拾麦子"。所谓"拾麦子"就是别家的长工割过麦子,总还会剩下那么一点点麦穗,这些都是不值得一捡的,我们这些穷人就来"拾"。因为剩下的决不会多,我们拾上半天,也不过拾半篮子,然而对我们来说,这已经是如获至宝了。一定是大婶和大姑对我特别照顾,以一个四五岁、五六岁的孩子,拾上一个夏天,也能拾上十斤八斤麦粒。这些都是母亲亲手搓出来的。为了对我加以奖励,麦季过后,母亲便把麦子磨成面,蒸成馍馍,或贴成白面饼子,让我解馋。我于是就大快朵颐了。

记得有一年,我拾麦子的成绩也许是有点"超常"。到了中秋节——农民嘴里叫"八月十五"——母亲不知从哪里弄了点月饼,给我掰了一块,我就蹲在一块石头旁边,大吃起来。在当时,对我来说,月饼可真是神奇的东西,龙肝凤髓也难以比得上的,我难得吃一次。我当时并没有注意,母亲是否也在吃。现在回想起来,她根本一口也没有吃。不但是月饼,连其他"白的",母亲从来都没有尝过,都留给我吃了。她大概是毕生就与红色的高粱饼子为伍。到了歉年,连这个也吃不上,那就只有吃野菜了。

至于肉类,吃的回忆似乎是一片空白。我老娘家隔壁是一家卖煮牛肉的作坊。给农民劳苦耕耘了一辈子的老黄牛,到了老年,耕不动了,几个农民便以极其低的价钱买来,用极其野蛮的办法杀死,把肉煮烂,然后卖掉。老牛肉难煮,实在没有办法,农民就在肉锅里小便一通,这样肉就好烂了。农民心肠好,有了这种情况,就昭告四邻:"今天的肉你们别买!"老娘家穷,虽然极其疼爱我这个外孙,也只能用土罐子,花几个制钱,装一罐子牛肉汤,聊胜于无。记得有一次,罐子里多了一块牛肚子,这就成了我的专利。我舍不得一气吃掉,就用生了锈的小铁刀,一块一块地割着吃,慢慢地吃。这一块牛肚真可以同月饼媲美了。

"白的"、月饼和牛肚难得,"黄的"怎样呢?"黄的"也同样难得。但是,尽管我只有几岁,我却也想出了办法。到了春、夏、秋三个季节,庄外的草和庄稼都长起来了。我就到庄外去割草,或者到人家高粱地里去劈高粱叶。劈高粱叶,田主不但不禁止,而且还欢迎;因为叶子一劈,通风情况就能改进,高粱长得就能更好,粮食打得就能更多。草和高粱叶都是喂牛用的。我们家穷,从来没有养过牛。我二大爷家是有地的,经常养着两头大牛。我这草和高粱叶就是给它们准备的。每当我这个不到三块豆腐高的孩子背着一大捆草或高粱叶走进二大爷的大门,我心里有所恃而不恐,把草放在牛圈里,赖着不走,总能蹭上一顿"黄的"吃,不会被二大娘"卷"(我们那里的土话,意思是"骂")出来。到了过年的时候,自己心里觉得,在过去的一年里,自己喂牛立了功,又有了勇气到二大爷家里赖着吃黄面糕。黄面糕是用黄米面加上枣蒸成的。颜色虽黄,却位列"白的"之上,因为一年只在过年时吃一次,物以稀为贵,于是黄面糕就贵了起来。

我上面讲的全是吃的东西。为什么一讲到母亲就讲起吃的东西来了呢?原因并不复杂。第一,我作为一个孩子容易关心吃的东西。第二,所有我在上面提到的好吃的东西,几乎都与母亲无缘。除了"黄的"以外,其余她都不沾边儿。我在她身边只待到六岁,以后两次奔丧回家,待的时间也很短。现在我回忆起来,连母亲的面影都是迷离模糊的,没有一个清晰的轮廓。特别有一点,让我难解而又易解:我无论如何也回忆不起母亲的笑容来,她好像是一辈子都没有笑过。家境贫困，儿子远离，她受尽了苦难，笑容从何而来呢？有一次我回家听对面的宁大婶子告诉我说："你娘经常说：'早知道送出去回不来，我无论如何也不会放他走的！'"简短的一句话里面含着多少辛酸、多少悲伤啊！母亲不知有多少日日夜夜，眼望远方，盼望自己的儿子回来啊！然而这个儿子却始终没有归去，一直到母亲离开这个世界。

对于这个情况，我最初懵懵懂懂，理解得并不深刻。到上了高中的时候，自己大了几岁，逐渐理解了。但是自己寄人篱下，经济不能独立，空有雄心壮志，怎奈无法实现，我暗暗地下定了决心，立下了誓愿：一旦大学毕业，自己找到工作，立即迎养母亲，然而没有等到我大学毕业，母亲就离开我走了，永远永远地走了。古人说："树欲静而风不止，子欲养而亲不待"，这话正应到我身上。我不忍想象母亲临终思念爱子的情况；一想到，我就会心肝俱裂，眼泪盈眶。当我从北平赶回济南，又从济南赶回清平奔丧的时候，看到了母亲的棺材，看到那简陋的屋子，我真想一头撞死在棺材上，随母亲于地下。我后悔，我真后悔，我千不该万不该离开了母亲。世界上无论什么名誉，什么地位，什么幸福，什么尊荣，都比不上待在母亲身边，即使她一个字也不识，即使整天吃"红的"。

这就是我的"永久的悔"。

1994 年 3 月 5 日

选自《赋得永久的悔》，季羡林，人民日报出版社 2007 年版

【阅读导引】

此文是一篇感人至深的纪念母亲的散文佳作，一经发表，广为流传。在文中，作者讲述了他人生永久的悔，即不该离开故乡，离开母亲。整篇文章一气呵成，表达了作者对母亲的热爱、思念、愧疚、悔恨交织碰撞的深情，感人肺腑，读来令人热泪盈眶，不可抗御。

作者 6 岁以前是和母亲朝夕相处、相依为命的，文章对这一段童年生活的回忆，聚焦在"吃"。他讲到自己家穷苦到什么程度，一个 6 岁的孩子"说不清楚""反正吃的极坏，这个是我懂的"。全文用大量的篇幅，回忆了孩提时代吃的东西，形象地用"白的""黄的""红的"三种颜色来区分食物等次，将如何获取食物作为线索展开叙述。这既符合孩童认知的特点，也是食物匮乏、凄苦艰辛的幼年生活的白描。为什么一讲到母亲就讲起吃的东西呢？原因并不复杂，民以食为天，穷人家更是一直过着吃不饱的日子，作为一个穷人家的孩子对关于吃的东西，留下的印象最深，为吃饱肚子，想方设法，无所不用其极。但是更深层的意义是作者写到自己偶尔也有几次吃到稍微好一点的东西，几乎都与母亲无缘。季羡林一生所有关于母亲的记忆，只有幼年时自己想方设法寻找食物而母亲终日只吃"红的"的镜头。后来投奔叔父去私塾读书，从此便离开了母亲。虽然早就立下誓愿："一旦大学毕业，自己找到工作，立即迎养母亲"，可是大学还未毕业，母亲早逝，这成为季羡林一生最深切的伤痛。整篇文章，笔墨中浸透着苦难，饱含着深情，前文叙写舒缓平静，直到文末，感情迅速推倒了顶点，"永久的悔"给人以强烈的震撼力。年幼时不懂尽孝，年轻时无力尽孝，成年后却无从尽孝，这是"树欲静而风不止，子欲养而亲不待"的人生大悲哀。如此悔憾，让人情何以堪！

本文以不事雕琢的朴素文字娓娓道来，把一位母亲对儿子的至疼至爱和儿子对母亲的怀念愧疚寓于质朴的语言中，展现了季羡林饱经沧桑，丰富细腻的感情世界，情感真挚凄

切,令人叹为观止,也给我们启发:好的文章,以感情为上。

【思考训练】

1. 文章对母亲"永久的悔"的叙写是如何铺展开的?
2. 你有怎样的孝亲体验?请与同学分享。

【平行阅读】

《母与子》 季羡林

《我与地坛》 史铁生

《崇高的母性》 黎烈文

长 恨 歌

白居易

【作者介绍】

白居易(772—846),字乐天,号香山居士,又号醉吟先生,祖籍山西太原,到其曾祖父时迁居下邽,生于河南新郑。唐代伟大的现实主义诗人。白居易与元稹共同倡导新乐府运动,世称"元白",与刘禹锡并称"刘白"。白居易的诗歌题材广泛,形式多样,语言平易通俗,有"诗魔"和"诗王"之称。有《白氏长庆集》传世,代表诗作有《长恨歌》《卖炭翁》《琵琶行》等。官至翰林学士、左赞善大夫。卒后葬于河南洛阳,白居易故居纪念馆坐落于洛阳市郊,白园(白居易墓)坐落在洛阳城南香山的琵琶峰。

汉皇重色思倾国[1],御宇多年求不得[2]。杨家有女初长成,养在深闺人未识[3]。天生丽质难自弃,一朝选在君王侧。回眸一笑百媚生,六宫粉黛无颜色[4]。春寒赐浴华清池[5],温泉水滑洗凝脂;侍儿扶起娇无力,始是新承恩泽时[6]。云鬓花颜金步摇[7],芙蓉帐暖度春宵;春宵苦短日高起,从此君王不早朝。承欢侍宴无闲暇,春从春游夜专夜;后宫佳丽三千人,三千宠爱在一身。金屋妆成娇侍夜[8],玉楼宴罢醉和春。姊妹弟兄皆列土[9],可怜光彩生门户;遂令天下父母心,不重生男重生女。骊宫高处入青云[10],仙乐风飘处处闻。缓歌慢舞凝丝竹[11],尽日君王看不足。渔阳鼙鼓动地来[12],惊破《霓裳羽衣曲》[13]。

九重城阙烟尘生,千乘万骑西南行[14]。翠华摇摇行复止,西出都门百余里[15]。六军不发无奈何[16],宛转蛾眉马前死。花钿委地无人收,翠翘金雀玉搔头[17]。君王掩面救不得,回看血泪相和流。黄埃散漫风萧索,云栈萦纡登剑阁;峨嵋山下少人行,旌旗无光日色薄。蜀江水碧蜀山青,圣主朝朝暮暮情;行宫见月伤心色,夜雨闻铃肠断声[18]。

天旋地转回龙驭[19],到此踌躇不能去;马嵬坡下泥土中,不见玉颜空死处[20]。君臣相顾尽沾衣,东望都门信马归。归来池苑皆依旧,太液芙蓉未央柳[21]。芙蓉如面柳如眉,对此如何不泪垂?春风桃李花开夜,秋雨梧桐叶落时。西宫南内多秋草[22],落叶满阶红不扫。梨园弟子白发新[23],椒房阿监青娥老[24]。夕殿萤飞思悄然,孤灯挑尽未成眠;迟迟钟鼓初长夜,耿耿星河欲曙天。鸳鸯瓦冷霜华重[25],翡翠衾寒谁与共?悠悠生死别经年,魂魄不曾来入梦。

临邛道士鸿都客[26],能以精诚致魂魄;为感君王辗转思,遂教方士殷勤觅。排空驭气奔如电,升天入地求之遍。上穷碧落下黄泉[27],两处茫茫皆不见。忽闻海上有仙山,山在虚无缥缈间。楼阁玲珑五云起,其中绰约多仙子。中有一人字太真,雪肤花貌参差是。金阙西厢叩玉扃[28],转教小玉报双成[29]。闻道汉家天子使,九华帐里梦魂惊。揽衣推枕起徘徊,珠箔银屏迤逦开[30];云鬓半偏新睡觉,花冠不整下堂来。风吹仙袂飘飘举,犹似霓裳羽衣舞;玉容寂寞泪阑干[31],梨花一枝春带雨。含情凝睇谢君王[32],一别音容两渺茫,昭阳殿里恩爱绝[33],蓬莱宫中日月长。回头下望人寰处,不见长安见尘雾。唯将旧物表深情,钿合金钗寄将去。钗留一股合一扇,钗擘黄金合分钿[34];但教心似金钿坚,天上人间会相见。临别殷勤重寄词[35],词中有誓两心知;七月七日长生殿[36],夜半无人私语时:在天愿作比翼鸟,在地愿为连理枝。天长地久有时尽,此恨绵绵无绝期!

选自《白居易集》,顾学颉校点,中华书局 1979 年版

【注释】

[1] 汉皇:原指汉武帝刘彻。此处借指唐玄宗李隆基,唐人文学创作常以汉称唐。倾国:绝色女子。汉武帝乐人李延年唱了一首歌赞叹他妹妹的美色:"北方有佳人,绝世而独立。一顾倾人城,再顾倾人国。宁不知倾国与倾城,佳人难再得。"后来,"倾国倾城"就成为美色的代称。

[2] 御宇:驾御宇内,即统治天下。汉贾谊的《过秦论》中有:"振长策而御宇内。"

[3] 杨家有女:蜀州司户杨玄琰,有女杨玉环,自幼由叔父杨玄珪抚养,十七岁(开元二十三年)被册封为玄宗之子寿王李瑁之妃。二十七岁被玄宗册封为贵妃。此谓"养在深闺人未识",是为尊者讳。

[4] 六宫粉黛:指宫中所有嫔妃。古代皇帝设六宫,正寝(日常处理政务之地)一处,燕寝(休息之地)五处,合称六宫。粉黛:此代指六宫中的女性。

[5] 华清池:即华清池温泉,在今陕西省西安市临潼区南的骊山上。唐贞观十八年(644 年)建汤泉宫,咸亨二年(671 年)改名温泉宫,天宝六载(747 年)扩建后改名华清宫。唐玄宗每年冬、春季都到此居住。

[6] 新承恩泽:刚得到皇帝的宠幸。

[7] 云鬓:形容女子鬓发盛美如云。《木兰诗》有:"当窗理云鬓,对镜贴花黄。"金步摇:古代贵族妇女的首饰名称,用金银丝盘成花之形状,上面缀着垂珠之类,插于发髻,走路时摇曳生姿。

[8] 金屋:《汉武故事》记载,武帝幼时,他姑妈将他抱在膝上,问他要不要她的女儿阿娇作妻子。他笑着回答说:"若得阿娇,当以金屋贮之。"后来就以金屋指男子所宠爱的女子的住所。

[9] 列土:分封土地。

[10] 骊宫:骊山华清宫。

[11] 凝丝竹:指弦乐器和管乐器伴奏出舒缓的旋律。

[12] 渔阳:郡名,辖今北京市平谷区和天津市蓟州区等地,当时属于平卢、范阳、河东三镇节度使安禄山的辖区。天宝十四载(755 年)冬,安禄山在范阳起兵叛乱。鼙鼓:古代骑兵用的小鼓,此借指战争。

[13] 《霓裳羽衣曲》:舞曲名,本名《婆罗门曲》,据说为唐开元年间西凉节度使杨敬述所献,经唐玄宗润色并制作歌词,改用此名。乐曲着意表现虚无缥缈的仙境和仙女形象。

[14] 千乘万骑西南行:天宝十五载(756 年)六月,安禄山破潼关,逼近长安。玄宗带领杨贵妃等向西南方向逃走。当时随行护卫并不多,"千乘万骑"是夸大之词。乘:一人一骑为一乘。

[15]翠华……百余里：李隆基西奔至距长安百余里的马嵬驿（今陕西兴平），扈从禁卫军发难，不再前行，请诛杨国忠、杨玉环兄妹以平民怨。翠华：用翠鸟羽毛装饰的旗帜，皇帝仪仗队用。百余里：指到了距长安一百多里的马嵬坡。

[16]六军：指天子军队。

[17]花钿：用金翠珠宝等制成的花朵形首饰。翠翘：首饰，形如翡翠鸟尾。金雀：金雀钗，钗形似凤（古称朱雀）。玉搔头：玉簪。《西京杂记》卷二：武帝过李夫人，就取玉簪搔头。自此后宫人搔头皆用玉。

[18]夜雨闻铃：《明皇杂录·补遗》有"明皇既幸蜀，西南行。初入斜谷，霖雨涉旬，于栈道雨中闻铃音与山相应。上既悼念贵妃，采其声为《雨霖铃曲》以寄恨焉"。这里暗指此事。后《雨霖铃》成为宋词词牌名。

[19]天旋地转：指时局好转。肃宗至德二年（757年），郭子仪军收复长安。回龙驭：皇帝的车驾归来。

[20]空死处：空见死处。

[21]太液：汉宫中有太液池。未央：汉有未央宫。此皆借指唐长安皇宫。

[22]西宫南内：西宫即西内太极宫，南内为兴庆宫。玄宗返京后，初居南内，后迁往西内。

[23]梨园弟子：指玄宗当年训练的乐工舞女。梨园：据《新唐书·礼乐志》记载，唐玄宗时宫中教习音乐的机构，曾选"坐部伎"三百人教练歌舞，随时应诏表演，号称"皇帝梨园弟子"。

[24]椒房：后妃居住之所，因以花椒和泥抹墙，故如此称。阿监：宫中女官名。青娥：年轻的宫女。

[25]鸳鸯瓦：屋顶上俯仰相对合在一起的瓦。霜华：霜花。

[26]临邛道士鸿都客：意谓有个从临邛来长安的道士。临邛：今四川邛崃市。鸿都：东汉都城洛阳的宫门名，这里借指长安。

[27]碧落：指天。道教经典说，东方第一天，有碧霞遍布，叫碧落。黄泉：指地下。

[28]玉扃：玉做的门户。

[29]转教小玉报双成：意谓仙府庭院重重，须经辗转通报。小玉：吴王夫差女。双成：传说中西王母的侍女。此借指杨玉环在仙山的侍女。

[30]珠箔：珠帘。银屏：饰银的屏风。迤逦：接连不断地。

[31]玉容寂寞：此指神色黯淡凄楚。阑干：纵横交错的样子。这里形容泪痕满面。

[32]凝睇（dì）：注视。

[33]昭阳殿：汉成帝宠妃赵飞燕的寝宫。此借指杨贵妃住过的宫殿。

[34]钗留……合分钿：把金钗、钿盒分成两半，自留一半。擘：分开。合分钿：将钿盒上的图案分成两部分。

[35]重寄词：郑重其事地捎话。

[36]长生殿：在骊山华清宫内，天宝元年（742年）造。按"七月"以下六句为作者虚拟之词。

【阅读导引】

《长恨歌》是白居易诗作中脍炙人口的名篇。元和元年，诗人和友人陈鸿、王质夫同游仙游寺，有感于唐玄宗、杨贵妃的故事，创作此诗。在这首长篇叙事诗里，作者以精练的语言，优美的形象，叙事和抒情结合的手法，叙述了唐玄宗、杨贵妃在安史之乱中的爱情悲剧。诗人并不拘泥于历史，而是借着历史的一点影子，根据传说，用回环往复、缠绵悱恻的艺术形式，蜕化出一个回旋曲折、宛转动人的故事。诗歌把悲剧爱情写得美丽凄绝，在历代读者的心中引起强烈的反响与共鸣。

《长恨歌》的艺术构思是精巧独特的。全诗意在歌"长恨"，但诗人却没有直言所"恨"为何,而是极力铺写和渲染了"汉皇"之"极乐":"日高起""不早朝""夜专夜""看不足"等,看来是乐到了极点。然而,极度的乐,正反衬出后面无穷无尽的恨。唐玄宗的荒淫误国,导致了政治上的悲剧,也酿造了他和杨贵妃的爱情悲剧。悲剧的制造者最后成为悲剧的主人公,这是故事的特殊、曲折处,也是诗中男女主人公之所以要"长恨"的原因。那么,诗人又是如何表现"长恨"的呢? 诗人极其细腻地对马嵬坡赐死杨贵妃的情景进行了刻画,把唐玄宗那种不忍割爱又欲救不得的内心矛盾和痛苦感情,都具体形象地表现了出来。由于这"血泪相和流"的死别,才会有那没完没了的"恨"。随后,诗人用许多笔墨从各个方面反复渲染唐玄宗对杨贵妃的思念,但诗歌的故事情节并没有停止在一个感情点上,而是随着人物内心世界的层层展示,感应他的景物的不断变化,把时间和故事向前推移,用人物的思想感情来开拓和推动情节的发展。唐玄宗奔蜀,是在死别之后,内心十分酸楚愁惨;还都路上,途经旧地,又勾起了伤心的回忆;回宫后,白天睹物伤情,夜晚辗转难眠。日思夜想而不得,所以寄希望于梦境,却又是"悠悠生死别经年,魂魄不曾来入梦"。诗至此,已经把"长恨"之"恨"写得十分动人心魄,故事到此结束似乎也可以,然而诗人笔锋一转,别开境界,借助想象描摹了一个妩媚动人的仙境,把悲剧故事的情节推向高潮,使故事更加回环曲折,有起伏,有波澜。这一转折,既出人意料,又尽在情理之中。由于主观愿望和客观现实不断发生矛盾、碰撞,诗歌把人物千回百转的心理表现得淋漓尽致,故事也因此而显得更为宛转动人。诗歌的末尾,用"天长地久有时尽,此恨绵绵无绝期"结笔,点明题旨,回应开头,而且做到"清音有余",给读者以联想、回味的余地。

【思考训练】

1. 长期以来,对本诗主题的理解众说纷纭,请谈谈你的看法。
2. 你认为诗中有哪些精彩的诗句? 试说明其精彩之处。

【平行阅读】

《上邪》 (汉乐府民歌)
《西厢记·长亭送别》 〔元〕王实甫
《马嵬》 〔唐〕李商隐

马嵬(其二)

李商隐

海外徒闻更九州,他生未卜此生休。
空闻虎旅传宵柝,无复鸡人报晓筹。
此日六军同驻马,当时七夕笑牵牛。
如何四纪为天子,不及卢家有莫愁?

选自《李商隐诗选》,刘学锴、余恕诚选注,人民文学出版社 1986 年版

伤　逝

——涓生的手记

鲁　迅

【作者介绍】

　　鲁迅(1881—1936),中国文学家、思想家、革命家。原名周树人,字豫才,浙江绍兴人。出身于破落封建家庭。青年时代受进化论、尼采超人哲学和托尔斯泰博爱思想的影响。1902年去日本留学,原在仙台医学院学医,后从事文艺工作,企图用以改变国民精神。1905—1907年,参加革命党人的活动,发表了《摩罗诗力说》《文化偏至论》等论文。1909年,与其弟周作人一起合译《域外小说集》,介绍外国文学。同年回国,先后在杭州、绍兴任教。辛亥革命后,曾任南京临时政府和北京政府教育部部员、佥事等职,兼在北京大学、女子师范大学等校授课。1918年5月,首次用"鲁迅"的笔名,发表中国现代文学史上第一篇白话小说《狂人日记》,奠定了新文学运动的基石。"五四"运动前后,参加《新青年》杂志工作,成为"五四"新文化运动的主将。1930年,加入中国左翼作家联盟。创作出版了小说集《呐喊》《彷徨》《故事新编》,论文集《坟》,散文诗集《野草》,散文集《朝花夕拾》,杂文集《热风》《华盖集》《华盖集续编》《而已集》《三闲集》《二心集》《南腔北调集》等。其中,1921年12月发表的中篇小说《阿Q正传》,是中国现代文学史上的不朽杰作。1936年10月19日病逝于上海。

　　如果我能够,我要写下我的悔恨和悲哀,为子君,为自己。

　　会馆[1]里的被遗忘在偏僻里的破屋是这样地寂静和空虚。时光过得真快,我爱子君,仗着她逃出这寂静和空虚,已经满一年了。事情又这么不凑巧,我重来时,偏偏空着的又只有这一间屋。依然是这样的破窗,这样的窗外的半枯的槐树和老紫藤,这样的窗前的方桌,这样的败壁,这样的靠壁的板床。深夜中独自躺在床上,就如我未曾和子君同居以前一般,过去一年中的时光全被消灭,全未有过,我并没有曾经从这破屋子搬出,在吉兆胡同创立了满怀希望的小小的家庭。

　　不但如此。在一年之前,这寂静和空虚是并不这样的,常常含着期待;期待子君的到来。在久待的焦躁中,一听到皮鞋的高底尖触着砖路的清响,是怎样地使我骤然生动起来呵!于是就看见带着笑窝的苍白的圆脸,苍白的瘦的臂膊,布的有条纹的衫子,玄色的裙。她又带了窗外的半枯的槐树的新叶来,使我看见,还有挂在铁似的老干上的一房一房的紫白的藤花。

　　然而现在呢,只有寂静和空虚依旧,子君却决不再来了,而且永远,永远地!……

　　子君不在我这破屋里时,我什么也看不见。在百无聊赖中,顺手抓过一本书来,科学也好,文学也好,横竖什么都一样;看下去,看下去,忽而自己觉得,已经翻了十多页了,但是毫不记得书上所说的事。只是耳朵却分外地灵，仿佛听到大门外一切往来的履声，从中便有子君的，而且橐橐地逐渐临近，——但是，往往又逐渐渺茫，终于消失在别的步声的杂沓中了。我憎恶那不像子君鞋声的穿布底鞋的长班[2]的儿子，我憎恶那太像子君鞋声的常常穿着新皮鞋的邻院的搽雪花膏的小东西！

莫非她翻了车么？莫非她被电车撞伤了么？……

我便要取了帽子去看她，然而她的胞叔就曾经当面骂过我。

蓦然，她的鞋声近来了，一步响于一步，迎出去时，却已经走过紫藤棚下，脸上带着微笑的酒窝。她在她叔子的家里大约并未受气；我的心宁帖了，默默地相视片时之后，破屋里便渐渐充满了我的语声，谈家庭专制，谈打破旧习惯，谈男女平等，谈伊孛生，谈泰戈尔，谈雪莱[3]……。她总是微笑点头，两眼里弥漫着稚气的好奇的光泽。壁上就钉着一张铜板的雪莱半身像，是从杂志上裁下来的，是他的最美的一张像。当我指给她看时，她却只草草一看，便低了头，似乎不好意思了。这些地方，子君就大概还未脱尽旧思想的束缚，——我后来也想，倒不如换一张雪莱淹死在海里的纪念像或是伊孛生的罢；但也终于没有换，现在是连这一张也不知那里去了。

"我是我自己的，他们谁也没有干涉我的权利！"

这是我们交际了半年，又谈起她在这里的胞叔和在家的父亲时，她默想了一会之后，分明地，坚决地，沉静地说了出来的话。其时是我已经说尽了我的意见，我的身世，我的缺点，很少隐瞒；她也完全了解的了。这几句话很震动了我的灵魂，此后许多天还在耳中发响，而且说不出的狂喜，知道中国女性，并不如厌世家所说那样的无法可施，在不远的将来，便要看见辉煌的曙色的。

送她出门，照例是相离十多步远；照例是那鲇鱼须的老东西的脸又紧帖在脏的窗玻璃上了，连鼻尖都挤成一个小平面；到外院，照例又是明晃晃的玻璃窗里的那小东西的脸，加厚的雪花膏。她目不邪视地骄傲地走了，没有看见；我骄傲地回来。

"我是我自己的，他们谁也没有干涉我的权利！"这彻底的思想就在她的脑里，比我还透澈，坚强得多。半瓶雪花膏和鼻尖的小平面，于她能算什么东西呢？

我已经记不清那时怎样地将我的纯真热烈的爱表示给她。岂但现在，那时的事后便已模胡，夜间回想，早只剩了一些断片了；同居以后一两月，便连这些断片也化作无可追踪的梦影。我只记得那时以前的十几天，曾经很仔细地研究过表示的态度，排列过措辞的先后，以及倘或遭了拒绝以后的情形。可是临时似乎都无用，在慌张中，身不由己地竟用了在电影上见过的方法了。后来一想到，就使我很愧恐，但在记忆上却偏只有这一点永远留遗，至今还如暗室的孤灯一般，照见我含泪握着她的手，一条腿跪了下去……。

不但我自己的，便是子君的言语举动，我那时就没有看得分明；仅知道她已经允许我了。但也还仿佛记得她脸色变成青白，后来又渐渐转作绯红，——没有见过，也没有再见的绯红；孩子似的眼里射出悲喜，但是夹着惊疑的光，虽然力避我的视线，张皇地似乎要破窗飞去。然而我知道她已经允许我了，没有知道她怎样说或是没有说。

她却是什么都记得：我的言辞，竟至于读熟了的一般，能够滔滔背诵；我的举动，就如有一张我所看不见的影片挂在眼下，叙述得如生，很细微，自然连那使我不愿再想的浅薄的电影的一闪。夜阑人静，是相对温习的时候了，我常是被质问，被考验，并且被命复述当时的言语，然而常须由她补足，由她纠正，像一个丁等的学生。

这温习后来也渐渐稀疏起来。但我只要看见她两眼注视空中，出神似的凝想着，于是神色越加柔和，笑窝也深下去，便知道她又在自修旧课了，只是我很怕她看到我那可笑的电影的一闪。但我又知道，她一定要看见，而且也非看不可的。

然而她并不觉得可笑。即使我自己以为可笑，甚而至于可鄙的，她也毫不以为可笑。这事我知道得很清楚，因为她爱我，是这样地热烈，这样地纯真。

去年的暮春是最为幸福，也是最为忙碌的时光。我的心平静下去了，但又有别一部分和身体一同忙碌起来。我们这时才在路上同行，也到过几回公园，最多的是寻住所。我觉得在路上时时遇到探索，讥笑，猥亵和轻蔑的眼光，一不小心，便使我的全身有些瑟缩，只得即刻提起我的骄傲和反抗来支持。她却是大无畏的，对于这些全不关心，只是镇静地缓缓前行，坦然如入无人之境。

寻住所实在不是容易事，大半是被托辞拒绝，小半是我们以为不相宜。起先我们选择得很苛酷，——也非苛酷，因为看去大抵不像是我们的安身之所；后来，便只要他们能相容了。看了二十多处，这才得到可以暂且敷衍的处所，是吉兆胡同一所小屋里的两间南屋；主人是一个小官，然而倒是明白人，自住着正屋和厢房。他只有夫人和一个不到周岁的女孩子，雇一个乡下的女工，只要孩子不啼哭，是极其安闲幽静的。

我们的家具很简单，但已经用去了我的筹来的款子的大半；子君还卖掉了她唯一的金戒指和耳环。我拦阻她，还是定要卖，我也就不再坚持下去了；我知道不给她加入一点股分去，她是住不舒服的。

和她的叔子，她早经闹开，至于使他气愤到不再认她做侄女；我也陆续和几个自以为忠告，其实是替我胆怯，或者竟是嫉妒的朋友绝了交。然而这倒很清静。每日办公散后，虽然已近黄昏，车夫又一定走得这样慢，但究竟还有二人相对的时候。我们先是沉默的相视，接着是放怀而亲密的交谈，后来又是沉默。大家低头沉思着，却并未想着什么事。我也渐渐清醒地读遍了她的身体，她的灵魂，不过三星期，我似乎于她已经更加了解，揭去许多先前以为了解而现在看来却是隔膜，即所谓真的隔膜了。

子君也逐日活泼起来。但她并不爱花，我在庙会[4]时买来的两盆小草花，四天不浇，枯死在壁角了，我又没有照顾一切的闲暇。然而她爱动物，也许是从官太太那里传染的罢，不一月，我们的眷属便骤然加得很多，四只小油鸡，在小院子里和房主人的十多只在一同走。但她们却认识鸡的相貌，各知道那一只是自家的。还有一只花白的叭儿狗，从庙会买来，记得似乎原有名字，子君却给它起了一个，叫作阿随。我就叫它阿随，但我不喜欢这名字。

这是真的，爱情必须时时更新，生长，创造。我和子君说起这，她也领会地点点头。

唉唉，那是怎样的宁静而幸福的夜呵！

安宁和幸福是要凝固的，永久是这样的安宁和幸福。我们在会馆里时，还偶有议论的冲突和意思的误会，自从到吉兆胡同以来，连这一点也没有了；我们只在灯下对坐的怀旧谭中，回味那时冲突以后的和解的重生一般的乐趣。

子君竟胖了起来，脸色也红活了；可惜的是忙。管了家务便连谈天的工夫也没有，何况读书和散步。我们常说，我们总还得雇一个女工。

这就使我也一样地不快活，傍晚回来，常见她包藏着不快活的颜色，尤其使我不乐的是她要装作勉强的笑容。幸而探听出来了，也还是和那小官太太的暗斗，导火线便是两家的小油鸡。但又何必硬不告诉我呢？人总该有一个独立的家庭。这样的处所，是不能居住的。

我的路也铸定了，每星期中的六天，是由家到局，又由局到家。在局里便坐在办公桌前钞，钞，钞些公文和信件；在家里是和她相对或帮她生白炉子，煮饭，蒸馒头。我的学会了煮饭，就在这时候。

但我的食品却比在会馆里时好得多了。做菜虽不是子君的特长，然而她于此却倾注着全力；对于她的日夜的操心，使我也不能不一同操心，来算作分甘共苦。况且她又这样地终日汗流满面，短发都粘在脑额上；两只手又只是这样地粗糙起来。

况且还要饲阿随，饲油鸡，……都是非她不可的工作。我曾经忠告她：我不吃，倒也罢了；却万不可这样地操劳。她只看了我一眼，不开口，神色却似乎有点凄然；我也只好不开口。然而她还是这样地操劳。

我所豫期的打击果然到来。双十节的前一晚，我呆坐着，她在洗碗。听到打门声，我去开门时，是局里的信差，交给我一张油印的纸条。我就有些料到了，到灯下去一看，果然，印着的就是：

> 　　奉
> 局长谕史涓生着毋庸到局办事
> 　　　　秘书处启　十月九号

这在会馆里时，我就早已料到了；那雪花膏便是局长的儿子的赌友，一定要去添些谣言，设法报告的。到现在才发生效验，已经要算是很晚的了。其实这在我不能算是一个打击，因为我早就决定，可以给别人去钞写，或者教读，或者虽然费力，也还可以译点书，况且《自由之友》的总编辑便是见过几次的熟人，两月前还通过信。但我的心却跳跃着。那么一个无畏的子君也变了色，尤其使我痛心；她近来似乎也较为怯弱了。

"那算什么。哼，我们干新的。我们……。"她说。

她的话没有说完；不知怎地，那声音在我听去却只是浮浮的；灯光也觉得格外黯淡。人们真是可笑的动物，一点极微末的小事情，便会受着很深的影响。我们先是默默地相视，逐渐商量起来，终于决定将现有的钱竭力节省，一面登"小广告"去寻求钞写和教读，一面写信给《自由之友》的总编辑，说明我目下的遭遇，请他收用我的译本，给我帮一点艰辛时候的忙。

"说做，就做罢！来开一条新的路！"

我立刻转身向了书案，推开盛香油的瓶子和醋碟，子君便送过那黯淡的灯来。我先拟广告；其次是选定可译的书，迁移以来未曾翻阅过，每本的头上都满漫着灰尘了；最后才写信。

我很费踌蹰，不知道怎样措辞好，当停笔凝思的时候，转眼去一瞥她的脸，在昏暗的灯光下,又很见得凄然。我真不料这样微细的小事情,竟会给坚决的,无畏的子君以这么显著的变化。她近来实在变得很怯弱了,但也并不是今夜才开始的。我的心因此更缭乱,忽然有安宁的生活的影像——会馆里的破屋的寂静,在眼前一闪,刚刚想定睛凝视,却又看见了昏暗的灯光。

许久之后,信也写成了,是一封颇长的信;很觉得疲劳,仿佛近来自己也较为怯弱了。于是我们决定,广告和发信,就在明日一同实行。大家不约而同地伸直了腰肢,在无言中,似乎又都感到彼此的坚忍崛强的精神,还看见从新萌芽起来的将来的希望。

外来的打击其实倒是振作了我们的新精神。局里的生活,原如鸟贩子手里的禽鸟一般,仅有一点小米维系残生,决不会肥胖;日子一久,只落得麻痹了翅子,即使放出笼外,早已不能奋飞。现在总算脱出这牢笼了,我从此要在新的开阔的天空中翱翔,趁我还未忘却了我的翅子的扇动。

小广告是一时自然不会发生效力的;但译书也不是容易事,先前看过,以为已经懂得的,一动手,却疑难百出了,进行得很慢。然而我决计努力地做,一本半新的字典,不到半月,边上便有了一大片乌黑的指痕,这就证明着我的工作的切实。《自由之友》的总编辑曾经说过,他的刊物是决不会埋没好稿子的。

可惜的是我没有一间静室,子君又没有先前那么幽静,善于体帖了,屋子里总是散乱着碗碟,弥漫着煤烟,使人不能安心做事,但是这自然还只能怨我自己无力置一间书斋。然而又加以阿随,加以油鸡们。加以油鸡们又大起来了,更容易成为两家争吵的引线。

加以每日的"川流不息"的吃饭;子君的功业,仿佛就完全建立在这吃饭中。吃了筹钱,筹来吃饭,还要喂阿随,饲油鸡;她似乎将先前所知道的全都忘掉了,也不想到我的构思就常常为了这催促吃饭而打断。即使在坐中给一点怒色,她总是不改变,仍然毫无感触似的大嚼起来。

使她明白了我的作工不能受规定的吃饭的束缚,就费去五星期。她明白之后,大约很不高兴罢,可是没有说。我的工作果然从此较为迅速地进行,不久就共译了五万言,只要润色一回,便可以和做好的两篇小品,一同寄给《自由之友》去。只是吃饭却依然给我苦恼。菜冷,是无妨的,然而竟不够;有时连饭也不够,虽然我因为终日坐在家里用脑,饭量已经比先前要减少得多。这是先去喂了阿随了,有时还并那近来连自己也轻易不吃的羊肉。她说,阿随实在瘦得太可怜,房东太太还因此嗤笑我们了,她受不住这样的奚落。

于是吃我残饭的便只有油鸡们。这是我积久才看出来的,但同时也如赫胥黎[5]的论定"人类在宇宙间的位置"一般,自觉了我在这里的位置:不过是叭儿狗和油鸡之间。

后来,经多次的抗争和催逼,油鸡们也逐渐成为肴馔,我们和阿随都享用了十多日的鲜肥;可是其实都很瘦,因为它们早已每日只能得到几粒高粱了。从此便清静得多。只有子君很颓唐,似乎常觉得凄苦和无聊,至于不大愿意开口。我想,人是多么容易改变呵!

但是阿随也将留不住了。我们已经不能再希望从什么地方会有来信,子君也早没有一点食物可以引它打拱或直立起来。冬季又逼近得这么快,火炉就要成为很大的问题;它的食量,在我们其实早是一个极易觉得的很重的负担。于是连它也留不住了。

倘使插了草标[6]到庙市去出卖,也许能得几文钱罢,然而我们都不能,也不愿这样做。终于是用包袱蒙着头,由我带到西郊去放掉了,还要追上来,便推在一个并不很深的土坑里。

我一回寓,觉得又清静得多多了;但子君的凄惨的神色,却使我很吃惊。那是没有见过的神色,自然是为阿随。但又何至于此呢?我还没有说起推在土坑里的事。

到夜间,在她的凄惨的神色中,加上冰冷的分子了。

"奇怪。——子君,你怎么今天这样儿了?"我忍不住问。

"什么?"她连看也不看我。

"你的脸色……。"

"没有什么,——什么也没有。"

我终于从她言动上看出,她大概已经认定我是一个忍心的人。其实,我一个人,是容易生活的,虽然因为骄傲,向来不与世交来往,迁居以后,也疏远了所有旧识的人,然而只要能远走高飞,生路还宽广得很。现在忍受着这生活压迫的苦痛,大半倒是为她,便是放掉阿随,也何尝不如此。但子君的识见却似乎只是浅薄起来,竟至于连这一点也想不到了。

我拣了一个机会,将这些道理暗示她;她领会似的点头。然而看她后来的情形,她是没有懂,或者是并不相信的。

天气的冷和神情的冷,逼迫我不能在家庭中安身。但是,往那里去呢?大道上,公园里,虽然没有冰冷的神情,冷风究竟也刺得人皮肤欲裂。我终于在通俗图书馆里觅得了我的天堂。

那里无须买票;阅书室里又装着两个铁火炉。纵使不过是烧着不死不活的煤的火炉,但单是看见装着它,精神上也就总觉得有些温暖。书却无可看:旧的陈腐,新的是几乎没有的。

好在我到那里去也并非为看书。另外时常还有几个人,多则十余人,都是单薄衣裳,正如我,各人看各人的书,作为取暖的口实。这于我尤为合式。道路上容易遇见熟人,得到轻蔑的一瞥,但此地却决无那样的横祸,因为他们是永远围在别的铁炉旁,或者靠在自家的白炉边的。

那里虽然没有书给我看,却还有安闲容得我想。待到孤身枯坐,回忆从前,这才觉得大半年来,只为了爱,——盲目的爱,——而将别的人生的要义全盘疏忽了。第一,便是生活。人必生活着,爱才有所附丽。世界上并非没有为了奋斗者而开的活路;我也还未忘却翅子的扇动,虽然比先前已经颓唐得多……。

屋子和读者渐渐消失了,我看见怒涛中的渔夫,战壕中的兵士,摩托车[7]中的贵人,洋场上的投机家,深山密林中的豪杰,讲台上的教授,昏夜的运动者和深夜的偷儿……。子君,——不在近旁。她的勇气都失掉了,只为着阿随悲愤,为着做饭出神;然而奇怪的是倒也并不怎样瘦损……。

冷了起来,火炉里的不死不活的几片硬煤,也终于烧尽了,已是闭馆的时候。又须回到吉兆胡同,领略冰冷的颜色去了。近来也时间或遇到温暖的神情,但这却反而增加我的苦痛。记得有一夜,子君的眼里忽而又发出久已不见的稚气的光来,笑着和我谈到还在会馆时候的情形,时时又很带些恐怖的神色。我知道我近来的超过她的冷漠,已经引起她的忧疑来,只得也勉力谈笑,想给她一点慰藉。然而我的笑貌一上脸,我的话一出口,却即刻变为空虚,这空虚又即刻发生反响,回向我的耳目里,给我一个难堪的恶毒的冷嘲。子君似乎也觉得的,从此便失掉了她往常的麻木似的镇静,虽然竭力掩饰,总还是时时露出忧疑的神色来,但对我却温和得多了。

我要明告她,但我还没有敢,当决心要说的时候,看见她孩子一般的眼色,就使我只得暂且改作勉强的欢容。但是这又即刻来冷嘲我,并使我失却那冷漠的镇静。

她从此又开始了往事的温习和新的考验,逼我做出许多虚伪的温存的答案来,将温存示给她,虚伪的草稿便写在自己的心上。我的心渐被这些草稿填满了,常觉得难于呼吸。我在苦恼中常常想,说真实自然须有极大的勇气的;假如没有这勇气,而苟安于虚伪,那也便是不能开辟新的生路的人。不独不是这个,连这人也未尝有!

子君有怨色,在早晨,极冷的早晨,这是从未见过的,但也许是从我看来的怨色。我那时冷冷地气愤和暗笑了;她所磨练的思想和豁达无畏的言论,到底也还是一个空虚,而对于这空虚却并未自觉。她早已什么书也不看,已不知道人的生活的第一着是求生,向着这求生的道路,是必须携手同行,或奋身孤往的了,倘使只知道捶着一个人的衣角,那便是虽战士也难于战斗,只得一同灭亡。

我觉得新的希望就只在我们的分离;她应该决然舍去,——我也突然想到她的死,然而立刻自责,忏悔了。幸而是早晨,时间正多,我可以说我的真实。我们的新的道路的开辟,便在这一遭。

我和她闲谈,故意地引起我们的往事,提到文艺,于是涉及外国的文人,文人的作品:《诺拉》,《海的女人》[8]。称扬诺拉的果决……。也还是去年在会馆的破屋里讲过的那些话,但现在已经变成空虚,从我的嘴传入自己的耳中,时时疑心有一个隐形的坏孩子,在背后恶意地刻毒地学舌。

她还是点头答应着倾听,后来沉默了。我也就断续地说完了我的话,连余音都消失在虚空中了。

“是的。”她又沉默了一会,说,“但是,……涓生,我觉得你近来很两样了。可是的?你,——你老实告诉我。”

我觉得这似乎给了我当头一击,但也立即定了神,说出我的意见和主张来:新的路的开辟,新的生活的再造,为的是免得一同灭亡。

临末,我用了十分的决心,加上这几句话:

“……况且你已经可以无须顾虑,勇往直前了。你要我老实说;是的,人是不该虚伪的。我老实说罢:因为,因为我已经不爱你了!但这于你倒好得多,因为你更可以毫无挂念地做事……。”

我同时豫期着大的变故的到来,然而只有沉默。她脸色陡然变成灰黄,死了似的;瞬间便又苏生,眼里也发了稚气的闪闪的光泽。这眼光射向四处,正如孩子在饥渴中寻求着慈爱的母亲,但只在空中寻求,恐怖地回避着我的眼。

我不能看下去了,幸而是早晨,我冒着寒风径奔通俗图书馆。

在那里看见《自由之友》,我的小品文都登出了。这使我一惊,仿佛得了一点生气。我想,生活的路还很多,——但是,现在这样也还是不行的。

我开始去访问久已不相闻问的熟人，但这也不过一两次；他们的屋子自然是暖和的，我在骨髓中却觉得寒冽。夜间，便蜷伏在比冰还冷的冷屋中。

冰的针刺着我的灵魂，使我永远苦于麻木的疼痛。生活的路还很多，我也还没有忘却翅子的扇动，我想。——我突然想到她的死，然而立刻自责，忏悔了。

在通俗图书馆里往往瞥见一闪的光明，新的生路横在前面。她勇猛地觉悟了，毅然走出这冰冷的家，而且，——毫无怨恨的神色。我便轻如行云，漂浮空际，上有蔚蓝的天，下是深山大海，广厦高楼，战场，摩托车，洋场，公馆，晴明的闹市，黑暗的夜……。

而且，真的，我豫感得这新生面便要来到了。

我们总算度过了极难忍受的冬天，这北京的冬天；就如蜻蜓落在恶作剧的坏孩子的手里一般，被系着细线，尽情玩弄，虐待，虽然幸而没有送掉性命，结果也还是躺在地上，只争着一个迟早之间。

写给《自由之友》的总编辑已经有三封信，这才得到回信，信封里只有两张书券[9]：两角的和三角的。我却单是催，就用了九分的邮票，一天的饥饿，又都白挨给于己一无所得的空虚了。

然而觉得要来的事，却终于来到了。

这是冬春之交的事，风已没有这么冷，我也更久地在外面徘徊；待到回家，大概已经昏黑。就在这样一个昏黑的晚上，我照常没精打采地回来，一看见寓所的门，也照常更加丧气，使脚步放得更缓。但终于走进自己的屋子里了，没有灯火；摸火柴点起来时，是异样的寂寞和空虚！

正在错愕中，官太太便到窗外来叫我出去。

"今天子君的父亲来到这里，将她接回去了。"她很简单地说。

这似乎又不是意料中的事，我便如脑后受了一击，无言地站着。

"她去了么？"过了些时，我只问出这样一句话。

"她去了。"

"她，——她可说什么？"

"没说什么。单是托我见你回来时告诉你，说她去了。"

我不信；但是屋子里是异样的寂寞和空虚。我遍看各处，寻觅子君；只见几件破旧而黯淡的家具，都显得极其清疏，在证明着它们毫无隐匿一人一物的能力。我转念寻信或她留下的字迹，也没有；只是盐和干辣椒，面粉，半株白菜，却聚集在一处了，旁边还有几十枚铜元。这是我们两人生活材料的全副，现在她就郑重地将这留给我一个人，在不言中，教我借此去维持较久的生活。

我似乎被周围所排挤，奔到院子中间，有昏黑在我的周围；正屋的纸窗上映出明亮的灯光，他们正在逗着孩子推笑。我的心也沉静下来，觉得在沉重的迫压中，渐渐隐约地现出脱走的路径：深山大泽，洋场，电灯下的盛筵；壕沟，最黑最黑的深夜，利刃的一击，毫无声响的脚步……。

心地有些轻松，舒展了，想到旅费，并且嘘一口气。

躺着，在合着的眼前经过的豫想的前途，不到半夜已经现尽；暗中忽然仿佛看见一堆食物,这之后,便浮出一个子君的灰黄的脸来,睁了孩子气的眼睛,恳托似的看着我。我一定神,什么也没有了。

但我的心却又觉得沉重。我为什么偏不忍耐几天,要这样急急地告诉她真话的呢?现在她知道,她以后所有的只是她父亲——儿女的债主——的烈日一般的严威和旁人的赛过冰霜的冷眼。此外便是虚空。负着虚空的重担,在严威和冷眼中走着所谓人生的路,这是怎么可怕的事呵!而况这路的尽头,又不过是——连墓碑也没有的坟墓。

我不应该将真实说给子君,我们相爱过,我应该永久奉献她我的说谎。如果真实可以宝贵,这在子君就不该是一个沉重的空虚。谎语当然也是一个空虚,然而临末,至多也不过这样地沉重。

我以为将真实说给子君,她便可以毫无顾虑,坚决地毅然前行,一如我们将要同居时那样。但这恐怕是我错误了。她当时的勇敢和无畏是因为爱。

我没有负着虚伪的重担的勇气,却将真实的重担卸给她了。她爱我之后,就要负了这重担,在严威和冷眼中走着所谓人生的路。

我想到她的死……。我看见我是一个卑怯者,应该被摈于强有力的人们,无论是真实者,虚伪者。然而她却自始至终,还希望我维持较久的生活……。

我要离开吉兆胡同,在这里是异样的空虚和寂寞。我想,只要离开这里,子君便如还在我的身边;至少,也如还在城中,有一天,将要出乎意表地访我,像住在会馆时候似的。

然而一切请托和书信,都是一无反响;我不得已,只好访问一个久不问候的世交去了。他是我伯父的幼年的同窗,以正经出名的拔贡[10],寓京很久,交游也广阔的。

大概因为衣服的破旧罢,一登门便很遭门房的白眼。好容易才相见,也还相识,但是很冷落。我们的往事,他全都知道了。

“自然,你也不能在这里了,”他听了我托他在别处觅事之后,冷冷地说,“但那里去呢?很难。——你那,什么呢,你的朋友罢,子君,你可知道,她死了。”

我惊得没有话。

“真的?”我终于不自觉地问。

“哈哈。自然真的。我家的王升的家,就和她家同村。”

“但是,——不知道是怎么死的?”

“谁知道呢。总之是死了就是了。”

我已经忘却了怎样辞别他,回到自己的寓所。我知道他是不说谎话的;子君总不会再来的了,像去年那样。她虽是想在严威和冷眼中负着虚空的重担来走所谓人生的路,也已经不能。她的命运,已经决定她在我所给与的真实——无爱的人间死灭了!

自然,我不能在这里了;但是,“那里去呢?”

四围是广大的空虚,还有死的寂静。死于无爱的人们的眼前的黑暗,我仿佛一一看见,还听得一切苦闷和绝望的挣扎的声音。

我还期待着新的东西到来,无名的,意外的。但一天一天,无非是死的寂静。

我比先前已经不大出门,只坐卧在广大的空虚里,一任这死的寂静侵蚀着我的灵魂。死的寂静有时也自己战栗,自己退藏,于是在这绝续之交,便闪出无名的,意外的,新的期待。

一天是阴沉的上午,太阳还不能从云里面挣扎出来;连空气都疲乏着。耳中听到细碎的步声和咻咻的鼻息,使我睁开眼。大致一看,屋子里还是空虚;但偶然看到地面,却盘旋着一匹小小的动物,瘦弱的,半死的,满身灰土的……。

我一细看,我的心就一停,接着便直跳起来。

那是阿随。它回来了。

我的离开吉兆胡同,也不单是为了房主人们和他家女工的冷眼,大半就为着这阿随。但是,"那里去呢?"新的生路自然还很多,我约略知道,也间或依稀看见,觉得就在我面前,然而我还没有知道跨进那里去的第一步的方法。

经过许多回的思量和比较,也还只有会馆是还能相容的地方。依然是这样的破屋,这样的板床,这样的半枯的槐树和紫藤,但那时使我希望,欢欣,爱,生活的,却全都逝去了,只有一个虚空,我用真实去换来的虚空存在。

新的生路还很多,我必须跨进去,因为我还活着。但我还不知道怎样跨出那第一步。有时,仿佛看见那生路就像一条灰白的长蛇,自己蜿蜒地向我奔来,我等着,等着,看看临近,但忽然便消失在黑暗里了。

初春的夜,还是那么长。长久的枯坐中记起上午在街头所见的葬式,前面是纸人纸马,后面是唱歌一般的哭声。我现在已经知道他们的聪明了,这是多么轻松简截的事。

然而子君的葬式却又在我的眼前,是独自负着虚空的重担,在灰白的长路上前行,而又即刻消失在周围的严威和冷眼里了。

我愿意真有所谓鬼魂,真有所谓地狱,那么,即使在孽风怒吼之中,我也将寻觅子君,当面说出我的悔恨和悲哀,祈求她的饶恕;否则,地狱的毒焰将围绕我,猛烈地烧尽我的悔恨和悲哀。

我将在孽风和毒焰中拥抱子君,乞她宽容,或者使她快意……。

但是,这却更虚空于新的生路;现在所有的只是初春的夜,竟还是那么长。我活着,我总得向着新的生路跨出去,那第一步,——却不过是写下我的悔恨和悲哀,为子君,为自己。

我仍然只有唱歌一般的哭声,给子君送葬,葬在遗忘中。

我要遗忘;我为自己,并且要不再想到这用了遗忘给子君送葬。

我要向着新的生路跨进第一步去,我要将真实深深地藏在心的创伤中,默默地前行,用遗忘和说谎做我的前导……。

一九二五年十月二十一日毕。

选自《鲁迅小说全集》,鲁迅,兰州大学出版社 1998 年版

【注释】

[1] 会馆:旧时都市中同乡会或同业公会设立的馆舍,供同乡或同业旅居、聚会之用。

[2] 长班:旧时官员的随身仆人,也用来称呼一般的"听差"。

[3] 伊孛生(H. Ibsen,1828—1906):通译易卜生,挪威剧作家。泰戈尔(R. Tagore,1861—1941),印度诗人,1924 年曾来过我国,当时他的诗作译成中文的有《新月集》《飞鸟集》等。雪莱(P. B. Shelley,1792—1822),英国诗人,曾参加爱尔兰民族独立运动,因传播革命思想和争取婚姻自由屡遭迫害,后在海

里覆舟淹死。他的《西风颂》《云雀颂》等著名短诗，"五四"后被介绍到我国。

〔4〕庙会：又称"庙市"，旧时在节日或规定的日子，设在寺庙或其附近的集市。

〔5〕赫胥黎（T. Huxley，1825—1895）：英国生物学家，他的《人类在宇宙间的位置》（今译《人类在自然界的位置》），是宣传达尔文进化论的重要著作。

〔6〕草标：旧时在被卖的人身或物品上插置的草杆，作为出卖的标志。

〔7〕摩托车：当时对小汽车的称呼。

〔8〕《诺拉》：通译《娜拉》（又译作《玩偶之家》）；《海的女人》：通译《海上夫人》。以上两作品都是易卜生的著名剧作。

〔9〕书券：购书用的代价券，可按券面金额到指定书店选购。旧时有的报刊用它代替现金支付稿酬。

〔10〕拔贡：清代科举考试制度，在规定的年限（原定六年，后改为十二年）选拔"文行计优"的秀才，保送到京师，贡入国子监，称为"拔贡"，是贡生的一种。

【阅读导引】

《伤逝》原载鲁迅小说集《彷徨》，是鲁迅唯一的以青年的恋爱和婚姻为题材的作品。恋爱自由、婚姻自主是"五四"时代的青年们所热烈追求的生活理想，也是当时文学创作的热门题材。当时的这类作品，大多致力于描写青年男女冲破封建束缚、追求个性解放和恋爱自由的斗争过程，并往往以自主婚姻的实现作为结局。而《伤逝》却以独特的角度，描写了涓生和子君的恋爱及其破灭的过程。作者以一般作为追求目标的自主婚姻的完成的喜剧性结局，作为自己所揭示的一出社会悲剧的出发点。小说从正面着力刻画的不是黑暗势力的破坏和迫害，而是作品主人公涓生和子君本身的思想弱点。从涓生和子君冲破阻力争得了自主婚姻，婚后社会迫害的继续存在及由此产生的矛盾，到最后这自主婚姻的破灭的整个过程。深刻地指出了在一个不合理的社会中，单纯追求个性解放和婚姻幸福，是不可能成功的。只有在为社会解放而斗争的过程中，才能真正实现个性的解放和个人婚恋的幸福。

小说塑造了子君和涓生两个抒情主人公的形象。子君是受过"五四"新文化运动洗礼的知识女性，她以个性解放为思想武器，为自己的恋爱婚姻自由而奋斗，和涓生建立起小家庭。但是胜利的喜悦却是悲剧的起点。悲剧的社会根源是封建势力的压迫，但子君及所信奉的个性解放思想的局限性，也是造成悲剧的思想根源。她追求的只是恋爱婚姻自由，奋斗目标实现，就把狭窄的小天地当作整个世界，把小家庭生活当作整个人生意义，最终走向破灭。涓生是典型的小资产阶级知识分子，他的性格悲剧也启发读者，要清醒地认识现实，才能在严酷的现实中站稳脚跟。不失去"现在"，才可能有未来。

作品采取"涓生手记"的形式，回顾从恋爱到感情破灭的一年的经历，以小说主人公的切身感受来抒发他曾有的热烈的爱情、深切的悲痛和愿入地狱的悔恨，具有很浓的抒情性。在语言上大量采用反复、排比、比喻等诗歌常用的手法，也增强了小说的抒情性。小说的细节描写也颇具匠心，油鸡和阿随的命运同子君感情变化的呼应，收到了以小见大的效果。

【思考训练】

1. 分析涓生、子君的人物形象。

2. 本文的思想内涵是什么？

【平行阅读】

《牡丹亭·游园惊梦》 ［明］汤显祖
《莎菲女士的日记》 丁玲
《长恨歌》 王安忆

第四章 人 情 世 态

【专题概说】

　　人情世态是文学作品的重要表现对象。人情即为人处世之道，凡人与社会、人与人之间的情感关系皆属人情；世态则为众生之相。西方的文学研究者有一句最普通的话："文学是人生的反映。"文学作品关注人情世态，洞察真理。人们的生活情状，人与人之间的关系，社会的各种情形，都可以凝聚在文学作品中，将它们反映出来。《论语·阳货》提出"兴观群怨"说，对文学作品的社会功用加以论述。"观"即观察，郑玄曾注解"观"为"观风俗之盛衰"，就是说文学作品是反映社会现实生活的。意蕴丰富的文学作品，既能给人以充分的审美享受，怡人心志；又可以让人了解不同时代的社会政治和道德风尚，以及作者的思想倾向和情感状态。

　　"人是一切社会关系的总和"，人除有自然属性之外，还有社会属性，是一个"社会人"。人的社会属性构成了世态人情的方方面面。任何人的生存状态都依赖于一定的社会环境，世风习俗。特定的时代、社会，不同的人物个性、价值取向，都会在人生这个大舞台上展现出来。百态人生，都有其鲜明的历史阶段性，都带有相应的社会关系的投影，与社会有着千丝万缕的联系。文学的一个重要关怀作用，就是对世态人情的描写，作家的高明之处也在于敏感于世俗人情、社会生活的底里。

　　文学带我们体验不同的人情世态，使我们认识复杂的人性，让我们的情感生活得以净化。无论时代如何更迭，不论我们拥有怎样的人生，在我们的精神领域里，一定要给文学留一方空间。爱好文学、拥抱文学、品味文学，都会得到一种非常充实的人生状态。

　　《红楼梦》里说："世事洞明皆学问，人情练达即文章。"说明百态人生是世间最为丰富多彩的风景，也是最难以认识和把握的对象。本章所辑作品皆演绎了各种各样的世态人情，作者皆为中国现代文学史上的大家，他们或畅快淋漓地嬉笑怒骂，或幽默机智地戏谑调侃，或平实沉静地娓娓道来，既让人心生喟叹，又催人冥想深思，给读者以深刻启发，需要我们认真体会，方能领悟其中真味。

一只特立独行的猪

王小波

【作者介绍】

　　王小波(1952—1997)，当代著名学者、作家。1952年5月13日出生于北京，1978年考入中国人民大学学习商业管理。1984年至1988年在美国匹兹堡大学学习，获硕士学位后回国，曾任教于北京大学和中国人民大学，后辞职专事写作。著有长篇小说"时代三部曲"：《黄金时代》《白银时代》和《青铜时代》，电影文学剧本《东宫·西宫》等。20世纪90年代开始思想随笔写作，出版有《思维的乐趣》《我的精神家园》《沉默的大多数》等。1997年4月10日因心脏病猝发逝于北京。

　　插队的时候，我喂过猪、也放过牛。假如没有人来管，这两种动物也完全知道该怎样生活。它们会自由自在地闲逛，饥则食渴则饮，春天来临时还要谈谈爱情；这样一来，它们的生活层次很低，完全乏善可陈。人来了以后，给它们的生活做出了安排：每一头牛和每一口猪的生活都有了主题。就它们中的大多数而言，这种生活主题是很悲惨的：前者的主题是干活，后者的主题是长肉。我不认为这有什么可抱怨的，因为我当时的生活也不见得丰富了多少，除了八个样板戏，也没有什么消遣。有极少数的猪和牛，它们的生活另有安排。以猪为例，种猪和母猪除了吃，还有别的事可干。就我所见，它们对这些安排也不大喜欢。种猪的任务是交配，换言之，我们的政策准许它当个花花公子。但是疲惫的种猪往往摆出一种肉猪（肉猪是阉过的）才有的正人君子架势，死活不肯跳到母猪背上去。母猪的任务是生崽儿，但有些母猪却要把猪崽儿吃掉。总的来说，人的安排使猪痛苦不堪。但它们还是接受了：猪总是猪啊！

　　对生活做种种设置是人特有的品性。不光是设置动物，也设置自己。我们知道，在古希腊有个斯巴达，那里的生活被设置得了无生趣，其目的就是要使男人成为亡命战士，使女人成为生育机器，前者像些斗鸡，后者像些母猪。这两类动物是很特别的，但我以为，它们肯定不喜欢自己的生活。但不喜欢又能怎么样？人也好，动物也罢，都很难改变自己的命运。

　　以下谈到的一只猪有些与众不同。我喂猪时，它已经有四五岁了，从名分上说，它是肉猪，但长得又黑又瘦，两眼炯炯有光。这家伙像山羊一样敏捷，一米高的猪栏一跳就过；它还能跳上猪圈的房顶，这一点又像是猫——所以它总是到处游逛，根本就不在圈里呆着。所有喂过猪的知青都把它当宠儿来对待，它也是我的宠儿——因为它只对知青好，容许他们走到三米之内，要是别的人，它早就跑了。它是公的，原本该劁掉。不过你去试试看，哪怕你把劁猪刀藏在身后，它也能嗅出来，朝你瞪大眼睛，嗷嗷地吼起来。我总是用细米糠熬的粥喂它，等它吃够了以后，才把糠兑到野草里喂别的猪。其他猪看了嫉妒，一起嚷起来。这时候整个猪场一片鬼哭狼嚎，但我和它都不在乎。吃饱了以后，它就跳上房顶去晒太阳，或者模仿各种声音。它会学汽车响、拖拉机响，学得都很像；有时整天不见踪影，我估计它到附近的村寨里找母猪去了。我们这里也有母猪，都关在圈里，被过度的生育搞得走了形，又脏又臭，它对它们不感兴趣；村里的母猪好看一些。它有很多精彩的事迹，但我喂猪的时间短，知道得有限，索性就不写了。总而言之，所有喂过猪的知青都喜欢它，喜欢它特立独行的派头儿，还说它活得潇洒。但老乡们就不这么浪漫，他们说，这猪不正经。领导则痛恨它，这一点以后还要谈到。我对它则不止是喜欢——我尊敬它，常常不顾自己虚长十几岁这一现实，把它叫做"猪兄"。如前所述，这位猪兄会模仿各种声音。我想它也学过人说话，但没有学会——假如学会了，我们就可以做倾心之谈。但这不能怪它。人和猪的音色差得太远了。

后来,猪兄学会了汽笛叫,这个本领给它招来了麻烦。我们那里有座糖厂,中午要鸣一次汽笛,让工人换班。我们队下地干活时,听见这次汽笛响就收工回来。我的猪兄每天上午十点钟总要跳到房上学汽笛,地里的人听见它叫就回来——这可比糖厂鸣笛早了一个半小时。坦白地说,这不能全怪猪兄,它毕竟不是锅炉,叫起来和汽笛还有些区别,但老乡们却硬说听不出来。领导上因此开了一个会,把它定成了破坏春耕的坏分子,要对它采取专政手段——会议的精神我已经知道了,但我不为它担忧——因为假如专政是指绳索和杀猪刀的话,那是一点门都没有的。以前的领导也不是没试过,一百人也逮不住它。狗也没用:猪兄跑起来像颗鱼雷,能把狗撞出一丈开外。谁知这回是动了真格的,指导员带了二十几个人,手拿五四式手枪;副指导员带了十几人,手持看青的火枪,分两路在猪场外的空地上兜捕它。这就使我陷入了内心的矛盾:按我和它的交情,我该舞起两把杀猪刀冲出去,和它并肩战斗,但我又觉得这样做太过惊世骇俗——它毕竟是只猪啊;还有一个理由,我不敢对抗领导,我怀疑这才是问题之所在。总之,我在一边看着。猪兄的镇定使我佩服之极:它很冷静地躲在手枪和火枪的连线之内,任凭人喊狗咬,不离那条线。这样,拿手枪的人开火就会把拿火枪的打死,反之亦然;两头同时开火,两头都会被打死。至于它,因为目标小,多半没事。就这样连兜了几个圈子,它找到了一个空子,一头撞出去了;跑得潇洒之极。以后我在甘蔗地里还见过它一次,它长出了獠牙,还认识我,但已不容我走近了。这种冷淡使我痛心,但我也赞成它对心怀叵测的人保持距离。

我已经四十岁了,除了这只猪,还没见过谁敢于如此无视对生活的设置。相反,我倒见过很多想要设置别人生活的人,还有对被设置的生活安之若素的人。因为这个缘故,我一直怀念这只特立独行的猪。

选自《沉默的大多数》,王小波,中国青年出版社 1997 年版

【阅读导引】

20 世纪 90 年代是一个异常复杂的时期,各种文化思潮在国内轮番上演。此间,王小波以其独特的经历和生命体验为文学矿藏,宣扬"自由、科学、民主"和个性独立,反对愚蠢、教条、无趣和虚伪。而且,他讲道理的方式与众不同,具有强烈的思辨色彩和艺术感染力。王小波的思想随笔常常以诙谐幽默之笔出之,主题却是极严肃的。初读本文会觉得忍俊不禁,然而再三去读,却让人品味出个中辛酸甚至悲愤。文章大多数篇幅在谈猪,临末曲终奏雅,以猪事论人世,揭示出令人警醒的提示:被他人安排或设置的生活是不幸的。而遗憾的是人们往往对这样的生活安之若素,任凭自由被扼杀,因此很少有人特立独行如此猪者。全文以鲜活而平庸的生活琐事作譬,引出严肃的论题,这也正是作者的议论深刻而不显枯燥的原因之一。

一篇优秀的文学作品是值得反复去回味的。《一只特立独行的猪》用非理性的言说方式批判了那些安于被设置的生活,在荒诞的权利模式的束缚下浑然不觉、不思反抗的人,充分体现了王小波的创作个性,反映了他的创作风格:幽默而严肃,活泼而平实,犀利深刻而具温情与善意。在阅读中需用心去感受作品的韵味,去品味作品中轻松却也沉重的戏谑,真正体会到思维的乐趣。

【思考训练】

1. 你是否赞成就本文的观点？请说明理由。
2. 有人认为作者的这种写法"闲篇"太多，影响了对论题的充分阐述，你怎么看？

【平行阅读】

《思维的乐趣》 王小波

《说客盈门》 王蒙

《个狗主义》 韩少功

呵旁观者文

梁启超

【作者介绍】

梁启超(1873—1929)，广东新会人。字卓如，一字任甫，号任公，又号饮冰室主人、饮冰子、哀时客、自由斋主人。中国近代著名政治家、启蒙思想家、教育家、史学家、文学家。戊戌变法前后，创办并主持《时务报》《清议报》和《新民丛报》，撰写大量政论文章，生平著述总数约 1400 万字。1918 年政治生涯终止，开始从事教育和学术研究。倡导新文化运动，支持"五四"运动。1920 年承办上海中国工学，1921 年应聘到南开大学讲授中国文化史，1923 年起在清华大学任教。主要著作有《自由书》《少年中国说》《新民说》《清代学术概论》《中国近三百年学术史》《欧游心影录》等。其著作合编为《饮冰室合集》。

天下最可厌、可憎、可鄙之人，莫过于旁观者。

旁观者，如立于东岸，观西岸之火灾，而望其红光以为乐；如立于此船，观彼船之沉溺，而睹其凫浴以为欢。若是者，谓之阴险也不可，谓之狠毒也不可，此种人无以名之，名之曰无血性。嗟乎，血性者，人类之所以生，世界之所以立也；无血性，则是无人类、无世界也。故旁观者，人类之蟊贼，世界之仇敌也。

人生于天地之间，各有责任。知责任者，大丈夫之始也；行责任者，大丈夫之终也；自放弃其责任，则是自放弃所以为人之责也。是故人也者，对于一家而有一家之责任，对于一国而有一国之责任，对于世界而有世界之责任。一家之人各各自放弃其责任，则家必落；一国之人各各自放弃其责任，则国必亡；全世界之人各各自放弃其责任，则世界必毁。旁观云者，放弃责任之谓也。

中国词章家有警语二句："济人利物非吾事，自有周公孔圣人。"中国寻常人有熟语二句，曰："各人自扫门前雪，不管他人瓦上霜。"此数语者，旁观派之经典也，口号也。而此种经典口号，深入于全国人之脑中，拂之不去，涤之不净。质而言之，即"旁观"二字，代表吾全国人之性质也，是即"无血性"三字，为吾全国人所专有物也。呜呼，吾为此惧！

旁观者，立于客位之意义也。天下事不能有客而无主，譬之一家，大而教训其子弟，综核其财产；小而启闭其门户，洒扫其庭除，皆主人之事也。主人为谁？即一家之人是也。一家之人，各尽其主人之职而家以成。若一家之人各自立于客位，父诿之于子，子诿之于父；兄诿之于弟，弟诿之以兄；夫诿之以妇，妇诿之于夫；是之谓无主之家。无主之家，其败亡可立而待也。惟国亦然。一国之主人为谁？一国之人是也。西国之所以强者，无他焉，一国之人各其主人之职而已。中国则不然，入其国，问其主人为谁，莫之承也。将谓百姓为主人欤？百姓曰：此官吏之事也，我何与焉？将谓官吏为主人欤？官吏曰：我之尸此位也[1]，为吾威势耳，为吾利源耳，其他我何知焉？若是乎一国虽大，竟无一主人也。无主人之国，则奴仆从而弄之，盗贼从而夺之，固宜。《诗》曰："子有庭内，弗洒弗扫。子有钟鼓，弗鼓弗考。宛其死矣，他人是保。"[2]此天理所必至也，于人乎何尤？

夫对于他人之家、他人之国而旁观焉，犹可言也。何也？我固客也。（侠者之义，虽对于他家、他国，亦不当旁观。今姑置勿论。）对于吾家、吾国而旁观焉，不可言也。何也？我固主人也。我尚旁观，而更望谁之代吾责也？大抵家国之盛衰兴亡，恒以其家中、国中旁观者之有无多少为差。国人无一旁观者，国虽小而必兴；国人尽为旁观者，国虽大而必亡。今吾观中国四万万人，皆旁观者也。谓余不信，请征其流派：

一曰混沌派。此派者，可谓之无脑筋之动物也。彼等不知有所谓世界，不知有所谓国，不知何者为可忧，不知何者为可惧。质而论之，即不知人世间有应做之事也。饥而食，饱而游，困而睡，觉而起，户以内即其小天地，争一钱可以陨其命。彼等既不知有事，何所谓办与不办？既不知有国，何所谓亡与不亡？譬之游鱼居将沸之鼎，犹误为水暖之春江；巢燕处半火之堂，犹疑为照屋之出日。彼等之生也，如以机器制成者，能运动而不能知觉。其死也，如以电气殛毙者，有堕落而不有苦痛，蠕蠕然度数十寒暑而已。彼等虽为旁观者，然曾不自知其为旁观者，吾命之为旁观派中之天民。四万万人中属于此派者，殆不止三万万五千万人。然此又非徒不识字、不治生之人而已。天下固有不识字、不治生之人而不混沌者，亦有号称能识字、能治生之人而实大混沌者。大抵京外大小数十万之官吏，应乡、会、岁、科试数百万之士子，满天下之商人，皆于其中有十有九属于此派者。

二曰为我派。此派者，俗语所谓遇雷打尚按住荷包者也。事之当办，彼非不知；国之将亡，彼非不知。虽然，办此事而无益于我，则我惟旁观而已；亡此国而无损于我，则我惟旁观而已。若冯道当五季鼎沸之际，朝梁夕晋，犹以五朝元老自夸[3]；张之洞自言瓜分之后，尚不失小朝廷大臣，皆此类也。彼等在世界中，似是常立于主位而非立于客位者。虽然，不过以公众之事业，而计其一己之利害；若夫公众之利害，则彼始终旁观也。吾昔见日本报纸中有一段，最能摹写此辈情形者。其言曰：

吾尝游辽东半岛，见其沿道人民，察其情态，彼等于国家存亡之危机，如不自知者；彼等之待日本军队，不见为敌人，而见为商店之顾客；彼等心目中，不知有辽东半岛割归日本与否之问题，惟知有日本银色与纹银兑换补水几何之问题。

此实写出魑魅魍魉之情状，如禹鼎铸奸矣。推为我之蔽，割数千里之地，赔数百兆之款，以易其衙门咫尺之地，而曾无所顾惜，何也？吾今者既已六七十矣，但求目前数年无事，至一瞑之后，虽天翻地覆非所问也。明知官场积习之当改而必不肯改，吾衣领饭碗之所在也。明知学校科举之当变而不肯变，吾子孙出身之所由也。此派者，以老聃为先圣，以杨朱[4]为先师，一国中无论为官、为绅、为士、为商，其据要津、握重权者皆此辈也，故此派有左右世界之力量。一国聪明才智之士，皆走集于其旗下，而方在萌芽卵孵之少年子弟，转率仿效之，如麻风、肺病者传其种于子孙，故遗毒遍于天下，此为旁观者中最有魔力者。

三曰呜呼派。何谓呜呼派？彼辈以咨嗟太息、痛哭流涕为独一无二之事业者也。其面常有忧国之容，其口不少哀时之语，告以事之当办，彼则曰诚当办也，奈无从办起何；告以国之已危，彼则曰诚极危也，奈已无可救何；再穷诘之，彼则曰国运而已，天心而已。"无可奈何"四字是其口诀，"束手待毙"一语是其真传。如见火之起，不务扑灭，而太息于火势之炽炎；如见人之溺，不思拯援，而痛恨于波涛之澎湃。此派者，彼固自谓非旁观者也，然他人之旁观也以目，彼辈之旁观也以口。彼辈非不关心国事，然以国事为诗料；非不好言时务，然以时务为谈资者也。吾人读波兰灭亡之记，埃及惨状之史，何尝不为之感叹，然无益于波兰、埃及者，以吾固旁观也。吾人见菲律宾与美血战，何尝不为之起敬，然无助于菲律宾者，以吾固旁观也。所谓呜呼派者，何以异是！此派似无补于世界，亦无害于世界者。虽然，灰国民之志气，阻将来之进步，其罪实不薄也。此派者，一国中号称名士者皆归之。

四曰笑骂派。此派者，谓之旁观，宁谓之后观。以其常立于人之背后，而以冷言热语批评人者也。彼辈不惟自为旁观者，又欲逼人使不得不为旁观者；既骂守旧，亦骂维新；既骂小人，亦骂君子；对老辈则骂其暮气已深，对青年则骂其躁进喜事；事之成也，则曰竖子成名；事败也，则曰吾早料及。彼辈常自立于无可指摘之地。何也？不办事故无可指摘，旁观故无可指摘。己不办事，而立于办事者之后，引绳批根以嘲讽掊击，此最巧黠之术，而使勇者所以短气，怯者所以灰心也。岂直使人灰心短气而已，而将成之事，彼辈必以笑骂沮之；已成之事，彼辈能以笑骂败之。故彼辈者，世界之阴人也。夫排斥人未尝不可，己有主义欲伸之，而排斥他人主义，此西国政党不讳也。然彼笑骂派果有何主义乎？譬之孤舟遇风于大洋，彼辈骂风、骂波、骂大洋、骂孤舟，乃至遍骂同舟之人，若问此船当以何术可达彼岸乎，彼等瞠然无对也。何也？彼辈借旁观以行笑骂，失旁观之地位，则无笑骂也。

五曰暴弃派。呜呼派者，以天下为无可为之事；暴弃派者，以我为无可为之人也。笑骂派者，常责人而不责己；暴弃派者，常望人而不望己也。彼辈之意，以为一国四百兆人，其三百九十九兆九亿九万九千九百九十九人中，才智不知几许，英杰不知几许，我之一人岂足轻重。推此派之极弊，必至四百兆人，人人皆除出自己，而以国事望诸其余之三百九十九兆九亿九万九千九百九十九人。统计而互消之，则是四百兆人，卒至实无一人也。夫国事者，国民人人各自有其责任者也，愈贤智则其责任愈大，即愚不肖亦不过责任稍小而已，不能谓之无也。他人虽有绝大智慧、绝大能力，只能尽其本身分内之责任，岂能有分毫之代我？譬之欲不食而使善饭者为我代食，欲不寝而使善睡者为我代寝，能乎否乎？且我虽愚不肖，然既为人矣，即为人类之一分子也；既生此国矣，即为国民之一阿屯也。我暴弃己之一身犹可言也，污蔑人类之资格，灭损国民之体面，不何言也。故暴弃者实人道之罪人也。

六曰待时派。此派者，有旁观之实而不自居其名者也。夫待之云者，得不得未可必之词也。吾待至可以办事之时然后办之，若终无其时，则是终不办也。寻常之旁观则旁观人事，彼辈之旁观则旁观天时也。且必如何然后为可以办事之时，岂有定形哉？办事者，无时而非可办之时；不办事者，无时而非不可办之时。故有志之士，惟造时势而已，未闻用待时势者也。待时云者，欲见风潮之所向，而从旁拾其余利，向于东则随之而东，向于西则随之而西,是乡愿之本色[5],而旁观派之最巧者也。

以上六派,吾中国人之性质尽是矣。其为派不同,而其为旁观者则同。若是乎,吾中国四万万人,果无一非旁观者也;吾中国四万万人,果无一主人也。以无一主人之国,而立于世界生存竞争最剧最烈、万鬼环瞰、百虎眈视之大舞台,吾不知其如何而可也。六派之中,第一派为不知责任之人,以下五派为不行责任之人。知而不行,与不知等耳。且彼不知者犹有冀焉,冀其他日之知而即行也。若知而不行,则是自绝于天地也。故吾责第一派之人犹浅,责以下五派之人最深。

虽然,以阳明学[6]知行合一之说论之,彼知而不行者,终是未知而已。苟知之极明,则行之必极勇。猛虎在于后,虽跛者或能跃数丈之涧;燎火及于邻,虽弱者或能运千钧之力。何也?彼确知猛虎、大火之一至,而吾之性命必无幸也。夫国亡种灭之惨酷,又岂止猛虎、大火而已。吾以为举国之旁观者直未知之耳,或知其一二而未知其究竟耳。若真知之,若究竟知之,吾意虽箝其手、缄其口,犹不能使之默然而息,块然而坐也。安有悠悠岁月,歌舞太平,如此江山,坐付他族,袖手而作壁上之观,面缚以待死期之至,如今日者耶?嗟呼!今之拥高位,秩厚禄,与夫号称先达名士有闻于时者,皆一国中过去之人也。如已退院之僧,如已闭房之妇,彼自顾此身之寄居此世界,不知尚有几年,故其于国也有过客之观,其苟且以愉逸乐,袖手以终余年,固无足怪焉。若我辈青年,正一国将来之主人也,与此国为缘之日正长。前途茫茫,未知所届。国之兴也,我辈实躬享其荣;国之亡也,我辈实亲尝其惨。欲避无可避,欲逃无可逃,其荣也非他人之所得攘,其惨也非他人之所得代。言念及此,夫宁可旁观耶?夫宁可旁观耶?吾岂好为深文刻薄之言以骂尽天下哉?毋亦发于不忍旁观区区之苦心,不得不大声疾呼,以为我同胞四万万人告也。

旁观之反对曰任。孔子曰:"天下有道,丘不与易也。"[7]孟子曰:"如欲平治天下,当今之世,舍我其谁也。"[8]任之谓也。

一九〇〇年二月二十日

选自《梁启超选集》,李兴华、吴嘉勋编,上海人民出版社1984年版

【注释】

[1] 尸……位:如尸(神像)居位,只享祭祀,而不做事。指官吏居位而不理事。

[2] "《诗》曰"句:出自《诗经·唐风·山有枢》。考:击。保:居。

[3] 冯道(882—954):历事后唐、后晋、后汉、后周四朝,事十君。事见《旧五代史冯道传》。

[4] 杨朱:战国时魏人。其说重在利己。

[5] 乡愿:伪善者。语出《论语·阳货》。

[6] 阳明学:明代王守仁的学说。

[7] "孔子曰"句:见《论语·微子》。

[8] "孟子曰"句:见《孟子·公孙丑下》。

【阅读导引】

本文发表于1900年2月的《清议报》,是梁启超的"新文体"代表作之一。此时距戊戌变法失败已经一年有余。梁启超逃亡日本,有感于维新派变法过程中未能得到更多社会支持而失败,痛定思痛,发而为文。所以开篇便痛责旁观者为天下最可厌、可憎、可鄙之人。

作者深刻指出"'旁观'二字，代表吾全国人之性质"，在文中将其分为混沌派、为我派、呜呼派、笑骂派、暴弃派、待时派共六派，并具体入微地剖析了这些旁观者的面目。他们虽然有不同的表现，不同的特点，但是他们的实质是一样的，都是典型的利己主义者。如文中所说，"旁观云者，放弃责任之谓也"。作者把旁观者同国家的盛衰兴亡，同民族的积贫积弱的现状联系起来，将旁观者斥为对国家民族不负责任的人，从关系"国家之盛衰兴亡"的高度，提出了"国人无一旁观者，国虽小而必兴；国人尽为旁观者，国虽大而必亡"的观点，全文既有形象生动的比喻，又有严肃深刻的议论，条理清晰，笔锋犀利。

读此文，可以深刻感受到作者的爱国热忱，为救国图强而呼号。作者不但希望能唤醒、鞭策那些"旁观者"，更寄希望于青年，"我辈青年""正一国将来之主人"，就应该拿出舍我其谁的气概，担当起平治天下的大任。言辞恳切，似谆谆教诲，字里行间无不流露出殷切的期盼，期盼青年要做爱国者，做国家的主人，不要做时代的旁观者。这种振兴中华的精神弥足珍贵，对于当今的时代仍有警示意义。我们身边不乏"旁观者"，希望这些人读读《呵旁观者文》，明白做旁观者就是放弃自己的责任，"一家之人各各自放弃其责任，则家必落。一国之人各各自放弃其责任，则国必亡。全世界人人各各自放弃其责任，则世界必毁"。

【思考训练】

1. 你认为一个民族有没有全民共有的所谓国民性？中国人的国民性究竟如何？你有什么看法？

2. 你是否同意本文对看客的分类和分析？为什么？

【平行阅读】

《伟大的空话》 邓拓

《写字》 梁实秋

《复仇》 鲁迅

复仇（其一）

鲁 迅

人的皮肤之厚，大概不到半分，鲜红的热血，就循着那后面，在比密密层层地爬在墙壁上的槐蚕更其密的血管里奔流，散出温热。于是各以这温热互相蛊惑，煽动，牵引，拼命地希求偎倚，接吻，拥抱，以得生命的沉酣的大欢喜。

但倘若用一柄尖锐的利刃，只一击，穿透这桃红色的，菲薄的皮肤，将见那鲜红的热血激箭似的以所有温热直接灌溉杀戮者；其次，则给以冰冷的呼吸，示以淡白的嘴唇，使之人性茫然，得到生命的飞扬的极致的大欢喜；而其自身，则永远沉浸于生命的飞扬的极致的大欢喜中。

这样，所以，有他们俩裸着全身，捏着利刃，对立于广漠的旷野之上。

他们俩将要拥抱，将要杀戮……

　　路人们从四面奔来，密密层层地，如槐蚕爬上墙壁，如马蚁要扛鳌头。衣服都漂亮，手倒空的。然而从四面奔来，而且拼命地伸长颈子，要赏鉴这拥抱或杀戮。他们已经豫觉着事后的自己的舌上的汗或血的鲜味。

　　然而他们俩对立着，在广漠的旷野之上，裸着全身，捏着利刃，然而也不拥抱，也不杀戮，而且也不见有拥抱或杀戮之意。

　　他们俩这样地至于永久，圆活的身体，已将干枯，然而毫不见有拥抱或杀戮之意。

　　路人们于是乎无聊；觉得有无聊钻进他们的毛孔，觉得有无聊从他们自己的心中由毛孔钻出，爬满旷野，又钻进别人的毛孔中。他们于是觉得喉舌干燥，脖子也乏了；终至于面面相觑，慢慢走散；甚而至于居然觉得干枯到失了生趣。

　　于是只剩下广漠的旷野，而他们俩在其间裸着全身，捏着利刃，干枯地立着；以死人似的眼光，赏鉴这路人们的干枯，无血的大戮，而永远沉浸于生命的飞扬的极致的大欢喜中。

一九二四年十二月二十日

复仇（其二）

鲁　迅

　　因为他自以为神之子，以色列的王，所以去钉十字架。

　　兵丁们给他穿上紫袍，戴上荆冠，庆贺他；又拿一根苇子打他的头，吐他，屈膝拜他；戏弄完了，就给他脱了紫袍，仍穿他自己的衣服。

　　看哪，他们打他的头，吐他，拜他……

　　他不肯喝那用没药调和的酒，要分明地玩味以色列人怎样对付他们的神之子，而且较永久地悲悯他们的前途，然而仇恨他们的现在。

　　四面都是敌意，可悲悯的，可咒诅的。

　　丁丁地响，钉尖从掌心穿透，他们要钉杀他们的神之子了，可悯的人们呵，使他痛得柔和。丁丁地响，钉尖从脚背穿透，钉碎了一块骨，痛楚也透到心髓中，然而他们钉杀着他们的神之子了，可咒诅的人们呵，这使他痛得舒服。

　　十字架竖起来了；他悬在虚空中。

　　他没有喝那用没药调和的酒，要分明地玩味以色列人怎样对付他们的神之子，而且较永久地悲悯他们的前途，然而仇恨他们的现在。

　　路人都辱骂他，祭司长和文士也戏弄他，和他同钉的两个强盗也讥诮他。

　　看哪，和他同钉的……

　　四面都是敌意，可悲悯的，可咒诅的。

他在手足的痛楚中,玩味着可悯的人们的钉杀神之子的悲哀和可咒诅的人们要钉杀神之子,而神之子就要被钉杀了的欢喜。突然间,碎骨的大痛楚透到心髓了,他即沉酣于大欢喜和大悲悯中。

他腹部波动了,悲悯和咒诅的痛楚的波。

遍地都黑暗了。

"以罗伊,以罗伊,拉马撒巴各大尼?!"(翻出来,就是:我的上帝,你为甚么离弃我?!)

上帝离弃了他,他终于还是一个"人之子";然而以色列人连"人之子"都钉杀了。

钉杀了"人之子"的人们的身上,比钉杀了"神之子"的尤其血污,血腥。

一九二四年十二月二十日

选自《鲁迅全集》第二卷,鲁迅,人民文学出版社 1981 年版

金锁记(节选)

张爱玲

【作者介绍】

张爱玲(1920—1995),原名张煐,河北丰润人,生于上海。7 岁开始尝试写作,1939 年入"香港大学"读书,1942 年回上海,以写作为生。1943 年开始发表作品,代表作有中篇小说《倾城之恋》《金锁记》、短篇小说《红玫瑰与白玫瑰》和散文《烬余录》等。1952 年再赴中国香港地区,1965 年移居美国,创作英文小说多部。1969 年以后主要从事古典小说的研究,著有红学论集《红楼梦魇》。已出版作品有中短篇小说集《传奇》、散文集《流言》、散文小说合集《张看》以及长篇小说《半生缘》《怨女》等。作品主要以上海、南京和中国香港地区为故事场景,在荒凉的氛围中铺张男女的感情纠葛以及时代的繁华和倾颓。晚年独居美国洛杉矶,过着深居简出的生活。1995 年 9 月逝于洛杉矶公寓。

自从争吵过一番,兰仙对于这头亲事便洗手不管了。七巧的病渐渐痊愈,略略下床走动,便逐日骑着门坐着,遥遥向长安屋里叫喊着:"你要野男人你尽管去找,只别把他带上门来认我做丈母娘,活活的气死了我! 我只图个眼不见,心不烦。能够容我多活两年,便是姑娘的恩典了!"颠来倒去几句话,嚷得一条街都听得见。亲戚丛中自然更将这事沸沸扬扬传了开去。

七巧又把长安唤到跟前,忽然滴下泪来道:"我的儿,你知道外头人把你怎么长怎么短糟蹋得一个钱也不值! 你娘自从嫁到姜家来,上上下下谁不是势利的,狗眼看人低,明里暗里我不知受了他们多少气。就连你爹,他有什么好处到我身上,我要替他守寡? 我千辛万苦守了这二十几年,无非是指望你姐儿俩长大成人,替我争回一点面子来。不承望今日之下,只落得这等的收场!"说着,呜咽起来。

长安听了这话，如同轰雷掣顶一般。她娘尽管把她说得不成人，外头人尽管把她说得不成人，她管不了这许多。唯有童世舫——他——他该怎么想？他还要她么？上次见面的时候，他的态度有点改变吗？很难说……她太快乐了，小小的不同的地方她不会注意到……被戒烟期间身体上的痛苦与种种刺激两面夹击着，长安早就有点受不了了，可是硬撑着也就撑了过去，现在她突然觉得浑身的骨骼都脱了节，向他解释么？他不比她的哥哥，他不是她母亲的儿女，他决不能彻底明白她母亲的为人。他果真一辈子见不着她母亲，倒也罢了，可是他迟早要认识七巧。这是天长地久的事，只有千年做贼的，没有千年防贼的——她知道她母亲会放出什么手段来？迟早要出乱子，迟早要决裂。这是她生命里顶完美的一段，与其让别人给它加上一个不堪的尾巴，不如她自己早早结束了它。一个美丽而苍凉的手势……她知道她会懊悔的，她知道她会懊悔的，然而她抬了抬眉毛，做出不介意的样子，说道："既然娘不愿意结这个亲，我去回掉他们就是了。"七巧正哭着，忽然住了声，停了一停，又抽答抽答哭了起来。

长安定了一定神，就去打了个电话给童世舫。世舫当天没有空，约了明天下午。长安最怕的就是中间隔的这一晚，一分钟，一刻，一刻，啃进她心里去。次日，在公园的老地方，世舫微笑着迎上前来，没跟她打招呼——这在他是一种亲昵的表示。他今天仿佛是特别的注意她，并肩走着的时候，屡屡望向她的脸。太阳煌煌地照着，长安越发觉得眼皮肿得抬不起来了。趁他不在看她的时候把话说了罢。她用哭哑了的喉咙轻轻唤了一声"童先生"，世舫没听见。那么，趁他看她的时候把话说了罢。她诧异她脸上还带着点笑，小声道："童先生，我想——我们的事也许还是——还是再说吧。对不起得很。"她褪下戒指来塞在他手里，冷涩的戒指，冷湿的手。她放快脚步走去，他愣了一会，便追上来，问道："为什么呢？对于我有什么不满意的地方么？"长安笔直向前望着，摇了摇头。世舫道："那么，为什么呢？"长安道："我母亲……"世舫道："你母亲并没有看见过我。"长安道："我告诉过你了，不是因为你。跟你完全没有关系。我母亲……"世舫站定了脚。这在中国是很充分的理由了罢？他这么略一踌躇，她已经走远了。

园子在深秋的日头里晒了一上午又一下午，像烂熟的水果一般，向下垂着，坠着，发出香味来。长安悠悠忽忽听见了口琴的声音，迟钝地吹出了 Long Long Ago——"告诉我那故事，往日我最心爱的那故事。许久以前，许久以前……"这是现在，一转眼也就变了许久以前了，什么都完了。长安着了魔似的，去找那吹口琴的人——去找她自己。迎着阳光走着，走到树底下，一个穿着黄短裤的男孩骑在树桠枝上颠颠着，吹着口琴，可是他吹的是另一个调子，她从来没听见过的。不大的一棵树，稀稀朗朗的梧桐叶在太阳里摇着像金的铃铛。长安仰面看着，眼前一阵黑，像骤雨似的，泪珠一串串的披了一脸，世舫找到了她，在她身边悄悄站了半晌，方道："我尊重你的意见。"长安举起了她的皮包来遮住了脸上的阳光。

他们继续来往了一些时。世舫要表示新人物交女朋友的目的不仅限于择偶，因此虽然与长安解除了婚约，依旧常常的邀她出去。至于长安呢，她是抱着什么样的矛盾的希望跟着他出去，她自己也不知道——知道了也不肯承认。订着婚的时候，光明正大的一同出去，尚且要瞒了家里，如今更成了幽期密约了。世舫的态度始终是坦然的。固然，她略略伤害了他的自尊心，同时他对于她多少也有点惋惜，然而"大丈夫何患无妻？"男子对于女子最隆重的赞美是求婚。他割舍了他的自由，送了她这一份厚礼，虽然她是"心领璧还"了，他可是尽了他的心。这是惠而不费的事。

　　无论两人之间的关系是怎样的微妙和尴尬，他们认真的做起朋友来了。他们甚至谈起话来。长安的没见过世面的话每每使世舫笑起来，说道："你这人真有意思！"长安渐渐的也发现了她自己原来是个"很有意思"的人。这样下去，事情会发展到什么地步，连世舫自己也会惊奇。

　　然而风声吹到七巧的耳朵里。七巧背着长安吩咐长白下帖子请童世舫吃便饭。世舫猜着姜家许是要警告他一声，不准他和他们小姐藕断丝连，可是他同长白在那阴森高敞的餐室里吃了两盅酒，说了一会话，天气、时局、风土人情，并没有一个字沾到长安身上。冷盘撤了下去，长白突然手按着桌子站了起来。世舫回过头去，只见门口背着光立着一个小身材的老太太，脸看不清楚，穿一件青灰团龙宫织缎袍，双手捧着大红热水袋，身边夹峙着两个高大的女仆。门外日色昏黄，楼梯上铺着湖绿花格子漆布地衣，一级一级上去，通入没有光的所在。世舫直觉地感到那是个疯子——无缘无故的，他只是毛骨悚然，长白介绍道："这就是家母。"

　　世舫挪开椅子站起来，鞠了一躬。七巧将手搭在一个佣妇的胳膊上，款款走了进来，客套了几句，坐下来便敬酒让菜。长白道："妹妹呢？来了客，也不帮着张罗张罗。"七巧道："她再抽两筒就下来了。"世舫吃了一惊，睁眼望着她。七巧忙解释道："这孩子就苦在先天不足，下地就得给她喷烟。后来也是为了病，抽上了这东西。小姐家，够多不方便哪！也不是没有戒过，身子又娇，又是由着性儿惯了的，说丢，哪儿丢得掉呢！戒戒抽抽，这也有十年了。"世舫不由的变了色，七巧有一个疯子的审慎与机智。她知道，一不留心，人们就会用嘲笑的，不信任的眼光截断了她的话锋，她已经习惯了那种痛苦。她怕话说多了要被人看穿了。因此及早止住了自己，忙着添酒布菜。隔了些时，再提起长安的时候，她还是轻描淡写的把那几句话重复了一遍。她那平扁而尖利的喉咙四面割着人像剃刀片。

　　长安悄悄地走下楼来，玄色花绣鞋与白丝袜停留在日色昏黄的楼梯上。停了一会，又上去了，一级一级，走进没有光的所在。

选自《张爱玲小说全集》，张爱玲，北京十月文艺出版社 2009 年版

【阅读导引】

　　《金锁记》创作于 1943 年，是一篇具有沉郁的悲剧感和历史感的作品，描写了主人公曹七巧一生的命运以及她的心理变态过程。七巧本是麻油店老板的女儿，泼辣而富风情，却不幸被贪钱的兄嫂嫁到大户人家，因出身低微，备受歧视与排挤，而自小瘫痪的丈夫，更使七巧陷入无边的痛苦之中，纵然她在夫死公亡之后分得一份遗产，但是长期以来的种种压抑、煎熬与旧式大家庭气息的熏染，已使她人性扭曲，被黄金枷锁紧紧套住，只知一味敛财，了无亲情，甚至戕害儿媳，断送女儿的婚姻，不断寻求病态的发泄与报复，变得极其自私、乖戾又刻毒、残忍。本文节选的内容即为她斩断女儿还算美满的婚事的过程。近 30 岁的女儿长安，认识了归国留学生童世舫，进而产生了爱情。七巧知道后，心怀嫉恨，瞒着女儿约童世舫来家里吃饭，并故作无意地说出长安正在抽鸦片（事实上长安为了童世舫早已断了烟)，七巧只轻轻这么一说，就让这朵少女之花在家中枯萎。30 年过去了，七巧就这样带着黄金的枷锁迎来了凄凉的晚年，她用这枷锁劈杀了几个人，没死的也被断送了幸福。作品

有层次地展现了七巧的人性被践踏、受残害,最终灭绝的过程,通过七巧被金钱毁灭,到头来又用金钱毁灭他人的双重悲剧,深刻揭示了金钱毁灭人性的罪恶,并显示出作者对传统的封建婚姻、封建伦理和金钱世界的痛恨和批判,从而也暴露了封建家庭制度的弊害。

在艺术上,作者采用了单线结构的形式,以曹七巧的生活经历、心理变化的时空顺序为基本线索,首尾呼应,结构明晰有序。对人物形象的塑造,尤其是对人物心理的描绘,不仅运用对话、动作、人物肖像、服饰等传统的小说笔法,也善于兼融西方现代派的意识流动、心理分析等表现技法于一炉。另外,还运用了色彩、音响、比喻等多种艺术手段来展现人物的心理,形成了张爱玲独特的艺术风格。

【思考训练】

1. 本文在塑造人物形象方面运用了怎样的艺术手法?
2. 阅读《金锁记》全文,分析曹七巧的人物形象及其悲剧人生。

【平行阅读】

《公寓生活记趣》 张爱玲

《倾城之恋》 张爱玲

《玫瑰门》 铁凝

围城(节选)

钱钟书

【作者介绍】

钱钟书(1910—1998),字默存,号槐聚,江苏无锡人。中国现当代著名学者、作家、翻译家。早年接受过良好的中国古典文学的熏陶,国学根基深厚。1933年毕业于清华大学外文系,赴上海光华大学执教,随即入英国牛津大学深造。1935年与杨绛完婚后同赴英国留学。1937年与杨绛同赴法国巴黎大学从事法国文学研究。1938年,被清华大学破例聘为教授,次年转赴国立蓝田师范学院任英文系主任,并开始了《谈艺录》的写作。1941年出版了散文集《写在人生边上》。1946年出版短篇小说集《人·兽·鬼》,次年出版长篇小说《围城》,1948年出版诗论《谈艺录》,在学术界引起巨大反响。1949年回到清华大学任教,1953年被聘为中国科学院文学研究所一级研究员,1982年起担任中国社科院副院长、院特邀顾问。1998年12月19日在北京逝世。

孙柔嘉在订婚以前,常来看鸿渐;订了婚,只有鸿渐去看她,她轻易不肯来。鸿渐最初以为她只是个女孩子,事事要请教自己;订婚以后,他渐渐发现她不但很有主见,而且主见很牢固。她听他说准备退还聘约,不以为然,说找事不容易,除非他另有打算,别逞一时的意气。鸿渐问道:"难道你喜欢留在这地方?你不是一来就说要回家么?"她说:"现在不同了。只要咱们两个人在一起,什么地方都好。"鸿渐看未婚妻又有道理,又有情感,自然欢喜,可是并不想照她的话做。他觉得虽然已经订婚,和她还是陌生得很。过去没有订婚经验——跟周家那一回事不算数的——不知道订婚以后的情绪,是否应当像现在这样平淡。他对自己解释,热烈的爱情到订婚早已是顶点,婚一结一切了结。现在订了婚,彼此间还留着情感发展的余地,这是桩好事。他想起在伦敦上道德哲学一课,那位山羊胡子的哲学家讲的话:"天下只有两种人。譬如一串葡萄到手,一种人挑最好的先吃,另一种人把最好的留在最后吃。照例第一种人应该乐观,因为他每吃一颗都是吃剩的葡萄里最好的;第二种应该悲观,因为他每吃一颗都是吃剩的葡萄里最坏的。不过事实上适得其反,缘故是第二种人还有希望,第一种人只有回忆。"从恋爱到白头偕老,好比一串葡萄,总有最好的一颗,最好的只有一颗,留着做希望,多么好? 他嘴快把这些话告诉她,她不作声。他和她讲话,她回答的都是些"唔","哦"。他问她为什么不高兴,她说并未不高兴。他说:"你瞒不过我。"她说:"你知道就好了。我要回宿舍了。"鸿渐道:"不成,你非讲明白了不许走。"她说:"我偏要走。"鸿渐一路上哄她,求她,她才说:"你希望的好葡萄在后面呢,我们是坏葡萄,别倒了你的胃口。"他急得跳脚,说她胡闹。她说:"我早知道你不是真的爱我,否则你不会有那种离奇的思想。"他赔小心解释了半天,她脸色和下来,甜甜一笑道:"我是个死心眼儿,将来你讨厌——"鸿渐吻她,把这句话有效地截断,然后说:"你今天真是颗酸葡萄。"她强迫鸿渐说出来他过去的恋爱。他不肯讲,经不起她一再而三的逼,讲了一点。她嫌不够,鸿渐像被强盗拷打招供资产的财主,又陆续吐露些。她还嫌不详细,说:"你这人真不爽快! 我会吃这种隔了年的陈醋么? 我听着好玩儿。"鸿渐瞧她脸颊微红,嘴上强笑,自幸见机得早,隐匿了一大部分的情节。她要看苏文纨和唐晓芙的照相,好容易才相信鸿渐处真没有她们的相片,她说:"你那时候总记日记的,一定有趣得很,带在身边没有?"鸿渐直嚷道:"岂有此理! 我又不是范懿认识的那些作家、文人,为什么恋爱的时候要记日记? 你不信,到我卧室里去搜。"孙小姐道:"声音放低一点,人家全听见了,有话好好的说。只有我哪! 受得了你这样粗野,你倒请什么苏小姐呀、唐小姐呀来试试看。"鸿渐生气不响,她注视着他的脸,笑说:"跟我生气了? 为什么眼睛望着别处? 是我不好,逗你。道歉! 道歉!"

所以,订婚一个月,鸿渐仿佛有了个女主人,虽然自己没给她训练得驯服,而对她训练的技巧甚为佩服。他想起赵辛楣说这女孩子利害,一点不错。自己比她大了六岁,世事的经验多得多,已经是前一辈的人,只觉得她好玩儿,一切都纵容她,不跟她认真计较。

……

鸿渐这次走,没有一个同事替他饯行。既然校长不高兴他,大家也懒跟他联络。他不像能够飞黄腾达的人——"孙柔嘉嫁给他,真是瞎了眼睛,有后悔的一天"——请他吃的饭未必像扔在尼罗河里的面包,这些日子会加了倍浮回原主。并且,请吃饭好比播种子:来的客人里有几个是吃了不还请的,例如最高上司和低级小职员;有几个一定还席的,例如地位和收入相等的同僚,这样,种一顿饭可以收获几顿饭。鸿渐地位不高,又不属于任何系,平时无人结交他,他也只跟辛楣要好,在同事里没撒播饭种子。不过,鸿渐饭虽没到嘴,谢饭倒谢了好几次。人家问了他的行期,就惋惜说:"怎么? 走得那么匆促! 饯行都来不及。糟糕! 偏偏这几天又碰到大考,忙得没有工夫,孙小姐,劝他迟几天走,大家从从容容叙一叙——好,好,遵命,那么就欠礼了。你们回去办喜事,早点来个通知,别瞒人哪! 两个人新婚快乐,把这儿的老朋友全忘了,那不行! 哈哈。"

高校长给省政府请到省城去开会,大考的时候才回校,始终没正式谈起聘书的事。鸿渐动身前一天,到校长室秘书处去请发旅行证件,免得路上军警麻烦,顺便见校长辞行,高松年还没到办公室呢。他下午再到秘书处领取证件,一问校长早已走了。一切机关的首长上办公室,本来像隆冬的太阳或者一生里的好运气,来得很迟,去得很早。可是高松年一向勤敏,鸿渐猜想他怕自己、躲避自己,气愤里又有点得意。他训导的几个学生,因为当天考试完了,晚上有工夫到他房里来话别。他感激地喜欢,才明白贪官下任,还要地方挽留,献万民伞、立德政碑的心理。离开一个地方就等于死一次,自知免不了一死,总希望人家表示愿意自己活下去。去后的毁誉,正跟死后的哀荣一样关心而无法知道,深怕一走或一死,像洋蜡烛一灭,留下的只是臭味。有人送别,仿佛临死的人有孝子顺孙送终,死也安心闭眼。这些学生来了又去,暂时的热闹更增加他的孤寂,辗转半夜睡不着。虽然厌恶这地方,临走时偏有以后不能再来的怅恋,人心就是这样捉摸不定的。去年来的时候,多少同伴,现在只两个人回去,幸而有柔嘉,否则自己失了业,一个人走这条长路,真没有那勇气。想到此地,鸿渐心理像冬夜缩成一团的身体稍觉温暖,只恨她不在身畔。天没亮,轿夫和挑夫都来了;已是夏天,趁早凉,好赶路。服侍鸿渐的校工,穿件汗衫,睡眼朦胧送到大门外看他们上轿,一手紧握着鸿渐的赏钱,准备轿子走了再数。范小姐近视的眼睛因睡眠不足而愈加迷离,以为会碰见送行的男同事,脸上胡乱涂些胭脂,勾了孙小姐的手,从女生宿舍送她过来。孙小姐也依依惜别,舍不下她。范小姐看她上轿子,祝她们俩一路平安,说一定把人家寄给孙小姐的信转到上海,"不过,这地址怎么写法?要开方先生府上的地址了,"说时格格地笑。孙小姐也说一定有信给她。鸿渐暗笑女人真是天生的政治家,她们俩背后彼此诽谤,面子上这样多情,两个政敌在香槟酒会上碰杯的一套工夫,怕也不过如此。假使不是亲耳朵听见她们的互相刻薄,自己也以为她们真是好朋友了。

选自《围城》,钱钟书,人民文学出版社 1980 年版

【阅读导引】

小说《围城》在广阔的生活背景下,对中国知识阶层进行了刻意描绘和无情透视。作者以留法归国的青年方鸿渐为中心,描绘了一群留学生、教授在生活、工作、恋爱、婚姻等问题上遇到的矛盾纠葛,以及由此表现出来的猥琐灵魂和灰色人生,反映了抗战初期上层知识分子的活动和生活,具有相当强烈的社会意义。

小说着力刻画了方鸿渐这一人物形象。这是一个具有一定民主主义思想的知识分子,但是在现实生活中却处处碰壁,家庭、亲友、社会,无不使他领略事态的冷酷。他不谙世事,从十里洋场到内地的三闾大学,险恶的环境,恶劣的人际关系,一次又一次地教训和打击着他。他在家庭难以存身,在学校无法立足,跑回上海依然毫无出路。最后只能像关在铁笼里的野兽,虽然拼命挣扎,最终却永远找不到出路。他的悲剧,反映了那些比较正直的知识分子在黑暗社会这一"围城"中的必然遭遇。

在艺术上,《围城》是细腻而婉转的。作品中高超的讽刺幽默手法,大量的奇妙譬喻,以及丰富的知识容量,构成了小说独特的风格。作者熟练地在说天道地中掺入讽喻的喜趣,在热辣的戏剧高潮中仍能酿成足够的悲凉气氛。另外,小说中妙语连珠,新意迭出,中外典故、理论学识、生活印象都一起奔汇笔下,这不仅增加了作品的兴味,也大大开掘了作品题

材的意义,使小说有着更加发人深省的思想力量。

尽管钱钟书这位博闻强识、极富才情的学问家给人留下的作品数量不多,但凭着他丰厚的古今中外的文学功底,丰盈、灵动的才情和气质,以及他熟识的知识阶层丑陋的一角天地,给中国现代讽刺幽默小说带来了新的内容和新的风格。

【思考训练】

1. 分析方鸿渐、孙柔嘉人物形象。
2. 体会文中几处对话描写对塑造人物所起的作用。

【平行阅读】

《一个偏见》 钱钟书
《财主底儿女们》 路翎
《论快乐》 钱钟书

论 快 乐

钱钟书

在旧书铺里买回来维尼(Vigny)的《诗人日记》(*Journald'unpote*),信手翻开,就看见有趣的一条。他说,在法语里,喜乐(bonheur)一个名词是"好"和"钟点"两字拼成,可见好事多磨,只是个把钟头的玩意儿(Silebon heurn'taitqu'unebonnedenie)。我们联想到我们本国话的说法,也同样的意味深永,譬如快活或快乐的快字,就把人生一切乐事的飘瞥难留,极清楚地指示出来。所以我们又慨叹说:"欢娱嫌夜短!"因为人在高兴的时候,活得太快;一到困苦无聊,愈觉得日脚像跛了似的,走得特别慢。德语的沉闷(langweile)一词,据字面上直译,就是"长时间"的意思。《西游记》里小猴子对孙行者说:"天上一日,下界一年。"这种神话,确反映着人类的心理。天上比人间舒服欢乐,所以神仙活得快,人间一年在天上只当一日过。从此类推,地狱里比人间更痛苦,日子一定愈加难度;段成式《西阳杂姐》就说:"鬼言三年,人间三日。"嫌人生短促的人,真是最快活的人;反过来说,真快活的人,不管活到多少岁死,只能算是短命夭折。所以,做神仙也并不值得,在凡间已经三十年做了一世的人,在天上还是个未满月的小孩。但是这种"天算",也有占便宜的地方:譬如戴君孚《广异记》载崔参军捉狐妖,"以桃枝决五下",长孙无忌说得太轻,崔答:"五下是人间五百下,殊非小刑。"可见卖老祝寿等等,在地上最为相宜,而刑罚呢,应该到天上去受。

"永远快乐"这句话,不但渺茫得不能实现,并且荒谬得不能成立。快乐决不会永久;我们说永远快乐,正好像说四方的圆形,静止的动作同样地自相矛盾。在高兴的时候,我们空对瞬息即逝的时间喊着说:"逗留一会儿罢! 你太美了!"那有什么用? 你要永久,你该向痛苦里去找。不讲别的,只要一个失眠的晚上,或者有约不来的下午,或者一课沉闷的听讲——这许多,比一切宗教信仰更有效力,能使你尝到什么叫做"永生"的滋味。人生的刺,就在这里,留恋着不肯快走的,偏是你所不留恋的东西。

快乐在人生里,好比引诱小孩子吃药的方糖,更像跑狗场里引诱狗赛跑的电兔子。几分钟或者几天的快乐赚我们活了一世,忍受着许多痛苦。我们希望它来,希望它留,希望它再来——这三句话概括了整个人类努力的历史。在我们追求和等候的时候,生命又不知不觉地偷度过去。也许我们只是时间消费的筹码,活了一世不过是为那一世的岁月充当殉葬品,根本不会想到快乐。但是我们到死也不明白是上了当,我们还理想死后有个天堂,在那里——谢上帝,也有这一天! 我们终于享受到永远的快乐。你看,快乐的引诱,不仅像电兔子和方糖,使我们忍受了人生,而且仿佛钓钩上的鱼饵,竟使我们甘心去死。这样说来,人生虽痛苦,却不悲观,因为它终抱着快乐的希望;现在的账,我们预支了将来去付。为了快活,我们甚至于愿意慢死。

穆勒曾把"痛苦的苏格拉底"和"快乐的猪"比较。假使猪真知道快活,那么猪和苏格拉底也相去无几了。猪是否能快乐得像人,我们不知道;但是人会容易满足得像猪,我们是常看见的。把快乐分肉体的和精神的两种,这是最糊涂的分析。一切快乐的享受都属于精神的,尽管快乐的原因是肉体上的物质刺激。小孩子初生了下来,吃饱了奶就乖乖地睡,并不知道什么是快活,虽然它身体感觉舒服。缘故是小孩子时的精神和肉体还没有分化,只是混沌的星云状态。洗一个澡,看一朵花,吃一顿饭,假使你觉得快活,并非全因为澡洗得干净,花开得好,或者菜合你口味,主要因为你心上没有挂碍,轻松的灵魂可以专注肉体的感觉,来欣赏,来审定。要是你精神不痛快,像将离别时的宴席,随它怎样烹调得好,吃来只是土气息,泥滋味。那时刻的灵魂,仿佛害病的眼怕见阳光,撕去皮的伤口怕接触空气,虽然空气和阳光都是好东西。快乐时的你一定心无愧怍。假如你犯罪而真觉快乐,你那时候一定和有道德、有修养的人同样心安理得。有最洁白的良心,跟全没有良心或有最漆黑的良心,效果是相等的。

发现了快乐由精神来决定,人类文化又进一步。发现这个道理,和发现是非善恶取决于公理而不取决于暴力,一样重要。公理发现以后,从此世界上没有可被武力完全屈服的人。发现了精神是一切快乐的根据,从此痛苦失掉它们的可怕,肉体减少了专制。精神的炼金术能使肉体痛苦都变成快乐的资料。于是,烧了房子,有庆贺的人;一箪食,一瓢饮,有不改其乐的人;千灾百毒,有谈笑自若的人。所以我们前面说,人生虽不快乐,而仍能乐观。譬如从写《先知书》的所罗门直到做《海风》诗的马拉梅(Mallarme),都觉得文明人的痛苦,是身体困倦。但是偏有人能苦中作乐,从病痛里滤出快活来,使健康的消失有种赔偿。苏东坡诗就说:"因病得闲殊不恶,安心是药更无方。"王丹麓《今世说》也记毛稚黄善病,人以为忧,毛曰:"病味亦佳,第不堪为躁热人道耳!"在着重体育的西洋,我们也可以找着同样达观的人。工愁善病的诺凡利斯(Novalis)在《碎金集》里建立一种病的哲学,说病是"教人学会休息的女教师"。罗登巴熙(Rodenbach)的诗集《禁锢的生活》(Les Vies Encloses)里有专咏病味的一卷,说病是"灵魂的洗涤(puration)"。身体结实、喜欢活动的人采用了这个观点，就对病痛也感到另有风味。顽健粗壮的 18 世纪德国诗人白洛柯斯（B. H. Brockes）第一次害病，得是一个"可惊异的大发现"。对于这种人，人生还有什么威胁？这种快乐，把忍受变为享受，是精神对于物质的最大胜利。灵魂可以自主——同时也许是自欺。能一贯抱这种态度的人，当然是大哲学家，但是谁知道他不也是个大傻子？

是的，这有点矛盾。矛盾是智慧的代价。这是人生对于人生观开的玩笑。

选自《写在人生边上》，钱钟书，中国社会科学出版社 1990 年版

听话的艺术

杨绛

【作者介绍】

杨绛（1911—2016），原名杨季康，江苏无锡人。中国现当代著名作家、文学翻译家、外国文学研究家，通晓英语、法语、西班牙语，由她翻译的《唐·吉诃德》被公认为最优秀的翻译佳作。早年曾与丈夫钱钟书一同留学英、法等国，回国后长期担任清华大学西语系教授、中国社会科学院外国文学研究所研究员等职。著有剧本《称心如意》《弄假成真》《风絮》，其中《称心如意》被搬上舞台长达六十多年，影响深远；另有论文集《春泥集》、散文集《干校六记》、长篇小说《洗澡》等出版。93 岁出版散文随笔《我们仨》，96 岁出版哲理散文集《走到人生边上》，102 岁出版 250 万字的《杨绛文集》八卷。2016 年 5 月 25 日在北京逝世，享年 105 岁。

假如说话有艺术，听话当然也有艺术。说话是创造，听话是批评。说话目的在表现，听话目的在了解与欣赏。不会说话的人往往会听说话，正好比古今多少诗人文人所鄙薄的批评家——自己不能创作，或者创作失败，便摇身一变而为批评大师，恰像倒运的窃贼，改行做了捕快。英国十八世纪小诗人显斯顿（Shenstone）说："失败的诗人往往成为愠怒的批评家，正如劣酒能变好醋。"可是这里既无严肃的批判，又非尖刻的攻击，只求了解与欣赏。若要比批评，只算浪漫派印象派的批评。

听话包括三步：听、了解与欣赏。听话不像阅读能自由选择。话不投机，不能把对方两片嘴唇当作书面一般啪地合上，把书推开了事。我们可以"听而不闻"，效法对付嚣张的厌物的办法："装上排门，一无表示"，自己出神也好，入定也好。不过这办法有不便处，譬如搬弄是非的人，便可以根据"不否认便是默认"的原则，把排门后面的弱者加以利用。或者"不听不闻"更妥当些。从前有一位教士训儿子为人之道："当了客人，不可以哼歌曲，不要弹指头，不要脚尖拍地——这种行为表示不在意。"但是这种行为正不妨偶一借用，于是出其不意，把说话转换一个方向。当然，听话而要逞自己的脾气，又要不得罪人，需要很高的艺术。可是我们如要把自己磨揉得海绵一般，能尽量收受，就需要更高的修养。因为听

话的时候，咱们的自我往往像接在盒里的弹簧人儿(Jack in the box)，忽然会"哇"的探出头来叫一声"我受不了你"。要把它制服，只怕千锤百炼也是徒然。除非听话的目的不为了解与欣赏，而另有作用。十九世纪英国诗人台勒爵士(Sir Henry Taylor)也是一位行政能员，他在谈成功秘诀的《政治家》(*The Statesman*)一书中说："不论'赛人'(Siren)的歌声多么悦耳，总不如倾听的耳朵更能取悦'赛人'的心魂。"成功而得意的人大概早就发现了这个诀窍。并且还有许多"赛人"喜欢自居童话中的好女孩，一开口便有珍珠宝石纷纷乱滚。倾听的耳朵来不及接受，得双手高擎起盘子来收取——珍重地把文字的珠玑镶嵌在笔记本里，那么"好女孩"一定还有更大的施与这种人的话并不必认真听，不听更好，只消凝神倾耳；也不需了解，只需摆出一副欣悦钦服的神态，便很足够。假如已经听见、了解，而生怕透露心中真情，不妨装出一副笨木如猪的表情，"赛人"的心魂也不会过于苛求。

听人说话，最好效陶渊明读书，不求甚解。若要细加注释，未免琐细。不过，不求甚解，总该懂得大意。如果自己未得真谛，反一笔抹煞，认为一切说话都是吹牛拍马撒谎造谣，那就忘却了说话根本是艺术，并非柴米油盐类的日用必需品。责怪人家说话不真实，等于责怪一篇小说不是构自事实，一幅图画不如照相准确。说话之用譬如衣服，一方面遮掩身体，一方面衬托显露身上某几个部分。我们绝不谴责衣服掩饰真情，歪曲事实。假如赤条条一丝不挂，反惹人骇怪了。难道一个人的自我比一个人的身体更多自然美？

谁都知道艺术品的真实并不指符合实事。亚里士多德早说过：诗的真实不是史实。大概天生诗人比历史家多。(诗人，我依照希腊字原义，指创造者。)而最普遍的创造是说话。夫子"述而不作"，又何尝述而不作！不过我们糠戏听故事或赏鉴其他艺术品，只求"诗的真实"(Poetic truth)。虽然明知是假，甘愿信以为真。珂立支(Coleridge)所谓："姑妄听之"(Willing suspense of disbelief)。听话的时候恰恰相反："诗的真实"不能满足我们，我们渴望知道的是事实。这种心情，恰和珂立支所说的相反，可叫做"宁可不信"(Unwilling suspense of belief)。同时我们总借用亚里士多德"必然与可能"(The inevitable and probable)的原则来推定事实真相。举几个简单的例。假如一位女士叹恨着说："唉，我这一头头发真麻烦，恨不得天生是秃子。"谁信以为真呢！依照"可能与必然"，推知她一定自知有一头好头发。假如有人说："某人拉我帮他忙，某机关又不肯放，真叫人为难。"他大概正在向某人钻营，而某机关的位置在动摇，可能他钻营尚未成功，认真在为难。假如某要人代表他负责的机关当众辟谣，我们依照"必然与可能"的原则，恍然道："哦！看来确有其事！"假如一个人过火的大吹大擂，他必定是对自己有所不足，很可能他把自己也哄骗在内，自己说过几遍的话，便信以为真。假如一个人当面称谀，那更需违反心愿，宁可不信。他当然在尽交际的责任，说对方期待的话。很可能他看透了你意中的自己。假如一个人背后太热心的称赞一个无足称赞的人，可能是最精巧的谄媚，准备拐几个弯再送达那位被赞的人，比面谀更入耳浃心；也可能是上文那位教士训儿子对付冤家的好办法——过火的称赞，能激起人家反感；也可能是借吹捧这人，来贬低那人。

听话而如此逐句细解，真要做到"水至清则无鱼"了。我们很不必过分精明；虽然人人说话，能说话的人和其他艺术家一般罕有。辞令巧妙，只使我们钦慕"作者"的艺术，而拙劣的言辞，却使我们喜爱了"作者"自己。

说话的艺术愈高，愈增强我们的"宁可不信"，使我们怀疑，甚至恐惧。笨拙的话，像亚当夏娃遮掩下身的几片树叶,只表示他们的自惭形秽,愿在天使面前掩饰丑陋。譬如小孩子的虚伪,哄大人给东西吃,假意问一声"这是什么?可以吃么?"使人失笑,却也得人爱怜。譬如逢到蛤蟆般渺小的人,把自己吹得牛一般大,我们不免同情怜悯,希望他天生就有牛一般大,免得他如此费力。逢到笨拙的谄媚,至少可以知道,他在表示要好。老实的骂人,往往只为表示自己如何贤德,并无多少恶意。一个人行为高尚,品性伟大,能使人敬慕,而他的弱点偏得人爱。乖巧的人曾说:"你若要得人爱,少显露你的美德,多显露你的过失。"又说:"人情从不原谅一个无需原谅的人。"凭这点人情来体会听说话时的心理,尤为合适。我们钦佩羡慕巧妙的言辞,而言辞笨拙的人,却获得我们的同情和喜爱。大概说话究竟是凡人的艺术,而说话的人是上帝的创造。

选自《杂忆与杂写(增订本)》,杨绛,生活·读书·新知三联书店 2010 年版

【阅读导引】

本文体现了杨绛智性散文的特点。在读杨绛散文创作时,可以发现隐身化的艺术风格一直贯穿其中,而这里的隐身是指创作主体退居幕后,很少或较少出现作者的主观评论,仿佛披上一层隐身衣。杨绛曾翻译过兰多尔的《终曲》,这首诗显露出来的智慧优雅和达观淡定,除了折射出原诗作者兰多尔的文心与气度外,也足以成为杨绛为文风格的一个写照。文章先提醒读者听话需要很高的修养,听话的艺术在于听、了解与欣赏。然后建议效仿陶渊明,做到不求甚解,听懂大意即可。文末交代普通人听话的信与不信,与说话的艺术成反比,照应开头。

在艺术上,本文看似平淡的语言,实则匠心独运,寓浓于淡,寓庄于谐,平易中见跌宕,朴素中见趣味。这种淡雅质朴、平和冲淡的语言恰好体现出了散文语言的智性运用,以及作者的智性思维。散文家几乎都工于语言的锤炼,文字的铺陈或者修饰都可以使文本读起来更加有艺术之美。杨绛的散文创作是有独特智慧的,这种智慧也体现在文学语言的锤炼上。读她的散文,或状物,或写事,或怀人,或抒情,都没有玩弄高深,没有多加粉饰,也没有情感迸发的抒情,她只是用最淡雅质朴的语言将自己的情感体悟娓娓道来,犹如话家常,但是读者却可以从这种朴素自然的语言中感受到深深的意蕴以及作者淡泊的心性和睿智的生活态度。正如文中所述:"我们钦佩羡慕巧妙的言辞,而言辞笨拙的人,却获得我们的同情和喜爱",不事雕琢的语言风格恰恰呈现出一种从容平和、达观智性的美感。

【思考训练】

1. 什么是听话?听话有什么艺术?
2. 本文的语言运用有什么特点?对你有什么启发?

【平行阅读】

《我们仨》 杨绛

《干校六记》 杨绛

《没有目的的旅行》 周国平

没有目的的旅行

周国平

没有比长途旅行更令人兴奋的了,也没有比长途旅行更容易使人感到无聊的了。人生,就是一趟长途旅行。

一趟长途旅行。意味着奇遇,巧合,不寻常的机缘,意外的收获,陌生而新鲜的人和景物。总之,意味着种种打破生活常规的偶然性和可能性。所以,谁不是怀着朦胧的期待和莫名的激动踏上旅程的?

然而,一般规律是,随着旅程的延续,兴奋递减,无聊递增。

我们从记事起就已经身在这趟名为"人生"的列车上了。一开始,我们并不关心它开往何处。孩子们不需要为人生安上一个目的,他们扒在车窗边,小脸蛋紧贴玻璃,窗外掠过的田野、树木、房屋、人畜无不可观,无不使他们感到新奇。无聊与他们无缘。

不知从何时起,车窗外的景物不再那样令我们陶醉了。这是我们告别童年的一个确切标志,我们长大成人了。我们开始需要一个目的,而且往往也就有了一个也许清晰但多半模糊的目的。我们相信列车将把我们带往一个美妙的地方,那里的景物远比沿途优美。我们在心里悄悄给那地方冠以美好的名称,名之为"幸福""成功""善""真理"等等。

不幸的是,一旦我们开始憧憬一个目的,无聊便接踵而至。既然生活在远处,近处的就不是生活。既然目的最重要,过程就等而下之。我们的心飞向未来,只把身体留在现在,视正在经历的一切为必不可免的过程,耐着性子忍受。

列车在继续行进,但我们愈来愈意识到自己身寄逆旅,不禁暗暗计算日程,琢磨如何消磨途中的光阴。好交际者便找人攀谈,胡侃神聊,不厌其烦地议论天气、物价、新闻之类无聊话题。性情孤僻者则躲在一隅,闷头吸烟,自从无烟车厢普及以来,就只是坐着发呆、瞌睡、打呵欠。不学无术之徒掏出随身携带的通俗无聊小报和杂志,读了一遍又一遍。饱学之士翻开事先准备的学术名著,想聚精会神研读,终于读不进去,便屈尊向不学无术之徒借来通俗报刊,图个轻松。先生们没完没了地打扑克。太太们没完没了地打毛衣。凡此种种,雅俗同归,都是在无聊中打发时间,以无聊的方式逃避无聊。

当然,会有少数幸运儿因了自身的性情,或外在的机缘,对旅途本身仍然怀着浓厚的兴趣。一位诗人凭窗凝思,浮想联翩,笔下灵感如涌。一对妙龄男女隔座顾盼,两情款洽,眉间秋波频送。他们都乐在其中,不觉得旅途无聊。愈是心中老悬着一个遥远目的地的旅客,愈不耐旅途的漫长,容易百无聊赖。

由此可见,无聊生于目的与过程的分离,乃是一种对过程疏远和隔膜的心境。孩子或者像孩子一样单纯的人,目的意识淡薄,沉浸在过程中,过程和目的浑然不分,他们能够随遇而安,即事起兴,不易感到无聊。商人或者像商人一样精明的人,有非常明确实际的目的,以此指导行动,规划过程,目的与过程丝丝相扣,他们能够聚精会神,分秒必争，也不易感到无聊。怕就怕既失去了孩子的单纯，又不肯学商人的精明，目的意识强烈却并无明确实际的目的，有所追求但所求不是太缥缈就是太模糊。"我只是想要，但不知道究竟想要什么。"这种心境是滋生无聊的温床。心中弥漫着一团空虚，无物可以填充。凡到手的一切都不是想要的，于是难免无聊了。

　　舍近逐远似乎是我们人类的天性，大约正是目的意识在其中作祟。一座围城，城里的人想出去，城外的人想进来，如果出不去进不来，就感到无聊。这是达不到目的的无聊。一旦城里的人到了城外，城外的人到了城里，又觉得城外和城里不过尔尔。这是目的达到后的无聊。于是，健忘的人（我们多半是健忘的）折腾往回跑，陷入又一轮循环。等到城里城外都厌倦，是进是出都无所谓，更大的无聊就来临了。这是没有了目的的无聊。

　　超出生存以上的目的，大抵是想象力的产物。想象力需要为自己寻找一个落脚点，目的便是这落脚点。我们乘着想象力飞往远方，疏远了当下的现实。一旦想象中的目的实现，我们又会觉得它远不如想象。最后，我们倦于追求一个目的了，但并不因此就心满意足地降落到地面上来。我们乘着疲惫的想象力，心灰意懒地盘旋在这块我们业已厌倦的大地上空，茫然四顾，无处栖身。

　　让我们回到那趟名为"人生"的列车上来。假定我们各自怀着一个目的，相信列车终将把我们带到心向往之的某地，为此我们忍受着旅途的无聊，这时列车的广播突然响了，通知我们列车并非开往某地，非但不是开往某地，而且不开往任何地方，它根本就没有一个目的地。试想一下，在此之后，不再有一个目的来支撑我们忍受旅途的无聊，其无聊更将如何？

　　然而，这正是我们或早或迟会悟到的人生真相。"天地者万物之逆旅"，万物之灵也只是万物的一分子，逃不脱大自然安排的命运。人活一世，不过到天地间走一趟罢了。人生的终点是死，死总不该是人生的目的。人生原本就是一趟没有目的的旅行。

　　鉴于人生本无目的，只是过程，有的哲人就教导我们重视过程，不要在乎目的。如果真能像孩子那样沉浸在过程中，当然可免除无聊。可惜的是，我们已非孩子，觉醒了的目的意识不容易回归混沌。莱辛说他重视追求真理的过程胜于重视真理本身，这话怕是出于一种无奈的心情，正因为过于重视真理，同时又过于清醒地看到真理并不存在，才不得已而返求诸过程。看破目的的阙如而执著过程，这好比看破红尘的人还俗，与过程早已隔了一道鸿沟，至多只能做到貌合神离而已。

　　如此看来，无聊是人的宿命。无论我们期待一个目的，还是根本没有目的可期待，我们都难逃此宿命。在没有目的时，我们仍有目的意识。在无可期待时，我们仍茫茫然若有所待。我们有时会沉醉在过程中，但是不可能始终和过程打成一片。当我们渴念过程背后的目的，或者省悟过程背后绝无目的时，我们都会对过程产生疏远和隔膜之感。然而，我们又被粘滞在过程中，我们的生命仅是一过程而已。我们心不在焉而又身不由己，这种心境便是无聊。

选自《迷者的悟》，周国平，陕西人民出版社 1995 年版

第五章　儒 道 智 慧

【专题概说】

在中国漫长的历史中,有很多哲学和宗教思想影响着中国历史发展的进程。

儒学对中国社会之民族性格和民族精神的形成产生了巨大而深远的影响。儒学具体指的是儒家学派的思想,由春秋末期思想家孔子所创立。孔子创立的儒家学说在总结、概括和继承了夏、商、周三代尊亲传统文化的基础上形成的一个完整的思想体系。司马迁在《史记·孔子世家》中说:"孔子乃因史记作春秋,上至隐公,下讫哀公十四年,十二公。据鲁,亲周,故殷,运之三代。"儒家基本上坚持"亲亲""尊尊"的立法原则,维护"礼治",提倡"德治",重视"仁治"。儒家思想对封建社会的影响很大,被封建统治者长期奉为正统思想。可以说,儒家文化构成中国文化最重要的组成部分。儒家谋圣不谋智,看上去不是智谋,实际上是一种谋于无形的大智谋,即从征服人心着手,使人主动提高自己的道德修养。

春秋时期,老子集古圣先贤之大智慧。总结了古老的道家思想的精华,形成了道家完整的系统理论。道家以"道"为核心,认为大道无为,主张道法自然,提出道生法、以雌守雄、刚柔并济等政治、经济、治国、军事策略,具有朴素的辩证法思想,是"诸子百家"中一门极为重要的哲学流派,存在于中华各文化领域,对中国乃至世界的文化都产生了巨大的影响。道家崇尚自然,有辩证法的因素和无神论的倾向,主张清静无为,反对斗争;提倡道法自然,无所不容,自然无为,与自然和谐相处。

若说儒家的中枢是仁的话,那么道家的中枢便是自然。依道家来看,儒的倡导虽好,却只能靠严于律己刻意做到,一有不慎,则内以伤身,外以乱人。宋朝时,儒生发展到"存天理、灭人欲"便可看出。而道以自然为本,以人天生之欲而推之,更加贴近于人的生活。再配以不为外物所累,超然物外,待人如待己,做事不掺杂目的性,不虚伪不做作,真朴自然,这才是真正的人生境界,故对于儒的"温良恭俭让"的人德,道家更注重如何做到自然,故有"虚无、齐物、守一、柔弱、纯粹素朴"五德。完成五德之后,自然而然做到儒提倡的"仁"和"义"。

通过本章的学习,我们可以加深对"和而不同""中和之美""得而不喜,失而不忧""生而不悦,死而不祸"等哲理的认识和感悟,深思默察,提升自己。

论语·先进（节选）

【作品介绍】

《论语·先进》共有 26 章，其中著名的文句有："未能事人，焉能事鬼？""未知生，焉知死""过犹不及"等。这一篇中包括孔子对弟子们的评价，并以此为例说明"过犹不及"的中庸思想；学习各种知识与日后做官的关系；孔子对待神、生死问题的态度。本节出自《论语》的《论语·先进》的最后一章，描绘了孔门师徒之间的一段对话。话题围绕着个人的人生理想展开，孔子情辞恳切，弟子畅所欲言。孔子问及人应该如何安顿自己的人生？子路、冉有、公西华三人的回答或治军，或治赋，或治礼，均不出社会政治范畴，表现出强烈的入世精神。而曾皙却给出了不同的回答，他描绘了一种悠闲自适、从容优雅的诗意人生，孔子对这样的回答慨然叹许。人生的境界和意义究竟何在？孔子没有给出直接的答案，这正好给读者留下了无限的思考空间。

子路、曾皙[1]、冉有、公西华侍坐。

子曰："以吾一日长乎尔，毋吾以也[2]。居[3]则曰：'不吾知也！'。如或知尔，则何以哉？[4]"

子路率尔[5]而对曰："千乘之国，摄[6]乎大国之间，加之以师旅，因之以饥馑，由也为之，比及[7]三年，可使有勇，且知方[8]也。"夫子哂[9]之。

"求，尔何如"？

对曰："方六七十[10]，如五六十，求也为之，比及三年，可使足民。如[11]其礼乐，以俟君子。"

"赤，尔何如？"

对曰："非曰能之，愿学焉。宗庙之事[12]，如会同[13]，端章甫[14]，愿为小相[15]焉。"

"点，尔何如？"

鼓瑟希[16]，铿尔，舍瑟而作[17]，对曰："异乎三子者之撰。"

子曰："何伤乎？亦各言其志也。"

曰："莫[18]春者，春服既成，冠者[19]五六人，童子六七人，浴乎沂[20]，风乎舞雩[21]，咏而归。"

夫子喟然叹曰："吾与点也！"

三子者出，曾皙后。曾皙曰："夫三子者之言何如？"

子曰："亦各言其志也已矣！"

曰："夫子何哂由也？"

曰："为国以礼，其言不让，是故哂之。"

"唯求则非邦也与？"

"安见方六七十，如五六十，而非邦也者？"

"唯[22]赤则非邦也与？"

"宗庙会同，非诸侯而何？赤也为之小，孰能为之大？"

选自《论语正义》，刘宝楠，中华书局 1990 年版

【注释】

[1] 曾皙：名点，字子皙，曾参的父亲，也是孔子的学生。

[2] 以吾一日长乎尔，毋吾以也：虽然我比你们的年龄稍长一些，而不敢说话。

[3] 居：平日。

[4] 则何以哉：何以，即何以为用。

[5] 率尔：轻率、急切。

[6] 摄：迫于、夹于。

[7] 比(bì)及：等到。

[8] 方：方向。

[9] 哂(shěn)：讥讽地微笑。

[10] 方六七十：纵横各六七十里。

[11] 如：或者。

[12] 宗庙之事：指祭祀之事。

[13] 会同：诸侯会见。

[14] 端章甫：端，古代礼服的名称。章甫：古代礼帽的名称。

[15] 相：赞礼人，司仪。

[16] 希：同"稀"，指弹瑟的速度放慢，节奏逐渐稀疏。

[17] 作：站起来。

[18] 莫：同"暮"。

[19] 冠者：成年人。古代子弟到 20 岁时行冠礼，表示已经成年。

[20] 浴乎沂：沂，水名，发源于山东南部，流经江苏北部入海。意思是在水边洗头面手足。

[21] 舞雩(yú)：地名，原是祭天求雨的地方，在现在的山东曲阜。

[22] 唯：语首词，没有什么意义。

【阅读导引】

　　《论语》是孔子及其弟子的言行的记录，出自孔门不同弟子及再传弟子之手，其最后的汇集和编订大约在战国初期。主要记录孔子及其弟子的言行，较为集中地反映了孔子的思想，是儒家学派的经典著作之一。以语录体为主，叙事体为辅，集中体现了孔子的政治主张、伦理思想、道德观念及教育原则等。与《大学》《中庸》《孟子》并称四书，与《诗》《书》《礼》《易》《春秋》五经，总称四书五经。是中国自古以来传扬并学习的古代著作之一。《论语》进入经书之列是在唐代。到唐代，礼有《周礼》《仪礼》《礼记》，春秋有《左传》《公羊》《谷梁》，加上《论语》《尔雅》《孝经》，这样是十三经。

　　孔子(前 551—前 479)，名丘，字仲尼。春秋时期鲁国人，我国古代著名的思想家、政治家、教育家，儒家学派创始人。其思想在汉代后成为中国思想文化的主流和正统，影响中国文化至深至远。孔子曾带领部分弟子周游列国十四年，晚年修订了《六经》(《诗》《书》《礼》《乐》《易》《春秋》)。相传他有弟子三千，贤弟子七十二人。孔子去世后，其弟子及其再传弟子把孔子及其弟子的言行语录和思想记录下来，整理编成了儒家经典《论语》。

孔子在古代被尊奉为"天纵之圣""天之木铎",是当时社会上的最博学者之一,被后世统治者尊为孔圣人、至圣、至圣先师、万世师表、文宣皇帝、文宣王,是"世界十大文化名人"之首。

北宋政治家赵普曾有"半部《论语》治天下"之说。它从一个侧面反映出此书在中国古代社会所发挥的作用与影响之大。

【思考训练】

1. 如何看待儒家"学而优则仕"的"入世"精神?
2. 如果你的人生理想屡遭挫折,你会有怎样的思考?

【平行阅读】

《论语·先进》 [春秋战国]孔门弟子及再传弟子

《礼记·大学》 [南宋]朱熹

《道德经》 [春秋战国]老子

孟子·梁惠王下(节选)

【作品介绍】

《孟子》是四书之一,战国中期孟子及其弟子万章、公孙丑等著,为孟子、孟子弟子、再传弟子的言行记录,最早见于赵岐《孟子题辞》:"此书,孟子之所作也,故总谓之《孟子》。"《孟子》一书七篇,记录了孟子与其他诸家思想的争辩,对弟子的言传身教,游说诸侯等内容。《孟子》体现了孟子的治国思想、政治观点(仁政、王霸之辨、民本、格君心之非,民为贵社稷次之君为轻)和政治行动,其学说出发点为性善论,主张德治。南宋时朱熹将《孟子》与《论语》《大学》《中庸》合在一起称四书。自宋、元、明、清以来,都把它当作家传户诵的书,就像今天的教科书一样。

《孟子》是四书中篇幅最大的部头最重的一本,有三万五千多字,这部书的理论,不但纯粹宏博,文章也极为雄健优美。

《梁惠王下》属于《孟子》中的一篇,本文是孟子劝导齐宣王推行仁政的一段谈话。它由宣王的好乐而起,最后归结到与民同乐才能称王于天下的大问题上,充分体现了儒家思想中"仁义""仁政""尊王道"的理论主张。

庄暴见孟子,曰:"暴见于王[1],王语暴以好乐,暴未有以对[2]也。"曰[3]:"好乐何如[4]?"

孟子曰:"王之好乐甚[5],则齐国其庶几乎[6]。"

他日[7],见于王,曰:"王尝语庄子[8]以好乐,有诸[9]?"

王变乎色[10]曰:"寡人非能好先王之乐[11]也,直好世俗之乐耳[12]。"

曰:"王之好乐甚,则齐其庶几乎。今之乐犹古之乐也。"

曰："可得闻与[13]？"

曰："独乐乐，与人乐乐，孰乐？"

曰："不若与人[14]。"

曰："与少[15]乐乐，与众乐乐，孰乐？"

曰："不若与众。"

"臣请为王言乐[16]。今王鼓乐[17]于此，百姓闻王钟鼓之声，管籥之音[18]，举疾首蹙頞[19]而相告曰：'吾王之好鼓乐，夫何使我至于此极也！父子不相见，兄弟妻子离散！'今王田猎[20]于此，百姓闻王车马之音，见羽旄[21]之美，举疾首蹙頞而相告曰：'吾王之好田猎，夫何使我至于此极也！父子不相见，兄弟妻子离散。'此无他[22]，不与民同乐也。今[23]王鼓乐于此，百姓闻王钟鼓之声，管籥之音，举欣欣然有喜色而相告曰：'吾王庶几无疾病与，何以能鼓乐也？'今王田猎于此，百姓闻王车马之音，见羽旄之美，举欣欣然有喜色而相告曰：'吾王庶几无疾病与，何以能田猎也？'此无他，与民同乐也。今王与百姓同乐，则王矣[24]。"

选自《孟子译注》，杨伯峻，中华书局 1960 年版

【注释】

[1] 见于王：被王接见。于：介词。王：指齐王。

[2] 未有以对：没有什么话拿来回答。

[3] 曰：这还是庄暴说。

[4] 何如：怎么样？

[5] 好乐甚：非常爱好音乐。

[6] 其庶几乎：该差不多了吧。意思是说，政治该会相当清明了吧。庶几：差不多，大概。下文"庶几无疾病"的"庶几"意思相同。

[7] 他日：另一天。

[8] 庄子：称为庄暴。

[9] 有诸：有之乎？即有这回事吗？诸：等于"之乎"。

[10] 变乎色：变了脸色。乎：助词。

[11] 先王之乐：古代圣王制作的音乐。

[12] 直……耳：只……罢了。世俗之乐：即时下流行的音乐。

[13] 可得闻与：(这道理)可以让我听到吗？与：同"欤"。

[14] 不若与人：不如同别人(一起欣赏音乐欢乐)。

[15] 少：少数人。

[16] 臣请为王言乐：(孟子说)请您让我给您讲讲关于欣赏音乐的事吧。臣：孟子自称。请：表示客气。

[17] 鼓乐：奏乐。鼓：动词。

[18] 钟鼓之声，管籥(yuè)之音：钟、鼓、管的声音。管籥：箫笛类。

[19] 举疾首蹙頞：全都头痛，皱眉头。蹙：收紧。頞：鼻梁。

[20] 田猎：打猎。田：也是指猎。

[21] 羽旄(máo)：装饰着羽毛的旗子。

[22] 无他：没有别的(原因)。

[23] 今：是假设连词，即"如"或"若"。

【阅读导引】

孟子(前 372—前 289)，名轲，战国时期邹国人，我国古代著名思想家、政治家、教育家，继孔子之后的儒学大师，被尊为"亚圣"。提倡"民为贵、君为轻""行仁政"等主张。孟子与孔子合称"孔孟"，多数人称其道为"孔孟之道"。孟子还仿效孔子，带领门徒周游各国，但不被当时各国所接受，随后退隐与弟子一起著书。

孟子根据战国时期的经验，总结各国治乱兴亡的规律，提出了一个富有民主性精华的著名命题："民为贵，社稷次之，君为轻。"认为如何对待人民这一问题，对于国家的治乱兴亡，具有极端的重要性。孟子十分重视民心的向背，通过大量历史事例反复阐述这是关乎得天下与失天下的关键问题。

孟子的主要哲学思想，是他的"性善论"，与荀子的"性恶论"相对(梁启超认为孟子的"性善论"强调了教育的可能性，荀子的"性恶论"强调了教育的必要性)。"性善论"是孟子谈人生和谈政治的理论根据，在他的思想体系中是一个中心环节。

孟子以论辩著称。本文就是劝导君王实施仁政的辞令。开头巧设悬念，从庄暴闻宣王"好乐""而无以对"得出"齐国其庶几乎"的结论，但并未提及其中的逻辑关系。等到觐见之时，孟子提出"好乐之事"，并提出"王之好乐，则齐其庶几乎"，将古乐与今乐等量齐观，最后得出"今王与民同乐，则王矣"。这种论说方法不是说教，而是以情感的共鸣为基础进行劝说，富于说服力。

【思考训练】

1. 比较本文与《论语·先进》，思考二者的语言风格有何不同？
2. 你喜欢音乐吗？喜欢哪种音乐？你认为流行音乐的社会文化价值是什么？

【平行阅读】

《醉翁亭记》　[北宋]欧阳修
《鱼我所欲也》　[春秋战国]孟子
《黄州快哉亭记》　[北宋]苏轼

《中庸》二章

【作品介绍】

《中庸》是一篇论述儒家人性修养的散文，是儒家经典的四书之一。原是《礼记》第三十一篇，内文的写成约在战国末期至西汉之间，作者是谁尚无定论，一说是孔伋所作(子思著《中庸》)，另一说是秦代或汉代的学者所作。宋朝的儒学家对中庸非常推崇，并将其从《礼记》中抽出独立成书，朱熹则将其与《论语》《孟子》《大学》合编为《四书集注》。宋、元以后,《中庸》成为学校官定的教科书和科举考试的必读书,对中国古代教育产生了极大的影响。《中庸》提出的"五达道""三达德""慎独自修""至诚尽性"等内容,对为人处世,人性修养有重要影响,能指导形成正确的人生观及价值观。

天命[1]之谓性,性之谓道,修道之谓教。道也者,不可须臾离也,可离非道也。是故君子戒慎乎其所不睹,恐惧乎其所不闻。莫见乎隐[2],莫显乎微。故君子慎其独也。喜怒哀乐之未发,谓之中[3];发而皆中节[4],谓之和。中也者,天下之大本也;和也者,天下之达道也。致[5]中和,天地位焉,万物育焉。

仲尼[6]曰:君于中庸[7],小人反中庸。君子之中庸也,君子而时中。小人之中庸也[8],小人而无忌惮[9]也。

选自《大学中庸译注》,王文锦,中华书局 2008 年版

【注释】

[1] 天命:天赋。朱熹解释说:"天以阴阳五行化生万物,气以成形,而理亦赋焉,犹命令也。"(《中庸章句》)所以,这里的天命(天赋)实际上就是指的人的自然禀赋,并无神秘色彩。

[2] 莫:在这里是"没有什么更……"的意思。见(xiàn):显现,明显。乎:于,在这里有比较的意味。

[3] 中:符合。

[4] 节:节度法度。

[5] 致:达到。

[6] 仲尼:即孔子,名丘,字仲尼。

[7] 中庸:即中和。庸:"常"的意思。

[8] 小人之中庸也:应为"小人之反中庸也"。

[9] 忌惮:顾忌和畏惧。

【阅读导引】

"中庸"一词,有以下几层含义。

第一层意义:"中"不偏,"庸"不易。是指人生不偏离,不变换自己的目标和主张。这就是一个持之以恒的成功之道。孔子有曰:"中庸之为德也,其至矣乎!民鲜久矣。"

第二层意义:指中正、平和。人需要保持中正平和,如果失去中正、平和,一定是喜、怒、哀、乐太过,治怒唯有乐,治过喜莫过礼,守礼的方法在于敬。

第三层意义:"中"指"好"的意思,"庸"同"用",即"有用"的意思。指人要拥有一技之长,做一个有用的人才;又指人要坚守自己的岗位,要在其位谋其职。

中庸之道的理论基础是天人合一。通常人们讲天人合一主要是从哲学上讲,大都从《孟子》的"尽其心者,知其性也;知其性,则知天矣"(《尽心》)讲起,而忽略中庸之道的天人合一,更忽视了天人合一的真实含义。天人合一的真实含义是合一于至诚、至善,达到"致中和,天地位焉,万物育焉""唯天下至诚,为能尽其性。能尽其性则能尽人之性;能尽人之性,则能尽物之性;能尽物之性,则可以赞天地之化育;可以赞天地之化育,则可以与天地参矣"的境界。"与天地参"是天人合一。这才是《中庸》天人合一的真实含义。因而《中庸》始于"天命之谓性,率性之谓道,修道之谓教"而终于"'上天之载,无声无臭。'至矣"。这就是圣人所要达到的最高境界,这才是真正意义上的天人合一。天人合一的天是善良美好的

天,天人合一的人是像善良美好的天那样善良美好的人,天人合一就是人们自觉修养所达到像美好善良的天一样造福于人类和自然理想境界。

中庸之道的主题思想是教育人们自觉地进行自我修养、自我监督、自我教育、自我完善,把自己培养成为具有理想人格,达到至善、至仁、至诚、至道、至德、至圣、合外内之道的理想人物,共创"致中和,天地位焉,万物育焉"的"太平和合"境界。

《中庸》是儒家经典,至今已流传两千多年,在儒家学说中占有重要地位,在中国历史上的各个时期都有其独特的学术特点、学术成就和社会地位。

【思考训练】

1. 你怎样理解中庸思想?
2. 孔子有许多论及君子与小人的观点,你怎样理解"君子之德行"?

【平行阅读】

《中庸章句·序》 〔南宋〕朱熹
《四书章句集注》 〔南宋〕朱熹
《我看国学》 王小波

道德经(节选)

【作品介绍】

《道德经》又称《老子》,是中国古代先秦诸子分家前的一部著作,为其时诸子所共仰,传说是春秋时期的老子李耳所撰写,是道家哲学思想的重要来源。道德经分上下两篇,原文上篇《德经》、下篇《道经》,不分章,后改为《道经》在前,《德经》在后,并分为81章,全文共约5000字,是中国历史上首部完整的哲学著作。

《道德经》是中国历史上最伟大的名著之一,对传统哲学、科学、政治、宗教等产生了深刻影响。据联合国教科文组织统计,《道德经》是除了《圣经》以外被译成外国文字发布量最多的文化名著。

道可道[1],非常[2]道。名可名[3],非常名。无名[4]天地之始。有名[5]万物之母[6]。故常[7]无欲以观其妙[8]。常有欲以观其徼[9]。此两者同出而异名,同谓[10]之玄[11]。玄之又玄,众妙之门[12]。

天下皆知美之为美,斯恶矣[13];皆知善之为善,斯[14]不善已。故有无相[15]生,难易相成,长短相形[16],高下相倾,音声[17]相和,前后相随。是以圣人处无为之事[18],行不言之教。万物作[19]焉而不辞。生而不有,为而不恃,功成而弗[20]居。夫唯弗居,是以不去。

不尚贤[21],使民不争。不贵难得之货[22],使民不为盗[23]。不见[24]可欲,使民心不乱。是以圣人之治,虚其心[25],实其腹,弱其志[26],强其骨;常使民无知、无欲,使夫智者不敢[27]为也。为无为,则无不治[28]。

天长地久[29]。天地所以能长且久者，以其不自生[30]，故能长生。是以圣人后其身而身先[31]，外其身[32]而身存。非以其无私邪[33]！故能成其私。

上善若水[34]。水善利万物而不争，处众人之所恶[35]，故几于道[36]。居善地，心善渊[37]，与善仁[38]，言善信，正善治[39]，事善能，动善时[40]。夫唯不争，故无尤[41]。

宠辱[42]若惊，贵大患若身[43]。何谓宠辱若惊？宠为下[44]。得之若惊失之若惊是谓宠辱若惊。何谓贵大患若身？吾所以有大患者，为吾有身，及吾无身[45]，吾有何患。故贵以身为天下，若可寄天下。爱以身为天下，若可托天下[46]。

道生一[47]。一生二[48]。二生三[49]。三生万物。万物负阴而抱阳[50]，冲气以为和[51]。人之所恶，唯孤、寡、不谷[52]，而王公以为称，故物或损之而益，或益之而损。人之所教，我亦教之，强梁者，不得其死。吾将以为教父[53]。

选自《老子注释及评介》，陈鼓应，中华书局 1984 年版

【注释】

[1] 第一个"道"是名词，指的是宇宙的本原和实质，引申为原理、原则、真理、规律等。第二个"道"是动词，指解说、表述的意思，也译为"说得出"。

[2] 常：一般的，普通的。

[3] 第一个"名"是名词，指"道"的形态。第二个"名"是动词，"说明"的意思。

[4] 无名：指无形。

[5] 有名：指有形。

[6] 母：母体，根源。

[7] 常：经常。

[8] 妙：微妙的意思。

[9] 徼（jiào）：边际、边界。引申为"端倪"的意思。

[10] 谓：称谓。此为"指称"。

[11] 玄：深黑色。表示玄妙深远的意思。

[12] 之门：一切奥妙变化的总门径，此用来比喻宇宙万物的唯一原"道"的门径。

[13] 恶矣：恶、丑。

[14] 斯：这。

[15] 相：互相。

[16] 形：此指比较、对照中显现出来的意思。

[17] 音声：汉代郑玄为《礼记·乐记》作注时说，合奏出的乐音叫作"音"，单一发出的音响叫作"声"。

[18] 圣人处无为之事：圣人，古时人所推崇的最高层次的典范人物。处：担当、担任。无为：顺应自然，不加干涉、不必管束，任凭人们去干事。

[19] 作：兴起、发生、创造。

[20] 弗：不。

[21] 尚贤：尚，即崇尚、尊崇。贤：指有德行、有才能的人。

[22] 贵：珍贵。货：财物。

[23] 盗：窃取财物。

[24] 见（xiàn）：通"现"，出现，显露。此处是显示，炫耀的意思。

[25] 虚其心："虚"即空虚。"心"是因为古人以为心主思维，此指思想、头脑。"虚其心"即使他们心里空虚，无思无欲。

［26］弱其志：使他们减弱志气。削弱他们竞争的意图。

［27］敢：进取。

［28］治：治理，此处意思是治理才能使天下太平。

［29］天长地久：指时间长久。

［30］以其不自生：因为它不为自己生存。以：因为。

［31］身：自身，自己。以下三个"身"字同。先：居先，占据了前位。此是高居人上的意思。

［32］外其身：外，是方位名词作动词用，使动词的用法，这里是置之度外的意思。

［33］邪（yé）：同"耶"，助词，表示疑问的语气。

［34］上善若水：上，最的意思。上善即最善。这里老子以水的形象来说明"圣人"是道的体现者，因为圣人的言行有类于水，而水德是近于道的。

［35］处众人之所恶：居住于众人所不愿去的地方。

［36］几于道：接近于道。

［37］渊：沉静、深沉。

［38］与：指与别人相交相接。善仁：指有修养之人。

［39］正善治：为政善于治理国家，从而取得治绩。

［40］动善时：行为动作善于把握有利的时机。

［41］尤：怨咎、过失、罪过。

［42］宠辱：荣宠和侮辱。

［43］贵大患若身：贵，珍贵、重视。重视大患就像珍贵自己的身体一样。

［44］宠为下：受到宠爱是光荣的、下等的。

［45］及吾无身，吾有何患：如果我没有身体，有什么大患可言呢？

［46］贵以……托天下：以贵身的态度去治理天下，才可以把天下托付给他；以爱身的态度去治理天下，才可以把天下托付给他。

［47］一：这是老子用以代替道这一概念的数字表示，即道是绝对无偶的。

［48］二：指阴气、阳气。"道"的本身包含着对立的两方面。阴阳二气所含育的统一体即是"道"。因此，对立着的双方都包含在"一"中。

［49］三：即是由两个对立的方面相互矛盾冲突所产生的第三者，进而生成万物。

［50］负阴而抱阳：背阴而向阳。

［51］冲气以为和：冲，冲突、交融。此句意为阴阳二气互相冲突交和而成为均匀和谐状态，从而形成新的统一体。

［52］孤、寡、不谷：这些都是古时候君主用以自称的谦词。

［53］教父：父，有的学者解释为"始"，有的解释为"本"，有的解释为"规矩"。"教父"有根本和指导思想的意思。

【阅读导引】

《道德经》提出了"无为而治"的主张，"无为而治"是道家的基本思想，也是其修行的基本方法。作为一种政治原则，"无为"在春秋末期已经出现。儒家也讲"无为而治"，如《论语·卫灵公》："无为而治者，其舜也与？夫何为哉？恭己正南面而已矣。"朱熹认为"圣人德盛而民化，不待其有所作为也"。实则表达了儒家的德治主张。使"无为而治"系统化而成为理论的是《老子》，他们认为统治者的一切作为都会破坏自然秩序，扰乱天下，祸害百姓。要求统治者无所作为，效法自然，让百姓自由发展。"无为而治"的理论根据是"道"，现实依据是变"乱"为"治";"无为而治"的主要内容是"为无为"和"无为而无不为",具体措施是"劝统治者少干涉"和"使民众无知无欲"。

《道德经》并不像一般人所理解的那样,是一部论述道德的著作。事实上,"道德"二字各有不同的概念。道德经前三十七章讲道,后四十四章言德,简单来说,道是体,德是用,二者不能等同。《道德经》主要论述"道"与"德":"道"不仅是宇宙之道、自然之道,也是个体修行即修道的方法;"德"不是通常以为的道德或德行,而是修道者所应必备的特殊的世界观、方法论以及为人处世之方法。老子的本意,是要教给人修道的方法,德是基础,道是德的升华。没有德的基础,为人处世、治家、治国,很可能都失败,就没有能力去"修道"。所以修"德"是为修道创造良好的外部环境,这可能也是人所共需的;修道者更需要拥有宁静的心境、超脱的人生,这也缺"德"不可。《道德经》德经部分,在经文中占了很大部分,这是修道的基础。"道"是浑全之朴,"众妙之门"。"道"生成了万物,又内涵于万物之中,"道"在物中,物在"道"中,万事万物殊途而同归,都通向了"道"。"道"不只是有形的"物质"、思虑的"精神"、理性的"规律",而是造成这一切的无形无象、至虚至灵的宇宙本根。"物质""精神""规律"皆是"道"的派生物。"道"是先天一炁,混元无极,"道"是其大无外、其小无内、至简至易、至精至微、至玄至妙的自然之始祖、万殊之大宗,是造成宇宙万物的源头根本。

【思考训练】

1. 道家思想与道教是怎样的关系?
2. 你怎样理解"无为而治"?

【平行阅读】

《史记·老庄申韩列传》 〔西汉〕司马迁
《道德经》 〔春秋战国〕老子
《故事新编·出关》 鲁迅

庄子·秋水(节选)

【作品介绍】

庄子(约前369—前286),姓庄名周,战国时期宋国人。庄子被认为是先秦时期最具哲学家气质的人,创立了华夏重要的哲学学派庄学,是继老子之后,战国时期道家学派的代表人物,是道家学派的主要代表人物之一。其学说对中国人的思想观念和生活方式影响复杂深远。

庄子因崇尚自由而不应楚威王之聘,生平只做过宋国地方的漆园吏。史称"漆园傲吏",被誉为地方官吏之楷模。庄子最早提出"内圣外王"思想对儒家影响深远,庄子洞悉易理,深刻指出《易》以道阴阳;庄子"三籁"思想与《易经》三才之道相合。他的代表作品为《庄子》,其中的名篇有《逍遥游》《齐物论》等。与老子齐名,被称为老庄。

庄子的想象力极为丰富,语言运用自如,灵活多变,能把一些微妙难言的哲理说得引人入胜。他的作品被人称为"文学的哲学,哲学的文学"。据传,又尝隐居南华山,故唐玄宗天宝初,诏封庄子为南华真人,称其著书《庄子》为《南华真经》。《庄子》一书也以充满形象的寓言故事、丰富而奇特的想象、汪洋恣意而富于诗性的语言,成为后世文学创作的源泉和楷模。

秋水时[1]至,百川灌河[2];泾[3]流之大,两涘渚崖之间不辩[4]牛马。于是焉河伯欣然自喜,以天下之美为尽在己。顺流而东行,至于北海,东面而视,不见水端。于是焉河伯始旋[5]其面目,望洋[6]向若而叹曰:"野语有之曰,'闻道百,以为莫己若'者,我之谓也。且夫我尝闻少仲尼之闻而轻伯夷[7]之义者,始吾弗信;今我睹子[8]之难穷也,吾非至于子之门则殆矣,吾长[9]见笑于大方之家。"

北海若曰:"井鼃[10]不可以语于海者,拘于虚[11]也;夏虫不可以语于冰者,笃[12]于时也;曲士[13]不可以语于道者,束于教也。今尔出于崖涘,观于大海,乃知尔丑[14],尔将可与语大理[15]矣。天下之水,莫大于海,万川归之,不知何时止而不盈;尾闾[16]泄之,不知何时已而不虚[17];春秋不变,水旱不知。此其过[18]江河之流,不可为量数。而吾未尝以此自多[19]者,自以比形于天地而受气于阴阳,吾在于天地之间,犹小石小木之在大[20]山也。方存乎见少[21],又奚[22]以自多!计四海之在天地之间也,不似礨空之在大泽乎[23]?计中国之在海内,不似稊米[24]之在大仓乎?号[25]物之数谓之万,人处一焉;人卒九州,谷食之所生,舟车之所通,人处一焉;此其比万物也,不似豪末之在于马体乎?五帝之所连[26],三王之所争,仁人之所忧,任士之所劳[27],尽此矣!伯夷辞之以为名,仲尼语之以为博,此其自多也;不似尔向之自多于水乎?"

河伯曰:"然则吾大天地而小豪末,可乎?"

北海若曰:"否。夫物,量无穷,时无止,分无常[28],终始无故[29]。是故大知[30]于远近,故小而不寡,大而不多,知量[31]无穷,证曏今故[32],故遥而不闷,掇而不跂[33],知时无止;察乎盈虚,故得而不喜,失而不忧,知分[34]之无常也;明乎坦塗[35],故生而不说[36],死而不祸,知终始之不可故也。计人之所知,不若其所不知;其生之时,不若未生之时;以其至小求穷其至大之域[37],是故迷乱而不能自得也。由此观之,又何以知豪末之足以定至细之倪[38]?又何以知天地之足以穷至大之域?"

选自《庄子集解》,王先谦,中华书局 1987 年版

【注释】

[1] 时:按时令。

[2] 灌:奔注。河:黄河。

[3] 泾:直流的水波,此指水流。

[4] 不辩:分不清。

[5] 旋:转,改变。

[6] 望洋:茫然抬头的样子。

[7] 伯夷:商孤竹君之子,与弟叔齐争让王位,被认为节义高尚之士。

[8] 子:原指海神若,此指海水。

[9] 长:永远。大方之家:有学问的人。

［10］黾：同"蛙"。

［11］虚：同"墟"，居住的地方。

［12］笃(dǔ)：固。引申为束缚、限制。

［13］曲士：孤陋寡闻的人。

［14］丑：鄙陋，缺乏知识。

［15］大理：大道。

［16］尾闾(lǚ)：海的底部，排泄海水的地方。

［17］虚：流空。

［18］过：超过。

［19］自多：自夸。

［20］大：同"太"。

［21］方：正。存：察，看到。见(xiàn)：显得。

［22］奚：何，怎么。

［23］礨(lěi)：石块。礨空：石块上的小空洞。大泽：大湖泊。

［24］稊米：泛指细小的米粒。

［25］号：称。

［26］连：继续。

［27］仁人：指专门讲仁义的儒家者流。任士：指身体力行的墨家者流。墨家以任劳以成人之所急为己任，故称。

［28］分(fèn)：天性、禀赋。无常：不固定。

［29］故：同"固"。

［30］大知(zhì)：非常有智慧的人。

［31］知量：知道物量。

［32］曩：明。故：古。

［33］闷：昧，暗。不闷：不昏暗，即"明白"。掇(duō)：伸手可拾，表示近。不跂：不可企求。跂：通"企"，求。

［34］分(fèn)：界限，盈虚得失的界限。

［35］坦塗：大道。塗：同"途"。

［36］说：通"悦"。

［37］至大之域：无穷大的境界。

［38］倪(ní)：头绪，引申为标准、界限。

【阅读导引】

《秋水》是《庄子》中的又一长篇，用篇首的两个字作为篇名，中心是讨论人应怎样去认识外物。

全篇由两大部分组成。前一部分写北海海神跟河神的谈话，一问一答一气呵成，构成本篇的主体。这个长长的对话根据所问所答的内容，又可分成七个片段，至"不似尔向之自多于水乎"是第一个片段，写河神的小却自以为大，对比海神的大却自以为小，说明了认识事物的相对性观点。至"又何以知天地之足以穷至大之域"是第二个片段，以确知事物和判定其大小极其不易，说明认知常受事物自身的不定性和事物总体的无穷性所影响。至"约分之至也"是第三个片段，紧承前一对话，进一步说明认知事物之不易，常常是"言"不能

"论","意"不能"察"。至"小大之家"是第四个片段,从事物的相对性出发,更深一步地指出大小贵贱都不是绝对的,因而最终是不应加以辨知的。至"夫固将自化"是第五个片段,从"万物一齐""道无终始"的观点出发,指出人们认知外物必将无所作为,只能等待它们的"自化"。至"反要而语极"是第六个片段,透过为什么要看重"道"的谈话,指出懂得了"道"就能通晓事理,就能认识事物的变化规律。至"是谓反其真"是第七个片段,即河神与海神谈话的最后一部分,提出了返归本真的主张,即不以人为毁灭天然,把"自化"的观点又推进了一步。

后一部分分别写了六个寓言故事,每个寓言故事自成一体,各不关联,跟前一部分海神与河神的对话也没有任何结构关系上的联系,对全篇主题的表达帮助也不甚大,似有游离之嫌。篇文强调了认识事物的复杂性,即事物本身的相对性和认知过程的变异性,指出了认知之不易和准确判断的困难。但篇文过分强调了事物变化的不定因素,未能揭示出认知过程中相对与绝对间的辩证关系,很容易导向不可知论,因而最终仍只能顺物自化,返归无为,这当然又是消极的。

庄子的文章结构,很奇特。看起来并不严密,常常突兀而来,行所欲行,止所欲止,汪洋恣肆,变化无端,有时似乎不相关,任意跳荡起落,但思想却能一线贯穿。句式也富于变化,或顺或倒,或长或短,更加之词汇丰富,描写细致,又常常不规则地押韵,显得极富表现力,极有独创性。

庄子文字的汪洋恣肆,意象的雄浑飞越,想象的奇特丰富,情致的滋润旷达,给人以超凡脱俗与崇高美妙的感受,在中国的文学史上独树一帜,他的文章体制已脱离语录体形式,标志着先秦散文已经发展到成熟的阶段,可以说,《庄子》代表了先秦散文的最高成就。

【思考训练】

1. 找一找本文在阐述哲理时使用的修辞方法。
2. 比较《孟子·梁惠王下》和《庄子·秋水》的文章风格,谈谈二者有何区别。

【平行阅读】

《庄子·逍遥游(节选)》 〔春秋战国〕庄子

《庄子集解》 〔清〕王先谦

《庄子思想的现代价值》 陈红映

第六章 人 物 风 神

【专题概说】

古今人物，无论是历史真实还是文学塑造，无不体现出人物的品格精神。古今人物神采，能使我们领悟人性中的真诚与美好，而文学作品可以从写作的角度传达人物的"形"与"神"。

阅读《史记》《汉书》，品读历史的过程中看到的是一个个鲜活的面孔。司马迁描写人物注重语言、细节描写。《项羽本纪》里，司马迁用了许多细节语言来刻画人物，这些语言很具有个性。例如项羽见到秦始皇南巡时脱口说出："彼可取而代也。"在刘邦道歉时说："此沛公左司马曹无伤言之。"足见其粗豪率直的性格。而刘邦观秦始皇喟然太息说"嗟乎！大丈夫当如此也！"话说得委婉曲折，能控制自己的感情，写出他虽气象不凡，但宽宏而有大度的性格。范增在鸿门宴上召项庄舞剑刺沛公时说："……不者，若属皆且为所虏。"后来当刘邦脱逃时又说："夺项王天下者，必沛公也。吾属今为之虏矣！"表现了他老谋深算的性格。

《世说新语》让我们看到了"不拘礼教"的知识分子群像，成为一个时代的风骨。魏晋是一个动乱的年代，也是一个思想活跃的时代。新兴门阀制度下，士阶层的社会生存处境极为险恶，同时其思想行为又极为自信风流、不滞于物、不拘礼节。士人们多特立独行，又颇喜雅集。正是在这个时代，士人们创造了影响后世的文人书法标杆，奉献了令人模范景仰的书圣，"竹林七贤"，即阮籍、嵇康、山涛、刘伶、阮咸、向秀、王戎，在生活上不拘礼法，常聚于林中喝酒纵歌，洒脱倜傥，他们代表的"魏晋风度"得到后来许多知识分子的赞赏。

"四大名著"更是描写人情世态、人物风神的巅峰。《红楼梦》在人物描写上，即使年龄相近，生活环境、生活方式相近，甚至有某些共同特点的人物，通过言行举止，每个细节的描摹，每个人都能体现出自己独特的个性特征。同样是孤高傲世，黛玉的孤高是看不惯世俗人情，孤傲中有对美好生活和理想的追求，显得自然率真。妙玉的孤高表现出对生活和人生的厌倦，孤傲中透出冷。

近现代史上，也不乏大师级的知识分子用他们的学术造诣和精神风貌影响着一代又一代中国人。

史记·项羽本纪（节选）

司马迁

【作品介绍】

《项羽本纪》以描绘项羽这一人物的形象、刻画这一人物的性格为主，同时也生动地叙写了战争。披卷读之，既可以闻见战场上的血腥，听到战马的嘶鸣和勇士们的猛吼，又可以看见项羽披甲持戟，瞋目而叱、大呼驰下、溃围、斩将、刈旗的神态与身影。《项羽本纪》正是在广阔的历史背景下写人，在写人的过程中写战争，二者相得益彰。战争因人物而生动、壮观，人物因战争而更显生动逼真、奇伟。

《项羽本纪》在刻画人物性格方面，运用了多种艺术手法。项羽少时的粗疏学浅，长大以后的勇力过人，只是略略几笔带过，直到消灭秦军主力、扭转战局的巨鹿大战，破釜沉舟，威震诸侯，也还只是从侧面用笔，通过写诸侯军的观望、恐惧、畏服，把一个铁骨铮铮的八尺大汉顶天立地地展现在读者眼前。在进行粗线条的勾勒，有意地夸张了整体之后，司马迁便抓住了几个点睛处，工笔细描，刻意求精。鸿门宴场面的极力铺排，垓下之围悲剧气氛的纵笔渲染，乌江自刎时神态的精雕细刻，都写得活灵活现，有形有神，有言有情，形与神、言与情融合一体。

《项羽本纪》是《史记》传记中最精彩的一篇，达到了思想和艺术的高度统一。它犹如一幅逼真传神的英雄肖像画，色彩鲜明；又像一张秦汉之际的政治军事形势图，错综有序。通篇文章气势磅礴，情节起伏，场面壮阔，脉络清楚，疏密相间，语言生动，成为我国文学史上的一篇不朽佳作。文中破釜沉舟、鸿门宴、四面楚歌、乌江自刎等故事，早已家喻户晓，历代传诵。

项籍者，下相人也，字羽。初起时，年二十四。其季父[1]项梁，梁父即楚将项燕，为秦将王翦所戮者也。项氏世世为楚将，封于项，故姓项氏。

项籍少时，学书不成，去[2]，学剑，又不成。项梁怒之。籍曰："书足以记名姓而已。剑一人敌，不足学，学万人敌。"于是项梁乃教籍兵法，籍大喜，略知其意，又不肯竟学[3]。项梁尝有栎阳逮[4]，乃请蕲狱掾曹咎书抵栎阳狱掾司马欣[5]，以故事得已[6]。项梁杀人，与籍避仇于吴中。吴中贤士大夫皆出项梁下[7]。每吴中有大繇[8]役及丧，项梁常为主办，阴以兵法部勒宾客及子弟[9]，以是知其能。秦始皇帝游会稽，渡浙江，梁与籍俱观。籍曰："彼可取而代也。"梁掩其口，曰："毋妄言[10]，族[11]矣！"梁以此奇籍。籍长八尺余，力能扛[12]鼎，才气过人，虽吴中子弟皆已惮籍矣[13]。

秦二世元年[14]七月，陈涉等起大泽中。其九月，会稽守通[15]谓梁曰："江西皆反，此亦天亡秦之时也。吾闻先即制人，后则为人所制[16]。吾欲发兵，使公及桓楚将[17]。"是时桓楚亡[18]在泽中。梁曰："桓楚亡，人莫知其处，独籍知之耳。"梁乃出，诫籍持剑居外待。梁复入，与守坐，曰："请召籍，使受命召桓楚。"守曰："诺。"梁召籍入。须臾，梁眴[19]籍曰："可行矣！"于是籍遂拔剑斩守头。项梁持守头，佩其印绶[20]。门下大惊，扰乱[21]，籍所击杀数

第六章 人物风神

十百人[22]。一府中皆慴伏[23]，莫敢起。梁乃召故[24]所知豪吏，谕以所为[25]起大事，遂举[26]吴中兵。使人收下县[27]，得精兵八千人。梁部署[28]吴中豪杰为校尉、候、司马。有一人不得用，自言于梁。梁曰："前时某丧使公主某事[29]，不能办，以此不任用公。"众乃皆伏[30]。于是梁为会稽守，籍为裨将[31]，徇[32]下县。

广陵人召平于是[33]为陈王徇广陵，未能下[34]。闻陈王败走，秦兵又且至，乃渡江矫[35]陈王命，拜梁为楚王上柱国。曰："江东已定，急引兵西击秦。"项梁乃以八千人渡江而西[36]。闻陈婴已下东阳，使使欲与连和俱西[37]。陈婴者，故东阳令史，居县中，素信谨[38]，称为长者[39]。东阳少年杀其令[40]，相聚数千人，欲置长[41]，无适用，乃请陈婴。婴谢[42]不能，遂强立婴为长，县中从者得二万人。少年欲立婴便[43]为王，异军苍头特起[44]。陈婴母谓婴曰："自我为汝家妇，未尝闻汝先古[45]之有贵者。今暴得大名[46]，不祥。不如有所属[47]，事成犹得封侯，事败易以亡，非世所指名[48]也。"婴乃不敢为王。谓其军吏曰："项氏世世将家，有名于楚。今欲举大事，将非其人[49]，不可。我倚名族，亡秦必[50]矣。"于是众从其言，以兵属项梁。项梁渡淮，黥布、蒲将军亦以兵属焉。凡[51]六七万人，军[52]下邳。

当是时，秦嘉已立景驹为楚王，军彭城东，欲距[53]项梁。项梁谓军吏曰："陈王先首事，战不利，未闻所在。今秦嘉倍[54]陈王而立景驹，逆无道。"乃进兵击秦嘉。秦嘉军败走[55]，追之至胡陵。嘉还战一日，嘉死，军降。景驹走死梁地。项梁已并秦嘉军，军胡陵，将引军而西。章邯军至栗，项梁使别将[56]朱鸡石、馀樊君与战。馀樊君死。朱鸡石军败，亡走胡陵。项梁乃引兵入薛，诛鸡石。项梁前使项羽别[57]攻襄城，襄城坚守不下。已拔[58]，皆阬[59]之。还报项梁。项梁闻陈王定[60]死，召诸别将会[61]薛计事。此时沛公亦起沛往焉。

居鄟人范增，年七十，素居家，好奇计，往说[62]项梁曰："陈胜败固当[63]。夫秦灭六国，楚最无罪。自怀王入秦不反[64]，楚人怜之至今，故楚南公[65]曰'楚虽三户[66]，亡秦必楚'也。今陈胜首事，不立楚后而自立，其势不长。今君起江东，楚蠭午[67]之将皆争附君者，以君世世楚将，为能复立楚之后也。"于是项梁然其言[68]，乃求楚怀王孙心[69]民间，为人牧羊，立以为楚怀王，从民所望也[70]。陈婴为楚上柱国，封五县，与怀王都盱台。项梁自号为武信君。

居数月，引兵攻亢父，与齐田荣、司马龙且军救东阿，大破秦军于东阿。田荣即引兵归，逐其王假。假亡走楚。假相田角亡走赵。角弟田间故齐将，居赵不敢归。田荣立田儋子市为齐王。项梁已破东阿下[71]军，遂追秦军。数使使趣[72]齐兵，欲与俱西。田荣曰："楚杀田假，赵杀田角、田间，乃发兵。"项梁曰："田假为与国[73]之王，穷[74]来从我，不忍杀之。"赵亦不杀田角、田间以市于齐[75]。齐遂不肯发兵助楚。项梁使沛公及项羽别攻城阳，屠[76]之。西破秦军濮阳东，秦兵收入濮阳。沛公、项羽乃攻定陶。定陶未下，去，西略[77]地至雍丘，大破秦军，斩李由。还攻外黄，外黄未下。

项梁起东阿，西比[78]至定陶，再破秦军，项羽等又斩李由，益轻秦，有骄色。宋义乃谏项梁曰："战胜而将骄卒惰者败。今卒少惰矣[79]，秦兵日益[80]，为君畏之。"项梁弗听。乃使宋义使于齐[81]。道遇齐使者高陵君显，曰："公将见武信君乎？"曰："然。"曰："臣论[82]武信君军必败。公徐行即免死，疾行则及祸[83]。"秦果悉起兵益章邯，击楚军，大破之定陶，项梁死。沛公、项羽去外黄攻陈留，陈留坚守不能下。沛公、项羽相与[84]谋曰："今项梁军破，士卒恐。"乃与吕臣军俱引兵而东。吕臣军彭城东，项羽军彭城西，沛公军砀。

章邯已破项梁军，则以为楚地兵不足忧，乃渡河击赵，大破之。当此时，赵歇为王，陈余为将，张耳为相，皆走入钜鹿城。章邯令王离、涉间围钜鹿，章邯军其南，筑甬道而输之粟[85]。陈余为将，将卒数万人而军钜鹿之北，此所谓河北之军也。

楚兵已破于定陶，怀王恐，从盱台之[86]彭城，并项羽、吕臣军自将之。以吕臣为司徒，以其父吕青为令尹。以沛公为砀郡长，封为武安侯，将砀郡兵。

初，宋义所遇齐使者高陵君显在楚军，见楚王曰："宋义论武信君之军必败，居数日，军果败。兵未战而先见败征[87]，此可谓知兵矣。"王召宋义与计事而大说[88]之，因置以为上将军；项羽为鲁公，为次将，范增为末将，救赵。诸别将皆属宋义，号为卿子[89]冠军。行至安阳，留四十六日不进。项羽曰："吾闻秦军围赵王钜鹿，疾引兵渡河，楚击其外，赵应其内，破秦军必矣。"宋义曰："不然。夫搏牛之虻不可以破虮虱[90]。今秦攻赵，战胜则兵罢[91]，我承其敝[92]；不胜，则我引兵鼓行而西[93]，必举[94]秦矣。故不如先斗秦、赵[95]。夫被坚执锐[96]，义不如公；坐而运策[97]，公不如义。"因下令军中曰："猛如虎，很[98]如羊，贪如狼，强[99]不可使者，皆斩之。"乃遣其子宋襄相齐，身[100]送之至无盐，饮酒高会[101]。天寒大雨，士卒冻饥。项羽曰："将戮力[102]而攻秦，久留不行。今岁饥[103]民贫，士卒食芋菽[104]，军无见[105]粮，乃[106]饮酒高会，不引兵渡河因赵食[107]，与赵并力攻秦，乃曰'承其敝'。夫以秦之强，攻新造[108]之赵，其势必举赵。赵举而秦强，何敝之承！且国兵新破，王坐不安席，埽境内而专属于将军[109]，国家安危，在此一举。今不恤士卒而徇[110]其私，非社稷之臣[111]。"项羽晨朝[112]上将军宋义，即[113]其帐中斩宋义头，出令军中曰："宋义与齐谋反楚，楚王阴令羽诛之。"当是时，诸将皆慴服，莫敢枝梧[114]。皆曰："首立楚者，将军家也。今将军诛乱。"乃相与共立羽为假[115]上将军。使人追宋义子，及之齐，杀之。使桓楚报命[116]于怀王。怀王因使项羽为上将军，当阳君、蒲将军皆属项羽。

项羽已杀卿子冠军，威震楚国，名闻诸侯。乃遣当阳君、蒲将军将卒二万渡河[117]，救钜鹿。战少利[118]，陈余复请兵。项羽乃悉引兵渡河，皆沈船，破釜甑[119]，烧庐舍，持三日粮，以示士卒必死，无一还心。于是至则围王离，与秦军遇，九战，绝其甬道，大破之，杀苏角，虏王离。涉间不降楚，自烧杀。当是时，楚兵冠诸侯[120]。诸侯军救钜鹿下者十余壁[121]，莫敢纵兵[122]。及楚击秦，诸将皆从壁上观。楚战士无不一以当十，楚兵呼声动天，诸侯军无不人人惴恐[123]。于是已破秦军，项羽召见诸侯将，入辕门[124]，无不膝行而前[125]，莫敢仰视。项羽由是始为诸侯上将军，诸侯皆属焉。

章邯军棘原，项羽军漳南，相持未战。秦军数却，二世使人让[126]章邯。章邯恐，使长史欣请事[127]。至咸阳，留司马门[128]三日，赵高不见，有不信之心。长史欣恐，还走其军，不敢出故道[129]，赵高果使人追之，不及。欣至军，报曰："赵高用事于中[130]，下无可为者。今战能胜，高必疾[131]妒吾功；战不能胜，不免于死。愿将军孰计[132]之。"陈馀亦遗[133]章邯书曰："白起为秦将，南征鄢郢，北阬马服，攻城略地，不可胜计，而竟赐死[134]。蒙恬为秦将，北逐戎人[135]，开榆中地数千里，竟斩阳周。何者？功多，秦不能尽封，因以法诛之。今将军为秦将三岁矣，所亡失以十万数[136]，而诸侯并起滋益[137]多。彼赵高素谀日久，今事急，亦恐二世诛之，故欲以法诛将军以塞责，使人更代[138]将军以脱其祸。夫将军居外久，多内郤[139]，有功亦诛，无功亦诛。且天之亡秦，无[140]愚智皆知之。今将军内不能直谏，外为亡国将，孤特独立[141]而欲常存，岂不哀哉！将军何不还兵与诸侯为从[142]，约共攻秦，分王其地，南面称孤[143]；此孰与身伏鈇质[144]，妻子为僇[145]乎？"章邯狐疑[146]，阴使候始成使项羽，欲约。约未成，项羽使蒲将军日夜引兵度[147]三户，军漳南，与秦战，再破之。项羽悉引兵击秦军汙水上，大破之。

章邯使人见项羽，欲约。项羽召军吏谋曰："粮少，欲听其约。"军吏皆曰："善。"项羽乃与期洹水南殷墟上。已盟[148]，章邯见项羽而流涕[149]，为言[150]赵高。项羽乃立章邯为雍王，置楚军中，使长史欣为上将军，将秦军为前行[151]。到新安。诸侯吏卒异时故繇使屯戍过秦中[152]，秦中吏卒遇之多无状[153]，及秦军降诸侯，诸侯吏卒乘胜多奴虏使之[154]，轻折辱[155]秦吏卒。秦吏卒多窃言[156]曰："章将军等诈吾属[157]降诸侯，今能入关破秦，大善；即[158]不能，诸侯虏吾属而东，秦必尽诛吾父母妻子。"诸将微闻[159]其计，以告项羽。项羽乃召黥布、蒲将军计曰："秦吏卒尚众，其心不服，至关中不听，事必危，不如击杀之，而独与章邯、长史欣、都尉翳入秦。"于是楚军夜击阬秦卒二十余万人新安城南。

行[160]略定春地。函谷关有兵守关，不得入。又闻沛公已破咸阳，项羽大怒，使当阳君等击关。项羽遂入，至于戏西。

选自《史记选》，[西汉]司马迁，商务印书馆 2014 年版

【注释】

[1] 季父：父之幼弟，即小叔父。季：兄弟中排行最小的。

[2] 去：放弃，丢下。

[3] 竟学：学到底。竟：终于，完毕。

[4] 逮：及，指有罪相连及。

[5] 请：求，要。书：信。抵：到达，这里是送达的意思。

[6] 以故：因此。已：止，了结。

[7] 皆出项梁下：意思是都不如项梁。

[8] 繇：同"徭"。

[9] 阴：暗中。部勒：部署，组织。宾客：指客居吴中依附项梁的人。子弟：指吴中的年轻人。

[10] 妄言：胡乱说。

[11] 族：灭族，满门抄斩。

[12] 扛：两手对举。

[13] 虽：即使。惮：害怕。

[14] 秦二世元年：即公元前 209 年。

[15] 会稽守通：会稽郡郡守殷通。

[16] 先即制人，后则为人所制：是当时成语。先：在前边。后：在后边。

[17] 将：带兵。

[18] 亡：逃亡，避匿。

[19] 眴：目动，眨巴眼，使眼色。

[20] 印绶：指印。绶：穿缚印纽的带子。

[21] 扰乱：混乱。"扰"也是乱的意思。

[22] 数十百人：一百来人。

[23] 慴伏：因惧怕而屈服。慴：恐惧。伏：同"服"。

[24] 故：从前，原先。

[25] 谕：晓喻，告诉。所为：等于说所以。

[26] 举：发动。

[27] 下县：指会稽郡下属各县。

[28] 部署：安排，布置。

[29] 公：对对方的尊称，等于说您。主：主管。

[30] 伏：同"服"，敬服，佩服。

[31] 裨将：副将。

[32] 徇：带兵巡行占领地方。

[33] 于是：在此时。

[34] 下：用兵力威服，降服。

[35] 矫：假托。

[36] 以：率领。西：向西，西进。

[37] 使使：派使者。后一"使"字旧读去声，是使者的意思。与连和：跟陈婴联合在一起。

[38] 素：平素，一向。信谨：老实谨慎。

[39] 长者：忠厚老实的人。

[40] 其令：指东阳县县令。

[41] 置长：推举首领。置：设立。

[42] 谢：推辞。

[43] 便：立即。

[44] 异军：与众不同的军队。苍头：指以青色包头巾裹头。又《集解》引如淳曰："魏君兵卒之号也。《战国策》魏有苍头二十万。"特起：独起，就是独树一帜的意思。

[45] 先古：祖先。

[46] 暴：突然。大名：指称王之名。

[47] 有所属：有所归属，意思是去依附谁。

[48] 非世所指名：意思是因为你不是世人所指说的人物。指名：指著称名。

[49] 其人：项氏的人，指项梁。

[50] 必：一定，必然。

[51] 凡：总共。

[52] 军：驻扎，扎营。

[53] 距：同"拒"。

[54] 倍：同"背"，背叛。

[55] 败走：战败而逃。走：跑。

[56] 别将：与主力军配合作战的部队将领。

[57] 别：另外。

[58] 拔：攻下。

[59] 阬(kēng)：同"坑"，活埋，坑埋。

[60] 定：确实。

[61] 会：会聚，集合。

[62] 说：游说，劝说。

[63] 固：本来。当：应当，应该。

[64] 怀王入秦不反：楚怀王熊槐被秦昭王骗至武关会盟，结果被扣留，死在那里。反：同"返"。

[65] 南公：战国时一位善预言的老人，《汉书·艺文志》著录有"南公十三篇"，属阴阳家。

[66] 虽三户：意思是即使只剩三户人家。"三户"是极言其少。一说"三户"为地名。

[67] 蠭午：等于说蜂起。蠭：同"蜂"。午：纵横交错的样子。

[68] 然其言：以其言为然，认为他的话对。

[69] 心：熊心，楚怀王之孙名心。

[70] 立以为……所望也：立熊心为楚怀王，是为了顺从民众的心愿。"怀王"本是熊心祖父的谥号，立心为怀王，于理不当，但这是合于"楚人怜之至今"的心情的。

[71] 东阿下：东阿一带。下：表示属于某一范围。

[72] 数：屡次，多次。趣(cù)：同"促"，催促。

[73] 与国：互相联合的国家，即盟国。

[74] 穷：困窘，走投无路。

[75] 市于齐：跟齐国做交易。市：买。

[76] 屠：屠戮，毁灭。

[77] 略：夺取。

[78] 比(bì)：等到。

[79] 少(shāo)：稍。此句"卒少惰"实际是说"将骄"，即说项梁骄傲了。这是一种委婉说法。

[80] 益：增加。

[81] 使宋义使于齐：派宋义出使到齐国去。

[82] 论：推断，预料。

[83] 疾行：快走。及：赶上。

[84] 相与：在一起。

[85] 甬道：两旁筑墙的通道。输之粟：给王离、间涉输送粮食。

[86] 之：往，到……去。

[87] 征：征兆，兆头。

[88] 说：同"悦"。

[89] 卿子：当时对人的尊称。冠军：《汉书》颜师古注："言其在诸军之上。"

[90] 夫搏……虮：能够叮咬大牛的牛虻并不能破牛身上小小的虮子，比喻钜鹿城虽小，但很坚固，秦兵不能马上攻破它。(参用王伯祥《史记选》说)又《汉书》颜师古注："言以手击牛之背，可以杀其上虻，而不可以破其内虮，喻今将兵方欲灭秦，不可尽力，与章邯即战，或未能禽，徒费力也。"《索隐》："邹氏搏音附。今按：言虻之搏牛，本不拟破其上之虮虱，以言志在大不在小也。"搏：抓取，这里指叮咬。虻：牛虻。虮：虱卵。

[91] 罢：通"疲"。

[92] 承：趁，利用。敝：疲惫。

[93] 鼓行而西：敲着鼓进，向西攻秦。

[94] 举：攻取，占领。

[95] 斗秦、赵：使秦国和赵国互相争斗。

[96] 被：同"披"。坚：指坚甲。锐：指锐利的兵器。

[97] 运策：运用谋略。

[98] 很：同"狠"，不听从，执拗。

[99] 强：倔强。

[100] 身：亲自。

[101] 高会：大会宾客。

[102] 戮力：合力，并力。戮：通"勠"。

[103] 岁饥：年荒,年成不好。

[104] 芋(yù)：芋头,这里指薯类。菽：豆类。

[105] 见：同"现",现成的,原有的。

[106] 乃：却,竟然。

[107] 因赵食：依赵国的粮食来食用。因：凭借。

[108] 新造：刚刚建立的。

[109] 埽：同"扫",这里是全部集中的意思。专属(zhǔ)于将军：都托付给你了。

[110] 徇：谋求。

[111] 社稷之臣：指名副其实的国家大臣。社稷：本为社稷坛,古代天子诸侯祭祀土神和谷神的地方,后来代指国家。

[112] 朝：参见。

[113] 即：就在。

[114] 枝梧：本指架屋的小柱与斜柱,枝梧相抵,引申为抵抗、抗拒之意。

[115] 假：代理。

[116] 报命：复命,回朝报告。

[117] 河：这里指漳河。

[118] 少利：胜利不多。

[119] 釜：锅。甑(zèng)：做饭用的一种瓦器。

[120] 冠诸侯：在诸侯军当中居第一。

[121] 壁：壁垒,营垒。

[122] 纵兵：出动军队。纵：放。

[123] 惴(zhuì)恐：恐惧。

[124] 辕门：即营门。古时军营用两辆兵车竖起车辕相对为门,所以叫辕门。

[125] 膝行而前：跪着向前走。膝行：用膝盖行走。

[126] 让：责备,责问。

[127] 请事：请示有关事情。

[128] 司马门：皇宫的外门,常有武官司马把守,所以叫司马门。

[129] 出故道：走来时所走的路。故道：原路。

[130] 用事：掌权,擅权。中：指朝廷。

[131] 疾：同"嫉"。

[132] 孰计：仔细考虑。孰：同"熟"。

[133] 遗(wèi)：送给。

[134] 赐死：赐剑令自杀。

[135] 戎人：指当时的匈奴。

[136] 以十万数：拿十万来计算,表示非常多。

[137] 滋益：更加,越发。

[138] 更代：替代,接替。

[139] 多内郤：朝廷中有怨仇的人多。郤：裂缝,裂痕。

[140] 无：无论。

[141] 孤特独立：就是孤立。"孤""特""独"三字同义。

[142] 从：同"纵",指联合攻秦。

[143] 南面称孤：就是称王。南面：面朝南。古代天子、诸侯都南面听政,所以用南面表示称王。孤：

古代帝王的自称。

[144] 孰与：表示……跟……相比怎么样的意思。身伏鈇(fǔ)质：即身遭刑戮。伏：趴。鈇：同"斧"，斩人用的刑具。质：同"锧"，斩人时所垫的砧板。

[145] 为：被。僇：通"戮"。

[146] 狐疑：犹豫不决。

[147] 度：同"渡"。

[148] 盟：立誓约。

[149] 涕：泪。

[150] 为言：对项羽说。

[151] 前行：先锋，先头部队。

[152] 异时：从前。故：从前，这里可译为"曾经"。繇使屯戍：被派徭役去驻守边疆。

[153] 遇：待。无状：没有样子，不像样子，指无礼。

[154] 奴虏使之：像对待奴隶一样使役他们。虏：指奴隶。

[155] 轻：轻易，随便。折辱：屈辱，侮辱。

[156] 窃言：私下说，偷偷说。

[157] 诈：欺骗。吾属：我们这班人，我们。

[158] 即：如果。

[159] 微闻：访察到。微：通"覹(wéi)"，窥视，探察。

[160] 行：行将，将要。

【阅读导引】

《史记》是西汉著名史学家司马迁撰写的一部纪传体史书，是中国历史上第一部纪传体通史，被列为"二十四史"之首，记载了上至上古传说中的黄帝时代，下至汉武帝太初四年间共 3000 多年的历史。与后来的《汉书》《后汉书》《三国志》合称"前四史"。

《史记》全书包括十二本纪（记历代帝王政绩）、三十世家（记诸侯国和汉代诸侯、勋贵兴亡）、七十列传（记重要人物的言行事迹，主要叙人臣，其中最后一篇为自序）、十表（大事年表）、八书（记各种典章制度，即礼、乐、音律、历法、天文、封禅、水利、财用），共一百三十篇，五十二万六千五百余字。

《史记》对后世史学和文学的发展都产生了深远影响。其首创的纪传体编史方法为后来历代"正史"所传承。《史记》还被认为是一部优秀的文学著作，在中国文学史上有重要地位，被鲁迅誉为"史家之绝唱，无韵之离骚"，有很高的文学价值。刘向等人认为此书"善序事理，辩而不华，质而不俚"。

《史记》被鲁迅先生誉为"史家之绝唱，无韵之离骚"，列为前"四史"之首，与《资治通鉴》并称为"史学双璧"。因此司马迁被后世尊称为"史迁""史圣"。与司马光并称"史界两司马"，与司马相如合称"文章西汉两司马"。

秦二世的残暴腐朽，给人民造成了无穷无尽的灾难。大泽乡陈胜揭竿而起，各地纷纷响应，我国历史上第一次大规模农民起义的烈火迅猛地燃遍全国。项羽，就是在这场轰轰烈烈的农民大起义中涌现出来的一位英雄，一个悲剧式的英雄。他勇猛善战，叱咤风云，显赫一时，在击败秦军，推翻秦王朝的过程中建立了巨大的功绩；但在推翻秦朝统治以后，他目光短浅，策略错误，企图恢复春秋、战国时代的封建贵族政治，加之烧杀破坏，终于丧失民心,军败身亡。

《项羽本纪》就是通过秦末农民大起义和楚汉之争的宏阔历史场面,生动而又深刻地描述了项羽一生。他既是一个力拔山、气盖世、"近古以来未尝有"的英雄,又是一个性情暴戾、优柔寡断、只知用武不谙计谋的匹夫。司马迁巧妙地把项羽性格中矛盾的各个侧面,有机地统一于这一鸿篇巨制之中,虽然不乏深刻的挞伐,但更多的却是由衷的惋惜和同情。

【思考训练】

1. 司马迁的《史记》在塑造人物的手法上有何特点?
2. 为什么《史记》被称为"史家之绝唱,无韵之离骚"?

【平行阅读】

《史记·鸿门宴》 〔西汉〕司马迁

《史记·刺客列传》 〔西汉〕司马迁

《史记·报任安书》 〔西汉〕司马迁

汉书·苏武传

班　固

【作品介绍】

班固的《汉书》是我国第一部纪传体断代史,体例模仿《史记》,但略有变更。全书有纪十二篇,表八篇,志十篇,传七十篇,共一百篇,起自汉高祖,止于王莽,记西汉一代二百三十年间史实。《汉书》评价历史人物往往从封建正统观念出发,以儒家的伦理道德作为标准,如对陈涉、项羽加以贬抑,即是显例。历来《汉书》与《史记》并称,史学家刘知几说《汉书》"言皆精炼,事甚该密"(《史通·六家》),则是其特色。

《汉书》中的"纪"共十二篇,是从汉高祖至汉平帝的编年大事记,《汉书》中的"表"共八篇,多依《史记》旧表,而新增汉武帝以后的沿革。《汉书》中的"志"共分十篇,是专记典章制度的兴废沿革。《汉书》中的"列传"共七十篇,仍依《史记》之法,以公卿将相为列传,同时以时代顺序为主,先专传,次类传,再次为边疆各族传和外国传,最后以乱臣贼子《王莽传》居末,体统分明。

武字子卿,少以父[1]任,兄弟并为郎[2],稍迁至栘中厩监[3]。时汉连伐胡,数通使[4]相窥观。匈奴留汉使郭吉、路充国等前后十余辈[5]。匈奴使来,汉亦留之以相当[6]。

天汉元年[7],且鞮侯单于[8]初立,恐汉袭之,乃曰:"汉天子,我丈人行也。"尽归汉使路充国等。武帝嘉其义,乃遣武以中郎将使持节[9]送匈奴使留在汉者;因厚赂单于,答其善意。武与副中郎将张胜及假吏常惠等,募士、斥候百余人俱[10]。既至匈奴,置币遗单于。单于益骄,非汉所望也。

方欲发使送武等,会缑王与长水虞常等谋反匈奴中[11]。缑王者,昆邪王[12]姊子也,与昆邪王俱降汉，后随浞野侯[13]没胡中。及卫律[14]所降者，阴相与谋劫单于母阏氏[15]归汉。会武等至匈奴。虞常在汉时，素与副张胜相知，私候胜，曰："闻汉天子甚怨卫律，常能为汉伏弩射杀之。吾母与弟在汉，幸蒙其赏赐。"张胜许之，以货物与常。

后月余，单于出猎，独阏氏子弟在。虞常等七十余人欲发；其一人夜亡，告之。单于子弟发兵与战，缑王等皆死，虞常生得。单于使卫律治其事。张胜闻之，恐前语发，以状语武。武曰："事如此，此必及我。见犯乃死，重负国！"欲自杀，胜、惠共止之。虞常果引张胜。单于怒，召诸贵人议，欲杀汉使者。左伊秩訾[16]曰："即谋单于，何以复加？宜皆降之。"单于使卫律召武受辞[17]，武谓惠等："屈节辱命，虽生，何面目以归汉！"引佩刀自刺。卫律惊，自抱持武，驰召医。凿地为坎，置煴火，覆武其上，蹈其背以出血。武气绝，半日复息。惠等哭，舆[18]归营。单于壮其节，朝夕遣人候问武，而收系张胜。

武益愈，单于使使晓武，会论虞常，欲因此时降武。剑斩虞常已，律曰："汉使张胜，谋杀单于近臣，当死。单于募降者赦罪。"举剑欲击之，胜请降。律谓武曰："副有罪，当相坐[19]。"武曰："本无谋，又非亲属，何谓相坐？"复举剑拟之，武不动。律曰："苏君！律前负汉归匈奴，幸蒙大恩，赐号称王；拥众数万，马畜弥山[20]，富贵如此！苏君今日降，明日复然。空以身膏[21]草野，谁复知之！"武不应。律曰："君因我降，与君为兄弟。今不听吾计，后虽欲复见我，尚可得乎？"

武骂律曰："女为人臣子，不顾恩义，畔主背亲，为降虏于蛮夷，何以女[22]为见！且单于信女，使决人死生；不平心持正，反欲斗两主[23]，观祸败！南越杀汉使者，屠[24]为九郡。宛王杀汉使者，头县北阙[25]。朝鲜杀汉使者，即时诛灭[26]。独匈奴未耳。若知我不降明，欲令两国相攻。匈奴之祸，从我始矣！"律知武终不可胁，白单于。单于愈益欲降之，乃幽武，置大窖中，绝不饮食。天雨雪，武卧啮雪，与旃[27]毛并咽之，数日不死。匈奴以为神，乃徙武北海[28]上无人处，使牧羝，羝乳[29]乃得归。别其官属常惠等，各置他所。

武既至海上，廪食不至，掘野鼠去[30]草实而食之。仗汉节牧羊，卧起操持，节旄尽落。积五六年，单于弟於靬王弋射[31]海上。武能网纺缴[32]，檠[33]弓弩，於靬王爱之，给其衣食。三岁余，王病，赐武马畜、服匿、穹庐[34]。王死后，人众徙去。其冬，丁令[35]盗武牛羊，武复穷厄。

初，武与李陵俱为侍中[36]。武使匈奴明年，陵降，不敢求武。久之，单于使陵至海上，为武置酒设乐。因谓武曰："单于闻陵与子卿素厚，故使陵来说足下，虚心欲相待。终不得归汉，空自苦亡人之地，信义安所见乎？前长君为奉车[37]，从至雍棫阳宫[38]，扶辇下除[39]，触柱折辕，劾大不敬[40]，伏剑自刎，赐钱二百万以葬。孺卿从祠河东后土[41]，宦骑与黄门驸马争船[42]，推堕驸马河中溺死。宦骑亡，诏使孺卿逐捕，不得，惶恐饮药而死。来时，太夫人[43]已不幸，陵送葬至阳陵[44]。子卿妇年少，闻已更嫁矣。独有女弟[45]二人，两女一男，今复十余年，存亡不可知。人生如朝露，何久自苦如此！陵始降时，忽忽如狂，自痛负汉，加以老母系保宫[46]，子卿不欲降，何以过陵！且陛下春秋高[47]，法令亡常，大臣亡罪夷灭者数十家，安危不可知。子卿尚复谁为乎？愿听陵计，勿复有云！"

武曰："武父子亡功德，皆为陛下所成就，位列将[48]，爵通侯[49]，兄弟亲近，常愿肝脑涂地。今得杀身自效，虽蒙斧钺汤镬[50]，诚甘乐之。臣事君，犹子事父也；子为父死，亡所恨。愿勿复再言！"

陵与武饮数日,复曰:"子卿壹听陵言。"武曰:"自分已死久矣!王必欲降武,请毕今日之驩,效死于前!"陵见其至诚,喟然叹曰:"嗟乎,义士!陵与卫律之罪,上通于天!"因泣下霑衿,与武决去。陵恶自赐武,使其妻赐武牛羊数十头。

后陵复至北海上,语武:"区脱捕得云中生口[51],言太守以下吏民皆白服,曰上崩[52]。"武闻之,南向号哭,欧血,旦夕临数月。

昭帝[53]即位,数年,匈奴与汉和亲。汉求武等,匈奴诡言武死。后汉使复至匈奴,常惠请其守者与俱,得夜见汉使,具自陈道。教使者谓单于,言天子射上林[54]中,得雁,足有系帛书,言武等在某泽中。使者大喜,如惠语以让单于。单于视左右而惊,谢汉使曰:"武等实在。"于是李陵置酒贺武曰:"今足下还归,扬名于匈奴,功显于汉室。虽古竹帛[55]所载,丹青[56]所画,何以过子卿!陵虽驽怯[57],令汉且贳[58]陵罪,全其老母,使得奋大辱之积志,庶几乎曹柯之盟[59],此陵宿昔之所不忘也!收族陵家,为世大戮,陵尚复何顾乎?已矣,令子卿知吾心耳!异域之人,壹别长绝!"陵起舞,歌曰:"径万里兮度沙幕,为君将兮奋匈奴。路穷绝兮矢刃摧,士众灭兮名已隤。老母已死,虽欲报恩将安归!"陵泣下数行,因与武决。单于召会武官属,前已降及物故,凡随武还者九人。

武以始元六年春至京师[60]。诏武奉一太牢谒武帝园庙[61]。拜为典属国[62],秩中二千石[63];赐钱二百万,公田二顷,宅一区。常惠、徐圣、赵终根皆拜为中郎,赐帛各二百匹。其余六人老,归家,赐钱人十万,复终身。常惠后至右将军,封列侯,自有传。武留匈奴凡十九岁[64],始以强壮出,及还,须发尽白。

武来归明年,上官桀、子安与桑弘羊及燕王、盖主[65]谋反,武子男元与安有谋,坐死。初桀、安与大将军霍光[66]争权,数疏光过失予燕王,令上书告之。又言苏武使匈奴二十年,不降,还乃为典属国。大将军长史[67]无功劳,为搜粟都尉,光颛权自恣。及燕王等反诛,穷治党与,武素与桀、弘羊有旧,数为燕王所讼,子又在谋中,廷尉[68]奏请逮捕武。霍光寝[69]其奏,免武官。

数年,昭帝崩。武以故二千石与计谋立宣帝[70],赐爵关内侯,食邑[71]三百户。久之,卫将军张安世荐武明习故事[72],奉使不辱命,先帝[73]以为遗言。宣帝即时召武待诏宦者署[74]。数进见,复为右曹[75]典属国。以武著节老臣,令朝朔望,号称祭酒[76],甚优宠之。武所得赏赐,尽以施予昆弟故人,家不余财。皇后父平恩侯、帝舅平昌侯、乐昌侯、车骑将军韩增、丞相魏相、御史大夫丙吉[77],皆敬重武。

武年老,子前坐事死,上闵之。问左右:"武在匈奴久,岂有子乎?"武因平恩侯自白:"前发匈奴时,胡妇适产一子通国,有声问来,原因使者致金帛赎之。"上许焉。后通国随使者至,上以为郎。又以武弟子[78]为右曹。

武年八十余,神爵二年[79]病卒。

选自《汉书·李广苏建传》,[东汉]班固,中华书局 1962 年版

【注释】

[1] 父:指苏武的父亲苏建,有功封平陵侯,做过代郡太守。

[2] 兄弟:指苏武和他的兄苏嘉、弟苏贤。郎:官名,汉代专指职位较低皇帝侍从。汉制年俸二千石以上,可保举其子弟为郎。

[3] 稍迁：逐渐提升。移(yí)中厩(jiù)：汉宫中有移园，园中有马厩(马棚)，故称。监：此指管马厩的官，掌鞍马、鹰犬等。

[4] 通使：派遣使者往来。

[5] 郭吉：元封元年(公元前110年)，汉武帝亲统大军十八万到北地，派郭吉到匈奴，晓谕单于归顺，单于大怒，扣留了郭吉。路充国：元封四年(公元前107年)，匈奴派遣使者至汉，病故。汉派路充国送丧到匈奴，单于以为是被汉杀死，扣留了路充国(事见《史记·匈奴列传》《汉书·匈奴传》)。辈：批。

[6] 相当：相抵。

[7] 天汉元年：公元前100年。天汉：汉武帝年号。

[8] 且(jū)鞮(dī)侯：单于嗣位前的封号。单(chán)于：匈奴首领的称号。

[9] 中郎将：皇帝的侍卫长。节：使臣所持信物，以竹为杆，柄长八尺，栓上旄牛尾，共三层，故又称"旄节"。

[10] 假吏：临时委任的使臣属官。斥候：军中担任警卫的侦察人员。

[11] 缑王：匈奴的一个亲王。长水：水名，在今陕西省蓝田县西北。虞常：长水人，后投降匈奴。

[12] 昆(hún)邪(yé)王：匈奴一个部落的王，其地在河西(今甘肃省西北部)。昆邪王于汉武帝元狩二年(公元前121年)降汉。

[13] 浞(zhuō)野侯：汉将赵破奴的封号。汉武帝太初二年(公元前103年)率两万骑兵击匈奴，兵败而降，全军沦没。

[14] 卫律：本为长水胡人，但长于汉，被协律都尉李延年荐为汉使出使匈奴。回汉后，正值延年因罪全家被捕，卫律怕受牵连，又逃奔匈奴，被封为丁零王。

[15] 阏氏(yān zhī)：匈奴王后封号。

[16] 左伊秩訾(zī)：匈奴的王号，有"左""右"之分。

[17] 受辞：受审讯。

[18] 舆：轿子。此用作动词，有"抬"的意思。

[19] 相坐：连带治罪。古代法律规定，凡犯谋反等大罪者，其亲属也要跟着治罪，叫作连坐，或相坐。

[20] 弥山：满山。

[21] 膏：肥美滋润，此用作动词。

[22] 女(rǔ)：即"汝"，下同。

[23] 斗两主：使汉皇帝和匈奴单于相斗。斗：此处用作使能动词。

[24] 南越：国名，今广东、广西南部一带。屠：平定。《史记·南越列传》载，武帝元鼎五年(公元前112年)，南越王相吕嘉杀其国王及汉使者，叛汉。武帝发兵讨伐，活捉吕嘉，因将其地改为珠崖、南海等九郡。

[25] 宛王：指大宛国王毋寡。北阙：宫殿的北门。《史记·大宛列传》载，汉武帝太初元年(公元前104年)，宛王毋寡派人杀前来求良马的汉使。武帝即命李广利讨伐大宛，大宛诸贵族乃杀毋寡而降汉。

[26] 朝鲜杀汉使者，即时诛灭：《史记·朝鲜列传》载，武帝元封二年(公元前109年)派遣涉何出使朝鲜，涉何暗害了伴送他的朝鲜人，谎报为杀了朝鲜武将，因而被封为辽东东部都尉。朝鲜王右渠杀涉何。于是武帝发兵讨伐。朝鲜相杀王右渠降汉。

[27] 旃(zhān)：通"毡"，即毛毡。

[28] 北海：当时在匈奴北境，即今贝加尔湖。

[29] 羝(dī)：公羊。乳：用作动词，生育，指生小羊。公羊不可能生小羊，故此句是说苏武永远没有归汉的希望。

[30] 去：通"弆"(jǔ)，即收藏。

[31] 於(wū)靬(jiān)王：且鞮单于之弟，为匈奴的一个亲王。弋射：射猎。

[32] 此句"网"前应有"结"字。缴：系在箭上的丝绳。

[33] 檠(jìn)：矫正弓箭的工具。此作动词,意为"矫正"。

[34] 服匿：盛酒酪的容器,类似现在的坛子。穹庐：圆顶大帐篷,类似现在的蒙古包。

[35] 丁令：即丁灵,匈奴北边的一个部族。

[36] 李陵：字少卿,西汉陇西成纪(今甘肃秦安)人,李广之孙,武帝时曾为侍中。天汉二年(公元前99年)出征匈奴,兵败投降,后病死匈奴。侍中：官名,皇帝的侍从。

[37] 长君：指苏武的长兄苏嘉。奉车：官名,即"奉车都尉",皇帝出巡时,负责车马的侍从官。

[38] 雍：汉代县名,在今陕西凤翔县南。棫(yù)阳宫：秦时所建宫殿,在雍东北。

[39] 辇(niǎn)：皇帝的坐车。除：宫殿的台阶。

[40] 劾(hé)：弹劾,汉时称判罪为劾。大不敬：不敬皇帝的罪名,为一种不可赦免的重罪。

[41] 孺卿：苏武弟苏贤的字。河东：郡名,在今山西夏县北。后土：地神。

[42] 宦骑：骑马的宦官。黄门驸马：宫中掌管车辇马匹的官。

[43] 太夫人：指苏武的母亲。

[44] 阳陵：汉时有阳陵县,在今陕西咸阳市东。

[45] 女弟：妹妹。

[46] 保宫：本名"居室",太初元年更名"保宫",囚禁犯罪大臣及其眷属之处。

[47] 春秋高：年老。春秋：指年龄。

[48] 位：指被封的爵位。列将：一般将军的总称。苏武父子曾被任为右将军、中郎将等。

[49] 通侯：汉爵位名,本名彻侯,因避武帝讳改。苏武父苏建曾封为平陵侯。

[50] 斧钺(yuè)：古时用以杀犯人的斧子,钺表示大斧子。汤：沸水。镬(huò)：大锅。汤镬：把人投入开水锅煮死,此泛指酷刑。

[51] 区(ōu)脱：接近汉地的一个匈奴部落名。云中：郡名,在今山西省北部和内蒙古自治区南部一带地区。生口：活口,即俘虏。

[52] 上崩：指后元二年(公元前87年)汉武帝死。

[53] 昭帝：武帝少子,名弗陵。公元前87年,武帝死,昭帝即位,次年改元始元。于始元六年,与匈奴达成和议。

[54] 上林：即上林苑。故址在今陕西省西安市附近。汉朝皇帝游玩射猎的园林。

[55] 竹帛：古代以竹片或帛绸记事,此代指史籍。

[56] 丹：硃砂。青：绘画所用的颜色。"丹青"在此指绘画。

[57] 驽怯：无能和胆怯。

[58] 贳(shì)：赦免。

[59] 曹柯之盟：《史记·刺客列传》载,春秋时,曹沫鲁将,与齐作战,三战三败,鲁庄公割地求和,但仍用曹沫为将。后齐桓公与鲁庄公会盟于柯邑(时为齐邑,在今山东省阳谷县东北),曹沫持匕首胁迫齐桓公,齐桓公只得归还鲁地。李陵引此以自比,表示要立功赎罪。

[60] 京师：京都,指长安。

[61] 太牢：祭品,即牛、羊、豕三牲。园：陵园。庙：祭祀祖先的祠庙。

[62] 典属国：官名,掌管依附汉朝的各属国事务。

[63] 秩：官俸。中(zhòng)二千石(dàn)：官俸的等级之一,即每月一百八十石,一年合计二千一百六十石。此举整数而言。

[64] 武留匈奴凡十九岁：苏武汉武帝天汉元年(公元前100年)出使,至汉昭帝始元六年(公元前81年)还,共十九年。

[65] 上官桀：武帝末年封安阳侯,与大将霍光同辅昭帝。其子上官安,娶霍光女,生女,为昭帝皇后,

安被封桑乐侯。后桀父子欲废昭帝,杀霍光,立燕王。事败,灭宗族。桑弘羊:武帝时任治粟都尉,后因与上官桀等谋立燕王,夺霍光权而被杀。燕王:名旦,武帝第三子。盖主:武帝长女,封鄂邑长公主,因嫁盖侯(王信),故又称盖主。谋反事败,与燕王皆自杀。

[66]霍光:字子孟。武帝时为奉车都尉,后受武帝遗诏辅昭帝。昭帝死,迎立昌邑王刘贺。后又废之,改立宣帝。一切政事都由其决定。

[67]大将军:指霍光。长史:指大将军属下的长史官杨敏。

[68]廷尉:掌管刑狱的官。

[69]寝:搁置不理。

[70]故二千石:以前二千石。宣帝:汉武帝曾孙刘洵,公元前73—前49年在位。

[71]食邑:又名采邑、采地。因食其封邑的租税而称。

[72]张安世:张汤子,宣帝时拜大司马。故事:指典章制度。

[73]先帝:指昭帝。

[74]宦者署:宦者令的衙门。

[75]右曹:汉时尚书令下面的加官,为空衔。

[76]祭酒:古代祭祀时,必先推年高有德者举酒以祭,后称年高有德者为"祭酒"。这里是对苏武的尊称。

[77]平恩侯:许广汉(一说是许伯)的封号。许是汉宣帝皇后的父亲。平昌侯:王无故的封号。王是汉宣帝的舅舅。乐昌侯:王武的封号。武是王无故的弟弟。韩增、魏相、丙吉:都是宣帝初年的功臣。

[78]武弟子:苏贤的儿子。

[79]神爵二年:即公元前60年。神爵:海埠宣帝年号。

【阅读导引】

班固(32—92),字孟坚,扶风安陵(今陕西省咸阳市东)人。东汉著名的史学家。《后汉书·班固传》称他"年九岁,能属文,诵诗赋。及长,遂博贯载籍,九流百家之言,无不穷究。所学无常师,不为章句,举大义而已"。其父班彪曾续司马迁《史记》作《史记后传》,未成而故。班固立志继承父业,在《后传》基础上,进一步广搜材料,编写《汉书》。后因有人向汉明帝诬告他篡改国史,被捕入狱。其弟班超上书解释,始得获释,被命为兰台令史,经过二十多年努力,写成了《汉书》。汉和帝永元初年,班固随窦宪出征匈奴,不久窦宪因谋反案被诛,班固也受牵连被捕,死于狱中。《汉书》中的八"表"与"天文志"是由其妹班昭和同郡人马续续成的。

苏武(公元前140—前60),字子卿,汉族,杜陵(今陕西西安)人,代郡太守苏建之子。西汉大臣。武帝时为郎。天汉元年(公元前100年)奉命以中郎将持节出使匈奴,被扣留。匈奴贵族多次威胁利诱,欲使其投降;后将他迁到北海(今贝加尔湖)边牧羊,扬言要公羊生子方可释放他回国。苏武历尽艰辛,留居匈奴十九年持节不屈。至始元六年(公元前81年),方获释回汉。苏武去世后,汉宣帝将其列为麒麟阁十一功臣之一,彰显其节操。

汉武帝开始对匈奴进行长期的讨伐战争,其中取得了三次具有决定意义的胜利,时间为公元前127年、公元前121年、公元前119年。匈奴的威势大大削弱之后,表示愿意与汉讲和,但双方矛盾还是根深蒂固。所以,到公元前100年,苏武出使匈奴时,却被扣留,并迫使他投降。《苏武传》集中叙写了他出使匈奴被扣留期间的事迹,热烈颂扬了他在敌人面前富贵不能淫、贫贱不能移、威武不能屈、饥寒压不倒、私情无所动的浩然正气,充分肯定了他坚毅忠贞、大义凛然、视死如归的民族气节。

作者塑造苏武的形象相当成功。文章不是机械地铺叙历史事件,而是经过高度取舍剪裁,集中笔墨写苏武奉命出使匈奴,以及在异国十九年的种种遭遇和表现,主题鲜明,形象突出。李陵劝降和送别两节,用对比和衬托手法刻画、烘托苏武,生动地再现了人物的性格和节操,收到了很好的艺术效果。

【思考训练】

1. 文章怎样塑造苏武的形象和性格特点?
2. 怎样评价苏武?

【平行阅读】

《苏武》 [唐]李白
《后汉书·范滂传》 [南朝宋]范晔
《史记·屈原贾生列传》 [西汉]司马迁

世说新语（节选）

刘义庆

【作品介绍】

《世说新语》是中国南朝宋时期(420—581)产生的一部主要记述魏晋人物言谈轶事的笔记小说,是由南朝刘宋宗室临川王刘义庆(403—444)组织一批文人编写的,梁代刘峻作注。全书原八卷,刘峻注本分为十卷,今传本皆作三卷,分为德行、言语、政事、文学、方正、雅量等三十六门,全书共一千多则,记述自汉末到刘宋时名士贵族的逸闻轶事,主要为有关人物评论、清谈玄言和机智应对的故事。

《世说新语》是中国魏晋南北朝时期玄学"笔记小说"的代表作,为言谈、轶事的笔记体短篇小说。从《世说新语》及相关材料中魏晋士人的言行故事可以看到,魏晋时期谈玄成为风尚,而玄学正是以道家老庄思想为根底的,道家思想对魏晋士人的思维方式和生活状况,乃至整个社会风气都产生了重要影响。

阮籍[1]遭母丧,在晋文王坐进酒肉。司隶何曾亦在坐,曰:"明公方以孝治天下,而阮籍以重丧[2],显于公坐饮酒食肉,宜流之海外,以正风教。"文王曰:"嗣宗毁顿[3]如此,君不能共忧之,何谓?且有疾而饮酒食肉,固丧礼也[4]!"籍饮啖不辍,神色自若。

刘伶病酒[5],渴甚,从妇求酒。妇捐[6]酒毁器,涕泣谏曰:"君饮太过,非摄生之道,必宜断之!"伶曰:"甚善。我不能自禁,唯当祝鬼神,自誓断之耳!便可具酒肉。"妇曰:"敬闻命。"供酒肉于神前,请伶祝誓。伶跪而祝曰:"天生刘伶,以酒为名,一饮一斛,五斗解酲[7]。妇人之言,慎不可听。"便引酒进肉,隗然[8]已醉矣。

王子猷尝暂寄人空宅住,便令种竹。或问:"暂住何烦尔?"王啸咏良久,直指竹曰:"何可一日无此君?"

王子猷居山阴[9],夜大雪,眠觉,开室,命酌酒。四望皎然,因起彷徨,咏左思《招隐》诗[10]。忽忆戴安道,时戴在剡[11],即便夜乘小船就之。经宿方至,造门不前而返。人问其故,王曰:"吾本乘兴而行,兴尽而返,何必见戴?"

王子猷出都,尚在渚下。旧闻桓子野[12]善吹笛,而不相识。遇桓于岸上过,王在船中,客有识之者云:"是桓子野。"王便令人与相闻[13]云:"闻君善吹笛,试为我一奏。"桓时已贵显,素闻王名,即便回下车,踞胡床,为作三调。弄[14]毕,便上车去。客主不交一言。

选自《世说新语笺疏》,余嘉锡,上海古籍出版社 1993 年版

【注释】

[1] 阮籍:字嗣宗,晋文王司马昭任大将军时,调阮籍任从事中郎,后阮籍求为步兵校尉,放诞不羁,居丧无礼。

[2] 重丧:重大的丧事,指父母之死。

[3] 毁顿:毁指因哀伤过度而损害身体,顿指劳累。

[4] 固丧礼也:《礼记·曲礼上》中有"居丧之礼,有疾则饮酒食肉,疾止复初"。可见饮酒食肉并不违反丧礼。

[5] 刘伶:字伯伦,竹林七贤之一,性好酒,曾作《酒德颂》说——"惟酒是务,焉知其余,思无虑,其乐陶陶"。病酒:饮酒沉醉,醒后困乏如病,叫病酒。病酒要用饮酒来解除,这就是下文说的解醒。

[6] 捐:舍弃,倒掉。

[7] 一斛:十斗。斗指酒斗,古代的盛酒器。醒(chéng):酒醒后神志不清犹如患病的状态。

[8] 隗(wéi)然:颓然,醉倒的样子。

[9] 山阴:古县名,今浙江省绍兴市越城区和柯桥区。

[10] 四望:眺望四方。彷徨:同"徘徊"。左思《招隐》诗:左思是西晋时著名诗人,对当时门阀士族专权感到不满。《招隐》诗写寻访隐士和对隐居生活的羡慕。

[11] 剡:剡县,今浙江省嵊州市。

[12] 桓子野:桓伊,小名子野,曾任大司马参军,后任豫州刺史。《晋书》本传说他"善音乐,尽一时之妙,为江左第一"。

[13] 相闻:互通信息。

[14] 弄:演奏。

【阅读导引】

任诞,指任性放纵。这是魏晋名士作达生活方式的主要表现。名士们主张言行不必遵守礼法,凭禀性行事,不做作,不受任何拘束,认为这样才能回归自然,才是真正的名士风流。在这种标榜下,许多人以作达为名,实际是以不加节制地纵情享乐为目的。

名士作达的首要表现就是蔑视礼教,不拘礼法。第七则记阮籍说的"礼岂为我辈设也",就道出了这一点。他们不管男女有别,婚丧礼节等,执意我行我素。第七、八则记阮籍不顾"叔嫂不通问"的礼制,与嫂话别;醉后睡在酒家妇旁边。第二、九、十一则记阮籍在母丧期间纵酒,以致亲友来吊唁时仍醉态朦胧,裴楷只好无奈地说:"阮方外之人,故不崇礼制。"其次就是不分场合、不分时候地纵酒放荡,不管为官居家,都毫无节制地饮酒。例如第二十八则记周伯仁喝酒"尝经三日不醒。时人谓之三日仆射";第十二则记人和猪共喝一瓮

酒，他们以为这就是名士风流。第五十三则记王孝伯之言，可以说有点睛之妙，他说：“名士不必须奇才，但使常得无事，痛饮酒，熟读《离骚》，便可称名士。”

除此以外，他们要随心所欲，不勉强自己，不限制自己。例如第四十七则记王子猷雪夜忽忆邻县戴安道，立刻乘船去拜访，经一夜才到，可是又及门而返，说：“吾本乘兴而行，兴尽而返，何必见戴。”其余如赌博、抢劫、偷拿别人财物、酒后唱挽歌、言谈不检点等，都是故意放纵自己的表现。至如第三十一则记殷洪乔去上佳时替亲友带了百来封信，走到半路，把信全都扔到了江里，声称自己“不能作致书邮”。这纯是一种不负责任的无赖行径、与名士任诞似无甚关系。

任诞的动机，各人或有不同。第十三则记阮籍不同意自己的儿子“亦欲作达”，可见阮籍有时是不得已而为之，他要借酒浇“胸中垒块”（第五十一则），而他的儿子只是为了追求名士风度，无怪他要反对了。

有的名士借作达以避乱世，有的名士要求在官场中保留一些个性自由，不失人的真性，其任诞言行对反礼教来说，有一定意义。但多数名士的任诞行为是不可取的。

【思考训练】

1. 请思考竹林七贤何以为贤？
2. 你如何看待魏晋名士“非汤武而薄周孔，越名教而任自然”的主张？

【平行阅读】

《魏晋风度及文章与药及酒之关系》 鲁迅
《世说新语·任诞》 ［南朝宋］刘义庆
《世说新语·雅量》 ［南朝宋］刘义庆

三国演义（舌战群儒）

罗贯中

【作品介绍】

罗贯中（约 1330—约 1400），名本，字贯中，号湖海散人，元末明初小说家，《三国志通俗演义》的作者。山西并州太原府人，其他主要作品有小说：《隋唐两朝志传》《残唐五代史演义》《三遂平妖传》《水浒全传》。《三国志通俗演义》（简称《三国演义》）是罗贯中的力作，这部长篇小说对后世文学创作影响深远。除小说创作外，尚存杂剧《宋太祖龙虎风云会》。

《三国演义》是中国古代长篇章回小说的开山之作。

全书反映了三国时代的政治军事斗争，反映了三国时代各类社会矛盾的渗透与转化，概括了这一时代的历史巨变，塑造了一批叱咤风云的英雄人物。在对三国历史的把握上，作者表现出明显的拥刘反曹倾向，以刘备集团作为描写的中心，对刘备集团的主要人物加以歌颂，对曹操则极力揭露鞭挞。今天我们对于作者的这种拥刘反曹的倾向应有辩证的认识。

　　《三国演义》刻画了近200个人物形象,其中最为成功的有诸葛亮、曹操、关羽、刘备等人。诸葛亮是作者心目中的"贤相"的化身,他具有"鞠躬尽瘁,死而后已"的高风亮节,具有近世济民再造太平盛世的雄心壮志,而且作者还赋予他呼风唤雨、神机妙算的奇异本领。

　　肃[1]乃引孔明[2]至幕下。早见张昭、顾雍等一班文武二十余人,峨冠博带,整衣端坐。孔明逐一相见,各问姓名。施礼已毕,坐于客位。张昭[3]等见孔明丰神飘洒,器宇轩昂,料道此人必来游说。张昭先以言挑之曰:"昭乃江东微末之士,久闻先生高卧隆中,自比管、乐。此语果有之乎?"孔明曰:"此亮平生小可之比也。"昭曰:"近闻刘豫州三顾先生于草庐之中,幸得先生,以为'如鱼得水',思欲席卷荆襄。今一旦以属曹操,未审是何主见?"孔明自思张昭乃孙权[4]手下第一个谋士,若不先难倒他,如何说得孙权,遂答曰:"吾观取汉上之地,易如反掌。我主刘豫州躬行仁义,不忍夺同宗之基业,故力辞之。刘琮孺子,听信佞言,暗自投降,致使曹操得以猖獗。今我主屯兵江夏,别有良图,非等闲可知也。"昭曰:"若此,是先生言行相违也。先生自比管、乐——管仲相桓公,霸诸侯,一匡天下;乐毅扶持微弱之燕,下齐七十余城:此二人者,真济世之才也。先生在草庐之中,但笑傲风月,抱膝危坐。今既从事刘豫州,当为生灵兴利除害,剿灭乱贼。且刘豫州未得先生之前,尚且纵横寰宇,割据城池;今得先生,人皆仰望。虽三尺童蒙,亦谓彪虎生翼,将见汉室复兴,曹氏即灭矣。朝廷旧臣,山林隐士,无不拭目而待:以为拂高天之云翳,仰日月之光辉,拯民于水火之中,措天下于衽席之上,在此时也。何先生自归豫州,曹兵一出,弃甲抛戈,望风而窜;上不能报刘表以安庶民,下不能辅孤子而据疆土;乃弃新野,走樊城,败当阳,奔夏口,无容身之地:是豫州既得先生之后,反不如其初也。管仲、乐毅,果如是乎? 愚直之言,幸勿见怪!"孔明听罢,哑然而笑曰:"鹏飞万里,其志岂群鸟能识哉? 譬如人染沉疴,当先用糜粥以饮之,和药以服之;待其腑脏调和,形体渐安,然后用肉食以补之,猛药以治之:则病根尽去,人得全生也。若不待气脉和缓,便以猛药厚味,欲求安保,诚为难矣。吾主刘豫州,向日军败于汝南,寄迹刘表,兵不满千,将止关、张、赵云而已:此正如病势尪羸已极之时也,新野山僻小县,人民稀少,粮食鲜薄,豫州不过暂借以容身,岂真将坐守于此耶? 夫以甲兵不完,城郭不固,军不经练,粮不继日,然而博望烧屯,白河用水,使夏侯惇,曹仁辈心惊胆裂:窃谓管仲、乐毅之用兵,未必过此。至于刘琮降操,豫州实出不知;且又不忍乘乱夺同宗之基业,此真大仁大义也。当阳之败,豫州见有数十万赴义之民,扶老携幼相随,不忍弃之,日行十里,不思进取江陵,甘与同败,此亦大仁大义也。寡不敌众,胜负乃其常事。昔高皇数败于项羽,而垓下一战成功,此非韩信之良谋乎? 夫信久事高皇,未尝累胜。盖国家大计,社稷安危,是有主谋。非比夸辩之徒,虚誉欺人:坐议立谈,无人可及;临机应变,百无一能。诚为天下笑耳!"这一篇言语,说得张昭并无一言回答。

　　座上忽一人抗声问曰:"今曹公兵屯百万,将列千员,龙骧虎视,平吞江夏,公以为何如?"孔明视之,乃虞翻也。孔明曰:"曹操收袁绍蚁聚之兵,劫刘表乌合之众,虽数百万不足惧也。"虞翻冷笑曰:"军败于当阳,计穷于夏口,区区求救于人,而犹言'不惧',此真大言欺人也!"孔明曰:"刘豫州以数千仁义之师,安能敌百万残暴之众? 退守夏口,所以待时也。今江东兵精粮足,且有长江之险,犹欲使其主屈膝降贼,不顾天下耻笑。由此论之,刘豫州真不惧操贼者矣!"虞翻不能对。

　　座间又一人问曰:"孔明欲效仪、秦之舌,游说东吴耶?"孔明视之,乃步骘也。孔明曰:

"步子山以苏秦张仪为辩士,不知苏秦、张仪亦豪杰也:苏秦佩六国相印,张仪两次相秦,皆有匡扶人国之谋,非比畏强凌弱,惧刀避剑之人也。君等闻曹操虚发诈伪之词,便畏惧请降,敢笑苏秦、张仪乎?"步骘默然无语。

忽一人问曰:"孔明以曹操何如人也?"孔明视其人,乃薛综也。孔明答曰:"曹操乃汉贼也,又何必问?"综曰:"公言差矣。汉传世至今,天数将终。今曹公已有天下三分之二,人皆归心。刘豫州不识天时,强欲与争,正如以卵击石,安得不败乎?"孔明厉声曰:"薛敬文安得出此无父无君之言乎!夫人生天地间,以忠孝为立身之本。公既为汉臣,则见有不诚之人,当誓共戮之:臣之道也。今曹操祖宗叨食汉禄,不思报效,反怀篡逆之心,天下之所共愤;公乃以天数归之,真无父无君之人也!不足与语!请勿复言!"薛综满面羞惭,不能对答。

座上又一人应声问曰:"曹操虽挟天子以令诸侯,犹是相国曹参之后。刘豫州虽云中山靖王苗裔,却无可稽考,眼见只是织席贩屦之夫耳,何足与曹操抗衡哉!"孔明视之,乃陆绩也。孔明笑曰:"公非袁术座间怀橘之陆郎乎?请安坐,听吾一言:曹操既为曹相国之后,则世为汉臣矣;今乃专权肆横,欺凌君父,是不惟无君,亦且蔑祖,不惟汉室之乱臣,亦曹氏之贼子也。刘豫州堂堂帝胄,当今皇帝,按谱赐爵,何云'无可稽考'?且高祖起身亭长,而终有天下;织席贩屦,又何足为辱乎?公小儿之见,不足与高士共语!"陆绩语塞。

座上一人忽曰:"孔明所言,皆强词夺理,均非正论,不必再言。且请问孔明治何经典?"孔明视之,乃严畯也。孔明曰:"寻章摘句,世之腐儒也,何能兴邦立事?且古耕莘伊尹,钓渭子牙,张良、陈平之流。邓禹、耿弇之辈,皆有匡扶宇宙之才,未审其生平治何经典。岂亦效书生,区区于笔砚之间,数黑论黄,舞文弄墨而已乎?"严畯低头丧气而不能对。

忽又一人大声曰:"公好为大言,未必真有实学,恐适为儒者所笑耳。"孔明视其人,乃汝阳程德枢也。孔明答曰:"儒有小人君子之别。君子之儒,忠君爱国,守正恶邪,务使泽及当时,名留后世。若夫小人之儒,惟务雕虫,专工翰墨,青春作赋,皓首穷经;笔下虽有千言,胸中实无一策。且如扬雄以文章名世,而屈身事莽,不免投阁而死,此所谓小人之儒也;虽日赋万言,亦何取哉!"程德枢不能对。众人见孔明对答如流,尽皆失色。

同坐上张温、骆统二人,又欲问难。忽一人自外而入,厉声言曰:"孔明乃当世奇才,君等以唇舌相难,非敬客之礼也。曹操大兵临境,不思退敌之策,乃徒斗口耶!"众视其人,乃零陵人,姓黄,名盖,字公覆,现为东吴粮官。当时黄盖谓孔明曰:"愚闻多言获利,不如默而无言。何不将金石之论为我主言之,乃与众人辩论也?"孔明曰:"诸君不知世务,互相问难,不容不答耳。"于是黄盖与鲁肃引孔明入。至中门,正遇诸葛瑾,孔明施礼。瑾曰:"贤弟既到江东,如何不来见我?"孔明曰:"弟既事刘豫州,理宜先公后私。公事未毕,不敢及私。望兄见谅。"瑾曰:"贤弟见过吴侯,却来叙话。"说罢自去。

鲁肃曰:"适间所嘱,不可有误。"孔明点头应诺。引至堂上,孙权降阶而迎,优礼相待。施礼毕,赐孔明坐。众文武分两行而立。鲁肃立于孔明之侧,只看他讲话。孔明致玄德之意毕,偷眼看孙权:碧眼紫髯,堂堂一表。孔明暗思:"此人相貌非常,只可激,不可说。等他问时,用言激之便了。"献茶已毕,孙权曰:"多闻鲁子敬谈足下之才,今幸得相见,敢求教益。"孔明曰:"不才无学,有辱明问。"权曰:"足下近在新野,佐刘豫州与曹操决战,必深知彼军虚实。"孔明曰:"刘豫州兵微将寡,更兼新野城小无粮,安能与曹操相持。"权曰:"曹兵共有多少?"孔明曰:"马步水军,约有一百余万。"权曰:"莫非诈乎?"孔明曰:"非诈也。曹操就兖州已有青州军二十万;平了袁绍,又得五六十万;中原新招之兵三四十万;今又得荆州之军二三十万:以此计之,不下一百五十万。亮以百万言之,恐惊江东之士也。"鲁肃在旁,闻言失色,以目视孔明;孔明只做不见。权曰:"曹操部下战将,还有多少?"孔明曰:"足智多谋之士,能征惯战之将,何止一二千人。"权曰:"今曹操平了荆、楚,复有远图乎?"孔明曰:"即今沿江下寨,准备战船,不欲图江东,待取何地?"权曰:"若彼有吞并之意,战与不战,请足下为我一决。"孔明曰:"亮有一言,但恐将军不肯听从。"权曰:"愿闻高论。"孔明曰:"向者宇内大乱,故将军起江东,刘豫州收众汉南,与曹操并争天下。今操芟除大难,略已平矣;近又新破荆州,威震海内;纵有英雄,无用武之地:故豫州遁逃至此。愿将军量力而处之:若能以吴、越之众,与中国抗衡,不如早与之绝;若其不能,何不从众谋士之论,按兵束甲,北面而事之?"权未及答。孔明又曰:"将军外托服从之名,内怀疑贰之见,事急而不断,祸至无日矣!"权曰:"诚如君言,刘豫州何不降操?"孔明曰:"昔田横,齐之壮士耳,犹守义不辱。况刘豫州王室之胄,英才盖世,众士仰慕。事之不济,此乃天也。又安能屈处人下乎!"孙权听了孔明此言,不觉勃然变色,拂衣而起,退入后堂。众皆哂笑而散,鲁肃责孔明曰:"先生何故出此言?幸是吾主宽洪大度,不即面责。先生之言,藐视吾主甚矣。"孔明仰面笑曰:"何如此不能容物耶!我自有破曹之计,彼不问我,我故不言。"肃曰:"果有良策,肃当请主公求教。"孔明曰:"吾视曹操百万之众,如群蚁耳!但我一举手,则皆为齑粉矣!"肃闻言,便入后堂见孙权。权怒气未息,顾谓肃曰:"孔明欺吾太甚!"肃曰:"臣亦以此责孔明,孔明反笑主公不能容物。破曹之策,孔明不肯轻言,主公何不求之?"权回嗔作喜曰:"原来孔明有良谋,故以言词激我。我一时浅见,几误大事。"便同鲁肃重复出堂,再请孔明叙话。权见孔明,谢曰:"适来冒渎威严,幸勿见罪。"孔明亦谢曰:"亮言语冒犯,望乞恕罪。"权邀孔明入后堂,置酒相待。

数巡之后,权曰:"曹操平生所恶者:吕布、刘表、袁绍、袁术、豫州与孤耳。今数雄已灭,独豫州与孤尚存。孤不能以全吴之地,受制于人。吾计决矣。非刘豫州莫与当曹操者;然豫州新败之后,安能抗此难乎?"孔明曰:"豫州虽新败,然关云长犹率精兵万人;刘琦领江夏战士,亦不下万人。曹操之众,远来疲惫;近追豫州,轻骑一日夜行三百里,此所谓强弩之末,势不能穿鲁缟者也。且北方之人,不习水战。荆州士民附操者,迫于势耳,非本心也。今将军诚能与豫州协力同心,破曹军必矣。操军破,必北还,则荆、吴之势强,而鼎足之形成矣。成败之机,在于今日。惟将军裁之。"

选自《三国演义》,[元末明初]罗贯中,人民文学出版社2010年版

【注释】

[1] 肃:鲁肃(172—217),字子敬,汉族,临淮郡东城县(今安徽定远)人,中国东汉末年杰出战略家、外交家。出生于士族家庭;幼年丧父,由祖母抚养长大。他体貌魁伟,性格豪爽,喜读书、好骑射。东汉末年,他眼见朝廷昏庸,官吏腐败,社会动荡,常召集乡里青少年练兵习武。他还仗义疏财,深得乡人敬慕。当时,周瑜为居巢长,因缺粮向鲁肃求助,鲁肃将一仓三千斛粮食慷慨赠给周瑜。从此,二人结为好友,共谋大事。

建安二年,鲁肃率领部属投奔孙权,为其提出鼎足江东的战略规划,因此得到孙权的赏识。建安十三年,曹操率大军南下。孙权部下多主降,而鲁肃与周瑜力排众议,坚决主战。结果,孙、刘联军大败曹军于

赤壁,从此,奠定了三国鼎立格局。

赤壁大战后,鲁肃被任命为赞军校尉。周瑜去世后,孙权采纳周瑜生前建议,令鲁肃代周瑜职务领兵4000人,因鲁肃治军有方,军队很快发展到万余人。孙权根据当时政治军事形势需要,又任命鲁肃为汉昌太守,授偏将军;鲁肃随从孙权破皖城后,被授为横江将军,守陆口。此后鲁肃为索取荆州而邀荆州守将关羽相见,然而却无功而返。建安二十二年,鲁肃去世,终年46岁,孙权亲自为鲁肃发丧,诸葛亮亦为其发哀。

[2] 孔明(181—234),即诸葛亮,字孔明,号卧龙(也作伏龙),汉族,徐州琅琊阳都(今山东省临沂市沂南县)人,隐居于湖北襄阳隆中,三国时期蜀汉丞相,杰出的政治家、军事家、外交家、散文家、书法家、发明家、文学家。

诸葛亮幼年丧父,同叔父到南阳躬耕,后刘备三顾茅庐请出,为刘备奠定了三分天下有其一的基础。蜀汉开国后,被封为丞相、武乡侯,对内抚百姓、示仪轨、约官职、从权制、开诚心、布公道;对外联吴抗魏,为实现光复大汉的政治理想,数次北伐,但因各种不同因素而失败,最后病逝于五丈原。刘禅追谥其为忠武侯,故后世常以武侯、诸葛武侯尊称诸葛亮。东晋政权因其军事才能特封他为武兴王。

诸葛亮散文代表作有《出师表》《诫子书》等。曾发明木牛流马、孔明灯等,并改造连弩,叫作诸葛连弩,可一弩十矢俱发。

诸葛亮一生"鞠躬尽瘁、死而后已",是中国传统文化中忠臣与智者的代表人物。

[3] 张昭(156—236),字子布。徐州彭城(今江苏徐州)人。三国时期孙吴重臣。

东汉末年,张昭为避战乱而南渡至扬州。孙策创业时,任命其为长史、抚军中郎将,将文武之事都委任于张昭。孙策临死前,将其弟孙权托付给张昭,张昭率群僚辅立孙权,并安抚百姓、讨伐叛军,帮助孙权稳定局势。

赤壁之战时,张昭持主降论。孙权代理车骑将军时,任命张昭为军师。孙权被封为吴王后,拜其为绥远将军,封由拳侯,此后曾参与撰定朝仪。孙权两次要设立丞相时,众人都推举张昭,孙权以张昭敢于直谏、性格刚直为由而不用他,先后用孙邵、顾雍。

黄龙元年(229年),孙权称帝后,张昭以年老多病为由,上还官位及所统领部属,改拜辅吴将军、班亚三司,改封娄侯。晚年时一度不参与政事,在家著《春秋左氏传解》及《论语注》,今皆佚失。嘉禾五年(236年),张昭去世,年八十一,谥号"文"。

[4] 孙权(182—252),字仲谋,吴郡富春(今浙江杭州富阳区)人。三国时代东吴的建立者。

孙权的父亲孙坚和兄长孙策,在东汉末年群雄割据中打下了江东基业。建安五年(200年),孙策遇刺身亡,孙权继之掌事,成为一方诸侯。建安十三年(208年),与刘备建立孙刘联盟,并于赤壁之战中击败曹操,奠定三国鼎立的基础。建安二十四年(219年),孙权派吕蒙成功袭取刘备的荆州,使其领土面积大大增加。

黄武元年(222年),孙权被魏文帝曹丕册封为吴王,建立吴国。黄龙元年(229年),孙权正式称帝。孙权称帝后,设置农官,实行屯田,设置郡县,并继续剿抚山越,促进了江南经济的发展。在此基础上,他又多次派人出海。黄龙二年(230年),孙权派卫温、诸葛直到达夷州。

孙权晚年在继承人问题上反复无常,引致群下党争,朝局不稳。太元元年(252年)病逝,享年71岁,在位24年,谥号大皇帝,庙号太祖,葬于蒋陵。他是三国时代统治者中最长寿的。

【阅读导引】

《三国演义》第四十三回写诸葛亮只身随鲁肃过江、游说东吴群臣。时值刘备新败,退守夏口,曹操大军压境,东吴上下主降之风日盛。在此情势下,诸葛亮以其超人的胆识同东吴群儒展开舌战,并以其滔滔辩才使对手一个个皆成"口"下败将,并最终说服了孙权,使孙刘联盟共抗曹操的局面得以形成。

诸葛亮的雄才大略在这场辩论中展露无遗。

1. 先守后攻

面对诸儒的诘难,诸葛亮神态自若,一一作答,是为守,然而他又不甘于只是作答,每于答后发起攻势。

东吴第一谋士张昭诘问诸葛亮自比管仲乐毅,而最终却使刘备"弃新野,走樊城,败当阳,奔夏口,无容身之地""是豫州即得先生之后,反不如其初也。"张昭此问着实厉害,李贽评此句曰:"下得好毒手。"诸葛亮笑着回答:"鹏飞万里,其志岂群鸟能识哉?"以大鹏自况,志在万里;将群儒比作群鸟,胸无大志。接下去运用比喻论证的方法,人染沉疴,当用和药糜粥。而不可用猛药厚味,说明刘备取胜尚需时日。又进一步用事实论证说明自己的观点:"夫以甲兵不完,城郭不固,军不经练,粮不继日,然而博望烧屯,白河用水,使夏侯惇、曹仁辈心惊胆裂:窃谓管仲、乐毅用兵,未必过此。"此段诸葛亮以充分的事实为论据,对"自比管仲乐毅"之说予以论证,在凿凿事实面前张昭的非难不攻自破。诸葛亮将刘备的暂时之败归于三个原因:一是刘备仁义,不忍夺同宗基业,不忍舍弃赴义之民,甘与同败;二是刘琮孱弱,听信妄言,暗自投降;三是刘备向日兵不满千,将止关、张、赵云,"寡不敌众,胜负乃其常事",之后引用汉高祖数败于项羽而垓下一战成功作类比论证说明刘备失利是暂时的,而取得最后的胜利是必然的。进而归纳出汉高祖的最终胜利靠的是韩信之良谋,突出自己在刘备兴复汉室大业中的重要作用。以上皆为防守之举。接着话锋一转,将矛头直指东吴群儒:"非比夸辩之徒,虚誉欺人;坐议立谈,无人可及;临机应变,百无一能。诚为天下笑耳!"李贽评诸葛亮的反驳之论为"说尽今日秀才病痛"。诸葛亮此举攻势凌厉,使对方"并无一言回答"。此乃先守后攻、攻守有度之辩论策略。对虞翻的"刘备大败,犹言不惧曹,实为大言欺人"之语,诸葛亮只以刘备寡不敌众,退守夏口,以待天时相应,是为防守,随即便有"江东兵精粮足,且有长江之险,犹欲使其主屈膝降贼,不顾天下耻笑"之语来反攻,使虞翻不能对。后对步骘、薛综等人的发难,孔明莫不用此先守后攻之法对之,使东吴的儒者一个个败下阵来。

此法妙极。因有群儒诘问在先,不容不答,故宜先守,且守得从容,既曲尽事理,又详陈事实,将对手的诘问一一化解;又因群儒来者不善,多有恶意,便于守住阵地后发起反攻,使论辩进退有度,引人入胜。设若只守不攻,则必陷被动境地;若只攻不守,失去了据理陈词的部分,使论辩仅仅停留在口舌之争,则缺乏以理服人的成分。

2. 语带双机

诸葛亮以其高超的语言技巧使整个论辩过程精彩纷呈,于有限的语句中蕴含极深的意味,嚼之余香满口。在谈到刘备新败之因时,诸葛亮说刘琮"暗自投降",意在嘲讽东吴主降之士,"非等闲可知也",示张昭等皆等闲无能之辈;又云"社稷安危,是有主谋",寓昭等无定国安邦之策,反以妖言惑主,实祸国殃民之人。

步骘指出诸葛亮欲效张仪、苏秦的游说之举,诸葛亮却淡化张仪、苏秦二人的辩士身份,而突出其豪杰的本色,强调二人"皆有匡扶人国之谋",点出儒者们无勇无谋,只知巧言论辩,实则贪生怕死的本质。诸葛亮避开某些辩士为一己之利益而游说的特点,在突出其"匡扶人国"大志的同时,也为自己张目,我为匡扶人国而来,你们却为葬送人国而辩,孰高孰低，一目了然。

陆绩以曹操是相国曹参之后，刘备出身无可稽考相诘，"眼见只是织席贩屦之夫耳，何足与曹操抗衡哉!"诸葛亮先不直接回答问题，而是轻蔑地一笑，"公非袁术座间怀桔之陆郎乎?"诸葛亮此处提及此事，表面看来似属闲笔，实则颇有深意。怀桔之事本为尽心事孝之典范，然而毕竟是小儿所为，怀桔小儿之论必是小儿之见，自然"不足与高士共语"。

诸葛亮答程德枢之语可分为两层内容。一是论君子之儒的风采，"忠君爱国，守正恶邪，务使泽及当时，名留后世"表面上为君子之儒正名，实为夫子自道也;二是画小人之儒的嘴脸，"笔下虽有千言，胸中实无一策"，对大敌当前而群儒一筹莫展予以辛辣的讽刺，且以扬雄屈身事莽下场可悲昭示东吴小人之儒不顾气节而屈膝投降、必将留下千古骂名。

语带双关之辩术充分显示了诸葛亮的论辩技巧，一石二鸟，弦外有音，以极精练的语句表达极丰富的内容，颇具战斗力，似不经意中显出智慧，信手拈来时愈见功力，给人留下充分的想象余地。

3. 各个击破

对不同的人采取不同的方法击败对方，是诸葛亮舌战群儒的又一大特色。

对张昭，由于他是东吴重臣，第一谋士，诸葛亮采取擒贼先擒王的策略，娓娓道来，严密防守之后大举进攻，使张昭无一言可对。对张昭的反驳洋洋洒洒，周密细致，丝丝入扣，而对以下诸儒则多以简洁明快的对答迅速结束战斗，不与其多做纠缠。

在整个过程中，诸葛亮的论辩艺术发挥得酣畅淋漓，他面对群儒潮水般涌来的诘难，沉着应战，或引经据典，或转换论题，或厉声责问，或反唇相讥，可谓得心应手，游刃有余。如以韩信之谋、扬雄之死来作为论据帮助阐明观点;对步骘的"孔明欲效仪、秦之舌，游说东吴耶?"之论弃之不理，而从苏、张二人豪杰本色入手，转守为攻;对薛综则厉声责问:"薛敬文安得出此无父无君之言乎!"诸葛亮抓住儒者鼓吹忠孝为本的特点，以"君父"两个正大堂皇的字眼喝倒薛综，实在是击到了对手的致命之处，薛综自然"满面羞惭";对陆绩，诸葛亮以不温不火的语调反唇相讥，指出其以出身论英雄的荒诞不经，使陆绩语塞。而对严畯的"治何经典"之法，诸葛亮只以三句话回应，首先认为"寻章摘句"者为"世之腐儒"，并不能"兴邦立事";既而举例，伊尹、姜子牙、张良、陈平，"皆有匡扶宇宙之才"，而并未死钻书本;最后总括为"舞文弄墨"只是书生所为。短短数语，有理有据，在一连串的古圣今贤的列举中反衬出书生的无用，从而使以治经典为荣的严畯低头丧气。

详略的不同、论辩方法的不同显示出诸葛亮的机动灵活，详答老辣者，略对浅薄者，挥挥洒洒，左右逢源;嬉笑怒骂，皆成文章，着实令人叹服。

4. 语势磅礴

整个论辩过程中，诸葛亮语势磅礴，使对方慑服于他的语言威力，只有招架之功，而无反击之力。这一点突出体现在他的反问语气的运用上。如反诘张昭:"鹏飞万里，其志岂群鸟能识哉?""豫州不过暂借以容身，岂真将坐守于此耶?""昔高皇数败于项羽，而垓下一战成功，此非韩信之良谋乎?"反击步骘:"君等闻曹操虚发诈伪之词，便畏惧请降，敢笑苏秦、张仪乎?"对陆绩:"且高祖起身亭长，而终有天下;织席贩屦，又何足为辱乎?"对严:"岂亦效书生，区区于笔砚之间，数黑论黄，舞文弄墨而已乎?"……一连串的反问句，语势强烈，咄咄逼人，我们可以说，诸葛亮舌战群儒之所以耐人寻味、百读不厌，在很大程度上得益于其论辩过程语势的力量。在以理服人的基础上，诸葛亮更以其语言的气势压倒了对手。

就语句而言，也突出显示了诸葛亮语言的气势。善用短句、排比对偶句该是其突出的特点。短句的使用简洁明快，适于论辩；排比句、对偶句更有"壮气势广文义"的修辞特征，如"甲兵不完，城郭不固，军不经练，粮不继日"极言刘备当时所处的劣势地位；讽小人之儒，则有"惟务雕虫，专工翰墨，青春作赋，皓首穷经"，可谓数尽小人儒者之弊。非语言大家无此上乘之作。

语势磅礴源于理直气壮，"理直"是因，"气壮"是果。在诸葛亮的意识中，此番东吴之行乃为正义而来，故而正气浩然，处变不惊。潇洒的风度、广博的学识，使对手在气势上先输了三分，加之诸葛亮一阵穷追猛打，遂有破竹之势。

综观舌战群儒的整个过程，诸葛亮在东吴诸儒的诘问中从容应对，侃侃而谈，纵横捭阖，游刃有余，终使"张昭并无一言回答""虞翻不能对""步骘默然无语""薛综满面羞惭，不能对答""陆绩语塞""严畯低头丧气不能对""程德枢不能对"，以至众人"尽皆失色"，真可谓三寸之舌能抵百万之兵。

总之，诸葛亮舌战群儒风头出尽，其娴熟的论辩技巧令人折服，堪称经典，值得当今习此道者深味。

【思考训练】

1. 总结诸葛亮运用的辩论方法。
2. 请你发表对三国时期各个历史人物的评价和看法。

【平行阅读】

《出师表》　［三国蜀汉］诸葛亮
《三国志·诸葛亮传》　［西晋］陈寿
《三国演义》　［元末明初］罗贯中

聊斋志异·席方平

蒲松龄

【作品介绍】

《聊斋志异》简称《聊斋》，俗名《鬼狐传》，是清朝著名小说家蒲松龄创作的文言短篇小说集。《聊斋志异》的意思是在书房里记录奇异的故事，"聊斋"是他的书屋名，"志"是记述的意思，"异"是奇怪的事情，《聊斋》的故事是"神仙狐鬼精魅故事"。全书共有短篇小说491篇，故事内容大致可以分为以下几类：一是才子佳人式的爱情故事；二是人与人或非人之间的友情故事；三是不满黑暗社会现实的反抗故事；四是讽刺不良品行的道德训诫故事。在思想主题上，它们或者揭露封建统治的黑暗，或者抨击科举制度的腐朽，或者反抗封建礼教的束缚，具有丰富深刻的思想内容。描写爱情主题的作品在全书中数量最多，它们表现了强烈的反封建礼教的精神。其中一些作品,通过花妖狐魅和人的恋爱,表现了作者理想的爱情。《聊斋志异》在艺术上代表着中国文言短篇小说的最高成就,它博采中国历代文言短篇小说以及史传文学艺术精华,用浪漫主义的创作方法,造奇设幻,描绘鬼狐世界,从而形成了独特的艺术特色。

席方平,东安[1]人。其父名廉,性戆拙[2]。因与里中富室羊姓有郤[3],羊先死;数年,廉病垂危,谓人曰:"羊某今贿嘱冥使搒我矣[4]。"俄而身赤肿,号呼遂死,席惨怛不食,曰:"我父朴讷[5],今见凌于强鬼;我将赴冥,代伸冤气矣。"自此不复言,时坐时立,状类痴,盖魂已离舍[6]。

席觉初出门,莫知所往,但见路有行人,便问城邑。少选[7],入城。其父已收狱中。至狱门,遥见父卧檐下,似甚狼狈。举目见子,潸然流涕,曰:"狱吏悉受赇嘱[8],日夜搒掠,胫股摧残甚矣!"席怒,大骂狱吏:"父如有罪,自有王章,岂汝等死魅所能操耶!"遂出,写状。趁城隍早衙[9],喊冤投之。羊惧,内外贿通,始出质理。城隍以所告无据,颇不直席[10]。席愤气无伸,冥行百余里至郡,以官役私状,告诸郡司[11]。迟至半月始得质理。郡司扑席,仍批城隍赴案[12]。席至邑,备受械梏,惨冤不能自舒[13]。城隍恐其再讼,遣役押送归家。投至门辞去。

席不肯入,遁赴冥府,诉郡邑之酷贪。冥王[14]立拘质对。二官密遣腹心[15]与席关说,许以千金。席不听。过数日,逆旅主人告曰:"君负气已甚,官府求和而执不从,今闻于王前各有函进,恐事殆矣。"席犹未信。俄有皂衣人唤入。升堂,见冥王有怒色,不容置词[16],命笞二十。席厉声问:"小人何罪?"冥王漠若不闻。席受笞,喊曰:"受笞允当[17],谁教我无钱也!"冥王益怒,命置火床。两鬼捽席下,见东墀有铁床,炽火其下,床面通赤。鬼脱席衣,掬置其上,反复揉捺之。痛极,骨肉焦黑,苦不得死。约一时许,鬼曰:"可矣。"遂扶起,促使下床着衣,犹幸跛而能行。复至堂上,冥王问:"敢再讼乎?"席曰:"大冤未伸,寸心不死,若言不讼,是欺王也。必讼!"王曰:"讼何词?"席曰:"身所受者,皆言之耳。"冥王又怒,命以锯解其体。二鬼拉去,见立木高八九尺许,有木板二仰置其上,上下凝血模糊。方将就缚,忽堂上大呼"席某",二鬼即复押回。冥王又问:"尚敢讼否?"答曰:"必讼!"冥王命捉去速解。既下,鬼乃以二板夹席缚木上。锯方下,觉顶脑渐辟,痛不可忍,顾亦忍而不号。闻鬼曰:"壮哉此汉!"锯隆隆然寻至胸下。又闻一鬼云:"此人大孝无辜,锯令稍偏,勿损其心。"遂觉锯锋曲折而下,其痛倍苦。俄顷半身辟矣;板解,两身俱仆。鬼上堂大声以报,堂上传呼,令合身来见。二鬼即推令复合,曳使行。席觉锯缝一道,痛欲复裂,半步而蹐。一鬼于腰间出丝带一条授之,曰:"赠此以报汝孝。"受而束之,一身顿健,殊无少苦。遂升堂而伏。冥王复问如前;席恐再罹酷毒,便答:"不讼矣。"冥王立命送还阳界。隶率出北门,指示归途,反身遂去。

席念阴曹之昧暗尤甚于阳间,奈无路可达帝听。世传灌口二郎为帝勋戚[18],其神聪明正直,诉之当有灵异。窃喜二隶已去,遂转身南向。奔驰间,有二人追至,曰:"王疑汝不归,今果然矣。"捽回复见冥王。窃疑冥王益怒,祸必更惨;而王殊无厉容,谓席曰:"汝志诚孝。但汝父冤,我已为若雪之矣。今已往生富贵家,何用汝鸣呼为[19]。今送汝归,予以千金之产、期颐之寿[20],于愿足[21]乎?"乃注籍中,嵌以巨印,使亲视之。席谢而下。鬼与俱出,至途,驱而骂曰:"奸猾贼!频频反复,使人奔波欲死!再犯,当捉入大磨中细细研之!"

席张目叱曰:"鬼子胡为者!我性耐刀锯,不耐挞楚耶!请反见王,王如令我自归,亦复何劳相送。"乃返奔。二鬼惧,温语劝回。席故蹇缓[22],行数步辄憩路侧。鬼含怒不敢复言。约半日至一村,一门半开,鬼引与共坐;席便据门阈[23],二鬼乘其不备,推入门中。

　　惊定自视,身已生为婴儿。愤啼不乳,三日遂殇[24]。魂摇摇不忘灌口,约奔数十里,忽见羽葆[25]来,旌戟横路[26]。越道避之,因犯卤簿[27],为前马[28]所执,絷送车前。仰见车中一少年,丰仪瑰玮[29]。问席:"何人?"席冤愤正无所出,且意是必巨官,或当能作威福[30],因缅诉[31]毒痛。车中人命释其缚,使随车行。俄至一处,官府十余员,迎谒道左,车中人各有问讯。已而指席谓一官曰:"此下方人,正欲往诉,宜即为之剖决。"席询之从者,始知车中即上帝殿下九王,所嘱即二郎也。席视二郎,修躯多髯[32],不类世间所传。九王既去,席从二郎至一官廨,则其父与羊姓并衙隶俱在。少顷,槛车[33]中有囚人出,则冥王及郡司、城隍也。当堂对勘[34],席所言皆不妄。三官战栗,状若伏鼠。二郎援笔立判;顷刻,传下判语,令案中人共视之。判云:"勘得冥王者:职膺王爵,身受帝恩。自应贞洁以率臣僚,不当贪墨以速官谤[35]。而乃繁缨棨戟[36],徒夸品秩[37]之尊;羊狠狼贪[38],竟玷人臣之节。斧敲斫,斫入木,妇子之皮骨皆空[39];鲸吞鱼,鱼食虾,蝼蚁之微生可悯[40]。当掬江西之水,为尔涮肠[41];即烧东壁之床,请君入瓮[42]。城隍、郡司,为小民父母之官[43],司上帝牛羊之牧[44]。虽则职居下列,而尽瘁者不辞折腰[45];即或势逼大僚,而有志者亦应强项[46]。乃上下其鹰鸷之手[47],既罔念夫民贫;且飞扬其狙狯之奸[48],更不嫌乎鬼瘦。惟受赃而枉法,真人面而兽心[49]!是宜剔髓伐毛[50],暂罚冥死;所当脱皮换革,仍令胎生[51]。隶役者:既在鬼曹,便非人类。只宜公门修行,庶还落蓐之身[52];何得苦海生波,益造弥天之孽[53]?飞扬跋扈,狗脸生六月之霜[54];隳突叫号,虎威断九衢之路[55]。肆淫威[56]于冥界,咸知狱吏为尊;助酷虐于昏官,共以屠伯[57]是惧。当以法场[58]之内,剁其四肢;更向汤镬[59]之中,捞其筋骨。羊某:富而不仁,狡而多诈。金光盖地,因使阎摩殿上尽是阴霾[60];铜臭熏天,遂教枉死城中全无日月[61]。余腥犹能役鬼,大力直可通神[62]。宜籍[63]羊氏之家,以偿席生之孝。即押赴东岳[64]施行。"

　　又谓席廉:"念汝子孝义,汝性良懦,可再赐阳寿三纪[65]。"使两人送之归里。席乃抄其判词,途中父子共读之。既至家,席先苏:令家人启棺视父,僵尸犹冰,俟之终日,渐温而活。又索抄词,则已无矣。

　　自此,家道日丰,三年良沃遍野;而羊氏子孙微[66]矣;楼阁田产尽为席有。即有置其田者,必梦神人叱之曰:"此席家物,汝乌得有之!"初未深信;既而种作,则终年升斗无所获,于是复鬻于席。席父九十余岁而卒。

　　异史氏曰:"人人言净土[67],而不知生死隔世,意念都迷,且不知其所以来,又乌知其所以去;而况死而又死,生而复生者乎?忠孝志定,万劫不移,异哉席生,何其伟也!"

选自《聊斋志异》,[清]蒲松龄,人民文学出版社 1981 年版

【注释】

[1] 东安:旧府县名"东安"者甚多,此或指山东沂水县南旧东安城。

[2] 戆(zhuàng)拙:心直口快而不识利害顾忌。

[3] 郤(xì):同"隙",即嫌隙,仇恨。

[4] 冥使：阴间的官吏。搒：搒掠、拷打。

[5] 朴讷（nè）：老实巴交，不会说话。朴：质朴无文化。讷：口笨。

[6] 舍：指躯体。迷信认为肉身是灵魂的宅舍。

[7] 少选：同"少旋"，即一会儿。

[8] 赇（qiú）嘱：同"贿嘱"。赇：贿赂。

[9] 城隍：迷信传说的守护城池的主神，这里指县邑城隍。早衙：旧时官府的主官，每天上下午坐堂两次，处理政务或案件，叫作"坐衙"，此处指上午坐堂问事。

[10] 不直席：认为席方平投诉无理。

[11] 郡司：府的长官。

[12] 赴案：重审。案：考察。

[13] 不能自舒：谓冤屈无处可伸。舒：伸。

[14] 冥王：迷信传说中的阎王。

[15] 腹心：心腹之人，贴身的亲信。

[16] 置词：说话，申辩。

[17] 允当：公允、恰当。这里是反语。

[18] 灌口二郎：宋·朱熹《朱子语录》谓蜀中灌口二郎庙所祀者，当是秦蜀郡守李冰之次子。《西游记》《封神演义》称二郎神为杨戬，疑从李冰次子故事演变而来。为帝勋戚：传说杨戬是玉帝的外甥。勋戚：有功于王业的亲戚。灌口即今四川都江堰。

[19] 何用汝鸣呼为：哪里用得着你去喊冤。

[20] 期（jī）颐之寿：百岁的寿数。《礼记·曲礼》上有"百年日期颐"。

[21] 足：据铸雪斋抄本补，原阙。

[22] 蹇（jiǎn）缓：行路艰难迟缓。

[23] 门阈（yù）：门槛。

[24] 殇：夭亡。

[25] 羽葆：以鸟羽为饰的仪仗。《礼记·杂记》："匠人执羽葆御柩。"《疏》："羽葆者，以鸟羽聚于柄头，如盖。"

[26] 旛戟：长旛、棨戟等仪仗。旛：长幅下垂的旌旗。戟：即后文所说的"棨戟"，附有套衣的木戟，用作仪仗。横路：遮路。

[27] 卤（lǔ）簿：古时帝王或贵官出行时的仪仗队。

[28] 前马：仪仗队的前驱。《国语·越语》谓勾践"亲为夫差前马"。注："前马，前驱，在马前也。"

[29] 丰仪瑰玮：丰姿仪态奇伟不凡。

[30] 作威福：指当权者专行赏罚，独揽威权。语出《尚书·洪范》："惟辟作福，惟辟作威。"

[31] 缅诉：追诉。

[32] 修躯多髯：身材高大，胡须很多。修：长。髯：络腮胡。

[33] 槛车：囚车。

[34] 对勘：对质审讯。勘：审问。

[35] 贪墨：同"贪冒"，指贪腐将丢官。《说文通训定声》："墨，又借为冒，左昭十四年传，贪以败官为墨。按，犯而取也！注，不洁之称，失之。"另《左传·庄公二十二年》有"敢辱高位，以速官谤"。速：招致。官谤：居官不称职而受到责难。

[36] 繁（pán）缨：古时天子、诸侯的马饰，语出《左传·成公二年》。繁：通"鞶"，马腹带。缨：马颈饰。棨戟：有缯衣或涂漆的木戟，表示仪仗。唐代时，三品以上官员，才可以门列棨戟。

[37] 品秩：官阶品级。

[38] 羊狼狼贪：比喻冥王的凶狠与贪婪。语出《史记·项羽本纪》："因下令军中曰：猛如虎，很如羊，贪如狼，彊不可使者皆斩之。"很：通"狠"。

[39] 斧敲……皆空：层层敲剥、勒索，妇孺的脂膏、骨髓被压榨一空。

[40] 鲸吞……可悯：鲸吞、鱼食，以强凌弱，细弱小民受害最厉害，实在值得怜悯。鲸：即鲸鲵，比喻凶恶之人。《左传·宣公十二年》："古者明王伐不敬，取其鲸鲵而封之，以为大戮。"杜预注："鲸鲵，大鱼名，以喻不义之人，吞食小国。"

[41] 当掬……湔肠：当用长江之水，清洗冥王之污肠。指涤刷其罪。西江：西来之江，指长江，语出《庄子·外物》。湔(jiān)：清洗。《新五代史·王仁裕传》有"尝梦剖其胃肠，以西江水涤之"。

[42] 即烧……入瓮：叫冥王也受酷刑。东壁之床：指上文"东墀有铁床"而言，即火床。请君入瓮：比喻以其人之道还治其人之身。唐武则天时，酷吏周兴犯罪，武后命来俊臣审理。"来俊臣与周兴推事对食，问兴曰：'囚乡不承，当为何法？'兴曰：'此甚易耳！取大瓮，以炭四周炙之，令囚入中，何事不承？'俊臣即索瓮，起谓兴曰：'有内状推老兄，请兄入此瓮。'兴叩头服罪。"见《新唐书·周兴传》。

[43] 父母之官：封建时代称地方官为"父母官"，指县令。

[44] 司上帝牛羊之牧：职掌代替天帝管理人民之事。《孟子·公孙丑》下："今有受人之牛羊而为之牧者，则必为之求牧与刍矣。"此用其意，比喻地方官吏应解除民困。

[45] 尽瘁者不辞折腰：应当尽瘁事国，屈己奉公。尽瘁：竭尽心力，《诗·小雅·北山》："或尽瘁事国。"不辞折腰：指委屈奉公。晋人陶渊明为彭泽令，叹曰："吾不能为五斗米折腰，向乡里小人。"见《晋书·陶渊明传》。此借用其意，表示应该屈身奉公。

[46] 强项：不低头，喻刚直不阿。东汉董宣为洛阳令，杀湖阳公主恶奴，光武帝大怒，令小黄门挟持董宣向公主叩头谢罪。董宣两手据地，终不肯俯首。光武帝称之为"强项令"。见《后汉书·董宣传》。

[47] 上下其鹰鸷之手：枉法作弊，颠倒是非。春秋时，楚国攻郑，穿封戌生俘郑国守将皇颉，而王子围与之争功，请伯州犁裁处。伯州犁叫俘虏本人做证，但却有意偏袒王子围。伯州犁审问皇颉时"上其手"(高举其手)向他暗示王子围地位尊贵；"下其手"(下垂其手)向他暗示穿封戌地位低微。皇颉会意，竟承认自己是被王子围所俘。伯州犁就这样上下其手，使贱者之功被贵者所占。见《左传·襄公二十六年》。鹰鸷，鹰和鸷都是猛禽，比喻凶狠。

[48] 飞扬：任意施展。狙狯(jū kuāi)之奸：狡猾的奸谋。

[49] 人面而兽心：语出《汉书·匈奴传》。此指品质恶劣，外貌像人，内心狠毒，犹如恶兽。

[50] 剔髓伐毛：犹言脱胎换骨，涤除污垢，使之改恶从善。此指致死的酷刑。

[51] 所当……胎生：罚其转世胎生，但不得为人。

[52] 只宜公门……之身：只有在衙门内洁身向善，或可转世为人。公门：衙门。修行：修身行善，指不枉法害民。落蓐之身：指人身。落蓐：指人的降生。蓐：产蓐。

[53] 何得苦海……之孽：怎能在苦深如海的世俗之中，兴风作浪，作孽多端。苦海：佛家语，指人间烦恼，苦深如海。弥天之孽：天大的罪孽。弥：满，广大。

[54] 飞扬……之霜：隶役恣肆蛮横，满面杀气，迫害无辜。狗脸：指隶役的面孔。生六月之霜：指隶役满脸布满杀气，将使无辜受冤。相传战国时，邹衍事燕惠王，被人陷害下狱。邹衍在狱仰天而哭，时正是炎夏，忽然降霜。

[55] 豗(huī)突……之路：隶役狐假虎威，骚扰百姓，使道路侧目。柳宗元《捕蛇者说》："悍吏之来吾乡，叫嚣乎东西，隳突乎南北，哗然而骇者，虽鸡狗不得宁焉。"豗突：冲撞毁坏。九衢：指四通八达的道路。衢：大路。

[56] 肆：滥施。淫威：无节制的威权。

[57] 屠伯：宰牲的能手，借指滥杀的酷吏。《汉书·严延年传》中记有严延年为河南太守，用酷刑滥杀无辜，"冬月传属县囚，会论府上，流血数里，河南号曰屠伯"。

［58］法场：刑场。

［59］汤镬：汤锅，古代烹囚的刑具。

［60］金光……阴霾：贿赂公行，致使官府昏暗不明，无公理可言。金光：比喻金钱的魔力。阎摩殿：阎王殿。阴霾：昏暗的浊雾。

［61］铜臭……日月：意同上句。表示收买官府，使世界暗无天日。铜臭：《释常谈·铜臭》中有"将钱买官，谓之铜臭"。枉死城：指地狱。

［62］余腥……通神：小额金钱可以役使鬼吏；而巨额金钱则可买通神灵。余腥：钱的余臭。大力：指巨额金钱的威力。《太平广记》卷二四三引《幽闲鼓吹》，谓唐张延曾欲平冤狱，"召狱吏严诫之，且曰：'此狱已久，句日须了。'明旦视亭，案上有一小帖子曰：'钱三万贯，乞不问此狱。'公大怒，更促之。明日，复见一帖子来曰：'钱五万贯。'公益怒，令两日须毕。明旦，案上复见帖子曰：'钱十万贯。'公遂止不问。弟子承间侦之。公曰：'钱至十万贯，通神矣，无不可回之事。吾恐祸及，不得不受也。'"

［63］籍：没收。

［64］东岳：泰山。迷信传说，东岳泰山之神总管天地人间的生死祸福，并施行赏罚。

［65］纪：古代以十二年为一纪。

［66］微：衰微，败落。

［67］净土：佛教认为西天佛土清净自然，是"极乐世界"。

【阅读导引】

蒲松龄（1640—1715），又名柳泉居士，聊斋先生，字留仙，一字剑臣，山东淄川（今淄博）人。早岁即有文名，深为施闰章、王士禛所重。屡应省试，皆落第，年七十一岁始成贡生。除中年一度作幕于宝应，居乡以塾师终老。家境贫困，接触底层人民生活。能诗文，善作俚曲。曾以数十年时间，写成短篇小说集《聊斋志异》，并不断修改增补。其书运用唐传奇小说文体，通过谈狐说鬼方式，对当时的社会、政治多所批判。著有《聊斋文集》《聊斋诗集》《聊斋俚曲》及关于农业、医药等通俗读物多种。还有文集13卷400多篇，诗集8卷900多篇，词1卷100多阕，以及俚曲14种、戏3部、杂著5种。

《席方平》是《聊斋志异》中描写官府黑暗的众多篇章中的一篇颇具典型意义的代表作品，文中以辛辣的笔触，叙述席方平含冤从天上告到阴间，仍旧不得伸张的悲惨境况。

在《席方平》一文中，席方平的父亲被奸人所陷害，方平魂入城隍庙为父亲申冤。然而"羊惧，内外贿通，始出质理。城隍以所告无握，颇不直席"。方平愤恨不已，但没办法。只好进入冥府，认为冥王能为自己申冤，不料，整个地府被羊收买。他们相互勾结，上下串通，对席方平威逼利诱，想使席方平屈服。然而方平是铮铮铁骨的硬汉形象，面对淫威，毫不屈服，在严刑拷打下也没有退缩，连对他用刑的鬼吏也肃然起敬。

席方平面对的阴司地狱，分明是伸手不见五指的封建社会的曲折写照。那鬼奴、狱吏、城隍、冥王正是现实社会中大小剥削者、压迫者的形象。他们勾结起来对一个弱者进行残酷的压榨。

《席方平》是对社会现实的反映。他的申冤并不单纯是一般意义的报复报仇，而是正义与邪恶的斗争，穷与富的较量，被侮辱与被损害者的一种反抗。他这种反抗精神，鼓励着人们向封建统治阶级反抗的勇气。

【思考训练】

1.《席方平》反映了怎样的精神？

2. 你能否对《聊斋志异》中爱情故事的叙事模式进行简要的总结？

【平行阅读】

《聊斋志异·画皮》 〔清〕蒲松龄
《搜神记》 〔东晋〕干宝
《西游记》 〔明〕吴承恩

红楼梦（黛玉葬花）

曹雪芹

【作品介绍】

曹雪芹（约1715—约1763），名沾，字梦阮，号雪芹，又号芹溪、芹圃，中国古典名著《红楼梦》作者，关外祖籍辽宁铁岭，生于南京，约十三岁时迁回北京。曹雪芹出身清代内务府正白旗包衣世家，他是江宁织造曹寅之孙，曹颙之子（一说曹頫之子）。曹雪芹早年在南京江宁织造府亲历了一段锦衣纨绔、富贵风流的生活。至雍正六年（1728年），曹家因亏空获罪被抄家，曹雪芹随家人迁回北京老宅。后又移居北京西郊，靠卖字画和朋友救济为生。曹雪芹素性放达，爱好广泛，对金石、诗书、绘画、园林、中医、织补、工艺、饮食等均有所研究。他以坚韧不拔的毅力，历经多年艰辛，终于创作出极具思想性、艺术性的伟大作品——《红楼梦》。

"黛玉葬花"是文学名著《红楼梦》中的经典片段。林黛玉最怜惜花，觉得花落以后埋在土里最干净，说明她对美有独特的见解。她写了葬花词，以花比喻自己，在《红楼梦》中是最美丽的诗歌之一。贾宝玉和林黛玉在葬花的时候有一段对话，成为《红楼梦》中一场情人之间解除误会的绝唱。

如今且说林黛玉因夜间失寐，次日起来迟了，闻得众姊妹都在园中作饯花会，恐人笑他痴懒，连忙梳洗了出来。刚到了院中，只见宝玉进门来了，笑道："好妹妹，你昨儿可告我了不曾？教我悬了一夜心。"林黛玉便回头叫紫鹃道："把屋子收拾了，撂下一扇纱屉，看那大燕子回来，把帘子放下来，拿狮子倚住；烧了香就把炉罩上。"一面说一面又往外走。

宝玉见他这样，还认作是昨日中晌的事，那知晚间的这段公案，还打恭作揖的。林黛玉正眼也不看，各自出了院门，一直找别的姊妹去了。宝玉心中纳闷，自己猜疑：看起这个光景来，不象是为昨日的事，但只昨日我回来的晚了，又没有见他，再没有冲撞了他的去处了。一面想，一面由不得随后追了来。

只见宝钗探春正在那边看鹤舞，见黛玉去了，三个一同站着说话儿。又见宝玉来了，探春便笑道："二哥哥，身上好？我整整的三天没见你了。"宝玉笑道："妹妹身上好？我前儿还在大嫂子跟前问你呢。"探春道："二哥哥，你往这里来，我和你说句话。"宝玉听说，便跟了他，离了钗、玉两个，到了一棵石榴树下。探春因说道："这几天老爷可曾叫你？"宝玉笑道："没有叫。"探春说："昨儿我恍惚听见说老爷叫你出去的。"宝玉笑道："那想是别人听错了，并没叫的。"探春又笑道："这几个月，我又攒下有十来吊钱了，你还拿了去，明儿出门逛去的时候，或是好字画，好轻巧顽意儿，替我带几样来。"宝玉道："我这么城里城外、大廊小庙的逛，也没见个新奇精致东西，左不过是那些金玉铜磁没处摆的古董，再就是绸缎吃食衣服了。"探春道："谁要这些作什么。怎么象你上回买的那柳枝儿编的小篮子，整竹子根抠的小盆儿，胶泥垛的风炉儿，这就好了。我喜欢的什么似的，谁知他们都爱上了，都当宝贝似的抢了去了。"宝玉笑道："原来要这个。这不值什么，拿五百钱出去给小子们，管拉一车来。"探春道："小厮们知道什么，你拣那朴而不俗、直而不拙者，这些东西，你多多的替我带了来。我还象上回的鞋作一双你穿，比那一双还加工夫，如何呢？"

宝玉笑道："你提起鞋来，我想起个故事：那一回我穿着，可巧遇见了老爷，老爷就不受用，问是谁作的。我那里敢提'三妹妹'三个字，我就回说是前儿我生日，是舅母给的。老爷听了是舅母给的，才不好说什么，半日还说：'何苦来！虚耗人力，作践绫罗，作这样的东西。'我回来告诉了袭人，袭人说这还罢了，赵姨娘气的抱怨的了不得：'正经环兄弟，鞋搭拉袜搭拉的没人看的见，且作这些东西！'"探春听说，登时沉下脸来，道："这话糊涂到什么田地！怎么我是该作鞋的人么？环儿难道没有分例的，没有人的？一般的衣裳是衣裳，鞋袜是鞋袜，丫头老婆一屋子，怎么抱怨这些话！给谁听呢！我不过是闲着没事儿，作一双半双，爱给那个哥哥兄弟，随我的心，谁敢管我不成！这也是他气的。"宝玉听了，点头笑道："你不知道，他心里自然又有个想头了。"

探春听说，益发动了气，将头一扭，说道："连你也糊涂了！他那想头自然是有的，不过是那阴微鄙贱的见识。他只管这么想，我只管认得老爷、太太两个人，别人我一概不管。就是姊妹弟兄跟前，谁和我好，我就和谁好，什么偏的庶的，我也不知道。论理我不该说他，但忒昏愦的不象了！还有笑话呢：就是上回我给你那钱，替我带那顽的东西。过了两天，他见了我，也是说没钱使，怎么苦怎么难，我也不理论。谁知后来丫头们出去了，他就抱怨起来，说我攒的钱为什么给你使，倒不给环儿使呢。我听见这话，又好笑又好气，我就出来往太太跟前去了。"

正说着，只见宝钗那边笑道："说完了，来罢，显见的是哥哥妹妹了，丢下别人，且说梯己去。我们听一句儿就使不得了！"说着，探春宝玉二人方笑着来了。

宝玉因不见了林黛玉，便知他躲了别处去了，想了一想，索性迟两日，等他的气消一消再去也罢了。因低头看见许多凤仙石榴等各色落花，锦重重的落了一地，因叹道："这是他心里生了气，也不收拾这花儿来了。待我送了去，明儿再问着他。"说着，只见宝钗约着他们往外头去。宝玉道："我就来。"说毕，等他二人去远了，便把那花兜了起来，登山渡水，过树穿花，一直奔了那日同林黛玉葬桃花的去处来。将已到了花冢，犹未转过山坡，只听山坡那边有呜咽之声，一行数落着，哭的好不伤感。宝玉心下想道："这不知是那房里的丫头，受了委曲，跑到这个地方来哭。"一面想，一面煞住脚步，听他哭道：

花谢花飞飞满天[1]，红消香断有谁怜？
游丝软系飘春榭[2]，落絮[3]轻沾扑绣帘。
闺中女儿惜春暮，愁绪满怀无释处[4]，
手把[5]花锄出绣闺，忍[6]踏落花来复去。
柳丝榆荚自芳菲[7]，不管桃飘与李飞。

桃李明年能再发,明年闺中知有谁?

三月香巢已垒成,梁间燕子太无情!

明年花发虽可啄,却不道人去梁空巢也倾。

一年三百六十日,风刀霜剑严相逼,

明媚鲜妍能几时,一朝飘泊难寻觅。

花开易见落难寻,阶前闷杀葬花人,

独倚花锄泪暗洒,洒上空枝见血痕[8]。

杜鹃无语正黄昏,荷锄归去掩重门。

青灯照壁人初睡,冷雨敲窗被未温。

怪奴底[9]事倍伤神,半为怜春半恼春,

怜春忽至恼忽去,至又无言去不闻。

昨宵庭外悲歌发,知是[10]花魂与鸟魂?

花魂鸟魂总难留,鸟自无言花自羞。

愿奴胁下生双翼,随花飞到天尽头。

天尽头,何处有香丘[11]?

未若锦囊收艳骨,一抔[12]净土掩风流。

质本洁来还洁去,强于污淖[13]陷渠沟。

尔今死去侬收葬,未卜侬身何日丧?

侬今葬花人笑痴,他年葬侬知是谁?

试看春残花渐落,便是红颜老死时。

一朝春尽红颜老,花落人亡两不知!

宝玉听了不觉痴倒。

选自《红楼梦》,[清]曹雪芹,岳麓书社 1987 年版

【注释】

[1] 飞满天:庚辰本作"花满天",但细看"花"字是后来的改笔,原抄是两小点,表示与上一"飞"字相同。故从甲戌、戚序本。这两句或受李贺诗"飞香走红满天春"(《上云乐》)的启发。

[2] 榭:筑在台上的房子。

[3] 絮:柳絮,柳花。

[4] 无释处:没有排遣的地方。

[5] 把:拿。

[6] 忍:岂忍。

[7] 榆荚:榆树的果实。榆未生叶时先生荚,像是成串的钱,俗称榆钱。芳菲:花草香茂。

[8] 洒上空枝见血痕:与两个传说有关,第一,湘妃哭舜,泣血染竹枝成斑。所以黛玉号"潇湘妃子"。第二,蜀帝魂化杜鹃鸟,啼血染花枝,花即杜鹃花。所以下句接为"杜鹃"。

[9] 奴:我,女子的自称。底:何,什么。

[10] 知是:哪里知道是……还是……

[11] 香丘:香坟,指花冢。以花拟人,所以下句用"艳骨"。

[12] 一抔:因《汉书》中曾用"取长陵一抔土"来表示开掘陵墓,后人(如唐代骆宾王)就以"一抔之土"

称坟墓，这里用以指花冢。

[13] 污淖：被污秽的泥水所弄脏。

【阅读导引】

曹雪芹对贾宝玉的评语是"情不情"，黛玉则是"情情"，意为宝玉将感情倾注于无情之物，即博爱万物，而黛玉则是将感情倾注于用情的人，读至葬花处，不禁令人生疑，黛玉所葬之花岂非无情之物，博爱无情之物者又岂止宝玉一人？宝玉将落花抛至流水中，一经流出便依旧把花糟蹋了，哪比得上黛玉将花埋了，随土化了来得干净，如此看来，黛玉倒胜过宝玉了。

花谢花飞飞满天，红消香断有谁怜？

游丝软系飘春榭，落絮轻沾扑绣帘。

这是《葬花吟》的第一节，写暮春之景。花儿急急地凋谢了，经风一吹变成了漫天的花雨，褪尽了娇艳的红艳，消逝了醉人的芳香，有谁去怜惜她们呢？柔弱的蛛丝飘荡在春日的台榭前，几时被风吹散呢？还有那飘零的柳絮扑进绣帘，是在乞求闺中人的怜惜吗？

自古以来花便是女性的象征，以花喻人，以人喻花，诗词中常用此手法。《红楼梦》中的花与人也是对应的，牡丹对应宝钗，芙蓉对应黛玉，海棠对应湘云，杏花对应探春，老梅对应李纨，并蒂花对应香菱，桃花对应袭人，另外晴雯号称"芙蓉仙子"。由此诗中的花当指大观园的女儿们，花儿的凋谢也预示着她们的逝去。世人对待她们的消逝也如同对待花儿一样，谁会来惜取将残的红颜呢？这是一个时代的悲剧，女性的生命不过昙花一现，花开过后便要迅速飘落，任那些曾欣赏她们的人践踏，芳魂艳魄都将不存，留下的只是一缕尘香。

"有谁怜"隐含了一段答语，世人春风都不懂得怜惜落花，对她们的逝去都是冷眼旁观，置之不理，懂得怜惜落花的只有黛玉了，自称绛洞花主的宝玉也不懂，将残红付与无情的流水，岂知流出大观园后便会被糟蹋，甚至比被人践踏更为悲惨。

游丝之软，游丝之弱，不禁让人联想到黛玉的身世，出身于诗书之家，幼年丧母，父亲死后益发无依无靠，一个孤苦伶仃的女孩像浮萍一样寄居贾府生命之软弱，不正如檐下飘荡游丝吗？随时都有可能被风斩断。仅凭贾母的疼爱和宝玉的那份爱情维系着生命，怎经得日日夜夜的风吹雨打。

王国维说"人生只似风前絮，欢也零星，悲也零星，都作江心点点萍"。落絮的人生，落絮的命运，天意如此，无可奈何。

"落花""游丝""落絮"，同样的飘零，同样的忧伤，同样的命运，同样的还有那花下的葬花人。

闺中女儿惜春暮，愁绪满怀无处诉，

手把花锄出绣闺，忍踏落花来复去？

第二节转而写人。暮春是个忧伤的季节，弹指间红颜衰老，百花凋零，无可奈何，唯有惋惜。黛玉本就多愁善感，加之对宝玉的误解，更是满怀忧郁惆怅。许多版本的"无处诉"作"无释处"或"无着处"，笔者认为不妥。第三十七回黛玉《咏白海棠》中"娇羞默默同谁诉"，第三十八回黛玉《咏菊》中"片言谁解诉秋心"，《菊梦》中"醒时幽怨同谁诉"，皆用"诉"

而不用"释"或"着",此处亦是。最后一句写黛玉不忍心践踏落花,同时也暗含其他人却在落花上走过的意思。

> 柳丝榆荚自芳菲,不管桃飘与李飞,
>
> 桃李明年能再发,明年闺中知有谁?

第三节又转回写景。柳叶和榆荚只知道炫耀自己的芳菲,却不管桃花的飘零,李花的纷飞,等到来年春回大地,桃李又含苞吐蕊,只是闺中却无昔日的葬花人。读至这里,不禁萌生对柳絮榆荚的厌恶之情,只是天地不仁,世道无情,我们又何必去怪罪柳丝榆荚呢?在这个世道上,多数人都是只顾自己能够芳菲百年,哪管别人的死活。王熙凤说得好"'坐山观虎斗——坐收其利','借剑杀人——不露痕迹','引风吹火——费力不多','站干岸儿——不沾事','推倒油瓶子不扶——懒到家了',都是全挂子的武艺",锦上添花的不少,雪中送炭的难寻。此节连用两层对比,前两句柳丝榆荚的芳菲与桃花李花的飘零对比,后两句将人与桃李对比,层层递进,环环相扣。另外笔者疑此节为后文埋下伏笔,"柳丝榆荚"可能暗指李纨和贾兰。

> 三月香巢已垒成,梁间燕子太无情,
>
> 明年花发随可啄,却不道人去梁空巢也倾。

第四节转写燕子。前一节已言桃李不如柳丝榆荚,人不及桃李,悲已至极,因此将视角植物转向梁间飞燕。燕巢飘香,这本是可喜之事,黛玉却恼燕子无情,本节之妙正在于此。此节虚写燕子,实写惜花,燕巢已然生香,自是衔花筑巢的结果,怎能不让惜花的黛玉生恨。情由景发,景由情生,黛玉又想到了明年的自己,回答上节之问,重拾上文之悲。

> 一年三百六十日,风刀霜剑严相逼,
>
> 明媚鲜艳能几时,一朝飘泊难寻觅。

第五节写花之境遇。一年三百六十日的风霜无情地摧残花枝,艳丽的芳华能有几时呢?一旦飘落便化作香尘,再也无处寻觅。风似刀,雪如剑,最后着一"逼"字,尤显残酷无情。这样的日子令人望而却步,更何况一年三百六十日,日复一日,年复一年,日日如此,岁岁不改。此节明写花,实写人,黛玉寄居贾府,陷于孤立无援的处境,这句正是反映了她所受的痛苦和煎熬。因为风刀霜剑无孔不入,所以她才步步留神,时时警惕,即便如此,黛玉仍逃脱不了命运之剑,最终还是伤痕累累地逝去。

> 花开易见落难寻,阶前闷杀葬花人,
>
> 独把花锄偷洒泪,洒上花枝见血痕。

第六节写葬花之人。黛玉独自一人,手把花锄,边哭边葬,读来无限悲伤,最后一句"洒上花枝见血痕"更是断肠之语。许多版本将"花枝"误作"空枝",所谓"花之颜色人之泪",花之颜色乃泪染成,不必洒上"空枝"后见血痕。这日本是饯花节,大观园的其他女孩都在庆祝,而黛玉避开他人,独自至花冢前默默洒泪,这本已悲,竟又血泪,令人心痛。想当年娥皇女英哭于九嶷,血泪洒于青竹之上,故有斑竹,其后又于潇湘之间投水自尽,号为湘夫人。黛玉潇湘妃子,竟亦哭出血泪,染红花枝,想至黛玉死时,其院内亦尽是斑竹,作者心亦滴血。

> 杜鹃无语正黄昏，荷锄归去掩重门。
> 青灯照壁人初睡，冷雨敲窗被未温。

第七节转而写景。日已黄昏，杜鹃无语，青灯照壁，冷雨敲窗，初睡之人，未温之被，尽是黛玉想象之境，如此凄凉之境恐怕也只在想象中才有。传说周朝末年，蜀地君主望帝，国亡之后甚是悲痛，死后魂化为杜鹃鸟，悲鸣是滴出血来。这里黛玉自比杜鹃，紧应上节之血泪，亦叹自己命运之悲惨。灯光弱故青，心寒故雨冷，此时此境怎能入眠？黛玉由情生景，自景见情，传情入景，自景悟情，情景反复，循环不绝。

> 怪奴底事倍伤神，半为怜春半恼春，
> 怜春忽至恼忽去，至又无言去不闻。

第八节是黛玉的自问自答。
问曰："什么事这么伤神呢？"
答曰："半为怜春半恼春。"
问曰："为什么既怜又恼呢？"
答曰："怜春忽至，恼春忽去。"
问曰："有来就有去，自然之理，有什么可恼呢？"
答曰："来时不告诉自己，去时也不打声招呼。"

短短六句，三问三答，十分精练，却用口语写出，清新自然，不加雕饰，平白如话，妙不可言，大有"松下问童子，言师采药去。只在此山中，云深不知处。"（贾岛《访隐者不遇》）之风。此节终于跳出了前面愁惘悲惨的氛围，微微带些伤愁，更多的则是黛玉的活泼，让人稍稍有点喘息之机。另外，许多版本将口语"奴"作书面语"侬"，不妥，"奴"显小女儿随口成句之口吻，"侬"则带文人之酸气。

> 昨宵庭外悲歌发，知是花魂与鸟魂？
> 花魂鸟魂总难留，鸟自无言花自羞。

第九节写幻境。在怜春恼春之后，黛玉又回忆起了昨晚之事，所谓的悲歌只是自己的心在沉沉低吟而已，花儿哪有灵魂，鸟儿哪有精灵，黛玉怎能听到它的悲歌呢？在庭外悲歌的只是自己的孤魂。花魂与鸟魂都难以挽留，自己的灵魂又怎能挽留呢？问鸟儿，鸟儿默默无语；问花儿，花儿低头含羞。他们虽然无语，却已给出了答案，悲歌的是自己，无法挽留的亦是自己。

> 愿奴胁下生双翼，随花飞到天尽头。
> 天尽头，何处有香丘？

第十节写心愿。前两句豪情万丈，要生出双翼，随花飞出禁锢自己的大观园，飞到那无愁的天尽头。后两句笔锋顿转，一落千丈，只可惜那天尽头哪有埋葬鲜花的坟丘，哪有埋葬自己的坟墓。在黑暗痛苦中的黛玉终于想到了逃避，欲逃离苦海飞向无忧怎么可能呢？只能用云天尽头无香丘来蕴藉自己。

未若锦囊收艳骨,一抔净土掩风流。

质本洁来还洁去,强于污淖陷渠沟。

第十一节以死明志。这一节是对"风刀霜剑"的控诉,是宁肯葬身黄土也不愿随波逐流,同流合污的挣扎和抗拒。一个弱不禁风的小女子竟以死来保卫自己的真率纯洁,免受玷辱,足以对她致以崇高的敬意。自前一节以来,激情一路高涨,至此达到巅峰,格调十分悲壮。"质本洁来还洁去"便是黛玉的一生,真一"出淤泥而不染,濯清涟而不妖"的芙蓉。

尔今死去侬收葬,未卜侬身何日丧?

侬今葬花人笑痴,他年葬侬知是谁?

第十二节葬花葬奴。花儿飘落尚有葬花人收以锦囊,掩以净土,葬花人死时会有谁来收葬呢?人不如花,这就是宿命吧。"痴"乃是黛玉一生的概括,因为痴,在污淖前坚贞不屈,因为痴,以泪还恩,至死不悔。

试看春残花渐落,便是红颜老死时。

一朝春尽红颜老,花落人亡两不知!

第十三节花落人亡。此节是对上节的回答,未卜侬身何日丧?春残花渐落,便是红颜老死时。他年葬侬知是谁?那时花已落人已亡,什么都不知了,还问这个干什么呢?

《葬花吟》是《红楼梦》塑造黛玉形象的重要篇章,是红楼诗词中的杰作。这种诗文结合的写法在其他小说如《三国演义》《水浒传》中亦不少见,但结合如此紧密而非堆砌之作却是前无古人。如果没有《葬花吟》和《芙蓉女儿诔》,黛玉与晴雯的形象便大打折扣。

【思考训练】

1. 林黛玉与薛宝钗,她们有怎样的不同?
2. 黛玉的思想性格中,除了有对爱情的大胆追求外,还有什么可贵之处?

【平行阅读】

《红楼梦》 〔清〕曹雪芹
《红楼梦研究》 俞平伯

金岳霖先生

汪曾祺

【作者介绍】

汪曾祺(1920—1997),江苏高邮人,中国当代作家、散文家、戏剧家、京派作家的代表人物。被誉为"抒情的人道主义者,中国最后一个纯粹的文人,中国最后一个士大夫"。汪曾祺在短篇小说创作上颇有成就,对戏剧与民间文艺也有深入钻研。作品有《受戒》《晚饭花集》《逝水》《晚翠文谈》等。

汪曾祺是当代著名作家,其散文别具一格,经历了一辈子的写作训练,培养了良好的语言表达能力,语言平实而有韵味。汪曾祺善于营造气氛进行抒情,具有天然的随机性。他本以写小说见长,善于写景状物且把情感观点深深藏在人事之中。所以在《金岳霖先生》一文里,作者抒写感情非常克制,笔力都放在营造气氛上。

金岳霖(1895—1984),男,字龙荪,祖籍浙江省绍兴市诸暨市,出生于湖南长沙。他把西方哲学与中国哲学相结合,建立了独特的哲学体系,著有《论道》《逻辑》和《知识论》。

西南联大有许多很有趣的教授,金岳霖先生是其中的一位。金先生是我的老师沈从文先生的好朋友。沈先生当面和背后都称他为"老金"。大概时常来往的熟朋友都这样称呼他。

关于金先生的事,有一些是沈先生告诉我的。我在《沈从文先生在西南联大》一文中提到过金先生。有些事情在那篇文章里没有写进,觉得还应该写一写。

金先生的样子有点怪。他常年戴着一顶呢帽,进教室也不脱下。每一学年开始,给新的一班学生上课,他的第一句话总是:"我的眼睛有毛病,不能摘帽子,并不是对你们不尊重,请原谅。"他的眼睛有什么病,我不知道,只知道怕阳光。

因此他的呢帽的前檐压得比较低,脑袋总是微微地仰着。他后来配了一副眼镜,这副眼镜一只的镜片是白的,一只是黑的。这就更怪了。后来在美国讲学期间把眼睛治好了,好一些,眼镜也换了,但那微微仰着脑袋的姿态一直还没有改变。他身材相当高大,经常穿一件烟草黄色的麂皮夹克,天冷了就在里面围一条很长的驼色的羊绒围巾。联大的教授穿衣服是各色各样的。闻一多先生有一阵穿一件式样过时的灰色旧夹袍,是一个亲戚送给他的,领子很高,袖口极窄。联大有一次在龙云的长子、蒋介石的干儿子龙绳武家里开校友会,龙云的长媳是清华校友,闻先生在会上大骂"蒋介石,王八蛋!混蛋!"那天穿的就是这件高领窄袖的旧夹袍。

朱自清先生有一阵披着一件云南赶马人穿的蓝色毡子的一口钟。除了体育教员,教授里穿夹克的,好像只有金先生一个人。他的眼神即使是到美国治了后也还是不大好,走起路来有点深一脚浅一脚。他就这样穿着黄夹克,微仰着脑袋,深一脚浅一脚地在联大新校舍的一条土路上走着。

金先生教逻辑。逻辑是西南联大规定文学院一年级学生的必修课,班上学生很多,上课在大教室,坐得满满的。在中学里没有听说有逻辑这门学问,大一的学生对这课很有兴趣。金先生上课有时要提问,那么多的学生,他不能都叫得上名字来,联大是没有点名册的,他有时一上课就宣布:"今天,穿红毛衣的女同学回答问题。"于是所有穿红衣的女同学就都有点紧张,又有点兴奋。那时联大女生在蓝阴丹士林旗袍外面套一件红毛衣成了一种风气。穿蓝毛衣、黄毛衣的极少。问题回答得流利清楚,也是件出风头的事。金先生很注意地听着,完了,说:"Yes!请坐!"

学生也可以提出问题,请金先生解答。学生提的问题深浅不一,金先生有问必答,很耐心。有一个华侨同学叫林国达,操广东普通话,最爱提问题,问题大都奇奇怪怪。他大概觉得逻辑这门学问是挺"玄"的,应该提点怪问题。有一次他又站起来提了一个怪问题,金先生想了一想,说:"林国达同学,我问你一个问题:Mr 林国达 is perpenticular to the blackboard（林国达君垂直于黑板），这什么意思？"

林国达傻了。林国达当然无法垂直于黑板，但这句话在逻辑上没有错误。

林国达游泳淹死了。金先生上课，说："林国达死了，很不幸。"这一堂课，金先生一直没有笑容。

有一个同学，大概是陈蕴珍，即萧珊，曾问过金先生："您为什么要搞逻辑？"逻辑课的前一半讲三段论，大前提、小前提、结论、周延、不周延、归纳、演绎……还比较有意思。后半部全是符号，简直像高等数学。她的意思是：这种学问多么枯燥！金先生的回答是："我觉得它很好玩。"除了文学院大一学生必修逻辑，金先生还开了一门"符号逻辑"，是选修课。这门学问对我来说简直是天书。选这门课的人很少，教室里只有几个人。学生里最突出的是王浩。金先生讲着讲着，有时会停下来，问："王浩，你以为如何？"这堂课就成了他们师生二人的对话。王浩现在在美国。前些年写了一篇关于金先生的较长的文章，大概是论金先生之学的，我没有见到。

王浩和我是相当熟的。他有个要好的朋友王景鹤，和我同在昆明黄土坡一个中学教学，王浩常来玩。来了，常打篮球。大都是吃了午饭就打。王浩管吃了饭就打球叫"练盲肠"。王浩的相貌颇"土"，脑袋很大，剪了一个光头，联大同学剪光头的很少，说话带山东口音。他现在成了洋人——美籍华人，国际知名的学者，我实在想象不出他现在是什么样子。前年他回国讲学，托一个同学要我给他画一张画。

我给他画了几个青头菌、牛肝菌，一根大葱，两头蒜，还有一块很大的宣威火腿。火腿是很少入画的。我在画上题了几句话，有一句是"以慰王浩异国乡情"。王浩的学问，原来是师承金先生的。一个人一生哪怕只教出一个好学生，也值得了。当然，金先生的好学生不止一个人。

金先生是研究哲学的，但是他看了很多小说。从普鲁斯特到福尔摩斯，都看。听说他很爱看平江不肖生的《江湖奇侠传》。有几个联大同学住在金鸡巷，陈蕴珍、王树藏、刘北汜、施载宣（萧荻）。楼上有一间小客厅。沈先生有时拉一个熟人去给少数爱好文学、写写东西的同学讲一点什么。金先生有一次也被拉了去。他讲的题目是《小说和哲学》。题目是沈先生给他出的。大家以为金先生一定会讲出一番道理。不料金先生讲了半天，结论却是：小说和哲学没有关系。有人问：那么《红楼梦》呢？金先生说："红楼梦里的哲学不是哲学。"他讲着讲着，忽然停下来："对不起，我这里有个小动物。"他把右手伸进后脖颈，捉出了一个跳蚤，捏在手指里看看，甚为得意。

金先生是个单身汉（联大教授里不少光棍，杨振声先生曾写过一篇游戏文章《释鳏》，在教授间传阅），无儿无女，但是过得自得其乐。他养了一只很大的斗鸡（云南出斗鸡）。这只斗鸡能把脖子伸上来，和金先生一个桌子吃饭。他到处搜罗大梨、大石榴，拿去和别的教授的孩子比赛。比输了，就把梨或石榴送给他的小朋友，他再去买。

金先生朋友很多，除了哲学家的教授外，时常来往的，据我所知，有梁思成、林徽因夫妇，沈从文，张奚若……君子之交淡如水，坐定之后，清茶一杯，闲话片刻而已。金先生对林徽因的谈吐才华，十分欣赏。现在的年轻人多不知道林徽因。她是学建筑的，但是对文学的趣味极高，精于鉴赏，所写的诗和小说如《窗子以外》《九十九度中》风格清新，一时无二。林徽因死后，有一年，金先生在北京饭店请了一次客，老朋友收到通知，都纳闷：老金为什么请客？到了之后，金先生才宣布："今天是徽因的生日。"

金先生晚年深居简出。毛主席曾经对他说："你要接触接触社会。"金先生已经八十岁了，怎么接触社会呢？他就和一个蹬平板三轮车的约好，每天蹬着他到王府井一带转一大圈。

我想象金先生坐在平板三轮上东张西望，那情景一定非常有趣。王府井人挤人，熙熙攘攘，谁也不会知道这位东张西望的老人是一位一肚子学问，为人天真、热爱生活的大哲学家。

金先生治学精深，而著作不多。除了一本大学丛书里的《逻辑》，我所知道的，还有一本《论道》。其余还有什么，我不清楚，须问王浩。

我对金先生所知甚少。希望熟知金先生的人把金先生好好写一写。联大的许多教授都应该有人好好地写一写。

1987 年 2 月 23 日

选自《汪曾祺全集》，汪曾祺，北京师范大学出版社 1998 年版

【阅读导引】

作者对金岳霖的描写是漫画式的。漫画笔法，可以是讽刺的，也可以是亲切热情的。本文表现为后一种，我们看到的似乎是一幅夸张的人物漫画，其实并不是作者想有意地或人为地夸张，而是人物本身就具有夸张性的特点，作者只要照直写来就自然生动活泼了。值得注意的是，作者似乎只写直观印象，并不像平时见到的写名人的文章那样郑重其事，非写出人物的深刻性、崇高性不可；作者写的是活生生的人物印象，感性、趣味的特点非常突出。

为了使文章成为一个有机整体，为了使表达生动活泼，本文在剪裁布局上似乎有一番认真思考。作者先写金岳霖的外貌，后写其行为；同时又先写课堂上的金岳霖，后写生活中的金岳霖。作者把最深的印象写在前面，把一般的印象写在后面；把最重要的材料放在前面，把次重要的材料放在后面。文章还隐约按时间安排材料，由远及近地描写人物，先写西南联大时的金岳霖，后写新中国成立后的金岳霖，体现一种历史的纵深与跨度。

金岳霖是中国著名哲学家，学术界不少人都写文章称赞他的学术思想，肯定他在学术史上的地位，而汪曾祺则把生活形象、师表形象留给广大读者，留给历史，这本身就很有意义；再有，金岳霖是一个很有个性的人物，凭借老作家汪曾祺的写作才华，写出来自成一篇有特色有趣味的散文佳作，供后人长久阅读，具有一定的艺术价值；另外，文章涉及西南联大的一些人和一些事，也有史料价值。

金岳霖早年在西南联大的学生殷海光曾这样描述当年金岳霖对他的影响："在这样的氛围里，我忽然碰见业师金岳霖先生。真像浓雾里看见太阳！这对我一辈子在思想上的影响太具决定作用了。他不仅是一位教逻辑和英国经验论的教授，并且是一位道德感极强烈的知识分子。昆明七年教诲，严峻的论断，以及道德意识的呼唤，现在回想起来实在铸造了我的性格和思想生命。论他本人，他是那么质实、谨严、和易、幽默、格调高，从来不拿恭维话送人情，在是非真妄之际一点也不含糊。"

金岳霖是一个很风趣和有幽默感的人，他一生中说过许多有趣的话，在西南联大时，有

一次学生请他讲小说和哲学的关系,他讲完之后的结论是小说和哲学没有关系。20 世纪 50 年代北京大学请艾思奇讲演,批判形式逻辑,艾思奇讲完后,金岳霖就说,刚才艾先生的讲话完全符合形式逻辑。金岳霖 28 岁的时候说一段话,当时他在《晨报·副镌》上写过一篇文章,题目是《优秀分子与今日社会》,是参加当时由蔡元培、胡适发起的关于"好人政府"的讨论的。当时金岳霖有一个看法,说是希望知识分子能成为"独立进款"的人,所谓"独立进款",简单说就是要靠自己的本事吃饭,这话听起来很简单,但却不是谁都能做到的。特别是在今天,对于从事自然科学的知识分子来说,做到"独立进款"的条件大体已具备了,因为他们要真有本事,就能做自己想做的事,而对于从事人文科学的知识分子来说,他们学会的那点办报办刊办出版社的本事,就不能像自然科学研究那样,想干就干,他们还得在计划经济的条件下工作,他们还很难成为"独立进款"的人,这实际才是当代文人的尴尬处境。但这和真正的"独立进款"还不是一回事,这一点文人不能糊涂,大家也不能糊涂。"与其在部里拍马,不如在水果摊子上唱歌",这是一种人生境界,不说更远大的理想了,在今日,能实践金岳霖这个早年的愿望就很不容易。

金岳霖一生天真浪漫,率性而行,他总是按自己的志趣去生活,去做事,从不为名利所累。他不愿做行政工作,怕与人打交道。1926 年初到清华大学,创办哲学系,他做第一任系主任。不久冯友兰到了清华大学,他就立即请冯友兰做了系主任。新中国成立初期,让他当清华大学文学院院长,他也基本上是无为而治。他身材高大,仪表端庄,有时西服革履,执手杖,戴墨镜,一副英国绅士派头;有时着运动衫,穿短裤,球鞋,举手投足像一个训练有素的运动员;有时在西装外面套个中式长袍,戴个老八路的棉军帽,金岳霖又是一个乐观、幽默的人。冰心女士说,有幽默感的人,尤其是能在自己身上找到幽默资料的人,总是开朗、乐观而豁达的人,使人愿意接近。她说金岳霖就是能在自己身上找到幽默资料的人,他有"丰富的幽默感"。她记得有一次金岳霖笑着对她说:"我这个人真是老了,我的记性坏到了'忘我'的地步! 有一次我出门访友,到人家门口按了铃,这家的女工出来开门,问我'贵姓'。我忽然忘了我'贵姓'了。我说请你等一会儿,我去问我的司机同志我'贵姓',弄得那位女工张着嘴半天说不出话来!"

【思考训练】

1. 本文选取了金岳霖先生的哪些事情? 表现金岳霖先生怎样的性格特征?
2. 文章表达了作者对金先生怎样的情感与态度?

【平行阅读】

《回忆鲁迅先生》 萧红
《叶圣陶先生二三事》 张中行
《胡适先生二三事》 梁实秋

第七章 诗词神韵

【专题概说】

诗歌是一种高度凝练的文学体裁,她用丰富的想象,富有节奏感和韵律美的语言来抒发情感、反映生活,中国古典诗词是中国文学最发达的文学样式,《诗经》《楚辞》是中国诗歌现实主义、浪漫主义的源头,汉末五言诗以质朴的语言关注人生、反映社会面貌;魏晋文学进入自觉时期,诗歌开始追求形式之美,山水田园诗成就较高;唐诗是中国诗歌史上一颗光辉灿烂的明珠,千百年来一直为人们传诵不衰,唐诗名家如林,佳作浩繁,超越时空,魅力无限;宋词别具一格,充满人生哲理;元明清各朝各代诗人辈出,佳作林立。古典诗歌有特殊的格式及韵律,按音律分,可分为古体诗和近体诗两类。近体诗即格律诗,格律严谨,在字数、句数、平仄、对仗、用韵等方面都有明确的要求。古体诗格律比较自由,不拘对仗、平仄,押韵较宽,篇幅长短不限,句子有四言、五言、六言、七言体和杂言体。诗歌按内容可分为叙事诗、抒情诗、送别诗、边塞诗、山水田园诗、怀古诗(咏史诗)、咏物诗等。诗言志,词传情。宋词的题材集中在风花雪月、离愁别绪、伤春悲秋、男欢女爱等方面,词的句子有长有短,便于歌唱,故又称长短句。因是合乐的歌词,故又称曲子词、诗余。它始于梁代,形成于唐代而极盛于宋代。关于词牌的来源,大约有下面的三种情况:一是本来是乐曲的名称,例如《菩萨蛮》。二是摘取一首词中的几个字作为词牌,例如《忆秦娥》。三是本来就是词的题目,如《渔歌子》咏的是打鱼。宋词是中国古代文学阆苑里的又一朵奇葩,按长短规模,词大致可分小令、中调和长调。一首词如果只有一段,称为单调;分两段,称双调;分三段或四段,称三叠或四叠。按风格词可分为婉约派、豪放派两大类。婉约派代表作家有柳永、晏殊、晏几道、周邦彦、李清照、秦观、姜夔等;豪放派代表作家有苏轼、辛弃疾、陆游、张孝祥、张元干、刘辰翁等。宋词以奇崛的姿态、脱俗的神韵与唐诗争奇,共同铸就了中国古代文学史的辉煌。

本章选录篇目侧重经典诗词举要,使学习者体会古典诗歌所表达的意境、营造的意象、抑扬的韵律,以及它对后世情感的影响,体味宋词的细腻、凝练、含蓄蕴藉,感受豪放与婉约的不同词风。

诗经·郑风·子衿

【作品介绍】

《诗经》是中国古代诗歌的开端,是我国最早的一部诗歌总集,原称"诗"或"诗三百",收集了西周初年至春秋中叶(公元前 11 世纪—前 6 世纪)的诗歌,共 311 篇,反映了周初至周晚期约 500 年间的社会面貌。《诗经》的作者佚名,绝大部分已经无法考证,传为尹吉甫采集、孔子编订。《诗经》在先秦时期称为《诗》,或取其整数称《诗三百》。西汉时被尊为儒家经典,始称《诗经》,并沿用至今。诗经在内容上分为《风》《雅》《颂》三个部分。《风》是周代各地的歌谣;《雅》是周人的正声雅乐,又分《小雅》和《大雅》;《颂》是周王庭和贵族宗庙祭祀的乐歌,又分为《周颂》《鲁颂》和《商颂》。《诗经》的艺术技法被总结成"赋,比,兴",与"风,雅,颂"合称"六义"。

《诗经》内容丰富,反映了劳动与爱情、战争与徭役、压迫与反抗、风俗与婚姻、祭祖与宴会,甚至天象、地貌、动物、植物等方方面面,是周代社会生活的一面镜子,被誉为古代社会的人生百科全书。孔子曾概括《诗经》宗旨为"无邪",并教育弟子读《诗经》以作为立言、立行的标准。先秦诸子中,引用《诗经》者颇多,如孟子、墨子、庄子等人在说理论证时,多引述《诗经》中的句子以增强说服力。至汉武帝时,《诗经》被儒家奉为经典,成为《六经》及《五经》之一。

青青子衿[1],悠悠[2]我心。纵我不往,子宁不嗣音[3]?　　青青子佩[4],悠悠我思。纵我不往,子宁不来?　　挑兮达兮[5],在城阙[6]兮。一日不见,如三月兮。

选自《诗经集传》,[南宋]朱熹,上海古籍出版社 1987 年版

【注释】

[1] 子衿:周代读书人的服装。子:男子的美称,这里即指"你"。衿:即襟,衣领。
[2] 悠悠:忧思不断的样子。
[3] 宁(nìng):岂,难道。嗣(yí)音:寄传音讯。嗣:通"贻",给、寄的意思。
[4] 佩:这里指系佩玉的绶带。
[5] 挑(táo)兮达(tà)兮:独自走来走去的样子。挑:也作"佻"。
[6] 城阙:城门两边的观楼。

【阅读导引】

思念是一种很玄妙的情感,现代歌者说它如影随形,挥之不去。这首诗写的就是一个女子在思念她的恋人,思念他青青的衣领,思念他飘逸的佩带,热切地期盼他快点出现在她的视野里。全诗共三章,前两章自述怀人,"青青子衿""青青子佩"是以恋人的衣饰借代恋人。爱人的一点一滴都使女子念念不忘,可想见其相思萦怀之深。如今等恋人过来相会,然而望穿秋水,却不见恋人踪影,浓浓的爱意不由转化为惆怅与幽怨:我没有去找你,你为何就不能捎个音信?我没有去找你,你为何就不能主动前来?第三章写女子在城楼上久候恋人不至而来来回回地走个不停,表现其心绪不宁、心乱如麻,感觉虽然只有一天不见面,却好像分别了三个月那么漫长。此处描写恋爱心理,类似篇幅《诗经》中还有很多,如"彼采葛兮,一日不见,如三月兮!彼采萧兮,一日不见,如三秋兮!彼采艾兮,一日不见,如三岁兮!"女子和他所爱的小伙子分开刚刚一天,他就感到无比的想念,似乎"三月(三秋、三岁)"没见面了,虽是夸张,却真实地反映出了那度日如年的情思,我们理解这种美好的情感才称得上无邪,而不是《毛诗序》曰:"《子衿》,刺学校废也,乱世则学校不修焉。"孔颖达疏:"郑

国衰乱不修学校,学者分散,或去或留,故陈其留者恨责去者之辞,以刺学校之废也。经三章皆陈留者责去者之辞也。"之类的牵强之词。

《诗经》开创了中国现实主义文学创作的先河,它关注现实,抒发现实生活中人们的真情实感,这就是它具有强烈深厚的艺术魅力的重要原因。在诗歌艺术意境的塑造上,《诗经》中的大多数作品都是通过简单的外貌描写和心理描写来塑造人物形象。在《子衿》一诗中,仅仅"挑""达"两个动词就将女子等待爱人的神态、动作刻画得惟妙惟肖。"子宁不嗣音""子宁不来"也通过展示主人公的心理,把一个焦急等待情人生发出爱的怨言的小女子的形象塑造得真实而鲜活。

赋比兴是《诗经》独特的艺术手法。《子衿》一诗采用铺陈直叙的赋的方式,以代表情人的"子衿""子佩"直接引出主题,简洁有力地展开铺叙,进而抒发情感。另外,《诗经》的句式以四言为主,四句独立成章,《子衿》即是典型,节奏鲜明而略显短促,具有很强的节奏感。"青青""悠悠"都是对叠字的运用,前四句又采用重章叠句的句式,增加了诗歌的节奏感,读起来朗朗上口。

【思考训练】

1.《诗经》中的风雅颂各指哪一部分内容?
2.写一段话,描述这位热恋中女子的心理。

【平行阅读】

《春江花月夜》 〔唐〕张若虚
《春思》 〔唐〕李白
《卜算子·我住长江头》 〔宋〕李之仪

春江花月夜

唐 张若虚

春江潮水连海平,海上明月共潮生。滟滟随波千万里,何处春江无月明!江流宛转绕芳甸,月照花林皆似霰。空里流霜不觉飞,汀上白沙看不见。江天一色无纤尘,皎皎空中孤月轮。江畔何人初见月?江月何年初照人?人生代代无穷已,江月年年只相似。不知江月待何人,但见长江送流水。白云一片去悠悠,青枫浦上不胜愁。谁家今夜扁舟子?何处相思明月楼?可怜楼上月徘徊,应照离人妆镜台。玉户帘中卷不去,捣衣砧上拂还来。此时相望不相闻,愿逐月华流照君。鸿雁长飞光不度,鱼龙潜跃水成文。昨夜闲潭梦落花,可怜春半不还家。江水流春去欲尽,江潭落月复西斜。斜月沉沉藏海雾,碣石潇湘无限路。不知乘月几人归,落月摇情满江树。

选自《全唐诗》,彭定求等,上海古籍出版社1986年版

春　思

唐　李白

燕草如碧丝，秦桑低绿枝。

当君怀归日，是妾断肠时。

春风不相识，何事入罗帏。

选自《全唐诗》，彭定求等，上海古籍出版社 1986 年版

卜　算　子

宋　李之仪

我住长江头，君住长江尾。日日思君不见君，共饮长江水。

此水几时休，此恨何时已。只愿君心似我心，定不负相思意。

选自《唐宋词鉴赏辞典（唐·五代·北宋）》，周汝昌等，上海辞书出版社 1988 年版

独坐敬亭山[1]

李　白

【作者介绍】

李白（701—762），字太白，号青莲居士，又号"谪仙人"，是唐代伟大的浪漫主义诗人，被后人誉为"诗仙"，其家世、家族皆不详。李白生活在盛唐时期，他性格豪迈，热爱祖国山河，游踪遍及南北各地，写出大量赞美名山大川的壮丽诗篇。他的诗，既豪迈奔放，又清新飘逸，而且想象丰富，意境奇妙，语言轻快。李白的诗歌不仅具有典型的浪漫主义精神，而且从形象塑造、素材摄取到体裁选择和各种艺术手法的运用，无不具有典型的浪漫主义艺术特征。李白的乐府、歌行及绝句成就最高，其歌行，完全打破诗歌创作的固有格式，空无依傍，笔法多端，达到了随性而变幻莫测、摇曳多姿的神奇境界。李白的绝句自然明快，飘逸潇洒，能以简洁明快的语言表达出无尽的情思。在盛唐诗人中，兼长五绝与七绝而且同臻极境的，只有李白一人。李白诗歌的语言，有的清新如同口语，有的豪放不拘声律，近于散文，但都统一在"清水出芙蓉，天然去雕饰"的自然美中。

众鸟高飞尽[2]，孤云独去闲[3]。

相看两不厌[4]，只有敬亭山。

选自《全唐诗》，彭定求等，上海古籍出版社 1986 年版

【注释】

[1] 敬亭山：在今安徽宣城市北。《元和郡县志》记载："在宣城县北十里。山有万松亭、虎窥泉。"《江南通志》卷一六宁国府："敬亭山在府城北十里。府志云：古名昭亭，东临宛、句二水，南俯城闉，烟市风帆，极目如画。"

[2] 尽：没有了。

[3] 孤云：陶渊明《咏贫士诗》中有"孤云独无依"的句子。朱谏注："言我独坐之时，鸟飞云散，有若无情而不相亲者。独有敬亭之山，长相看而不相厌也。"独去闲：孤单的云彩飘来飘去。独去：独自去。闲：形容云彩飘来飘去，悠闲自在的样子。

[4] 两不厌：指诗人和敬亭山而言。厌：满足。

【阅读导引】

詹锳认为此诗作于天宝十二载（753 年），也有人认为作于安史之乱后唐肃宗上元二年（761 年）李白最后一次来到敬亭山之时，无论如何，长期的漂泊生活，使李白饱尝了人间辛酸，看透了世态炎凉，对现实愈加不满，孤寂之情愈深，然而傲岸倔强的性格仍一如既往，敬亭山舒缓了他身心的疲惫，于是写作此诗。

这是一首写片刻超然意趣的佳作：所有的鸟都已高飞远去，白云也已经孤独地离去了。在这茫茫的天宇下，就只剩下诗人和敬亭山了，诗人唯一可以信赖、依靠的就是这敬亭山，所以他很珍惜敬亭山，他看着敬亭山，敬亭山也看着他，诗人已经与这熟悉的大山融合为一体了。他好像没有一点悲愁之感，其实是悲愁到了极点的一种自我解脱。诗人将这种心领神会的感受信口说出，仿佛毫不费力，但在相看两不厌的人与山的冥会中，似有未曾说出且不必说出的无限情思在其中。

绝句体制短小，适于写一地景色、一时情调。绝句贵在含蓄，但若刻意锤炼，又易流于斧凿，所以绝句又贵在自然天成。李白的五绝是精美绝伦的艺术奇葩，历来很受人们的喜爱，有许多妇孺皆知、脍炙人口的作品。其五言绝句，能以简洁明快的语言，表达出无尽的情思，做到了既自然，又含蓄，真实简练而蕴含丰富，这是绝句的最高境界。此诗没写到敬亭山秀丽的山色、溪水、小桥，我们也无从知道作诗的时间、地点，然而这些似乎都不重要，我们已经看到了一个深通人性的敬亭山、一个自由自适的抒情主人公，真是兴到语绝，令人叹服。明人胡应麟说："太白五七言绝，字字神境，篇篇神物。"他的五言绝句，往往有一种明快的格调，以明白晓畅的语言，表现出无尽的情思韵味，这首诗就是李白五言绝句的代表作。

【思考训练】

1. 你有没有和某一景物对话的经历？在什么时间、什么地点，当时心情如何？和你的同学们说一说。

2. 请从以静写动的角度，分析诗歌是怎样把读者带进"寂静"的世界的。

【平行阅读】

《宣州谢朓楼饯别校书叔云》 〔唐〕李白

《劳劳亭》 〔唐〕李白

《黄州快哉亭记》 〔宋〕苏辙

宣州谢朓楼饯别校书叔云

唐 李白

弃我去者,昨日之日不可留;乱我心者,今日之日多烦忧。长风万里送秋雁,对此可以酣高楼。蓬莱文章建安骨,中间小谢又清发。俱怀逸兴壮思飞,欲上青天览明月。抽刀断水水更流,举杯消愁愁更愁。人生在世不称意,明朝散发弄扁舟。

选自《全唐诗》,彭定求等,上海古籍出版社 1986 年版

劳 劳 亭

唐 李白

天下伤心处,劳劳送客亭。

春风知别苦,不遣柳条青。

选自《全唐诗》,彭定求等,上海古籍出版社 1986 年版

黄州快哉亭记

宋 苏辙

江出西陵,始得平地,其流奔放肆大。南合湘沅,北合汉沔,其势益张;至于赤壁之下,波流浸灌,与海相若。清河张君梦得,谪居齐安,即其庐之西南为亭,以览观江流之胜,而余兄子瞻名之曰"快哉"。

盖亭之所见,南北百里,东西一舍。涛澜汹涌,风云开阖。昼则舟楫出没于其前,夜则鱼龙悲啸于其下,变化倏忽,动心骇目,不可久视。今乃得玩之几席之上,举目而

足。西望武昌诸山，冈陵起伏，草木行列，烟消日出。渔夫樵父之舍，皆可指数。此其所以为"快哉"者也。至于长洲之滨，故城之墟，曹孟德、孙仲谋之所睥睨，周瑜、陆逊之所骋骛。其流风遗迹，亦足以称快世俗。

昔楚襄王从宋玉、景差于兰台之宫，有风飒然至者，王披襟当之，曰："快哉，此风！寡人所与庶人共者耶？"宋玉曰："此独大王之雄风耳，庶人安得共之？"玉之言盖有讽焉。夫风无雌雄之异，而人有遇，不遇之变；楚王之所以为乐，与庶人之所以为忧，此则人之变也，而风何与焉？士生于世，使其中不自得，将何往而非病？使其中坦然，不以物伤性，将何适而非快？今张君不以谪为患，窃会计之余功，而自放山水之间，此其中宜有以过人者。将蓬户瓮牖无所不快；而况乎濯长江之清流，揖西山之白云，穷耳目之胜以自适也哉！不然，连山绝壑，长林古木，振之以清风，照之以明月，此皆骚人思士之所以悲伤憔悴而不能胜者，乌睹其为快也哉！

选自《唐宋八大家文钞》，[清]张伯行，浙江古籍出版社 2012 年版

丹青引赠曹将军霸[1]

杜 甫

【作者介绍】

杜甫（712—770），字子美，原为襄阳人，后迁至河南巩县（今河南省巩义市）。自号少陵野老，唐代伟大的现实主义诗人，与李白合称"李杜"。后世称其杜拾遗、杜工部，也称他杜少陵、杜草堂。杜甫在中国古典诗歌中的影响非常深远，被后人称为"诗圣"，他的诗被称为"诗史"，其诗大多集于《杜工部集》。

杜甫诗以古体、律诗见长，风格多样，他以"沉郁顿挫"四字准确概括出他自己的作品风格。杜甫生活在唐朝由盛转衰的历史时期，其诗多涉笔社会动荡、政治黑暗、人民疾苦，他的诗反映出当时的社会矛盾和人民疾苦，记录了唐代由盛转衰的历史巨变，表达了崇高的儒家仁爱精神和强烈的忧患意识。杜甫一生写诗一千五百多首，其中不乏《春望》《北征》《三吏》《三别》等名作。律诗在杜诗中占有极重要的地位，他扩大了律诗的表现范围，把律诗写得纵横恣肆，极尽变化之能事，合律而又看不出声律的束缚，对仗工整而又看不出对仗的痕迹。

杜甫的思想核心是儒家的仁政思想，他有"致君尧舜上，再使风俗淳"的宏伟抱负。杜甫虽然在世时名声并不显赫，但后来声名远播，对中国文学和日本文学都产生了深远的影响。

将军魏武[2]之子孙，于今为庶为清门[3]。英雄割据虽[4]已矣，文采风流犹[5]尚存。学书初学卫夫人[6]，但恨无过王右军[7]。丹青不知老将至，富贵于我如浮云[8]。开元之中常引见[9]，承恩数上南薰殿[10]。凌烟功臣少颜色[11]，将军下笔开生面[12]。良相头上进贤

冠[13]，猛将腰间大羽箭[14]。褒公鄂公[15]毛发动，英姿飒爽来[16]酣战。先帝天马玉花骢[17]，画工如山貌不同[18]。是日牵来赤墀[19]下，迥立阊阖[20]生长风。诏[21]谓将军拂绢素，意匠惨淡经营[22]中。须臾九重真龙[23]出，一洗万古凡马空。玉花却在御榻上，榻上庭前屹相向。至尊含笑催赐金，圉人太仆[24]皆惆怅。弟子韩幹[25]早入室，亦能画马穷殊相[26]。幹惟画肉不画骨，忍使骅骝气凋丧。将军画善盖有神[27]，必逢佳士亦写真[28]。即今漂泊干戈[29]际，屡貌[30]寻常行路人。途穷反遭俗眼白，世上未有如公贫。但看古来盛名下，终日坎壈[31]缠其身。

选自《全唐诗》，彭定求等，上海古籍出版社 1986 年版

【注释】

[1] 丹青：指绘画。曹将军霸：指曹霸，唐代名画家，以画人物及马著称，颇得唐高宗的宠幸，官至左武卫将军，故称他曹将军。

[2] 魏武：指魏武帝曹操。

[3] 庶：即庶人、平民。清门：即寒门，清贫之家。唐玄宗末年，曹霸因得罪朝廷，被削职免官。

[4] 虽：一作"皆"。

[5] 犹：一作"今"。

[6] 卫夫人：即卫铄，字茂猗。晋代有名的女书法家，擅长隶书及正书。

[7] 无：一作"未"。王右军：即晋代书法家王羲之，官至右军将军。

[8] 丹青……浮云：曹霸一生精诚研求画艺甚至到了忘老的程度，同时他还看轻利禄富贵，具有高尚的情操。

[9] 开元：唐玄宗的年号(713—741 年)。中：一作"年"。引见：皇帝召见臣属。

[10] 承恩：获得皇帝的恩宠。南薰殿：唐代宫殿名。

[11] 凌烟：即浚烟阁，唐太宗为了褒奖文武开国功臣，于贞观十七年(643 年)命阎立本等在凌烟阁画二十四功臣图。少颜色：指功臣图像因年久而褪色。

[12] 开生面：展现出如生的面貌。

[13] 进贤冠：古代成名、文儒者的服饰。

[14] 大羽箭：大杆长箭。

[15] 褒公：即段志玄，封褒国公。鄂公：即尉迟恭，封鄂国公。二人均系唐代开国名将，同为功臣图中的人物。

[16] 爽：一作"飒"。来：一作"犹"。

[17] 先帝：指唐玄宗，死于宝应元年(762 年)。天：一作"御"。玉花骢(cōng)：唐玄宗所骑的骏马名。骢：青白色的马。

[18] 山：众多的意思。貌不同：画得不一样，即画得不像。貌：用作动词。

[19] 赤墀(chí)：也叫丹墀。宫殿前的台阶。

[20] 迥(jiǒng)：高。一作"复"。阊(chāng)阖(hé)：宫门。

[21] 诏：皇帝的命令。

[22] 意匠：指画家的立意和构思。意：一作"法"。惨淡：费心良苦。经营：即绘画的经营位置，结构安排。这句是说曹霸在画马前经过审慎的酝酿，胸有全局而后落笔作画。

[23] 九重：代指皇宫，因天子有九重门。真龙：古人称马高八尺为龙，这里比喻所画的玉花骢。

[24] 圉(yǔ)人：管理御马的官吏。太仆：管理皇帝车马的官吏。

[25] 韩幹：唐代名画家。善画人物，更擅长鞍马。他初师曹霸，注重写生，后来自成一家。

[26] 穷殊相：极尽各种不同的形姿变化。相：一作"状"。

[27] 画：一作"盖"。善：一作"妙"。盖有神：大概有神明之助，极言曹霸画艺高超。

[28] 必：一作"偶"。写真：指画肖像。这两句是说韩干画马仅得形似，不能传神。

[29] 干戈：战争，指安史之乱。

[30] 貌：即写真。

[31] 坎壈(lǎn)：穷困，困顿。

【阅读导引】

曹霸是盛唐时期著名的画马大师，安史之乱后，漂泊民间，穷困潦倒。唐代宗广德二年（764年），杜甫和曹霸在成都相识，十分同情曹霸悲惨的遭遇，深情地写下了这首《丹青引赠曹将军霸》。

诗歌起笔苍凉，先说曹霸家世，然后颂扬曹霸祖先业绩虽成往事，但其艺术造诣高超，流风余韵，这四句大气包举，统摄全篇。接着写曹霸在书画上的师承渊源、进取精神和高尚情操，他沉浸在绘画艺术之中而不知老之将至，不慕荣利，把功名富贵看得和天上浮云一般淡薄。"开元"以下八句，转入主题，高度赞扬曹霸在人物画上的高超技艺，开元年间，曹霸应诏去见唐玄宗，屡次登上南薰殿。凌烟阁的功臣像因年久失色，曹霸奉命重绘，他以生花妙笔绘得栩栩如生，文臣头戴朝冠，武将腰插长箭。褒国公、鄂国公毛发飞动，神采奕奕。然而，画人是衬笔，画马才是重点。"先帝"以下八句，诗人细腻地描写了画玉花骢的过程。玄宗命曹霸展开白绢当场写生，曹霸先巧妙运思，然后淋漓尽致地落笔挥洒，须臾之间一气呵成。那马神奇雄伟，好像从宫门腾跃而出的飞龙，以前所有的画在此马前都相形失色。诗人对这一段文字倾注了热烈的赞美之情，笔墨酣畅，精彩之至。最后八句，又以苍凉的笔调叙写曹霸流落民间的凄惨境况。"将军画善盖有神"，以前从不轻易为人画像，可是在动荡的岁月里，一代宗师流落漂泊，竟不得不靠卖画为生，甚至屡屡为寻常过路行人画像。画家的辛酸境遇和杜甫的坎坷经历十分相似，诗人内心由此引起共鸣，感慨二人同是天涯沦落人，自古负有盛名的艺术家，往往时运不济，诗人以此宽慰曹霸，同时也聊以自慰，饱含着对世态炎凉的愤慨。

诗歌多处运用对比手法，如曹霸祖先的辉煌与如今的平凡，新旧凌烟功臣像的不同，凡马与"真龙"的差别，真马与画马的相映成趣，韩干与曹霸之马的形神之较，以及曹霸早先之盛与后来之衰等，突出展现了曹霸画技的高超、对艺术的挚爱以及身世的飘零。诗人以诗摹写画意，富有浓郁的诗情画意，把画论和诗传熔为一炉，具有独特的审美效果。

【思考训练】

1. 杜甫诗歌中还有哪首诗写到了马？试着读一读，和本诗作一对比。

2. 写作一篇记人的文章，充分运用对比手法。

【平行阅读】

《李凭箜篌引》 〔唐〕李贺

《春夜喜雨》 〔唐〕杜甫

《兵车行》 〔唐〕杜甫

李凭箜篌引

唐 李贺

吴丝蜀桐张高秋,空山凝云颓不流。江娥啼竹素女愁,李凭中国弹箜篌。昆山玉碎凤凰叫,芙蓉泣露香兰笑。十二门前融冷光,二十三丝动紫皇。女娲炼石补天处,石破天惊逗秋雨。梦入神山教神妪,老鱼跳波瘦蛟舞。吴质不眠倚桂树,露脚斜飞湿寒兔。

选自《全唐诗》,彭定求等,上海古籍出版社 1986 年版

春 夜 喜 雨

唐 杜甫

好雨知时节,当春乃发生。
随风潜入夜,润物细无声。
野径云俱黑,江船火独明。
晓看红湿处,花重锦官城。

选自《杜诗详注》,[清]仇兆鳌,中华书局 1979 年版

兵 车 行

唐 杜甫

车辚辚,马萧萧,行人弓箭各在腰。爷娘妻子走相送,尘埃不见咸阳桥。牵衣顿足拦道哭,哭声直上干云霄。道旁过者问行人,行人但云点行频。或从十五北防河,便至四十西营田。去时里正与裹头,归来头白还戍边。边庭流血成海水,武皇开边意未已。君不闻,汉家山东二百州,千村万落生荆杞。纵有健妇把锄犁,禾生陇亩无东西。况复秦兵耐苦战,被驱不异犬与鸡。长者虽有问,役夫敢申恨?且如今年冬,未休关西卒。县官急索租,租税从何出。信知生男恶,反是生女好。生女犹得嫁比邻,生男埋没随百草。君不见,青海头,古来白骨无人收。新鬼烦冤旧鬼哭,天阴雨湿声啾啾。

选自《杜诗详注》,[清]仇兆鳌,中华书局 1979 年版

锦 瑟[1]

李商隐

【作者介绍】

李商隐（约 813—约 858），字义山，号玉溪（谿）生，又号樊南生，祖籍怀州河内（今河南焦作沁阳），出生于郑州荥阳（今河南郑州荥阳市），晚唐著名诗人，和杜牧合称"小李杜"。

李商隐是晚唐乃至整个唐代，为数不多的刻意追求诗美的诗人。他擅长诗歌写作，骈文文学价值也很高，其诗构思新奇，风格秾丽，尤其是一些爱情诗和无题诗写得缠绵悱恻，优美动人，广为传诵。但部分诗歌过于隐晦迷离，难以索解，至有"诗家总爱西昆好，独恨无人作郑笺"之说。

代表诗作有《锦瑟》《夜雨寄北》《无题》，在《唐诗三百首》中，李商隐的诗作占二十首，数量位列第四。据《新唐书》有《樊南甲集》二十卷，《樊南乙集》二十卷，《玉奚生诗》三卷，《赋》一卷，《文》一卷，部分作品已失传。有《李义山诗集》。

> 锦瑟无端五十弦[2]，一弦一柱思华年。
> 庄生晓梦迷蝴蝶[3]，望帝春心托杜鹃[4]。
> 沧海月明珠有泪[5]，蓝田[6]日暖玉生烟。
> 此情可待成追忆？只是[7]当时已惘然！

选自《玉谿生诗集笺注》，[清]冯浩，上海古籍出版社 1979 年版

【注释】

[1] 锦瑟：装饰华美的瑟。瑟：拨弦乐器，通常为二十五弦。

[2] 无端：犹何故。怨怪之词。五十弦：这里是托古之词。作者的原意，是说锦瑟本应是二十五弦。

[3] 庄生晓梦迷蝴蝶：《庄子·齐物论》有"庄周梦为蝴蝶，栩栩然蝴蝶也；自喻适志与！不知周也。俄然觉，则蘧蘧然周也。不知周之梦为蝴蝶与？蝴蝶之梦为周与？李商隐此引庄周梦蝶故事，以言人生如梦，往事如烟之意。

[4] 望帝春心托杜鹃：《华阳国志·蜀志》有"杜宇称帝，号曰望帝。……其相开明，决玉垒山以除水害，帝遂委以政事，法尧舜禅授之义，遂禅位于开明。帝升西山隐焉。时适二月，子鹃鸟鸣，故蜀人悲子鹃鸟鸣也。"子鹃即杜鹃，又名子规。

[5] 珠有泪：《博物志》有"南海外有鲛人，水居如鱼，不废绩织，其眼泣则能出珠"。

[6] 蓝田：《元和郡县志》有"关内道京兆府蓝田县：蓝田山，一名玉山，在县东二十八里"。

[7] 只是：犹如"止是""仅是"，有"就是""正是"之意。

【阅读导引】

《锦瑟》是晚唐著名诗人李商隐的代表作之一。诗题"锦瑟"，但并非咏物诗，不过是按古诗的惯例以篇首二字为题，实则是借瑟以隐题的又一首无题诗。李商隐天资聪颖，文思敏锐，二十四岁考中进士，举鸿科大考遭人嫉妒未中，从此怀才不遇，又处牛李党争，左右为

难,两方均对其抱有猜疑,屡遭排斥,大志难伸。后中年丧妻,又因写诗抒怀,遭人贬斥。此诗约作于作者晚年,对《锦瑟》一诗的创作意旨历来众说纷纭,莫衷一是。有学者认为是爱国之篇,有学者认为是悼念追怀亡妻之作,有学者认为是自伤身世、自比文才之论,此诗是李商隐最难索解的作品之一,作者在诗中追忆了自己的青春年华,伤感自己不幸的遭遇,寄托了悲慨、郁闷的心情,大量借用庄生梦蝶、杜鹃啼血、沧海珠泪、良玉生烟等典故,采用比兴手法,运用联想与想象,以片段意象的组合,创造了朦胧的美的境界,从而借助可视可感的诗歌形象来传达其真挚浓烈而又幽约深曲的深思。全诗词藻华美,含蓄深沉,情真意长,千百年来令人回味无穷。

【思考训练】

1. 全面详尽了解李商隐的生平及作品。
2. 理解诗歌颔联的含义,并说明句中"迷""托"二词刻画了诗人怎样的心态。

【平行阅读】

《无题》 〔唐〕李商隐
《嫦娥》 〔唐〕李商隐
《春雨》 〔唐〕李商隐

无 题

唐 李商隐

昨夜星辰昨夜风,画楼西畔桂堂东。
身无彩凤双飞翼,心有灵犀一点通。
隔座送钩春酒暖,分曹射覆蜡灯红。
嗟余听鼓应官去,走马兰台类转蓬。

选自《玉谿生诗集笺注》,〔清〕冯浩,上海古籍出版社 1979 年版

常 娥

唐 李商隐

云母屏风烛影深,长河渐落晓星沉。
常娥应悔偷灵药,碧海青天夜夜心。

选自《玉谿生诗集笺注》,〔清〕冯浩,上海古籍出版社 1979 年版

春　雨

唐　李商隐

怅卧新春白袷衣，白门寥落意多违。

红楼隔雨相望冷，珠箔飘灯独自归。

远路应悲春晼晚，残宵犹得梦依稀。

玉珰缄札何由达，万里云罗一雁飞。

选自《玉谿生诗集笺注》，[清]冯浩，上海古籍出版社 1979 年版

关　山　月[1]

陆　游

【作者介绍】

陆游(1125—1210)，字务观，号放翁，越州山阴(今浙江绍兴)人，南宋文学家。生于宋金战争的烽火中，从小饱尝颠沛流离的痛苦，同时受父亲陆宰等士大夫爱国思想的熏陶，形成了忧国忧民的思想。宋高宗时参加礼部考试，因受秦桧排斥而仕途不畅。宋孝宗即位后，赐进士出身，历任福州宁德县主簿等职，有善政，百姓爱戴，因坚持抗金，屡遭投降派压制。后投身军旅，任职于南郑幕府。宋宁宗时主持编修孝宗、光宗《两朝实录》和《三朝史》，书成后陆游长期蛰居山阴，嘉定二年(1210 年)与世长辞，留绝笔《示儿》。陆游一生笔耕不辍，诗词文皆有很高成就，才气超逸，诗作清新刻露而出于圆润，兼具李白的雄奇奔放与杜甫的沉郁悲凉，尤因饱含爱国热情对后世影响深远。陆游也有史才，他的《南唐书》"简核有法"，具有很高的史料价值。

和戎[2]诏下十五年，将军不战空临边[3]。朱门沉沉按[4]歌舞，厩马肥死[5]弓断弦。戍楼刁斗[6]催落月，三十从军今白发。笛里谁知壮士心，沙头空照征人[7]骨。中原干戈古亦闻，岂有逆胡传子孙[8]！遗民忍死望恢复[9]，几处今宵垂泪痕。

选自《宋诗鉴赏辞典》，霍松林等，上海辞书出版社 1987 年版

【注释】

[1] 关山月：乐府旧题，《乐府解题》有"《关山月》，伤离别也"。

[2] 和戎：原意是与少数民族和睦相处，实指宋朝向金人屈膝求安。宋孝宗隆兴元年(1163 年)下诏与金人第二次议和，至作者作此诗时，历时为十五年。

[3] 边：边防，边境。

[4] 按：击节拍。

〔5〕厩(jiù):马棚。肥死:马棚里的马不用,渐渐死去。

〔6〕戍楼:边界上用以守望的岗楼。刁斗:军用铜锅,可以做饭,也可用来打更。

〔7〕沙头:边塞沙漠之地。征人:出征戍守边塞的战士。

〔8〕逆胡传子孙:指金人长期占领中原。金自太宗完颜晟进占中原,至此时已有四世,故云传子孙。又可理解为南宋当今君臣不思恢复。将它留给后代去处理。

〔9〕遗民:指金国占领下的中原百姓。恢复:恢复中原故土。

【阅读导引】

《关山月》是乐府旧题,属横吹曲,横吹就是指用笛子演奏。这一乐曲从西域传来,多写征戍边塞之事。陆游用乐府旧题来咏叹时事,时事和旧题的内容产生联想,主题更加鲜明突出。隆兴元年(1163 年)宋军在符离大败之后,孝宗与金国达成和议。淳熙二年(1175 年),陆游几经调动再回到成都时,范成大也以四川制置使的身份来到这里,旧友异地相逢,十分亲热,常在一起饮酒酬唱。到了孝宗淳熙四年(1177 年),此时距当年下诏议和已十五年,南宋朝廷不思恢复,沉浸在苟安的和平里,陆游原本豪放不羁,这时因抗金的抱负与个人的事业都受到挫折,更是借酒浇愁,放浪形骸。因他"不拘礼法",被一些人讥为"颓放",并于淳熙三年被罢去知嘉州的官职。陆游索性自号"放翁",表示对抗和蔑视的态度。但尽管他外表上旷达颓放,饮酒寻乐,内心却常常充满了忧患、愤慨和悲哀。此诗就是诗人感伤时事写下的。

全诗十二句,每四句一转韵,表达一层意思,第一个层次,诗人痛心疾首地指出隆兴议和以后南宋朝廷一味不战求和,苟且偷安,令人心痛的景象。豪门贵族整日歌舞升平,醉生梦死;临边将军按兵不动,让大好年华就此岁月蹉跎。第二层次写戍边战士报国无门,老死疆场的场景。"沙头空照征人骨"一句中,一个"空"字点明了战士最终与征战无缘,只能老死边关的归宿,含着不尽的悲愤和无奈。第三个层次,写中原遗民在金人的铁蹄下忍辱负重,渴望恢复,对月流泪的情景,从而进一步抨击了南宋朝廷妥协苟安的投降政策。

全诗以月色贯穿全篇,诗人紧扣诗题《关山月》,以照临关山的月光来统摄同一时间、不同地域的三个场景,用鲜明对照的手法写出了关山内外三种人物在月下的不同境况和感情,就使不思抗战的统治阶级、空掷岁月的戍边战士、渴望恢复的中原百姓融为一体,构成关山月夜的全景图。诗人还很恰当地用了一些感情强烈的词语,如"空临""空照""肥死"等,增强了诗歌愤慨的情调,还用了反诘语句"笛里谁知壮士心?""岂有逆胡传子孙?"强烈地表达了诗人愤懑的感情。

这首诗歌虽短,却蕴含了无限丰富的内容,既有对南宋统治者投降策略的强烈谴责,又充满了对抗战戍边将士的真挚热爱以及对沦陷区遗民的深切同情,种种情感都在诗中得到了生动深刻的体现。

【思考训练】

1. 查阅郭茂倩的《乐府诗集》,了解曲辞《关山月》。

2. 这首诗中对比手法的运用很有特色,试结合诗歌作简要分析。

【平行阅读】

《燕歌行》 〔唐〕高适

《钗头凤》 〔宋〕陆游

燕歌行（并序）

唐 高适

开元二十六年，客有从御史大夫张公出塞而还者；作《燕歌行》以示适，感征戍之事，因而和焉。

汉家烟尘在东北，汉将辞家破残贼。男儿本自重横行，天子非常赐颜色。摐金伐鼓下榆关，旌旆逶迤碣石间。校尉羽书飞瀚海，单于猎火照狼山。山川萧条极边土，胡骑凭陵杂风雨。战士军前半死生，美人帐下犹歌舞。大漠穷秋塞草腓，孤城落日斗兵稀。身当恩遇常轻敌，力尽关山未解围。铁衣远戍辛勤久，玉箸应啼别离后。少妇城南欲断肠，征人蓟北空回首。边庭飘飖那可度，绝域苍茫更何有。杀气三时作阵云，寒声一夜传刁斗。相看白刃血纷纷，死节从来岂顾勋。君不见沙场征战苦，至今犹忆李将军。

选自《全唐诗》，彭定求等，上海古籍出版社1986年版

钗头凤·红酥手

宋 陆游

红酥手，黄縢酒，满城春色宫墙柳。东风恶，欢情薄。一怀愁绪，几年离索。错、错、错。　　春如旧，人空瘦，泪痕红浥鲛绡透。桃花落，闲池阁。山盟虽在，锦书难托。莫、莫、莫！

选自《唐宋词鉴赏辞典（南宋·辽·金卷）》，周汝昌等，上海辞书出版社1988年版

满江红·怒发冲冠

宋 岳飞

怒发冲冠，凭栏处、潇潇雨歇。抬望眼，仰天长啸，壮怀激烈。三十功名尘与土，八千里路云和月。莫等闲、白了少年头，空悲切！　　靖康耻，犹未雪。臣子恨，何时灭！驾长车，踏破贺兰山缺。壮志饥餐胡虏肉，笑谈渴饮匈奴血。待从头、收拾旧山河，朝天阙。

选自《宋词鉴赏辞典》（上册），周汝昌等，上海辞书出版社2003年版

八声甘州·对潇潇暮雨洒江天

柳 永

【作者介绍】

柳永(约 984—约 1053),原名三变,字景庄,后改名柳永,字耆卿,因排行第七,又称柳七,福建崇安人,北宋著名词人,婉约派代表人物。

柳永是第一位对宋词进行全面革新的词人,也是两宋词坛上创用词调最多的词人。柳永大力创作慢词,将敷陈其事的赋法移植于词,同时充分运用俚词俗语,以适俗的意象、淋漓尽致的铺叙、平淡无华的白描等独特的艺术个性,对宋词的发展产生了深远影响。

代表作有《八声甘州》《雨霖铃》等,柳永是北宋前期最有成就的词家,存世词作有《乐章集》,柳永亦善诗文,多佚。

对潇潇暮雨洒江天,一番洗清秋[1]。渐霜风凄紧,关河[2]冷落,残照当[3]楼。是处红衰翠减[4],苒苒物华休[5]。惟有长江水,无语东流。　　不忍登高临远,望故乡渺邈[6],归思[7]难收。叹年来踪迹,何事苦淹留[8]。想佳人妆楼颙望[9],误几回、天际[10]识归舟。争知我,倚栏杆处[11],正恁凝愁[12]!

选自《唐宋词鉴赏辞典(唐·五代·北宋)》,周汝昌等,上海辞书出版社 1988 年版

【注释】

[1]对潇潇……清秋:写眼前的景象。潇潇暮雨在辽阔江天飘洒,经过一番雨洗的秋景分外清朗寒凉。潇潇:下雨声,一说雨势急骤的样子;一作"萧萧",义同。清秋:清冷的秋景。

[2]霜风:指秋风。凄紧:凄凉紧迫。关河:关塞与河流,此指山河。

[3]残照:落日余光。当:对。

[4]是处:到处。红衰翠减:指花叶凋零。红:代指花。翠:代指绿叶。此句为借代用法。

[5]苒苒(rǎn):同"荏苒",形容时光消逝,渐渐(过去)的意思。物华:美好的景物。休:这里是衰残的意思。

[6]渺邈(miǎo):远貌,渺茫遥远。一作"渺渺",义同。

[7]归思(旧读 sì,指心绪愁思):渴望回家团聚的心思。

[8]淹留:长期停留。

[9]佳人:美女。古诗文中常用来代指自己所怀念的对象。颙(yóng)望:抬头凝望。颙:一作"长"。

[10]误几回:多少次错把远处驶来的船只当作心上人的归舟。语意出温庭筠《望江南》词:"过尽千帆皆不是,斜晖脉脉水悠悠,肠断白苹洲。"天际:指目力所能达到的极远之处。

[11]争(zěn):怎。处:这里表示时间。倚栏杆处:即"倚栏杆时"。

[12]恁(nèn):如此。凝愁:愁苦不已,愁恨深重。凝:表示一往情深,专注不已。

【阅读导引】

柳永出身士族家庭,有求仕用世之志。因其天性浪漫,极具音乐天赋,被流行歌曲吸

引，与伶工、歌妓为伍，竟因谱写俗曲歌词遭致当权者挫辱，而不得伸其志，于是浪迹天涯，用词抒写羁旅之志和怀才不遇的痛苦愤懑，《八声甘州》即此类词的代表作。

此词抒写了作者漂泊江湖的愁思和仕途失意的悲慨。上片描绘了雨后清秋的傍晚，关河冷落夕阳斜照的凄凉之景；上片以写景为主，但景中有情，从高到低，由远及近，层层铺叙，把大自然的浓郁秋气与内心的悲哀感慨完全融合在一起，淋漓酣畅而又兴象超远。词的下片由写景转入抒情，抒写词人长久客居他乡急切思念家乡的感情。

词作摹写主人公望秋景、抒愁情、怀佳人的思想感情，望秋景、抒愁情是词人直书所见所感，而怀佳人却是通过"想佳人妆楼颙望，误几回、天际识归舟"一句表现的，词人登高临远怀想佳人思念自己的情形，一位妆容精致的女子日日在江边画楼上眺望我的归舟，已经认错了不知多少归舟，通过佳人的思念衬托词人自己的思念，这就让我们想到了温庭筠的《望江南》词中所描绘的"过尽千帆皆不是，斜晖脉脉水悠悠，肠断白蘋洲"的抒情主人公。"惟有长江水，无语东流"一句写的是短暂与永恒、改变与不变之间的这种直令千古文人思索的宇宙人生哲理。我们曾在陈子昂的《登幽州台歌》中听到过："念天地之悠悠"，在张若虚的《春江花月夜》中读到过："江畔何人初见月？江月何年初照人？生代代无穷已，江月年年只相似。不知江月待何人，但见长江送流水。"人生因多情短暂，而大自然"无语""无情"、无始无终，此句蕴含慨叹人生的百感交集的复杂心理。

全词语浅而情深，融写景、抒情为一体，通过描写羁旅相思之苦，表达了强烈的思归情绪，写出了封建社会知识分子怀才不遇的典型感受，从而成为千古传诵的名篇。

【思考训练】

1. 上片"渐霜风凄紧，关河冷落，残照当楼"三句，笔墨平淡，却极有表现力，连一向鄙视柳词的苏轼也称赞"此语于诗句不减唐人高处"，请简要赏析。

2. 你喜欢豪放词，还是婉约词，说说它们各自的特点？

【平行阅读】

《蝶恋花》　〔宋〕柳永
《月夜》　〔唐〕杜甫
《一剪梅》　〔宋〕李清照

蝶恋花·伫倚危楼风细细

宋　柳永

伫倚危楼风细细，望极春愁，黯黯生天际。草色烟光残照里，无言谁会凭阑意。

拟把疏狂图一醉，对酒当歌，强乐还无味。衣带渐宽终不悔，为伊消得人憔悴。

选自《唐宋词鉴赏辞典（唐·五代·北宋）》，周汝昌等，上海辞书出版社 1988 年版

月　夜

唐　杜甫

今夜鄜州月，闺中只独看。

遥怜小儿女，未解忆长安。

香雾云鬟湿，清辉玉臂寒。

何时倚虚幌，双照泪痕干！

选自《全唐诗》，彭定求等，上海古籍出版社 1986 年版

一剪梅·红藕香残玉簟秋

宋　李清照

红藕香残玉簟秋，轻解罗裳，独上兰舟。云中谁寄锦书来？雁字回时，月满西楼。
花自飘零水自流，一种相思，两处闲愁。此情无计可消除，才下眉头，却上心头。

选自《唐宋词鉴赏辞典（唐·五代·北宋）》，周汝昌等，上海辞书出版社 1988 年版

临江仙·夜归临皋[1]

苏　轼

【作者介绍】

苏轼（1037—1101），字子瞻，号东坡居士，世称苏东坡、苏仙。北宋眉州眉山（今属四川省眉山市）人，祖籍河北栾城，北宋著名文学家、书法家、画家。

嘉祐二年（1057 年），苏轼进士及第。宋神宗时曾在凤翔、杭州、密州、徐州、湖州等地任职。元丰三年（1080 年），因"乌台诗案"受诬陷被贬黄州任团练副使。宋哲宗即位后，曾任翰林学士、侍读学士、礼部尚书等职，并出知杭州、颍州、扬州、定州等地，晚年因新党执政被贬惠州、儋州。宋徽宗时获大赦北还，途中于常州病逝。宋高宗时追赠太师，谥号"文忠"。

苏轼是宋代文学最高成就的代表，并在诗、词、散文、书、画等方面取得了很高的成就。其诗题材广阔，清新豪健，善用夸张比喻，独具风格，与黄庭坚并称"苏黄"；其词开豪放一派，与辛弃疾同是豪放派代表，并称"苏辛"；其散文著述宏富，豪放自如，与欧阳修并称"欧苏"，为"唐宋八大家"之一。苏轼亦善书，为"宋四家"之一；工于画，尤擅墨竹、怪石、枯木

等。有《东坡七集》《东坡易传》《东坡乐府》等传世。

夜饮东坡[2]醒复醉,归来仿佛三更。家童鼻息已雷鸣。敲门都不应,倚杖听江声[3]。长恨此身非我有[4],何时忘却营营[5]?夜阑风静縠纹[6]平。小舟从此逝,江海寄馀生。

选自《唐宋词鉴赏辞典(唐·五代·北宋)》,周汝昌等,上海辞书出版社 1988 年版

【注释】

[1] 临江仙:唐代教坊曲名,后用作词牌名。此词双调六十字,平韵格。临皋:在湖北黄冈市南长江边,苏轼曾寓居于此。

[2] 东坡:在湖北黄冈市东。苏轼谪贬黄州(今黄冈市黄州区)时,友人马正卿助其垦辟的游息之所,筑屋五间。

[3] 听江声:苏轼寓居临皋,在湖北黄冈市南长江边,故能听长江涛声。

[4] 长恨此身非我有:引用庄子典。《庄子·知北游》云,舜问乎丞曰:"道何得而有乎?"曰:"汝身非汝有也,汝何得有夫道?"舜曰:"吾身非吾有也,孰有之哉?"曰:"是天地之委形也。"

[5] 营营:周旋、忙碌,内心躁急之状,形容奔走钻营,追逐名利。《庄子·庚桑楚》云:"全汝形,抱汝生,无使汝思虑营营。"

[6] 夜阑:夜将尽。司马迁《史记·高祖本纪》有"酒阑",裴骃集解曰"阑,言希也。谓饮酒者半罢半在,谓之阑。"文选·谢庄《宋孝武宣贵妃诔》有"白露凝兮岁将阑",李善注曰"阑,犹晚也"。縠(hú)纹:比喻水波微细。縠:绉纱类丝织品。

【阅读导引】

元丰三年(1080 年),苏轼因乌台诗案谪贬黄州,住在城南长江边上的临皋亭。后来,又在不远处开垦了一片荒地,种上庄稼树木,名曰东坡,苏轼自号东坡居士,还筑屋名雪堂。有时布衣芒鞋,出入阡陌之上;有时月夜泛舟,放浪于山水之间,他从大自然中寻求到了美的享受,领略到了人生的哲理。这首词作于苏轼被贬黄州的第三年,即宋神宗元丰五年(1082 年)九月。

首句说明词人夜饮至三更而"醒复醉",内心的苦闷一目了然,是啊,一个名动京城的青年才俊,一个胸怀大志的有为之士,非但无法实现自己的抱负,还被寻章摘句扣上诽谤朝政的大帽子押解京师并险些丧命,任何一个人遭遇这样的境况都会愤慨、郁闷,甚至灰心丧气。可是苏轼毕竟不同,敲门无人应答,他就拄杖伫立在长江边,在静静的深夜里倾听江水的流动,这水流淌了千万年了,无论世事如何变迁,它都不曾有一丝一毫的改变,这水让他静下来了,他开始思索自己的人生,苦闷的原因是什么?是新党的迫害?是皇帝的不信任?不,是自己放不下蝇营狗苟、功名利禄,词人顿悟了,也释然了。对于经受了一场严重政治迫害的苏轼来说,他没有被痛苦压倒,而是表现出一种超人的旷达,一种不以世事萦怀的恬淡精神。

全词的艺术特点是叙事、议论、写景、抒情水乳交融、难分你我,语言不假雕饰,清新畅达,格调超逸,颇能体现苏轼词特色。在情感上,飘逸旷达与悲凉伤感交织一处,是词人谪居黄州时期复杂心境的很好展示。

【思考训练】

1. 比较这首词和秦观的《踏莎行·郴州旅舍》所表达的感情的不同。

2. 李泽厚认为苏轼在中国文艺史上有巨大影响,你同意这个说法吗? 为什么?

【平行阅读】

《踏莎行》 [宋]秦观
《西江月》 [宋]苏轼
《和子由渑池怀旧》 [宋]苏轼

踏莎行·郴州旅舍

宋 秦观

雾失楼台,月迷津渡,桃源望断无寻处。可堪孤馆闭春寒,杜鹃声里斜阳暮。

驿寄梅花,鱼传尺素,砌成此恨无重数。郴江幸自绕郴山,为谁流下潇湘去?

选自《唐宋词鉴赏辞典(唐·五代·北宋)》,周汝昌等,上海辞书出版社 1988 年版

西江月·世事一场大梦

宋 苏轼

世事一场大梦,人生几度秋凉。夜来风叶已鸣廊,看取眉头鬓上。 酒贱常愁客少,月明多被云妨。中秋谁与共孤光,把盏凄然北望。

选自《唐宋词鉴赏辞典(唐·五代·北宋)》,周汝昌等,上海辞书出版社 1988 年版

和子由渑池怀旧

宋 苏轼

人生到处知何似,应似飞鸿踏雪泥。

泥上偶然留指爪,鸿飞那复计东西。

老僧已死成新塔,坏壁无由见旧题。

往日崎岖还记否,路长人困蹇驴嘶。

选自《宋诗鉴赏举隅》,霍松林,中国青年出版社 2011 年版

摸鱼儿^[1]·更能消几番风雨

辛弃疾

【作者介绍】

辛弃疾(1140—1207),字幼安,号稼轩,山东东路济南府历城县(今济南市历城区遥墙镇四凤闸村)人。南宋豪放派词人、将领,有"词中之龙"之称。与苏轼合称"苏辛",与李清照并称"济南二安"。

辛弃疾生于金国,少年抗金归宋,曾任江西安抚使、福建安抚使等职。著有《美芹十论》与《九议》,条陈战守之策。由于与当政的主和派政见不合,后被弹劾落职,退隐山居。开禧北伐前后,相继被起用为绍兴知府、镇江知府、枢密都承旨等职。开禧三年(1207年),辛弃疾病逝,享年68岁。后追赠少师,谥号"忠敏"。

辛弃疾一生以恢复为志,以功业自许,可是命运多舛,备受排挤,壮志难酬。然而他恢复中原的爱国信念始终没有动摇,把满腔激情和对国家兴亡、民族命运的关切、忧虑,全部寄寓于词作之中。其词艺术风格多样,以豪放为主,风格沉雄豪迈又不乏细腻柔媚之处。题材广阔又善化用前人典故入词,抒写力图恢复国家统一的爱国热情、倾诉壮志难酬的悲愤,对当时执政者的屈辱求和颇多谴责,同时也有不少吟咏祖国河山的作品。著名词作有《水调歌头》《摸鱼儿》《满江红》《沁园春》《西江月》等。现存词600多首,有词集《稼轩长短句》等传世。

淳熙己亥^[2],自湖北漕^[3]移湖南,同官王正之^[4]置酒小山亭,为赋。

更能消^[5]、几番风雨,匆匆春又归去。惜春长怕^[6]花开早,何况落红^[7]无数。春且住,见说道、天涯芳草无^[8]归路。怨春不语。算只有殷勤^[9],画檐^[10]蛛网,尽日惹飞絮^[11]。　　长门^[12]事,准拟佳期又误。蛾眉^[13]曾有人妒。千金纵买相如赋^[14],脉脉^[15]此情谁诉?君莫舞,君^[16]不见、玉环飞燕^[17]皆尘土!闲愁^[18]最苦!休去倚危栏^[19],斜阳正在,烟柳断肠^[20]处。

选自《唐宋词鉴赏辞典(南宋·辽·金)》,周汝昌等,上海辞书出版社1988年版

【注释】

[1] 摸鱼儿:词牌名。一名"摸鱼子",又名"买陂塘""迈陂塘""双蕖怨"等。唐教坊曲,后用为词牌。宋词以晁补之《琴趣外篇》所收为最早。双片一百一十六字,前片六仄韵,后片七仄韵。双结倒数第三句第一字皆领格,宜用去声。

[2] 淳熙己亥:淳熙是宋孝宗的年号,己亥是干支之一。淳熙己亥对应公元1179年。

[3] 漕:漕司的简称,指转运使。

[4] 同官王正之:作者调离湖北转运副使后,由王正之接任原来的职务,故称"同官"。王正之:名正己,是作者旧交。

[5] 消:经受。

[6] 怕:一作"恨"。

[7] 落红:落花。

［8］无：一作"迷"。

［9］算只有殷勤：想来只有檐下蛛网还殷勤地沾惹飞絮，留住春色。

［10］画檐：有画饰的屋檐。

［11］飞絮：飘飞的柳絮。

［12］长门：汉代宫殿名，武帝皇后失宠后被幽闭于此。司马相如的《长门赋序》中有："孝武皇帝陈皇后，时得幸，颇妒。别在长门宫，愁闷悲思，闻蜀郡成都司马相如天下工为文，奉黄金百万，为相如、文君取酒，因于解悲愁之辞，而相如为文以悟主上，陈皇后复得幸。"

［13］蛾眉：借指女子容貌的美丽。

［14］相如赋：即司马相如的《长门赋》。

［15］脉脉：绵长深厚。

［16］君：指那些忌妒别人来邀宠的人。

［17］玉环飞燕：杨玉环、赵飞燕，皆貌美善妒。皆尘土：用《赵飞燕外传》附《伶玄自叙》中的语意。伶玄妾樊通德能讲赵飞燕姊妹故事，伶玄对她说："斯人（指赵氏姊妹）俱灰灭矣，当时疲精力驰骛嗜欲蛊惑之事，宁知终归荒田野草乎！"

［18］闲愁：指自己精神上的郁闷。

［19］危栏：高处的栏杆。

［20］断肠：形容极度思念或悲痛。

【阅读导引】

这首词写作于宋孝宗淳熙六年（1179 年）暮春，这一年词人 40 岁，辛弃疾自 1162 年渡淮水来归南宋，17 年中，他抗击金军、恢复中原的爱国主张始终没有被南宋朝廷采纳。朝廷不把他放在抗战前线的重要位置上，只是任命他作闲职官员和地方官吏，他在湖北、湖南、江西等地的任所转来转去，所做工作与抗战毫无瓜葛。这一次，他又从湖北漕运副使任上调到湖南继续当漕运副使。漕运副使是掌管粮运的官职，做这种官当然不能施展他的大志和抱负。何况调往距离前线更远的湖南后方去，辛弃疾更加失望了。行前，同僚王正之在山亭摆下酒席为他送别，词人见景生情，抒写了他长期积郁于胸的郁闷之情。

这首词表面上写伤春之情和女子失宠的苦闷，实际上却抒发了作者对国事的忧虑和屡遭排挤打击的沉重心情。词中对南宋朝廷的昏庸腐朽，对投降派的得意猖獗表示了强烈的不满。上片写惜春、怨春、留春的复杂情感。本来，宋室南渡以后，曾多次出现过有利于爱国抗金、恢复中原的大好形势，但是，由于朝廷的昏庸腐败，使抗战派失意受压，结果抗金的大好时机白白丧失了，"匆匆春又归去"，就是这一形势的形象化写照，抗金复国的大好春天已经化为乌有了。可是，作者是怎样留恋这大好春光啊："惜春长怕花开早。"然而，现实是无情的："何况落红无数！"这两句一起一落，表现出理想与现实之间的矛盾，巧妙地体现出作者复杂而又矛盾的心情。下片借词人以陈皇后长门失宠自比，揭示自己虽忠而见疑、屡遭谗毁、不得重用和壮志难酬的不幸遭遇。又以杨玉环、赵飞燕的悲剧结局比喻当权误国、暂时得志的奸佞小人，向投降派提出警告。"闲愁最苦"至篇终以烟柳斜阳的凄迷景象，象征南宋王朝昏庸腐朽、日落西山、岌岌可危的现实。

这首词有着鲜明的艺术特点，一是创造了象征性的形象来表现作者对祖国的热爱和对时局的关切，拟人化的手法与典故的运用也都恰到好处。二是继承屈原《离骚》的传统，用男女之情来反映现实的政治斗争。三是词风缠绵曲折，沉郁顿挫，别具一格。

【思考训练】

1. 这首词开篇有何特点？请简要说明。
2. 本词词风含蓄委婉，善用典故，请简要分析。

【平行阅读】

《满江红》　[宋]辛弃疾
《西江月》　[宋]辛弃疾
《鹧鸪天》　[宋]辛弃疾

满江红·暮春

宋　辛弃疾

家住江南，又过了、清明寒食。花径里、一番风雨，一番狼籍。红粉暗随流水去，园林渐觉清阴密。算年年、落尽刺桐花，寒无力。　　庭院静，空相忆。无说处，闲愁极。怕流莺乳燕，得知消息。尺素始今何处也，彩云依旧无踪迹。谩教人、羞去上层楼，平芜碧。

选自《辛弃疾词新释辑评（上册）》，叶嘉莹、朱德才等，中国书店 2006 年版

西江月·遣兴

宋　辛弃疾

醉里且贪欢笑，要愁那得工夫。近来始觉古人书，信著全无是处。　　昨夜松边醉倒，问松我醉何如。只疑松动要来扶，以手推松曰去。

选自《中国古代文学作品选（第四卷）》，郁贤皓等，高等教育出版社 2015 年版

鹧鸪天·陌上柔桑破嫩芽

宋　辛弃疾

陌上柔桑破嫩芽，东邻蚕种已生些。平冈细草鸣黄犊，斜日寒林点暮鸦。　　山远近，路横斜，青旗沽酒有人家。城中桃李愁风雨，春在溪头荠菜花。

选自《唐宋词鉴赏辞典（南宋·辽·金卷）》，周汝昌等，上海辞书出版社 1988 年版

画堂春·一生一代一双人

纳兰性德

【作者介绍】

纳兰性德(1655—1685),叶赫那拉氏,字容若,号楞伽山人,满洲正黄旗人,清代著名词人。纳兰自幼饱读诗书,文武兼修,康熙帝授三等侍卫,不久后晋升为一等侍卫,多次随康熙出巡。还曾奉旨出使梭龙,考察沙俄侵边情况。纳兰出身显赫,父亲是康熙朝武英殿大学士、一代权臣纳兰明珠。母亲爱新觉罗氏是英亲王阿济格第五女,一品诰命夫人。但作为诗文艺术的奇才,他淡泊名利,在内心深处厌恶官场的庸俗虚伪,虽"身在高门广厦,常有山泽鱼鸟之思",24 岁时就将词作编选成集,著有《侧帽集》《饮水词》《通志堂集》等。纳兰词不但在清代词坛享有很高声誉,在整个中国文学史上也占有光彩夺目的一席之地,其词风清新隽秀、哀艳自然,王国维评价:"纳兰容若以自然之眼观物,以自然之舌言情,此由初入中原未染汉人风气,故能真切如此,北宋以来,一人而已。"

一生一代一双人,争教两处销魂[1]。相思相望不相亲,天为谁春？　　浆向蓝桥[2]易乞,药成碧海难奔[3]。若容相访饮牛津[4],相对忘贫。

选自《纳兰性德集》,施议对,凤凰出版社 2011 年版

【注释】

[1]一生……销魂:唐骆宾王《代女道士王灵妃赠道士李荣》:"相怜相念倍相亲,一生一代一双人。"争教:怎教。销魂:形容极度悲伤、愁苦或极度欢乐。江淹《别赋》:"黯然销魂者,惟别而已矣。"杜安世《诉衷情》:"梦兰憔悴,掷果凄凉,两处销魂。"此处的意思是天作之合,却被分隔两地;两处相思,黯然销魂。

[2]蓝桥:地名,在陕西蓝田县东南蓝溪上,传说此处有仙窟,为裴航遇仙女云英处。《太平广记》卷十五引裴铏《传奇·裴航》中提到:裴航从鄂渚回京途中,与樊夫人同舟,裴航赠诗致情意,后樊夫人答诗曰,"一饮琼浆百感生,玄霜捣尽见云英。蓝桥便是神仙窟,何必崎岖上玉清。"后于蓝桥驿因求水喝,得遇云英,裴航向其母求婚,其母曰,"君约取此女者,得玉杵臼,吾当与之也。"后裴航终于寻得玉杵臼,遂成婚,双双仙去。此处用这一典故表明自己曾经有过"蓝桥之遇",且不算难得。

[3]药成碧海难奔:《淮南子·览冥训》有"羿请不死之药于西王母,姮娥窃之,奔月宫"。高诱注,"姮娥,羿妻;羿请不死之药于西王母,未及服之。姮娥盗食之,得仙。奔入月宫,为月精"。李商隐的《嫦娥》有"嫦娥应悔偷灵药,碧海青天夜夜心"。这里借用此典,意思是纵有不死之灵药,但却难像嫦娥那样飞入月宫去。也就是纵有深情却难以相见。

[4]饮牛津:晋张华《博物志》有"旧说云:天河与海通,近世有人居海渚者,年年八月,有浮槎来去,不失期。人有奇志,立飞阁于槎上,多资粮,乘槎而去。至一处,有城郭状,屋舍甚严,遥望宫中多织妇,见一丈夫牵牛诸次饮,此人问此何处,答曰:'君还至蜀郡问严君平则知之。'"故"饮牛津"是指传说中的天河

边,这里是借指与恋人相会的地方。

【阅读导引】

此词创作背景不明,有评论者猜测此词是写给一位"入宫女子"的,并指此女即纳兰性德表妹谢氏,表示其未入宫时,词人与其结为夫妻。入宫之后等于嫦娥奔月,便再难回人间,于是词人作此词抒发人生无奈之情。

词的开篇借用骆宾王《代女道士王灵妃赠道士李荣》成句:"相怜相念倍相亲,一生一代一双人。"开头便是"一生一代一双人,争教两处销魂",明白如话,脱口而出,说相亲相爱的一对恋人无端被拆散。接着仍是口头语埋怨老天,既然赐我们青春为何又拿别离把我们生生分开,没有了她我要这青春又有何用?小令(短小的词)一般忌频繁用典,而才子手笔,向来蔑视禁忌。词的下片接连用典抒情议论,词人连用两个意思截然相反的典故,丝毫没有堆砌的感觉。结语用典更奇、更婉转,表达了有情人如若能结合,一个像牛郎,一个像织女,做贫贱夫妻,便也可以欣喜相对而忘却贫穷、安享贫穷。

此词语言既典雅又亲切,艺术水平高超,充分表达了词人深挚而又婉转的感情,为人们传诵不绝。

【思考训练】

1. 广泛查找资料,了解词中所用典故来源及流传情况。

2. 你怎样看待纳兰性德热、纳兰性德词热?

【平行阅读】

《鹊桥仙》 〔宋〕秦观

《古诗十九首》 〔汉〕无名氏

《摸鱼儿》 〔金〕元好问

鹊桥仙·纤云弄巧

宋 秦观

纤云弄巧,飞星传恨,银汉迢迢暗度。金风玉露一相逢,便胜却人间无数。柔情似水,佳期如梦,忍顾鹊桥归路。两情若是久长时,又岂在朝朝暮暮。

选自《唐宋词鉴赏辞典(唐·五代·北宋)》,高原 等,上海辞书出版社 1988 年版

古诗十九首·迢迢牵牛星

汉　无名氏

迢迢牵牛星，皎皎河汉女。纤纤擢素手，札札弄机杼。终日不成章，泣涕零如雨；河汉清且浅，相去复几许！盈盈一水间，脉脉不得语。

选自《文选》，萧统，上海古籍出版社 2007 年版

摸鱼儿·雁丘词

金　元好问

乙丑岁赴试并州，道逢捕雁者云："今旦获一雁，杀之矣。其脱网者悲鸣不能去，竟自投于地而死。"予因买得之，葬之汾水之上，垒石为识，号曰"雁丘"。同行者多为赋诗，予亦有《雁丘词》。旧所作无宫商，今改定之。

问世间，情为何物，直教生死相许？天南地北双飞客，老翅几回寒暑。欢乐趣，离别苦，就中更有痴儿女。君应有语：渺万里层云，千山暮雪，只影向谁去？　　横汾路，寂寞当年箫鼓，荒烟依旧平楚。招魂楚些何嗟及，山鬼暗啼风雨。天也妒，未信与，莺儿燕子俱黄土。千秋万古，为留待骚人，狂歌痛饮，来访雁丘处。

选自《元曲鉴赏辞典》，蒋星煜等，上海辞书出版社 1990 年版

第八章　古文风采

【专题概说】

　　古文是与骈文相对而言的,多是奇句单行、不讲对偶声律的散体文。中国古代散文的发端,可以追溯到殷商时代,商朝的甲骨卜辞中,当时已经出现不少完整的句子。西周青铜器上的铭文,有的长达三五百字,记录贵族事功、诉讼原委或赏赐情由等,记叙的内容已经相当丰富。这些可以看作古代散文的雏形。

　　春秋战国时期是中国古代散文蓬勃发展的阶段,出现了许多优秀的散文著作,主要保存在《尚书》《春秋》《左传》《国语》和《战国策》中。先秦散文包括《左传》《国语》等叙事散文和《论语》《庄子》等说理散文。先秦时期,文学与非文学的界限还不分明,当时的散文,只能说是与韵文相对的一种文体,基本上是哲学、政治、伦理、历史方面的论说文和记叙文,但由于它们具有较强的文学性,在中国文学的发展过程中产生过很大影响,因而被视为先秦文学的一个重要组成部分。

　　后代散文源于先秦散文,它对后世散文的发展影响极为深远。魏晋以后骈俪文盛行,讲究对偶,句法整齐而文辞华丽。北朝后周苏绰反对骈体浮华,仿《尚书》文体作《大诰》,以为文章标准体裁,时称"古文",即以先秦散文语言写作文章。其后,唐代陈子昂提倡风雅兴寄和汉魏风骨,元结、李华写出了很好的散体文,直至韩愈、柳宗元等完成了新体散文的革新,其作品既有所继承又有所创新。他们主张恢复先秦和汉代散文的内容充实、长短自由、朴质流畅的传统,即称这样的散体文为古文。唐宋八大家,是唐宋时期八个杰出散文代表作家的合称,指的是唐代的韩愈、柳宗元,宋代的欧阳修、苏洵、苏轼、苏辙、王安石和曾巩。

　　明嘉靖年间,"唐宋派"兴起,他们继承南宋以来尊崇"八大家"古文的既成传统,自觉提倡唐宋散文,故称为"唐宋派"。其散文使明代散文出现了转机,最有成就的作家是归有光。清代散文,起初传承明代"唐宋派"一脉,代表作家有侯方域、魏禧等人,侯方域散文被当时的人们推为第一。清代中叶以后"桐城派"古文一统天下,势力极大,蔚然成为清代古文正宗。"桐城派"古文以布局严谨、语言雅洁著称。这是唐宋八大家古文在新形势下的新发展,影响远达 20 世纪初。

左传·郑伯克段于鄢

【作品介绍】

《左传》，全称《春秋左氏传》，原名《左氏春秋》，汉朝时又名《春秋左氏》《春秋内传》《左氏》，汉朝以后才多称《左传》。

《左传》相传是春秋末年鲁国的左丘明为《春秋》做注解的一部史书，与《公羊传》《谷梁传》合称"春秋三传"，这也是中国第一部叙事详细的编年体史书，共三十五卷，是儒家经典之一且为十三经中篇幅最长的，在四库全书中列为经部。记述范围从公元前722年（鲁隐公元年）至公元前468年（鲁悼公十四年）。

初[1]，郑武公[2]娶于申[3]，曰武姜[4]，生庄公及共叔段[5]。庄公寤生[6]，惊[7]姜氏，故名曰寤生，遂恶之[8]。爱[9]共叔段，欲立之。亟请于武公[10]，公弗许[11]。及庄公即位[12]，为之请制[13]。公曰："制，岩邑[14]也，虢叔死焉[15]。佗邑唯命[16]。"请京[17]，使居之，谓之"京城大叔"[18]。

祭仲[19]曰："都城过百雉[20]，国之害也[21]。先王[22]之制：大都不过参国之一[23]；中，五之一[24]；小，九之一[25]。今京不度[26]，非制也[27]。君将不堪[28]。"公曰："姜氏欲之，焉辟害[29]？"对曰："姜氏何厌之有[30]！不如早为之所[31]，无使滋蔓[32]。蔓，难图[33]也。蔓草犹[34]不可除，况[35]君之宠弟乎？"公曰："多行不义，必自毙[36]，子姑[37]待之。"

既而[38]大叔命西鄙北鄙贰于己[39]。公子吕[40]曰："国不堪[41]贰，君将若之何[42]？欲与大叔[43]，臣请事之[44]；若弗与，则请除之。无生民心[45]。"公曰："无庸[46]，将自及[47]。"大叔又收贰以为己邑[48]，至于廪延[49]。子封曰："可矣，厚将得众[50]。"公曰："不义，不昵，厚将崩[51]。"

大叔完聚[52]，缮甲兵[53]，具卒乘[54]，将袭[55]郑。夫人将启之[56]。公闻其期[57]，曰："可矣！"命子封帅车二百乘[58]以伐京。京叛[59]大叔段，段入[60]于鄢。公伐诸鄢[61]。五月辛丑[62]，大叔出奔共[63]。

书曰："郑伯克段于鄢。"段不弟[64]，故不言弟；如二君，故曰克[65]；称郑伯，讥失教也[66]；谓之郑志[67]，不言出奔，难之也[68]。

遂置[69]姜氏于城颍，而誓之[70]曰："不及黄泉[71]，无相见也。"既而悔之[72]。颍考叔[73]为颍谷封人[74]，闻之，有献[75]于公。公赐之食[76]。食舍肉[77]。公问之，对曰："小人有母，皆尝[78]小人之食矣，未尝君之羹[79]，请以遗之[80]。"公曰："尔有母遗，繄我独无[81]！"颍考叔曰："敢问何谓也[82]？"公语之故[83]，且告之悔[84]。对曰："君何患焉[85]？若阙[86]地及泉，隧而相见[87]，其谁曰不然[88]？"公从之。公入而赋[89]："大隧之中，其乐也融融[90]！"姜出而赋："大隧之外，其乐也泄泄[91]"遂为母子如初[92]。

君子[93]曰："颍考叔，纯孝也，爱其母，施及庄公[94]。《诗》曰：'孝子不匮，永锡尔类[95]。'其是之谓乎[96]！"

选自《中国古代文学作品选（第一卷）》，郁贤皓等，高等教育出版社2015年版

【注释】

[1] 初：当初，这是回述往事时的说法。

[2] 郑武公：名掘突，郑桓公的儿子，郑国第二代君主。

[3] 娶于申：从申国娶妻。申：春秋时国名，姜姓，河南省南阳市北。

[4] 曰武姜：叫武姜。武姜：郑武公之妻，"姜"是她娘家的姓，"武"是她丈夫武公的谥号。

[5] 共(gōng)叔段：郑庄公的弟弟，名为"段"。他在兄弟之中年岁小，因此称"叔段"。

[6] 寤(wù)生：难产的一种，胎儿的脚先生出来。寤：通"牾"。

[7] 惊：使动用法，使姜氏惊。

[8] 遂恶(wù)之：因此厌恶他。遂：连词，因而。恶：厌恶。

[9] 爱：喜欢，喜爱。

[10] 亟(qì)请于武公：屡次向武公请求。亟：屡次。于：介词，向。

[11] 公弗许：武公不答应她。弗：不。

[12] 及庄公即位：到了庄公做国君的时候。及：介词，到。即位：君主登上君位。

[13] 制：地名，即虎牢，河南省荥(xíng)阳市西北。

[14] 岩邑：险要的城镇。岩：险要。邑：人所聚居的地方。

[15] 虢(guó)叔死焉：东虢国的国君死在那里。虢：指东虢，古国名，为郑国所灭。焉：介词兼指示代词，相当于"于是""于此"。

[16] 佗邑唯命：别的地方，听从您的吩咐。佗：同"他"，指示代词，别的，另外的。唯命：只听从您的命令。

[17] 京：地名，河南省荥阳市东南。

[18] 谓之"京城大(tài)叔"：京地百姓称共叔段为京城太叔。大：同"太"。《说文》段注：太从大声，后世凡言大，而以为形容未尽则作太，如大宰，俗作太宰，大子，俗作太子，周大王俗作太王是也。

[19] 祭(zhài)仲：郑国的大夫。祭：此处为特殊读音。

[20] 都城过百雉(zhì)：都邑的城墙超过了300丈。都：《左传·庄公二十八年》有"凡邑有宗庙先君之主曰都"，指次于国都而高于一般邑等级的城市。雉：古代城墙长一丈，宽一丈，高一丈为一堵；三堵为一雉，即长三丈。

[21] 国之害也：国家的祸害。

[22] 先王：前代君王。郭锡良《古代汉语讲授纲要》注为周开国君主文、武王。

[23] 大都不过参(sān)国之一：大城市的城墙不超过国都城墙的三分之一，"参"同"三"。

[24] 中，五之一：中等城市城墙不超过国都城墙的五分之一。"五分国之一"的省略。

[25] 小，九之一：小城市城墙不超过国都城墙的九分之一。"九分国之一"的省略。

[26] 不度：不合法度。

[27] 非制也：不是先王定下的制度。

[28] 不堪：受不了，控制不住的意思。

[29] 焉辟害：哪里能逃避祸害。辟："避"的古字。

[30] 何厌之有：即"有何厌"，意思是有什么满足。为宾语前置。何：疑问代词作宾语的定语。之：代词，复指前置宾语。

[31] 为之所：给他安排个地方，双宾语，即重新安排。

[32] 无使滋蔓(zī màn)：不要让他滋长蔓延，无：通"毋"(wú)。

[33] 图：除掉。

[34] 犹：尚且。

[35] 况：何况。

[36] 多行不义，必自毙：多做不义的事，必定自己垮台。毙：本义为倒下去、垮台，汉代以后才有了"死"之义。

[37] 姑：姑且，暂且。

[38] 既而：固定词组，不久。

[39] 命西鄙(bǐ)北鄙贰于己：命令原属庄公的西部和北部的边境城邑同时也臣属于自己。鄙：即"边邑"或"从邑"，指边境上的城邑。贰：两属。

[40] 公子吕：郑国大夫。

[41] 堪：承受。

[42] 若之何：固定结构，表示"对它怎么办？""之"指"大叔命西鄙北鄙贰于己"这件事。

[43] 欲与大(tài)叔：如果想把国家交给共叔段。"与"即给予。

[44] 臣请事之：那么我请求去侍奉他。"事"为动词，即侍奉。

[45] 生民心：使民生二心。

[46] 无庸：不用。庸：与"用"通用，一般出现于否定式中。

[47] 将自及：将自己赶上灾难。及：本义为"追赶上"。

[48] 收贰以为己邑：把两属的地方收为自己的领邑。贰：指原来贰属的西鄙北鄙。以为："以之为"的省略说法。

[49] 廪(lǐn)延：地名，河南省延津县北。

[50] 厚将得众：势力雄厚，就能得到更多的百姓。众：指百姓。

[51] 不义，不昵(nì)，厚将崩：共叔段对君不义，百姓就对他不亲，势力再雄厚，也将要崩溃。昵：即亲近。

[52] 完聚：修治(城郭)，聚集(百姓)。完：修葺(qì)。

[53] 缮甲兵：修整作战用的甲衣和兵器。缮：修理。甲：铠甲。兵：兵器。

[54] 具卒乘(shèng)：准备步兵和兵车。具：准备。卒：步兵。乘：四匹马拉的战车。

[55] 袭：偷袭。行军不用钟鼓。(杜预注："轻行掩其不备曰袭"。)本是贬义，后逐渐转为中性词。

[56] 夫人将启之：武姜将要为共叔段作内应。夫人：指武姜。启之：给段开城门，即作内应。

[57] 公闻其期：庄公听说了偷袭的日期。

[58] 帅车二百乘：率领两百辆战车。帅：率领。古代每辆战车配备甲士三人，步卒七十二人。二百乘，共甲士六百人，步卒一万四千四百人。

[59] 叛：背叛。

[60] 入：逃入。

[61] 公伐诸鄢：庄公攻打共叔段在鄢邑。

[62] 辛丑：干支纪日。

[63] 出奔共：出逃到共国(避难)。奔：逃亡。

[64] 不弟：不守为弟之道。与"父不父，子不子用法相同"。《春秋》记载道："郑伯克段于鄢。"意思是说共叔段不遵守做弟弟的本分。

[65] 如二君，故曰克：兄弟俩如同两个国君一样争斗，所以用"克"字。克：战胜。

[66] 称郑伯，讥失教也：称庄公为"郑伯"，是讥讽他对弟弟缺乏教诲。讥：讽刺。失教：庄公本有教弟之责而未教。

[67] 谓之郑志：赶走共叔段是出于郑庄公的本意。志：意愿。

[68] 不言出奔，难之也：不写共叔段自动出奔，是史官下笔有为难之处。

[69] 置：放置，放逐。

[70] 誓之：对她发誓。

[71] 黄泉：地下的泉水，比喻墓穴，代指死后。

[72] 悔之：对这事后悔。

[73] 颍考叔：郑国大夫，执掌颍谷（今河南登封西）。

[74] 封人：管理边界的地方长官。封：聚土培植树木。古代国境以树（沟）为界，故为边界标志。

[75] 有献：有进献的东西。"献"作宾语，为名词。

[76] 赐之食：赏给他吃的。双宾语。

[77] 食舍肉：吃的时候把肉放置一边不吃。

[78] 尝：吃过。

[79] 羹：带汁的肉。《尔雅·释器》有"肉谓之羹"。

[80] 遗（wèi）之：赠送给她。

[81] 繄（yī）我独无：我却单单没有啊！繄：句首语气助词，不译。

[82] 敢问何谓也：冒昧地问问你说的是什么意思呢？

[83] 故：即缘故，表示原因和对姜氏的誓言。

[84] 悔：后悔的心情。

[85] 何患焉：您在这件事上忧虑什么呢？焉：于是。

[86] 阙：通"掘"，挖。

[87] 隧而相见：挖个地道，在那里见面。隧：隧道，这里用作动词，指挖隧道。

[88] 其谁曰不然：那谁能说不是这样（不是跟誓词相合）呢？其：语气助词，加强反问的语气。然：代词，指代庄公对姜氏发的誓言。

[89] 赋：赋诗。

[90] 大隧之中，其乐也融融：走进隧道里，欢乐无比。

[91] 大隧之外，其乐也泄泄（yì）：走出隧道外，心情多欢快。

[92] 遂为母子如初：从此作为母亲和儿子像当初一样。

[93] 君子：道德高尚的人。

[94] 施及庄公：延及庄公。施：延及。

[95] 匮：尽。锡：通"赐"、给予。

[96] 其：表示推测语气。之：结构助词，助词宾语前置。

【阅读导引】

春秋时期，周王室逐渐衰微，各诸侯国之间开始了互相兼并的战争，各国内部统治者之间争夺权势的斗争也加剧起来。为了争夺王位，骨肉至亲成为殊死仇敌。隐公之年（前772年），郑庄公的弟弟公叔段，谋划夺取兄长的君位，庄公发现后，巧施心计，采取欲擒故纵的手段，诱使共叔段得寸进尺，愈加骄横，然后在鄢地打败了共叔段，使他"出奔"。

文章的第一部分即第一段叙述郑庄公的母亲不喜欢他，喜欢弟弟，想要立弟弟共叔段为世子，交代了人物和矛盾的起因。第二部分即第二至四段叙述贪婪愚蠢的共叔段被兄长布下天罗地网最终收服的经过，交代了矛盾冲突的发生和发展；第三部分即第五至六段叙述郑庄公处理和母亲的关系，交代了矛盾的高潮和结局。在叙述事件经过时，以庄公一方为主，文章线索清晰，文字简洁，人物形象鲜明生动。

本文体现了《左传》的总体行文特点，即在记述历史时，每用一字，必寓褒贬。行文中虽然不直接阐述对人物和事件的看法，但是却通过细节描写、词语的运用和材料的筛选，委婉而微妙地表达了作者的主观看法。这种手法,也正是《春秋》一书所用的手法,即后来常说的"春秋笔法",例如对姜氏的描写有如下几处:"庄公寤生,惊姜氏,故名曰寤生,遂恶之。爱共叔段,欲立之。亟请于武公""为之请制""夫人将启之",作者对其没有任何评价性的语言,我们却深深地体会出了她的偏心溺爱,"亟"字的使用,尤为淋漓尽致地体现了姜氏对共叔段的爱。

《郑伯克段于鄢》是编年体史书《左传》的一个片段,却俨然一篇优秀而完整的叙事散文。文章把发生在两千多年前的这一历史事件,具体可感地呈现在我们眼前,不仅让我们了解了这一历史事件的真实情况,同时也让我们看到了相关人物的不同个性,并进而感受到最高统治者内部夺权斗争的尖锐性和残酷性。

【思考训练】

1. 反复诵读文章,体会先秦散文的语言精练之美。
2. 你怎样评价郑庄公这个人物?

【平行阅读】

《左传·介之推不言禄》 [春秋战国]左丘明

《左传·蹇叔哭师》 [春秋战国]左丘明

《左传·子产论政宽猛》 [春秋战国]左丘明

战国策·苏秦以连横说秦王

【作品介绍】

《战国策》是一部国别体史学著作,又称《国策》。记载了西周、东周及秦、齐、楚、赵、魏、韩、燕、宋、卫、中山各国之事,记事年代起于战国初年,止于秦灭六国,约有240年的历史。分为12策,33卷,共497篇,主要记述了战国时期的游说之士的政治主张和言行策略,也可说是游说之士的实战演习手册。

本书也展示了东周战国时代的历史特点和社会风貌,是研究战国历史的重要典籍。《战国策》一书的思想倾向基本上自成一家。其道德哲学观多取道家,社会政治观接近法家,独与儒家抵牾不合,因而为后世学者所诟病,受到历代学者的贬斥,曾被斥之为"邪说""畔经离道之书"。

《战国策》作者并非一人,成书并非一时,书中文章作者大多不知是谁。西汉刘向编定为三十三篇,书名亦为刘向所拟定。宋时已有缺失,由曾巩作了订补。有东汉高诱注,今残缺。宋鲍彪改变原书次序,作新注。吴师道作《战国策校注》,近代人金正炜有《战国策补释》,今人缪文远有《战国策新校注》。

苏秦始将连横[1]说秦惠王,曰:"大王之国,西有巴、蜀、汉中[2]之利,北有胡貉、代马[3]之用,南有巫山、黔中之限[4],东有殽、函之固。田肥美,民殷富,战车万乘,奋击百万,沃野千里,蓄积饶多,地势形便。此所谓'天府',天下之雄国也。以大王之贤,士民之众,车骑之用,兵法之教,可以并诸侯,吞天下,称帝而治。愿大王少留意,臣请奏其效[5]。"

秦王曰:"寡人闻之:毛羽不丰满者,不可以高飞;文章不成者[6],不可以诛罚;道德不厚者,不可以使民;政教不顺者,不可以烦大臣[7]。今先生俨然不远千里而庭教之[8],愿以异日[9]。"

苏秦曰:"臣固疑大王之不能用也。昔者神农伐补遂[10],黄帝伐涿鹿而禽蚩尤[11],尧伐驩兜[12],舜伐三苗[13],禹伐共工[14],汤伐有夏[15],文王伐崇[16],武王伐纣[17],齐桓任战而伯天下[18]。由此观之,恶有不战者乎?古者使车毂击驰[19],言语相结[20],天下为一,约从连横[21],兵革不藏;文士并饬[22],诸侯乱惑;万端俱起,不可胜理;科条既备,民多伪态[23];书策稠浊,百姓不足[24];上下相愁,民无所聊[25];明言章理,兵甲愈起;辩言伟服[26],战攻不息;繁称文辞[27],天下不治;舌弊耳聋[28],不见成功;行义约信,天下不亲[29]。于是,乃废文任武,厚养死士,缀甲厉兵,效胜于战场。夫徒处而致利[30],安坐而广地,虽古五帝三王五伯[31]、明主贤君,常欲坐而致之。其势不能,故以战续之。宽则两军相攻,迫则杖戟相撞,然后可建大功。是故兵胜于外,义强于内,威立于上,民服于下。今欲并天下,凌万乘,诎敌国,制海内,子元元,臣诸侯,非兵不可。今之嗣主,忽于至道,皆惛于教,乱于治,迷于言,惑于语,沉于辩,溺于辞。以此论之,王固不能行也![32]"

说秦王书十上,而说不行。黑貂之裘弊[33],黄金百斤尽。资用乏绝,去秦而归。嬴縢履蹻[34],负书担橐[35],形容枯槁,面目犁黑,状有归色。归至家,妻不下纴,嫂不为炊,父母不与言。苏秦喟叹曰:"妻不以我为夫,嫂不以我为叔,父母不以我为子,是皆秦之罪也!"乃夜发书,陈箧数十[36],得《太公阴符》之谋,伏而诵之,简练以为揣摩。读书欲睡,引锥自刺其股,血流至足。曰:"安有说人主不能出其金玉锦绣,取卿相之尊者乎?"期年,揣摩成,曰:"此真可以说当世之君矣!"

于是乃摩燕乌集阙[37],见说赵王于华屋之下,抵掌而谈[38]。赵王大悦,封为"武安君",受相印。革车百乘,绵绣千纯[39],白璧百双,黄金万镒,以随其后。约从散横[40],以抑强秦。

故苏秦相于赵而关不通[41]。当此之时,天下之大,万民之众,王侯之威,谋臣之权,皆欲决苏秦之策[42]。不费斗粮,未烦一兵,未战一士,未绝一弦,未折一矢,诸侯相亲,贤于兄弟。夫贤人在而天下服,一人用而天下从。故曰:式[43]于政,不式于勇;式于廊庙之内,不式于四境之外。当秦之隆,黄金万镒为用,转毂连骑,炫熿于道,山东之国,从风而服,使赵大重[44]。且夫苏秦特穷巷掘门、桑户棬枢之士耳[45],伏轼撙衔,横历天下,廷说诸侯之王,杜左右之口,天下莫之能伉[46]。

将说楚王,路过洛阳。父母闻之,清宫除道,张乐设饮,郊迎三十里。妻侧目而视,倾耳而听;嫂蛇行匍伏,四拜自跪而谢[47]。苏秦曰:"嫂,何前倨而后卑也[48]?"嫂曰:"以季子之位尊而多金[49]。"苏秦曰:"嗟乎!贫穷则父母不子,富贵则亲戚畏惧。人生世上,势位富贵,盖可忽乎哉[50]!"

选自《中国古代文学作品选(第一卷)》,郁贤皓等,高等教育出版社 2015 年版

【注释】

[1] 苏秦:字季子,东周洛阳人,相传其在少年时和张仪共同在齐国学习纵横术。他策划联合六国抗

秦,后被破坏,齐、魏共同伐赵,赵王责备苏秦,苏秦要求赵王派他去联合燕国。后又为燕国作间谍到齐国,骗取齐王的信任,最后在齐国被杀。秦惠王:秦国的国君,名驷。"连横"——秦处于西,六国在东,且六国土地南北相连。若六国联合结盟抗秦,则称"合纵";若秦国从西向东收服诸国,则称为连横。张仪曾经游说六国,让六国共同事奉秦国,即称"连横"。苏秦初始游说"连横",想得到秦的重用,不料遭遇秦王冷遇,因而怀恨在心,以致有了后来的"约从散横,以抑强秦"。此处的"连横",是有具体所指,而下面的"约纵连横"属泛指。

[2] 巴、蜀:今重庆市及四川省部分地区。巴:以重庆为中心的东部地带。蜀:以成都为中心的西部地带。汉中:今陕西省南部地区。

[3] 貉:兽名,皮可制裘。代马:今山西省北部代县等地所产的马。

[4] 限:古籍中通"险",即险隘。

[5] 请:"请允许(我)……"。奏:恭述、奏明。效:校验、验证。

[6] 文章:指法令制度。成:完备。

[7] 政教:这里指国政方面的教化或主张;不顺:不合时宜,行不通,有阻力。

[8] 俨然:郑重其事地。庭教之:庭上指教。

[9] 愿以异日:希望改日再领教。

[10] 神农:传说中的炎帝名号。补遂:部落名。

[11] 黄帝伐涿鹿而禽蚩尤:黄帝即"传说中的古帝名,号轩辕氏,建国于有熊"。涿(zhuō)鹿为山名,在今河北省涿鹿县西南。蚩尤即"九黎部落之酋长,与黄帝作战,为黄帝所杀"。

[12] 尧:传说中的古帝名,姓姬,名放勋,国号唐,传位于舜。驩(huān)兜:尧臣,因作乱被放逐。

[13] 舜:传说中的古帝名,姓姚,名重华,国号虞,传位于禹。三苗:古代的苗族,在今湖南省溪洞一带。

[14] 禹:古帝名。本是舜手下大臣,治水有功,受舜禅让,即帝位,国号夏。共工:古之水官名,极为横暴,被禹所放逐。

[15] 汤:商朝开国的王,本为夏朝诸侯。夏王桀无道,汤起兵攻桀,建立商朝。有夏:指夏王桀。古时于朝代上加"有",有夏即夏朝。

[16] 文王:周文王,姓姬名昌,殷纣时为西方诸侯首领,又称西伯。崇:国名,崇的诸侯"虎"助纣为恶,被文王所杀。

[17] 武王:周武王,为文王之子,名发,灭纣后,即天子位,国号为周。纣:殷纣王,是暴虐之君。

[18] 齐桓:齐桓公,齐国国君,名为小白,他联合诸侯,抵抗外族侵扰,为诸侯盟主。任战:肯战。伯:同"霸",霸占天下,即为诸侯盟主。

[19] 古者使车毂击驰:意思是"车辆来往奔驰,车毂互相撞击"。形容车辆之多,奔驰之急。"古者使"即古人使者。毂(gǔ)为车轮中心的突出部分。

[20] 言语相结:商谈结盟。

[21] 天下为一,约从连横:倒置句。"约"即约定;"从"在此处为古"纵"的通假字。"连"即结交。南北曰纵,东西曰横,此处"约纵连横"属于泛指,古意为邦交、结盟于四方诸国之事。"约纵连横"另一层意思为:既邀约自己势力范围内的力量(或称为同盟),也联结争取自己势力范围之外的力量。

[22] 文士并饬:饬(chì)即巧辩。指各国使臣或文人说客均用巧饰的语言游说于诸侯之前。

[23] 科条既备,民多伪态:"科条"表示规章制度;"伪态"表示虚伪态度,即非真心履行。

[24] 书策稠浊,百姓不足:"书策"表示法令;"稠浊"表示繁乱。"百姓不足"表示百姓(却)很贫困。

[25] 上下相愁,民无所聊:君臣上下相互仇怨,百姓无以聊生。

[26] 辨言:言辞巧辩。伟服:服装壮观。

[27] 繁称:称谓烦琐。文辞:美饰言辞。

[28] 舌弊耳聋：比喻为说得舌头疲累，听得耳朵发聋。弊：疲困、劳累。

[29] 行义约信，天下不亲：即便（你）行事仁义、诚信守约，天下也无人（与你）亲近。

[30] 夫徒处而致利：徒处，指置身空守，与下句"坐"均表示不劳坐守。

[31] 五帝三王五伯：五帝一般指太昊、神农、黄帝、少昊、颛顼。三王即三代的王，指夏禹、商汤和周代的文王、武王。五伯指齐桓公、晋文公、宋襄公、秦穆公、楚庄王。

[32] 凌：凌驾、统帅。诎（qū）：屈服、使屈服。制：整治。臣：使臣服。元元：指百姓。子元元：即纳天下百姓为子孙。

[33] 裘：皮衣。弊：坏，坏损。

[34] 嬴滕履蹻：嬴（léi）通"缧"，即缠绕。滕（téng）：绑腿布。履：穿。蹻（qiāo）：草鞋。此句大概意思为：扎系藤蔓，脚穿草鞋。

[35] 橐（tuó）：袋子。

[36] 发：翻找。陈：放置、陈列。箧（qiè）：书箱、书箧。

[37] 于是乃摩燕乌集阙：摩，接近、临近、逼近，此处意为"登上"。"燕乌集阙"为宫阙名。

[38] 赵王：赵肃侯。华屋：华丽殿堂。抵掌而谈：两人手掌相抵而谈，比喻交心相谈。

[39] 革车：用皮革包裹装饰的车子；纯：古代量词，为一丈五尺。

[40] 约从散横：约：邀约、联合。从：古代"纵"的通假字，此指同盟阵营。散：离散、拆散。横：此指非同盟阵营势力。（参见注释[1]"连横"）

[41] 关不通：函谷关内和关外的交通隔绝，指秦兵不能出函谷关。

[42] 皆欲决苏秦之策："皆欲决……"表示"都想以……为决定"。策：谋略、主张。

[43] 式：同"试"，表示用、取用、致力于。

[44] 当秦之隆……使赵大重：当：匹敌、堪比、抗衡。隆：兴盛、兴旺。用：用度、费用、开销。转毂连骑：滚滚军车战骑。炫：光耀、炫耀。从风而服即"闻风听服"。大重：大受重视。

[45] "且""夫"均为文言文句首助词；"夫"前加"且"，可加重语气，有"且说那……"之意。"特"表示只是、仅此、不过。"穷巷掘门"表示居于贫穷巷子里，凿墙洞为门。《齐策》亦有"掘穴穷巷"句。桑户棬枢：桑户，引喻为贫穷的庄稼农户。棬（quān）：曲木做的饮器，如杯棬、柳棬。棬枢表示木杯代用的门户枢座；指门的枢座磨坏了，便临时用木杯来代用，比喻寒酸至极。

[46] 伏轼撙衔……莫之能伉：伏扶于车轼之上。伏：伏身。轼：古代车厢前扶手横木。撙（zǔn）：勒、操控、控制、节制。衔：马嚼子，意为供操制的缰绳。廷：通"庭"，即殿庭。说：说服。"杜左右之口"表示让左右其余人等难以表述自己的言论。杜：禁阻、堵塞。伉：古与"抗"同，即对等、抗衡。

[47] 父母闻之……自跪而谢：清宫除道，即清理房舍，洒扫街路。张乐设饮，即摆列乐队，设置酒宴。郊迎，即郊外迎接。蛇行匍伏，蛇样曲回匍匐前行。谢，即谢罪、忏悔过失或罪过。

[48] 前倨而后卑也：先前傲慢而后来谦卑。倨：傲慢。卑：谦卑。

[49] 以季子之位尊而多金：以，因为。季子：年龄最小之子，即少子，这里是指苏秦的字。"位尊而多金"表示地位显赫而多有钱财。

[50] 盖可忽乎哉：盖，古代又作"盍（hé）"，与"何"同义。《礼·檀弓》有"子盖言子之志于公乎"。《庄子·养生主》表示"技盖至此乎？""忽乎哉"即忽，忽视，轻视；"乎哉"为语气助词，相当于今日的"啊，哦"。"盖可忽乎哉"意为"怎么可忽视啊！"

【阅读导引】

本文选自《战国策·秦策（一）》，讲述了苏秦以"连横"说秦未成，又以"合纵"游说赵王，终于一举成名，身佩六国相印，傲视天下的历史事实，表现了苏秦追慕功名、发奋自励的精神,也体现了战国时期各国之间斗争的复杂。

文章成功地运用了对比手法,苏秦说秦失败,回到家中,家人对他的态度简直坏到了极点,等到苏秦奋发苦读终于成功,被封武安君、受相印后,路过家乡,"父母闻之,清宫除道,张乐设饮,郊迎三十里。妻侧目而视,倾耳而听。嫂蛇行匍伏,四拜自跪而谢"。家人前后截然不同态度的描写,既从侧面烘托了苏秦的人物形象,又反映出战国时代崇尚功利的世态。

文章在人物肖像动作神态的描写方面十分细致生动,如描写苏秦说秦王不行,落魄而归时缠着绑腿布,穿着草鞋,背着书箱,挑着行李,"形容枯槁,面目犁黑,状有归色",充分体现出人物失败时的穷困潦倒;写苏秦刻苦攻读,引锥刺股的细节,体现了他刻苦坚韧的精神;至于其嫂在苏秦成功成名后"蛇行匍伏"的形态,更是传神的讽刺之笔,令人叹服。

【思考训练】

1. 对苏秦的发奋自励,你是怎样看的?
2. 以本文及相应平行阅读文章为例,概括《战国策》的语体风格。

【平行阅读】

《战国策·触龙说赵太后》 〔西汉〕刘向
《战国策·唐雎不辱使命》 〔西汉〕刘向
《战国策·邹忌讽齐王纳谏》 〔西汉〕刘向

论 佛 骨 表[1]

韩 愈

【作者介绍】

韩愈(768—824),字退之,河南河阳(今河南省孟州市)人,自称"郡望昌黎",世称"韩昌黎""昌黎先生"。唐代杰出的文学家、思想家、哲学家、政治家。

韩愈是唐代古文运动的倡导者,被后人尊为"唐宋八大家"之首,与柳宗元并称"韩柳",有"文章巨公"和"百代文宗"之名。后人将其与柳宗元、欧阳修和苏轼合称"千古文章四大家"。他提出的"文道合一""气盛言宜""务去陈言""文从字顺"等散文的写作理论,对后人很有指导意义。著有《韩昌黎集》等。

臣某言[2]:伏以佛者,夷狄之一法耳[3];自后汉时流入中国[4],上古未尝有也。昔者黄帝在位百年,年百一十岁[5];少昊在位八十年,年百岁[6];颛顼在位七十九年,年九十八岁[7];帝喾在位七十年,年百五岁[8];帝尧在位九十八年,年百一十八岁[9];帝舜及禹,年皆百岁[10]。此时天下太平,百姓安乐寿考[11],然而中国未有佛也。其后殷汤亦年百岁[12];汤孙太戊在位七十五年[13],武丁在位五十九年[14],书史不言其年寿所极,推其年数,盖亦俱不减百岁;周文王年九十七岁[15],武王年九十三岁[16],穆王在位百年[17]。此时佛法亦未入中国,非因事佛而致然也。

汉明帝[18]时,始有佛法,明帝在位,才十八年[19]耳。其后乱亡相继,运祚不长[20]。宋、齐、梁、陈、元魏已下,事佛渐谨,年代尤促[21]。惟梁武帝[22]在位四十八年,前后三度舍身施佛[23],宗庙之祭,不用牲牢[24],昼日一食,止于菜果[25],其后竟为侯景所逼,饿死台城[26],国亦寻[27]灭。事佛求福,乃更得祸。由此观之,佛不足事,亦可知矣。

高祖始受隋禅,则议除之[28]。当时群臣材识不远[29],不能深知先王之道,古今之宜[30],推阐圣明[31],以救斯弊,其事遂止[32]。臣常恨焉!

伏惟睿圣文武皇帝[33]陛下,神圣英武,数千百年已来,未有伦比。即位之初,即不许度[34]人为僧尼道士,又不许创立寺、观。臣常以为高祖之志,必行于陛下之手;今纵未能即行,岂可恣之转令盛也!

今闻陛下令群僧迎佛骨于凤翔,御楼[35]以观,舁入大内[36],又令诸寺递迎供养。臣虽至愚,必知陛下不惑于佛,作此崇奉,以祈福祥也。直以年丰人乐,徇[37]人之心,为京都士庶设诡异之观[38]、戏玩之具耳。安有圣明若此,而肯信此等事哉?然百姓愚冥,易惑难晓,苟见陛下如此,将谓真心事佛。皆云:"天子大圣,犹一心敬信;百姓何人,岂合更惜身命!"焚顶烧指[39],百十为群,解衣散钱[40],自朝至暮;转相仿效,惟恐后时;老少奔波,弃其业次[41]。若不即加禁遏,更历诸寺,必有断臂脔身[42]以为供养者。伤风败俗,传笑四方,非细事也。

夫佛[43],本夷狄之人,与中国言语不通,衣服殊制;口不言先王之法言[44],身不服先王之法服[45],不知君臣之义,父子之情。假如其身至今尚在,奉其国命,来朝京师,陛下容而接之[46],不过宣政[47]一见,礼宾[48]一设,赐衣一袭[49],卫而出之于境,不令惑众也。况其身死已久,枯朽之骨,凶秽之馀[50],岂宜令入宫禁?

孔子曰:"敬鬼神而远之[51]。"古之诸侯,行吊于其国[52],尚令巫祝先以桃茢祓除不祥[53],然后进吊。今无故取朽秽之物,亲临观之,巫祝不先,桃茢不用,群臣不言其非,御史不举其失,臣实耻之。乞以此骨付之有司,投诸水火,永绝根本,断天下之疑,绝后代之惑。使天下之人,知大圣人[54]之所作为,出于寻常万万也。岂不盛哉!岂不快哉!佛如有灵,能作祸祟,凡有殃咎[55],宜加臣身,上天鉴临[56],臣不怨悔。无任感激恳悃[57]之至,谨奉表以闻。臣某诚惶诚恐[58]。

选自《全唐文》,[清]董诰,上海古籍出版社1990年版

【注释】

[1] 该文于元和十四年(819年)正月作,韩愈时任刑部侍郎。佛骨:指佛教始祖释迦牟尼的一节指骨。表:文体名,古代臣子上给皇帝的奏章的一种,多用于陈情谢贺。汉蔡邕《独断》卷上:"凡群臣上书于天子者有四名,一曰章,二曰奏,三曰表,四曰驳议。……表者不需头,上言'臣某言',下言'臣某诚惶诚恐,顿首顿首,死罪死罪。'"据新、旧《唐书》本传载,凤翔(今属陕西省)法门寺有护国真身塔,塔内有释迦牟尼指骨一节,三十年一开塔。据说开则岁丰人泰。元和十四年正值开塔之年,正月宪宗遣中使杜英奇押宫人三十,持香花迎入宫内,供养三日,乃送诸寺。王公士庶,奔走舍施。百姓有废业破产、烧顶灼臂而求供养者。韩愈反对佞佛,遂上此表加以谏阻。宪宗得表大怒,贬韩愈为潮州刺史。

[2] 臣某言:表开头的一种格式,某是上表者的代词。

[3] 伏以……法耳:我以为佛教本是来自夷狄的一种宗教。伏:俯伏,下对上的敬辞。佛:此处指佛

教。夷狄：古代对少数民族的称呼，此处指天竺(今印度)。法：法度，这里指宗教。

[4] 自后汉时流入中国：据范晔《后汉书》载，后汉明帝刘庄派遣蔡愔到天竺去求佛法，得《四十二章经》和佛像，与僧人摄摩腾、竺法兰同回，用白马载佛经，永平十一年(68年)在洛阳建寺，以"白马"名之，佛法从此流入中国。此为传统说法，据现代人们考证，佛教传入中国的时间要比这更早。

[5] 黄帝……一十岁：黄帝与下文的少昊、颛顼、帝喾、尧、舜、禹，皆为传说中上古时代部落联盟的首领。黄帝，姓公孙，名轩辕，相传他先后战胜炎帝和蚩尤，为汉族始祖。裴骃《史记集解》引皇甫谧《帝王世纪》："在位百年而崩，年百一十一岁。"《太平御览·皇王部·黄帝轩辕氏》引皇甫谧《帝王世纪》："年百一十岁。"

[6] 少昊(hào)……百岁：少昊，姓己，一说姓嬴，名挚，号穷桑帝。孔颖达《周易正义》引皇甫谧《帝王世纪》："在位八十四年而崩。"

[7] 颛顼(zhuān xū)……九十八岁：颛顼，相传是黄帝之子昌意的后裔，号高阳氏。《史记集解》引皇甫谧《帝王世纪》："在位七十八年，年九十八。"

[8] 帝喾(kù)……百五岁：帝喾，相传是黄帝之子玄嚣的后裔，号高辛氏。《史记集解》引皇甫谧《帝王世纪》："在位七十年，年百五岁。"

[9] 帝尧……一十八岁：帝尧，相传是帝喾之子，号陶唐氏。《史记集解》引徐广曰："尧在位凡九十八年。"《太平御览·皇王部·帝尧陶唐氏》引皇甫谧《帝王世纪》："年百一十八岁。"

[10] 帝舜……百岁：帝舜，相传是颛顼的七世孙，号有虞氏。《史记集解》引徐广曰："皇甫谧云'舜……百岁癸卯崩。'"禹，姓姒，以治理洪水被人称颂，后建立夏朝。《史记集解》引皇甫谧《帝王世纪》："年百岁也。"

[11] 寿考：寿命长。考：老。

[12] 其后殷汤亦年百岁：殷汤，又称商汤、汤，《史记集解》引皇甫谧曰："为天子十三年，年百岁而崩。"

[13] 汤孙太戊在位七十五年：太戊，殷汤第四代孙，殷中宗。《尚书·无逸》："肆中宗之享国，七十五年。"

[14] 武丁在位五十九年：武丁，殷汤第十代孙，殷高宗。徐宗元《帝王世纪辑存》："武丁……享国五十九年，年百岁而崩。"

[15] 周文王年九十七岁：周文王，姓姬，名昌，商末周族领袖，为后来灭商建周奠定基础。《史记集解》引徐广曰："文王九十七乃崩。"

[16] 武王年九十三岁：武王，周文王之子，名发，周王朝的建立者。《礼记·文王世子》："武王九十三而终。"

[17] 穆王在位百年：穆王，文王五世孙，名满。《尚书·吕刑》："王享国百年。"

[18] 汉明帝：光武帝刘秀之子刘庄，东汉(即后汉)第二代皇帝。

[19] 十八年：明帝自公元57—75年在位。

[20] 其后……不长：后汉自明帝死，到献帝退位，共历经一百四十五年，中间经历过章帝、和帝、殇帝、冲帝、质帝、少帝，在位时间都十分短促。此后三国和西晋、东晋，皇帝在位年数也都不长。运：国运。祚(zuò)：此指君位。

[21] 宋、齐……尤促：宋(420—479年)，立国五十九年，经八帝。齐(479—502年)，立国二十四年，经七帝。梁(502—557年)，立国五十六年，经四帝。陈(557—589年)，立国三十三年，经五帝。以上为南朝。元魏，即北魏(386—557年)，立国一百六十年，经十七帝，此为北朝。所以有"年代尤促"。已：同"以"。谨：虔诚。促：短暂。

[22] 梁武帝：南朝梁的开国皇帝，姓萧，名衍，公元502—549年在位。

[23] 前后三度舍身施佛：据《南史·梁本纪》载，梁武帝于大通元年(527年)、中大通元年(529年)、

太清元年(547 年)三次舍身同泰寺作佛徒,每次皆由他的儿子和大臣用重金赎回。

[24]宗庙……牲牢:据《南史·梁本纪》载,梁武帝于天监十六年(517 年)三月,下令"郊庙牲栓(纯色全牲),皆代以麫(面食)。"牲:祭祀用的牲畜。牢:古代称牛、羊、猪各一头为太牢(也有称牛为太牢的),称羊、猪各一头为少牢。

[25]昼日……菜果:据《南史·梁本纪》载,梁武帝"溺信佛道,日止一食"。《三宝记》载,梁武帝"天监中便血味备断,日唯一食,食止菜蔬。"

[26]其后……台城:侯景,字万景,怀朔镇(今内蒙古包头市东北)人,原为北魏大将,后降梁,不久又叛梁,破建康(今江苏南京市),攻入宫城,梁武帝被囚后竟饿死。台城:即宫城,宫禁所在之处,当时称朝廷禁省为"台"。

[27]寻:不久。

[28]高祖……除之:高祖,唐高祖李渊,于公元 618 年废隋恭帝,受禅让,称帝,建立唐朝,年号武德。据《旧唐书·傅奕传》《新唐书·高祖纪》载,武德九年(626 年)太史令傅奕上疏请除释教,高祖从其言,打算裁汰僧、尼、道士、女冠。

[29]当时群臣材识不远:指中书令萧瑀等人反对傅奕除佛的主张。"材识不远"表示才能不高,识见短浅。

[30]宜:谊,道理。

[31]推阐圣明:推求阐发圣主(指高祖)英明的旨意。

[32]其事遂止:实际议除佛教事主要因高祖不久退位而中止。

[33]睿圣文武皇帝:元和三年(808 年)正月群臣上给宪宗的尊号。睿:聪明。圣:圣明。

[34]度:世俗人出家,由其师剃去其发须,称为"剃度",也单称"度",意即引渡人脱离世俗苦海。

[35]御楼:登上宫楼。御:古代称皇帝的行动为"御"。

[36]舁(yú)入大内:抬入皇宫里。大内:指皇帝宫殿。

[37]徇:顺从,随着。

[38]士庶:士大夫和平民百姓。诡异之观:新奇怪异的观赏。

[39]焚顶烧指:指用香火烧灼头顶或手指,以苦行来表示奉佛的虔诚。

[40]解衣散钱:指以施舍钱财来表示奉佛的虔诚。

[41]业次:生业,工作。"业""次"同义。《国语·晋语》韦昭注:"次,业也。"

[42]脔(luán)身:从自己身上割下肉来。脔:把肉切成小块。

[43]佛:此处指佛教创始人释迦牟尼,他是古印度北部迦毗罗卫国(今尼泊尔境内)净饭王之子,出生与活动的时期稍早于孔子。

[44]法言:合乎礼法的言语。

[45]法服:合乎礼法的服装。

[46]容而接之:答应接见他。

[47]宣政:唐长安宫殿名,在东内大明宫内含元殿后,为皇帝接见外国人京朝贡使臣之所。《资治通鉴》卷二四注:"唐时四夷入朝贡者,皆引见于宣政殿。"

[48]礼宾:唐院名,在长兴里北,为招待外宾之所。《资治通鉴》卷二四注:"唐有礼宾院,凡胡客入朝,设宴于此。""设"即指设宴招待。

[49]一袭:一套,指单衣复衣齐全者。

[50]凶秽之馀:尸骨的残余。所迎佛骨仅指骨一节。

[51]敬鬼神而远之:表示对鬼神要尊敬,但不要接近,即"敬而远之"之意。语出《论语·雍也》。

[52]行吊于其国:表示到别的国家参加丧礼。吊:祭奠哀悼死者。

[53]尚令……不祥:《礼记·檀弓下》有"君临臣丧,以巫祝桃茢执戈,恶之也,所以异于生也"。"桃,

鬼所恶。苅,苇苕,可扫不祥。"巫祝:官名,巫以舞蹈迎神娱神,祝以言辞向鬼神求福去灾。桃:桃枝,古人迷信,认为鬼怕桃木。苅(liè):笤帚,古人认为可以扫除不祥。祓(扶)除:驱除。

〔54〕大圣人:指唐宪宗。

〔55〕殃咎:类似"祸祟",即祸害。

〔56〕鉴临:亲临鉴察。

〔57〕无任:不胜。恳悃(kǔn):恳切忠诚。

〔58〕诚惶诚恐:实在惶恐不安。为奏表结尾的套语,有时也用在开头。

【阅读导引】

唐宪宗元和十四年(819年),儒家与佛教矛盾以一种激烈的形式爆发了。元和十四年是法门寺开塔的时期,唐宪宗要迎佛骨入宫内供养三日。韩愈听到这一消息,写下《论佛骨表》,上奏宪宗,表示不应信仰佛教,列举历朝佞佛的皇帝"运祚不长""事佛求福,乃更得祸"。韩愈虽有爱民忧国之心,而且《论佛骨表》切中肯綮,但所用言辞过于偏激,因而触怒当朝皇帝,险些丧命。宪宗所言并非毫无道理:"愈言我奉佛太过,犹可容;至谓东汉奉佛以后,天子咸夭促,言何乖剌邪? 愈,人臣,狂妄敢尔,固不可赦。"(《新唐书·韩愈传》)对皇帝的"大不敬"属于"十恶"重罪,按照唐代律法,"十恶不赦",应处以死刑。但由于崔群、裴度求情,韩愈免除死罪而被贬为潮州刺史。

作者是从下面几个方面来劝谏宪宗皇帝的:一是直说佛乃"夷狄之一法",中国天子自不该敬奉,直说上古天子长寿并非事佛所致,倒是后来天子"事佛渐谨,年代尤促","事佛求福,乃更得祸",佛法未到,国泰民安。信奉佛法,反遭祸患。这是针对宪宗事佛以求长生的畏死心理说的,它击中了宪宗的要害,也最为其所反感。说理的方法主要是摆事实。二是树立楷模、逼其就范。上援唐高祖除佛遗训,下征宪宗禁佛之诏,言宪宗今日不当有迎佛之举。话语虽然婉转,论述的方法却是借子之矛攻子之盾。三是正面论证迎敬佛骨的恶劣影响,言辞中虽对宪宗多有回护,但仍尖锐地指出:由于宪宗的提倡,势必上行下效,种种伤风败俗的行为将越演越烈。四是指斥佛为夷狄之人,其教义与先王之道格格不入。其生尚不足尊,况其身死已久,枯朽之骨不过是凶秽之余,不宜进入宫禁。最后作者提出将佛骨投诸水火、毁而弃之的处置办法,并说佛若有灵,自己宁愿身任其祸,以此力证佛不足畏,力争宪宗采纳他的建议。

作者冒着反对最高权威的巨大风险写下这样一篇切中时弊的雄文,文章气势贯通、观点鲜明、说理充分、逻辑严密,是一篇令人拍手称快的优秀的论说文。

【思考训练】

1. 仿照韩愈此文的论证方法写作一篇反对大学生过度消费的议论文。

2. 简要概括文中作者反对皇上迎佛骨的理由。

【平行阅读】

《毛颖传》 〔唐〕韩愈

《左迁至蓝关示侄孙湘》 〔唐〕韩愈

《送董邵南游河北序》 〔唐〕韩愈

左迁至蓝关示侄孙湘

唐　韩愈

一封朝奏九重天，夕贬潮州路八千。

欲为圣明除弊事，肯将衰朽惜残年！

云横秦岭家何在？雪拥蓝关马不前。

知汝远来应有意，好收吾骨瘴江边。

选自《全唐诗》，彭定求等，上海古籍出版社 1986 年版

送董邵南游河北序

唐　韩愈

　　燕赵古称多慷慨悲歌之士。董生举进士，屡不得志于有司，怀抱利器，郁郁适兹土。吾知其必有合也。董生勉乎哉！

　　夫以子之不遇时，苟慕义强仁者皆爱惜焉。矧燕赵之士出乎其性者哉！然吾尝闻风俗与化移易，吾恶知其今不异于古所云邪？聊以吾子之行卜之也。董生勉乎哉！

　　吾因子有所感矣。为我吊望诸君之墓，而观于其市，复有昔时屠狗者乎？为我谢曰："明天子在上，可以出而仕矣。"

选自《全唐文》，[清]董诰，上海古籍出版社 1990 年版

钴鉧潭西小丘记

柳宗元

【作者介绍】

　　柳宗元（773—819），字子厚，汉族，河东（现山西运城永济一带）人，唐宋八大家之一，唐代文学家、哲学家、散文家和思想家，世称"柳河东""河东先生"，因官终柳州刺史，又称"柳柳州"。柳宗元与韩愈并称为"韩柳"，与刘禹锡并称"刘柳"。

　　柳宗元一生留诗文作品达 600 余篇，其散文的成就大于诗。骈文有近百篇，散文论说性强，笔锋犀利，讽刺辛辣。游记写景状物，多所寄托，有《河东先生集》，散文代表作有《三戒》《永州八记》。

得西山后八日，寻[1]山口西北道[2]二百步[3]，又得钴鉧潭[4]。潭西二十五步，当湍[5]而浚[6]者为鱼梁[7]。梁之上有丘焉，生竹树。其石之突怒[8]偃蹇[9]，负土而出，争为奇状者，殆[10]不可数。其嵚然[11]相累而下者，若牛马之饮于溪；其冲然[12]角列[13]而上者，若熊罴[14]之登于山。

丘之小不能[15]一亩，可以笼[16]而有之。问其主，曰："唐氏之弃地，货[17]而不售[18]。"问其价，曰："止四百。"余怜[19]而售[20]之。李深源、元克己时同游，皆大喜，出自意外。即更[21]取器用[22]，铲刈[23]秽草，伐去恶木，烈火而焚之。嘉木立，美竹露，奇石显。由其中[24]以望，则山之高，云之浮，溪之流，鸟兽之遨游，举[25]熙熙然[26]回巧[27]献技[28]，以效[29]兹丘之下。枕席而卧，则清泠[30]之状与目谋[31]，瀯瀯[32]之声与耳谋，悠然而虚者与神谋，渊然而静者与心谋。不匝旬[33]而得异地者二，虽[34]古好事[35]之士，或[36]未能至焉[37]。

噫！以兹丘之胜[38]，致之沣、镐、鄠、杜，则贵游之士争买者，日增千金而愈不可得。今弃是州也，农夫渔父，过而陋[39]之，贾四百，连岁[40]不能售。而我与深源、克己独喜得之，是其[41]果有遭[42]乎？书于石，所以[43]贺兹丘之遭也。

选自《柳河东集》，[唐]柳宗元，上海人民出版社 1974 年版

【注释】

[1] 寻：通"循"，沿着。

[2] 道：行走。

[3] 步：指跨一步的距离。

[4] 潭：原选本无此字，据中华书局版《柳河东集》补。

[5] 湍（tuān）：急流。

[6] 浚（jùn）：深水。

[7] 鱼梁：用石砌成的拦截水流、中开缺口以便捕鱼的堰。

[8] 突怒：形容石头突出隆起。

[9] 偃蹇（yǎn jiǎn）：形容石头高耸的姿态。

[10] 殆：几乎，差不多。

[11] 嵚（qīn）然：山势高峻的样子。

[12] 冲然：向上或向前的样子。

[13] 角列：争取排到前面去。还有一种说法是像兽角那样排列。

[14] 罴（pí）：棕熊。

[15] 不能：不足，不满，不到。

[16] 笼：包笼，包罗。

[17] 货：卖，出售。

[18] 不售：卖不出去。

[19] 怜：爱惜。

[20] 售：买。

[21] 更：轮番，一次又一次。

[22] 器用：器具，工具。

[23] 刈（yì）：割。

[24] 其中：小丘的当中。

[25] 举：全。

[26] 熙熙然：和悦的样子。

[27] 回巧：呈现巧妙的姿态，

[28] 技：指景物姿态的各自的特点。

[29] 效：效力，尽力贡献。

[30] 清泠(líng)：形容景色清凉明澈。

[31] 谋：这里是接触的意思。

[32] 潆潆(yíng yíng)：象声词，像水回旋的声音。

[33] 匝(zā)旬：满十天。匝：周。旬：十天为一旬。

[34] 虽：即使，纵使，就是。

[35] 好(hào)事：爱好山水。

[36] 或：或许，只怕，可能。

[37] 焉：表示估量语气。

[38] 胜：指优美的景色。

[39] 陋：鄙视，轻视。

[40] 连岁：多年，接连几年。

[41] 其：岂，难道。

[42] 遭：遇合，运气。

[43] 所以：用来……的。

【阅读导引】

公元 805 年，柳宗元在其参加的永贞革新中失败，遭到政敌的迫害，被贬到永州当司马，在此地整整住了十年。柳宗元名义上是政府官员，但没有任何权力，不能过问政事，实际上跟罪人一样。永州是个偏僻的山沟，柳宗元发愤读书，寄情于山水，创作了大量的诗歌散文，其中，著名的《永州八记》就是柳宗元在永州时写成的，《钴鉧潭西小丘记》是八记中的第三篇。钴鉧潭是潇水的支流冉溪的一个深潭，形状像一个钴（圆形的熨斗），故取名为"钴鉧潭"。

文章第一段写小丘的基本情况。介绍发现小丘的时间以及小丘的方位与景物。写作重点是在山石的奇特上，着重描写石的"奇"，主要运用了拟人的手法。"突怒偃塞"不仅写出了石的形状，更写出了石的神态；"负土而出"又写出了石的动作；"争为奇状者"突出了山石不甘心被埋在泥土中、顽强地抗争逆境的品格，这也是作者自身品格的写照。第二段写小丘的遭遇和对小丘的改造。小丘被弃置多年，作者也是如此，被贬永州，怀才不遇，同样是被遗弃。得到小丘后，作者"即更取器用，铲刈秽草，伐去恶木，烈火而焚之"。这番行动既是对自然界秽草恶木的去除务尽，也暗含着作者锄奸扶良、改革朝政的主张和理想。最后一段，作者直抒胸臆，感叹小丘命运的转变，祝贺小丘得到赏识，同时慨叹自己被贬谪的不公平待遇。

柳宗元的山水游记备受称赞，他对景物的描写不是纯客观地描摹自然，而是以山水自喻，赋予永州山水以血肉灵魂，把永州山水性格化了，使景物变得形象生动、富有生机、意蕴深厚、耐人寻味。

【思考训练】

1. 读一读《永州八记》全文,体会每一篇文章的不同写法。

2. 柳宗元笔下的山水都染上了他的个人色彩,回忆你学过的山水散文,请说明它们是不是也都有这个特点。

【平行阅读】

《种树郭橐驼传》 〔唐〕柳宗元

《三戒》 〔唐〕柳宗元

《钴鉧潭记》 〔唐〕柳宗元

秋 声 赋

欧阳修

【作者介绍】

欧阳修(1007—1072),字永叔,号醉翁、六一居士,吉州永丰(今江西省吉安市永丰县)人,北宋政治家、文学家。因吉州原属庐陵郡,以"庐陵欧阳修"自居。官至翰林学士、枢密副使、参知政事,谥号文忠,世称欧阳文忠公。累赠太师、楚国公。后人又将其与韩愈、柳宗元和苏轼合称"千古文章四大家"。与韩愈、柳宗元、苏轼、苏洵、苏辙、王安石、曾巩被世人称为"唐宋散文八大家"。

欧阳修是在宋代文学史上最早开创一代文风的文坛领袖,领导了北宋诗文革新运动,继承并发展了韩愈的古文理论。他的散文创作成就与其先进的古文理论相辅相成,从而开创了一代文风。欧阳修在变革文风的同时,也对诗风、词风进行了革新,在史学方面,也有较高成就,他曾主修《新唐书》,并独撰《新五代史》,有《欧阳文忠集》传世。

欧阳子[1]方[2]夜读书,闻有声自西南来者,悚然[3]而听之,曰:"异哉!"初淅沥以萧飒[4],忽奔腾而砰湃[5];如波涛夜惊,风雨骤至。其触于物也,鏦鏦铮铮[6],金铁皆鸣。又如赴敌之兵,衔枚[7]疾走,不闻号令,但闻人马之行声。余谓童子:"此何声也?汝出视之。"童子曰:"星月皎洁,明河[8]在天。四无人声,声在树间。"

余曰:噫嘻悲哉!此秋声也,胡为而来哉?盖夫秋之为状[9]也,其色惨淡[10],烟霏[11]云敛[12];其容清明,天高日晶[13];其气栗冽[14],砭[15]人肌骨;其意萧条,山川寂寥。故其为声也,凄凄切切,呼号愤发。丰草绿缛[16]而争茂,佳木葱茏而可悦。草拂之而色变,木遭之而叶脱。其所以摧败零落者,乃其一气[17]之馀烈[18]。夫秋,刑官[19]也,于时为阴;又兵象也,于行用金。是谓天地之义气,常以肃杀而为心。天之于物,春生秋实,故其在乐也,商声主西方之音,夷则为七月之律。商,伤也,物既老而悲伤;夷,戮也,物过盛而当杀。

嗟夫!草木无情,有时[20]飘零。人为动物,惟物之灵。百忧感其心,万事劳其形。有动于中,必摇其精。而况思其力之所不及,忧其智之所不能!宜其渥[21]然丹者为槁木,黟然[22]黑者为星星[23]。奈何[24]以非金石之质[25]，欲与草木而争荣？念谁为之戕贼[26]，亦何恨乎秋声！

童子莫对，垂头而睡。但闻四壁虫声唧唧，如助余之叹息。

选自《中国古代文学作品选(第四卷)》，郁贤皓主编，高等教育出版社 2015 年版

【注释】

[1] 欧阳子：作者自称。

[2] 方：正在。

[3] 悚(sǒng)然：惊惧的样子。

[4] 初淅沥以萧飒：起初是淅淅沥沥的细雨带着萧飒的风声。淅沥：形容轻微的声音如风声、雨声、落叶声等。以：表并列，即"而"。萧飒：形容风吹树木的声音。

[5] 砰湃：同"澎湃"，波涛汹涌的声音。

[6] 鏦鏦(cōng)铮铮：金属相击的声音。

[7] 衔枚：古时行军或袭击敌军时，让士兵衔枚以防出声。枚：形似竹筷，衔于口中，两端有带，系于脖上。

[8] 明河：天河。

[9] 秋之为状：秋天所表现出来的意气容貌。状：情状，指下文所说的"其色""其容""其气""其意"。

[10] 惨淡：黯然无色。

[11] 烟霏：烟气浓重。霏：飞散。

[12] 云敛：云雾密聚。敛：收，聚。

[13] 日晶：日光明亮。晶：明亮。

[14] 栗冽：寒冷。

[15] 砭(biān)：古代用来治病的石针，这里引用为刺的意思。

[16] 绿缛(lù rù)：碧绿繁茂。

[17] 一气：指构成天地万物的浑然之气。天地万物的变化都是"一气"运行的结果。

[18] 馀烈：余威。

[19] 刑官：执掌刑狱的官。《周礼》把官职与天、地、春、夏、秋、冬相配，称为六官。秋天肃杀万物，所以司寇为秋官，执掌刑法，称刑官。

[20] 有时：有固定时限。

[21] 渥：红润的脸色。

[22] 黟(yī)然：形容黑的样子。

[23] 星星：鬓发花白的样子。

[24] 奈何：为何。

[25] 非金石之质：指人体不能像金石那样长久。

[26] 戕(qiāng)贼：残害。

【阅读导引】

此赋写于宋仁宗嘉祐四年(1059 年)，作者 53 岁，此时作者虽身居高位，然而长期的宦海沉浮使他看到了世事的复杂，逐渐淡于名利。他回首往事，面对政治和社会时局心情郁结，对人生短暂感伤于怀，面对肃杀的秋季作者敏感地写作了这篇千古流传的文赋《秋声赋》。

注重骈偶铺排以及声律的赋到了唐宋代以后，由于内容的空泛和形式上的矫揉造作，已经走向没落。而欧阳修使赋的形式活泼起来，既部分保留了骈的铺陈排比及设为问答的

形式特征,又呈现出活泼流动的散体倾向,《秋声赋》就是这样一篇优秀的作品。

　　文章以第一人称的方式,绘声绘色描摹秋声及秋色、秋容、秋气、秋意,突出秋声到来自然界摧败零落的景象,接着又用刑官、兵象、音乐等作比附说明秋声肃杀,并由物及人慨叹人生的衰落飘零,并强调其原因在于"思其力之所不及,忧其智之所不能",最后以冷清孤寂的夜境烘托浓重的悲秋之情。

　　《秋声赋》骈散结合,铺陈渲染,词采讲究,感情真挚,是宋代文赋的典范作品。

【思考训练】

　　1. 有人认为童子是个蒙昧无知的孩子,他对于主人要求"汝出视之"只是敷衍了事,也不能应答主人的问话,只知"垂头而睡",在文中出现只是用于陪衬欧阳子的形象;也有人认为童子天真无邪,既无"百忧感其心",也无"万事劳其形",更无忧思"动于中",是作者倡导的人生境界。你怎么看?

　　2. 从你读过的作品中再举一些以对话形式贯穿全文的篇目。

【平行阅读】

《朋党论》 〔宋〕欧阳修
《生查子》 〔宋〕欧阳修
《秋怀》 〔宋〕欧阳修

生查子·元夕

宋　欧阳修

去年元夜时,花市灯如昼。月上柳梢头,人约黄昏后。
今年元夜时,月与灯依旧。不见去年人,泪湿春衫袖。

选自《宋词名篇赏析》,傅德岷,巴蜀书社 2011 年版

秋　怀

宋　欧阳修

节物岂不好,秋怀何黯然!
西风酒旗市,细雨菊花天。
感事悲双鬓,包羞食万钱。
鹿车何日驾,归去颍东田。

选自《宋诗鉴赏辞典》,缪钺等,上海辞书出版社 1987 年版

第九章 现代诗歌

【专题概说】

中国古典诗歌发展到晚清,其形式已不能适应社会进步的要求。随着汉语日常用语由文言向白话过渡,诗歌的语言和形式也适应时代的需求,发生了重大的变化。中国近现代诗歌的主体新诗,诞生于"五四"新文化运动。新体诗以打破旧体诗的格律形式束缚为主要标志,整体来看,现代汉语书面语是其语言主流,这使诗歌的词汇得到极大的扩充,呈现出与古诗歌不同的样貌。现代诗歌通俗易懂,便于表现复杂的现代生活和思想感情,更易为大众所掌握。在表现形式上,现代诗歌还借鉴了外国诗歌的优秀表现手法,形成了自己的特色。

现代诗歌包括格律诗、自由诗、散文诗等。整体来看,其形式自由、内涵开放、重视意象、讲究修辞,具有高度的概括性、鲜明的形象性、浓烈的抒情性以及和谐的音乐性。形式上分行排列,不拘泥于字数的限制。音律上,也追求内在的节奏和旋律之美,讲究音步和音尺。因此,一首好的诗歌可谓是精雕细琢的由思维、情感与语言凝结而成的工艺品,是文学作品中的精华。本章通过所选录现代歌诗经典篇章,使学生体味其中内在的旋律、真挚的情感以及对生命的沉思。

诗与歌本为一体。《礼记·乐记》中有下文:"诗,言其志也;歌,咏其声也;舞,动其容也;三者本于心,然后乐器从之。"早期,诗、歌与乐、舞是合为一体的。因此,从诗歌的源头来说,诗即曲词。这样说来,流行音乐中的歌词部分也应成为现代诗歌的重要组成部分,流行音乐虽为大众文化的一种形式,却具有特定的艺术价值和文化功能。流行音乐凭借其广覆盖面、快流行度的优势,极易与广大的民众产生共鸣,对于大众的审美趋向起着极大的引导作用。当代流行音乐的歌词样貌也呈现出更加多元化的趋势,情感的表达更加细腻、深沉、别致,韵律也更加和谐。尤其是进入 21 世纪以来,随着一批"80 后"诗人的崛起,诗歌更加灵动、自然、大气,情感真挚、下笔老到。通过本章所选的流行音乐歌词,期待能让学生体会"诗歌"的概念,感受"歌"中的"诗"所具有的别致风味。

诗 八 首

穆 旦

【作者介绍】

穆旦(1918—1977),诗人、翻译家。原名查良铮,曾用笔名梁真,浙江海宁人,出生于天津。少年在南开中学读书时便对文学有浓厚兴趣,开始写诗。1934年查良铮将"查"姓上下拆分,"木"与"穆"谐音,得"穆旦"(最初写作"慕旦")之名。1935年考入北平清华大学外文系,抗日战争爆发后,随学校辗转于长沙、昆明等地,并在中国香港地区"《大公报》副刊"和昆明《文聚》上发表大量诗作,成为有名的青年诗人。1940年在西南联大毕业后留校任教。1949年赴美国留学,入芝加哥大学英国文学系学习。1952年获文学硕士学位。1953年回国后,任南开大学外文系副教授。1958年被取消教学资格,调图书馆工作。1977年因心脏病突发去世。

穆旦于20世纪40年代出版了《探险队》(1945)、《穆旦诗集(1939—1945)》(1945)、《旗》(1948)三部诗集,将西欧现代主义和中国诗歌传统结合起来,诗风富于象征寓意和心灵思辨,是"九叶诗派"的代表性诗人。他也从事国外诗歌翻译工作,译本在国内翻译文中有较大影响。他是20世纪中国最重要的诗人、翻译家之一。

(一)

你底眼睛看见这一场火灾,
你看不见我,虽然我为你点燃;
唉,那燃烧着的不过是成熟的年代,
你底,我底。我们相隔如重山!

从这自然底蜕变底程序里,
我却爱了一个暂时的你。
即使我哭泣,变灰,变灰又新生,
姑娘,那只是上帝玩弄他自己。

(二)

水流山石间沉淀下你我,
而我们成长,在死底子宫里。
在无数的可能里一个变形的生命
永远不能完成他自己。

我和你谈话,相信你,爱你,
这时候就听见我的主暗笑,
不断的他添来另外的你我,
使我们丰富而且危险。

(三)

你底年龄里的小小野兽,
它和春草一样地呼息,
它带来你底颜色,芳香,丰满,
它要你疯狂在温暖的黑暗里。

我越过你大理石的理智底殿堂,

而为它埋藏的生命珍惜；
你我的手底接触是一片草场，
那里有它底固执，我底惊喜。

（四）

静静地，我们拥抱在
用言语所能照明的世界里，
而那未成形的黑暗是可怕的，
那可能和不可能的使我们沉迷。

那窒息着我们的
是甜蜜的未生即死的言语，
它底幽灵笼罩，使我们游离，
游进混乱的爱底自由和美丽。

（五）

夕阳西下，一阵微风吹拂着田野，
是多么久的原因在这里积累。
那移动了的景物移动我底心
从最古老的开端流向你，安睡。

那形成了树木和屹立的岩石的
将使我此时的渴望永存；
一切在它底过程中流露的美，
教我爱你的方法，教我变更。

（六）

相同和相同溶为怠倦，
在差别间又凝固着陌生；
是一条多么危险的窄路里
我制造自己在那上面旅行。

他存在，听从我底指使，
他保护，而把我留在孤独里，
他底痛苦是不断的寻求
你底秩序，求得了又必须背离。

（七）

风暴，远路，寂寞的夜晚，
丢失，记忆，永续的时间，
所有科学不能祛除的恐惧
让我在你底怀里得到安憩——

呵,在你底不能自主的心上,

你底随有随无的美丽的形象,

那里,我看见你孤独的爱情

笔立着,和我底平行着生长!

(八)

再没有更近的接近,

所有的偶然在我们间定型;

只有阳光透过缤纷的枝叶

分在两片情愿的心上,相同。

等季候一到,就要各自飘落,

而赐生我们的巨树永青,

它对我们的不仁的嘲弄

(和哭泣)在合一的老根里化为平静。

一九四二,二月

选自《穆旦诗集 1939—1945》,穆旦,人民文学出版社 2000 年版

【阅读导引】

《诗八首》又称为《诗八章》,事实上它不是八首诗,而是一首由八个小节组成的长诗。这也被公认为是最难解的现代爱情诗。该诗语言陌生晦涩,诗意却辽远深邃,从对爱情本质的探寻和追问入题,将对爱情的表面解读,升华为对生命本质的思考。

现代诗歌的一个重要特点是强调诗歌内在的张力和戏剧性,往往将一系列充满对抗、冲突的词语和意象组织在一起,以形成错综、复杂而又强烈的抒情形式。本诗中按照时间顺序写了爱情开始,两性肉体结合;接着表现了双方在探索爱情的过程中经历的曲折,爱情中的陌生与痛苦、美好与孤独;最终探讨了爱情的归宿。全诗在有限的篇幅内涵盖了爱情的全过程及人们在其中会面对的种种。在这一过程中,诗中既表现了爱的绝望与希望,也探讨了爱的宿命与本质。在作者的文字中充满了矛盾:感性与理性的对抗;相同却易感到倦怠,相异却又会感到陌生;幸福的同时却也始终孤独……这些一体两面的矛盾在爱的过程中如影随形,相伴始终。甚至诗歌的文字本身,也是这种矛盾的体现。一方面,作者遣词平实易懂,另一方面,这些毫不华丽晦涩的词语却被用超常规的方式搭配组合,构建出了一个陌生、抽象、难解而多解的语言世界,以至对于本诗的理解至今仍存在争议。对于诗歌而言,这也许是更大的魅力所在。

诗人在描写爱情的具体过程之外,又从理性的高度把爱情置于社会历史的大背景中去探讨其本质,思考爱情中的哲理。因此,整首诗中所写的爱情不是热烈缠绵的,而是犀利冷静的;不是沉醉迷狂的,而是超然淡定的。整首诗与其说是对爱情的书写,不如说是对爱情的理性审视与哲学思考。也正因此,他的创作被誉为"最能表现现代知识分子那种近乎冷

酷的自觉性"（袁可嘉语）。而整首诗读来,在冷静的哲思中,我们却又分明在情感上被触动,这也是这首诗独特的魅力所在。

【思考训练】

1. 作者所写的爱情的哪部分特质让你印象深刻? 为什么呢?
2. 诗歌的解释往往是多义的。这首诗中,除了爱情,你还能读出什么?

【平行阅读】

《树》 郑敏
《冬》 穆旦
《我们准备着》 冯至

我们准备着

冯 至

我们准备着深深地领受
那些意想不到的奇迹,
在漫长的岁月里忽然有
彗星的出现,狂风乍起:

我们的生命在这一瞬间,
仿佛在第一次的拥抱里
过去的悲欢忽然在眼前
凝结成屹然不动的形体。

我们赞颂那些小昆虫,
它们经过了一次交媾
或是抵御了一次危险,

便结束它们美妙的一生。
我们整个的生命在承受
狂风乍起,彗星的出现。

选自《十四行集》,冯至,解放军文艺出版社 2000 年版

雪落在中国的土地上[1]

艾 青

【作者介绍】

艾青(1910—1996),原名蒋正涵,号海澄,曾用笔名莪加、克阿、林壁等。浙江省金华市人。中国现代诗人。被认为是中国现代诗的代表诗人之一。主要作品有《大堰河——我的保姆》《艾青诗选》。

艾青1928年中学毕业后考入国立杭州西湖艺术院。1929年到巴黎勤工俭学,在学习绘画的同时,接触欧洲现代派诗歌。1932年创作第一首诗《会合》,此诗以笔名"莪伽"发表于同年7月出版的《北斗》第2卷第3、4期合刊。1932年5月回到上海,加入中国左翼美术家联盟,并组织春地画社。7月,被捕入狱,在狱中创作了名篇《大堰河——我的保姆》,发表后一举成名,引起轰动。接着创作了《芦笛》《巴黎》等。1935年出狱,翌年出版了第一本诗集《大堰河》,表现了诗人热爱祖国的深挚感情,泥土气息浓郁,诗风沉雄,情调忧郁而感伤。1937年抗战爆发后到武汉,写下《雪落在中国的土地上》。1938年年初到西北地区,创作了《北方》等著名诗篇。同年到桂林,任《广西日报》副刊编辑,又与戴望舒合办诗刊《顶点》,此间较重要作品有《诗论》。1940年到重庆任育才学校文学系主任,不久赴延安,在陕甘宁边区文化协会工作。此时代表作有《向太阳》等。

艾青是中国新诗史上最负盛名的"悲哀的诗人",他的诗歌充满着爱国主义、忧国忧民的情怀和民族复兴的信念。从1936年起,艾青出版诗集达20部以上,还著有论文集《诗论》《新文艺论集》《艾青谈诗》,以及散文集和译诗集各一本。他的作品被译成10多种文字在国外出版。在中国新诗发展史上,艾青是继郭沫若、闻一多等人之后又一位推动一代诗风并产生过重要影响的诗人,在世界上也享有盛誉。1985年,获法国文学艺术最高勋章,这是中国诗人得到的第一个国外文学艺术的最高级别大奖。

雪落在中国的土地上,
寒冷在封锁着中国呀……

风,
像一个太悲哀了的老妇,
紧紧地跟随着
伸出寒冷的指爪
拉扯着行人的衣襟,
用着像土地一样古老的话
一刻也不停地絮聒着……

那从林间出现的,

赶着马车的
你中国的农夫，
戴着皮帽，
冒着大雪
要到那儿去呢？

告诉你
我也是农人的后裔——
由于你们的
刻满了痛苦的皱纹的脸
我能如此深深地
知道了
生活在草原上的人们的
岁月的艰辛。

而我
也并不比你们快乐啊
——躺在时间的河流上
苦难的浪涛
曾经几次把我吞没而又卷起——
流浪与监禁
已失去了我的青春的
最可贵的日子，
我的生命
也像你们的生命
一样的憔悴呀。

雪落在中国的土地上，
寒冷在封锁着中国呀……

沿着雪夜的河流，
一盏小油灯在徐缓地移行，
那破烂的乌篷船里
映着灯光，垂着头
坐着的是谁呀？

——啊，你
蓬发垢面的少妇，

是不是
你的家
——那幸福与温暖的巢穴——
已被暴戾的敌人
烧毁了么？
是不是
也像这样的夜间，
失去了男人的保护，
在死亡的恐怖里
你已经受尽敌人刺刀的戏弄？

咳，就在如此寒冷的今夜
无数的
我们的年老的母亲，
都蜷伏在不是自己的家里，
就像异邦人
不知明天的车轮
要滚上怎样的路程……
——而且
中国的路
是如此的崎岖，
是如此的泥泞呀。

雪落在中国的土地上，
寒冷在封锁着中国呀……

透过雪夜的草原
那些被烽火所啮啃着的地域，
无数的，土地的垦植者
失去了他们所饲养的家畜，
失去了他们肥沃的田地，
拥挤在
生活的绝望的污巷里：
饥馑的大地
朝向阴暗的天，
伸出乞援的
颤抖着的两臂。

中国的苦痛与灾难
像这雪夜一样广阔而又漫长呀！
雪落在中国的土地上，
寒冷在封锁着中国呀……

中国，
我的在没有灯光的晚上
所写的无力的诗句
能给你些许的温暖么？

一九三七年十二月十八日夜间
选自《大堰河》，艾青，人民文学出版社 2000 年版

【注释】

[1]《雪落在中国的土地上》选自《北方》。当时日军侵略了华北，中国人民奋起抵抗，进行了不屈不挠的斗争。诗人在民族危亡的关头，满怀对祖国的挚爱和对侵略者的仇恨，写下了这首慷慨激昂的诗。

【阅读导引】

本诗写于 1938 年，是作者本人的一篇代表性作品。它充满深情地吟唱了诗人对祖国深沉的爱，对现实的激愤，与对未来的担忧。

"七七事变"以后，国土大片丢失。在这民族存亡的严重关头，人们一方面在寻求如何战胜日本军国主义者的正确道路，另一方面在严峻的现实面前陷入深沉的思考。作为一个对祖国前途和人民命运深切关怀的诗人，艾青通过《雪落在中国的土地上》唱出了一支深沉而激越的歌。

"土地"是艾青诗中出现最多的意象之一，土地象征着哺育他长大而又灾难深重的祖国。全诗通过描写大雪纷扬的背景下，农夫、少妇、母亲等几个典型形象，展现了旧中国的一幅幅图景，表现祖国当时所处的苦难深重、危机重重的处境，表达了诗人深厚的爱国热情。

全诗以"雪落在中国的土地上，寒冷在封锁着中国呀"开头，并在整首诗歌中反复咏叹，用冷峻而真实的笔触展现了当时民族危亡之际严峻的社会现实，透露出作者急切忧虑的情绪和对祖国人民命运的关怀，奠定了全诗的基调。在作者反复的咏叹中，传达出的是诗人发自内心深处的真挚感受和强烈的呐喊。此处的"雪"与"寒冷"不是大自然的季节现象，而是象征着民族的苦难与苦难中人民的痛苦。诗人的内心也被这种寒冷封锁，从而爆发出了强烈的呐喊。

接下来，作者在诗中描绘了几个渗透了作者深厚情感的典型画面，为诗人的真情提供了生活的实感，表现了诗人深沉的忧患意识和拳拳爱国之心。"赶着马车的"农夫，坐在船头的"蓬发垢面"的少妇，离家的"年老的母亲"——这些在寒冷的夜晚出现在林间、河上、旷野的行者，既是为自己生活而搏斗、为命运所驱赶的劳动者，同时，也是在生存线上挣扎、苦斗、寻找着道路的中国民众的形象。失去家园的年老的母亲，失去土地、家畜的劳动者，无

不象征着当时中国面临的悲惨又残酷的现实。"中国的路,是如此的崎岖""饥馑的大地""伸出乞援的颤抖的两臂"等句子,展示出了当时普通中国民众的生存状态,充溢着压抑、悲凉的情感。

诗人在诗中一再强调"寒冷"与"黑暗"的主题,"雪夜""伸出寒冷的指爪"的风、"阴暗的天""没有灯光的晚上",这些意象为读者营造出了一个黑暗、压抑而绝望的意境,即使是偶尔出现的乌篷船上的"一盏小油灯",不但没有让人看到光明,反而更凸显了巨大的黑暗笼罩下光明的微弱。值得注意的是,这种种的悲凉场景并没有让人沮丧,相反地,由于诗人用浸透着深情的语言来描绘这一切,使每一幅场景都引发心灵深深的震颤,激发了读者的责任感和使命感。这就使诗的调子在悲哀与忧郁之外,又有了坚定的力量,正如诗歌的结尾:"中国,我的在没有灯光的晚上,所写的无力的诗句,能给你些许的温暖么?"这几行诗并不是无告的呻吟,而是带着战栗的呼喊,是泣血的为祖国急切献身的心声。这充满悲愤力量的诗句,表达了诗人深厚的爱国热情,有力地震撼着人们的心灵,激发了人们的共鸣,给人们带来了感情上的温暖和精神上的鼓舞。应该说,正是这种深厚真挚的情感要素的浸润,才是作品产生诗的美感的最重要的因素。

【思考训练】

1. 分析在艾青诗歌中"土地"的象征意象。
2. 本诗捕捉的形象、画面有什么典型意义?

【平行阅读】

《江边》 邹荻帆
《我用残损的手掌》 戴望舒
《祖国啊,我亲爱的祖国》 舒婷

祖国啊,我亲爱的祖国

舒 婷

我是你河边上破旧的老水车,
数百年来纺着疲惫的歌;
我是你额上熏黑的矿灯,
照你在历史的隧洞里蜗行摸索;
我是干瘪的稻穗;是失修的路基;
是淤滩上的驳船
把纤绳深深
勒进你的肩膊;
——祖国啊!

我是贫困，
我是悲哀。
我是你祖祖辈辈
　　痛苦的希望啊，
是"飞天"袖间
千百年来未落到地面的花朵；
——祖国呵！

我是你簇新的理想，
刚从神话的蛛网里挣脱；
我是你雪被下古莲的胚芽；
我是你挂着眼泪的笑窝；
我是新刷出的雪白的起跑线；
是绯红的黎明
　　在喷薄；
——祖国啊！

我是你十亿分之一，
是你九百六十万平方的总和；
你以伤痕累累的乳房
喂养了
迷惘的我、深思的我、沸腾的我；
那就从我的血肉之躯上
去取得
你的富饶、你的荣光、你的自由；
——祖国啊，
我亲爱的祖国！

选自《舒婷的诗》，舒婷，人民文学出版社 1994 年版

错　误

郑愁予

【作者介绍】

郑愁予(1933—　　)，本名郑文韬，祖籍河北，生于山东，中国当代诗人。

郑愁予童年时代跟随从军的父亲走遍祖国大江南北,饱览祖国各地的风土人情和山水风光。15 岁开始创作诗歌,1949 年随父亲赴中国台湾地区,1956 年参与创立现代派诗社,1968 年应邀参加爱荷华大学的"国际写作计划",1970 年入爱荷华大学英文系创作进修班,获艺术硕士学位。诗人在 20 世纪 80 年代曾多次当选为中国台湾地区各文类"最受欢迎作家",曾获"青年文艺奖"(1966)、"中山文艺奖"(1967)等。

诗人的重要作品有诗作《梦土上》《衣钵》《燕人行》《雪的可能》《窗外的女奴》《寂寞的人坐着看花》等 12 种,以及诗集《郑愁予诗选集》《郑愁予诗集Ⅰ》。其中《郑愁予诗集Ⅰ》被称为"影响中国台湾地区三十年的三十本书之一"。他的诗风集温柔华美、婉约含蓄的古典气质与潇洒、豁达的"仁侠"精神于一体,融合古今体悟,感慨殊深,韵味悠长,具有强烈的抒情色彩,令人陶醉。

郑愁予在中国台湾地区诗坛上是一位特别的诗人。他的作品并不以数量取胜,但是传唱度却很高。他的诗句被广大读者和诗评家传唱、赞美、引用,经常流传于口头和笔端。

> 我打江南走过
> 那等在季节里的容颜如莲花的开落
>
> 东风不来,三月的柳絮不飞
> 你底心如小小的寂寞的城
> 恰若青石的街道向晚
> 跫音不响,三月的春帷不揭
> 你底心是小小的窗扉紧掩
>
> 我达达的马蹄是美丽的错误
> 我不是归人,是个过客……

一九五四年

选自《郑愁予的诗:不惑年代选集》,郑愁予,江苏凤凰文艺出版社 2016 年版

【阅读导引】

《错误》是郑愁予的代表作之一,也是他的成名作,1954 年在中国台湾地区首次发表,引起了强烈的反响。诗歌的最后一句"我达达的马蹄是美丽的错误/我不是归人,是个过客"深入人心,一时间使整个中国台湾地区都回响着"达达的马蹄"之声。这首诗也被誉为"台湾现代抒情诗的绝唱"。

《错误》表现了一座江南的小城中,思妇盼望归人的思念之情。诗中精确地使用了许多古典意象表现了思妇愁绪与浪子情怀。"闺怨"是中国古典诗歌的传统主题,但本诗却别出心裁,透过旅人的视角来叙写女子闺怨的期待与落寞,从他人的角度生动地呈现了主题。诗中运用了许多古典意象,如"江南""莲花""东风""柳絮""春帷""马蹄"等,将其融入现代情景中,整首诗体现了淡淡的哀愁与漂泊的离愁别绪。

如同"闺怨"诗中所有的思妇一样,诗中"莲花"般的女子一直处于漫长的等待中,这个等待的过程是寂寞的,沉静的,因而也是压抑的。在一年中最美三月,美丽的女子却把自己关在窗内,"东风不来,三月的柳絮不飞""跫音不响,三月的春帷不揭",一心等待心上人的

归来。大好的青春,正如美丽的季节一样一去不返,恰被辜负。诗中的另一主人公为旅人,这也是郑愁予诗歌中多用的抒情主人公,他因此被称为"浪子诗人"(余光中语)。他的诗作中"孤飞的雁是爱情的陨星"(《黄昏来客》),"别离的日子刻成标高,我的离愁已耸出云表了"。(《雪线》)浪子的形象是漂泊不定、落拓不羁的。本诗中,作者指出"我打江南走过""我不是归人,我是过客","我"是注定不会停留的。诗歌把等待与漂泊对照起来,一动一静,相映成趣,又对比鲜明,匆匆的一个擦肩,注定了只能是个"错误"。

本诗题名《错误》,表面上是叙写女子因思念落空而造成的美丽的错误,而诗人却是透过过客的视角来观察思妇的心情。仅是一阵达达的马蹄声就引发了一场美丽的误会,足以说明女子对归人的用情之深、思念之切,凸显了由此造成的落寞之深切、等待之漫长。

诗的结尾有力地收束了全文,点明了主题。随着过客的马蹄声渐行渐远,诗中无尽的情味却在读者心中逐渐弥漫开来,越来越浓,令人低回不已。

【思考训练】

1. 古典诗歌意象的借用对本诗主题的营造起到了什么样的作用?
2. 能不能在古典诗歌中找到与本诗中的古典诗歌意象有关的内容?请列举说明。
3. 请以《错误》为题,试创作一首以爱情为主题的抒情诗。

【平行阅读】

《等你,在雨中》 余光中
《窗下》 洛夫
《断章》 卞之琳

断 章

卞之琳

你站在桥上看风景,
看风景人在楼上看你。

明月装饰了你的窗子,
你装饰了别人的梦。

一九三五年十月

选自《卞之琳代表作:三秋草》,卞之琳,华夏出版社 2008 年版

驿动的心

梁弘志

【作者介绍】

梁弘志(1957—2004),作家、诗人、填词人、作曲人。20世纪70年代末期校园民歌发展的代表人物,一生创作了500多首歌曲。其中《恰似你的温柔》《抉择》《跟我说爱我》《但愿人长久》《请跟我来》《读你》《驿动的心》《半梦半醒之间》等作品脍炙人口,捧红了一批歌手。

梁弘志在学生时代就已经开始创作词曲,未成名前,他的歌在校园里已被学生广泛地传唱。高中时写下《恰似你的温柔》,于1980年在《民谣风3》合辑中发表,成为家喻户晓的明星。之后又于1983年凭借《抉择》一曲获得了金鼎奖作曲奖,在中国台湾地区乐坛红极一时。在华语唱片市场草创的年代里,梁弘志掀起了一股诗意的风潮。

梁弘志被喻为叙述情感的音乐大师,但他不仅是一个音乐人,更是一个诗人。梁弘志最突出的个人特点就是,他是词曲兼修型的创作者,很少只作曲不填词,而他的作品,词曲之间搭配细腻贴切,他的词含蓄婉约,常带有诗的意境,擅长表现欲言又止的错综心情。在他写的诗里,语句直白平淡,但意境却很深远。在他创作的音乐和诗歌散文里,总能够体现对于感情的叙述。他的诗歌文辞婉约,曲调优美,着意不浓,韵味悠长,不是开合跌宕的大手笔,却是精巧小品的掌门人。他的作品集真诚与优雅于一体,有着浓厚的文人气质,悠远绵长,抚慰着现代人浮躁的心灵。

曾经以为我的家
是一张张的票根
撕开后展开旅程
投入另外一个陌生
这样飘荡多少天
这样孤独多少年
终点又回到起点到现在才发觉
哦　路过的人我早已忘记
经过的事已随风而去
驿动的心已渐渐平息
疲惫的我是否有缘和你相依

曾经以为我的家
是一张张的票根
撕开后展开旅程
投入另外一个陌生

这样飘荡多少天

这样孤独多少年

终点又回到起点到现在才发觉

哦　路过的人我早已忘记

经过的事已随风而去

驿动的心已渐渐平息

疲惫的我是否有缘和你相依

哦　路过的人我早已忘记

经过的事已随风而去

驿动的心已渐渐平息

疲惫的我是否有缘和你相依

选自音乐专辑《驿动的心》,姜育恒,飞碟企业 1987 年发行

【阅读导引】

这首歌创作于在 20 世纪 80 年代晚期,借助姜育恒的演唱传播开来,红透整个华语市场,成为流行乐坛的代表性作品。梁弘志是基督徒,此歌本是源自圣经浪子回头的故事,他生动地写出经过孤独、飘零后回转向神的浪子心情,但诗歌中表达的故事与心绪却能够激发广泛的共鸣。

歌曲以"曾经以为我的家,是一张张的票根,撕开后展开旅程,投入另外一个陌生"开头,表现年轻人对未来充满向往,雄心昂扬,踌躇满志想要离开家,走向远方的心情。歌中借助"票根"这一象征意味然甚浓的意象开篇,将现实往梦想的方向延伸开来。在年轻人的眼里,未来似乎近在咫尺,只是一张票根的距离,但是作者笔下的未来并非单纯的美好,"投入另外一个陌生"的"陌生",似乎隐约透露出了离家的辛苦,暗示出了离家之后的辗转与飘零。紧接着,笔锋一跳,已是多年以后,阅尽世事——"终点又回到起点"。起点与终点之间的过程如何走过,在追寻梦想的路上经历了什么,诗中一笔带过,并未提及,给人极大的想象空间,但透过简单的"飘荡"与"孤独"二词,一路的艰辛却又一览无余。这种飘零与孤独的感受,其实也是人生旅途中极易激发共鸣的感受。多年的漂泊并非一无所获,历经世事沧桑后,诗人收获的是对人生深刻的体认,路过的人,经过的事,驿动的心都已不再,对人生而言,最重要的就是收获一份真情,而这份感情在哪里?作者用了"是否"二字设问,言有尽而意无穷,把答案交付给未来。这种等待不是迫不及待的,不是狂热的,而是一种真挚、深沉却仍从容的期盼。与古诗"过尽千帆皆不是,斜晖脉脉水悠悠"中的意境颇有相似。也体现了诗歌中所传达情感的普遍性与典型性。

诗歌的魅力就在于其跳跃性的表达,本诗以散文化的语言娓娓唱来,有故事,故事却不冗长,于寥寥数语中讲述了令人无边遐想的人生故事;有真情,情感却毫不矫饰,于淡然回首中蕴含热烈与厚重的人生况味。语言自然流畅,不假矫饰,却透着精致。这种于有意与无意之间着意,欲言又止,却余音不绝的审美效果也是梁氏诗歌的典型特征。

【思考训练】

1. 这首歌诗的情感基调是怎样的?

2. 运用意象的组合来传达主题是歌诗常用的艺术手法,歌诗中的"家""票根""旅程""起点""终点"等意象,有什么样的象征意义?

3. 自成名以来,梁弘志始终是中国台湾地区流行乐坛的中流砥柱式的人物,他充满意境和韵味的文辞曲调、结合时代潮流的民歌创作,使之获得的是"民歌推手"的美誉。试找一首他的其他诗歌作品,分析其中的诗意是怎样体现的。

【平行阅读】

《外婆的澎湖湾》 叶佳修
《橄榄树》 罗大佑
《烟花易冷》 方文山

烟 花 易 冷

方文山

繁华声　遁入空门
折煞了世人
梦偏冷　辗转一生
情债又几本
如你默认　生死枯等
枯等一圈　又一圈的年轮

浮屠塔　断了几层
断了谁的魂
痛直奔　一盏残灯
倾塌的山门
容我再等　历史转身
等酒香醇　等你弹一曲古筝

雨纷纷　旧故里草木深
我听闻　你始终一个人
斑驳的城门
盘踞着老树根

石板上回荡的是再等

雨纷纷　旧故里草木深
我听闻　你仍守着孤城
城郊牧笛声
落在那座野村
缘分落地生根是我们

听青春　迎来笑声
羡煞许多人
那史册　温柔不肯
下笔都太狠
烟花易冷　人事易分
而你在问　我是否还认真

千年后　累世情深
还有谁在等
而青史岂能不真
魏书洛阳城
如你在跟　前世过门
跟着红尘　跟随我浪迹一生

雨纷纷　旧故里草木深
我听闻　你始终一个人
斑驳的城门　盘踞着老树根
石板上回荡的是再等

雨纷纷　旧故里草木深
我听闻　你仍守着孤城
城郊牧笛声　落在那座野村
缘分落地生根是我们

雨纷纷　旧故里草木深
我听闻　你始终一个人
斑驳的城门　盘踞着老树根
石板上回荡的是再等

雨纷纷　雨纷纷

旧故里草木深

我听闻　我听闻

你仍守着孤城

城郊牧笛声

落在那座野村

缘分落地生根是我们

缘分落地生根是我们

伽蓝寺听雨声盼永恒

选自音乐专辑《跨时代》，周杰伦，上海声像出版社 2010 年发行

面朝大海，春暖花开

海 子

【作者介绍】

海子（1964—1989），原名查海生，出生于安徽省安庆市怀宁县高河镇查湾村，当代青年诗人，朦胧诗派的代表人物之一。海子的一生虽然短暂却成就卓著，是中国当代学院派诗人的代表。海子在农村长大。1979 年 15 岁时考入北京大学法律系，1982 年大学期间开始诗歌创作。1984 年创作成名作《亚洲铜》和《阿尔的太阳》，第一次使用"海子"作为笔名。1982 年至 1989 年，海子创作了近 200 万字的作品，出版了《土地》《海子、骆一禾作品集》《海子的诗》和《海子诗全编》等。在诗人生命里，从 1984 年的《亚洲铜》到 1989 年 3 月 14 日的最后一首诗《春天，十个海子》，海子创造了近 200 万字的诗歌、诗剧、小说、论文和札记。比较著名的有《亚洲铜》《麦地》《以梦为马》《黑夜的献诗——献给黑夜的女儿》《春天，十个海子》《面朝大海，春暖花开》等。小说集有《初恋》《诞生》《木船》《南方》等。

从明天起，做一个幸福的人
喂马，劈柴，周游世界

从明天起，关心粮食和蔬菜
我有一所房子，面朝大海，春暖花开

从明天起，和每一个亲人通信
告诉他们我的幸福
那幸福的闪电告诉我的

我将告诉每一个人

给每一条河每一座山取一个温暖的名字
陌生人，我也为你祝福
愿你有一个灿烂的前程
愿你有情人终成眷属
愿你在尘世获得幸福
我只愿面朝大海，春暖花开

选自《海子诗选》，海子，天津人民出版社 2015 年版

【阅读导引】

　　这首诗写于 1989 年 1 月 13 日，同年 3 月，诗人卧轨自杀。海子似乎生活在一个童话的国度，在诗歌中表现出了对于一切美好事物的眷恋，但是他的心灵脆弱而敏感，加之他的理想不可能实现，这一矛盾构筑了他极为忧郁的品格，乃至于最终不得不用死亡来与现实和解，完成他对诗歌的追求。20 世纪 80 年代末期，中国社会开始由扼杀物欲、只讲精神转型到摒弃精神、物欲横流的状态。面对现实，理想主义的作者困惑了，深感希望破灭，无法"诗意地栖居于世"了。这篇诗歌便是他这种痛苦的人生体验的结晶。

　　本诗是海子诗歌中十分明朗而温暖的一首，这首诗以清新明朗而又隽永的语言，唱出诗人的真诚善良——愿每个人都能"在尘世获得幸福"，抒情真挚而又自然。全诗共三节。第一节描绘了作者理想中的幸福生活："喂马，劈柴，周游世界""关心粮食和蔬菜"，这样的生活充满了尘世的烟火气息，是世人所谓的与物质相关的"幸福"。但同时，作者又说"我有一所房子，面朝大海，春暖花开"，表明这种幸福又是清净的，与世俗生活保留着距离的。这种幸福是物质与精神、现实与理想的完美统一，表现了诗人对质朴、单纯而自由的人生境界的向往，对"永恒"、未知世界的探寻精神。但是它属于未来，属于幻想，却不属于现在。诗中人用"明天"把这一切都限制起来，将这种"幸福"，与现实、与今天隔绝起来。第二、三两节由畅想未来转为抒发情感。第二节写诗人找到幸福后满溢的喜悦之情，表达了对亲情和友情的珍惜。第三节写诗人对世界的祝福。在这个过程中，抒情的面次第展开，胸襟逐渐也开阔起来，由亲人，到每一个人，到每一条河，每一座山，甚至"陌生人"。诗人把现实的、世俗化的美好祝福送给这个世界："愿你有一个灿烂的前程/愿你有情人终成眷属/愿你在尘世获的幸福"博爱之情溢于言表。但紧接着，诗人的情感发生了逆转："我只愿面朝大海，春暖花开"，转身之间，他就把尘世的幸福放在了身后。面朝大海，背对着世俗生活，表明诗人刚刚肯定了尘世的幸福，又不甘从此堕入尘世，其矛盾纠结一目了然。而这种矛盾的结果，诗人还是选择封闭起自己刚刚打开的心怀，选择做"一个黑夜的孩子，沉浸于冬天，倾心死亡"。

　　整首诗节奏轻盈明晰，语言纯粹本真，语象具体而又抽象，意境单纯而神秘。全诗既清澈又深厚，明朗的语言中蕴含着深意，既畅快又凝重，意象开阔，韵味无穷。

【思考训练】

1. 这首诗初读时常常给人清新欢快的感觉,但是仔细品味,却会发现有种苦涩的滋味随诗句流过心底。谈谈这种悲伤来自何处。

2. 翻看文学史,有许多文人选择用自杀的方式结束自己的生命。谈谈你对这一现象的看法。

【平行阅读】

《无言三章》 韩作荣
《回答》 北岛
《我是一个任性的孩子》 顾城

我是一个任性的孩子

顾 城

也许
我是被妈妈宠坏的孩子
我任性

我希望
每一个时刻
都像彩色蜡笔那样美丽
我希望
能在心爱的白纸上画画
画出笨拙的自由
画下一只永远不会
流泪的眼睛
一片天空
一片属于天空的羽毛和树叶
一个淡绿的夜晚和苹果

我想画下早晨
画下露水
所能看见的微笑
画下所有最年轻的

没有痛苦的爱情
她没有见过阴云
她的眼睛是晴空的颜色
她永远看着我
永远,看着
绝不会忽然掉过头去

我想画下遥远的风景
画下清晰的地平线和水波
画下许许多多快乐的小河
画下丘陵——
长满淡淡的茸毛
我让他们挨得很近
让它们相爱
让每一个默许
每一阵静静的春天的激动
都成为一朵小花的生日

我还想画下未来
我没见过她,也不可能
但知道她很美
我画下她秋天的风衣
画下那些燃烧的烛火和枫叶
画下许多因为爱她
而熄灭的心
画下婚礼
画下一个个早早醒来的节日——
上面贴着玻璃糖纸
和北方童话的插图

我是一个任性的孩子
我想涂去一切不幸
我想在大地上
画满窗子
让所有习惯黑暗的眼睛
都习惯光明

我想画下风
画下一架比一架更高大的山岭
画下东方民族的渴望
画下大海——
无边无际愉快的声音

最后，在纸角上
我还想画下自己
画下一只树熊
他坐在维多利亚深色的丛林里
坐在安安静静的树枝上
发愣
他没有家
没有一颗留在远处的心
他只有，许许多多
浆果一样的梦
和很大很大的眼睛

我在希望
在想
但不知为什么
我没有领到蜡笔
没有得到一个彩色的时刻
我只有我
我的手指和创痛
只有撕碎那一张张
心爱的白纸
让它们去寻找蝴蝶
让它们从今天消失

我是一个孩子
一个被幻想妈妈宠坏的孩子
我任性

1981 年 3 月

选自《顾城的诗》，顾城，人民文学出版社 2012 年版

第十章 西 文 汉 译

【专题概说】

现代汉语文章中,"西文汉译"是其中比较特别的组成部分。这些文章本身并非汉语原创,却在翻译成汉语的过程中经过译者的艰苦努力,以汉语的面貌呈现在我们面前。翻译家们把与汉语差异很大的语言,用汉语重新还原,这种语言差异背后,蕴藏的是另外一个民族不同的文化背景,不同的精神气质,甚至是迥异的思维方式。怎样把这些异,化为汉语的同,并尽可能多地保留原文的气质与灵魂,这是翻译家们要用行动解决的大问题。这不仅要求译者有上好的外文功底,更考验其汉语表达的水平。对翻译者的文学素养、语言素养、表达能力,都有极高的要求。逐字、逐句、逐段、逐篇,他们需要比用母语创作付出更多的耐心,不断地试验和考察各种组合、拆解、挪移的可能,由于他们不能自由地、无拘无束地创作,就像带着镣铐舞蹈。经过这样艰辛的劳动,最终才能与原著者一起,用现代汉语为我们呈现出精彩的作品。并且,在汉语书面语由文言进入白话的过程中,他们使现代汉语在白话的通俗、直白之外,增添了优美、典雅的气质,从而构建起现代汉语更丰满的面貌。从这个角度来看,这些译者们也为现代汉语的发展做出了自己独特的贡献,这种贡献丝毫不逊色于创作家。

在西文汉译的过程中,涌现出了一批非常优秀的翻译家,他们用自己的努力和才华,在中西方文化之间架起了一座桥梁,为我们打开了一扇通往异质文化世界的大门,与此同时,也使汉语呈现出了不同以往的新的质地。他们翻译的大量外国文学作品,很多成为堪称范本的现代汉语语文经典。

本章选录篇目侧重书写名人、伟人的人生经验与生命体验,以及传达现代西方人的生存观与奋斗观,能使学生充分感受现代汉语文的多种样貌、多种潜质和多样魅力。

给青年的忠告

[美]马克·吐温(杨自伍译)

【作者介绍】

马克·吐温(Mark Twain,1835—1910),美国著名的幽默大师、小说家、作家,也是著名演说家。19世纪后期美国现实主义文学的杰出代表,世界著名短篇小说大师。作品风格以幽默和讽刺为主,尖锐而富于哲理,既富于个人的机智与妙语,又不乏深刻的社会洞察与剖析,作品充满轻松乐观、幽默诙谐的格调。代表作有:短篇小说《竞选州长》《哥尔斯密的朋友再度出洋》《百万英镑》《败坏了赫德来堡的人》;中长篇小说《镀金时代》《汤姆·索亚历险记》《密西西比河上》《哈克贝利·费恩历险记》《傻瓜威尔逊》等。

马克·吐温的幽默讽刺以夸张手法,将人类的弱点放大了给人看,希望人类变得更完美、更理想。他对艺术内容的把握浑然天成,是一位强有力地传达出美国社会生活深刻内涵的、具有世界意义的作家。

听说期望我来谈谈,我便询问应该发表什么样的谈话。他们说应当宜于青年的话题——教诲性的、启发性的话题,或者实质上是良言忠告之类的话题。好吧。关于开导青年人,我心里倒是有几件事时常想说的;因为正是在人幼小时,这些事最适合扎根,而且最持久、最有价值。那么,首先呢,我要对你们、我的年轻朋友们说的是——我恳切地、迫切地要说的是——

永远服从你们的父母,只要他们在堂的时候。长远看来这是上策,因为你们要是不服从的话,他们也非要你们服从。大多数家长认为比你们懂得多,一般说来你们迁就那种迷信的话,比起你们根据自以为是的判断行事,你们会建树大些。

对待上司要尊重,要是你们有了上司;对待陌生人,有时还有别人,也要尊重。如果有人得罪了你们,你们要犹豫一番,看看是存心的还是无意的,不要采取极端的做法;只要看好机会用砖块打他一下,那就足够了。如果你们发现他并非故意冒犯,那就坦然走出来,承认自己打他不对;像个男子汉认个错,说声不是故意的。况且,永远要避免动武;处于这个仁慈和睦的时代,此类举动的年代已经过去了。"炸药"留给卑下而无教养的人吧。

早睡早起——这是聪明的。有的权威讲,跟着太阳起床;还有的讲,跟着这样东西起床,又有的讲,跟着那样东西起床。其实跟着云雀起床才是再好不过的。这样你就落个好名声,人人都知道你跟着云雀起床;如果弄到一只那种适当的云雀,在它身上花些功夫,你就很容易把它调教到九点半起来,每次都是——这可决不是欺人之谈。

接着来谈谈说谎的问题。你们可要非常谨慎地对待说谎;否则十有八九会被揭穿。一旦揭穿,在善良和纯洁的眼光看来,你就再也不可能是过去的你了。多少年轻人,因为一次拙劣难圆的谎言,那是由于不完整的教育而导致的轻率的结果,使得自己永远蒙受损害。有些权威认为,年轻人根本不该说谎。当然,这种说法言之过甚,其实未必如此;不过,虽然我可不能把话讲得太过分,我却认定而且相信自己看法正确,那就是,在实践和经验使人获得信心、文雅、严谨之前,年轻人运用这门了不起的艺术时要有分寸,只有这三点才能使得说谎的本领无伤大雅,带来好处。耐性、勤奋、细致入微——这些是必要素质;这些素质日久天长便会使学生变得完善起来;凭借这些,只有凭借这些,他才可能为将来的出类拔萃打下稳固的基础。试想一下,要付出多么漫长的岁月,通过学习、思考、实践、经验,那位盖世无双的前辈大师才具有如此的素养,他迫使全世界接受了"真理是强大的而且终将取胜"这句崇高而掷地有声的格言——这是关于事实的复杂层面道出的最豪迈的话,迄今任何出自娘胎的人都未获得。因为我们人类的历史,还有每个个人的经验,都深深地埋下了这样的证据:一个真理不难扼杀,一个说得巧妙的谎言则历久不衰。波士顿有座发现麻醉法的人的纪念碑;许多人到后来才明白,那个人根本没有发现麻醉法,而是剽窃了另一个人的发现。这个真理强大吗? 它终将取胜吗? 唉,错哉,听众们,纪念碑是用坚硬材料建造的,而它所晓示的谎言却将比它持久百万年。一个笨拙脆弱而有破绽的谎言是你们应该不断学会避免的东西；诸如此类的谎言比起一个普通事实来，决不具有更加真实的永恒性。嗨，你们倒不如既讲真话又和真理打交道。一个脆弱愚蠢而又荒谬的谎言持续不了两年——除非是对什么人物的诽谤。当然，那种谎言是牢不可破的，不过那可不是你们的光彩。最后说一句：早些开始实践这门优雅美妙的艺术——从现在做起。要是我早些做起，我就能学会门道了。

切莫随便摆弄枪支。年轻人无知而又冒失地摆弄枪支，造成了多少悲伤痛苦。就在四天前，就在我度夏的农庄住家的隔壁人家，一位祖母，年老花发一团和气，当地最可爱的一个人物，坐着在干活，这时她的小孙儿悄悄进屋，取下一把破烂生锈的旧枪，多年无人碰过，以为没装子弹，把枪对准了她，哈哈笑了吓唬着要开枪。她惊骇得边跑边叫边求饶，朝屋子对面的门口过去；可是经过身边的时候，小孙儿几乎把枪贴在她的胸口上，扣动了扳机！他以为枪里没有子弹。他猜对了——没装子弹。所以没有造成什么伤害。这是我听到的同类情况中绝无仅有的。因此呢，同样的，你们可不要乱动没装子弹的旧枪支；它们是人所创造的最致命的每发必中的家伙。你们不必在这些东西上花什么功夫；你们不必搞个枪架，你们不必在枪上装什么准星，你们连瞄准都没有必要。算了，你们就挑个相似的东西，砰砰打个几枪，你肯定能打中。三刻钟内用加特林机枪在三十码处不能击中一个教堂的年轻人，却可以站在百码开外，举起一把空膛的旧火枪，趔趔把祖母当靶子击倒。再试想一下，倘若有一支旧火枪武装起来的童子军，大概没有装上子弹，而另一支部队是由他们的女亲戚组成的，那么滑铁卢战役会是什么结局。只要一想到此，就会令人不寒而栗。

图书有许多种类；但好书才是年轻人该读的一类。记住这一点。好书是一种伟大、无价、无言的完善自我的工具。因此，要小心选择，年轻的朋友们；罗伯逊的《布道书》，巴克斯特的《圣者的安息》《去国外的傻瓜》，以及这一类的作品，你们应该只读这些书。

我可是说得不少了。我希望大家会铭记我给你们的言教，让它成为你们脚下的指南和悟性的明灯。用心刻苦地根据这些规矩培养自己的品格，天长日久，培养好了品格，你们将会惊喜地看到，这种品格多么准确而鲜明地类似其他每个人的品格。

选自《美国文化读本》，杨自伍主编，华东师范大学出版社 1996 年版

【阅读导引】

给青年的忠告，似乎是长者的老生常谈。对青年进行教诲，也不外乎金玉良言。此篇演讲的标题中规中矩，似乎并无新意，于是作者在演讲的开头即言明，这是邀请者拟定好的题目。接下来，作者却用"反话正说"的方式，"恳切"地给出了六条"忠告"。细读来，无不淋漓尽致地体现了马克·吐温的招牌式幽默风格。

演讲共谈到了六个问题，看起来这些问题如题目般严肃，"服从父母""尊重他人""早睡早起""关于说谎的问题""切莫随便摆弄枪支""读书"，但事实都是用"正话反说"的形式进行讽刺。文章告诫青年要"永远服从你们的父母"，但给出的理由却是"你要是不服从的话，他们也非要你们服从"，讽刺了那些自以为是、固执己见的做父母的人。谈及尊重他人，作者说若被冒犯，也"不要采取极端的做法"，却又补充说"看好机会用砖块打他一下"就好，轻松调侃了那些刻板的处世哲学，玩笑之余使青年人受到教育。说到"早睡早起"，作者说"跟

着云雀起床才是再好不过的"，但又说可以把云雀"调教到九点半起床"；说"切莫随便摆弄枪支"，因为它们"每发必中"，危险大矣，显然是通过夸张的手法暗讽对青年人好奇心的盲目扼杀。关于读书，作者一本正经地推荐了称得上"伟大、无价、无言的完善自我的工具"的"好书"，风格与他本人的书大相径庭，让人不禁失笑。

关于说谎的问题，作者花了相当大的篇幅来说明。开篇就直接说明"你们可要非常谨慎地对待说谎；否则十有八九会被揭穿"。因为谎言一旦被揭穿，你将永远蒙受损失。观点与理由之间的对立让人哑然失笑后又陷入深思。这部分内容不仅批评了社会对青年缺乏足够的宽容，而且指出了"一个真理不难扼杀，一个说得巧妙的谎言则历久不衰"这样一个真实又荒诞的社会现象。原来，人们并不是不能撒谎，而是要学会巧妙地撒谎，这是何等尖锐的讽刺！

整篇演讲，作者以他擅长的幽默与讽刺的口吻故作严肃之态，却又于调侃戏谑之间提醒年轻人：要保持冷静的头脑，建立并相信自己的判断能力。这个世界上已经有太多的"警世恒言"和人生导师，盲目地听从妄断的"忠告"，只会丧失个性，失去生机。每个人的人生都是自己的，是独一无二的，人要忠实于自己。

这篇散文，读来幽默诙谐，在轻松愉快的氛围中蕴含深刻的哲理，挥洒自如，收放有度，显示了成熟而又别具一格的表达技巧。其真诚的态度与独特的风格相得益彰，构成了文学史上一道美丽的风景。

【思考训练】

1. 本文用正话反说的方式提出"忠告"，但背后有一个潜在的批判对象，是什么？
2. 本文中呈现出了作者怎样的人生态度？他认为年轻人应该怎样生活？
3. 举例谈谈马克·吐温的幽默有什么特色。

【平行阅读】

《在宾夕法尼亚大学的演说》 ［美］富兰克林·罗斯福
《我有一个梦想》 ［美］马丁·路德·金

热血、辛劳、汗水与眼泪

［英］温斯顿·丘吉尔（石幼珊译）

【作者介绍】

温斯顿·伦纳德·斯宾塞·丘吉尔（Winston Leonard Spencer Churchill，1874—1965），英国保守党领袖，著名政治家，也是历史学家、画家、演说家、作家、记者，出身于贵族家庭。1940—1945 年和 1951—1955 年两度出任英国首相，被认为是 20 世纪较为重要的政治领袖之一，领导英国人民赢得了第二次世界大战，是"雅尔塔会议三巨头"之一，战后发表《铁幕演说》，揭开了冷战的序幕。被美国杂志《人物》列为近百年来世界最有说服力的演说家之一。

此外,身为作家的丘吉尔还有不少著作。青年时代著有《马拉坎德远征史》《河上战争》等,成名之后著有《第二次世界大战回忆录》《英语民族史》《世界危机》《马尔巴罗的生平与时代》等,其中,《不需要战争》获得 1953 年诺贝尔文学奖。

上星期五晚我奉国王陛下之命组织新内阁。

国会与国民显然希望这个内阁在最广泛的基础上组成,包括所有党派在内。

我已经完成了这项任务中最重要的一部分。一个有五位成员的战时内阁已经组成,随着工党、反对党和自由党的加入,代表了国家的统一。由于局势严峻,时间极端紧迫,这项工作必须在一天之内完成。另外一部分重要职务是昨天确定的。今晚我还要向国王陛下提交一份补充任命名单。我希望在明天之内能完成主要的内阁大臣的任命。在平时,其他内阁大臣的任命需要稍长一点的时间,但是我相信,等到国会再次召开的时候,这项工作将已经完成,组阁工作将全部结束。

我认为提请议长今天召开下院会议是符合公众利益的。议长先生已经同意,并按照众议院的决议赋予他的权力采取了必要的步骤。今天会议的最后议程是建议休会至 5 月 21 日星期二,并规定如有需要可提前开会。下周内要讨论的事宜将尽早通知各位议员。

现在我提请议院作出决议,认可已采取的各项步骤,记录在案,并宣布对新政府的信任。决议全文如下:

"本议院欢迎新政府成立。新政府代表了全国团结一致、坚定不移的信心:对德作战,直至最后胜利。"

组织如此复杂并具有如此规模的内阁,本身就是一项严肃的任务。但我们目前正处于有史以来规模最大的战役的最初阶段,我们正在其他许多地方,例如挪威与荷兰,采取行动,我们在地中海也要有所准备。空战正在继续进行,我们在国内需要做许多准备工作。

在此非常时期,我相信议院将原谅我今天发言简短,我还希望我的朋友、同事或受到这次政治改组影响的前任同事们,能体谅省去一般情况下必需的仪节。

我已告诉过组成新政府的各位大臣,在此我再敬告诸位议员:我所能奉献的没有其他,只有热血、辛劳、汗水与眼泪。我们还要经受极其严峻的考验,我们面临着漫长而艰苦卓绝的斗争。

要问我们的政策是什么? 我的回答是:在海、陆、空作战,尽我们所能,以上帝赐予我们的一切力量作战。同黑暗与可悲的人类犯罪史上空前暴虐凶残的暴君作战,这就是我们的政策。

要问我们的目的是什么? 我可以用两个字回答,那就是:胜利。不惜一切代价夺取胜利,不顾一切流血恐怖夺取胜利。不论道路多么漫长,多么崎岖,一定要夺取胜利! 因为没有胜利就不能生存。

希望大家认识到这一点:没有胜利,英帝国将不能生存,英帝国所代表的一切将不再存在,推动人类历史不断前进的动力将不再存在。

我满怀信心和希望地接受我的任务,我确信人们不会听任我们的事业遭到失败。

此时此刻,我认为我有权要求所有人的支持,我要说:"让我们团结一致,共赴国难吧。"

选自《名家美文精译 50 篇》,陶洁选编,译林出版社 2008 年版

【阅读导引】

丘吉尔被誉为他那个时代最雄辩的政治家,他在第二次世界大战期间多次发表演讲,铿锵有力、振奋人心,鼓舞了士气,也成功激励了广大英国人民团结一致,抗敌至胜。本篇演讲是第二次世界大战开始后,他第一次出任首相时的首次演说,也是他的代表作,是 20 世纪最著名的演说之一。

1940 年春,德国法西斯横扫欧陆,战争阴云密布,英国受到威胁。丘吉尔受命于国家危亡之际,5 月 13 日丘吉尔首次以首相身份出席下议院会议,发表了这篇著名的讲话。演讲简短而有力,宣布了新政府的政策及其抗敌的决心。由于形势危急,在布局上,演讲开门见山,一上来就交代了组成内阁的过程及与之相关的一系列问题。

演讲的下半部分,作者用斩钉截铁的态度表达了为英国奉献一切的决心——"我所能奉献的没有其他,只有热血、辛劳、汗水与眼泪。"这句话用四个象征意味极浓的词语,鲜明而有力地表达了他不惧艰辛、勇于牺牲、与国人共赴国难的坚定决心,表达了对国家的无比热爱。句子表意含蓄,而又形象鲜明,感情色彩深挚而浓郁,极富感染力。接着,演讲概括了对付敌人的方法:"在海、陆、空作战,尽我们所能,以上帝赐予我们的一切力量作战。同黑暗与可悲的人类犯罪史上空前暴虐凶残的暴君作战",语气坚决,振奋人心。必胜的信心是这次演讲要传达的最为重要的信息,演讲词用了这样的表述:"要问我们的目的是什么?我可以用两个字回答,那就是:胜利。不惜一切代价夺取胜利……因为没有胜利就不能生存。"语句简洁有力、干脆硬朗,思想表达明快准确,没有过多的修饰和迂回,具有极大的鼓动人心的力量,也传递出了作者坚毅果决的领袖魅力,对于处在战争边缘的民众来说,无疑是一剂有效的强心针。鼓舞式的结尾干净利落,激情洋溢,它基调高昂,能进一步鼓励听众振奋精神,将爱国之心付诸行动。

这篇演讲词生动体现了丘吉尔本人果断、刚毅的性格特点,其明快、锋利、准确的语言特色也展示了丘吉尔作为一个雄辩家的成功之道。

【思考训练】

1. 这篇演讲篇幅短小,但佳句频出:"我所能奉献的没有其他,只有热血、辛劳、汗水与眼泪。""要问我们的目的是什么?我可以用两个字回答,那就是:胜利。不惜一切代价夺取胜利,不顾一切流血恐怖夺取胜利。不论道路多么漫长,多么崎岖,一定要夺取胜利!"请分析在一篇演讲词中,什么特质最能够打动人心。

2. 试分析本文所说的"热血、辛劳、汗水与眼泪"象征着什么。

【平行阅读】

《谁说败局已定》 〔法〕戴高乐

《我们将战斗到底》 〔英〕温斯顿·丘吉尔

《葛底斯堡演讲》 〔美〕亚伯拉罕·林肯

西绪福斯神话

[法]阿尔贝·加缪（郭宏安译）

【作者介绍】

阿尔贝·加缪（Albert Camus,1913—1960），法国作家、哲学家，存在主义文学、"荒诞哲学"的代表人物。加缪在小说、戏剧、文学评论等文学创作的诸多领域均有涉猎。主要作品有长篇小说《局外人》《鼠疫》《快乐的死》，短篇小说《成熟的女人》《困惑灵魂的叛变》《沉默之人》，戏剧《卡里古拉》《附魔者》，哲学随笔集《反与正》《西西弗的神话》《反抗者》等。曾获得1957年诺贝尔文学奖。

1942年，加缪因小说《局外人》成名，书中他形象地提出了存在主义关于"荒谬"的观念。随后，他开始写作哲学随笔《西绪福斯神话》（亦译作《西西弗的神话》），5年后，长篇小说《鼠疫》问世，为加缪赢得了国际性声誉。

加缪并无专门的哲学著作来阐述他的思想观念。但他在其全部文学作品和哲学随笔当中，强调了"荒诞"的概念。加缪形象而深刻地揭示出世界的荒诞性，人在异己世界中的孤独处境，人的异化，以及罪恶、爱和死亡的不可避免。但面对这个荒诞的世界，他却并不沮丧和绝望，而是主张要奋起反抗，在绝望中坚持真理和正义。他直面惨淡人生的勇气，他面对残酷世界的勇气，使他在第二次世界大战之后在欧洲乃至在全世界范围内，成为他那一代人的代言人和下一代人的精神导师。被称为"年轻一代的良心"。

加缪的创作存在大量的二元对立的主题，但加缪抛弃了二元对立的传统理念，把好与坏、罪与恶消解于无形中，认为"人只能带着裂痕去生活"，二元对立的两极相互为对方的存在而存在。在他的作品中，看不到逻辑的一贯性，到处隐含着矛盾，这使他的作品充满了张力，同时富有歧义性和多解性。

神判处西绪福斯把一块巨石不断地推上山顶，石头因自身的重量又从山顶上滚落下来。他们有某种理由认为最可怕的惩罚莫过于既无用又无望的劳动。

如果相信荷马，西绪福斯是最聪明最谨慎的凡人。然而根据另一种传说，他倾向于强盗的营生。我看不出这当中有什么矛盾。关于使他成为地狱的无用的劳动的原因，看法有分歧。有人首先指责他对神犯了些小过失。他泄露了他们的秘密。埃索波斯[1]的女儿埃癸娜被宙斯[2]劫走。父亲对女儿的失踪感到奇怪，就向西绪福斯诉苦。西绪福斯知道此事，答应告诉他，条件是他向科林斯城堡供水。西绪福斯喜欢水的祝福更胜过上天的霹雳。他于是被罚入地狱。荷马还告诉我们西绪福斯捆住了死神。普路同[3]忍受不了他的王国呈现一片荒凉寂静的景象。他催促战神把死神从他的胜利者手中解脱出来。

有人还说垂死的西绪福斯不谨慎地想要考验妻子的爱情。他命令她把他的遗体不加埋葬地扔到公共广场的中央。西绪福斯进了地狱。在那里，他对这种如此违背人类之爱的服从感到恼怒，就从普路同那里获准返回地面去惩罚他的妻子。然而，当他又看见了这个世界的面貌，尝到了水和阳光、灼热的石头和大海，就不愿再回到地狱的黑暗中了。召唤、愤怒和警告都无济于事。他又在海湾的曲线、明亮的大海和大地的微笑面前活了许多年。神必须作出决定。墨丘利[4]用强力把他带回地狱,那里为他准备好了一块巨石。

人们已经明白,西绪福斯是荒诞的英雄。这既是由于他的激情,也是由于他的痛苦。他对神的轻蔑,他对死亡的仇恨,他对生命的激情,使他受到了这种无法描述的酷刑:用尽全部心力而一无所成。这是为了热爱这片土地而必须付出的代价。关于地狱里的西绪福斯,人们什么也没告诉我们。神话编出来就是为了让想象力赋予它们活力。对于他的神话,人们只看见一个人全身绷紧竭力推起一块巨石,令其滚动,爬上成百的陡坡;人们看见皱紧的面孔,脸颊抵住石头,一个肩承受着满是黏土的庞然大物,一只脚垫于其下,用两臂撑住,沾满泥土的双手显示出人的稳当。经过漫长的、用没有天空的空间和没有纵深的时间来度量的努力,目的终于达到了。这时,西绪福斯看见巨石一会儿工夫滚到下面的世界中去,他又得再把它推上山顶。他朝平原走下去。

我感兴趣的是返回中、停歇中的西绪福斯。那张如此贴近石头的面孔已经成了石头了!我看见这个人下山,朝着他不知道尽头的痛苦,脚步沉重而均匀。这时刻就像是呼吸,和他的不幸一样肯定会再来,这时刻就是意识的时刻。当他离开山顶、渐渐深入神的隐蔽的住所的时候,他高于他的命运。他比他的巨石更强大。

如果说这神话是悲壮的,那是因为它的主人公是有意识的。如果每一步都有成功的希望支持着他,那他的苦难又将在哪里?今日之工人劳动,一生中每一天都干着同样的活计,这种命运是同样的荒诞。因此它只在工人有了意识那种很少的时候才是悲壮的。西绪福斯,这神的无产者,无能为力而又在反抗,他知道他的悲惨的状况有多么深广:他下山时想的正是这种状况。造成他的痛苦的洞察力同时也完成了他的胜利。没有轻蔑克服不了的命运。

如果在某些日子里下山可以在痛苦中进行,那么它也可以在欢乐中进行。此话并非多余。我还想像西绪福斯回到巨石前,痛苦从此开始。当大地的形象过于强烈地缠住记忆,当幸福的呼唤过于急迫,忧伤就会在人的心中升起:这是巨石的胜利,这是巨石本身,巨大的忧伤沉重得不堪承受。这是我们的客西马尼之夜[5]。然而不可抗拒的真理一经被承认便告完结。这样,俄狄浦斯[6]先就不知不觉地顺从了命运。从他知道的那一刻起,他的悲剧便开始了。然而同时,盲目而绝望的他认识到他同这世界的唯一的联系是一个年轻姑娘的新鲜的手。于是响起一句过分的话:"尽管如此多灾多难,我的高龄和我的灵魂的高贵仍使我认为一切皆善。"像陀思妥耶夫斯基[7]的基里洛夫[8]一样,索福克勒斯[9]的俄狄浦斯就这样提供了荒诞的胜利的方式。古代的智慧和现代的英雄主义会合了。

不试图写一本幸福教科书,是不会发现荒诞的。"啊!什么,路这么窄……"然而只有一个世界。幸福和荒诞是同一块土地的两个儿子。他们是不可分的。说幸福一定产生于荒诞的发现,那是错误的。有时荒诞感也产生于幸福。俄狄浦斯说:"我认为一切皆善。"这句话是神圣的。它回响在人的凶恶而有限的宇宙之中。它告诉人们一切并未被、也不曾被耗尽。它从这世界上逐走一个带着不满足和对无用的痛苦的兴趣进入这世界的神。它使命运成为人的事情,而这件事情应该在人之间解决。

西绪福斯的全部沉默的喜悦就在这里。他的命运出现在面前。他的巨石是他的事情。同样,当荒诞的人静观他的痛苦时,他就使一切偶像钳口不语。在突然归于寂静的宇宙中,大地的成千上万细小的惊叹声就起来了。无意识的、隐秘的呼唤,各种面孔的邀请,都是必要的反面和胜利的代价。没有不带阴影的太阳,应该了解黑夜。荒诞的人说"是",于是他的努力便没有间断了。如果说有一种个人的命运,却绝没有高级的命运,至少只有一种命运,而他断定它是不可避免的,是可以轻蔑的。至于其他,他自知是他的岁月的主人。在人返回他的生活这一微秒的时刻,返回巨石的西绪福斯静观那一连串没有联系的行动,这些行动变成了他的命运,而这命运是他创造的,在他的记忆的目光下统一起来,很快又由他的死加章盖印。这样,确信一切人事都有人的根源,盲目却渴望看见并且知道黑夜没有尽头,他就永远在行进中。巨石还在滚动。

我让西绪福斯留在山下! 人们总是看得见他的重负。西绪福斯教人以否定神祇举起巨石的至高无上的忠诚。他也断定一切皆善。这个从此没有主人的宇宙对他不再是没有结果和虚幻的了。这块石头的每一细粒,这座黑夜笼罩的大山的每一道矿物的光芒,都对他一个人形成了一个世界。登上顶峰的斗争本身足以充实人的心灵。应该设想,西绪福斯是幸福的。

选自《加缪文集:精选本》,[法]阿尔贝·加缪,译林出版社 1999 年版

【注释】

[1] 埃索波斯:希腊神话中的河神。

[2] 宙斯:希腊神话中的主神。

[3] 普路同:罗马神话中的冥王。

[4] 墨丘利:罗马神话中的商业神,即希腊神话中的赫尔墨斯,他是众神的使者。

[5] 客西马尼之夜:《圣经》中说,耶稣在橄榄山下一个叫客西马尼的地方,让门徒祷告,不要睡觉,免受迷惑,他次日于此地被犹大出卖。耶稣在此做最后的祈祷,而门徒们都在沉睡。

[6] 俄狄浦斯:希腊神话中忒拜的国王,是国王拉伊奥斯和王后约卡斯塔的儿子,他在不知情的情况下,杀死了自己的父亲并娶了自己的母亲。

[7] 陀思妥耶夫斯基:19 世纪俄国作家。著有《穷人》《白夜》《罪与罚》《白痴》《卡拉马佐夫兄弟》等。

[8] 基里洛夫:陀思妥耶夫斯基小说《群魔》里的思想者,常常把思想的逻辑推到极端,认为不能够同时存有两种不相容的思想,为了思想逻辑的彻底性,他选择了自杀。

[9] 索福克勒斯:古希腊悲剧诗人,著有《埃阿斯》《俄狄浦斯王》《安提戈涅》等。

【阅读导引】

本文又译作《西西弗的神话》,选自加缪的哲学随笔集《西绪福斯神话》,原书的副标题是"论荒谬"。西绪福斯的故事取材于希腊神话。西绪福斯是柯林斯王国的国王,机智多谋。他因得罪了宙斯,被投入地狱。进入冥府后又欺骗冥王,得到了重返人间的机会,而面对人间美景,西绪福斯流连忘返,拒绝回到地狱,因而触怒了众神,众神于是处罚他做无效且无望的劳动。西绪福斯是古希腊神话中的悲剧人物,而加缪却看到了这个人物身上的另一层意义,塑造了一个"幸福的荒诞英雄"的形象。

作者深刻而犀利地指出了西绪福斯悲剧的深层原因:"由于他的激情,也是由于他的痛苦。他对神的轻蔑,他对死亡的仇恨,他对生命的激情,使他受到了这种无法描述的酷刑:用尽全部心力而一无所成。这是为了热爱这片土地而必须付出的代价。"我们看到了

一个荒诞的逻辑：一个人对土地、对生活的爱与激情却要为他招来酷刑的惩罚，而这种惩罚的目的，就是要让他失去上述的一切美好感情。这是一个残酷现实。但是西绪福斯之所以是一个英雄，因为他日复一日承受着这种循环往复的、寂寞痛苦的、没有希望也没有尽头的生活的同时，却能够在其中发现幸福。他向我们展示：在无望的生活中，只有反抗，才能获得生命的尊严，获得生命的意义。"没有不带阴影的太阳，应该了解黑夜。"既然苦难无法避免，那么我们最好的选择就是去面对它、蔑视它，进而乐观地与之对决。

加缪说，人生就是荒谬，正如日复一日滚石上山的西绪福斯。"今日之工人劳动，一生中每一天都干着同样的活计，这种命运是同样的荒诞。"人在没有意识到生活的无望时是无所谓不幸的，人生的痛苦"只在工人有了那种很少的意识的时候才是悲壮的"。因此，西绪福斯的伟大正在于他对自己的处境非常清醒的同时，能够蔑视命运，获得幸福。"造成他的痛苦的洞察力同时也完成了他的胜利。没有轻蔑克服不了的命运"。西绪福斯的幸福，就在于他打破了一个旧的价值体系，在一个无意义的世界里创造了一个有着属于自己的意义的世界。在这个世界里，我们看到了人的尊严。

荒诞是加缪哲学思想的起点，他从荒谬这个前提出发对心灵进行探索。加缪一层一层地剥离人生虚幻的外衣，将其荒谬的本质赤裸裸地揭示出来；然而荒谬不是绝望，而是在看穿了痛苦之后，仍然能够勇敢地爬上命运的山顶，与命运对抗，笑对人生。在这个意义上，加缪在作品中传达出的是对生活的爱，是温暖，是"幸福"。

加缪把深刻的哲学思想放在生动的文学形象中加以体现，他的作品文笔简洁、明快、朴实，惯用白描手法，清晰客观地表现人物的一言一行。言简意赅，表意深刻；笔调优雅，风格纯正。他的小说生动而富有哲思，蕴含着哲学家对人生的深刻思考和艺术家的强烈激情。

【思考训练】

1. 怎么理解西绪福斯故事的荒诞性？
2. 为什么说"西绪福斯是幸福的"？
3. 请对照本文的其他译本，比较两者之间的差异。

【平行阅读】

《荒诞推理》 ［法］阿尔贝·加缪
《存在与虚无》 ［法］萨特
《判决》 ［奥地利］卡夫卡

培根随笔二则

［英］弗朗西斯·培根（王佐良译）

【作者介绍】

弗朗西斯·培根（Francis Bacon，1561—1626），英国文艺复兴时期最重要的散文家、哲学家。是英国唯物主义哲学家、实验科学的创始人、近代归纳法的创始人。培根被马克思誉为"英国唯物主义和整个近代实验科学的真正始祖",是"实验哲学之父",是"近代自然科学直接的或感性的缔造者"。主要著作有《新工具》《论科学的增进》以及《学术的伟大复兴》《培根随笔》等。

1561年培根出生在英国伦敦的一个贵族家庭,13岁时便进入英国著名的剑桥大学读书。培根少年丧父,一生经历了诸多磨难,复杂的生活经历赋予他成熟的言论和深刻的思想。1620年,培根总结了他的哲学思想,出版了《新工具》一书。在书中他响亮地提出了"知识就是力量"的观点。他指出,要想控制、利用自然,就必须掌握科学知识。他认为真正的哲学必须研究自然、研究科学。为此,他十分重视科学实验,认为只有经过实验才能获得真正的知识。

培根还是一位杰出的散文作家。他在1597年出版的《培根随笔》,成为英国随笔文学的开山之作,在世界文学史上占有重要的地位。

谈 读 书

读书足以怡情,足以博彩,足以长才。其怡情也,最见于独处幽居之时;其博彩也,最见于高谈阔论之中;其长才也,最见于处世判事之际。练达之士虽能分别处理细事或一一判别枝节,然纵观统筹、全局策划,则舍好学深思者莫属。读书费时过多易惰,文采藻饰太盛则矫,全凭条文断事乃学究故态。读书补天然之不足,经验又补读书之不足,盖天生才干犹如自然花草,读书然后知如何修剪移接;而书中所示,如不以经验范之,则又大而无当。有一技之长者鄙读书,无知者羡读书,唯明智之士用读书,然书并不以用处告人,用书之智不在书中,而在书外,全凭观察得之。

读书时不可存心诘难作者,不可尽信书上所言,亦不可只为寻章摘句,而应推敲细思。书有可浅尝者,有可吞食者,少数则需咀嚼消化。换言之,有只须读其部分者,有只须大体涉猎者,少数则须全读,读时须全神贯注,孜孜不倦。书亦可请人代读,取其所作摘要,但只限题材较次或价值不高者,否则书经提炼犹如水经蒸馏,淡而无味矣。

读书使人充实,讨论使人机智,笔记使人准确。因此不常作笔记者须记忆特强,不常讨论者须天生聪颖,不常读书者须欺世有术,始能无知而显有知。读史使人明智,读诗使人灵秀,数学使人周密,科学使人深刻,伦理学使人庄重,逻辑修辞之学使人善辩:凡有所学,皆成性格。人之才智但有滞碍,无不可读适当之书使之顺畅,一如身体百病,皆可借相宜之运动除之。滚球利睾肾,射箭利胸肺,漫步利肠胃,骑术利头脑,诸如此类。如智力不集中,可令读数学,盖演题须全神贯注,稍有分散即须重演;如不能辨异,可令读经院哲学,盖是辈皆吹毛求疵之人;如不善求同,不善以一物阐证另一物,可令读律师之案卷。如此头脑中凡有缺陷,皆有特药可医。

谈 美

德行犹如宝石,朴素最美;其于人也,则有德者但须形体悦目,不必面貌俊秀,与其貌美,不若气度恢宏。人不尽知:绝色无大德也;一如自然劳碌终日,但求无过,而无力制成上品。因此美男子有才而无壮志,重行而不重德。但亦不尽然。罗马大帝奥古斯提与泰特思,法王菲律浦,英王爱德华四世,古雅典之亚西拜提斯,波斯之伊斯迈帝,皆有宏图壮志而又为当时最美之人也。美不在颜色艳丽而在面目端正,又不尽在面目端正而在举止文雅合度。美之极致,非图画所能表,乍见能所识。举凡最美之人,其部位比例,必有异于常人之处。阿尔贝与杜勒皆画家也,其画人像也,一则按照几何学之比例,一则集众脸型之长于一身,二者谁更不智,实难断言,窃以为此等画像除画家本人外,恐无人喜爱也。余不否认画像之美可以超越人寰,但此美必为神笔,而非可依规矩得之者,乐师之谱成名曲亦莫不皆然。人面如逐部细察,往往一无是处,观其整体则光彩夺目。

美之要素既在于举止,则年长美过年少亦无足怪。古人云:"美者秋日亦美。"年少而著美名,率由宽假,盖鉴其年事之少,而补其形体之不足也。美者犹如夏日蔬果,易腐难存;要之,年少而美者常无形,年长而美者不免面有惭色。虽然,但须托体得人,则德行因美而益彰,恶行见美而愈愧。

选自《英国诗文选译集》,王佐良译,外语教学与研究出版社 1980 年版

【阅读导引】

《培根随笔》收录了一些带有议论性质的短文,从政治、经济、宗教、爱情、婚姻、友谊、艺术、教育、伦理等各种角度论述了作者对人与社会、人与自己、人与自然的关系的许多独到而精辟的见解,蕴含着培根思想的精华,对后人起到重要的思想引导作用。

我们选择的《谈读书》《谈美》是《培根随笔》中脍炙人口的两篇作品。《谈读书》阐述了读书的重要性与要学以致用,认真思考;《谈美》表达了"朴素最美"这一深刻而独到的审美观。两篇随笔篇幅不长,结构紧凑,说理透辟,体现了培根随笔的典型特点,在价值观上分别体现了培根的现实主义和道德理想,作品的构思手法独具特色。

第一,论述开门见山,主题鲜明。《谈读书》文首即声明"读书足以怡情,足以博彩,足以长才";《谈美》也在开篇就表明自己的观点"德行犹如宝石,朴素最美"。第二,结构严谨,逻辑严密。《谈读书》中,作者一方面强调读书对人生有着极其重要的意义,但同时也强调尽信书则不如无书,读书要有针对性,说理周密。《谈美》中,先说朴素最美,又推进一层,说"美之极致,非图画所能表,乍见能所识",须"托体得人"方为美,把美的境界层层宕开,逐层深入。第三,作者擅长在论述中旁征博引,增强了论述的说服力。作者本身博闻强识,知识面极广,这一优势在他的随笔中得到了充分的发挥。在《谈读书》中,为了说明读书的功效,分别对历史、诗歌、数学、科学、伦理学、逻辑修辞之学的不同功用进行了准确阐释,使人豁然开朗;又借"滚球利睾肾,射箭利胸肺,漫步利肠胃,骑术利头脑"来说明不同书籍对人类精神世界的不同功用。《谈美》中,引述了历史中的一系列名人为例证明其观点。第四,说理形象生动。作者用其敏锐的洞察力把枯燥的道理表述得生动有趣。《谈读书》中,作者把书经提炼比作"水经蒸馏",言其淡而无味,价值全失;又说"人之才智但有滞碍,无不可读适当之书使之顺畅,一如身体百病,皆可借相宜之运动除之"。形象地说明了读书的价值;《谈美》中,则将德行比作宝石,又将美比作夏日蔬果。作者用生活化的例子,形象生动地阐释了抽象的观点,使人读之趣味盎然。第五,排比手法的使用,增加了语言的节奏感。

两篇随笔的语言自然流畅,清新自然,如行云流水般铺展开来,体现了培根随笔语言简洁、文笔优美、说理透彻的特点,同时在译者笔下呈现出古典优雅的味道,这种东西方文化的交融使文章呈现出一种优美而庄严的韵律,可以视作西文汉译的典范。

【思考训练】

　　1. 文中谈到读书与经验(实践)之间的辩证关系是怎样的? 作者应当怎样处理两者之间的这种关系?

　　2. 结合课文与生活中的例子,说说我们该怎样理解"美不在颜色艳丽而在面目端正,又不尽在面目端正而在举止文雅合度。美之极致,非图画所能表,乍见能所识"。

【平行阅读】

《随笔》 [法]夏尔·波德莱尔
《温泉胜地》 [英]威廉·科贝特
《漫谈读书》 [英]查尔斯·兰姆

下编　应用文写作

第十一章　公 务 文 书

【专题概说】

　　公务文书,简称"公文",有广义和狭义的理解。广义的公务文书是针对私务文书而言的,指党政机关、社会团体和企事业单位在公务活动中使用的各种有系统内容、规范格式、完整体例的书面材料,如司法文件、外交文件、简报等;狭义的公务文书是特指党政机关公文,是党政机关实施领导、履行职能、处理公务的具有特定效力和规范体式的文书,是传达贯彻党和国家方针政策,公布法规和规章,指导、布置和商洽工作,请示和答复问题,报告、通报和交流情况的重要工具。本章介绍的公务文书是狭义的公文,指中共中央办公厅、国务院办公厅于 2012 年 4 月 6 日发布、2012 年 7 月 1 日起施行的《党政机关公文处理工作条例》(中办发〔2012〕14 号)列出的 15 种公文文种,即决议、决定、命令(令)、公报、公告、通告、意见、通知、通报、报告、请示、批复、议案、函、纪要。

　　公文写作从执笔人的角度看,不同于其他写作,是一种"被动写作",常常受上级意图、实际情况、别的机关来文等条件的制约,笔者的主观随意性很小。制发公文的过程实际上是一个研究政策、了解情况、分析问题、寻求办法,以求促进社会主义事业的过程。这就要求我们的公文一方面能正确贯彻体现党和国家的方针、政策,另一方面能切合现实生活,对具体工作有指导作用,也就是俗话说的"吃透两头"。在具体写作过程中,也要注意这类实用文体和文学类作品或论说文章等的差别:首先,在主旨的表达方面,公文主旨要求正确鲜明,表述观点、提出要求等都开门见山,直截了当,不能够像文学作品那样隐晦曲折,也不必像论说文那样旁征博引。其次,在材料的搜集方面,公文材料是作者为了阐明主旨所运用的事实和依据,所以公文选材要本着围绕主旨、真实准确、新颖典型的原则进行筛选。再次,在结构布局方面,公文的优劣在很大程度上取决于结构的好坏,好的公文总是力求结构简洁,纲目清楚,层次分明,详略得当,文气流畅,前后呼应。篇段合一式、总分式、分条列项式,是公文常用的结构形态。最后,在语体特点方面,公文语言要求准确简练、平实规范,公文语体既不像文艺语体那样生动活泼,也不像宣传鼓动语体那样具有论证性、鼓动性,更不像科学语体那样具有理论性、科学性,而是通过平实的语言、准确的事实,讲清楚根据什么,为了什么,该怎么办,不该怎么办。

　　总之,公文是具有法定写作主体、鲜明政治政策性、现实的时效性、严格的规范性的一种文体,它是机关单位中使用最频繁、最普遍的一类文件,具有领导和协调作用、情况交流作用、依据凭证作用以及宣传教育作用。目前,企业和社会团体在工作中也多用党政机关公文文种处理相关公务。本章选取了一般机关常用常见的公告、通告、通知、通报、报告、请示、批复、函、纪要九种公文文种进行讲解。

第一节　公务文书概述

一、公文种类

根据中共中央办公厅、国务院办公厅于 2012 年 4 月 6 日发布的《党政机关公文处理工作条例》(以下简称《条例》)规定,我国现行公文有 15 种。

(1)决议。适用于会议讨论通过的重大决策事项。

(2)决定。适用于对重要事项做出决策和部署、奖惩有关单位和人员、变更或者撤销下级机关不适当的决定事项。

(3)命令(令)。适用于公布行政法规和规章、宣布施行重大强制性措施、批准授予和晋升衔级、嘉奖有关单位和人员。

(4)公报。适用于公布重要决定或者重大事项。

(5)公告。适用于向国内外宣布重要事项或者法定事项。

(6)通告。适用于在一定范围内公布应当遵守或者周知的事项。

(7)意见。适用于对重要问题提出见解和处理办法。

(8)通知。适用于发布、传达要求下级机关执行和有关单位周知或者执行的事项,批转、转发公文。

(9)通报。适用于表彰先进、批评错误、传达重要精神和告知重要情况。

(10)报告。适用于向上级机关汇报工作、反映情况,回复上级机关的询问。

(11)请示。适用于向上级机关请求指示、批准。

(12)批复。适用于答复下级机关请示事项。

(13)议案。适用于各级人民政府按照法律程序向同级人民代表大会或者人民代表大会常务委员会提请审议事项。

(14)函。适用于不相隶属机关之间商洽工作、询问和答复问题、请求批准和答复审批事项。

(15)纪要。适用于记载会议主要情况和议定事项。

与 2000 年 8 月 24 日国务院发布,现已停止使用的《国家行政机关公文处理办法》相比,新《条例》对一些文种及其适用范围做了更加科学合理的调整与变动。为了认识、使用和管理的需要,可以根据不同的标准,从不同的角度,对现行公文进行分类。

(一)按公文的来源分

凡是其他机关送来的公文,对于受文机关来说,都叫收文;本机关发出去的公文,都叫发文;发给本机关内部的公文,叫内部公文;发给其他机关的公文,叫对外公文。

(二)按行文方向分

公文按行文方向可分为上行文、下行文和平行文。①上行文是指向具有隶属关系的上级领导、指导机关呈送的公文,如报告、请示。②下行文是指向所属被领导、指导的下级机关发送的公文,如决议、决定、命令(令)、通知、通报、批复等。③平行文是指同一组织系统的同级机关之间或不相隶属机关之间的行文,如议案、函。

有的公文的行文方面具有多样性,根据其不同的行文关系,体现不同的行文职能,如意见。

（三）按行文职能分

公文按行文职能可分为报请性公文、指挥性公文、知照性公文、商洽性公文、记录性公文等。这种分类方法与按行文方向的分类有相似之处,但功能性更为明确。

（四）按秘密等级分

公文按秘密等级可分为绝密公文、机密公文、秘密公文以及普通公文。

另外还可以按公文的处理时限划分为特急公文、急件公文与平件公文。总之,按照不同的分类标准,可以划分为不同的类别,帮助我们从各个不同的角度去认识、了解公文,从而掌握公文的具体应用规律。

二、公文格式

公文格式,即公文的规格样式,包括公文的构成要素、各要素在文面上的排列顺序和标识规则、用纸要求及印装规格等。现行的公文格式,应该参照《条例》和《党政机关公文格式》(国家标准 GB/T 9704—2012)综合掌握。公文的格式具有规范性和相对确定性,这是它和一般文章不同的重要标志之一。严格按照公文格式行文,能够确保公文的合法性、完整性和有效性,有利于公文处理的规范化和科学化。

《条例》和《党政机关公文格式》(国家标准 GB/T 9704—2012)规定:公文用纸一般采用国际标准 A4 型纸(210mm×297mm),左侧装订,版心尺寸为 156mm×225mm。张贴的公文用纸大小,根据实际需要确定。

公文从整体结构上看,可以分为版头(眉首)、主体、版记(文尾)三大部分,各部分又有各自不同的构成要素。《条例》第三章第九条规定:"公文一般由份号、密级和保密期限、紧急程度、发文机关标志、发文字号、签发人、标题、主送机关、正文、附件说明、发文机关署名、成文日期、印章、附注、附件、抄送机关、印发机关和印发日期、页码等组成。"这些项目中,有些是公文的必备要素,有些则可以根据具体情况有所省略。

（一）版头

一般是指公文首页红色分隔线以上的部分,大约占到首页上方的 1/3 到 2/5,由份号、密级和保密期限、紧急程度、发文机关标志、发文字号、签发人等要素构成。

（1）份号。公文印制份数的顺序号。涉密公文应当标注份号。如需标注份号,一般用 6 位 3 号阿拉伯数字,顶格编排在版心左上角第一行。

（2）密级和保密期限。即公文的秘密等级和保密的期限。涉密公文应当根据涉密程度分别标注"绝密""机密""秘密"和保密期限。如需标注密级和保密期限,一般用 3 号黑体字,顶格编排在版心左上角第二行;保密期限中的数字用阿拉伯数字标注。如"机密★3 年"或"秘密★6 个月",过期即可解密。

（3）紧急程度。公文送达和办理的时限要求。根据紧急程度，紧急公文应当分别标注"特急""加急"，电报应当分别标注"特提""特急""加急""平急"。如需标注紧急程度，一般用3号黑体字，顶格编排在版心左上角；如需同时标注份号、密级和保密期限、紧急程度，按照份号、密级和保密期限、紧急程度的顺序自上而下分行排列。

标明紧急程度，是为了确保公文的时效，使紧急事项得到及时处理。紧急程度由公文签发人根据实际需要确定，既不要贻误紧急工作的及时处理，也不要滥用急件。

（4）发文机关标志。由发文机关全称或者规范化简称加"文件"二字组成，也可以使用发文机关全称或者规范化简称。发文机关标志居中排布，上边缘至版心上边缘为35mm，推荐使用小标宋体字，颜色为红色，以醒目、美观、庄重为原则。

联合行文时，发文机关标志可以并用联合发文机关名称，也可以单独用主办机关名称。由发文机关全称或者规范化简称加"文件"二字组成，也可以使用发文机关全称或者规范化简称。如需同时标注联署发文机关名称，一般应当将主办机关名称排列在前；如有"文件"二字，应当置于发文机关名称右侧，以联署发文机关名称为准上下居中排布。

如"国务院文件""山西省人民政府文件"等。使用发文机关标志的文件，习惯上称为"红头文件"。

（5）发文字号。由发文机关代字、年份、发文顺序号组成。编排在发文机关标志下空二行位置，居中排布。年份、发文顺序号用阿拉伯数字标注；年份应标全称，用六角括号"〔〕"括入；发文顺序号不加"第"字，不编虚位（即1不编为01），在阿拉伯数字后加"号"字。联合行文时，使用主办机关的发文字号。上行文的发文字号居左空一字编排，与最后一个签发人姓名处在同一行。

如"国发〔2017〕5号"，"国发"是发文机关代字，代表国务院，"2017"是年份，"5号"是该年的发文序号，这个发文字号表示这份公文是国务院2017年下发的第5号文件。发文字号的作用，一是统计发文的数量，便于管理；二是在查找和引用时可以作为文件的代号使用。

（6）签发人。签发人是公文事项的责任人，签发是机关或部门领导人履行其职权的一种形式，上行文应当标注签发人姓名。当标识签发人时，发文字号居左，左空一字位置；"签发人"三字加全角冒号和签发人姓名组成，居右空一字，编排在发文机关标志下空二行位置。"签发人"三字用3号仿宋体字，签发人姓名用3号楷体字。

如有多个签发人，签发人姓名按照发文机关的排列顺序从左到右、自上而下依次均匀编排，一般每行排两个姓名，回行时与上一行第一个签发人姓名对齐。发文字号与最后一个签发人同处一行平行排列。发文字号之下4mm处居中印一条与版心等宽的红色分隔线，将公文的版头与主体部分隔开。

（二）主体

一般是指公文首页红色分隔线（不含）以下，公文末页首条分隔线（不含）以上的部分，主体部分由公文标题、主送机关、正文、附件说明、发文机关署名、成文日期、印章、附注、附件等要素构成。

（1）标题。完整的公文标题，一般由发文机关名称、事由、文种三大要素构成。

标题中的"发文机关名称"，一般要用全称或规范化的简称。标题中的"事由"，应当准确简要地概括公文的主要内容，原则上应当标题现旨；发文事由一般用介词"关于"和表示中心内容的动宾词组或偏正词组组成介词结构,引出事由涉及的范围或包含的内容;如果是批转、转发、印发类公文,介词"关于"可以省略;某些公文,如命令(令)、公告、通告等,或因公文内容复杂,难以用少量文字加以准确概括,或为了突出发文机关,使标题简洁醒目,常常省略事由,如《中华人民共和国主席令》《新华社公告》《××交通管理局通告》。标题中的"文种",文种是公文标题不可缺少的组成部分,撰写公文时务必要正确选择,不用、错用或生造、自拟文种都是不规范的,如×市××局为适应工作需要,向市政府行文请求批准成立××处,标题写成《×市××局关于成立×市××局××处的报告》,请求上级批准,属于事前请示性质,用报告显然不对;某些用于张贴、登报时使用的公文,如通知、通告等,也可直接用文种词作为标题。

公文标题一般用 2 号小标宋体字,编排于红色分隔线下空两行位置,分一行或多行居中排布;回行时,要做到词意完整,排列对称,长短适宜,间距恰当,标题排列应当使用梯形或菱形。

标题中除法规、规章类文件名称加书名号外,一般不用标点符号。

有些法规性公文在标题之下还有题注一项,用以说明某项法令、规定等通过或批准的时间、程序或开始生效的时间。题注一项的内容一般写在括号内。

(2)主送机关。公文的主要受理机关,应当使用机关全称、规范化简称或者同类型机关统称。除决议、公报、决定、公告、通告、纪要等公文外,公文一般都应写主送机关。主送机关种类较多,一般按系统和级别分开,在同一系统内的单位之间用顿号表示并列,在不同系统的单位之间用逗号表示并列,如"各省、自治区、直辖市人民政府,国务院各部委、各直属机构"如果主送机关很多,还可以用统称或泛称,如"各有关单位"。

主送机关俗称"抬头"。编排于标题下空一行位置,居左顶格,回行时仍顶格,最后一个机关名称后标全角冒号。如主送机关名称过多导致公文首页不能显示正文时,应当将主送机关名称移至版记中的主题词之下、抄送之上。

(3)正文。公文的主体,用来表述公文的内容。一般可分为"开头""主体"和"结尾"三部分。"开头"要根据公文的内容、目的、行文对象等,采用不同的方式,常见的有"目的式""根据式""情况式"等开头方式。"主体"是公文最主要的部分,总的撰写要求是叙事清楚准确、突出重点、简洁明快,其结构形式更多地考虑文体的特殊性与表达内容的需要,有时即便是同属一个文种,由于其表现内容、作用的不同,其结构形式也有很大的差异性,不同的内容必须由不同的形式负载。"结尾"也应根据公文的文种、表达内容、行文关系的不同而有所区别。

公文首页必须显示正文。一般用 3 号仿宋体字,编排于主送机关名称下一行,每个自然段左空两字,回行顶格。文中结构层次序数依次可以用"一、""(一)""1.""(1)"标注;一般第一层用黑体字、第二层用楷体字、第三层和第四层用仿宋体字标注。

(4)附件说明。附件是公文正文的说明、补充或者参考资料,如图表、名单、规定等。附件说明是指公文附件的顺序号和名称。公文如有附件,需在正文下空一行左空两字编排"附件"二字,后标全角冒号和附件名称。如有多个附件,使用阿拉伯数字标注附件顺序号(如"附件:1. ×××××");附件名称后不加标点符号。附件名称较长需回行时,应当与上一行附件名称的首字对齐。

附件应当另面编排,并在版记之前,与公文正文一起装订。"附件"二字及附件顺序号用 3 号黑体字顶格编排在版心左上角第一行。附件标题居中编排在版心第三行。附件顺序号和附件标题应当与附件说明的表述一致。附件格式要求同正文。

如附件与正文不能一起装订,应当在附件左上角第一行顶格编排公文的发文字号并在其后标注"附件"二字及附件顺序号。

(5)发文机关署名。又称"落款""下款",公文正文结束后,需在正文右下方署发文机关全称或者规范化简称。

发文机关署名的具体签署位置与方法,与成文日期及印章的签署位置与方法紧密关联,在下面"成文日期和印章"部分,我们将综合介绍。

(6)成文日期和印章。

成文日期。成文日期是公文生效的时间,是公文的一项重要内容,公文如果没有生效时间,在某种意义上说就是一纸空文。成文日期需署会议通过或者发文机关负责人签发的日期。联合行文时,署最后签发机关负责人签发的日期。标注成文日期时,要用阿拉伯数字将年、月、日标全,年份应标全称,月、日不编虚位(即 1 不编为 01)。

印章。印章(包括签名章)是公文的生效标志,是证明公文效力的表现形式。公文中有发文机关署名的,应当加盖发文机关印章,并与署名机关相符。有特定发文机关标志的普发性公文和电报可以不加盖印章。

发文机关署名、成文日期与印章的具体签署方式有以下三种情况。

① 加盖印章的公文。

成文日期一般右空四字编排,印章用红色,不得出现空白印章。

单一机关行文时,一般在成文日期之上、以成文日期为准居中编排发文机关署名,印章端正、居中下压发文机关署名和成文日期,使发文机关署名和成文日期居印章中心偏下位置,印章顶端应当上距正文(或附件说明)一行之内。

联合行文时,一般将各发文机关署名按照发文机关顺序整齐排列在相应位置,并将印章一一对应、端正、居中下压发文机关署名,最后一个印章端正、居中下压发文机关署名和成文日期,印章之间排列整齐、互不相交或相切,每排印章两端不得超出版心,首排印章顶端应当上距正文(或附件说明)一行之内。

② 不加盖印章的公文。

单一机关行文时,在正文(或附件说明)下空一行右空二字编排发文机关署名,在发文机关署名下一行编排成文日期,首字比发文机关署名首字右移两字,如成文日期长于发文机关署名,应当使成文日期右空两字编排,并相应增加发文机关署名右空字数。

联合行文时,应当先编排主办机关署名,其余发文机关署名依次向下编排。

③ 加盖签发人签名章的公文。

单一机关制发的公文加盖签发人签名章时,在正文(或附件说明)下空两行右空四字加盖签发人签名章,签名章左空两字标注签发人职务,以签名章为准上下居中排布。在签发人签名章下空一行右空四字编排成文日期。

联合行文时,应当先编排主办机关签发人职务、签名章,其余机关签发人职务、签名章依次向下编排,与主办机关签发人职务、签名章上下对齐;每行只编排一个机关的签发人职务、签名章;签发人职务应当标注全称。签名章一般用红色。

公文在签署发文机关署名、成文日期与印章时，要注意以下两点。

① 当公文排版后所剩空白处不能容下印章或签发人签名章、成文日期时，可以采取调整行距、字距的措施解决。

② 印章要与公文正文内容同处一页。1993年的《国家行政机关公文处理办法》为防止变造公文，曾有过标识"此页无正文"的规定，但2000年新的《国家行政机关公文处理办法》已经明确规定不再使用这种方式，而是采用调整行距、字距的措施加以解决，勿使印章与正文同处一页。

（7）附注。附注是对公文印发传达范围等事项的说明，如"此件发至县团级""此件可登报"等。如果公文文种是请示，则需在附注处注明发文机关联系人姓名和联系电话，如"联系人：×××；联系电话：×××××××"。公文如有附注，居左空两字加圆括号编排在成文日期下一行。

（三）版记

一般是指公文末页首条分隔线以下、末条分隔线以上的部分，由抄送机关、印发机关和印发日期、页码等要素构成。

（1）抄送机关。抄送机关是指除主送机关外需要执行或者知晓公文内容的其他机关，标注时应当使用机关全称、规范化简称或者同类型机关统称。

公文如有抄送机关，一般用4号仿宋体字，在印发机关和印发日期之上一行、左右各空一字编排。"抄送"二字后加全角冒号和抄送机关名称，回行时与冒号后的首字对齐，最后一个抄送机关名称后标句号。

如需把主送机关移至版记，除将"抄送"二字改为"主送"外，编排方法同抄送机关。既有主送机关又有抄送机关时，应当将主送机关置于抄送机关之上一行，之间不加分隔线。

（2）印发机关和印发日期。印发机关是指公文的送印机关，一般应是各机关的办公厅（室）或文秘部门。印发日期是指印发该公文的时间，可以与成文日期同步，也可能稍晚于成文日期。

印发机关和印发日期一般用4号仿宋体字，编排在末条分隔线之上，印发机关左空一字，印发日期右空一字，用阿拉伯数字将年、月、日标全，年份应标全称，月、日不编虚位（即1不编为01），后加"印发"二字。版记中如有其他要素，应当将其与印发机关和印发日期用一条细分隔线隔开。

（3）页码。页码是指公文页数顺序号。一般用4号半角宋体阿拉伯数字，编排在公文版心下边缘之下，数字左右各放一条一字线；一字线上距版心下边缘7mm。单页码居右空一字，双页码居左空一字。公文的版记页前有空白页的，空白页和版记页均不编排页码。公文的附件与正文一起装订时，页码应当连续编排。

版记中各项目之间需用分隔线隔开，版记中的分隔线与版心等宽，首条分隔线和末条分隔线用粗线（推荐高度为0.35mm），中间的分隔线用细线（推荐高度为0.25mm）。首条分隔线位于版记中第一个要素之上，末条分隔线与公文最后一面的版心下边缘重合。

除了以上所介绍的公文的一般格式外，《党政机关公文格式》（国家标准GB/T 9704—2012）还进一步明确了信函式公文格式、命令（令）式公文格式以及纪要式公文格式三种特定的格式。规范化的公文格式，不但可以提高公文的防伪性，也更加便于管理。我们应当全面熟练地掌握公文格式，提高工作质量和工作效率。

公文格式具体式样见后图：A4 型公文用纸页边及版心尺寸如图 11-1 所示；公文首页版式如图 11-2 所示；联合行文公文首页版式如图 11-3 和图 11-4 所示；公文末页版式如图 11-5 和图 11-6 所示；联合行文公文末页版式如图 11-7 和图 11-8 所示。

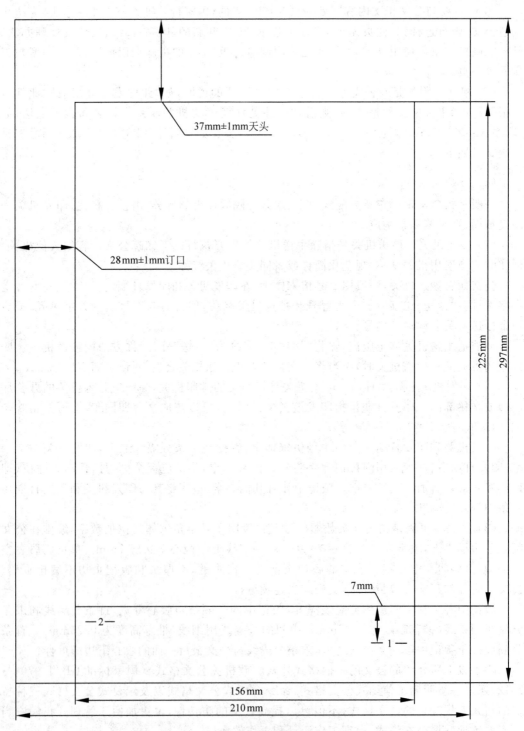

图 11-1　A4 型公文用纸页边及版心尺寸

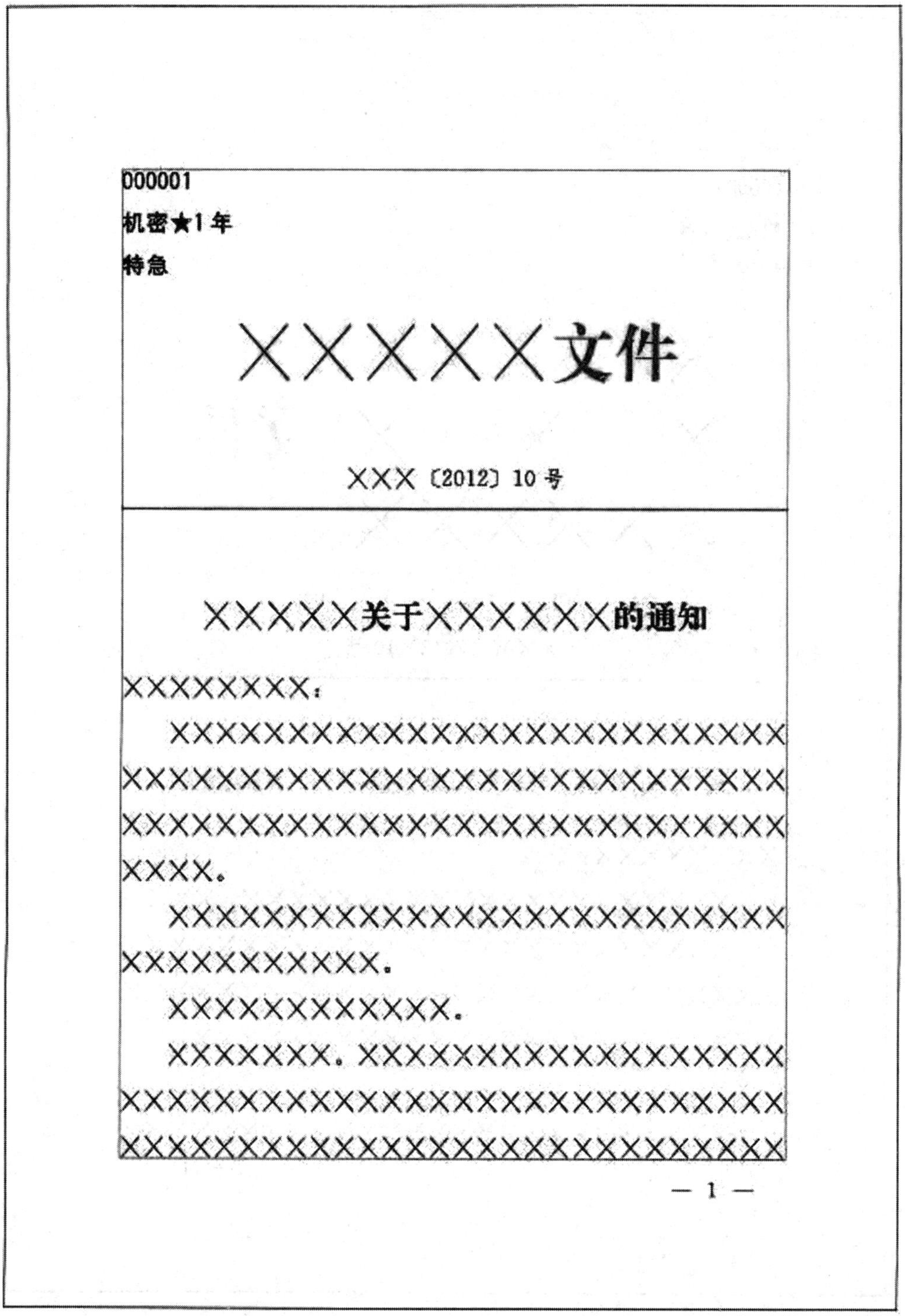

000001

机密★1年

特急

✕✕✕✕✕文件

✕✕✕〔2012〕10 号

✕✕✕✕✕关于✕✕✕✕✕✕的通知

✕✕✕✕✕✕✕✕：

　　✕✕✕✕✕✕✕✕✕✕✕✕✕✕✕✕✕✕✕✕✕✕✕
✕✕✕✕✕✕✕✕✕✕✕✕✕✕✕✕✕✕✕✕✕✕✕✕
✕✕✕✕✕✕✕✕✕✕✕✕✕✕✕✕✕✕✕✕✕✕✕✕✕
✕✕✕✕。

　　✕✕✕✕✕✕✕✕✕✕✕✕✕✕✕✕✕✕✕✕✕✕✕
✕✕✕✕✕✕✕✕✕✕。

　　✕✕✕✕✕✕✕✕✕✕。

　　✕✕✕✕✕✕。✕✕✕✕✕✕✕✕✕✕✕✕✕✕✕
✕✕✕✕✕✕✕✕✕✕✕✕✕✕✕✕✕✕✕✕✕✕✕✕✕

— 1 —

注：版心实线框仅为示意，在印制公文时并不印出。

图 11-2　公文首页版式

000001

机密★1年

特急

✕✕✕✕✕✕

✕　✕　✕　**文件**

✕✕✕✕✕✕

✕✕✕ 〔2012〕 10 号

✕✕✕✕✕✕关于✕✕✕✕✕✕✕的通知

✕✕✕✕✕✕✕：

✕✕✕✕✕✕✕✕✕✕✕✕✕✕✕✕✕✕✕✕✕✕。

✕✕✕✕✕✕✕✕✕✕✕✕✕✕✕✕✕✕✕✕✕✕✕。

✕✕✕✕✕✕✕✕✕✕✕✕✕✕✕✕✕✕✕✕✕✕✕

✕✕✕✕✕✕✕✕✕✕✕✕✕✕✕✕✕✕✕✕✕✕✕

✕✕✕✕。

✕✕✕✕✕✕✕✕✕✕✕✕✕✕✕✕✕✕✕✕✕✕✕✕

— 1 —

注：版心实线框仅为示意，在印制公文时并不印出。

图 11-3　联合行文公文首页版式 1

000001

机 密

特 急

×××××

× × ×

×××××

签发人：××× ×××

×××〔2012〕10 号　　　　　　×××

×××××关于×××××××的请示

××××××××：

　　×××××××××××××××××××××

××××××××××××××××××××××××

××××××××××××××××××××××××

××××。

　　×××××××××××××××××××××××

— 1 —

注：版心实线框仅为示意，在印制公文时并不印出。

图 11-4　联合行文公文首页版式 2

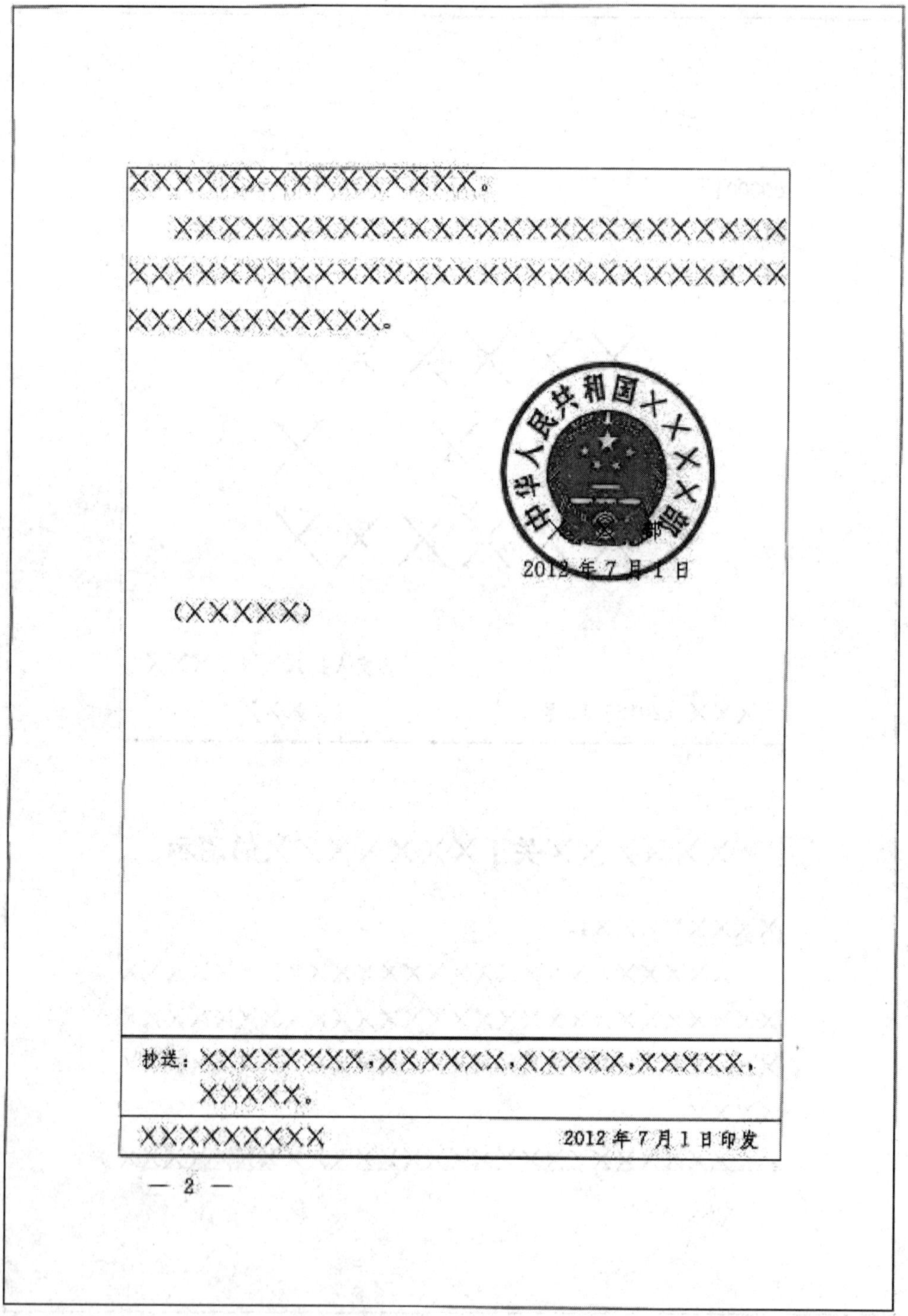
XXXXXXXXXXXXXXXX。

　　XXXXXXXXXXXXXXXXXXXXXXXXXXX
XXXXXXXXXXXXXXXXXXXXXXXXXXXXX
XXXXXXXXXXXX。

中华人民共和国××××部

2012年7月1日

　　（XXXXX）

抄送：XXXXXXXX，XXXXXX，XXXXX，XXXXX，
　　　XXXXX。

XXXXXXXXX　　　　2012年7月1日印发

— 2 —

注：版心实线框仅为示意，在印制公文时并不印出。

图 11-5　公文末页版式 1

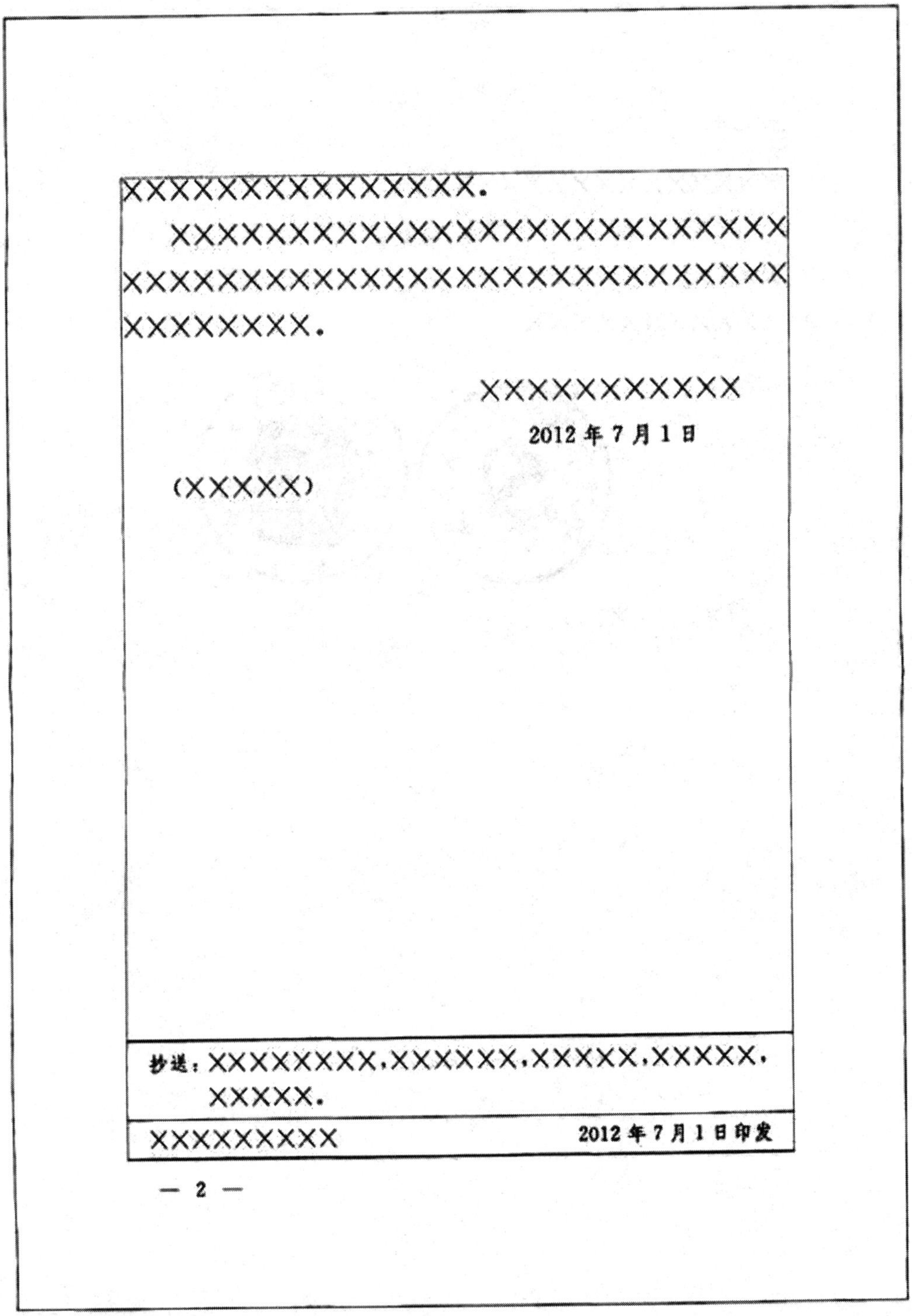
XXXXXXXXXXXXXXX.

XXXXXXXXXXXXXXXXXXXXXXXXXX
XXXXXXXXXXXXXXXXXXXXXXXXXXXX
XXXXXXXX.

XXXXXXXXXXX
2012年7月1日

(XXXXX)

抄送：XXXXXXXX，XXXXXX，XXXXX，XXXXX，XXXXX。

XXXXXXXXX 2012年7月1日印发

— 2 —

注：版心实线框仅为示意，在印制公文时并不印出。

图 11-6 公文末页版式 2

XXXXXXXXXXXXXXX。

XXXXXXXXXXXXXXXXXXXXXXXXXX
XXXXXXXXXXXXXXXXXXXXXXXXXXXXX
XXXXXXXXXXXX。

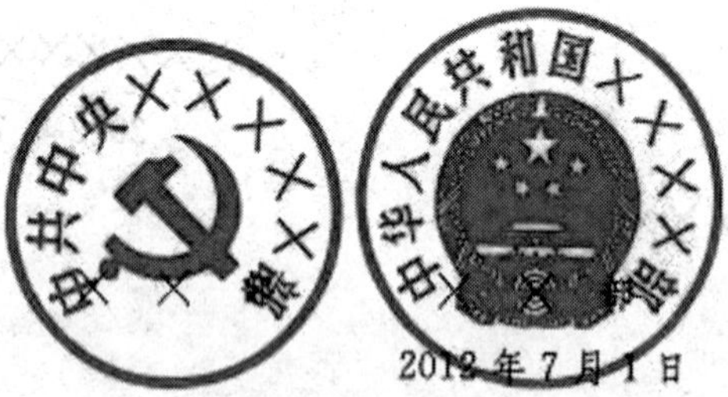

2012年7月1日

（XXXXX）

抄送：XXXXXXXX，XXXXXX，XXXXX，XXXXX，XXXXX。

XXXXXXXXXX　　2012年7月1日印发

— 2 —

注：版心实线框仅为示意，在印制公文时并不印出。

图 11-7　联合行文公文末页版式 1

XXXXXXXXXXXXXXXX。
　XXXXXXXXXXXXXXXXXXXXX
XXXXXXXXXXXXXXXXXXXXXX
XXXXXXXXXX。

2012 年 7 月 1 日

（XXXXX）

抄送：XXXXXXXX，XXXXXX，XXXXX，XXXXX，
　　　XXXXX。

XXXXXXXX　　　　　　　　　2012 年 7 月 1 日印发

— 2 —

注：版心实线框仅为示意，在印制公文时并不印出。

图 11-8　联合行文公文末页版式 2

第二节 公 告

一、公告的概念及用途

公告是国家机关向国内外宣布重大事项或法定事项时使用的公文。主要用于公布法律、法令、法规；公布重大国家事务活动，如领导人出访、任免、逝世；公布需要国内外各有关方面周知的重要事项、重大举措等。在公布性文件中，公告是公布范围最广、使用权限最为严格的公文。

二、公告的特点

（一）作者的权威性

公告通常由党和国家行政机关或领导人制发，其他组织和个人不能使用此文种，如开业公告、休假公告等都属于文种的滥用。党和国家授权的党政机关可以发布公告，如"新华社授权公告"。与此相关，公告的使用、发布必须十分慎重。

（二）内容的庄重性

公告是公开宣布的告晓性公文，但由于告知事项本身分量重大、庄严郑重，因此具有高度的庄重性和权威性。

（三）范围的广泛性

公告适用于向国内外发布重要消息，是传播范围最广的一种公文。为了迅速地将内容传播出去，公告往往通过广播、电视、报纸等传媒发布，而不采用文件的形式发文。

三、公告的种类

按照内容的不同，公告可以分为以下四类。

（一）政策性公告

凡国家行政机关向国内外发布方针、政策，均用此类公告。例如，根据《中华人民共和国商标法》及其实施细则发布的商标公告，根据《中华人民共和国专利法》公布的申请专利公告，都是政府的职能部门依据有关法令、规定，按照法定程序发布的。其目的是通过法律手段对某些专门事项鉴定、保护，以引起国内外有关方面的了解，并成为公众在该方面的行为的准则。

（二）法定性公告

法定性公告是指向国内外宣布法定事项或颁布法律、法规而使用的公告。例如，《中华人民共和国宪法》是由中华人民共和国第五届全国人民代表大会第五次会议于 1982 年 12 月 4 日通过《中华人民共和国全国人民代表大会公告》公布施行，即属此类。

（三）任免性公告

向国内外宣布人员职务任免事宜时采用此类公告。这类人员多系国家领导人和政府重要岗位负责人。例如，通常在换届时全国人民代表大会主席团发布的《中华人民共和国全国人民代表大会公告》，其中第一号一般都是公布会议选举国家主席、副主席的结果。

（四）要事性公告

要事性公告是指国家党政机关向国内外宣布重大事项、重要事件的公告，如宣布重大国事活动，重大科技成果，答谢国外有关部门对我国重大活动的祝贺等。

四、公告的写作方法

公告的结构包括标题、正文、落款三个部分。

（一）标题

公告的标题一般有以下三种写法。

（1）发文机关＋文种，如《中华人民共和国全国人民代表大会公告》。

（2）发文机关＋事由＋文种，如《国务院办公厅关于×××的公告》。

（3）"公告"二字直接作为标题。

（二）正文

公告的正文一般包括公告依据、公告事项和结语三个部分。有的公告只有依据和事项，省略了结语。也有的只有事项部分。可根据内容，灵活安排公告正文的结构。

公告依据也叫公告缘由，用一两句话交代清楚即可，比如是根据什么会议或法规发布本公告的。公告事项是公告的核心部分，需要写明公告的具体内容，条理清楚，语言准确，一般不需要加以分析与评论。公告的结语可写可不写。如果有结语，则用"特此公告""现予公告"等用语。

（三）落款

正文结束后，在右下方写明发文机关全称，标明成文日期。如果是人民代表大会的公告，在落款处要签上这次大会的主席团名称。

由于公告所宣布的事件关系重大，所以，写作时要语气庄重，简明扼要，公布事项要具体准确。

【例文 11-1】

交通运输部关于发布《公路工程标准体系》的公告

现发布《公路工程标准体系》(JTG 1001—2017)，作为公路工程行业标准，自 2018 年 1 月 1 日起施行，原《公路工程标准体系》(JTG A01—2002)同进废止。

《公路工程标准体系》(JTG 1001—2017)的管理权和解释权归交通运输部，日常解释和管理工作由中国工程建设标准化协会公路分会负责。

请各有关单位注意在实践中总结经验，及时将发现的问题和修改建议函告中国工程建设标准化协会公路分会(地址:北京市海淀区西土城路 8 号,邮政编码:100088),以便修订时研用。

    特此公告

交通运输部

2017 年 10 月 31 日

(资料来源:中国政府网)

    【简析】 该例文是一份交通运输部向国内外宣布我国公路工程建设、养护及管理标准的要事性公告,内容简洁,语气庄重,格式规范。如果公告的事项较为复杂,可采取条款式,逐一陈述。

第三节 通 告

一、通告的概念及用途

    通告是行政公文的主要文种之一。《国家行政机关公文处理办法》把通告的功能定义为:适用于公布社会有关方面应当遵守或者周知的事项。在一定社会范围内广泛告知事项是其主要用途。各级国家行政机关、企事业单位和社会团体都可以使用通告,但是党的机关公文中没有通告这一文体。

二、通告的特点

(一)内容的强制性

    通告发布的一般是重要的规章或决定,对行文对象具有约束力。特别是法规性通告,这些法规一经颁布,特定范围内的部门、单位和民众都必须遵守、执行,如果违反了通告中的有关规定,将要受到不同程度的处罚。

(二)使用的广泛性

    通告的广泛性主要体现在以下两个方面:一是涉及的内容非常广泛,只要是需要社会有关方面遵守和周知的事项,都可以用通告发布;二是通告的使用单位也非常广泛,上至国家高级机关,下至基层单位、人民团体和企事业单位,均可以使用通告来公布具体事项。

(三)语言的通俗性

    通告的受众较为广泛,多数是社会普通公众,因此行文要通俗易懂、简洁明了,少用专业术语,便于执行。

三、通告的种类

    通告有法规类通告和周知类通告两大类型。这两种通告是以法规性的强弱不同为标准来区分的,两者之间没有绝对的界限。法规类通告不可能没有知照性,周知类通告完全没有法规内容的也不多见。但两者在性质上毕竟有所区分,如《关于坚决清理非法占道经营的通告》,强制性措施较多,属于法规类通告;《××市××区人民政府关于机关搬迁的通告》,没有强制性措施,重在周知,属于周知类通告。

四、通告的写作方法

通告的结构包括标题、正文、落款三个部分。

（一）标题

通告的标题有以下几种写法。

（1）发文机关＋发文事由＋文种,如《内蒙古自治区地方税务局关于认真落实〈事业单位、社会团体、民办非企业单位企业所得税征收管理办法〉的通告》。

（2）发文机关＋文种,如《中华人民共和国公安部通告》。

（3）发文事由＋文种,如《关于加强京藏高速公路收费管理的通告》。

（4）"通告"二字直接作为标题。

（二）正文

通告的正文一般包括通告缘由、通告事项和结语三个部分。

通告缘由为发布通告的背景、根据、目的、意义,要求说理充分,文字简明。常用"为了……特作如下通告""根据……现将有关事项通告如下"等句式引起下文。

通告事项是通告的主体部分,要写明通告的具体事项或有关规定。这一部分文字最多,内容最复杂,较多采用分条列项的写法,以做到条理分明,层次清晰,便于理解执行。如果内容比较单一,也可采用贯通式写法。

结语要写清执行期限或提出执行要求、希望,多采用"本通告自发布之日起实施"或"特此通告""此告"等惯用语结束全文。有些通告,也可以不写结语。

（三）落款

正文结束后,在右下方注明发文机关全称,标明成文日期,加盖印章。

【例文 11-2】

关于地铁 7 号线越江隧道武昌段工程施工期间交通管理的通告

2017 年 1 月 27 日至 12 月 1 日,秦园路将进行地铁 7 号线越江隧道武昌段工程施工。为确保施工顺利进行,根据《中华人民共和国道路交通安全法》等法律、法规的规定,现将该路段施工期间道路交通管理事项通告如下:

一、秦园路(和平大道至惠安路)禁止机动车通行;秦园路(合计里路至和平大道)只允许机动车由西向东(临江大道往和平大道方向)单向通行;每日 7:00 至 21:00,秦园路(临江大道至和平大道)禁止中型(含)以上货车通行。

二、取消秦园路(临江大道至和平大道)路内临时停车泊位。

三、需通行施工路段的机动车,可绕行武车路、惠安路、新生路、才华街、团结路等周边道路。

四、施工路段公交营运线路及停靠站点的调整,按照《武汉市城市公共客运交通管理条例》的规定,另行通告。

五、机动车、非机动车驾驶人及行人应服从交通警察的指挥及现场管理人员的疏导,按照交通标志的指示通行。

六、违反本通告,公安机关交通管理部门将依照《中华人民共和国道路交通安全法》等有关法律、法规的规定,予以处罚。

特此通告

武汉市公安局交通管理局(章)

2017 年 1 月 20 日

(资料来源:武汉市公安局交通管理局网)

【简析】 该例文内容全面,既讲清了应该如何做,又讲清了不这样做的惩处办法,条理清晰,层次分明,行文非常规范。

第四节 通 知

一、通知的概念及用途

通知是批转下级机关的公文,转发上级机关和不相隶属机关的公文,传达要求下级机关办理和需要有关单位周知或共同执行的事项,任免人员时使用的公文。

通知是党政机关、人民团体、企事业单位日常行政管理中应用最为广泛的公文之一。下达指示、布置工作、传达有关事项、传达领导意见、任免干部、决定具体问题等都可以使用通知。上级机关对下级机关可以用通知;平行机关之间有时也可以用通知。

二、通知的特点

(一) 运用的广泛性

首先,通知的发文机关几乎不受级别的限制,各级党政机关、社会团体以及企事业单位均可制发通知。其次,通知的内容具有多方面的功能,既可以批转下级机关的公文,转发上级机关和不相隶属机关的公文,又可以用来传达上级的意见、部署具体的工作,还可以发布消息;而且通知虽然从整体上看是下行文,但也可以发往不相隶属机关。

(二) 内容的时效性

通知都是在受文对象应知而未知,应办而未办之际下达的,不可能超前或滞后,并且均在一定时间内有效,大多数有效时间不长。受文机关对需要办理或执行的事项,必须在规定时间内予以完成。

(三) 一定的指导性

通知可以用来发布规章、布置工作、传达指示、批转文件,都在实现着通知的指导功能,受文机关对通知的内容要认真学习,并在规定时间内完成布置的任务。另外,有些不宜用命令、指示来安排、布置工作的,多采用通知来完成。因此,通知具有一定的指导性。

（四）行文的灵活性

由于通知的用途比较广泛，行文中可以根据内容的不同，灵活采取不同的表述方法和结构安排，或简或繁，或一段或多层，也不局限于固定的表达方式。

三、通知的种类及写作方法

通知根据功能的不同，可以分为以下三类。

（一）批转文件类通知

具体来讲，批转文件类通知又有批转、转发和印发的区别。批转是指上级机关将下级机关的公文加批转发下去，起到认可批准的作用；转发是发文机关将上级机关或不相隶属机关的公文发给下级机关，使其了解或执行，起传达推荐的作用；印发是适用于发布法规和规章以外的其他文字材料，如方案、纲要、计划等。此类通知的写法如下：

（1）标题。批转文件类通知的标题一般由"发文机关＋关于＋印发（转发、发布、批转）＋事由＋通知"构成，如《卫生部办公厅关于印发传染性非典型肺炎防治培训方案的通知》。但应注意以下两种特殊情况。

一是被转发的文件本身也是一个通知时，不可写成"×××关于转发×××的通知的通知"，撰写时要省略其中一个"的通知"字样。

二是层层转发有关文件的通知，标题可以在"转发"二字后，直接采用第一发文机关的标题名称，或只显示直接上级机关名称和最初被转发的文件的事由。值得注意的是，转发性通知可以层层转发，但批转性通知只能批转一次，因此标题拟写不存在以上问题。

另外，批转文件类通知的标题中除去法规和规章名称加书名号以外，印发、批转或转发的其他文件一律不加书名号。

（2）主送机关。一般是一个以上的文件受理机关。

（3）正文。批转文件类通知的正文结构与其他常用公文不同，通常采用以下两种结构形式。

① 单一的"转发通知"。由转发依据、通知的具体内容和执行要求三部分组成。比如"经×××研究同意，现将《×××××××》转发给你们，请认真贯彻执行"。

② 由"转发通知"和"转发指示"构成。在写清转发依据、通知的具体内容和执行要求之后，提出转发指示，即被转发公文的基本精神的提要、强调和补充，提请受文单位重视。行文要简明扼要，紧扣文件主题，不能泛泛而论。一般应包括三层内容：一是被批转、转发或印发的文件；二是指明通知事项的意义，即阐述批转、转发或印发该文件的必要性和重要性；三是有针对性地提出具体贯彻执行的意见和要求。

（4）落款。准确表明发文机关名称和发文时间。

【例文 11-3】

国务院办公厅关于转发文化部等部门
中国传统工艺振兴计划的通知

各省、自治区、直辖市人民政府，国务院各部委、各直属机构：

文化部、工业和信息化部、财政部《中国传统工艺振兴计划》已经国务院同意,现转发给你们,请结合实际,认真贯彻执行。

国务院办公厅

2017 年 3 月 12 日

(资料来源:中国政府网)

【简析】 该例文是一篇转发性通知。写明了被转发文件名称,简单提出了执行要求,简明扼要,方便下级机关遵照执行。

【例文 11-4】

国务院办公厅关于印发
国务院 2017 年立法工作计划的通知

各省、自治区、直辖市人民政府,国务院各部委、各直属机构:

《国务院 2017 年立法工作计划》已经党中央、国务院同意,现印发给你们。2017 年是实施"十三五"规划的重要一年和推进供给侧结构性改革的深化之年,政府立法工作总的指导思想是:在以习近平同志为核心的党中央坚强领导下,全面贯彻党的十八大和十八届三中、四中、五中、六中全会精神,以邓小平理论、"三个代表"重要思想、科学发展观为指导,深入学习贯彻习近平总书记系列重要讲话精神和治国理政新理念新思想新战略,统筹推进"五位一体"总体布局和协调推进"四个全面"战略布局,坚持稳中求进工作总基调,加强重点领域立法,不断提高立法质量和效率,努力为改革发展稳定大局做好法治服务和保障,以优异成绩迎接党的十九大胜利召开。遵循这一指导思想,结合当前面临的新形势、新任务,现就做好国务院 2017 年立法工作提出以下意见:

一、坚持党对立法工作的领导

立法工作要牢固树立政治意识、大局意识、核心意识、看齐意识,在思想上政治上行动上坚决与以习近平同志为核心的党中央保持高度一致。要把党的领导贯穿到立法工作的全过程,坚持立法工作正确的政治方向,坚决贯彻落实党中央、国务院各项重大决策部署,为统筹推进"五位一体"总体布局和协调推进"四个全面"战略布局,提供有力的法治保障,创造良好的法治环境。认真贯彻执行党中央关于加强党领导立法工作的意见,制定政治方面法律的配套法规规章,以及涉及重大体制和重大政策调整的重要法律法规规章,要按照规定及时报告。

二、坚持稳中求进工作总基调,把全面深化改革急需的项目作为重中之重

稳是主基调,稳是大局,在稳的前提下要在关键领域有所进取,在把握好度的前提下奋发有为,做好稳增长、促改革、调结构、惠民生、防风险各项工作。保持战略定力,坚持问题导向、底线思维,更好地解决经济社会发展中的深层次矛盾和问题,为保持经济平稳健康发展和社会和谐稳定提供法治保障。从宏观政策要稳、产业政策要准、微观政策要活、改革政策要实、社会政策要托底等方面,有针对性地做好立法工作。

深化关键领域的重点改革,将贯彻落实"十三五"规划,推进供给侧结构性改革、"放管服"改革、国防和军队改革等方面的重大决策部署,党中央、国务院有关重要文件或者规划明确要求 2017 年完成的立法项目,以及党中央、国务院领导同志批示要求抓紧出台的立法

项目,作为重中之重,抓紧办理,尽快完成起草和审查任务。抓紧完成有关适应经济发展新常态要求、促进经济平稳健康发展和对外开放,保障和改善民生、促进社会和谐稳定,坚持物质文明精神文明并重、促进文化发展,着力改善生态环境、节约能源资源,实施国家安全战略、维护国家安全,规范行政行为、加强政府自身建设等方面的立法项目。

三、进一步提高立法质量

国务院各部门起草法律法规草案,要从中国的实际出发,从维护人民群众根本利益出发,从改革发展稳定的大局出发。国务院各部门和有立法权的地方人民政府起草法律法规规章草案,要认真听取有关方面意见,注重听取基层群众、基层执法机关和行政管理相对人的意见。进一步拓展调研渠道、丰富调研手段、创新调研方法,充分掌握实践中存在的突出问题及其原因,搞清楚相关各方的利益诉求,统筹考虑不同方案的利弊得失,努力设计出能够有效解决实际问题、尽可能兼顾各方利益诉求的制度规定。强调立法质量的同时,要兼顾效率,加强对重点难点问题的协调攻关,推动改革发展稳定迫切需要的法律法规规章及时出台。

国务院各部门起草法律法规草案,除商国务院法制办同意,明确在上报后由国务院法制办通过中国政府法制信息网或者其他媒体向社会公布征求意见,或者由国务院法制办报国务院批准不公布征求意见的外,各部门应当在上报前将法律法规草案通过本部门网站或者其他媒体向社会公布征求意见。拟全面修改有关法律法规的,有关部门应当对现行法律法规的实施情况进行评估。

四、认真组织实施立法计划

起草部门要高度重视立法计划的执行,切实加强组织领导。对于党中央、国务院有关重要文件或者规划明确要求2017年完成的立法项目,起草部门要制定具体工作方案,明确责任分工,提高工作效率;对于起草过程中的重点难点问题,要深入研究、充分论证,加强与有关部门的沟通协商,力争达成共识;在向国务院上报立法项目送审稿前,应当主动与国务院法制办沟通。

国务院法制办要及时跟踪了解各部门落实立法计划、推进相关工作的进展情况,切实加强组织协调和督促指导。有关部门对于没有列入立法计划、正在研究的立法项目,要深入了解掌握实际情况,提出切实解决问题的办法,国务院法制办要积极支持配合。

国务院办公厅
2017 年 2 月 27 日
(资料来源:中国政府网)

【简析】　该例文是一篇印发性通知。开篇提出印发背景、缘由,然后据此阐明具体执行意见,对相关部门提出执行要求。结构简明,内容详尽。

【例文 11-5】

国务院关于批转财政部权责发生制政府综合财务报告制度改革方案的通知

各省、自治区、直辖市人民政府,国务院各部委、各直属机构:

国务院同意财政部《权责发生制政府综合财务报告制度改革方案》，现转发给你们，请认真贯彻执行。

国务院

2014 年 12 月 12 日

（此件公开发布）

（资料来源：中国政府网）

【简析】 该例文是一篇批转性通知。文章简明扼要地表明了批转态度，提出执行要求。

（二）周知性通知

1）周知性通知的分类

周知性通知适用于告知某一具体事项，布置工作或发布某些信息。根据通知的功能不同，周知性通知一般有如下几类。

（1）发布性通知：是用于发布条例、办法、法规和规章等的通知。发布性通知的执行要求比较严格，发布的文件往往作为附件随通知一并下发。

（2）指示性通知：是指导下级机关开展工作，要求下级机关办理或者共同执行的事项，按其内容不适宜用命令或指示发布的，常采用指示性通知这一文种。

（3）会议性通知：是指上级机关要召开比较重要的会议，不宜用电话方式发布通知，所以在会议召开前以书面的形式通知召开会议的有关事项。

2）周知性通知的写法

周知性通知往往内容比较单一，结构简单明了，便于理解执行。具体写法如下。

（1）标题。一般采用发文机关、事由和文种三要素齐备的标题，有时也可省去发文机关。

（2）正文。周知性通知的正文由通知缘由、通知事项和结尾三部分组成。通知缘由应简明扼要地写清发出通知的根据、目的和意义，为下文提出通知事项做好铺垫。通知事项应明确、具体地交代应知或应办的事项，提出工作的任务、要求以及措施、办法等，必须做到条理清晰，眉清目楚。结尾常用"特此通知""以上通知，望认真执行"等惯用语作结。

（3）落款。准确表明发文机关名称和发文时间。

【例文 11-6】

国务院办公厅关于 2016 年部分节假日安排的通知

各省、自治区、直辖市人民政府，国务院各部委、各直属机构：

经国务院批准，现将 2016 年元旦、春节、清明节、劳动节、端午节、中秋节和国庆节放假调休日期的具体安排通知如下。

一、元旦：1 月 1 日放假，与周末连休。

二、春节：2 月 7 日至 13 日放假调休，共 7 天。2 月 6 日（星期六）、2 月 14 日（星期日）上班。

三、清明节：4 月 4 日放假，与周末连休。

四、劳动节：5月1日放假，5月2日(星期一)补休。

五、端午节：6月9日至11日放假调休，共3天。6月12日(星期日)上班。

六、中秋节：9月15日至17日放假调休，共3天。9月18日(星期日)上班。

七、国庆节：10月1日至7日放假调休，共7天。10月8日(星期六)、10月9日(星期日)上班。

节假日期间，各地区、各部门要妥善安排好值班和安全、保卫等工作，遇有重大突发事件，要按规定及时报告并妥善处置，确保人民群众祥和平安度过节日假期。

国务院办公厅

2015年12月10日

(资料来源：中国政府网)

【简析】 该例文是一篇指示性通知。文章条分缕析地阐明了需要下级机关共同执行的事项，并提出执行要求，用语简单明确，方便下级机关一目了然地开展工作。

(三)任免类通知

任免类通知适用于任免或聘用国家机关工作人员职务等，一般只写决定任免、聘用的机关、依据，以及任免、聘用人员的具体职务即可，内容比较单纯，写法简单。

标题一般由发文机关、人员姓名、职务任免情况和文种组成，如《北京市人民政府关于×××同志任职的通知》。正文部分只需写明任免依据、任免决定、任免对象及职务即可，内容单一，篇幅简短。

【例文 11-7】

关于李××、胥××职务任免的通知

各省、自治区、直辖市、计划单列市测绘地理信息行政主管部门，新疆生产建设兵团测绘地理信息主管部门，局所属各单位，机关各司室：

经国家测绘地理信息局党组研究决定，李××同志任国家测绘地理信息局总工程师(正局级)；免去胥××同志的国家测绘地理信息局总工程师职务，自2014年2月1日起退休。

特此通知

中共国家测绘地理信息局党组(章)

2014年1月16日

(资料来源：国家测绘地理信息局网)

【简析】 该例文是一篇任免类通知。文章根据党组研究，提出任免决定及具体任免事项，结构完整规范。

第五节 通 报

一、通报的概念及用途

通报是适用于表彰先进、批评错误、传达重要精神和告知重要情况的公文文种。通报属于下行文,也可兼作平行文,是各级行政机关、社会团体、企事业单位经常使用的知照性公文,旨在通过典型事例的宣传,引导人们弘扬正气,树立良好的社会风气。

二、通报的特点

(一) 典型性

通报的内容,常常是把现实生活中一些正反面的典型或某些带倾向性的重要问题告诉人们,让人们知晓、了解。在运用通报形式时要选择具有代表性的典型事例、新鲜事物以及重要情况予以表扬、批评、倡导和宣传。

(二) 教育性

通报的目的是以典型事例教育人们学习先进、吸取教训、提高警惕,在表达手法上重在叙述事实,寓理于事,对人们起到示范、指导、教育和警戒作用。从这个意义上讲,通报具有其他文种不能替代的作用。

(三) 周知性

通报的内容,常常是把现实生活中一些典型示例或带有倾向性的重要问题告诉人们,让大家知晓、了解。

三、通报的种类

通常按内容性质把通报分为以下三类。

(一) 表彰性通报

表彰性通报就是表彰先进个人或先进单位的通报。这类通报,着重介绍人物或单位的先进事迹,点明实质,提出希望、要求,然后发出学习的号召。

(二) 批评性通报

批评性通报就是批评典型人物或单位的错误行为、不良倾向、丑恶现象和违章事故等的通报。这类通报,通过摆情况,找根源,阐明处理决定,使人从中吸取教训,以免重蹈覆辙。这类通报应用面广,数量大,惩戒性突出。

(三) 情况通报

情况通报就是上级机关把现实社会生活中出现的重要情况告知所属单位和群众,让其了解全局,与上级协调一致,统一认识,统一步调,克服存在的问题,开创新的局面。这类通报具有沟通和知照的双重作用。

四、通报的写法

（一）标题

通报的标题一般由发文机关、事由和文种构成。如《国务院办公厅关于江西省上栗县"3·11"特大爆炸事故情况的通报》。

（二）正文

通报正文由通报缘由、通报事项、处理意见、原因分析、希望和要求组成，一般分为三部分完成。第一部分，说明表彰或批评的原因，即写清先进事迹或错误事实的经过情况，要求用叙述的手法真实客观地反映事实；第二部分，对所叙述的事实进行准确的分析，中肯的评价，做到不夸大、不缩小，使人们能从好的人和事物中得到鼓舞，从错误中吸取教训；第三部分，一般是对表彰的先进或批评的错误作出嘉奖或惩处。最后还要根据通报的情况，针对现实的需要，发出号召或提出要求。

（三）落款

将发文机关和成文日期标注于正文之后右下方。

【例文 11-8】

乐清市环境保护局关于 2014 年度上半年考勤及督查情况的通报

各科室、下属各单位：

为进一步贯彻落实党的群众路线教育实践活动要求，我局深入开展正风肃纪专项工作，重点对违反上班纪律、办事效率低下等问题开展访查，特别对是否存在上下班迟到早退、擅离职守以及工作时间网上聊天、玩游戏、看电影等问题进行重点检查。现将我局上半年的考勤和各项督查有关情况通报如下：

一、总体情况

局纪检监察室将我局上半年考勤及各类督查情况进行全面统计。根据指纹考勤及领导值月记录分析，我局上下班纪律总体情况较好，绝大多数干部职工能自觉遵守劳动纪律，认真履行工作职责，工作作风端正。但个别干部职工仍然存在迟到早退、无故旷工等违反效能建设的现象。

二、存在比较突出的问题

（一）个别同志旷工现象突出。特别是原在编不在岗人员中几位返岗同志，在返岗初期旷工、怠工现象较其他同志突出。

（二）迟到现象仍然普遍。上半年，全局累计迟到 173 人次，基层中队较机关科室更突出些。

（三）擅自离岗和早退情况时有发生。在几次领导值月督查中发现，下午早退和临时外出未向科室负责人、分管领导请假等现象较为普遍。

三、处理意见

（一）根据《乐清市环保局行政效能督查暂行办法》（乐环〔2013〕77 号）文件的规定，因有五位同志在 2014 年上半年迟到、旷工情况突出，给予内部通报批评一次。

（二）各科室、下属各单位负责人对本单位迟到、旷工及擅自离岗情况突出的人员,开展谈话谈心,及时掌握其思想动态,并向分管领导、联片领导汇报。

（三）局纪检监察室要及时对此次统计中出现的迟到、旷工及擅自离岗情况突出的人员开展诫勉谈话,加大纠治力度,切实治庸治懒、转变工作作风。

（四）人事宣教科要将考勤统计结果运用到全员考绩工作中去。

附件：各科室、下属各单位上半年人员迟到旷工情况统计表

乐清市环境保护局（章）

2014 年 8 月 13 日

（资料来源：乐清市政府信息公开网）

【简析】 该例文是一篇情况通报。文章首先讲明通报的目的及缘由,接着分条列项地介绍总体情况、存在的问题以及处理意见,突出了通报的指导性功能。

第六节 报 告

一、报告的概念及用途

报告是下级机关向上级机关汇报工作、反映情况、答复上级机关的询问时使用的公文。下级机关利用报告及时向上级机关反映工作情况,以便上级机关知悉其在工作中取得的成绩、出现的新情况以及存在的问题,从而为上级机关的决策提供重要依据和参考。

二、报告的特点

（一）行文的单向性

报告是下级机关向上级机关汇报工作、反映情况、提出建议时使用的单方向上行文,不需要上级机关给予批复,只是为了让上级了解掌握基本情况并对下级工作进行指导。

（二）表达的陈述性

报告在汇报工作、反映情况时,所表达的内容和使用的语言都是陈述性的。汇报工作时,要把本单位做了什么工作、怎样做的、取得了哪些成绩、还存在哪些不足,一一向上级陈述。反映情况时,要把时间、地点、人物、事件、原因、结果叙述清楚,向上级机关提供准确的信息。提出建议时,要在汇报情况的基础上,才能深入一步提出建议。

（三）时间的事后性

在机关工作中,有"事前请示,事后报告"的说法。多数报告,都是在开展了一段时间的工作之后,或是在某种情况发生之后向上级做出的汇报。

三、报告的种类

（一）汇报性报告

汇报性报告主要是下级向上级汇报工作、反映情况的报告，一般分为以下两类。

（1）综合报告。这种报告是本单位工作到一定的阶段，就工作的全面情况向上级写的汇报性报告。其内容大体包括工作进展情况、成绩或问题、经验或教训以及对今后工作的意见或建议。这种报告的特点是全面、概括、精练。

（2）专题报告。这种报告是针对某项工作中的某个问题，向上级所写的汇报性报告。

（二）答复性报告

答复性报告是针对上级或管理层所提出的问题或某些要求而写出的报告。这种报告要求问 什么答什么，不涉及询问以外的问题或情况。

（三）呈报性报告

呈报性报告主要用于下级向上级报送文件、物件随文呈报的一种报告。一般是一两句话说明报送文件或物件的根据或目的以及与文件、物件相关的事宜。

（四）例行工作报告

例行工作报告是下级向上级，因工作需要定期向上级所写的报告。如财务报告、费用支出报告等。

四、报告的写法

报告的结构包括标题、主送机关、正文、落款四部分。

（一）标题

报告的标题一般由发文机关、事由和文种组成。其中事由要高度概括报告的主要内容，如《××市人民政府关于 2016 年工作情况报告》。

（二）主送机关

报告的主送机关是发文机关的直接上级机关，一般不允许越级行文。主送机关一般只能有一个，报告内容如需有关机关阅知，可以抄送的方式处理。除上级机关负责人直接交办的事项外，不得以机关名义向上级机关负责人报送报告。

（三）正文

报告的正文通常由开头、主体、结语三部分组成。

开头用于交代制发报告的缘由，比如当前的形势、工作的背景、上级的询问等，并以"现将有关情况报告如下"等过渡语句引出主体部分。

主体用于陈述报告的具体内容，比如工作的成绩、具体的做法、发现的问题、总结的经验、提出的建议、对事件起因的分析、对上级询问事项的答复等。这部分可以按照内容的需要，采用以时间为序的纵式结构或分列要点的横式结构展开，也可以将其交织糅合，这在实践中也较多见。

结语可使用"特此报告""以上报告，请审阅"等惯用语，也可自然收束全文。

（四）落款

在正文右下方标明发文机关名称和成文日期。

【例文 11-9】

全国人民代表大会财政经济委员会
关于 2015 年中央决算审查结果的报告

全国人民代表大会常务委员会：

全国人民代表大会财政经济委员会听取了财政部《关于 2015 年中央决算的报告》和审计署《关于 2015 年度中央预算执行和其他财政收支的审计工作报告》，并对中央决算草案和决算报告进行了初步审查。现将审查结果报告如下。

2015 年中央一般公共预算收入 69267 亿元，完成预算的 100.1％，增长 7.1％，加上调入中央预算稳定调节基金 1000 亿元，收入总量为 70267 亿元；中央一般公共预算支出 80640 亿元，完成预算的 99.0％，增长 8.4％，加上补充中央预算稳定调节基金 827 亿元，支出总量为 81467 亿元；收支总量相抵，中央财政赤字 11200 亿元，与预算持平。2015 年年末中央财政国债余额 106599.59 亿元，控制在全国人大批准的 111908.35 亿元限额之内。

2015 年中央政府性基金收入 4118 亿元，完成预算的 94.4％，增长 5.3％，加上地方上解收入 6 亿元和 2014 年结转收入 656 亿元，收入总量为 4780 亿元；中央政府性基金支出 4363 亿元，完成预算的 85.8％，增长 7.6％，结转下年继续使用 250 亿元，按规定补充中央预算稳定调节基金 98 亿元，结余 69 亿元。

2015 年中央国有资本经营预算收入 1613 亿元，完成预算的 104.1％，增长 14.3％，加上 2014 年结转收入 144 亿元，收入总量为 1757 亿元；中央国有资本经营预算支出 1362 亿元，完成预算的 80.4％，下降 4.0％，结转下年支出 395 亿元。

2015 年中央决算草案与十二届全国人大四次会议审查批准的 2015 年中央预算执行情况比较，一般公共预算收入增加 33.2 亿元、支出减少 90.3 亿元，增收减支合计 123.5 亿元，全部补充中央预算稳定调节基金；中央政府性基金收入增加 12.3 亿元、支出增加 7 亿元；中央国有资本经营收入与执行数基本一致，支出增加 2.9 亿元。以上变动属于决算调整期的正常变动，决算报告中已经做了说明。

财政经济委员会认为，2015 年中央决算草案反映的中央预算执行情况总体是好的。国务院及其财政等部门认真贯彻落实党中央确定的方针政策和十二届全国人大三次会议有关决议要求，认真贯彻实施预算法，主动适应经济发展新常态，实施积极的财政政策，有序推进财税改革，财政收入稳定增长，财政支出保障重点需要，较好地完成了全国人大批准的 2015 年中央预算。财政经济委员会建议全国人大常委会批准国务院提出的《2015 年中央决算（草案）》。

同时，财政经济委员会认为，2015 年中央决算和审计工作报告也反映出预算执行和管理中存在的一些问题，主要是：政府性基金决算、国有资本经营决算编报有待进一步细化；财政资金使用效益有待提高，一些领域资金沉淀问题仍然突出；专项转移支付清理整合的效果不明显，年初落实到地区的比例仍然偏低；有些地方通过"明股暗债""兜底回购"等方式变相举债,有些地方违规提供担保,存在的风险隐患不容忽视等。

审计署对2015年中央预算执行和其他财政收支依法开展了审计,工作深入细致扎实,揭示了预算执行和决算、重点专项资金使用、国家重大政策措施落实、金融机构和中央企业管理中存在的突出问题,并从强化问责、加快推进改革、优化财政资源配置、防范和化解各种风险隐患等方面,提出了审计建议。建议国务院及有关部门要高度重视审计查出的问题和审计署提出的建议,认真扎实做好整改工作,进一步深化改革,加强制度建设,年底前向全国人大常委会报告整改情况。

2015年是修改后的预算法实施的第一年。按照预算法的规定,针对2015年中央决算和审计工作报告反映出的问题,财政经济委员会提出以下建议:

(一)进一步改进预算决算编报

严格按照预算法要求,改进和完善政府预算决算编报。推动专项规划与年度预算编制、项目库管理的有机结合,着力加强部门项目库和财政项目库建设。进一步提高中央基本建设支出对地方的转移支付年初落实到地区的比例,提高预算到位率,并按规定时限下达。改革完善政府支出经济性质分类科目,改进按经济性质分类编报的政府支出预算决算草案,并增加必要的文字说明。

(二)全面推进预算绩效管理

积极推进预算绩效管理全覆盖,加强对重点支出和重大投资项目的绩效评价,强化各预算单位的责任和效率意识。逐步将中央部门重点支出项目的绩效目标及其评价结果随部门预算、决算向全国人大报告,并向社会公开。积极引入第三方评价,推进绩效评价结果有效应用,绩效目标完成情况应作为下一年度预算编制的重要依据。

(三)加强地方政府债务管理

积极稳妥做好地方政府债务置换工作,科学安排债券发行。专项建设基金运作应坚持市场化原则,严格按照规定投放和使用。地方政府不得违规提供各种担保或承诺,对违法违规担保行为应给予严肃处理。积极推进债务信息公开,加快推进编制政府综合财务报告。开展地方政府债券信用评级,促进政府举债市场化约束机制的形成。

(四)加快财政预算改革

按照推进供给侧结构性改革的要求,深化财政预算改革,着力支持去产能、去库存、去杠杆、降成本和补短板。加快建立事权与支出责任相适应的财政体制,深化财政转移支付制度改革,尽快修订完善影响财政资金统筹整合的法律法规和相关制度。尽快出台预算法实施条例,健全完善部门预算管理办法。总结涉农资金整合的经验做法,进一步推进专项转移支付清理整合和统筹使用。创新财政科技投入方式和管理机制,加快建立健全符合科研规律、有利于调动和保护科研人员积极性的经费投入和管理制度机制。

(五)更好发挥审计监督作用

审计署要进一步加强对专项转移支付整合、政府投资基金使用和境外国有资产等方面的审计监督,更好发挥审计在推进改革、规范管理和反腐倡廉等方面的作用。国务院及其部门要认真研究审计反映的体制机制性问题,积极清理不合理的制度规定,加快建立健全适应改革发展要求的制度,切实加强对违法违规问题的追责和问责,健全审计查出问题整改的长效机制。有关部门作为审计查出问题整改的责任主体,应及时整改并及时公告整改结果。

以上报告,请审议

全国人民代表大会财政经济委员会

2015 年 12 月 26 日

(资料来源:中国人大网)

【简析】 该例文是一篇工作报告。标题由发文机关、事由和文种构成,事由概括了报告的中心内容。正文主体首先介绍具体情况,然后分条列项地提出相关建议。全文写作规范,内容翔实,重点突出,条理清楚。

第七节 请 示

一、请示的概念及特点

(一)请示的概念

请示是下级机关向上级机关请求指示、批准某一事项时所使用的上行性公文。

请示适用于如下几种情况:涉及方针、政策等方面的重大问题,请求上级给予明确的批示;本单位工作职权范围内不能解决的问题,请求上级批准;工作中发生重大问题或者原来没有规定难以处理的问题,请求上级给予指示;因本单位情况特殊,执行统一规定需要变通处理的问题,请求上级批准;工作中遇到了困难,请求上级帮助解决;本单位意见分歧,无法执行的问题,请求上级裁决。

(二)请示的特点

请示是上行公文,在实际工作中,请示主要体现了以下三个特点。

(1)期复性。期复性是请示的根本特性。不管是哪种类型的请示,其行文的目的都是请求上级机关对请示事项及时作出回复,法定公文中只要请示明确,规定上级机关必须回复。

(2)单一性。从行文的内容来看,请示的事项具有单一性,不能将多个互不相干的问题写在一份请示中。行文要简短、明确,以便上级机关尽快回复。

(3)事前性。从行文的时间看,请示必须在事前行文,不允许"先斩后奏"。这是因为请示是公务活动中的法定环节,请示所涉及的事项,都是下级机关无权或者无法自行处理的事情,因此必须要事前请示。

二、请示的分类

根据用途的不同,请示可以分为以下两类。

(一)请求指示类

请求指示类请示是下级机关在工作中遇到自己无法解决的问题,向上级机关或业务主管部门所写的请示。此类请示多涉及政策上、认识上的问题,或是对上级机关所发的文件精神难以理解和把握,或是在工作中遇到超出了本单位职权范围的事项,要求上级指示。如《关于××小学新建校舍的请示》。

（二）请求批准类

请求批准类请示是下级机关为解决某一问题或开展某项工作提出意见,请求上级批准自己所提出的解决问题的意见或办法所写的请示。此类请示多涉及人、财、物方面的具体问题。如《关于建立中国工程院有关问题的请示》。

三、请示的写作

请示的结构由标题、主送机关、正文、落款和日期四部分构成。

（一）标题

请示的标题包括发文机关名称、事由、文种三个要素。可以三个要素俱备,也可由事由与文种两个要素构成。事由内容要简洁、准确。标题中不应出现"请求"一类字眼,以免重复。

（二）主送机关

请示的主送机关只有一个,即与发文机关直接有关的上级领导机关。如果需要同时送其他机关,应当用抄送的形式,但要注意不能抄送到下级机关。

（三）正文

请示的正文部分包括请示缘由、请示事项和结语三部分。

（1）请示缘由。这部分内容主要说明行文的依据、目的和缘由。这部分内容是行文中非常关键的部分,理由是否充分有力,关乎请示能否得到上级的重视和批准。因此,在写作时,这部分内容要做到依据清楚,原因详细,目的明确。

（2）请示事项。是请示的主体部分。主要写清请示的事项:请示什么问题,请求批准什么事项,帮助解决什么困难等。请求批准的请示一般要对事情进行简要分析,然后提出本机关对事情的解决方案,为上级的决断提供参考。这部分内容的写作要求:反映问题要实事求是,提出意见和建议要明确具体。

（3）结语。结语常以请求语气作结,提出期复的请求。常用的表述为"以上请示妥否,请指示""以上请示,请批复"等。

（四）落款和日期

在正文右下方,写明发文机关名称。如果是几个机关联合发文,将主要机关写在前面,并注明成文日期。

四、请示写作中的注意事项

（一）要一文一事

为了便于上级机关尽快回复,一份公文中只能请示一件事情,不能请示两个或两个以上互不相关的问题。下级机关如果遇到不同内容、不同性质的请示事项时,应分别单独行文。

(二)不要多头请示

一份请示只主送一个上级机关,受双重领导的单位,只主送对所请示事项负主要责任的上级机关,同时抄送另一上级机关和与所请示事项有关的其他上级机关。

(三)不得抄送下级机关

请示是上行文,不得在上报的同时抄送下级机关。因为所请示的事项并未得到上级的答复,不具备法定效力,此时抄送下级机关,对于进一步开展工作并无指导意义。

(四)要逐级请示

一般情况下,下级单位的请示,应按照隶属关系向直接的主管上级机关请示。若直接机关决定不了,再由该机关逐级向上请示。如遇情况特殊或事项紧急必须越级请示时,也应抄送越过的机关。

(五)注重行文的必要性

要分清楚事情的轻重缓急及职权范围,本单位职权范围内的事,应自行处理。反对时时请示、事事请示的不负责任的工作态度。

(六)语言要简洁,语气要得体

行文的语言要简明扼要,具体清晰。注意语气要谦恭得体,分寸得当,表达对上级的尊重和期复的愿望,但不能用命令、催促的口吻。

【例文 11-10】

关于在××市举办"××洽谈会"的请示

××市经济贸易委员会:

为了扩大我××商品的知名度,向全国推广,繁荣市场,满足消费者需求,我公司拟于××××年×月×日至×月×日在××市举办"××洽谈会"。洽谈会摊位共××平方米,展团由我公司及生产厂家派人组成,经费自理。

妥否,请批示

××公司

××××年××月××日

(资料来源:http://www.liuxue86.com)

【简析】 该例文是一则请求批准的请示,下级机关拟召开洽谈会,需要得到上级机关的批准。在正文中,简要介绍洽谈会的背景与目的,还要说明洽谈会的相关准备情况与策划安排的情况,以供上级了解。结语是请示的重要组成部分,不可省略。

第八节 批 复

一、批复的概念及特点

批复是上级机关答复下级机关的请示事项时使用的公文。它是各级领导机关向下级的指示性公文。

批复属于下行公文,主要有以下四个特点。

(一)回复性

批复的内容属于回复性的内容。每一个批复都是对应请示而存在的,是被动行文。请示在先,批复在后,下级机关请示什么,上级机关就回复什么。

(二)针对性

批复仅就受文机关请示的事项表明态度,提出相应的意见和具体的办法,不涉及其他内容。

(三)指示性

指示性是指批复具有权威性。请示一经批复,其中的批复意见对于受文机关即具有直接的法定约束力,受文机关必须严格遵照执行。

(四)简明性

批复下级机关所请示的事项,要简明扼要,一般只针对请示事项作原则性、理论性的指示,不进行详细的阐述。

二、批复的种类

根据用途不同,可将批复分为以下两类。

(一)指示性批复

指示性批复用于答复下级机关的请求指示的请示。主要对下级机关在政策上和思想认识上的问题给予解释并提出具体的解决办法。如《国务院关于湖北武汉港对外国籍船舶开放有关问题的批复》。

(二)审批性批复

审批性批复用于答复下级机关的请求批准的指示。主要对下级机关在人、财、物等方面提出的具体问题表态,并提出指导性意见。如《国务院关于汕头市城市总体规划的批复》。

三、批复的写作

批复的结构包括标题、主送机关、正文、落款和日期四部分。

（一）标题

一般由发文机关、事由、文种三部分构成。发文机关有时可以省略。事由部分的内容可与请示的事项相同，如《国务院关于北部湾城市群发展规划的批复》；或者在事由部分也可以体现批复机关的态度，如《国务院关于同意将湖南省永州市列为国家历史文化名城的批复》。标题还可以有发文机关、批复意见要点、事由、受文机关和文种几个部分依次组成，但比较少用。

（二）主送机关

主送机关即请示的发文机关。批复的主送机关一般只写一个，如果答复的问题具有一定普遍性时，也可同时抄送所有下级机关。

（三）正文

批复的正文由批复引语、批复意见、批复要求、结语四部分构成。

（1）批复引语。交代批复的缘由，用简明的文字引述下级机关请示的标题、发文字号，明确批复所针对的是哪份请示。批复引语常用的基本模式为"你单位《关于××××的请示》（×发〔201×〕×号）收悉"，紧接着用过渡句"经研究，现将有关问题批复如下"引出下文。

（2）批复意见。是正文写作的核心内容，一般包括表明态度、说明依据、提出解决问题的办法和措施等内容。在实际行文过程中，要从具体情况出发，根据请示的种类与性质确定写作的侧重点。这部分内容，注意表态要明确。如果同意下级机关的意见，要给予肯定的答复；如果不同意下级机关的意见，要在否定答复后说明理由。

（3）批复要求。从上级机关的角度提出一些补充性的意见，或者是表明希望、提出号召。这部分不是所有答复都必须要有的内容。书写时注意简明扼要。

（4）结语。一般用"特此批复"或"此复"，也可以省略。

（四）落款和日期

在正文结束后，签署发文机关和发文日期。

四、批复写作中的注意事项

（一）批复内容要正确且准确

正确是指要注重依据、把握政策。

（二）观点明确，措施到位

批复的具体内容，要观点明确，并针对"请示"中所提出的事项注意答复，不能答非所问，更不能只回答其中的部分而对另一部分视而不见。批复中对有关问题的处理办法和措施具有指导价值，因此在提出时一定要"对症下药"、具有可操作性，切忌内容空洞，华而不实。

（三）语言简洁，表述准确

批复一般篇幅简短，因此，在表述上要简洁、扼要、直奔主题，不过多铺陈。同时还要求在遣词造句上做到准确传达信息，在行文时要字斟句酌，消除歧义，切忌含糊不清、模棱两可的表述。

（四）批复及时

在公文处理的过程中，非常注重时效性，凡是下级机关的请示，都必须答复，而且要及时答复，以免耽误工作。

（五）一文一事

批复件原则上一文一事，一个批复针对一个请示。有时数个下级机关上报请示同一件事，经研究同意后，应分别行文批复，而不应一个批复回复数个请示。

【例文 11-11】

内蒙古自治区卫生计生委关于开办盲人医疗按摩所有关问题的批复

呼伦贝尔市卫生计生委：

你委《关于开办盲人医疗按摩所有关问题的请示》（呼卫计发〔2016〕160 号）收悉。现批复如下：

按照原卫生部、人力资源和社会保障部、国家中医药管理局、中国残疾人联合会《盲人医疗按摩管理办法》规定，盲人医疗按摩人员可以开办盲人医疗按摩所。

同时，《医师资格考试报名资格规定（2014 版）》第八条规定，盲人医疗按摩人员按照《盲人医疗按摩管理办法》（卫医政发〔2009〕37 号）参加盲人医疗按摩人员考试。《盲人医疗按摩人员从事医疗按摩资格证书管理办法》第三条规定，《盲人医疗按摩人员从事医疗按摩资格证书》是盲人医疗按摩人员获准在医疗机构中从事医疗按摩活动、参加专业技术职务评审和申请开办盲人医疗按摩所的有效证明与合法证件。

因此，盲人医疗按摩人员应取得《盲人医疗按摩人员从事医疗按摩资格证书》，方可申请开办盲人医疗按摩所。

此复

内蒙古自治区卫生计生委（印章）

2017 年 2 月 20 日

（资料来源：http://www.nmgwjw.gov.cn/）

【简析】　该例文是一则针对请求指示性的请示的批复。第一段为批复引语，交代了批复的缘由，用简明的文字引述下级机关请示的标题、发文字号，明确批复所针对的是哪份请示。在第二段表明态度，明确表示盲人医疗按摩人员可以开办盲人医疗按摩所。接着从上级机关的角度提出了指示性的意见及其依据。行文观点明确，措施到位，语言简洁，表述到位。

第九节　函

一、函的概念及用途

函适用于不相隶属机关之间商洽工作，询问和答复问题，请求批准和答复审批事项。

函的适用范围包括以下内容。

（1）平级机关和不相隶属的机关单位之间商洽工作，询问和答复性公务联系。

（2）向无隶属关系的业务主管部门请求批准有关事项。

（3）业务主管部门答复或审批无隶属关系的机关请求批准的事项。

（4）机关单位对个人的公务联系。

二、函的种类

（一）按内容和用途分

（1）商洽函。用于平级机关或不相隶属机关之间商洽工作、联系有关事宜的函。

（2）询问答复函。用于不相隶属机关之间相互询问、答复处理有关问题的函。

（3）请批、批准函。用于不相隶属的业务主管部门执法的请批函，业务主管部门向不相隶属机关单位制发的批准函。

（二）按规格分

（1）公函。按公文格式写成，有发文字号的函。

（2）便函。便函因简便、灵活，不列入正式文件范围。

（三）按行文方向分

（1）去函。也叫来函，是主动发出的函。

（2）复函。被动答复的函。

三、函的结构及写法

公函由首部、正文和尾部三部分组成。其各部分的格式、内容和写法要求如下。

（一）首部

函的首部主要包括标题、主送机关两个项目内容。

（1）标题。公函的标题一般有两种形式。一种是由发文机关名称、事由和文种构成。另一种是由事由和文种构成。

（2）主送机关。即受文并办理来函事项的机关单位，于文首顶格写明全称或者规范化简称，其后用冒号。

（二）正文

正文一般由开头、主体、结尾等部分组成。

（1）开头。主要说明发函的缘由。一般要求概括交代发函的目的、根据、原因等内容，然后用"现将有关问题说明如下："或"现将有关事项函复如下："等过渡语转入下文。复函的缘由部分，一般首先引叙来文的标题、发文字号，然后再交代根据，以说明发文的缘由。

（2）主体。这是函的核心内容部分，主要说明致函事项。函的事项部分内容单一，一函一事，行文要直陈其事。无论是商洽工作，询问和答复问题，还是向有关主管部门请求批准事项等，都要用简洁得体的语言把需要告诉对方的问题、意见叙写清楚。如果属于复函，还要注意答复事项的针对性和明确性。

（三）结尾

一般用礼貌性语言向对方提出希望。或请对方协助解决某一问题，或请对方及时复函，或请对方提出意见或请主管部门批准等。

（1）结语。通常应根据函询、函告、函商或函复的事项，选择运用不同的结束语。如特此函询（商）、请即复函、特此函告、特此函复等。有的函也可以不用结束语，如属便函，可以像普通信件一样，使用此致、敬礼。

（2）落款。一般包括署名和成文时间两项内容。

署名机关单位名称，写明成文时间年、月、日；并加盖公章。

四、函的写作要求

函的写作，首先要注意行文简洁明确，用语把握分寸。无论是平行机关或者是不相隶属的行文，都要注意语气平和有礼，不要倚势压人或强人所难，也不必逢迎恭维、曲意客套。至于复函，则要注意行文的针对性，答复的明确性。其次，函也有时效性的问题，特别是复函更应该迅速、及时。像对待其他公文一样，及时处理函件，以保证公务等活动的正常进行。

五、函与其他公文的区别

（一）函与请示的区别

根据《国家行政机关公文处理办法》规定，"请示"和"函"都可以用来请求批准，但"请示"用于向"上级机关"请求批准，"函"则是请求"有关主管部门"批准。

（二）函与批复的区别

批复是上级机关用来答复下级机关请示的下行公文。下级有请示，上级才会有批复，因此，批复是被动行文；批复的针对性极强，下级机关请示什么，上级机关就批复什么，不能答非所问。批复由标题、主送机关、正文、成文日期组成。

函适用于不相隶属机关之间答复问题、请求批准和答复审批事项。回复对方来函的函称复函，复函是平行文，也可用于向不相隶属的高级别机关或低级别机关行文。复函由标题、主送机关、正文、成文日期组成。

【例文 11-12】

邀 请 函

经与贵公司就××项目合作事宜进行初步洽谈后，我公司对合作事宜进行了研究，认为：

一、该项目符合国家的产业政策，具有较好的市场前景和发展空间；

二、该项目不仅将极大地促进双方发展，而且还将极大地促进两地合作，具有较大的经济效益和社会效益；

三、该项目在我地区有很好的资源优势，具备合作的基本条件。

我公司认为，本项目符合合作的基本条件，具备进行商务合作洽谈的基础。具体的合作事宜必须经双方更进一步详细洽谈。请贵公司法人代表收到本邀请函后,派代表赴我公司作商务考察并就实质性框架合作进行洽谈,我公司将承担本次商务考察的全部费用。

敬请告知准确时间,以利安排,我公司法人将亲自与贵公司面议合作事宜。

顺祝

商祺

×× 公司(印章)

×××× 年 × 月 × 日

(资料来源:http://www.liuxue86.com/a/3381074.html)

【简析】 该例文是商洽工作发出的"邀请函",因为不相隶属,所以用"函"。正文分为三个部分。第一部分说明原委及条件;第二部分很有礼貌地发出进一步洽谈的邀请;第三部分希求回复。写得明白利落。

【例文 11-13】

关于环保核查工作制度有关问题解释的复函

北京市环境保护局:

你局《关于申请对环保核查工作制度有关问题予以解释的函》(京环函〔2014〕729 号)收悉。经研究,现函复如下:

一、为贯彻落实中央关于简政放权、转变政府职能的决策部署,我部按照"减少行政干预、市场主体负责"的原则,改革调整上市环保核查工作,印发了《关于改革调整上市环保核查工作制度的通知》(环发〔2014〕149 号),要求各级环保部门不再组织开展上市环保核查。

二、为贯彻落实《环境保护法》,切实落实企业环境保护主体责任,强化地方各级环保部门的监督责任,我部优化调整了重点行业环保核查工作。今后,我部不再直接组织开展重点行业环保核查,我部之前在各类文件中发布的有关行业环保核查的相关要求不再执行。地方政府对开展重点行业环保核查另有规定的,地方环保部门可根据地方政府的要求开展核查,但须严格遵循"自愿、透明、公平、公开"的原则,并不得收取任何费用。

三、为贯彻落实《行政许可法》和中央依法治国精神,环保部门原则上不应再为企业出具环保达标守法证明等文件,之前我部提出的要求企业出具环保证明文件的相关要求自本文件发布之日起予以废止。

四、地方各级环保部门要按照我部关于污染源环境监管和企业事业单位环境信息公开要求,及时、完整、真实、准确地公开企业环境违法行为行政处罚、排污许可证发放、监督性监测、突发环境事件等环境信息,以便于相关政府部门以及社会机构查询。地方各级环保部门应加快推进建立企业事业单位环境行为信用评价制度,协助相关部门做好企业征信系统建设工作。

特此函复

环境保护部办公厅(印章)

2015 年 2 月 10 日

(资料来源:http://www.zhb.gov.cn/gkml/hbb/bgth/201502/t20150213_295900.htm)

【简析】 该例文是"复函"。正文开头写来函已悉,概括指明来函询问的内容,即针对答复的范围，以"函复如下"引出答复的内容，正文主体部分从四个方面完备地说明了涉及事项的政策、规定。答复已完，函文亦止。

第十节 纪　要

一、纪要的概念及用途

纪要是用于记载、传达会议情况和议定事项的公文。它的行文方向比较灵活，可以是上行文、下行文和平行文，使用范围非常广泛。

纪要与会议记录不同，会议记录只是一种客观的纪实材料，记录每个人的发言，而会议纪要则集中、综合地反映会议的主要议定事项，起具体指导和规范的作用。它根据会议、会议文件和其他会议资料分析归纳写成，主要用途是通报会议情况、贯彻会议精神、统一认识、指导工作。

二、纪要的特点

（一）指导性

纪要的指导性包含两层含义：一是会议本身具有权威性；二是会议纪要集中反映了会议的主要精神和决定，一经下发，将对有关单位和人员产生指导作用，起着类似于指示、决定或决议等指挥性公文的作用。会议纪要还可以作为与会同志向单位领导汇报、向群众传达会议内容、会议精神的文字依据。

（二）纪实性

纪要必须是会议宗旨、基本精神和所议定事项的概要纪实，内容不能随意增减和更改，更不能任意发挥，任何不真实的材料都不得写进会议纪要，因此，纪实性是纪要的根本特点，也是纪要的基本写作原则。

（三）概括性

纪要必须以极为简洁精练的文字高度概括会议的内容和决定。纪要不是有闻必录，而是围绕会议主要成果来分析、整理、提炼和概括会议的主要精神，只有做好这样的概括，才可以让人们及时地了解到会议的基本精神和所议定事项。

（四）特殊性

纪要一般不用其他行政公文的格式制作，没有文件头，没有主送机关。纪要一般采用第三人称写法，以会议的语气写作，如"会议指出""会议决定""会议号召""会议强调"等。

三、纪要的种类

按照会议性质，纪要大致分为办公会议纪要、工作会议纪要、协调会议纪要、研讨会议纪要等。

（一）办公会议纪要

办公会议纪要主要用于记载和传达领导的办公会议的决定和决议事项。如其中涉及有关部门的工作，可将会议纪要发给相关部门，并要求其执行。

（二）工作会议纪要

工作会议纪要用于传达重要的工作会议的主要精神和议定事项，有较强的政策性和指示性。

（三）协调会议纪要

协调会议纪要用于记载协调性会议所取得的共识以及决议事项，对与会各方具有一定的约束力。

（四）研讨会议纪要

研讨会议纪要主要记载研究讨论性或总结交流性会议的主要精神和研讨情况。这类会议纪要的写作要求全面客观，除反映主流意见外，还应反映不同意见。

四、纪要的结构及写法

（一）标题

纪要的标题，有两种格式：一是会议名称加纪要，如《全国经贸工会工作会议纪要》，又如《内蒙古自治区工商行政管理局长会议纪要》。二是把会议的主要内容在标题里揭示出来，类似公文标题式的，如《关于加强纪检工作座谈会纪要》，又如《关于落实省委领导同志批示保护省级文物五塔寺问题的会议纪要》。

纪要的成文日期一般加圆括号标注在标题下方。

（二）导言部分

导言部分一般需简要介绍会议概况，其中包括以下内容。

（1）会议召开的背景和缘由，会议的指导思想和目的。

（2）会议的名称、时间、地点、与会人员、主持者。

（3）会议的主要议题及对会议的评价。

（三）正文部分

正文部分是纪要的主体部分，是对会议的主要内容、主要精神以及基本结论和今后任务等进行综合阐述。根据会议性质、规模、议题等不同，大致可以有以下三种写法。

（1）概括叙述法。这种写法是把会议的基本情况、研讨的主要问题、议定的有关事项用概括叙述的方法，进行整体的阐述和说明。这种写法多用于讨论问题比较集中单一、意见比较统一的小型会议，容易写作，篇幅相对短小。

（2）分项归纳法。召开大中型会议或议题较多的会议，一般要采取分项叙述的办法，即把会议的主要内容分成几个大的问题分项来写。这种写法内容相对全面，侧重于分析阐述，常常包括对会议事项的目的、意义、现状的分析，以及对下一步工作目标、任务、政策措施等的阐述。这种纪要一般用于需要基层全面领会、深入贯彻的会议。

（3）发言提要法。这种写法是把会议具有典型性、代表性的发言加以整理，提炼出内容要点和精神实质，然后按照发言顺序或不同内容加以阐述的写法。这种写法能如实地反映与会人员的意见。需要了解与会人员不同意见的会议纪要，可采用这种写法。

（四）结尾部分

结尾部分一般提出号召和希望。根据会议的内容和纪要的要求，可以会议名义向本地区或本系统发出号召，要求广大干部认真贯彻执行会议精神，可以对会议做出简要评价，并提出希望要求。

【例文 11-14】

建设工程监理统计会议纪要

2011 年 12 月 15 日，住房和城乡建设部建筑市场监管司在北京召开建设工程监理统计会议。各省、自治区住房和城乡建设厅、直辖市建委（建交委）、总后基建营房部工程局负责工程监理统计工作的同志及部分工程监理企业代表参加了会议。会议全面总结了 2010 年工程监理统计工作情况，分析当前工程监理统计工作中存在的问题，部署了 2011 年工程监理统计工作，会议取得较好效果。现将会议有关情况纪要如下：

会议认为，自去年全国建设工程监理会议召开以来，各地住房城乡建设行政主管部门和工程监理企业深入贯彻落实会议精神，提高对工程监理统计工作重要性认识，加强领导，扎实工作，较好完成 2010 年工程监理统计工作，全国工程监理企业总体上报完成率为 96％，其中内蒙古、辽宁、黑龙江、江苏、福建、江西、山东、湖北、广西、海南、贵州、甘肃、青海上报完成率 100％，数据准确率较高，统计工作质量整体呈现稳步上升的趋势。

工程监理统计制度实施五年来，统计数据全面地反映了工程监理行业发展状况，为全面系统分析工程监理行业发展状况奠定了基础，为政府主管部门加强市场监管、制定政策提供可靠依据，也为广大工程监理企业了解市场状况、调整经营策略提供了客观数据，对促进工程监理行业的科学发展发挥了积极作用。

会议通报了 2010 年工程监理统计基本情况。2010 年全国共有 6106 个工程监理企业参加统计，其中综合资质企业 57 个，甲级资质企业 2148 个，乙级资质企业 2272 个，丙级资质企业 1605 个，事务所资质企业 24 个；工程监理企业从业人员 68 万人，其中专业技术人员 60 万人，注册执业人员为 14 万人；工程监理企业全年实现营业收入 1196 亿元，与上年相比增长 40％，其中工程监理收入 528 亿元，与上年相比增长 31％，这是自 2005 年工程监理统计制度建立以来，工程监理收入年增幅首次超过 30％；有 1 个企业工程监理收入突破 3 亿元，8 个企业工程监理收入超过 2 亿元，55 个企业工程监理收入超过 1 亿元，工程监理收入过亿元的企业个数与上年相比，增长 83％。

会议指出，2010 年工程监理行业发展呈现五个特点，一是工程监理行业规模不断扩大，整体效益趋于好转；二是工程监理从业人数平稳增长，人员结构基本稳定；三是大型工程监理企业持续发展壮大，企业实力增强；四是资质构成比例向高等级聚集，产业集中度继续提升；五是工程监理专业间盈利能力差距明显，房屋建筑工程领域竞争激烈。

会议强调，2011 年工程监理统计工作要以服务工程监理行业发展和市场监管为中心，以继续提高统计数据质量为重点，以信息化为支撑，进一步完善工程监理统计制度，

增强工程监理统计人员力量,促进工程监理统计工作迈上新台阶。会议经过讨论,形成以下意见:

一、认真做好2011年工程监理统计的部署工作。各地要严格按照《×××××××通知》(建市办〔2011〕581号)要求,认真组织,周密安排,严格落实各项工作要求。各工程监理企业应在2012年2月底前,按照属地管理原则,将数据报送地市级住房城乡建设行政主管部门,地市级住房城乡建设行政主管部门于3月10日前报送省级主管部门,3月底前省级主管部门将审核完毕的数据报送我司。

二、确保统计数据的准确性和真实性。工程监理统计报表制度是国家统计制度的重要组成部分,按《中华人民共和国统计法》规定,统计对象有义务真实、准确、完整、及时地提供统计调查所需的资料,不得提供不真实或者不完整的统计资料,不得迟报、拒报统计资料。各级住房和城乡建设行政主管部门要严格把关,认真核实汇总数据,强化责任,认真落实,对本区域的工程监理统计工作负责。

三、继续开展数据分析工作,充分发挥统计作用。今年我们组织专家对工程监理统计数据进行了专题研究,形成《2010年工程监理统计分析报告》,并以建设工作简报的形式印发全国各地,收到很好效果。2011年我司将在工程监理统计数据汇总的基础上,继续开展数据分析工作,为工程监理行业的未来发展提供决策支持。

(资料来源:深圳政府在线,有改动)

【简析】 该例文内容充实,格式完整,导言介绍了会议的基本情况,包括召开会议的时间、地点、与会单位以及会议的主要议题。正文部分首先回顾了2010年工程监理工作的基本情况,并讨论通过了2011年的相关工作意见,自然结尾。全文层次分明,行文简洁,值得学习借鉴。

【思考训练】

1. 公务文书要素修改

(1) 发文机关标志应当黑色黑体二号居中排布,显示公文的权威性。请改正。

(2) 北京市人民政府一份文件的发文机关标识为:"市政府文件"。请改正。

(3) 山西省人民政府办公厅一份文件的发文字号为:山政办(2006)第078号。请改正。

(4) 为了调整中小学收费标准,市教委会同物价局、财政局联合发出一份通知。这份公文的发文字号应该是财政局的发文字号。请改正。

(5) 河南省交通厅要针对加强公路养路费管理向社会发文,标题为:河南省交通厅关于继续做好公路养路费等交通规费征收工作的公告。请改正。

(6) 批转下级机关公文应该用批复。请改正。

(7) 一份情况报告的结束语为:"以上报告妥否,请批示。"请改正。

(8) ××市公安局在一份请示中将主送机关标为:"××省委、省政府领导。"请改正。

(9) 批复标题为:××省教育厅关于××大学关于申请建立协同创新中心的请示的批复。请改正。

(10) 纪要一般采用第一人称写法,以"我"的语气来写。请改正。

2. 病文修改

(1) 请指出下面请示中存在的问题,并加以改正。

关于要求解决学生宿舍拥挤等问题的请示

市人民政府、市教育局:

  我校今年由于住宿生急剧增加,已有的学生宿舍已无法容纳,现在住宿生基本上是一个床位两个人睡,严重影响学生的身心健康。为解决这一困难,我校决定再建一栋学生宿舍楼。另外,我校图书馆也尚未达到省"两基"标准,望上级部门给予适当支持。

  特此请示,请回复。

××市二职

2013 年 12 月 15 日

(2) 请指出下面批复中存在的问题,并加以改正。

关于若干问题的批复

××乡人民政府并县电影公司:

  对你乡的多次请示,一并答复如下。

  一、原则批准你乡建立农产品联合加工服务公司,负责本乡农产品生产的组织、农产品的加工和销售工作。

  二、你乡拟修建戏院一座,并同时纳入观影功能,以更好地活跃农村业余文化生活,这个想法不错,基本同意。

  特此作答。

××县人民政府

2016 年 6 月 17 日

3. 公务文书写作

(1) 请根据以下材料写一则通告。

  2017 年 8 月 8 日,内蒙古自治区成立七十周年庆典将在呼和浩特举行。为了保证庆典顺利进行,呼和浩特新华大街、成吉思汗大街将于 8 月 8 日 8 点至 18 点实行交通管制。

(2) 请根据以下材料写作除眉首和版记外的通知的行文部分。

  该通知是××市人民政府写给市属各区、县、局的。该市部分地区和单位不重视教育事业发展,大量挤占挪用教育经费,据调查截至 2015 年 5 月上旬,全市教育经费的 60% 被挪作投入农业生产和修建领导干部宿舍,甚至出现私分教育经费现象。这种状况给教育事业造成极大危害。国家逐年增加教育的投入,市里也在条件允许的情况下增加了部分教育事业费和基建费,但是直接用于教育发展的部分并不多。市政府要求:各级领导要端正思想,重视教育。当年及上一年被挤占挪用的教育经费应在两年内补齐,用教育经费盖好的干部宿舍一律分给教师居住,被私分的教育经费必须如数退回。

(3) 请以下面提供的材料为依据,以汉江市环保局的名义拟写一份通报。

  汉江市环保局拟将对因化学物品在运输过程中泄漏的汉江市汉江化工厂给予最高 5 万元的高额罚单。

汉江市汉江化工厂物资处将装有废白油（一种润滑油）的油桶，交与一废品收购私营业主处理（当事人无危险化学品经营许可证）。对方运输车辆经过大山区建设一路时，25只大油桶从车上掉下来，造成约200公斤"白油"外泄（内含有50%易燃、易爆、对人体皮肤有毒副作用的活化剂——三乙基铝）。接警后，大山区环保局应急小分队立即赶赴现场，由于处理及时没有造成人员伤亡。

大山区环保局依法对该厂下达了《行政处罚预先告知书》和《行政处罚听证告知书》，最终罚款额将在举行听证会后决定。

（4）请根据以下提供材料，拟写一份给国务院的灾情报告。

2017年8月8日21时19分，在四川省阿坝州九寨沟县（市）（北纬33.2°，东经103.8°）发生7.0级地震，震源深度为20公里。震中距离九寨沟县城35公里，距阿坝州210公里，距成都市290公里，距甘肃陇南市100公里。四川、甘肃、青海、宁夏、陕西多省震感明显，局部地区震感强烈。截至8月10日12时，地震已致20人死亡（其中游客6人，本地群众2人，未查明身份12人），431人受伤（重伤18人）。转移民众超过6万人，滞留游客基本转移疏散完毕。

（5）请根据以下材料，按照批复的格式，拟写一份批复。

浙江省物价局2016年8月向国家发展改革委和国家能源局报送《关于浙江省输配电价综合改革试点方案（送审稿）的请示》（浙价资〔2016〕129号）。请求批准《浙江省输配电价综合改革试点方案（送审稿）》以下简称《试点方案》。

请以国家发展改革委的名义拟写批复，同意该《试点方案》。并要求按照批复的《试点方案》，抓紧组织开展改革试点各项工作，尽快编制输配电价改革试点方案、完善煤电价格联动机制操作办法和电力市场化改革方案，报国家发展改革委审核后实施。同时，由于电价改革意义重大，情况复杂，要求浙江省物价局加强与有关部门的沟通协调，充分听取各方面意见，研究解决试点中出现的各种情况和问题，重大问题及时报告。

（6）请你根据以下材料，按照函的写作方法，拟写一份函。

某市旅游局拟在国庆节期间举办全国旅游产品展销会，地点拟选在该市会展中心，该中心可容纳5000个展位，展销时间为20××年10月1—15日。为此特向全国各省市旅游主管部门发公函，邀请各方代表团前来参展。

（7）请根据下面的会议记录，拟写一份纪要。

××市××区人民政府区长办公会议记录

时间：2016年12月9日下午。

地点：第一会议室。

主持：阎逸（区长）。

出席：李萍、赵迅、于明华、钱诗涛（副区长）。

列席：吴奎（农办主任）、常聚智（研究室主任）、王布久（商委主任）、孙浩长（畜牧局长）、张良（粮食局长）、金铃（教育局长）。

记录：王春春、常降智。

阎区长：今天研究三个问题。（一）请李萍同志传达市商业工作会议精神，研究决定我们明年的商业工作重点。(二)请于明华同志谈谈当前牛场的主要问题,研究解决办法。(三)请钱诗涛同志谈市人大代表视察我区教育工作时提出的意见,商定我们的解决办法。先请李萍同志讲。

李萍:市里的商业工作会议是上月15日到18日召开的。会议纪要和市领导同志的讲话已经印发给大家了,就不重复讲了。这次会议主要解决两个问题:一是商业改革问题。会上介绍了一些商业、服务业的门店实行租赁制的经验。二是增加商业网点,方便群众问题。全市新建小区不少,那里群众反映商业网点太少,生活很不方便。会议要求各区、县要设法解决这些问题。咱们区今年商业工作进步很大,特别是在一些中小门店搞租赁试点以后,出现了一些新气象。过去亏损的门店扭亏为盈,服务态度也有了较大的改进。我们区的"城门前综合商店"做法,这次还在市里的商业会议上介绍了经验,受到了与会者的重视。

赵迅:这个店的经验很值得重视。这个店的地理位置不错,经营品种也不少,可过去半年亏损,群众意见很大。实行租赁后,大大改观了。我找一些商店经理谈过此事,他们认为"城门前店"的办法可以推广。

钱诗涛:租赁这件事可以搞,但时间太短,应当看一看。

于明华:中、小型门店可以实行,大型的可不可以搞,恐怕还得再调查研究一下。

李萍:我也认为可以在中、小型门店推广这个办法(以下详细论述了租赁制的具体做法及优、缺点)。

阎区长:搞租赁制是个好办法,明年我们先在中、小型门店实行,不断总结经验,研究存在的问题,不断加以完善。大家是否同意这个意见?(大家表示同意)这件事就这么定下来。下面是不是等三件事都谈完了。我们一并讨论,以节省时间。请李萍同志接着讲。

李萍:会上提出商业网点问题。咱们区问题较大。这几年在咱们区盖了许多楼房,形成了两个小区,几十栋高层建筑,几万人口。一下子增加这么多人,商业压力很大,群众也有意见。电台、晚报等新闻单位转来不少群众来信。我也收到一些提意见的信,看来必须尽快解决。我同商委的同志研究了一下,明年商业工作的重点是:加快小区商业点建设,在楼群中开三至四个综合商店,再搞一批代销点;在中小型商业门店中,当然也包括服务、饮食、修理业,我们把这些也都包含在商业中了,推行租赁制,以这种改革,促进服务质量的提高,改进服务态度。具体工作计划在这次会议以后报道,明年初召开一次全区的商业工作会议进行部署。讲完了。

阎区长:请于明华同志谈。

于明华:市里召开的发展奶牛、改善牛奶供应会议以后,区里决定在山坡乡区办三个奶牛场,各乡也要发展集体或户养奶牛。经过近两年的努力,咱们区奶牛发展很快(以下介绍了奶牛发展的情况),给市里提供了新的奶源,受到市领导的表扬和群众的称赞。当前饲料成了问题,特别是精饲料,粮食供应不足。各乡还可以自己想点办法,区办的三个场,困难更大。这三个场的牛奶产量占全区的1/2以上,因此,急需解决他们的问题。当然乡办的集体牛场和一些养牛专业户也有这个问题,但目前还能维持,从现在抓起,不会产生大的影响。解决的办法我看还要粮食局设法调拨。张局长、吴主任,你们看怎么办好?(张、吴表示可以帮助解决。)

阎区长:老于讲完了吗?(答:完了。)请钱诗涛同志说。

钱诗涛：本月1日、2日市人大代表一行8人来我区视察教育工作。他们走访、视察了十六所小学，对各校工作的成绩给予了充分的肯定，对学校领导、老师、学生提出的一些问题做了解答。有的代表还接受了学校的邀请，答应抽时间给师生做报告。视察结束后，代表们提了一个很重要的意见，要求区里立即解决前山、子母堡、洼地三个小学的危险教室的翻修问题。这三所小学各有两三个教室是危房，有倒塌的危险。（以下谈了具体情况。）

阎区长：金铃同志，你立即给三个小学打电话，这些教室马上停止使用，并在周围设立屏障和危房标志，必须确保安全。具体办法过一会儿我们研究。（金局长去打电话。）诗涛同志接着讲。

钱诗涛：解决这三个学校的危险教室问题已迫在眉睫。现在主要是经费不足，我的意见无论怎么困难也得先翻修。修教室期间，学生们可以按二部制上课。我讲完了。

阎区长：对这三件事。我讲以下意见，然后大家讨论。

（一）商业会议明年初开。同意商委意见，明年工作重点是：推行租赁制，先在中、小型门店搞；加快网点建设，除了依靠我们自己的力量，还要发动群众，多办些代销点，货源我们保证，形成一个网。

（二）奶牛场饲料问题，保证区办的三个场。请粮食、畜牧局同志协商解决。一定尽力优先解决这三个场的问题，保证一定量的牛奶供应。乡里要因地制宜，早做规划，尽快解决饲料供应问题，不要等到不能维持时才办。这件事情请张局长、孙局长协助办好。

孙浩长：饲料问题我们一定尽力解决，饲料公司已有准备。（下面谈了具体解决的办法。）

阎区长：好。饲料公司还是有远见的，优先解决区办的三个奶牛场的问题。

（三）三所小学危险教室问题我应该检讨，这么严重的问题，不及时解决会出乱子的。这件事，先停止使用，教育局立即筹款请城建部门协助，找最好的施工队，在短期内翻修好。修房期间可以实行二部制，不要影响学生上课。过两天，请金铃同志跟我到这三所学校看看。大家对这三件事这么办有什么意见，请发表。

（大家表示同意这么办，并补充了一些情况。）

没有不同意见，那就这么决定了。散会。

第十二章 事 务 文 书

【专题概说】

事务文书是政府机关、社会团体、企事业单位在日常公务活动中,如沟通信息、安排工作、总结得失、研究问题时使用的一种具有很强的实用性和事务性的文书,是除法定公文以外的其他文体。常见的事务文书有:计划、总结、述职报告、简报、邀请信、感谢信、贺信、请束、备忘录、会议记录、意向书、订货单、产品说明书、市场调查报告、合同、招标书、投标书、可行性研究报告等。

事务文书的写作有明确的对象,即特定的读者,对于对象有明显的约束力,一般来说,对象非看不可。如给上级单位的计划、总结、简报,给亲朋好友的请束,再如条例、办法、规定、章程等,所涉及人员必定要看。事务文书是用来处理事务性工作的,讲求实用、有效。所以事务文书从主旨的确立到材料的使用都必须切合实际。事务文书通常具有一定的程式性,有约定俗成的惯用格式。与行政公文相比,其格式虽具有一定灵活性,但总体上是相对稳定的。事务文书具有一定的时间要求,虽然没有法定公文那样紧迫,但同样也要在限定的时间内及时完成。

事务文书根据内容和用途可分为计划性文体、调查总结性文体、会议用文体、记录简报性文体、规章准则性文体五类。计划性文体包括计划、安排、规划等;调查总结性文体包括调查报告、总结、述职报告;会议用文体包括开幕词、闭幕词、会议报告等;记录简报性文体包括简报、会议记录、大事记等;规章准则性文体包括章程、条例、制度等。

学习事务文书,要注意与行政公文区别开:事务文书是机关团体、企事业单位为了处理日常工作事务而制作和使用的公文之外的应用文书,也可称为业务文书。而行政公文指行政机关在行政管理过程中形成的具有法定效力和规范体式的文书,是依法行政和进行公务活动的重要工具。两者都属于公务活动文书,前者是处理日常事务的使用性文书;后者更强调法定效力和规范体式。

第一节 计 划

一、计划的概念及用途

计划是国家机关、企事业单位、社会团体以及个人普遍使用的非法定文种。它是在工作、生产、学习以及日常生活中,为完成某项任务,预先拟订的目标、措施、步骤、要求及规定完成期限并加以书面化或表格化的预先安排。计划是计划类文书的统称,由于计划涉及内容和期限的不同,还有不同的叫法:规划,是具有全局性的、较长时期的长远设想;方案,是从目的、要求、工作方式方法到工作步骤,对专项工作做出全面部署与安排的计划;安排,是对短期内工作进行具体布置的计划;设想,是初步的草案性的计划;打算,是短期内工作的要点式计划;要点,是列出工作主要目标的计划。

计划可以提高工作的预见性和自觉性,为日后检查工作进度,总结、评价和考核工作的完成情况提供依据。

二、计划的种类及特点

（一）计划的种类

（1）按内容分:有生产、工作、教学、财务、学习、科研计划等。

（2）按范围分:有国家、部门、单位、科室、班组、个人计划等。

（3）按时间分:有年度、季度、月份计划,或长期、短期计划等。

（4）按性质分:有综合性计划和专题性计划等。

（5）按效力分:有指令性计划和指导性计划等。

（二）计划的特点

（1）具有预见性。计划是先于要进行的实践活动制订的,必须对未来工作中可能出现的问题有充分的估计,提出科学的、切实可行的文案。正因为计划具有预见性、设想性,所以,在执行计划时,也必须根据实际情况,相应对计划进行调整。

（2）具有可行性。为了实现预期的目标,必须有切实可行的措施和方法,计划必须切合实际情况,保证目标的实现。

（3）具有指导性。计划一经制订,就要对完成任务的实际活动起到指导作用和约束作用。工作的开展、时间的安排,都必须按计划严格执行。

三、计划的写作内容

计划的内容由标题、正文、结尾组成。

（一）标题

标题又叫计划名称,由制订计划的单位、期限和种类构成。例如,《××大学 2016 年度教学改革计划》,就包括单位名称、期限和计划的种类三项内容。如果单位名称放在结尾处写,标题只写《2016 年度教学改革计划》。

计划的标题有以下三种。

（1）完整式标题。由单位名称、时限、计划内容、计划名称构成。例如,"××汽车公司 2017 年汽车销售计划"。

（2）非完整式标题。

① 由时限、计划内容性质、计划名称构成。例如,《2012 年财务收支计划》。

② 由单位名称、计划内容性质、计划名称构成。例如,《蓝天公司实行经营责任制计划》。可以省略时限,如《××公司营销方案》;可以省略单位,如《2010 年工会工作要点》;

可以省略单位和时限,如《毕业生就业工作计划》;凡省略单位的标题必须在正文后署名。

（3）公文式标题。由发文机关名称、事由、文种组成,如《××总公司关于××××年机构改革工作的部署》。

如果计划还未正式确定,是征求意见稿或讨论稿,要在标题后面用括号注明"草案""初稿""未定稿""初步计划""供讨论用"字样。

（二）正文

正文是计划的主体。这部分要写为什么制订这份计划,要做些什么,怎样去做,什么时候完成等。包括前言、目标和任务、步骤和措施。

（1）前言。计划的前言用于说明制订计划的依据,概述本单位的基本情况,分析完成计划的主、客观条件,提出总的任务和要求或完成计划指标的意义和目的。前言要根据具体情况适当选择,以"为此,特制订计划如下"为过渡语,引出主体部分。

（2）目标和任务。明确地写出要达到的目标、指标和要求,包括做哪些事,数量上和质量上的要求等。要做到重点突出,简洁明确,数量、质量指标清楚、准确。

（3）步骤和措施。措施是指围绕计划目标而设计的一系列的实施办法,包括利用的有利条件、采取的措施、克服的困难、配合完成的单位和个人。措施是实现目标的保证,一定要做到周到严密,切实可行。步骤是指目标实现的程序设计和时间安排。计划的实现是一个过程,包含不同的阶段,每一阶段又包含若干环节,因此安排步骤要对计划目标的各个阶段和各个环节从时间、空间做出全局性的分析和评估,做好统筹安排。根据内容和表述需要,步骤和措施可以选择条文式、图表式或条文图表结合式。在正文不便表述的内容,另作"附件"。

（三）结尾

结尾是对计划实施的重点和主要环节的强调,也可以说明执行计划时应注意的事项,需要说明的问题,或者提出希望号召。

四、撰写计划的注意事项

制订计划,要遵循对上级负责、切实可行、集思广益、突出重点、防患未然的原则。撰写前应先有调研,拟订时要胸怀全局、实事求是,要具有科学性和可行性,计划一旦制订,则对执行者具有一定的指导性和约束力。

计划是可以调整的,当执行过程中偏离或违背了我们的目的时,需要对其做出调整,不能为了计划而计划。

【例文 12-1】

××西服店 2013 年"双增节"工作计划

国务院倡导开展"双增双节"活动。为开展好这项活动,我们决定将今年的工作重点调整为"双增双节"活动同深化企业改革一起抓,改善企业经营管理体制,发挥名牌特色产品优势,深入挖掘潜力,以提高经济效益。现根据我商店的实际,确定 2013 年的工作计划如下:

一、目标

目标见表12-1。

表　12-1

序号	类　别	指　标	同　比
1	销售计划	1600万元	比去年的1552.8万元增长3%
2	周转天数	118天	比去年的122.9天加快4.9天
3	平均流动资金	524.4万元	比去年的530.5万元下降1.15%
4	费用额	68.5万元	比去年的70.69万元下降3.1%
5	借款利息	19.3万元	比去年的20.8万元减少1.5万元
6	削价损失	16.7万元	比去年的33.4万元下降50%
7	毛利率	19.79%	比去年的18.79%上升1%
8	定制加工	5460件	比去年的5300件增长3%
9	上缴税利	262.2万元	比去年的255.7万元增长2.6%
10	利润	218.9万元	比去年的208.5万元增长5%

二、措施和做法

（一）扩大商品销售，提高经济效益

1. 抓好产品质量，扩大市场占有率。对产品定期抽样检查，力争正品率达到××%。其中××%的产品质量符合市优和部颁标准。

2. 全面分析和预测市场上各型时装的生命周期，合理选择进货渠道，组织适销对路的原料，增加花色品种，妥善安排工作，做到款式新颖、高雅，并做好必要的储备，以满足市场需要。

3. 开拓新产品，设计新品种，对库存商品不断更新换代，使产、销、调、存出现良好的运行状态。

4. 采取门市销售、预约销售和集会展销等形式，扩大销量。

5. 提高服务质量，引发顾客的购买兴趣，唤起消费者的潜在要求。结合创新风柜组活动，争取商店评上"文明西服商店"的称号。

（二）抓好横向联系

1. 在全国各地设立特约经销单位。以京、津、沪为据点，向四面扩展；上半年增设×
×、××、××等×个经销点，下半年再增设××、××、××等×个经销点，逐渐形成一个
×××商品的销售网。

2. 利用短期贷款，多生产质量优价格合理的产品，满足各地不同层次的需要。

3. 加强横向联系，了解各地市场的风土人情，分析销售趋势；帮助横向联系单位改进柜台设计和商品陈列，扩大供应能力。

（三）压缩银行贷款，减少利息支出

1. 加速资金周转，对库存商品不断进行清理、分类，及时处理冷、呆、残损商品，防止资

金积压。

2. 缩短生产流转的期限,加工产品及时回收,及时上柜,及时回笼资金,以压缩银行贷款,减少利息支出。

(四) 降低成本,节约费用

1. 紧密排料,减少损失,降低消耗。

2. 合理调整库存,减少库存量。

3. 紧缩旅差费,节约水电及文具办公费用。

(五) 加强经营管理建设

1. 健全财务报表体制,准确反映单位的经济情况,定期分析各项经济指标完成情况,找出问题,及时处理。

2. 加强管理环节,使进、产、销、存的管理系统化、科学化。

3. 对原材料仓库场地、成品仓库场地、商品陈列室等进行合理的布局,对管理人员加以调整充实。

4. 健全各项考核制度,做到"奖不虚施,罚不枉加"。

2013 年的任务是艰巨的,但我们有一支热爱商店的职工队伍,有信心完成我们的奋斗目标。

××西服商店经理室

2013 年 1 月 3 日

(资料来源:http://www.docin.com/p-484883015.html)

【简析】 该例文的正文导言,概述了制订计划的依据和工作思路。主体部分首先用表格表述奋斗目标。将每项指标与上年度实绩作比较,显示了"双增双节"的要求,明确、具体、简洁。然后用条文式写实现目标的五项措施和具体做法,可操作性强。结尾表明实施计划的信心。不足之处有两个:一是计划中没有写明落实措施和做法的具体步骤;二是各项任务没有具体落实到由什么人实施。

第二节 总 结

一、总结的概念及用途

总结是单位或个人对过去一个时期内的实践活动做出系统的回顾归纳、分析评价,从中得出规律性认识用以指导今后工作的事务性文书。

不管是个人还是群体,每一次的具体实践都有成绩与失误、经验与教训,及时总结就会及时取得经验教训,提高认识和工作技能。

二、总结的种类及特点

(一) 总结的种类

从性质、时间、形式等角度可划分出不同类型的总结,从内容分主要有综合总结和专题总结两种。综合总结又称全面总结，它是对某一时期各项工作的全面回顾和检查，进而总结经验与教训。专题总结是对某项工作或某方面问题进行的专项总结，尤以总结推广成功经验为多见。总结也有各种别称，如自查性质的评估及汇报、回顾、小结等都具有总结性质。

总结的种类其实和计划有相近的地方。

（1）按内容分：工作总结、生产总结、学习总结等。

（2）按时间分：年度总结、季度总结、月份总结等。

（3）按性质分：综合性总结和专题性总结。

（二）总结的特点

（1）客观性。总结的内容与材料源自客观事实，是对已经发生过的事情进行回顾与评价，要尊重事实，从实际出发，不能无中生有。观点的提炼、经验的归纳、规律的总结都不可主观臆断。

（2）理论性。总结是从理论的高度回看做过的工作，从感性认识上升为理性认识的过程。对发生过的事情、做过的工作进行客观如实的分析，用科学的世界观和方法论评价和总结。

（3）指导性。总结是从以往的实践经验中，寻找典型的、有说服力的实例、数据，指导今后的工作。

三、总结的写作内容

总结的结构内容包括标题、正文、落款三部分。

（一）标题

总结的标题有三种形式，即文件式标题、文章式标题和混合式标题。

（1）文件式标题。一般由汇报者、时限、事由、文种名称构成。如《××局 2010 年度拥军优属工作总结》。

（2）文章式标题。概括主要内容或基本观点，不出现总结字样，但对总结内容有提示作用。如《我们是如何实行教学与科研相结合的？》《技术改造是振兴企业之路》。

（3）混合式标题。以文章式标题和文件式标题为正副标题，正题揭示观点或概括内容，副标题点明单位、时限、性质和总结种类。如《知名教授上讲台教书育人放异彩——××大学德育工作总结》。

（二）正文

总结的正文包括前言、主体、结尾三部分。

（1）前言。前言是总结的开头部分，也叫小引，是用来交代总结的缘由，或对总结的内容、范围、目的做限定，对所做的工作或过程做扼要的概述、评估，也可以交代总结的主旨并作出基本评价，力求简洁，开宗明义。

（2）主体。应包括主要工作内容、成绩及评价、经验和体会、问题或教训等。这些内容是总结的核心部分，可按纵式或横式结构形式撰写。所谓纵式结构，即按主体内容从所做的工作、方法、成绩、经验、教训等逐层展开。所谓横式结构,即按材料的逻辑关系将其分成若干部分,标序加题,逐一写来。

写这部分内容时要注意以下四点。

① 构思精巧。回顾内容要实际,经验部分要充实,措施部分要有力。成绩和经验是总结的中心和重点,是构成总结正文的支柱。可以先写成绩做法后再写经验,也可以在总结成绩时一起说明经验。

② 资料丰富。总结就是对大量材料进行分析提炼的过程,要开展调查研究,搜集大量典型事例和精确数据,为下一步的计划实施确立依据。

③ 提炼观点。在占有材料的基础上总结、提炼观点,这是理论与实践的有机结合。初学者往往会把大量的材料堆砌起来,使总结的观点和证明的材料相脱节,无法体现总结揭示本质的作用,不能得出规律性的结论和认识。

④ 层次分明。总结要做到结构合理,层次分明,事实清楚,表述得当,就要突出轻重主次,逻辑严密。陈述工作内容时要将重点的、主要的内容放在前面,一目了然,一般性的工作放在后面依次列出;总结经验、规律时要体现因果关系,做法—措施—效果。

(3)结尾。作为总结的结束语可以归纳呼应主题、指出努力方向、提出改进意见或表示决心信心等语作结,要求简短利索。

（三）落款

一般在正文右下方署名署时。报纸杂志或简报刊用的交流经验的专题总结,应在标题下方居中署名。

四、撰写总结的注意事项

总结是对已经做过的工作进行全面、系统的回顾、检查、分析、研究、归纳和提炼,把大量的感性材料集中起来,使之条理化、系统化、科学化。

写作个人总结就要进行自我剖析、自我认识、自我肯定、自我表扬、自我批评、自我提高,一般以第一人称出现,或标出"本人"等字样。

总结的目的是肯定成绩、找准问题、明确方向,写昨天、看今天,指导明天,所以不能把总结写成流水账,否则达不到总结的效果。

总结从文体上应属于议论文,不仅要对过去的学习或工作情况与事实做概括性的综合归纳,还要对事物做本质的分析,把感性认识上升到理性认识,从中找出事物发展的基本规律。

五、总结与计划的关系

（一）两者都是相互制约、相互依赖的关系

一般来说,下一段的工作计划要根据上一段的总结来制订。没有系统、全面、深刻的总结,也就不可能制订出符合实践、切实可靠的计划。反之,总结要以计划为依据,要检查计划的执行情况,要检验计划的准确程度。

（二）两者都是相互促进、不断提高的关系

计划与总结以"计划—实践—总结—认识—再计划—再实践—再总结—再认识……"的形式循环往复、螺旋式上升。它们之间相互促进，不断提高，实际上是同一工作的两个方面。

（三）在表达方式上，侧重点有所区别

计划是为完成一定任务所作的具体步骤、方法和措施，侧重于叙述、说明；总结则是对计划执行情况的总分析、总评价，侧重于叙述、议论。在要求上，计划所要回答的问题是"做什么、怎么做、什么时候做完"；总结所要回答的问题则是"做了什么，做得怎么样"。

【例文 12-2】

20××年度个人工作总结

光阴荏苒，转眼间一年又过去了。20××年是不平凡的一年，对我个人来讲，这一年意义深刻。刚刚过去的一年里，在局领导的正确领导下，在其他同志的配合下，坚持以高标准严格要求自己，兢兢业业做好本职工作，出色地完成了领导交给的各项工作任务，个人工作能力得到很大的提高，同时也取得了一定的工作成绩。回顾起来，主要完成了以下几方面的工作。

（1）潜心学习，自觉锤炼。我能够认真学习政治理论和法律知识，使自己的思想观念紧跟时代步伐，加深了对党在现阶段的方针政策的正确认识，从思想上、行动上，与党中央保持一致。严格规范自己的言行，坚持廉洁自律、秉公办事，坚持党的原则，时刻以科学的理论、高尚的情操去武装、引导和塑造自己，坚持党的优良传统和作风。

（2）无私奉献，热情服务。自己是一名受党沐浴多年的老党员，工作中坚持时时处处讲风格，做表率，以一名优秀党员的标准严格要求自己，宽厚待人，爱岗敬业，做到利益面前不伸手，困难面前不低头，工作面前不退缩。团结同志，帮助别人，从不为个人利益而斤斤计较。曾两次在年终评优中将荣誉让给别人。在每次赴外测绘中，把同志们安全送抵目的地后，便不顾旅途劳累，立即和同志们一起搬东西、拿器械，跑前跑后，主动热情地搞好服务工作。

（3）爱岗敬业，尽职尽责。多年在局机关工作，做司机非常辛苦，做个好司机就更为不易。"做就做好"是我做人的原则。当开车累得腰酸背痛深夜回家时，深感开车之苦；当看到领导信任和同志们的赞许，又享受到开车之甜。我始终做到爱岗敬业，以单位为家，尽职尽责做好本职工作。经常加班加点，不分班上班下，没有星期天和节假日，节假日出车从不计补助和报酬。始终做到出车时随叫随到，不管是领导还是同志用车，上车有迎言，下车有送语。即使在今年的两次生病输液中，也坚持轻伤不下火线，一听说有出车任务，便顾不得休息，立即全身心投入工作中。

（4）勤于修检，保障安全。作为一名司机，时刻牢记自己肩负的重任，以确保领导和同志们乘车安全为己任，在驾驶中，注意力保持高度集中，并严格按照操作规程和道路交通规则，做到万无一失。稍有空闲，便潜心学习各种交通法规，做到遵章安全行车。经常阅查交通图册，将各种交通路线熟记在心，行车中少走弯路，少走坏路，节时省油。在车辆维修和保养中,扮演好"医生"和"美容师"的双重角色,对车辆勤检修、勤保养、勤清洗,熟练掌握各种车辆技术性能,有故障及时排除,使车辆始终处于良好状态。

在 20×× 年的工作中,我虽然取得了一定的成绩,但出现的问题也不容忽视,如自身素质有待进一步提高,服务意识有待提高等。在今后的工作中,我将会尽力弥补这些缺点,全面提高自身的综合素质、业务水平、服务质量。

有人说选择了司机就选择了辛苦,我今后也必将长期与这一清苦的职业为伴,但我决不言悔,因为我愿意为我所从事的事业付出满腔热忱,捧出全部真诚,愿意为我挚爱的××工作奉献一切。

×××

20××年××月××日

（资料来源：http://www.yxtvg.com/）

【简析】 该例文是一篇个人工作总结,标题概括了总结的范围、内容和文种,前言部分提纲挈领地概括出总结的主要内容并表明目的,引起下文。正文对自己的工作和学习进行了全面的总结,从工作实际中得出客观真实的经验、感受,令人信服、感动。结尾之处写出了下一步努力的方向,充满了热情,具有一定的鼓励和号召性。

第三节　调查报告

一、调查报告的概念及用途

调查报告是调查主体在对特定对象进行深入考察了解的基础上,经过严谨地归纳整理和科学地分析研究,进而揭示事物的本质,得出符合实际的结论,由此形成的汇报性应用文书。它是调查研究成果的传递工具,是其转化为社会效益,发挥社会作用的桥梁,为决策和调整决策提供基本依据。调查报告主要用于剖析事物的本质及其发展趋向,对于解决实际问题具有积极指导作用。

二、调查报告的种类

从内容性质分,调查报告可以分为专题调查报告、综合调查报告、理论研究调查报告、建议类调查报告、历史情况调查报告、现实情况调查报告六种形式。

（一）专题调查报告

专题调查报告是针对某个问题或事件所撰写的调查报告。它能及时揭露现实生活中的矛盾,反映群众的意见和要求,研究急需解决的具体的实际问题,并根据调查的结果提出处理意见或者对策建议。

（二）综合调查报告

综合调查报告是综合调查众多对象及其基本情况的调查报告,具有全面、系统、深入和篇幅较长的特点。

（三）理论研究调查报告

理论研究调查报告是以学术研究为目的而撰写的调查报告，它以搜集、分类、整理资料并提出问题、报告结论为特点，大多发表在学术刊物上，或载于学术著作中。

（四）建议类调查报告

建议类调查报告是根据某项实际工作需要而撰写的调查报告，主要提供预测、决策、制定政策、处理问题的方法和意见建议。

（五）历史情况调查报告

历史情况调查报告是根据需要以历史情况为对象进行调查而形成的调查报告。它可以供人们了解某一事物或问题的历史资料和历史真相。

（六）现实情况调查报告

现实情况调查报告是以正在发生、发展的现实生活为对象进行调查所形成的调查报告。人们可以通过它了解和认识某些事物和问题的客观现实情况，以作为其他认识活动的依据或参考。

三、调查报告的特点

（1）针对性。调查报告应社会的实际需要而产生。在党和国家的各项方针、政策贯彻执行中，常常会出现新情况、新问题需要研究解决，也常常有好的经验需要推广，调查报告就要从这一客观需要出发，明确解决的问题，有针对性地进行调查研究之后所作的书面回答。

（2）真实性。真实是调查报告的生命线，客观事实是调查报告赖以存在的基础。写调查报告，一定要尊重客观实际，用事实说话，从调查对象的确定，到开展调查活动，从对问题的分析研究，到提出解决问题的途径，都要以大量的充分确凿的事实作为依据。

（3）论理性。调查报告是通过对大量材料的分析与综合，由事论理，引出结论，揭示出事物的客观规律。分析与综合的过程，揭示事物客观规律的过程，就是论理过程，所以在写作上主要运用夹叙夹议、叙议结合的表达方式。

（4）典型性。调查报告的调查对象要典型，运用的材料要有典型意义，得出的结论和规律也必须具有普遍意义，这样才有较强的说服力。调查报告不仅对调查对象总结工作、提高认识具有指导意义，更重要的是对全局性工作具有现实意义和普遍的指导意义。

（5）时效性。调查报告回答的是当前工作中迫切需要解决的问题，时间性很强，写调查报告一定要紧抓时机，切勿"时过境迁"，失去调查的指导意义。

四、调查报告的写作程序

调查报告写作要经过以下五个程序。

（一）确定主题

主题是调查报告的灵魂，对调查报告写作的成败具有决定性的意义。因此，确定主题要注意:报告的主题应与调查主题一致;要根据调查和分析的结果,重新确定主题;主题宜小,且宜集中;要尽量与标题协调一致,避免文题不符。

（二）取舍材料

首先,要选取与主题有关的材料,舍弃与主题无关的材料,使主题集中、鲜明、突出。其次,要经过鉴别,精选材料,不仅使每一份材料都能有用,而且能以一当十。

（三）拟定提纲

拟定提纲是调查报告构思中的一个关键环节。调查报告的提纲有两种,一种是观点式提纲,即把调查者在调查研究中形成的观点按逻辑关系一一地列写出来。另一种是条目式提纲,即按层次意义表达上的章、节、目,逐一地一条条地写成提纲。也可以将这两种提纲结合起来制作提纲。

（四）起草报告

起草报告是调查报告写作的行文阶段。要根据已经确定的主题、选好的材料和写作提纲,有条不紊地行文。行文过程中,要从实际需要出发选用语言、标点符号和表达方法,还要注意灵活地划分段落。

（五）修改报告

报告起草好以后,要认真修改。主要是对报告的主题、材料、结构、语言文字和标点符号进行检查,加以增、删、改、调。在完成这些工作之后,才能定稿向上报送或发表。

五、调查报告的写作内容

调查报告一般由标题和正文两部分组成。

（一）标题

1）单标题

一是公文式标题,也称为公式化标题。形式为"调查对象＋调查课题＋文体名称"。如《新疆塔城地区双语教学现状的调查报告》,其特点是标题各要素一目了然,文种明确。

二是常规文章标题。可直接用问题做标题,如《青少年究竟喜欢哪些课外读物》,也可以自己的观点为标题,如《素质教育,势在必行》,也可概括调查内容,如《××市的水资源管理》,还可以直接叙述事实,如《台风过后》。

2）双标题

双标题又叫主副式标题,由主标题和副标题构成,通常主标题为常规文章标题,副标题为公文式标题。如《为了造福子孙后代——××县封山育林调查报告》。

（二）正文

调查报告的正文由导语、主体和结语三部分组成。

（1）导语。导语又称前言,简洁明了地介绍有关调查的情况,或提出全文的引子,为写作正文做好铺垫。常见的导语有:一是简介式导语。对调查的课题、对象、时间、地点、方式、经过等作简明的介绍。二是概括式导语。对调查报告的内容(包括课题、对象、调查内容、调查结果和分析的结论等)作概括的说明。三是交代式导语。即对课题产生的由来作简明的介绍和说明。

(2) 主体。主体是调查报告的核心内容,也是对调查研究结果的具体引证和论说部分。主体部分的结构有以下三种主要形式。

① 用各个观点做层次——并列结构。

主体内容是由几个不同观点组成的层次,就以基本观点为中心把这些观点贯穿在一起。比如,1999 年 12 月 9 日《人民日报》刊登的调查报告《按照市场经济规律指导农民增收——山东省微山县调查》的主体就是这样的形态。它由四个部分构成:"抓住了规律就抓住了根本""把握市场需求发挥自身优势""围绕市场竞争,加强联合与协作""遵循价值规律,推进农业'四化'"。这四个部分是由标题所显示的基本观点贯穿起来的。比如《巩固官兵团结应在"五个一"上下功夫——对某部官兵关系状况的调查与思考》,通过调查分析,认为新形势下密切官兵关系应注意五个方面:抓住一个根本——端正对士兵的根本态度;强化一个观念——坚持依法文明带兵;突出一个重点——抵制庸俗的关系学;营造一个环境——形成官兵互爱的良好氛围;树立一个形象——领导和机关要当好表率。

② 按照材料的不同属性分类做层次——递进结构。

调查的问题单一,但是材料比较分散,就遵循认识问题的基本规律,从事物外部的情况入手,逐层深入揭示其内在联系。调查者经过分析、归纳之后,依据调查形成材料的不同性质,对材料梳理成几种类型,每一类型的材料相对集中,充分表达形成层次。在形成的层次之前可以添加小标题或者序号。如《军嫂来队"请客忙"探微》的调查报告,是按照"为何请""有何危害""如何解决"的顺序安排材料的,首先叙述"请客忙"的现象和原因,接着分析"请客忙"的危害,最后提出解决"请客忙"的对策建议,由浅入深,由表及里,层层推进。比如,1999 年 12 月 23 日《人民日报》刊登的调查报告《不信民心唤不回——从宁乡县五个乡镇的变化看做好农村思想政治工作的重要性》,分别从问题的原因、采取的措施、得到的启示三方面着眼,分为三个大的层次。在原因这一层中又概括为五条,在启示这一层中概括成三条,形成大层次下若干小层次。

③ 以实施过程的不同阶段做层次——纵式结构。

问题或现象较为单一,但是过程性极强,就按照事物的发生发展内在的先后顺序来安排材料,一层一层分析说明。比如《军营"小群体"面面观》的调查报告,按照军营"小群体"的类型、"小群体"的形成、"小群体"的影响、对"小群体"的管理顺序安排材料,结构脉络清楚,有助于读者对军营"小群体"有一个全面的了解。又如 1999 年 12 月 16 日《人民日报》"记者调查"栏目发表的《暗访北京站前发票非法交易》一文,分别写了这样几层内容:2 月 6 日 15 时 35 分,记者在北京站东侧出站口遇到第一个卖发票的人;过马路前,又遇到四五个卖发票的小伙子;过马路后,被一个穿棕色皮衣的卖发票者拦住纠缠难以脱身;在站前丁字路口东北侧又遇到几个卖发票的男女……这种有清晰过程的写法,可以提高读者的阅读兴趣。

(3) 结尾。作者要在调查报告的结尾部分亮明观点,并做到对主体内容的归纳概括和升华,所以调查报告的结尾是重要部分。

① 结尾对全文内容进行归纳概括,进一步明确主旨。在结尾部分把全文的核心思想

归纳概括于一点,比如《关于邯郸钢铁总厂管理经验的调查报告》的结尾部分:

> 邯钢的实践证明,国有企业适应建立社会主义市场经济体制要求,必须在转换经营机制的基础上转换经营方式,切实转变经济增长方式,这样才能充分挖掘企业的内部潜力,提高企业的整体素质和市场竞争力。邯钢的做法为国有企业实行从传统的计划经济体制向社会主义市场经济体制,从粗放经营向集约经营两个具有全局意义的根本性转变提供了借鉴的经验。

② 结尾再次指出问题,引起重视启发思考。社会产生的一些问题或者社会现象还没有引起人们足够重视,或者因各种因素制约也不能提出解决办法,在结尾部分把问题进一步指出来,是为引起对这一问题的注意或启发思考,这样也是很有价值的。比如《暗访北京站前发票非法交易》的结尾部分:

> 记者随后又转了几个地方,16 时 10 分从北京站离开。在这 40 分钟里,碰见了大约 20 名买发票的不法人员。听口音他们大都是外地人。从言谈举止可以感觉到他们知道自己的行为是违法的。在广场、路口维持秩序的公安、保安人员不少,也许是司空见惯了吧,记者没有看到他们出面制止这种不法行为。

对于发票非法交易这一现象,到底由谁来管,该如何管?作者在结尾再一次指出问题,希望能引起有关部门重视。

③ 结尾针对调查的相关问题,提出对策建议。在主体部分揭示相关的问题之后,结尾对于如何解决问题,要提出对策或建议。比如,1999 年 11 月 23 日《人民日报》专题调查《人情消费,让人如何承受》的建议性结尾:

> 在人情消费已成为一种风气的情况下,制止大操大办单靠哪一个人、哪一个单位很难从根本上奏效,如喝喜酒,往往是通知范围大了人们反感,范围小了没接到通知的人也有意见。遏制人情消费,建立新型的人际关系,倡导社会新风,是一项社会系统工程,需要各级各部门共同努力。首先要加强宣传和教育。提倡新事新办,勤俭持家,厉行节约,建立新型的社会主义人际关系。节日期间,报纸、电台、电视台可举办专题栏目、节目进行宣传,文化部门应挑选一批优秀的影片(主要是婚丧嫁娶新事新办方面的)在各乡镇、村巡回播放。通过广泛深入的宣传教育,使人们树立正确的人情消费观。其次要制定社会规范。在政府机关和企事业单位建立红白理事会,推行节俭办红白喜事。建立约束机制,对人情消费进行引导、规范、管理。最后要严格稽查。对大操大办甚至借机敛财的干部要严肃处理,直至在新闻媒体上曝光。

【例文 12-3】

非英语专业大学生英语听力焦虑原因的调查报告

山西师范大学教师教育学院　　××

【摘要】国内大学生在做英语听力理解题时容易产生焦虑,但将英语作为第二外语的学习者群体的文章甚少。因此,本文从个人、文本材料及听力策略的角度进行分析,希望能帮助英语教师和学生认识到听力焦虑存在的影响因素,从而帮助学生最大限度克服不利的焦虑情绪,促进英语听力学习。

【关键词】听力焦虑　听力策略　性别　差异

听力是日常生活中最基本和最重要的技能,近些年随着大学英语教学的变革,对听力的能力要求越来越高,而学生在英语听力学习过程中,总会因为害怕、紧张、不安等不良情绪体验产生焦虑感。因此,在普通高校大学生中开展英语听力焦虑的研究,有重要的理论和实践意义。

一、研究方法

(一)研究问题。在中国,非英语专业大学生的英语听力学习中普遍存在英语听力焦虑的问题。为了调查学习者的听力焦虑影响因素,本研究提出以下两方面问题进行分析:第一,在英语听力焦虑水平上,不同性别的学习者是否存在显著差异?第二,造成非英语专业大学生听力学习的焦虑情绪的潜在因素有哪些?

(二)研究对象。在教育统计领域里,大样本数至少要达到 30 才具有统计意义。本研究中,正式调查129人(发放129份,回收129份,男27份,女102份,有效129份),所学专业全部为非英语专业,符合取样要求。2016 年 6 月,本人在某大学校园里,以随机发放问卷的方式进行问卷调查。

(三)研究工具。调查对象基本情况问卷[使用 Horwitz 等(1986)的外语课堂焦虑量表(FLCAS)的调查问卷]。基于前面的问题,设计包括两部分,第一部分涉及个人信息如性别、年级、所学专业等变量在内的问卷;第二部分为听力焦虑测试影响项目,如目前英语的学习成绩水平、兴趣程度等变量在内的问卷。

(四)数据处理过程。调查结束后,对回收的问卷进行整理编码,通过观察和数据检查等方式剔除无效问卷。采用 SPSS 17.00 进行录入数据和统计分析处理,统计方法主要包括信度分析、描述统计、方差分析。首先,要了解参与者现有听力焦虑程度。其次,用独立样本的检验来检测男女间在性别差异方面的焦虑水平。最后,通过数据分析影响英语听力焦虑的原因。

(五)结果分析。问卷的第二部分采用的是 Likert 量表形式分级,通过问卷调查和统计分析,从三个方面整理结果并进行分析,结合实际情况分析原因。

1)普通高校中非英语专业大学生英语听力焦虑的性别差异调查状况。通过独立样本的检验,对非英语专业大学生在性别差异方面的听力状况进行调查分析。男女两个样本的平均数分别为 3.19 和 3.11,方差同质性的 Levene 检验未达显著[$F=2.165, P=0.144$(大于 0.05)],表示这两个样本的离散情形无明显差别。也就是表示在性别上听英语时的焦虑程度无明显差异。

2)普通高校非英语专业大学生的英语听力焦虑的影响因素。从调查中可以看出,大部分学生花在英语听力上的时间很少,兴趣程度不够,掌握听力技能的愿望程度却很强。从个人角度出发,可以看出大部分人认为别人的听力好,不够自信,并且大部分可以认识到注意力集中对英语听力的重要性。从文本等客观条件出发,认为听力播放次数、语音语调、讲话人声音、语速快慢和周围噪音都能影响英语听力焦虑,并且影响程度很大。从其他方面可以发现听力策略对学生的影响很大。

（六）结论。综上所述，我们可以得出以下结论：①大学生在英语听力学习中存在焦虑情绪，在性别上没有显著差异。②影响大学生英语听力焦虑的主要原因有：第一，从个人角度，自信心不足，对注意力掌控不够，听说训练时间不够；第二，从文本等客观条件看，听力播放次数、讲话人声音、语速快慢、语音语调和周围噪音都能影响英语听力焦虑；第三，英语听力焦虑程度受听力策略的影响。

二、建议

帮助学生建立自信心。提高听力水平是一个漫长的过程，在短期时间内成效显著显然不可能。在此过程中，我们应知道提升自信心是缓解听力焦虑的一个重要方式。因此，教师在听力课堂上可以传授一些听力技能。例如，如何辨别单词和因素，如何通过关键词理解全文大意，如何做听力笔记等。教师也可通过学生喜爱的活动，比如听写英文歌曲、看英文电影方式来激发学生学习练习听力口语的动力，鼓励学生积极参与课堂活动，尽快建立自信心。

培养学生元认知策略。之所以学生的英语听说能力普遍落后于读写能力，其中很重要的原因是学生缺乏自制力、专注力以及自主学习能力，不能根据自己的学习策略有计划地进行英语学习。因此，教师应注重培养学生的元认知策略意识，教导学生应该有规划意识，制订适合自己的听力目标，不断练习各种听力理解题型，大胆尝试克服遇到的各种困难，从而提高听力水平。在自我监控听力过程中，从听力的各方面进行自我评价，从而真正会运用元认知策略。

对听力材料的内容选择。文本等客观条件在很大程度上影响了学生的英语听力，所以，不仅要在语音、语调、词汇、语法等基础知识方面加以练习，还应接触各种类型涉及各种话题的材料，普及各种文化背景常识，从适中语速开始逐渐过渡到快速英语听力练习，使学生逐渐可以适应各种速度、各式材料的听力内容。

【简析】 该例文属于建议类调查报告，标题类型为单标题中典型的公文式标题。正文部分以交代调查课题的原因及意义为导语，以研究方法作为主体部分，从研究问题、研究对象、研究工具、数据处理过程、结果分析五个方面系统、全面地介绍了课题研究的过程。结尾处针对相关问题提出了三点可行性、操作性较强的建议。全文结构层次分明，重点突出，目标明确。不足之处是对问题产生的原因挖掘不够深入，流于表面，应在问题分析的广度和深度上再下功夫。

【思考训练】

1. 自拟一份计划（学习、读书、生活、勤工俭学、班干部工作、社团工作均可），内容要具体可行。

2. 写一篇大学学习生活的个人学期总结。

要求：①题目自拟。②不能停留在学习生活过程的一般回顾或一般优缺点的自我鉴定上，要从理论上加以分析、概括，突出收获体会。③正文按"基本情况——成绩和问题（或做法、体会）——今后努力方向"的框架结构写作。④800～1000 字。

3. 试用"问卷星"设计一份关于"大学生课余生活安排"的调查问卷，并进行网上调查。根据搜集的数据与信息，写一篇1000字左右的调查报告。

第十三章 专用文书

【专题概说】

随着社会生产力和工作效率的提高,社会分工日益精细,应用文对专门化、专业化的要求大大提高。专用文书是指在一定专业领域普遍使用的文书,如法律文书、经济文书、行政公文等。这些文书的写作,都要求作者对于相关的专业知识有一定的了解,掌握相关专业术语,这就对作者的专业性提出了比较高的要求。此外,不同领域的文书因其专业的特殊性,在用语、格式等方面都有其不同特点,因此,专业文书的学习就显得非常必要。随着时代的进步,社会整体知识水平提高,应用文写作的专业要求也越来越高,有的文体类型还要求多种专业知识俱备。如经济类公文的写作,除了具备经济知识之外,也要掌握法律知识;行政类公文的写作,则要兼备政治、经济、法律等多方面的专业知识;法律类文书的写作,则可能因法律所关涉对象的不同,要求掌握的专业知识更加多元化。

本章我们将介绍的专用文书是:合同、消息、短评、营销策划书。合同与营销策划书是经济类专用文书。合同在日常生活中广泛运用,是商品交换在法律上的表现形式。这就决定了它涉及面广,使用范围大,在核心内容一定的情况下,格式繁简多样,灵活多变,实用性强。营销策划是商品经济活动中非常重要的一环,营销策划书是现代社会营销策划活动的重要组成部分,是营销策划方案的文字体现形式,在市场经济活动中扮演着非常重要的角色。消息与短评是新闻类专用文书,是新闻类作品中与大众日常生活关系较密切的两类。消息的关键在于有效传递信息的要素,要避免主观的判断与评价。消息的写作要求掌握抓取并提炼核心信息并有效概括核心信息的能力。短评则重在基于客观事实的基础上,对于新闻事件给予精到、理性的评价,其核心在于议论。但议论必须是克制的、切中要害的,不可下笔千言、离题万里。

学习以上四种专用文书的写作,有助于培养学生对于日常生活常见文书写作能力的掌握,因此我们把它们归入一章。

第一节 合　同

合同是适应私有制的商品经济的客观要求而出现的,是商品交换在法律上的表现形式。商品生产产生后,为了交换的安全和信誉,人们在长期的交换实践中逐渐形成了许多关于交换的习惯和仪式。合同制在中国古代也有悠久的历史。《周礼》对早期合同的形式有较为详细的规定。判书、质剂、傅别、书契等都是古代合同的书面形式。经过唐、宋、元、明、清各代，法律对合同的规定也越来越系统。

一、合同的概念及种类

（一）合同的概念

《中华人民共和国合同法》（以下简称《合同法》）第一章第二条：合同是平等主体的自然人、法人、其他组织之间设立、变更、终止民事权利义务关系的协议。

（二）合同的种类

合同种类的划分取决于划分的角度，不同的角度划分的结果不同。

首先，按照当事人订立合同的形式，分为书面形式合同、口头形式合同和其他形式合同。对于书面形式合同，《合同法》对其定义为："书面形式是指合同书、信件和数据电文（包括电报、电传、传真、电子数据交换和电子邮件）等可以有形地表现所载内容的形式。"本节讲授的是书面合同。

依据《合同法》"分则"规定，按照合同的内容和性质，分为 15 种：买卖合同；供用水、电、气、热力合同；赠与合同；借款合同；租赁合同；融资租赁合同；承揽合同；建设工程合同；运输合同；技术合同；保管合同；仓储合同；委托合同；行纪合同；居间合同。

按写作形式，分为有条款式合同和表格式合同。

按合同生效时间，分为长期合同、中期合同、短期合同。

二、合同遵循的原则

（一）合法原则

《合同法》第七条规定：当事人订立、履行合同，应当遵守法律、行政法规，尊重社会公德，不得扰乱社会经济秩序，损害社会公共利益。第八条规定：依法成立的合同，对当事人具有法律约束力。当事人应当按照约定履行自己的义务，不得擅自变更或者解除合同。依法成立的合同，受法律保护。

（二）公平原则

《合同法》第五条规定：当事人应当遵循公平原则确定各方的权利和义务。

（三）合意原则

《合同法》第三条规定：合同当事人的法律地位平等，一方不得将自己的意志强加给另一方。第四条规定：当事人依法享有自愿订立合同的权利，任何单位和个人不得非法干预。

（四）诚信原则

《合同法》第六条规定：当事人行使权利、履行义务应当遵循诚实信用原则。

三、合同的结构与写法

（一）标题

标题即合同的名称。标题须表明合同的种类和内容。标题写法有如下几种类型。

（1）合同种类＋文种，如《房屋租赁合同》《借款合同》。

（2）经营范围＋合同种类＋文种，如《商品房买卖合同》《农产品货物运输合同》。

（3）合同有效期＋合同种类＋文种，如《2017年第一季度仓储合同》《2016年融资租赁合同》。

（4）单位名称＋合同种类＋文种，如《第一纺织厂保管合同》《金辉公司购销合同》。

以上合同要素可以结合起来作为合同的名称，如《××市××公司2016年供电合同》《××工程局2010年建设工程合同》。

标题要写在合同首页上方居中的位置。

（二）签订合同当事人的名称

在合同标题的左下方，分行并列写明签订合同当事人双方的单位名称及法定代表人的姓名，或者是自然人姓名，并在名称或姓名后用括号注明"甲方"和"乙方"。如：

家用电器买卖合同

××商场（以下简称甲方）

××公司（以下简称乙方）

如果是表格式合同，直接在相应的位置填写单位名称及法定代表人姓名，或自然人姓名。如：

家用电器买卖合同

甲方（买方）：

乙方（卖方）：

（三）合同编号与签订地点、时间

在合同标题的右下方写明合同签订的地点和时间。如：

家用电器买卖合同

合同编号：××号

签订地点：×××

签订日期：××年××月××日

（四）正文

正文一般包括两个部分的内容。

引言，写明双方签订合同的依据和目的。

主体，双方协议的内容，也是合同的主要部分。此部分事项一般由当事人商议约定，一般包括法定条款（《合同法》第二章第十二条规定的条款）和约定条款。

法定条款主要包括以下内容。

（1）标的。标的指合同当事人权利义务的共同指向对象，可以是物、货币、劳务、智力成果。标的条款必须清楚地指出标的的名称，以使标的特定化，便于界定权利与义务的量。

（2）数量。数量是标的的具体计量，是衡量标的的指标，以数字和计量单位来标明。

（3）质量。质量是标的的特征，如外观形态、性能、规格、等级、质地等，反映着标的的产品或劳务的优劣程度，是标的内在质量和外观质量的综合指标。质量标准必须具体。

（4）价款或者报酬。价款或者报酬是指合同一方当事人向交付标的物的合同另一方当事人以货币形式支付的价格。以实物为标的的叫"价款"，以劳务为标的的叫"报酬"，也叫"酬金"。

（5）履行期限、地点和方式。履行期限是指履行合同的时间要求，即合同的有效期，是享有标的的一方要求对方履行合同义务的时间规定，可以按日、旬、月、季分期交付。履行地点是指履行合同的具体地点，即交付、提取标的物的地点。履行方式是指当事人履约的具体方式。一般来说，履行方式包括标的的交付方式和价款或者报酬的结算方式。

期限、地点和方式是合同中最容易引发纠纷的地方，因此一定要规定得尽可能明确、具体。

（6）违约责任。违约责任指因当事人一方在双方执行合同的过程中，造成合同不能履行或者不能完全履行时，责任方必须承担的责任。明确违约责任对于督促当事人履行合同具有重要意义。

（7）解决争议的方法。在履行合同的过程中，由于客观或者主观方面的原因，可能导致纠纷。为了解决合同履行过程中可能存在的纠纷，应该把合同的变更、解除、争议仲裁在签订合同时商定清楚，并明确写进条款中。

（五）附则

附则包括合同生效的时间、合同的文字形式及份数、文本保存形式及合同的补充办法等。

（六）结尾

（1）落款。当事人的名称、签章、法定通讯地址、法人代表、银行账号、签约日期、地点等。写在有效期下方。

（2）有效日期。合同执行生效、终止的时间。

四、合同的写作要求

作为严肃的法律文书，合同一经订立，即不能随意改动，这就要求我们在拟写合同时要特别注意。首先，签订合同要合法、合理，合同双方当事人都要在法律允许的框架下办事。其次，在细节上，要注意以下几点。

（一）内容完备，条款具体、齐全

在合同的正文部分，要认真、细致、周全地记录相关条款，合同所必需的条款都不能少。成文之后反复检查，防止重要条款或事项的遗漏，以避免将来发生不必要的纠纷。

（二）表述简明、准确、严谨

合同的措辞务求简洁明了、准确细致。在用语的选择上，要避免含混其词，不使用存在歧义的语句,保证合同的表述准确地传达双方当事人的意愿,以免引起合同纠纷。

【例文 13-1】

订货合同

甲方(全称):

乙方(全称):

签订地点: _____

签订时间: _____

根据《中华人民共和国合同法》及有关规定,经双方友好协商,达成一致意见,签订本合同。

一、甲方委托乙方制作服装系列产品,具体规格型号、数量、单价及价格详见附后清单。

二、产品质量标准、特殊工艺要求及费用负担……

三、交货时间及方法:乙方收到甲方预付款____个工作日内交货,送达方式另行协商确定,交货时由甲方确认,并在乙方的送货单上签字。

四、验收标准及期限:甲方自收货____日内按样衣标准进行验收。如有质量问题,应在此间提出,逾期由甲方自行承担。

五、包装要求及费用负担:

六、交(提)货方式地点:

七、交付定金预付款数额及时间:

八、结算方式及期限:甲方自收货____日内以现金或转账的方式付清货款。

九、服务承诺:

1. 产品交付使用一个月内,如因乙方原因出现的产品质量问题,乙方负责调换、修改,费用由乙方负担。

2. 本次批量生产之后,如甲方提出增补制作要求,在布料规格质量及价格与本次产品相同的基础上,乙方依样衣标准制作,经双方协商另签订合同。

十、违约责任:

1. 乙方加工生产以甲方确认的样衣为准,中途如因甲方原因提出更换布料及款式、色彩等,由此产生的责任及费用由甲方承担并相应延长交货日期。甲方未按约定支付预付款,乙方可以不予制作并相应延长交货期限,直至甲方交付预付款后,按合同相应要求开始制作;甲方未按约定时间交付货款,甲方应按欠交货款的5%/月利率向乙方交纳违约金。

2. 中途如因乙方原因提出需要更换布料及款式、色彩等需征得甲方同意,否则由此产生的责任及费用由乙方承担,如需延长交货日期,由双方另行协商。

十一、由于不可抗力灾害和确非一方本身的原因而不能履行合同时,可以免除违约责任。

十二、其他未尽事宜,甲乙双方协商解决。

十三、本合同一式两份,双方各执一份,自双方签字之日生效。交易完毕(含付清货款)本合同自行作废。

甲方：（盖章）　　　　　　　　　　　乙方：（盖章）

法定代表人：（签字）　　　　　　　　法定代表人：（签字）

委托代理人：（签字）　　　　　　　　委托代理人：（签字）

联系地址：　　　　　　　　　　　　　联系地址：

联系电话：　　　　　　　　　　　　　联系电话：

开　户　行：　　　　　　　　　　　　开　户　行：

账　号：　　　　　　　　　　　　　　账　号：

签订时间：年 月 日　　　　　　　　　签订时间：年 月 日

附：委托制作服装系列产品规格型号、数量、价格等明细清单

人员类别 规格型号

数量

单位

单价(元)

计价(元)

备注

合计人民币金额（大写）万 仟 佰 拾 元 角 分（￥）

此清单与合同一并生效。

甲方：　　　　　　　　　　　　　　　乙方：

代表：　　　　　　　　　　　　　　　代表：

　年　月　日　　　　　　　　　　　　　年　月　日

（资料来源：http://www.liuxue86.com）

【简析】 该例文是一个订货合同。合同开头标明合同当事人双方的信息以及合同签订的时间和地点；接下来是合同的主要条款，明确提出了"服务承诺"和"违约责任"；结尾的落款部分信息详细完备。文末附有合同相关文件。行文条款齐全、语言简洁严谨。

第二节　消　息

一、消息的概念及用途

消息即狭义的新闻。广义的新闻是指"新近发生的事实报道"（陆定一语），泛指报纸、广播、电视中常用的各种报道文章，包括消息、通讯、特写、报告文学、调查报告、评论等，这些文体都具有新闻的基本特征和一般属性。而消息因其在新闻诸文体中使用频率最高，使用数量最多，是新闻报道中最常用的文体，故人们常把消息称为新闻，即狭义的新闻。我们这里所讲的财经消息是财经新闻体裁的其中之一。

消息是对财经领域新近发生或发现的有新闻价值和社会意义的事实迅速及时、简明扼要报道的一种新闻文体。财经消息因其篇幅短小精悍，报道迅速，传播面广，新闻性强，在财经新闻报道中被广泛使用，成为向社会及时传播财经信息的重要手段。

二、消息的特点及种类

（一）消息的特点

（1）真实。真实是消息的生命。消息必须完全真实地反映客观事实，用确凿的事实来教育影响读者，绝不允许虚构和添枝加叶。无论是构成消息要素的时间、地点、人物、事件和结果，还是所引用的背景材料、数字，都要完全真实、准确可靠。表达方式以叙述为主，冷静客观地传递信息。

（2）迅速。迅速是消息的价值。消息要求把社会上的各种信息，迅速及时地报道出去，如果报道速度迟缓就会降低消息的价值，"新闻"变成了"旧闻"，重大的新闻更是争分夺秒。新闻界有一句行话"今日的新闻是金子，隔日的新闻是银子"。

（3）简短。简短是消息区别于其他新闻体裁的主要标志。所谓简短，就是"三言两语，记清事实，寥寥数笔，显出精神，概括而不流于抽象，简短而不陷于疏漏"，用笔要简洁利落，内容集中精练。

（二）消息的种类

消息的类型多种多样，常见的按写作特点分为动态消息、综合消息、典型消息（经验性消息）、述评消息和深度报道。

（1）动态消息。动态消息是同经验性消息（典型报道）等相对而言的，类似西方新闻界的硬新闻。它报道新近发生的大大小小的事情，反映新情况、新成就、新问题、新气象等，也包括会议活动在内。它一般以一地一事、一人一事为对象，篇幅短小，文字简洁。有短到几十字、两三句话的，称简讯或简明新闻。

（2）综合消息。综合消息是综合反映带有全局性的情况、动向、成就和问题的报道。它涉及的面较广，声势较大，能给人较为完整的印象。要求占有全面、充分、典型的材料，既有面的形势、成就、趋向，又有典型事例的说明、分析，讲求点面结合以及观点和材料的统一，善于将概貌的介绍与具体事例的叙述结合起来，做到既有深度，又有广度。

（3）典型消息。典型消息又叫经验消息，它是报道典型经验，用以推动全局、指导工作的一种消息体裁。它既有概括的观点，又有具体的做法，它偏重于交代情况、叙述做法、反映变化、总结经验。篇幅一般比其他体裁要长，但不宜贪大求全，应注意其针对性。这类消息重在题材重大、典型，提供的经验具有普遍的意义。写作时要着眼于政策，避免陷入事物性与技术性中。

（4）述评消息。述评消息是用叙议结合的方式来反映国内外重大事件的一种消息。它的特点是既叙述事实，又评论分析；事实材料要丰富、典型，评论、分析要讲究逻辑，言简意赅；叙述和议论要紧密结合，防止有述无评、只评不述、述评脱离，其"评"在此种消息中的地位和目的、文章对时间的要求、文章篇幅等方面均与新闻评论不同，应注意区别。

（5）深度报道。深度报道是揭示新闻事实内部联系的一种连续性报道形式。它除了报道新闻事实，还揭示和说明新闻事实产生的原因及结果，揭示"新闻背后的新闻"，向读者解释事件的来龙去脉、事件的含义及社会影响，也包括对事件发展做出展望、预测。它特别适合于重大新闻和热点新闻的报道。

三、消息的结构及写法

（一）消息的结构

作者通过采访获得材料后，通常会根据材料的特点及个人写作的习惯，考虑采用何种结构形式。消息可借鉴的形式有以下三种。

（1）倒金字塔结构。它起源于19世纪60年代美国南北战争时期，它把最重要的内容放在消息的最前面，把次重要的内容放在稍后，依据材料的重要性依次排列，这种结构方式很像倒置的金字塔。它比较适宜写时效性强、事件单一的突发性新闻，而用它来写非事件性新闻、富有人情味、故事情节强的新闻，就不太适合。

（2）金字塔结构。金字塔结构也叫编年体结构，是按新闻事实发生始末，即依时间顺序安排材料的一种消息结构形式。事实的开始和结束，就是新闻的开头和结尾。它适用于前后时间跨度比较小或有较完整情节、生动细节的新闻事实，多用于非事件性新闻。金字塔结构方式条理清晰、现场感强，但开头平淡，消息的重点不突出。

（3）悬念式结构。它抓住了读者急于了解事实结果的心理，抓住事件发展的关键性环节，把读者一步步引向事件的高潮。悬念结构适合于那些故事性较强，以情节取胜的新闻，尤其适合写现场目击记。但它也有自己的局限，它的精华部分往往在中间或后边，读者读完全文，才能了解事件的真相。

（二）消息的写法

消息的完整形式具体表现为：标题、消息头、导语、主体、背景、结尾。

1. 标题

文美在标题，好的标题能相当于文章的广告，能吸引读者的目光，产生阅读内文的欲望。拟写标题首先要准确生动，准确就是要忠于新闻，不能歪曲事实，也不能任意拔高虚构；生动就是遣词造句选用最恰当最贴切的表现或评价。其次标题要点出文章的精华，把文章中最有价值的新闻事实写在标题中，这是引起读者阅读的关键。最后新闻标题要简短易懂，表现出较高的艺术性。

（1）消息标题的种类有主题、引题、副题、提要题、插题。

① 主题。也叫母题、正题或大标题。它既是新闻主题思想、中心内容的主要表达，也是标题的核心和骨干。

② 引题。又称肩题、眉题或上辅题。位置在主题之前，用以交代背景和原因，或者用以说明主题的意义，或者以渲染、鼓动、含蓄、抒情、讽刺等手法，加强主题的气氛和力量。文字要少于副题，字号小于正题。

③ 副题。又叫次题、子题或下辅题。位置在主题之后，常用来进一步说明、补充、解释主题，用的是次重要事实，或者需要强调的观点，使主题更加完整。消息发表时，标题的字号应大于正文字号；引题、副题的字号一般小于正题字号，也可用不同的字体以示区别。

④ 提要题。又称提示题或纲要题，它是提纲挈领地概括新闻的主要事实、做法、经验或问题，向读者概括扼要地介绍。这种提要题一般可起提供背景材料、介绍主要内容、突出新闻事实等作用。

⑤ 插题。又称小标题、分标题,是分别穿插于文中的小标题。

(2) 消息标题的组成形式有以下三种。

① 单行标题。单行标题只有正题,制作要鲜明,醒目易记。如《严于律己三次让房》。

② 双行标题。双行标题是由引题与正题或正题与副题组成的两行标题(不包括双行主题)。正题概括最重要的新闻事实,另一标题与正题组合,构成多种变化,能增加标题的表现力,配合正题完成标题任务。如:

47 位德国企业巨头蜂拥来华　31 项投资合作协议尘埃落定(引题)

中德签了 81 亿美元大单(正题)

③ 多行标题。多行标题是指标题在三行或三行以上,一般引题、正题和副题齐全。如:

我国企业技改工作进入新时期(引题)

国债技改项目成就显著(正题)

近三年共安排国情专项资金 255.4 亿元,技改项目 880 项(副题)

一则财经消息具体使用单行标题、双行标题还是多行标题,要根据消息内容和报道的要求虚实结合而定,以突出主旨、引人入胜为要。

2. 消息头

消息头是消息的标志,居于标题之下,导语之前。在报刊上,都用黑体字区别于正文。消息头一般由发布新闻的单位名称、发布新闻的地点、发布新闻的时间和发布新闻的形式四要素组成,也可省略其中一二。

消息头有"讯"和"电"两种形式。"讯"也叫"讯头",是通过邮寄或书面的形式发送给报社的新闻报道。若是报社记者和通讯员采写的本埠消息,则冠以"本报讯",若是外埠发来的,或记者在外埠采写的,还应表明时间和地点,标明"本报××(地点)××日(时间)讯(或电)"。"电"也叫"电头",是通过电报、电话、电传、电子邮件、传真等形式发送给报社的新闻报道。若是采用本媒体以外媒体的报道则要表明消息来源,如"新华社××(地点)××日(时间)电(或讯)"。

消息头标明消息的来源、采写的媒体,是"版权所有"的标志,同时也有利于规范新闻发布单位的行为,促进媒体提高报道质量,谨慎对待每一条消息。

3. 导语

导语是吸引和指导读者阅读消息的媒介,有"导读之语"的意义。作为消息开头的第一句话或第一段落,导语需用简明生动的文字,写出消息中最主要、最新鲜的事实,揭示消息的主题,以引起读者的阅读兴趣。

按不同的分类方法,导语可以有多种写法。

(1) 按导语中所含消息要素的多少分为六要素导语和部分要素导语。

① 六要素导语。也称全型导语,是将事件发生的时间、地点、人物、事件、原因及结果等这些为读者最关心的、新闻事件中的各要素,一概写入新闻的第一段,详情则放到后面各段补充叙述。如:

南太平洋沿岸有史以来最为猛烈、破坏性最大的风暴于 3 月 16 日、17 日袭击了萨摩亚群岛，结果，有 6 条战舰和其他 10 条船只要么被掀到港口附近的珊瑚礁上摔得粉身碎骨，要么被掀到阿庇亚小城的海滩上搁浅。与此同时，美国和德国的 142 名海军官兵，有的葬身珊瑚礁上；有的则被埋在远离家乡万里之外的无名墓地上，为自己找到了永远安息的场所。

② 部分要素导语。即指导语中只包含"六要素"中的部分要素，也称微型导语或第二代导语。

（2）按导语的表达方式和表现手法分为叙述式导语、描写式导语、评论式导语、对比式导语、引语式导语、提问式导语等。

① 叙述式导语（也称直叙式导语）。它以凝练的语言，扼要而直接地将消息中主要的事实叙述出来，是导语最基本、最常见的写法之一。

② 描写式导语。它以展示事物的形象和事件的场景为主要特征。写作时常抓取某一生动形象、鲜明的色彩或有特色的细节加以描绘。但描写时应简洁而传神，力避过分雕饰。

③ 评论式导语。即对所报道的事实进行评论，揭示其意义。

④ 对比式导语。就是把有差别的事物相比较，将现在的情景与过去的情景相比，将此地之状况与别处相比等。

⑤ 引语式导语。即引用新闻人物精彩而生动的语言来揭示消息主题。

⑥ 提问式导语。即将有关问题通过一个尖锐而鲜明的问题提出来，以引起受众的关注。有时是设问，即要求自问自答。

（3）按消息时间的远近点分为直接性导语和间接性导语。

① 直接性导语。直接性导语多用于时间性很强的消息，它叙述已经发生或正在发生的事件。大多数消息导语均属此类。

② 间接性导语。间接性导语又称延缓性导语，即导语不直接叙述新闻事实，而是通过解释、阐述、设置悬念，或场面描写、气氛渲染等引出新闻事实。曲径通幽，引人入胜。

4. 主体

主体是消息的躯干，它紧接导语之后，是消息的重要组成部分。主体要对导语进行解释、深化和具体化。对导语中涉及的内容，进一步提供有关细节和背景材料，使其更清楚、明确、具体。主体也可补充新的事实。导语中未提及而又能表现新闻主题的事实和其他要素，可由主体补充出来。

主体部分的写作要注意以下几点。

（1）围绕主题，紧扣导语。主体部分内容较多，故而要重视材料的取舍。应紧扣导语中所确立的主题来选用材料。若与主题无关或无多大关系，即便具体、生动、感人，也应割爱。

（2）叙事具体，内容充实。消息虽需简明扼要，篇幅短小，但若太抽象概括，则显干瘪空洞。它不似通讯细致、深入地报道事实，但应使受众对新闻人物和事件有较完整而真切的了解，应传达出较具体的新闻信息。

（3）手法灵活，叙述生动。消息主体内容在要求具体、充实的基础上，还应力求生动。美国新闻学者麦尔文·曼切尔（Melvin Mencher）把"要表现，不要叙述"作为新闻消息写作的第一信条。他说"平铺直叙，会使读者和听众处于消极的地位。表现就会使之身临其境"。这里所说的"表现",就是指生动形象的描述,而非枯燥无味难以卒读的"新闻腔"。

（4）结构严谨,层次分明。消息的主体要恰当地划分段落,有条不紊地展开叙述。安排层次有以下几种顺序:一是时间顺序,按事情的发生、发展、结束的先后顺序安排层次;二是逻辑顺序,就是根据事物的内在联系来安排层次;三是时间顺序和逻辑顺序相结合,这样写严密而有条理,活泼而不紊乱。

5. 背景

狭义的财经消息背景,仅指写作过程中涉及的与新闻人物和事件发生、发展相关的历史、原因和环境、条件等方面的材料。广义的财经消息背景,除此之外,还包括对导致新闻事件发生、发展的广阔的时代背景的了解,也包含向记者提供消息、介绍情况的人的背景。背景材料在消息中位置灵活,可独立成段,也可穿插于导语、主体或结尾中。

6. 结尾

消息结尾是指为了深化新闻主题、强化新闻价值或扩大消息的信息容量,记者根据新闻内容,精心设计的消息的收结部分。它通常是消息的最后一段或最后一句话。

结尾并非是所有消息都必须具备的一个独立的组成部分。新闻实践表明,同消息的简洁明快、干脆利索、用事实说话等基本特征相适应,相当多的消息可以是表述完新闻事实便就此收住,戛然而止。但有些消息是可以有结尾,甚至是必须有结尾的。

【例文 13-2】

苹果前执行长乔布斯去世 享年 56 岁

路透社 10 月 5 日电 美国苹果公司（AAPL）创始人之一暨前任执行长乔布斯（Steve Jobs）在与癌症等疾病进行长期抗争后,于周三去世,享年 56 岁。他是同时代最伟大的美国企业执行长之一。

苹果公司周三晚间发布了乔布斯的死讯。

这位美国硅谷标志性的人物为全世界奉献了 iPod 和 iPhone 等科技产品。他于今年 8 月辞去了苹果执行长的职务,将这家全球最大的科技企业交由现任执行长库克（Tim Cook）执掌。

乔布斯与一种罕见的胰腺癌抗争多年,他被认为是苹果公司的核心和灵魂人物。该公司在他的领导下成长为可与埃克森美孚（XOM）比肩的美国最具价值的企业。

（资料来源:路透社中文网 2011 年 10 月 6 日 编译 郑茵;审校 张涛）

【简析】 该例文是一则关于传奇 CEO 乔布斯逝世的消息,所以消息的标题直接而醒目,引起读者的关注;导语属直接性、叙述性、部分要素导语,扼要而直接,突出时间性;主体部分对导语所涉及的内容做了进一步的印证,并提供了有关的细节和背景材料,以满足读者了解新闻事实全貌的需求。

【例文 13-3】

一事一议补多少 地方财政早有数

财政部提前告知明年一事一议财政奖补部分资金预算

本报北京 10 月 22 日讯（记者 李存才） 近日,财政部印发了《关于安排 2012 年村级公益事业一事一议中央财政奖补资金的通知》,提前告知各省份 2012 年一事一议财政奖补部分资金预算 155.6 亿元,并对今后一事一议财政奖补工作进行了部署。

国务院农村综合改革工作小组办公室有关负责人对记者介绍说,一事一议财政奖补工作于 2011 年起在全国范围内全面推开,当年中央财政年初安排预算 160 亿元,地方各级财政安排预算 301 亿元。

为提高财政奖补资金预算完整性,促进地方妥善落实明年预算,尽早启动 2012 年一事一议财政奖补工作,财政部要求各地将中央本次提前告知的预算及省本级安排的预算以适当的方式提前告知县(市、区),让基层心中有数,以便及早安排相关工作,为加快明年一事一议财政奖补预算执行奠定良好基础。同时,发挥省级统筹的作用,采取激励约束等有效措施,鼓励市、县财政增加对一事一议财政奖补资金的投入。国务院农村综合改革工作小组办公室督促地方利用春节期间农民集中返乡的有利时机,抓紧组织议事,合理确定公益事业建设项目,争取早研究、早布置、早安排,确保村级公益事业建设一事一议财政奖补工作深入推进,更好地惠及民生。

据悉,中央财政在分配 2012 年剩余部分奖补资金时,将按照激励与约束并重的原则,采取目标考核与绩效评价等办法,根据各省份预算安排和财政奖补工作开展情况进行奖惩。

(资料来源:《中国财经报》 2011 年 10 月 22 日)

【简析】 该例文是一则关于财政部具体工作部署的财经消息,标题为正副结合的双行标题,正题为概括性的虚题,副题印证了正题的观点并解释了正题中概括的事实,属实题;导语对主要新闻事实进行了简单的概括;主体部分则详细展开事实报道,用充实具体的材料补充了新闻要素;消息的结构安排采用倒金字塔形式展开。

第三节 短 评

一、短评的概念及用途

短评是一种篇幅短小、内容单一、分析扼要的评论文体。它在选题、评述范围、立论角度、篇幅、规格等方面,比社论要具体单一、轻便灵活、短小精悍,被称作新闻评论中的"轻骑兵"。

短评作为一种特殊的议论文,具有很强的时效性、鲜明的政治性和思想性、广泛的公众性、论证性。

二、短评的特点

(一) 短小精悍,就实论虚

短评多半配合新闻报道而发表,以报道所提供的财经领域新鲜事实为由头依托或论据,旨在画龙点睛,就实论虚,就事论理,从政策法规上、思想上、理论上揭示事件意义,通过现象深入事物本质,升华人们的认识,深化报道思想,以达到依托个别、引导一般的目的。短评的篇幅短小,字数在 500 字左右,内容、结构和行文语气都要高度集中。

（二）针对问题，注重时效

短评的论题确定要有的放矢，抓住当前发生的新闻事件、亟待解决的认识问题、工作问题作为评论的对象，迅速及时地予以阐释评论。

（三）观点鲜明，说服力强

由于要在极其短小的篇幅中阐述自己的观点，所以短评的观点态度一定要鲜明。一般观点放在开头，也可以在文末或文中提出，但论点一定要明确、有力。

虽然篇幅短小，也要有说理论证的过程，有准确的论据，能够真实地反映论点，有力地支持论点。

（四）语言精练，脉络清晰

短评的语言要一字千金，表述准确，不能东拉西扯，苍白无力。短短一段文字中，要有观点、有论据，有概括、有阐述，只有构思精巧，脉络清晰，才能说清楚、讲明白。当然加以体裁结构的活泼多样、表述方式的异彩纷呈、分析说理的生动引人，则更能引起读者的阅读兴趣。

三、短评的写作及要求

（一）短评的写作

（1）标题。短评的标题往往直接表现作者的立场、观点、态度、意向，所以要做到生动、醒目、有力度，通常只有一行主题，极个别情况下才有辅题（多为副题）出现，显得一目了然。短评的标题制作一般要用到比喻式、拟人式、排比式、对比式等修辞方法，使标题更加生动形象、丰富多样。

（2）导论。短评的开头部分，用来说明评论的对象，介绍评论内容，提出评论问题，突出新闻性。要引导读者理解论题，最好开门见山、直截了当地亮出论题，让读者迅速明白评论的内容是什么，导论是要使短评思路顺畅发展，充分展开。

（3）主体。主体是"分析问题"的过程。要抓住论题，深入分析，科学阐释，合理论证。要特别注意总论点与分论点的关系；各层次之间的内部联系；材料与观点的统一关系。要善于由"事"入"理"，做到说理辩证周延，切忌简单化的就事论事，忌陷入极端和偏激。

（4）结尾。短评的结尾要综合概括观点，形成结论。

写作短评要注意结构完整、布局合理、层次明晰，要由点及面、由此及彼或由表及里地层层展开论述，要符合事物发展的内在逻辑和人们认识事物的思维逻辑。它的结构有归纳式，即在开门见山、挑开话题后，围绕论题，逐层运用材料证明论点，最后归纳出总论点；有演绎式，即先以鲜明的观点开宗明义，然后以相应的材料为论据证明论点；有并列式，即将总论点分解为两个以上并列的分论点，然后分别进行论证的结构方式；有递进式，即对论题进行逐层分析，使议论由此及彼、由表及里、由浅入深的结构方式。

（二）短评的要求

（1）主旨明确。短评的观点要正确、深刻、新颖，阐述的观点必须符合客观实际，并能揭示问题实质，要独出心裁，敢于创新，不能人云亦云，老生常谈。

（2）说服力强。说理论述要能取信于人，首先要有脚踏实地的调查研究，在调查中，要坚持实事求是的原则和要求，敢于正视矛盾，倾听不同意见，务求收集材料与分析研究相结合；其次要论据充足，选取典型事例，摆事实、讲道理，就事论事地深入剖析，使论证有理有据有结，令人信服。

（3）语言精练。短评的写作有述有论，语言一定要朴素精练、要言不烦，同时也要注意深入浅出，运用通俗平易的语言与读者平等地交流；能入情入理、情理交融，体现出作者的真知灼见、真情实感；还要恰当运用修辞手段渲染气氛，增强节奏。

【例文 13-4】

辉眼看两岸：心手合一，大爱无声

9月2日到3日，大型孝道经典演绎《亲恩浩连天》公益音乐手语剧将首次在大宁剧院与上海观众见面。这是由来自社会各界不同背景和年龄的志愿者共同演出的一部感人剧作，主题是宣传"行善行孝不能等"并结合"欢喜减碳护大地、虔诚素食报亲恩"的倡导，启发人人向善、孝顺父母、爱护地球母亲、身体力行做环保。

《亲恩浩连天》音乐手语剧就取材自证严法师对《父母恩重难报经》这部经典的阐释，《父母恩重难报经》是佛教经典中阐述孝道最为透彻、精辟的一部经典，也被称为"孝经"。在这部经典中，通过深入浅出的文字，描述了母亲从怀胎十月到含辛茹苦把子女抚育成人，教育大家要感念母亲的辛苦，以及父亲用心教养我们的恩德。虽然是一部佛教经典，但是却阐明了生命真谛、社会伦理和人间真情。

全剧没有一句对白，借由现代表演方式，结合当今社会现象，深入浅出地诠释经典，让演出者与观众共同省思，人我互动，体会父母宏恩，进而懂得感恩与惜缘。音乐手语剧分为跪羊图、序曲、因缘、怀胎、十恩、亲情、子过、报恩及尾曲共九幕，层层推进，感人至深。

尽管现在《亲恩浩连天》音乐手语剧已经一票难求，但是行善、行孝和素食环保爱地球的行动却随时随地可以力行，这也是这次演出和系列环保活动所希望播下的种子，期待孝道与环保的美善理念在上海开花结果，让美丽的申城成为一座被爱和清净所包围的祥和都会。

（资料来源：中评网　2017 年 9 月 9 日）

【简析】　该例文的标题为立论式标题，亮明观点，醒目有力。开头部分为概述式导论，以简练的语言概括出新闻事件；主体部分分析音乐手语剧的形式、内容及演出效果，最后得出结论，亮明观点。

第四节　营销策划书

一、营销策划书的概念、用途及原则

（一）营销策划书的概念

营销策划书是企业根据市场变化和企业自身实力，对企业的产品、资源及产品所指向的市场进行整体规划的计划性书面材料。营销策划书是关于营销活动及其行动方案设定的文字载体,为企业营销行为做出周到的事前安排。

(二)营销策划书的用途

营销策划书是营销策划构思的书面表现形式,要实现营销策划构思,写作一份完美的营销策划书是非常关键的。因此,营销策划书必须要具备两个基本用途。

(1)完整地表现营销策划的内容。

营销策划书必须使用适当的形式和准确的文字把营销策划的内容表现出来,准确传达策划者的意图,这是实现营销策划目标的第一步。

(2)充分有效地说服营销决策者。

再好的营销策划书,首先必须获得阅读者的信赖和认可,然后才有可能使策划意图得以实施。因此,一份合格的营销策划书应该用良好的表述和视觉效果去打动和说服营销策划书的阅读者和决策者。这是营销策划书的另一项基本用途。

(三)营销策划书的原则

(1)逻辑思维原则。策划的目的在于为企业解决问题,制订营销方案,因此其过程必须是严谨的。首先要交代策划背景,分析产品市场的现状,明确策划的目的;其次要分析材料,详细阐述策划内容;最后明确提出解决问题的对策。

(2)创新原则。新颖的创意是营销策划文书的核心。创意成功与否是营销策划是否出新的关键,从某种意义上,可以说创新是营销策划的灵魂。创新体现在创意新颖,内容新颖,具体的表现方法也要新颖。

(3)可操作原则。营销策划书的最终价值是要用于指导营销活动,最终要落实在现实的每个环节、每个参与者身上,因此,其可操作性非常重要。无法操作的创意和方案再好也是没有任何价值的。可操作性体现在结合案例具体情况,合理安排执行的时间、人员、费用等行动性问题,易于管理,效率高。

二、营销策划书的基本结构

营销策划书的基本结构分为两大部分。

(一)策划基础部分

策划基础部分主要对企业营销背景和市场环境进行分析,一般具有如下内容。

(1)宏观环境分析。包括政策法律因素分析、经济因素分析、社会文化因素分析、技术因素分析等。

(2)微观环境分析。包括企业内部优劣势分析、竞争对手的营销战略及状态分析等。企业状况分析,包括企业的历史、现状及未来发展设想等。

(3)对调查材料的分析。包括企业目标市场需求行为调查,购买者购买力、购买行为方式调查,企业适应市场需要状况调查,以及企业的影响力、知名度、满意度调查等。

策划基础部分要做到材料厚实、分析准确、实事求是,不能随意夸大或者缩小原始材料,这样才能为行动方案的形成提供充足的条件。

（二）行动方案部分

行动方案部分主要对企业营销活动的范围、目标、战略、策略、步骤、实施程序和安排等的设计。整体来看，主要谋划两个方面的内容。

（1）如何确定目标市场。包括市场细分、对产品和企业的市场定位、目标市场的选择与确定等。

（2）如何占领目标市场。包括产品策略、价格策略、渠道策略、促销策略等。

行动方案部分要有明确的针对性，强烈的创新意识，要切实可行。

构成营销策划文书的两个部分相辅相成，基础部分为行动部分提供基础材料，是行动的前提；行动部分是基础部分最终的目的和价值的体现。两者缺一不可。

三、营销策划书的格式

完整的营销策划书包括封面、目录、前言、正文以及结尾的附录部分。封面上主要体现策划书的名称、被策划的客户、策划机构或策划人的名称、策划完成日期及本策划适用的时间段。以下主要介绍正文部分的书写格式。

（一）计划概要

要对本次策划的主要目标和建议做简明扼要的概述，以便使执行者快速掌握策划的主要内容。

（二）市场营销现状

这部分内容主要提供关于产品、市场、配销、竞争和宏观环境有关的背景资料。

（1）市场形势。本项应列出市场的规模与增长，顾客的需求、观念。购买行为的趋势。

（2）产品形势。本项应列出产品线中各主要产品在过去几年的销售量、价格、利润等资料。

（3）竞争形势。判断主要的竞争者，并针对他们的规模、目标、市场占有率、产品质量、市场营销策略以及任何有助于了解他们的意图的行为的其他特征进行阐述。

（4）配销形势。提供有关在各配销渠道上销售产品的数量和各渠道地位的变化的资料。

（5）宏观环境形势。阐述影响产品市场前景的重要的宏观环境趋势，即经济的、政治法律的、人口统计的、技术的、社会文化的趋向。

（三）机会与问题分析

这部分以市场营销环境为基础，找出企业所面临的主要机会与威胁、优势与劣势。

（1）机会与威胁分析。机会与威胁是指影响企业的外部因素，分析这些因素是为了提出必要的行动建议。

（2）优势与劣势分析。优势与劣势是指影响企业未来的内部因素。

（3）问题分析。通过前两项分析的结果来确定营销计划中必须强调的问题。

（四）目标

（1）财务目标。财务目标是指企业追求的长期、稳定的投资效益和在近期希望通过策划的执行获得的利润。

（2）市场营销目标。财务目标必须转化为市场营销目标。市场营销目标具体可以体现为总销售量、市场占有率提高的指数、配销网点的扩大、消费者对品牌知名度和认可度的提升、产品预期价格等指标。

（五）市场营销策略

市场营销策略主要包括目标市场、产品定位、价格、配销渠道、广告、促销等具体方案。

（六）行动方案

行动方案主要包括营销的具体的执行时间、人员、费用、行动安排等行动性问题。

（七）预算

根据行动法案所编制的支持该方案的预算。

（八）控制

用来控制整个方案的执行方法，包括应付计划中所没有的意外情况的应急计划。

四、营销策划书的四要素

（一）营销环境的分析与评价

所有营销策划都是以环境分析为出发点，环境分析这是营销策划的依据与基础。营销环境的分析主要是了解产品所处的社会大环境和具体的市场环境。了解社会大环境，才能制定正确的营销方向，避免犯方向性的错误。分析产品销售的市场环境，是要了解产品潜在的市场和销售量，了解竞争对手的产品信息。充分掌握市场需求，才能减少失误，把风险降到最低。

（二）消费心理分析

营销创意的重要基础是要了解消费者的消费心理，即消费者因为什么原因、为了什么目的去购买产品。与此同时，要综合考虑消费者的消费能力，确保营销策划有的放矢。

（三）产品的机会与优势分析

产品销售过程中必定会面临同类产品与企业的竞争，如果无法了解自身产品的优势和劣势，就无法进行准确的市场定位，也就无法打动消费者，占领市场的一席之地。因此，营销过程中一定要通过种种营销手段，使消费者明白自身产品的优势，进而产生购买的欲望。

（四）营销战略及成本估算

营销战略的制定要考虑到成本的估算，就是说，营销方式的选择要从企业自身的情况出发，但同时也必须兼顾目标群体的爱好。

五、营销策划书写作注意事项

语言表述要简明扼要，直奔主题。材料分析部分要准确明了，避免重复堆叠，列举数据和事实要有条理,突出重点。任何带有结论性的观点和结论都要实事求是,建立在客观事实的基础上,不能有太多的主观臆断。

【例文 13-5】

手机营销活动策划书

一、概述

公司已经实行全国连锁销售。现在准备在广东×城市建立手机连锁店。我们在该市做了全面的调查,通过 10 天的调查和研究,对该市人文情况有一定的了解,了解了该市的手机市场,并于××月××日完成了本公司在该市连锁经营的营销方案。该方案可以帮助公司了解该市的手机市场,也可以指导我们开发该市市场的实际营销工作。

二、市场现状分析

(一)用户分析

1. 目标市场

通过发放市场调查问卷,随机抽查的结果显示,我们的产品消费人群主要是追求时尚、处在时尚前沿的人群,主要由工厂职工、学生、刚毕业的大学生和其他追求时尚的青年构成。此外,一些老年人和听力差的人群也会成为我们的客户。

工厂职工和青年购买我们的手机,是为追逐时尚,但他们消费能力较低,一般在 1000 元左右。老年人和听力差的人群,主要是看重音量大、音质好、字体清晰的效果,老年人虽有购买能力,可是却不会轻易购买,我们可以从亲情的角度,以礼品的方式打入市场。听力差的人群也是该手机的主要消费人群。要注意的是青年人以男性为主,老年人则无须考虑性别。

2. 消费偏好

在市场调查中发现:消费者普遍容易接受中低档产品;喜欢进口的品牌机和质量好的国产手机;消费者希望手机个性化,希望有专门量身定做的手机;消费者购买手机的主要用途是与人联络、工作需要和顺应流行趋势;手机最多的用途是打电话和发短信。

3. 购买模式

在市场调查中发现:普通大众更换手机的时间是 2 年左右;价位在 1000～2000 元;通常在专卖店或大卖场购买手机;最注重的是手机的功能、品牌和款式。为客户提供所需要的产品是我们连锁企业的优势。

4. 信息渠道

在市场调查中发现:消费者了解一款新上市的手机主要是通过电视、网络、宣传单和同学朋友之间的相互交流,宣传单的效果较差,因此,电视与网络能够加大我们手机在消费者之间的知名度。消费者接触最多的媒体是 CCTV-5、CCTV-8、CCTV-3 和本地电视台以及报纸杂志等,他们最信任的媒体是中央电视台。

(二)竞争情况分析

目前市场中国外的品牌有:诺基亚、摩托罗拉、三星、索爱、西门子、飞利浦、松下;国内的品牌有:夏新、天宇、联想、波导、明基、TCL、CECT、中兴、康佳等。

这些手机中市场上比较受欢迎的国外品牌有:诺基亚、摩托罗拉、三星、索爱,比较受欢迎的国内品牌有：夏新、联想、波导等。这些比较受欢迎的国内品牌只是和国内其他品牌相比要受欢迎一点。实际上这些受欢迎的国内品牌远比不上国外那些品牌。市场上的主流品牌基本上是国外的品牌，分别是诺基亚、摩托罗拉、三星、索爱。尤其是诺基亚，它的价格也是比较低的，且耐摔，很受大众喜爱。这些品牌的手机在大多数连锁店都有。

三、市场机会与问题分析

用 SWOT 法分析如下。

优势（Strength）：特色服务。

我们的手机附加有娱乐、学习、理财等应用软件的功能且价格低廉，这很符合消费群体的要求。并且从我们这里购买的手机功能齐备，如照相机、MP3/MP4、游戏、手写/按键两用、看电视、上网等功能全部具备，此外还有一些特别的手机保养，如手机贴膜、手机美容。

缺点（Weakness）：知名度低，担心售后问题的处理。

机会（Opportunity）：手机市场日益饱和，但客户的需求呈现多样，消费者以功能方面的需求为主。手机的用途改变了通信市场的产品结构和人们的生活方式，给人们的生活沟通带来了极大的方便。中国人口基数大，人们的收入水平在不断提高，与此同时，技术的成熟，使手机的价格不再是天价。人们有时往往喜欢怀旧，复古的款式可以成为时尚的潮流。

根据市场竞争情况分析我们注意到，各大连锁企业都在转向手机的基本服务，但是在手机增值方面的服务尚未涉足。竞争企业把手机品牌（包括国外知名品牌、国内手机品牌）价格低、功能多、待机时间长，集中于一身，却没有了解客户真正的需要，这样就不能让客户在所需要的功能中有所选择，这为那些享有增值业务的连锁企业带来了竞争的机会。

威胁（Threats）：就目前市场情况而言，大品牌的手机连锁企业（如苏宁、国美等）占有相当大的市场，所以我们面对的压力还是相当大的。根据对市场潜力与广东市场消费水平的分析，我们的消费群体数量毕竟是有限的，所以我们必须以一定的独特的服务方式来打动更多的潜在客户。

四、营销目标

根据市场调查的结果，我们的连锁店在打入市场前三个月，应达到的销售额主要是由潜在客户的群体决定。我们的目标是：一是使市场的占有率达到 3.3%～5%；二是提高企业的知名度。

调查分析如下：

根据市场调查，对一个大卖场（如国美等）而言，其员工人数为 30 个左右，他们每人一个月的销售目标一般为 100 部手机。所以一个大卖场一个月大约可以卖掉 3000 部手机。而市场上的手机种数大约为 20 种，所以平均每种手机的月平均销售量为 100～200 部。但每种手机的类型又有多种，对于一种新款手机其月销售量大约为 80～160 部。且通过对市场进行分析，诺基亚、摩托罗拉、三星等知名品牌销售量偏高。

如广东某城市的大卖场大约有 30 个，所以一个月的销售总量为"$M=100\times30=3000$（个）"，三个月的销售额为"$Y=3000\times900\times3=810$（万元）"，市场占有率为"$Q=100/3000=3.3\%$"。在三个月内根据市场上手机总数和我们入市以后所要进行的促销和宣传，我们的市场占有率将会达到 3.3%～5%。随着品牌的推广和大众的认可,我相信市场占有率将会达到一个新的高度。

五、营销战略

(一)销售渠道

1. 现有渠道

根据对广东某城市市场的调查,发现选择手机专营店和家电连锁(如国美、苏宁等)这两种销售模式在消费者中占大多数,所以我们可以以上述两种渠道为主要模式。

2. 渠道开发

连锁企业的建立和铺货方式:和手机大卖场一样建立自己的专人专柜,由我们的销售代表销售,穿我们提供的统一制服,负责专业培训,实行提成制(销售一部手机提 2 个点)。

铺货:在市中心繁华大街进驻门店。因为像此类卖场多集中在市中心地带,所以可以以相同数量进行铺货,每个连锁系统 100 部手机,我们的店面可根据情况增减铺货。根据资料显示:卖场大约有 40 家,所以我们大约需要公司提供 4000 部手机。

(二)促销策略

在导入期,可以根据消费者喜好,用以下方法来宣传。

(1)路牌广告,传单的发送。

(2)在电视上播放广告。

广告策划文案如下。

广告目标:提高连锁店的知名度。

广告主题:时尚,具有朝气,激情,充满生命力。

广告口号:……

内容:……

(3)报纸:运用漫画形式介绍我们的手机。

(4)网络:与商业网站如阿里巴巴、淘宝等达成商业联盟关系。

(5)大小型的活动宣传和销售。

在活动中可采用多种方法来宣传和销售。

(1)赠品。分为实物和非实物。a.实物:如电脑包、酷夏太阳眼镜、T 恤、手表、台历、剃须刀等。b.非实物:如手机话费、上网费、增值服务等。

(2)抽奖。

(3)展示。

(三)产品策略(售后服务)

产品品牌要形成一定的知名度、美誉度,树立消费者心目中的知名品牌,必须建立优质的售后服务。(附:《售后服务指南》。供渠道成员培训和内部员工使用。)

(四)价格策略

统一市场零售价格为 938 元。

(1)对消费者价格为 938 元,配合促销活动随赠礼品。

(2)对渠道成员:让利 8%,价格为 863 元。如果各渠道成员达成销售目标,返 2 个点以鼓励。

六、策划方案各项费用预算

（略）

七、方案调整

（1）若时机成熟可建立自己的专卖店，并进行相关方式的促销活动。

（2）根据市场动态与现实客观条件随机应变。

（3）根据市场反应的信息做出相应的改变。

（资料来源：http://www.liuxue86.com/）

【简析】 该例文是一个手机营销活动策划书。策划书首先对本次策划的主要目标和建议做简明扼要的概述，接着从四个方面分析了市场现状，在第三部分有针对性地分析了自身的机会与问题，在此基础上，第四部分制定了符合实际情况的策划目标，进而在最后的部分提出了具体的营销战略。整份策划书做到了内容全面、思路清晰、定位准确、语言简洁明了。

【思考训练】

1. 请指出下面合同中存在的问题，并加以改正。

车库买卖合同

甲方：　　　　　　身份证号：

乙方：　　　　　　身份证号：

甲乙双方因要买卖车库，经协商一致，达成以下合同条款：

乙方自愿购买坐落在吉林省柳河县金达莱小区的车库一间。乙方所买上述车库仅作为储藏室或车库使用，不得擅自改变主体结构、承重结构和用途。双方议定上述车库为每平方米6000元人民币出售，车库面积为15平方米，总价90000元。乙方在签订本合同时，支付甲方定金人民币贰万元整，余款将定于2014年4月1日前支付，在2014年4月1日前甲方不得更改此车库出售价格。

本合同签订后，如甲方违反本合同条款。该方应向对方加倍赔偿违约金。

本合同经双方签字确认即生效，并对双方都具有约束力，双方均应执行。本协议一式两份，具有同等法律效力，自双方签字之日生效。

甲方（卖方）：　　　　　　　　　　　乙方（买方）：

电话：　　　　　　　　　　　　　　　电话：

年 月 日　　　　　　　　　　　　　　年 月 日

证明人：

年 月 日

2. 下面是选自《光明日报》的四条消息的标题，请在分析标题所报道的事实之间内在联系的基础上，写一则100字左右的新闻短评。

外交部发言人：谷歌若撤出不会影响中国的投资环境

澳联邦通讯部长表示　网络不能独立于法律之外

瑞士坚决严打(网络)"黄毒"信息

互联网凝聚慈善力量　网民掀起抗旱捐助高潮

3. 营销策划书的格式根据不同的情况可能有所差异,请指出下面的营销策划书与例文中的营销策划书在结构上的差异,并进行比较,分析下文结构的特点。

相机营销活动策划书

一、活动目的:利用国庆佳节进行促销活动,刺激消费,拉动销量,为下半年销售市场做准备。

二、活动主题:庆国庆,得大礼,游北京。

三、活动对象:潜在客户。

四、活动时间:××月××日至××月××日。

五、活动内容:

1. 促销活动时间,购买××相机多媒体系列,即可获赠内存卡一张。

2. 促销活动时间,××相机××系列,九折销售,不享有赠送活动。

3. 10月5日当天举行互动活动,消费者可以凭购机小票参加回答问题抽奖活动。

一等奖:北京国庆游

二等奖:××手机

三等奖:××MP3

注:回答问题均与本相机有关,且除了问答题也伴有动手操作相机等关卡,旨在调动了解和扩大本机的影响力。

六、活动宣传:①报纸、当地电视台滚动广告等。②宣传单。③店外展板、条幅等。

七、活动注意:

1. 对工作人员进行培训,并要向工作人员清楚阐述国庆相机促销方案主旨及要求。

2. 对工作人员进行责任分组,各组协调合作。

3. 做出防意外措施。

第十四章 常用应用文

【专题概说】

应用文是人们在生活、学习、工作中为处理实际问题而写作的文体,它的特点是写作目的明确、语言表达规范、格式体例稳定。应用文依据性质可分为两类,一是公务文书又称为公文,一是常用应用文,指法定公文以外的应用文。常用应用文主要有条据类应用文、书信类应用文和海报等。常见的凭证类的条据有借条、欠条、领条、收条、代收条。常见的告知类的条据有留言条、便条、请假条等。书信类应用文主要有求职信和感谢信。海报也是一种常用应用文。

第一节 条据类文书

条据是单位或个人之间为说明涉及钱财、物品或某种情况而留下的作为凭证或告知的字条。条据是应用文中最简单的一种,写作时要一文一事,语言简练、明确,以防产生歧义。格式要完整,标题、正文和落款三个部分,缺一不可。写条据应该用不易涂改的钢笔或黑色中性笔书写,一般不用红笔,更不能用铅笔书写。条据写成后,一般不可涂改。但如果确实需要修改,则需由改动方在改动处加盖公章(私章)或个人签名。

一、凭证类的条据

常见的凭证类的条据有借条、欠条、领条、收条、代收条。

(一)借条

1. 概念

借条是指借个人或公家的现金或物品时写给对方的条子,通常用于日常生活以及商业管理方面。

2. 借条的写作内容及格式

1)标题

借条的标题可以直接由文种名构成,即在正文上方中间写上"借条"或"借据"字样。也可以在第一行空两格后写上"今借到"作为标题,而正文的其他内容放在下一行顶格写,其实这是一种省去标题的借条的写法。

2)正文

正文要写明下列内容:首先,要写清所借钱物的数目及物品的品种、规格等。写清借出方,从单位借出的钱物要写上所为何用。其次,写明归还的具体日期。

3)落款

落款要写上写借条者的单位名称和经手人姓名或借方个人的姓名。必要时需加盖公(私)章,年月日要写齐。

3. 借条注意事项

(1) 不能写"模糊型"借据,即字迹的模糊和内容的模糊。字迹模糊是指文字模糊得几乎无法辨认,或是指某个关键字既像此又像彼,如阿拉伯数字"1",写得潦草时既像是1,又像是7。内容模糊是指用词含义不清楚,如还款时间写"有偿还能力即刻还款"。

(2) 所借现金要注明大写××元整,并核实大小写是否一致,避免不必要的麻烦。

【例文 14-1】

借　　条

今借到陈晓明先生人民币伍仟捌佰元整(￥5800 元),2016 年 5 月 1 日归还。

借款人:王易君
2016 年 3 月 1 日

【简析】 该例文是一个个人之间的借款条,标题写"借条"二字即可。"今借到"是借条的习惯用语,借条中涉及钱的数字,用汉字大写,款项金额后面加上了"整"字,以防涂改,还在金额后以括号形式注明小写的数额。接着交代归还日期。最后落款,先写借款人签名,签名下方写全借款日期。

(二)欠条

1. 概念

欠条是个人或单位在欠款、欠物时写给有关单位或个人的凭证性应用文。

2. 欠条的写作内容及格式

欠条一般由标题、正文、落款三部分组成。

欠条的标题一般由文种名构成,即在正文上方中间以较大字体写上"欠条"二字。也有的在此位置写上"暂欠""今欠"字样作为标题,但这种标题正文则在下一行顶格写。

欠条的正文要写清欠什么人或什么单位什么东西、数量多少,并要注明偿还的日期。

欠条的落款要署上欠方单位名称和经手人的亲笔签名,是个人出具的欠条则需署上立欠方个人的姓名。并同时署上欠条的日期。是单位出具的欠条要加盖公章,个人的要加盖私章。

3. 欠条写作的注意事项

欠条是付还欠物、欠款或索要欠物、欠款的凭据,所以在写欠条时不可潦草从事。钱款数字要大写。同时欠条要好好保存,以防丢失。欠条务必要字迹清晰,不可涂改。若不得不改动,则需由改动方在改动处加盖公章(私章)或个人签名。

【例文 14-2】

欠　　条

5 月 8 日从光明路街道办事处基建科借到铁锹六把,特留此据。

经手人：东区医院张广生

2016 年 8 月 6 日

【简析】　该文交代了所欠物品的来源。用语通俗明白，篇幅短小精悍，说明清楚。

（三）领条

1. 概念

领条是领取钱物的单位或个人在领到钱物后，向发放物品的个人或单位所写的一种凭据类的应用文样式。

2. 种类

领条依其署文者的情况看可分为两类。一类是个人在领取到钱物后写的领条；另一类是某单位在领取到钱物时所写的领条。

若依其所领东西来区分领条，则领条可以分为领款条和领物条两种。

3. 领条的写作内容及格式

领条的标题写在正文正上方，字体稍大。标题一般由两种方式，一种是直接由文种名组成，即写上"领条"。另一种是以正文内容的前三个字为标题，即以"今领到"为题，这类标题的正文需顶格写。

领条的正文一般从标题下一行空两格处写起。正文主要写明下列内容：从哪里领取，领取何物及其数目，有的领条还要写出所领物品具体的用途。

领条的落款要在正文右下方写上单位、经手人的姓名，个人领取的则写上个人的姓名。名下署上发文日期，落款处一般需加盖公章和私章。

【例文 14-3】

领　　条

今领到院宣传科免费发给的《邓小平文选》四本一百套。

领取人：唐大刚

××××年×月×日

【简析】　领条是单位或个人在领到钱物后，向发放物品或钱物的单位或个人所写的一种凭据。今天，人们一般在领取物品或钱款时只在造好的表册上签字即可，但这种以单独的领条形式出现的应用文也很常见。该例文短小精悍、清楚明白，在内容上将从何处领取、领取何物、数目多少、经办人、领取的时间等均交代得十分清楚。

（四）收条

1. 概念

个人向单位或某一团体上缴一些有关费用或财物时，对方需开据收条，以示证明。

2. 种类

一类是写给个人的收条；另一类是写给单位的收条。

3. 收条的写作内容及格式

标题写在正文上方中间位置，字体稍大。标题的写法有两种。一种是直接由文种名构成，即写上"收条"或"收据"字样。另一种是把正文的前三个字作为标题，而正文从第二行顶格处接着往下写,如用"今收到""现收到""已收到"作标题。

正文一般是在第二行空两格处开始写,但以"今收到"为标题的收条是不空格的。正文一般要写明下列内容,即写明收到的钱物的数量、物品的种类、规格等情况。

落款一般要求写收到钱物的个人或单位的名称姓名,署上收到的具体日期,一般还要加盖公章。是某人经手的一般要在姓名前署上"经手人:"字样。是代别人收的,则要在姓名前加上"代收人:"字样。

4. 收条写作的注意事项

在写收条时,务必清点好所收到的物品钱款的具体数额,做到准确无误、不出差错。是替别人代收的,应在题目使用"代收到"字样,在文尾署名时用"代收人"三个字。收条的语言一般较为简单,篇幅往往短小精悍。收条写作"务去陈言赘语"该说则说,越简越好。

【例文 14-4】

代 收 到

刘晓红同学还给张琼老师的网球拍一副,完好无损。

代收人:李群

××××年×月×日

【简析】 代收条也是收条,只是代收人不是当事人,而是一个中间人。代收球拍一副,并特意注明"完好无损",言语简洁,说明清楚。

【例文 14-5】

收 条

今收到高山乡铁匠沟大队马德胜同志送来的棉花技术承包合同资金叁仟元整(￥3000 元)。

××省农业科学研究所

经手人:张玉山

××××年×月×日

【简析】 收条要求将所收到的物品、规格式样等一一说明,同时还要写清是从谁那儿收的。这则收条交代了送款人的具体姓名,言语简洁,说明清楚。

二、告知类的条据

常见的告知类的条据有留言条、便条、请假条等。

(一)留言条

1. 概念

在日常交往中,因没有见到对方,但又有话要告知,或有些事要托付其办理,故写张条子留给对方的简明的说事委意的条子就叫留言条。

2. 留言条的写作

留言条的标题,可以直接写"留言条",也可以只写"留言"。

称呼在留言条标题下面第一行顶格书写。为引起被告知者的注意,可以写其姓名,也可称其身份,如"王老师""吴师傅"等;对于熟人可用习惯叫法,如"老王""小李"等。

　　正文另起一行,前空两格陈述所要说明的内容。一般要将所要说明的事情的诸要素即何时、何地、何人、何事讲清楚。

　　结尾书写留言者姓名及日期,以便对方了解留言人和留言时间。

【例文 14-6】

留 言 条

××先生:

　　今天下午我来找你,有重要事情商量,巧不相遇,不能久等。明日上午 9 时再来,请等我。

××留言

××××年×月×日×时

　　(二)便条

　　1. 概念

　　便条属于一种书信类的应用文体,在日常生活中,如果我们有什么事情要告诉他人,或委托他人办时,在不能面谈的时候,可使用便条这种形式进行联系。

　　2. 便条的写作

　　便条像书信一样要求有称呼、正文、落款等几部分。结尾问候语又可视情况而定。便条标题通常是省略的,正文一般三言两语把事说清,有的也可视具体情况,写得稍长一些。

【例文 14-7】

××兄:

　　本月 20 日是家母 50 岁生日,邀请部分好友一聚,无论如何,请你赏光。时间是下午6 点。

　　此致台安!

弟××即日

　　【简析】　便条的种类繁多,诸如还款便条、借款便条、借物便条、还物便条、应邀便条,该例文是一则请客便条,格式规范,用语典雅,叙述事项全面,值得借鉴。

　　(三)请假条

　　1. 概念

　　请假条是因病、因事而不能上课、上班或参加某项预定活动时所写的用以说明原因、请求准假的条据。

　　2. 请假条的写作

　　请假条的标题,可以直接写"请假条"。

　　称呼在请假条标题下面第一行顶格书写。正文另起一行,前空两格,陈述所要说明的内容。一般要将请假事项的诸要素即请假人、请假原因、请假时间讲清楚。结尾书写请假者姓名及日期以便对方了解请假人和请假时间。

【例文 14-8】

<h2>请 假 条</h2>

章老师:

　　今天早晨我发烧咳嗽,上午去阜外医院看病,诊断为重感冒,医生建议卧床休息,特向您请假两天(2 日与 3 日),望予批准。

您的学生:李小龙
2016 年 3 月 2 日

　　【简析】 该例文是一则请假条,标题居中写,在标题下的一行顶格写受文者姓名和称谓。正文先写请假原因,得了重感冒,医生建议休息,接着提出请假要求,这则请假条写得合情合理,语言简洁明了,符合条据的写作要求。

第二节　书信类文书

一、求职信

(一)概念及用途

　　求职信是求职人向用人单位介绍自己情况以求取某一职位的信函。内容要求简练、明确,切忌模糊笼统、面面俱到。多数用人单位都要求求职者先寄送求职材料,通过求职材料对众多求职者有一个大致的了解后,再通知面试或面谈人选。因此,求职信写得好坏直接关系到求职者是否能进入下一轮的角逐。

(二)种类

　　根据内容侧重点的不同,求职信可以分为自荐信和应聘信。

　　自荐信是无明确应聘单位的求职信,求职者根据求职意向、个人专长和技能,以及一般用人单位通常的用人标准和要求进行写作,可用于人才交流会、招聘会等广泛募职场合。

　　应聘信是针对具体单位甚至具体岗位所写的求职信,应聘者根据该单位该岗位的用人要求,明确介绍个人专长和优势。

(三)结构及写法

1. 称呼

　　在第一行顶格写收信单位名称或个人姓名,单位名称后可加"负责人";个人姓名后可加"先生""女士"等,在称谓后写冒号。

2. 问候语

　　可用"您好""打扰了"等礼节性问候语。

3. 正文

　　(1)开头。自荐信在此部分做自我概要的说明,包括自荐人姓名、性别、民族、年龄、籍贯、政治面貌、文化程度、校系专业、家庭住址、任职情况等要素,要作简单说明,无须冗长烦琐。应聘信也可做自我概要的说明,还应开门见山点出所求职位。

（2）主体。主体部分是求职信最重要的部分,要既客观中肯又具有说服力。这段文字应当阐述自己如何符合所求职位要求,尤其是自己与该工作相吻合的优势与长处。要着重介绍自己应聘的有利条件,特别突出自己的优势和闪光点,以使对方信服。不能一味重复个人简历表,可以谈及个人简历上难以表达的个人品质,如适应能力、与他人相处的能力等。求职者还应介绍自己的兴趣爱好和特长,突出自己的才华。

（3）结尾。结尾要表示自己求职的热切愿望,展望单位的美好前景,期望得到认可和接纳,语气要自然恳切,不卑不亢。

4. 敬语

结语一般在正文之后按书信格式写上祝语或"此致,敬礼"或"恭候佳音"等。

5. 落款

落款处要写上"自荐人××""应聘人××"的字样,并写明年月日。署名处如打印复制件则要留下空白,由求职人亲自签名,以示郑重和敬意。

6. 附件

附件是求职信的附属部分,这一部分没有固定格式,主要是个人简历,包括个人基本资料、教育背景、工作经历、联系方式以及各类证件的复印件。

【例文 14-9】

求 职 信

尊敬的领导:

您好,我是一名即将从××机电职业学院会计专业毕业的大学生。很荣幸有机会向您呈上我的个人资料。在投身社会之际,为了找到符合自己兴趣的工作,更好地去发挥所长,谨向各位领导做一自我推荐,现将自己的情况稍做介绍:

步入大学后,我已经在自己的专业领域种下了辛勤的汗水和宝贵的青春,收获也异常丰厚。在父母殷切的期望和师友的指点迷津下,我具备了扎实的理论基础知识,几年的学习生涯中,我所学习的内容包括从会计学的基础理论知识到动手实践等许多方面。具备了一定的实际操作能力和技术,能够熟练使用 Windows 98/2000 系统和办公、用友、金碟各种应用软件。通过这些知识的学习,在大一暑假我以会计基础 78.5 分、财经法规 92.5 分顺利取得了会计从业资格证,大二在没参加任何培训的情况下以经济法基础 81 分、初级会计实务 94 分通过了助理会计考试。此外,我热爱文学,曾在院报上发表了优美散文《冬之畅想》和《觅秋》。

大学四年,我一直担任班级班干部,这些工作使我更进一步学会了做人,学会了如何与人共事,很大程度上锻炼了组织能力和沟通、协调能力,培养了吃苦耐劳的精神,更重要的是塑造了我胆大心细、热情创新的个性特点。

祖辈们教我勤奋、尽责、善良、正直,母校教会了我明德崇技,自强不息。我清楚地认识到:过去的并不代表未来,勤奋才是真,我有很多东西需要学习,走上工作岗位后,我会坚持不懈地虚心学习,严格要求自己,踏踏实实做好本职工作,在实践中得到锻炼、提高。我热爱贵单位所从事的事业,殷切地期望能够在您的领导下,为这一光荣的事业添砖加瓦,我会尽力为贵公司付出我的一份赤诚的力量,真心地希望贵单位能给我一个展现自己的机会!

非常感谢您在百忙中所给予我的关注,愿贵公司事业蒸蒸日上,屡创佳绩,祝您的事业百尺竿头,更进一步!

剑鸣匣中,期待以声。非常期望能与您进一步面谈!

此致

敬礼

×××

××××年×月×日

(资料来源:http://www.cuntuba520.net/xiaozhishi/2356390.html,有改动)

【简析】 该例文称呼得体,用语恳切,信中详细介绍了自己专业方面和班干部工作方面的成绩,突出了个人的优势,还提到了自己发表的文学作品,凸显了求职人的特长,并流露出渴望获得工作机会的热情。是一篇比较规范的求职信。

【例文 14-10】

求 职 信

尊敬的先生/小姐:

您好!本人欲申请贵公司网站上招聘的网络维护工程师职位。我自信符合贵公司的要求。

今年7月,我将从××大学毕业。我的专业是计算机开发及应用,论文内容是研究Linux系统在网络服务器上的应用。这不仅使我系统地掌握了网络设计及维护方面的技术,同时又使我对当今网络的发展有了深刻的认识。

在校期间,我认真学习专业知识理论,阅读了大量计算机书籍。在专业考试中屡次获得单科第一。获学院××届优秀毕业设计奖。同时对于法律、文学等方面的非专业知识我也有浓厚的兴趣。

我曾担任院学生会成员、副班长等职,现任计算机系团总支组织部部长。多次组织系部、班级联欢会、春游等活动,受到老师、同学一致好评。我品质优秀,思想进步,笃守诚、信、礼、智的做人原则。在校期间,光荣加入中国共产党。

实践动手能力是我的强项,曾在××新区的富士通公司、高达公司实习。在××集团、××电信科学技术研究院参加工程项目。在校期间多次深入企业实习,进一步增强了社会实践能力。

互联网促进了整个世界的发展,我愿为中国互联网和贵公司的发展做出自己的贡献。

随信附有我的简历。如有机会与您面谈,我将十分感谢。

此致

敬礼

求职者:×××

××××年×月×日

(资料来源:http://www.zhaopin.com/jianli/jlfw_gzy/161652.html,有改动)

【简析】 该例文开门见山指出应聘岗位并详细阐述个人与此岗位相关的学习经历和实践能力,信中还提到个人的班干部工作的成绩和政治思想的进步,简洁明了,字里行间流露着自信的气质,是一篇个性特点突出的求职信。

二、感谢信

(一)概念及用途

感谢信是向帮助、关心和支持过自己的集体(党政机关、企事业单位、社会团体等)或个人表示感谢的信件。感谢信有表扬的意思,但是重点在感谢。

(二)种类

按照感谢的对象,感谢信分为两类。一类是个人遇到困难时,集体给予了帮助,个人度过困境后写给集体的感谢信。另一类是写给个人的感谢信,写信人可以是个人也可以是集体。

(三)结构及写法

(1)标题。感谢信的标题可以有以下三种写法。第一,只写"感谢信"三字。第二,加上感谢对象,如"致张××同学的感谢信""致飞鱼物业公司的感谢信"。第三,再加上感谢者,如"张××全家致××社区居委会的感谢信"。

(2)称谓。标题下顶格书写感谢对象的单位名称或个人姓名。如"××交警大队""张××先生"。

(3)正文。感谢信的正文应当包括如下内容:第一,准确、具体地叙述对方的帮助,交代清楚人物、时间、地点、事迹、过程、结果等基本情况,重点叙述对方在重要关头给予的支持和帮助。第二,在叙事基础上对对方的帮助作诚恳的评价,以揭示其精神实质、肯定对方的行为。在叙述和评价的字里行间要自然渗透感激之情。第三,在叙事和评论的基础上直接对对方表达感谢之意,根据情况也可在表达谢意之后表示以实际行动向对方学习的态度。

(4)结语。结语一般用"此致敬礼"或"再次表示诚挚的感谢"之类的话,也可自然结束正文,不写结语。

(5)落款。落款要署上发信单位的单位名称或个人姓名和写信的时间。

【例文 14-11】

感 谢 信

尊敬的老板、老板娘:

你们好!

很高兴、也很荣幸这一年多时间能与你们相处与合作。感谢凤羽公司给了我人生中的第一份正式工作。

在这一年多的时间里,让我这一个懵懂且无知的嫩头少年,逐渐地适应了职场生活,更让我学到了许多工作方面的专业知识以及为人处世的道理。感谢老板娘对我工作上错误的包容和谅解,更感谢老板对我工作上的信任与支持。没有你们的关心和照顾就没有小程现有的今天。

　　天下无不散的筵席，美好的时光总是那么的短暂而让人怀念。小程由于个人原因离开了凤羽公司，但是在小程心中会一直铭记着凤羽公司给我的这个美好的开端。最后，衷心地祝福公司的规模不断扩大，业绩不断提升，祝愿公司各位同事工作顺利，生活愉快！

　　此致
敬礼

程××

××××年×月×日

（资料来源：http://www.xuexila.com/fanwen/ganxiexin/ganxiexin_2.html，有改动）

　　【简析】　该例文是一位初出茅庐的年轻人写给他即将离职的第一个工作单位领导的感谢信，信件内容完整、格式规范，充满着浓浓的真挚情感。

　　【例文 14-12】

感　谢　信

尊敬的学校领导：

　　你们好！

　　我叫×××，××××年9月考入××大学，现为××大学文学院××××级新闻班学生，在班上担任生活委员。这次能获得宋庆龄基金会"××大学生助学金"，我内心非常高兴。借此机会我代表全体受助学生和我的家人对你们的资助表示由衷的感谢和崇高的敬意！

　　我出生在一个经济状况极为普通的家庭，从小励志要通过自己的努力改变家庭的状况，××××年9月，怀着儿时的梦想、对大学生活的向往和父母的期望，我考入了××大学。然而自入学以来，除了学习上的压力外，更多的是来自家庭经济上的窘迫给我带来的无形的压力。每当因为这些我心情低落的时候，老师和同学们就会充当我心灵上的支柱，他们开导我，安慰我，鼓励我，让我在生活的现实中学会了坚强，学会了挑战自我。

　　这次荣获宋庆龄基金会"××大学生助学金"，对我家庭而言，在很大程度上减轻了家庭的经济负担。对于我个人来说，缓解了我经济上的压力，我可以用这笔助学金支付我下一学年的部分学习和生活费用，使我能够抛开思想包袱，全身心地投入学习中，取得更加优异的成绩。我真切地感受到了社会大家庭的关爱，在我遇到困难的时候，我知道在我背后有很多的人在关心着我，支持着我。这不但是对我经济上的资助，而且也是对我人格的塑造起了极大的帮助。我想，这也将成为我今后更加不懈奋斗的动力。

　　现在，我还是个在校的学生，我没有更好的办法甚至不能用自己的实际行动来回报社会对我的帮助。我想在今后的学生和生活中，我会全心全意地做一名成绩优秀、品行端正的学生，以此作为我对社会、对学校、对老师和对同学们的回报。今后，我会像你们关心我一样去关心身边需要帮助的同学，让他们知道，在他们遇到困难的时候，背后有很多人和他们站在一起。

　　此时此刻，我唯一能用的言语就是感谢，感谢一年来关心、爱护我成长的校、院领导和老师们，感谢生活上给过我莫大帮助的同学们。更要感谢的是中国宋庆龄基金会及××有限公司,在你们爱的手臂下,我不再畏惧风雨艰辛,在你们爱的庇护下,我的心灵得到了健康成长。请你们相信,今天受到过你们帮助的学生,一定不负你们的期望,一定会把这份爱变成将来对祖国、对社会最好的回报。

谢谢你们!真心地谢谢你们!

××大学文学院××××级新闻班×××

××××年×月×日

(资料来源:http://www.027art.com/fanwen/gxx/1062812.html,有改动)

【简析】 该例文是一个在校贫困大学生写给学校的感谢信,对学校给予帮助获得助学金的行为表示感谢。信件首先概括介绍了个人基本情况,并对学校的帮助给予由衷的感谢和崇高的敬意。其次叙述了自己在学习方面遇到的经济困难,再次详述了获得助学金对个人的重要意义,在表达谢意之后表示以实际行动向对方学习的态度。信件用语朴实,措辞中肯,值得借鉴。

第三节 海 报

一、概念及用途

海报距今已有一百多年的历史,是机关、团体向受众报道或介绍有关戏剧、电影、体育比赛、文艺演出、报告会等消息的张贴于公共场所的户外平面印刷广告。海报设计是视觉传达的表现形式之一,通过版面的构成在第一时间内吸引人们的目光,并获得瞬间的刺激,这要求设计者要将图片、文字、色彩、空间等要素进行完美的结合,以恰当的形式向人们展示出宣传信息。现代海报大多以美术设计为主,但文字内容仍必不可少,我们在此主要谈海报的文字内容。

二、特点

(一)广告宣传性

海报大部分张贴于人们易于见到的地方,也可以在媒体上刊登、播放,海报的写作目的是向广大受众报道演出或者讲座的消息,希望获得社会各界的关注与参与,它是广告的一种,其广告性特点极其浓厚。

(二)商业性

海报是为某项活动做的前期广告和宣传,其目的是让人们参与其中,演出类海报占海报的大部分,而演出类海报又往往着眼于商业性目的,因此商业性是其特点。当然,公益海报和学术报告类的海报一般是不具有商业性的。

三、种类

海报主要分为商业海报和社会公益海报两大类型。

四、结构及写法

海报的结构简单,包括标题和正文。一般先居中写海报标题,即"海报"二字,字体稍大,正文写明活动内容,写清举行活动的时间、地点、参加方式。演出海报如果是售票或发票,要写明买票或领票的时间、地点。如果是文艺、体育表演,要写明表演单位。

【例文 14-13】

海　　报

上海杂技团演出精彩杂技,大型魔术

表演新颖　滑稽幽默　来去无踪　变幻莫测

演出时间:10 月 11—13 日,晚 8 时

演出地点:田汉大剧院

票价:50 元、40 元、30 元

联系电话:2223698

【例文 14-14】

讲 座 海 报

题目:WTO 与中国汽车工业前景

主讲人:中南大学博士卢明康

时间:5 月 25 日下午 2 点

地点:报告厅

第八届校园科技节组委会

××××年×月×日

【简析】 这两则海报结构简洁明了、用语清晰明白,是比较规范的海报。

【思考训练】

(1) 请结合自己的实际情况和专业特点,自拟一封求职信(自荐信)。

(2) ××公司对指导我系学生尽心尽力,使实习的 20 名同学的实际工作能力得到快速提高,实习结束后,请你代共同实习的同学们写一封感谢信以表谢意。

(3) 假设你所在班级排演某个舞蹈节目,需向某文艺团体借某种演出服装若干套,演出后归还。请根据以上内容,拟写一个借条。

第十五章　学术论文

【专题概说】

学术研究最大的意义在于揭示和探讨前人所没有研究或者还未完全解决的课题,是一种具有创新性的脑力劳动。学术论文具有学术性、创新性特点,对社会实践活动或理论认识具有指导作用。学术论文选题要遵循可能性原则、价值性原则和创新性原则。选题可以在搜索资料的基础上,对占有的论文资料快速、大量地阅读与比较,在比较中来确定题目。也可在原有知识体系上进一步深化,将理论知识和现实有机结合来激发自己思维的创造力和开拓性,为论文的选题提供一个良好的实践基础和理论基础。还可以通过关注在现代社会中出现的能够引起公众广泛注意的热点问题来选题。学术论文由前置部分和主体部分构成,每部分包含四个必要的组成部分。前置部分包括:题名、作者姓名及单位、摘要、关键词;主体部分包括:引言、正文、结论、注释、参考文献、致谢。

第一节　学术论文的特点及种类

一、学术论文的概念

学术论文是对某一学术课题在实验性、理论性或预测性上具有的新的研究成果或创新见解和知识的科学记录,或是某种已知原理应用于实际上取得新进展的科学总结,用以学术刊物上发表或提供学术会议上宣读、交流、讨论的书面文章。

二、学术论文的特点

(一)学术性

学术论文是学术成果的载体,它的内容是作者在某一科学领域中对某一课题进行潜心研究所获得的结果,具有系统性和专门性。学术性可以体现在推翻某一学科领域中的某种陈旧的观点,提出新的见解;可以是将分散的材料系统化,用新的观点或新的方法加以论证得出新的结论;还可以在某个学科领域中经过自己的观察、实验,有新的发现、发明或创造。

(二)创新性

学术论文的创新性表现在提出新观点或者找到新材料或者运用新视角,这三点做到其中一点,即可认为是具有创新性的论文。要想保证学术论文具有创新性,研究者应当独立选择材料、独立思考、独立研究和写作。应当努力摆脱现有观点和学术权威观点的束缚,勇于质疑,科学发展就是一代又一代研究者们突破前人既定成果进行大胆尝试的结果。

三、学术论文的种类

按研究的学科,可将学术论文分为自然科学论文和社会科学论文。每类又可按各自的门类分下去。如社会科学论文,又可细分为文学、历史、哲学、教育、政治等学科论文。

按研究的内容,可将学术论文分为理论研究论文和应用研究论文。理论研究,重在对各学科的基本概念和基本原理的研究;应用研究,侧重于如何将各学科的知识转化为专业技术和生产技术,直接服务于社会。

按写作目的可将学术论文分为交流性论文和考核性论文。交流性论文,目的只在于专业工作者进行学术探讨,发表各家之言,以显示各门学科发展的新态势;考核性论文,目的在于检验学术水平,成为有关专业人员升迁晋级的重要依据。

第二节　学术论文的选题

选题是学术研究的起点,没有有价值的问题,学术研究无从谈起,而选题一旦确定,会激发研究者的研究动力和信心。

一、选题的原则

(一)可能性原则

选题要充分考虑个人研究的可能性,顾及课题方向的可行性,不能脱离现实,否则就难以达到研究预期效果甚至无法开展实际研究。针对大学生的研究能力,我们认为选题要尽量"小",一般来说,大课题的研究价值高,成果的社会影响大,但它比较复杂,开展的条件要求高,不易出成果,小课题涉及范围小,任务单纯,目标集中,容易开展,容易出成果,小课题研究往往也会有很重要的理论和实践意义。然而选择小课题并非易事,大学生最容易选择大而空的课题,我们要学会由大到小逐级缩小的方法,比如有这样的选题"中国农村问题研究"可缩小为"中国农村市场问题",再缩小,可研究"中国农村市场的食品安全监管问题""中国农村市场的小额贷款问题"或将地域缩小至某一个乡村,这样的题目研究范围较小,大学生容易把握。

(二)价值性原则

选题的价值性原则是指学术论文的选题要有学术研究价值和实践应用价值。选题或者着眼于提出新问题、创设新理论、提出新思想。或者着眼于实际社会需求,能够反映现实生活与科技发展,针对问题提出对策,具有社会效益与经济效益。选题切忌闭门造车,不联系实际,脱离学术发展现状和社会实际需求凭空想象。

(三)创新性原则

选题是学术论文写作的开端,选题的创新性直接关系到整个研究的创新,选题的创新是衡量学术论文内在价值的关键。选题的创新,就是对于研究内容、研究方法等较之前人有所突破与不同,具有新颖性与先进性。选题的创新性主要包括三种形式:一是研究领域的创新,就是在学术研究的空白之处去寻求研究课题,寻找前人没有发现和涉及的空白研究领域,这种创新往往会开启一片新的研究领域。新颖的课题包括从古到今尚未有人研究过的空白课题、具有特殊性质的奇特课题、两个以上学科结合的杂交课题。二是研究视角的创新,就是在已有的研究领域和研究基础之上,为某领域的研究提供新的研究视角。三是研究方法的创新,就是在所研究的领域采用前人未使用过或者鲜有使用的研究方法、技术和手段进行研究。研究方法的创新通常是将其他领域的技术方法嫁接到本领域课题研究上,以求运用新的研究方法得出更有价值的研究结果。

二、选题的方法

(1)在搜索资料的基础上,对占有的论文资料快速、大量地阅读与比较,在比较中来确定题目。在资料占有达到一定数量时,对资料作集中的比较和鉴别。这就需要我们对收集到的材料进行全面阅读研究,从内容丰富的资料中汲取营养,在浏览过程中,要做好记录,再经反复思考琢磨,进而萌生自己的想法,选题的思路也就清晰起来。

(2)在原有知识体系上的进一步深化,将理论知识和现实有机结合往往会激发自己思维的创造力和开拓性,为论文的选题提供一个良好的实践基础和理论基础。

(3)通过关注在现代社会中出现的能够引起公众广泛注意的热点问题来选题,这些问题或关系国计民生,或涉及时代潮流,总能吸引人们注意,引发人们思考和争论,关注这些问题,进而深入思考,往往能选择出具有社会价值的研究课题。

第三节　成文及体式

论文由前置部分和主体部分构成。对于学术论文来说,每部分包含 4 个必要的组成部分。前置部分包括:题名、作者姓名及单位、摘要、关键词;主体部分包括:引言、正文、结论、注释、参考文献、致谢。

一、题名

题名又称题目或标题。题名是以最恰当、最简明的词语反映论文中最重要的特定内容的逻辑组合。论文题目是一篇论文给出的涉及论文范围与水平的第一个重要信息,也是为选定关键词、编制题录和索引等二次文献提供检索的特定实用信息,可见论文题目十分重要,必须用心斟酌选定。论文标题分单标题和双标题,使用双标题时,主标题表明写作内容或中心论点,副标题标明研究对象及范围。对论文题目的要求如下。

(1)准确得体。论文题目必须能准确表达论文内容,恰当反映所研究的范围和深度,即题要扣文,文也要扣题。这是撰写论文的基本准则。

(2)简短精练。题目用词需要精选,字数要少。尽管题目的字数多少并无统一的硬性规定,但一般一篇论文题目不要超出 30 个字。若简短题名不足以显示论文内容或反映出属于系列研究的性质,则可利用正、副标题的方法解决,使标题既充实准确又不流于笼统和一般化。

（3）醒目。论文题目首先映入读者的眼帘，题目所用字句及其所表现的内容是否醒目，会在一定程度上影响论文的效果。

二、作者姓名和单位

这一项属于论文署名问题。署名一定要真实可靠，一是为了表明文责自负；二是记录作者的劳动成果；三是用于文献检索。其内容要素包括姓名、工作学习的单位等，多个作者联合署名时，按照研究和写作中所起作用的大小排序。

三、摘要

摘要是对论文内容不加注释和评论的简短陈述。其作用是读者不用阅读论文全文即能获得论文的必要信息。摘要应包含以下内容。

从事这一研究的目的和重要性；研究的主要内容和指明完成了哪些工作；获得的基本结论和研究成果，突出论文的新见解，结论或结果的意义。论文摘要既反映以上内容，文字又必须十分简练，内容也需充分概括，篇幅大小一般限制其字数不超过论文字数的 5%。例如，对于 6000 字的一篇论文，其摘要一般不超出 300 字。

论文摘要不要列举例证，不讲研究过程，不用图表，不给公式，不分段，也不要作自我评价。为便于交流，还要有英文摘要。

四、关键词

关键词是从论文中选取出来，用以表示全文主要内容信息款目的单词或术语。一篇论文可选取 3~8 个词作为关键词。

五、引言

引言又称前言，属于整篇论文的引论部分。其写作内容包括：研究的理由、目的、背景、前人的工作和知识空白，理论依据和实验基础，预期的结果及其在相关领域里的地位、作用和意义。引言的文字不可冗长，内容选择不必过于分散、琐碎，措辞要精练，要吸引读者读下去。引言的篇幅大小，并无硬性的统一规定，需视整篇论文篇幅的大小及论文内容的需要来确定。

六、正文

正文是一篇论文的本论，属于论文的主体，它占据论文的最大篇幅。论文所体现的创造性成果或新的研究结果，都将在这一部分得到充分的反映。因此，要求这一部分内容充实，论据充分、可靠，论证有力，主题明确。为了满足这一系列要求，同时也为了做到层次分明、脉络清晰，常常将正文部分分成几个大的段落，这些段落即所谓逻辑段，一个逻辑段可包含几个自然段。每一逻辑段落可冠以适当标题（分标题或小标题），段落的划分，应视论文性质与内容而定。

七、结论

论文的结论部分,应反映论文中通过实验、观察研究并经过理论分析后得到的学术见解。结论应是该论文的最终的、总体的结论。换句话说,结论应是整篇论文的结局,而不是某一局部问题或某一分支问题的结论,也不是正文中各段的小结的简单重复。结论应当体现作者更深层的认识,且是从全篇论文的全部材料出发,经过推理、判断、归纳等逻辑分析过程而得到的新的学术总观念、总见解。结论的写作内容一般应包括以下几个方面:本文研究结果说明了什么问题;对前人有关的看法做了哪些修正、补充、发展、证实或否定。本文研究的不足之处或遗留未予解决的问题,以及解决这些问题的可能的关键点和方向。结论部分的写作要求是:准确、完整、明确、精练。

八、注释

在论文写作过程中,有些问题需要在正文之外加以阐述和说明的,以注释的形式表示出来,一般有脚注和尾注两种形式。

九、参考文献

在学术论文后需要列出参考文献。其作用有:反映出真实的科学依据;体现严肃的科学态度,分清是自己的观点或成果还是别人的观点或成果;对前人的科学成果表示尊重,同时也是为了指明引用资料出处,便于检索。

十、致谢

说明致谢的原因和对象,凡对论文提过有价值的建议,帮助收集和整理过材料,提供了科研经费或条件的人和单位,都应在此致以谢意,以示尊重和感谢。

【例文 15-1】

日本教师定期轮岗制的经济保障制度及其对我国的启示

付淑琼　高旭柳

【摘要】日本教师定期轮岗制的经济保障制度主要由基本工资、基础津贴、普通津贴和特殊津贴等几部分组成,具有法律法规齐全、高薪养教、缜密详尽的计算程序与标准等特点。我国教师流动制度及其背后经济保障措施的建立与实施,应重视对政策法规的健全、加大对教育事业与教师薪酬的投入力度、各级政府应各司其职并制定一系列科学严谨的补贴制度。

【关键词】日本　教师定期轮岗制　经济保障制度

1949 年日本颁布《教育公务员特例法》,该法案明确将义务教育学校的教员定义为公务员,并提出了中小学教师的定期轮岗制度。发展到今天,日本教师定期轮岗制已经十分成熟与完善,并取得了极大的成功,不仅成为日本教育事业的一道亮丽风景,而且也是世界不少国家与地区学习与效仿的对象。而日本教师定期轮岗制的成功,从根本上离不开它背后的经济保障制度。在教育资源均衡配置的大背景下,我国教师流动制度的建立与发展也成为关注的焦点。因此,本文选择日本教师定期轮岗制背后的经济保障制度为研究对象,期望通过对它展开全面的研究,进而能对我国有所启示。

一、日本教师轮岗制的经济保障制度

(一)确保质量的"高薪养教"。

"高薪养教"是日本教育十分突出的特点之一,也正是因为高薪养教,使日本教师拥有较高的经济、政治和社会地位,具体情况可以从如下两个方面得以了解:一是文教经费投入的增长速度远远超过其 GDP 的增长速度。二是教师工资位于日本社会各职业收入榜的前列。日本文部科学省曾经做了一个统计,比较 2001—2005 年日本中小学教师与一般行政职员的平均月薪酬。调查结果表明,一般行政职员的月平均收入为 399128 日元,而教师的月平均收入为 410451 日元,平均高出 11323 日元。而在这里不得不简单介绍的是日本教师工资的构成:其工资主要由三部分组成,主要由基本工资、教职调整额和各种津贴。

(二)突出"公平"的基础津贴。

日本教师的津贴种类繁多、覆盖面广,概括起来主要分为三种:基本津贴、普通津贴和特殊津贴,这些不同的津贴种类,在定期轮岗制中发挥的作用各不相同。基本津贴是指在一般情况下所有教师都能享受到的津贴,比如扶养津贴、住房津贴、交通津贴等。

1. 扶养津贴。扶养津贴的支付对象是有家庭有亲人的教师。所谓的"有家庭有亲人"的具体标准为有配偶、有 60 岁以上的父母(或岳父母、祖父母等)、有身体或心理残疾的家人、有年龄在 15～22 岁的弟弟妹妹或者子辈孙辈(即初中到大学之间)等有抚养关系的家人。以东京为例,配偶的津贴额度为 13500 日元/月,每一个孩子为 4000 日元/月,其他有抚养关系的则为 6000 日元/月。当然,如果被抚养的家人有收入,只有在年收入不足 140 万日元的情况下才可以领取抚养津贴。

2. 地域津贴。地域津贴是以不同地域的物价指数为前提的,支付对象主要是在租金高物价高等消费水平较高的地域工作的教师。支付额度=(基本工资+基本工资的特别调整额+专业工作人员职位调整津贴+扶养津贴)×支付比例。

3. 通勤津贴。(略)通勤津贴即交通补助,依据到学校距离的远近、通勤方便与否(即乘坐地铁、骑自行车、私家车等交通方式的方便程度)等决定,在距离的划分上,以 5 千米为一个标准单位。这项津贴每年发放两次,分别是 4 月和 10 月,每次发放 6 个月的津贴,支付限额最高为 55000 日元,其中使用新干线的教师的支付限额最高为 20000 日元。例如,居住地与学校不足 5 千米的交通不便者的津贴是 3800 日元/月、残疾人员则为 4100 日元/月,其他情况则是 2600 日元/月;如果居住地与学校的距离超过 60km,通勤不便的享受 25700 日元/月的通勤津贴,残疾人员为 29700 日元/月,其他教师则是 15000 日元/月。

4. 住房津贴。(略)住房津贴的主要对象是轮岗到其他学校无法住在家里、需要租住房屋(学校提供了住房的除外)的教师。对于津贴数额,不同地区有不同的规定。以北海道为例……

5. 单身赴任津贴。(略)所谓单身赴任津贴,与住房津贴类似,即因为轮岗更换学校、居住地而不得不与配偶分居的教师可以享受单身赴任津贴。具体的津贴数额,以东京为例,其基本额度为 23000 日元/月,再根据轮岗学校的距离、分居后家庭成员的收入等不同情况，决定增加津贴的数额。但不管如何叠加，单身赴任津贴总额不能超过 45000 日元/月。

6. 其他基础津贴。(略)值班津贴：东京的值班津贴以五小时为标准，五小时以内为 3000 日元/月，五小时以上为 6000 日元/月。管理职位津贴：如果是教师，同时还担任管理工作，也有额外的津贴，如在北海道，中小学校长享受 65800～79600 日元/月的津贴，副校长是 66200 日元/月，教导主任为 54700～66200 日元/月，事务长则为 46300～66400 日元/月。

(三)彰显"绩效"的普通津贴。普通津贴则是只有在完成了特定考核或者执行了特别任务的部分教师才能享受到的津贴，此类津贴有严格的范围限定和对应级别限制。

1. 特殊业务津贴。该津贴的主要发放对象是从事明显带有危险、有碍健康或者比较困难、特殊任务的教师。以大阪市为例：学校遇灾事如地震等进行紧急教学、紧急辅导等工作的，根据灾事严重程度、任务难易度以及时间长短等，每天分别有 3200 日元、6400 日元，甚至 12800 日元等不断叠加上去的津贴补助；周末或者上班时间连续四个小时负责学校社团活动、补习或者讲习活动的会有每天 2800 日元或者 3700 日元的补助等。

2. 期末勤勉津贴。所谓期末勤勉津贴，实际上是期末津贴与勤勉津贴两类津贴的合成，类似于我国的年终奖。这两项津贴都是一年发放两次，分别是 6 月和 12 月。期末津贴与勤勉津贴的计算方式类似，均是：期末津贴(或勤勉津贴)＝[津贴基础额＋岗位加算额(基本工资×加算比例)＋管理职位加算额度(基本工资×加算比例)]×支付比例×在职率×国家公务员工资削减法额度(0.9023)。津贴基础额＝基本工资＋扶养津贴＋地域津贴＋其他各项津贴等。岗位加算额中的加算比例是按照岗位来计算的，行政职位的分为四类：八级以上(部长)是 20％，六级或者七级(课长)是 15％，四级或者五级(科系长)是 10％，三级(主任)是 5％；教育岗位四级(教授)是 15％，教育岗位三级(准教授)是 10％，教育岗位三级(讲师)是 10％，教育岗位一级(助教)是 5％。管理职位加算额度中的加算比例与前述类似，只是具体加算比例与岗位的划分不同而已。支付比例各地大致相同，6 月是 1.225，12 月是 1.375。在职率则按照工作时间来计算，6 个月的就是 100％、5 个月以上不到 6 个月是 80％、3 个月以上 5 个月不到的是 60％、不满 3 个月的则是 30％。国家公务员工资削减法额度则是日本社会曾对于国家公务员工资过高而引发过一场大范围社会舆论，之后日本政府综合各方面因素，调整了国家公务员的工资，法律规定对公务员工资进行 0.0977 的削减。勤勉津贴的计算方法与此类似，但在支付比例和在职率上划分得更为细致：如支付比例分为特别优秀(83.5％～135％)、优秀(74％～83.5％)、良好(64.5％)、不良(64.5％以下)。日本国立大学研究院对期末津贴和勤勉津贴的研究数据表明，日本教师每年拿到的期末津贴和勤勉津贴合起来相当于每个教师 3.95～4.5 个月份的工资薪酬总和。其中每次的期末勤勉津贴中，期末津贴差不多都是勤勉津贴的两倍左右。

3. 义务教育教师特别津贴。这主要是针对在中小学以及幼儿园工作的教师，其直接目的是提高教育质量、稳定师资队伍。义务教育教师特别津贴也是依据地域、岗位等不同进行划分与发放。统计表明，日本义务教育阶段教师平均每月可以享受 2000～8000 日元不等的义务教育教师特别津贴。

4. 夜间教育津贴。该津贴主要是针对从事晚上教学或者晚间工作的中学教职员工而发放的。校长和教导主任是每天 1200 日元,除此以外的教职员工是每天 1500 日元。

（四）保障"轮岗"的特殊津贴。特殊津贴是指在特别地区才可以享受到的津贴,比如寒冷地津贴、偏僻地津贴等。当然,日本根据都道府县具体情况的不同,津贴的种类、数目也会各有差异。

1. 寒冷地区津贴。寒冷地区津贴是从每年 11 月起到次年 3 月止,给在严寒积雪等环境恶劣地区工作的教师提供的特殊津贴。因国土狭长,全日本只有南部一小块是亚热带气候,不享受寒冷地津贴,除此之外全日本享受寒冷地津贴的一共有 25 个城市,分别是北海道、青森、岩手、宫城、秋田、山行、福岛、茨城、栃木、群马、新潟、福山、石川、福井、山梨、长野、岐阜、爱知、三重、滋贺、京都、兵库、鸟取、岛根和冈山,占日本所有城市的一半左右。对于这项津贴,日本政府还特地颁布了《关于国家公务员寒冷地津贴的法律》,以法律形式来确保教师能享受这项补助,它依据地域将全日本划分为四级地,每级地再根据是否是房主和是否拥有家庭等进行再次细分,所以在津贴额度上也是自北往南逐次递减的,其额度范围在每月 7360～26380 日元不等。

2. 偏僻地津贴与偏僻地准津贴。所谓偏僻地津贴,主要是指向自然环境恶劣、经济条件落后、交通不便的偏远地区、小岛或山区中工作的中小学教师发放的津贴,而偏僻地区准津贴则是与偏僻地区性质类似的学校,这些学校不在偏僻地的大范围内,但也因为特殊的地理环境、经济要素等造成其与偏僻地性质类似,它们经申报审核批复后则享受偏僻地区准津贴。为此,日本政府特别制定了《偏僻地教育振兴法施行规则》,该规则依据学校的交通便利程度,积雪、雪崩、泥路、泥石流等自然灾害情况,缺水或多水程度,有毒或无毒程度,学校学生和教师规模情况等划分多个标准与维度,通过打分的形式以及得分的高低,将日本的偏僻地区分为五级,每一级津贴额度不同。在具体的计算上,偏僻地津贴支付额度＝（基本工资＋扶养津贴）×支付比例,支付比例则是五级地各不相同,一级地是 8%,二级地是 12%,三级地是 16%,四级地是 20%,五级地是 25%。偏僻地准津贴支付额度＝（基本工资＋扶养津贴）×支付比例,支付比例为 4%。

3. 特别地区勤务津贴。特别地区勤务津贴,就是支付给轮岗去岛屿或者交通生活不便地区的教师的津贴。支付额度＝[开始工作那天的（基本工资＋扶养津贴）的 1/2＋现在每月能领到的（基本工资＋扶养津贴）的 1/2]×支付比例。而支付比例,日本政府将特别地区划分为 6 级,其中 6 级地的支付比例分别是 25%、20%、16%、12%、8%和 4%。

4. 长距离人事调动津贴。该津贴主要是支付给轮岗到距离过远的学校去工作的教师,其划分标准主要是距离,支付额度＝（工资＋工资的特别调整额度＋专业员工职位调整津贴＋扶养津贴）×支付比例。支付比例是 60～300 千米的距离为 3%,300 千米以上的为 6%。支付最长年限为三年。

二、日本教师定期轮岗制经济保障制度的特点

（一）政策法规保障健全完善,执行严格。日本政府不仅为教师定期轮岗制制定并实施一系列的政策法规,而且还制定了一系列完善且具体的经济保障政策与法律法规,以为定期轮岗制的顺利实施保驾护航,如《义务教育费国库负担制度》《县费负担教师制度》《教师相关津贴规则》《教师公务员法》,等等,相关的法律政策举不胜举,齐全到覆盖了所有相关的领域,十分完善,只要是与教师定期轮岗制相关的经济保障或措施等,均能找到与之对

应的政策、法规或法律条文,真正做到了有规可循、有法可依。同时,在具体的实施过程中,各级政府部门和学校都严格遵守这些法律法规和政策规定,依法办事、执法必严、违法必究,严格保障每一位轮岗教师的经济权益。

(二)教师基本工资高,津贴种类多且数额大。从前面的介绍可知,日本教师的基本工资很高,远高于其他职业的基本工资。除了基本工资之外,还有种类繁多涵盖各个方面且数额大的津贴保障,这也是日本教师轮岗制中十分突出的亮点与特色。日本社会一句广为流传的话——"一人成师,全家受益",它足以能说明日本教师定期轮岗制的经济保障有多么到位与完备。日本教师定期轮岗是一项常规性的措施,每位教师都可能有机会都被轮岗到其他学校或偏远地区,所以通过高额的基本工资和津贴来保障每位教师的利益。因为轮岗可能导致无法照顾家庭、远距离交通或者以单身形式赴任等,考虑到这些因素,抚养津贴、地域津贴、交通津贴、寒冷津贴、住房津贴、勤勉津贴、偏僻地津贴等各项津贴应运而生,使每一教师愿意被轮岗,同时即使被轮岗也无家庭、经济等各方面的后顾之忧,确保工作的动机与质量。同时,这些津贴又有严格的计算标准与发放程序,能兼顾绩效与公平。

(三)各项经济保障制度科学缜密、全面详尽。基本工资高能照顾到每一位教师,确保教育职业的吸引力与质量,但在具体的轮岗中,不同的教师可能被轮岗到不同的地区,面临不尽相同的问题,由此日本政府设置了不同种类的津贴来满足被轮岗教师的各项需求。但即使是同样的问题,也可能存在着不同距离、不同地域等不同情况。所以,在同一项津贴面前,也有十分严格的等级划分和缜密的计算标准,这些等级的划分和计算标准等均是在依据全日本实际情况的基础上所得出的结果,差异对待是为了公平和绩效,其目的是充分保障每一位教师的利益,确保每一位教师无论轮岗到哪里,均能最大化地享受自己的权益,并能保持最佳的状态展开教育教学工作,使教育效果最大化。

三、对我国的启示

在全社会呼吁教育资源公平合理配置的时代大背景下,建立完善且合理的教师流动制度已得到我国中央与地方各级政府、社会各界的关注,一些省市甚至已经开始积极努力地尝试。基于此,日本教师定期轮岗制和其背后的经济保障制度能给我们提供不少启示。

(一)依托健全完善的政策法规,建立全面且详尽的经济保障措施,为教师流动制度保驾护航。在教师流动制度的建立与实施上,经济保障是十分重要与关键的前提与基础。而健全完备的经济保障制度的建立与实施则离不开有规可循、有法可依且执行严格的政策法规条文等。所以,教师流动制度的建立与推行首要应该关注教师的经济权益如何得以保障,确保教师们在没有后顾之忧的情况下高质量地进行流动或轮岗,使教师流动的成效最大化。而经济保障制度的完善与详尽,则离不开建立在我国实际情况基础上的各项规章条例等。由此,无论是教师流动制或是其背后的经济保障措施,均应该基于我国现实国情,确保可行的基础上,进而依托对健全完善的法律法规、政策条文等的严格执行与落到实处,以确保教师流动制度发挥真正有价值的成效。

(二)逐步加大对教师工资与津贴等的投入和对教育事业的整体投入,通过"高薪养教"确保教师流动的质量和教育事业的质量。日本教师定期轮岗制取得成功的关键是"高薪养教""一人成师、全家受益"等因素。从经济学的角度而言,人都是经济利益驱使的动物,特别是将教师从熟悉习惯的学校与区域轮换到条件可能更差且陌生的环境中,其动机的激发与催生更离不开经济利益。而且经济收入与政治、社会地位等又是相辅相成、相互制约相互影响的,所以需要通过高工资与高收入来提升教师职业的经济与社会地位,进而提升教师工作的积极性,提高教育质量。尽管近年来我国对教育事业的整体投入在不断攀升,教师收入得到了一定程度的增长,但无论是与国内相关职业的比较,还是与世界其他国家教师职业相比较,我国教师收入依旧有增长的空间。所以,只有逐步加大对教育事业的整体投入和增加教师工资与收入,渐渐形成"高薪养教"的局面,教师流动制度的顺利实施与推行才能得到真正意义的保障并取得实际的成效,进而促进教育资源的合理配置和教育质量的提升与发展。

（三）在教师流动制度及其背后的经济保障事务上,中央政府负责统筹协调,地方政府承担具体的设计与推行角色,通过制定一系列科学缜密、有差别但公平合理的补贴制度,确保流动制度的顺利实施与高效运行。无论是教师流动,还是高薪养教,中央和地方各级政府均应扮演好自己的角色和发挥好必要的作用。中央政府在加大投入力度的同时,兼顾区域差异与地区协调,确保全国统一实施但又能区别对待,促进协同发展。省市县等各级地方政府,在中央的统筹下,结合本地区实际情况,依据距离远近、消费物价高低、自然环境等各因素缜密地设置一系列有差别但又能体现公平与绩效的津贴或补助制度,并在具体的实施过程中严格执行这些制度,进而确保实施的顺畅与效率。实际上,教师流动制度的推行与效率,主要取决于教师的动机与意愿,在经济利益得到公平合理保障的大前提下,进而从心理、社会、精神等诸多层面加以保障,教师流动制度的顺利推行与高效发展也将能得到保障。

（资料来源：《教师教育研究》2015,27(1)：103-108,有删改）

【简析】 该例文是一篇现实性很强的论文,探讨了日本教师定期轮岗制的经济保障制度及其对我国的启示,标题说明了论文研究的问题,引言简洁明了点出论文的重要研究内容。十分成熟与完善的日本教师定期轮岗制从根本上离不开它背后的经济保障制度,以及进一步地期望对我国有所启示。正文分为三部分,第一部分从四个方面,运用大量数据详细探讨日本教师轮岗制的具体经济保障制度,这一部分是全文研究的基础。第二部分总结日本教师定期轮岗制经济保障制度的特点,即政策法规保障健全完善,执行严格。教师基本工资高,津贴种类多且数额大。各项经济保障制度科学缜密、全面详尽。在此基础上,推演出第三部分对我国的启示。三部分层层推进,逻辑关系严密。论文首先以大量准确的数据材料做支撑,又辅以清晰简明的论述,所以整篇论文有理有据,使人信服。另外,本文的摘要写作非常规范,值得效仿。

【思考训练】

1. 课下查找资料,查找你所学学科最前沿的问题。

2. 请根据以下论文内容,拟写论文题目和摘要。

题目：_____

摘要：_____

_____

收入分配关系的和谐决定了社会的和谐,收入分配是涉及每个人切身利益的敏感问题。改革开放以来,我国收入分配制度改革和实践是富有成效的,但是同时我们也看到,伴随着我国经济持续发展,居民收入多样化,我国居民的收入差距在日益扩大,社会弱势群体也在进一步扩大。

一、我国公民收入现状

(一)垄断行业收入分配过高,行业间的收入差距明显。近年来,随着我国经济高速发展,土地、资源、资本这3种生产要素发挥了巨大的财富调整力量,房地产、矿产、证券等成为"最赚钱"的暴利行业,少部分人借此一夜间站到社会财富的顶端。另据人力资源和社会保障部统计数据调查,1990年,行业职工人均收入最高与最低比为1.76:1,1995年为2.23:1,2000年上升为2.63:1,2004年扩大为4.60:1,而这一数字比例还在持续扩大。据《中国统计年鉴(2012)》统计,2012年,平均工资水平排在前三位的行业分别是信息传输、金融业、技术服务和地质业,而排在后三位的行业分别是农林牧渔业、住宿和餐饮业和公共设施管理业,而行业职工人均收入最高与最低比达到了4.75:1。近些年,随着我国电力、能源等需求的扩大,垄断行业的职工工资收入增长迅速,由于行业垄断所造成的行业间收入差距显然有失公平,必须尽快加以改善。

(二)区域之间收入分配差距过大,并有进一步扩大的趋势。改革开放以来,我国社会主义市场经济蓬勃发展,特别是沿海地区借助地域和政策优势,经济、文化、科技等方面相对于西部地区,都呈现出显著的差异。更多外资流入,居民收入增长空间也相对较大。近几年,我国政府也采取了一系列的政策措施进行帮扶和调整,比如实行关注弱势群体、西部大开发、东北振兴政策等,这些区域性优惠政策在某种程度上对缓和区域差距和城乡差距有帮助。但区域收入分配差距呈不断扩大的趋势。1978年,人均收入东部是西部的1.37倍;2005年,人均收入东部是西部的1.55倍。1978年,人均财政收入东部是西部的2.66倍;2003年是1.93倍。据专家估算,1988年我国东西地区之间的收入差距大约占全国收入差距的7.5%,而到了2010年已上升到9.7%。地区收入差距对我国收入差距的贡献约为18.15%。

(三)城乡居民收入差距悬殊。在改革前期,由于农村经济体制改革的效应,城乡居民收入差距曾出现缩小的趋势,但受城乡经济体制改革差异的影响,我国城乡差距自20世纪80年代中期一直处于扩大的趋势中,我国城镇居民人均可支配收入的增长速度要比农村快很多,从而导致城乡居民收入差距进一步拉大。城乡居民收入差距由20世纪80年代的1.80:1,扩大到90年代的2.50:1,2007年达到3.33:1。如果把农村居民收入被高估的水分挤掉,把城镇居民享有的各种隐性福利和优惠折算成收入,那么,城乡居民事实上的收入差距在6倍左右。

二、我国公民收入分配现状的原因

(一)收入分配不公的结果。在经济体制转轨过程中,政府逐步放开很多领域的经营权,促进市场竞争,但在某些行业政府的行政垄断仍然严重干扰甚至限制了市场,造成许多不平等竞争现象。电信、电力、铁路运输、自来水等行业,政府控制着大量资源,进入门槛很高,通过行政力量进行垄断经营。这无论是在生产上,还是在分配上,都有其内在的缺陷。这些行政垄断部门和企业,将企业获得的垄断利润转化为自身的高额收入,甚至有人还将企业消费转化为个人消费。行政垄断的存在,造成了收入分配的严重不平等。

（二）自然环境是制约地区经济发展的重要因素。我国东部沿海地区自然环境优越，政策的鼓励带动经济的快速发展，东部沿海利用先天优势，集中发展大批的进出口加工企业，相应地也为当地的居民带来了更多的机会和收入；西部地区地理环境相对恶劣，经济发展缓慢，自然环境因素造成了东西部居民收入差距不断扩大的重要因素。

（三）城乡体制改革本身带来了收入差距的扩大。改革开放以来，我国城乡居民收入差距之所以显著，这与我国政府采取的经济体制、政治体制改革所采取的政策有较大关系。体制改革给经济注入了活力，允许多种经济成分存在，多种分配方式并存，允许一部分人先富起来等，使城乡居民收入水平不断提高，但在农村经济体制改革和城市经济体制改革中，农村居民内部和城镇居民内部的个人收入增长都是不平衡的，这在客观上推动了收入差别的逐渐拉大。同时为了支撑工业的发展，国家采用人为的方式使资源从农业向工业转移。事实上，这种政策将城乡割裂开来，导致大量的劳力挤在土地上谋生，使农业生产效率低下，其他国家发展的实践告诉我们，现代化的过程也是城市化的过程，政府如果限制城市化，经济将永远停留在二元结构上。

（四）政府的再分配手段不力和宏观调节政策不配套。改革开放以来，尽管政府在调节收入分配和建立社会保障体系方面做出了很大努力，但整体效果不是很理想。其中最突出的表现有两点：一是对富人的收入调节政策不得力，如税收手段单一（主要依赖个人所得税，且起征点不合理），税法的执行力很低，偷税漏税现象十分严重等。二是社会保障体系不健全，如国有企业的社会保障体系因资金严重不足而难以实施到位、社会保障体系覆盖面小（绝大多数农民目前都未纳入社会保障体系）等。

三、调整公民收入分配差距的对策与建议

（一）加快经济发展，进一步扩大就业。首先，要加大农村经济发展力度。进一步增加对三农的投入，继续推进农村税费改革，切实减轻农民负担，加快农业基础设施建设，支持农民调整产业结构，促进农业产业化经营，大力发展优质、高产、高效农业，提高农产品的市场竞争力，提高农业效益，增加农民收入，从根本上缩小城乡居民收入差距。其次，要加快西部经济建设。继续实行西部大开发战略，加大对西部开发的投入，抓好基础设施建设和生态建设，加强环境保护，调整产业结构，发展特色经济和优势产业，采取一些措施对西部地区进行有目的、有计划的援助，通过这种援助来增强西部地区自力更生的能力，促进经济的发展，以提高西部居民收入水平，缩小地区收入差距。最后，通过经济发展带动和扩大就业。扩大就业的根本前提是发展经济，保持经济快速增长。在我国现阶段，应大力发展劳动密集型产业，从而尽可能多地创造就业机会，使更多的低收入人群能够提高收入水平。

（二）完善财税体制，平衡社会分配。我国的财税体制中缺乏合理的资源税、垄断利润调节税等。资源收益是应该纳入整个国家的分配体系，但在我国现行的资源税只是一个名义上的税种。煤矿业主只要拿到煤矿开采权就暴富，尽管煤矿事故不断发生，但屡禁不止。安全条件不达标甚至没有资质的企业仍在不断开采，归根结底利益是最大的推动力。谁拿到资源，资源收益就是谁的，这也导致了腐败问题层出不穷。政府官员在煤炭中参股，给没有资质的煤矿提供保护伞，这些方面的问题是相当严重的。因此，必须建立一个更健全的财税体制，把资源收益纳入国家财政，用于全民，而不是归于少数占有这些资源的企业和个人，还有土地流转制度问题。

另外要完善和加强对个人所得税的征管，实行综合等级税制，合理确定并完善起征额和扣除额，加强对高收入行业和高收入个人的收入分配情况的监控。改革完善财产税，规范现行财产税税种，对于一些高收入群体的奢侈消费项目开征奢侈消费税，并适时开征遗产税与赠与税等。

（三）消除行政垄断，避免垄断利润转化为不平等收入。针对行政垄断带来的收入分配不公，政府只有不断消除对非自然垄断性行业的行政垄断，引入竞争，积极推进市场化进程，才可以消除垄断利润，使所有人处在相同的收入分配起点，完善收入分配制度。制定消除垄断引入竞争的法规，监督和约束企业行为，确保良好的外部竞争环境，加强对特殊行业的监督，审计企业利润，规范员工收入，完善企业所得税和个人所得税的征收。

（四）以缩小城乡差距为重点，在城市化和工业化过程中增加农村居民收入。在改善全国收入差距方面，增加农民收入进而缩小城乡差别是必要的当前的问题。在我国快速城市化和工业化进程中，城乡差距仍有继续扩大的趋势。应加大农业支持，增加农民收入。继续完善当前的各种惠农政策，各级政府应当定期组织农民参加农业知识培训，引导农民进行规模经营，从而进一步增加农民的收入。另外就是农产品价格问题。从我国改革的历史来看，农产品价格上涨意味着农业贸易条件的改善，而每一次农产品价格上涨都伴随着一定程度的城乡差距缩小。让农民从农业种植业中获得更多的益处也是增加农民收入的重要手段。在"十二五"期间可以考虑提高粮食作物直补幅度，或者将补贴范围扩大到整个种植业。

（五）建立完善的社会保障体系，提高社会保障水平。完善的社会保障制度体系是解决失业、疾病、年老等因素所带来的贫富不均的有力措施，同时也可以尽快消除消费者在新旧制度交替时期的不安全感。加大国家、省级财政对社会保障的投入，使城镇居民中应保未保的对象参与到保障体系。特别是在完善城市社会保障的同时，加快农村社会保障体系的建立和完善，提高农村保障标准，扩大保障范围，有条件的地方可以探索建立农村居民最低生活保障制度，使社会保障体系真正发挥作用，为缩小社会贫富差距创造良好的外部环境。

第十六章 申 论

【专题概说】

申论是我国国家公务员考试科目之一。"申"意为"申辩""申述","论"意为"论证""议论",故"申论"可理解为"申而论之",即围绕给定材料,展开论述,提出观点。材料内容涉及政治、经济、文化、教育、法律等各方面。申论要求应试者在相关法律法规范围内作出议论、提出正面见解或解决策略,是对应试者阅读能力、分析问题能力、解决问题能力、概括提炼能力和文字表述能力的综合考量。与一般议论文不同,申论除了提出自己的观点和态度以外,还要求与社会现实相结合,提出相关问题的解决方法。

相关学者认为,申论源于汉代选拔人才的"策论"或"对策"。策论是就当时政治问题加以论说,提出对策的文章,是汉代以来各朝代常用的选士科目之一。这种选士科目到了明清时期演变成了八股文,由于过于注重形式,逐渐退出了历史舞台。改革开放以后,通过考试选拔国家机关工作人员再次成为时代需求,至此,"公文写作与处理""作文考试"等成为当时选拔人才的笔试科目,由于针对性不强、功能受限等弊端,2000年,完善为一种新型考试形式——申论。申论与策论虽有渊源,但申论在内容上更具针对性,在形式上更具灵活性。

申论给定材料具有以下特点:一是具有时代性,内容不会太偏。所给材料都是人们工作、生活中经常看到和听到的社会热点问题,不存在学科和专业的针对性,既不偏文也不偏理。二是紧紧围绕行政管理、公共政策和国家治理等问题,涉及面虽广,但具备合理性和可行性。因此,不论多复杂的问题也都会有相应解决方法和途径。

申论自产生十几年来,在给定材料的字数、考试时限、内容和试卷类型上都产生了一定变化。

给定材料字数方面,2000年、2001年是1500字左右,2002年是2000字左右,2003年至2005年是4000字左右,2006年是8000多字,2007年是6300多字,2008年是9000多字,2009年是6400多字,2010年起,省级以上(含副省级)给定材料字数分别为:2010年6000多字、2011年7050字、2012年6000多字、2013年7700多字、2014年7288字、2015年8310字、2016年7609字、2017年7671字。可见,申论给定材料从最初的1500字增多了五倍,近三年申论给定材料字数基本在8000字左右。

考试时限方面,2000年至2013年一直是150分钟,2014年起增至180分钟。分值始终是100分。内容方面,体现时代热点,逐步由单一化转向复杂化。试卷类型方面,2000年至2009年只有一类试卷;2010年起,申论考试按照省级以上(含副省级)综合管理类、市(地)以下综合管理类和行政执法类职位的不同要求,设置两类试卷。

第一节　申论考试内容及要求

一、申论考试内容

申论试卷通常由"注意事项""给定材料"和"作答要求"三部分组成。

（一）注意事项

注意事项是针对考生作答时的指导性建议，包括对试卷的说明和作答要求等。考生答题前务必认真阅读，严格按照要求作答。以 2017 年的申论试卷为例，其注意事项如下。

2017 年中央、国家机关公务员录用考试《申论》试卷

省级以上（含副省级）综合管理类

（满分 100 分　时限 180 分钟）

一、注意事项

1. 本题本由给定材料与作答要求两部分构成。考试时限为 180 分钟。其中，阅读给定材料参考时限为 50 分钟，作答参考时限为 130 分钟。

2. 请在题本、答题卡指定位置上用黑色字迹的钢笔或签字笔填写自己的姓名和准考证号，并用 2B 铅笔在准考证号对应的数字上填涂。

3. 请用黑色字迹的钢笔或签字笔在答题卡上指定的区域内作答，超出答题区域的作答无效。

4. 待监考人员宣布考试开始后，应试者才可以开始答题。

5. 所有题目一律使用现代汉语作答。未按要求作答的，不得分。

6. 监考人员宣布考试结束时，应试者应立即停止作答，将题本、答题卡和草稿纸都翻过来留在桌上，待监考人员确认数量无误、允许离开后，方可离开。

严禁折叠答题卡！

注意事项中，"1"是对试卷的说明：包括卷面的组成部分、考试时限。"2"开始是考试要求：关键词有"黑色字迹钢笔或签字笔""2B 铅笔""指定区域答题""答题信号""汉语""离开信号""严禁折叠"。

（二）给定材料

给定材料被认为是申论的主体。内容涉及政治、经济、文化、法律、教育等各个方面。2016 年副省级以上试题由六部分给定材料构成，地市级以下由四部分给定材料构成；2017 年副省级以上和地市级以下申论试题都由五部分给定材料构成。以"材料 1、材料 2、材料 3……"或直接以"1、2、3…"等序数词连接，具有新闻报道或短篇议论等形式，虽然各是一篇独立短文，但主题都是相关的。

给定材料的主题具有明显的时代气息，例如，2000 年至 2017 年，申论给定材料主题如表 16-1 所示。

表 16-1

年份		申 论 主 题
2000		噪声污染问题
2001		"PPA 在全球引起的风波"问题
2002		"网络安全"问题
2003		安全生产和重大事故
2004		我国汽车工业发展和城市交通拥堵问题
2005		我国农业问题
2006		突发性公共事件问题
2007		我国土地问题
2008		我国水电开发与环境保护问题
2009		经济转型、自主创新和粮食安全问题
2010	A 卷	海洋的保护与开发
	B 卷	海洋污染问题
2011	A 卷	黄河精神
	B 卷	农村文化缺失
2012	A 卷	公共安全问题
	B 卷	社会道德危机与重建
2013	A 卷	非物质文化遗产保护与开发
	B 卷	传统文化的保护与发展
2014	A 卷	倡导慢生活,积极应对社会心理问题
	B 卷	提倡理性、平和的社会心态,引导社会平稳转型
2015	A 卷	生命化是合乎伦理的科技发展方向
	B 卷	人文让科学更精彩
2016	A 卷	以"不学礼,无以立"为中心议题
	B 卷	好的政策
2017	A 卷	水生态
	B 卷	城市水系

申论给定材料内容虽广泛,但具有普遍性和非专业性。以 2017 年副省级以上申论给定材料为例:

材料 1

"四面荷花三面柳,一城山色半城湖。"这是古代诗人对城市景色的描述,读之令人心向往之。对一座城市来说,有水,才会更有灵气。水系建设不仅是城市建设的重要组成部分,更是城市生态、形象和功能提升的重要途径。而充分发掘城市的水环境之美,则是人居环境发展的大趋势和城市未来的发展方向。

S市城市水系长 120 千米,水域面积 630 万平方米,水系两岸绿地面积 1220 万平方米。水系不仅是市民休闲观光、健身娱乐的重要场所,也是 S 市城市景观的重要组成部分。

为认真落实市委、市政府"城市建设上水平、出品位"的整体要求,城市水系管理处将以建设"美丽水系"为总目标,努力打造优美环境。

城市水系的美,不仅体现在水上,也体现在两岸的绿色中。经过多年的建设和维护,S市城市水系整体绿化效果不错。但部分河道仍存在绿化量不足、缺少色彩、管护水平较低等问题。

城市水系管理处负责人表示,今年,将在加强水系绿化管护的同时,重点对连心河两岸绿化水平进行提升。

对连心河沿线的重要部位,将进行高标准绿化整治,增加乔木数量;对河两岸的一般绿地,将以种植灌木、彩叶树及野花组合的方式,丰富绿化色彩,增加整个连心河绿地靓度。

水是影响植物生长的第一要素。考虑到 S 市干旱缺水的实际,为提升连心河沿线绿地管护质量,确保绿地浇灌到位,将在连心河沿线有条件的地方铺设管道 24 万米,实施喷灌浇水。

为进一步提升水系绿化管护水平,水系管理部门将由粗放管理向精细化管护转变,通过奖优罚劣、末位淘汰等措施强化管护,着力打造"水系形象"。

由于缺少路灯等必要的照明设施,连心河晚上缺少了景观效果,附近居民休闲、散步也很不方便。同时在社会治安方面,也存在着一定的隐患。

"虽然岸边有路灯设施,但以前基本没亮过。"近日,记者来到连心河东岸时,小区居民对记者说,"到了晚上黑漆漆一片,根本不敢往河边走。"

经城市水系管理处调查,连心河两岸共长 102 千米,目前只有 10 千米路段上的路灯能正常使用;5 千米路段上的路灯,因多年失修不能使用;另有 87 千米的路段上,没有安装路灯。

据了解,随着城市的发展,沿线小区如雨后春笋般出现,过去一些相对"偏僻"的地段也成了繁华区域,两岸群众对连心河夜间照明提出了更高要求。

针对群众需求,水系管理部门决定让连心河沿线亮起来,对不能使用的照明设施进行维修,在需要照明设施的地段安装路灯。

城市水系管理处有关人士表示,此次亮化工程,将重点解决周边生活区较多但缺少照明设施地段的照明问题。同时,为使照明设施成为连心河的一景,在节点部位选用一些艺术灯具,使之与水系景观相协调。

"太平河北岸应该多建几个停车场。"市民吴先生说。城市水系管理处负责人表示,在便民提质工程中,将结合水系实际,紧紧围绕解决市民反映的重点、热点问题,大力完善服务设施建设。

针对太平河、环城水系等距离市中心区较远的情况,为方便更多的市民前往游览,在现有公交线路的基础上,城市水系管理处将积极协调相关部门,继续增加公交线路。

为满足市民健身与观光的需要,将对太平河原有的 15 千米绿道进行完善。到 7 月底,自体育大街到植物园新开辟的 35 千米绿道全部投入使用。同时,在确保安全的前提下,在连心河、太平河沿线选择合适地点,设立垂钓区;在两岸规划修建公共厕所、停车场等,满足游人需求。

水系管理部门没有执法权,成为当前城市水系管理工作中的一块"短板"。由于缺少必要的执法权限,水系管理人员即使发现占绿、毁绿行为,也只能劝说、教育,而没有有效手段进行制止和处罚。

"如果人家听,还好一些,如果人家不听,我们也没有更好的办法。"一位水系基层管理人员感到很无奈。由于一些违法行为不能及时得到制止和处理,水系执法陷入了"管不了、管不住"的尴尬局面。

为解决这一难题,今年,S 市成立了城市水系巡查大队,对侵占绿地、烧烤、破坏设施设备、私自下河游泳、河道排污等不法、不文明行为加大执法力度。

尽管水系管理部门不断通过各种举措加强安全管理,但仍无法完全阻止人们下河野游的行为,而随之发生的那些溺亡事故则让人揪心。

对此,S 市水系管理部门大力强化安全体系建设,在水系河道易出现私自游泳等情况的不安全地段加装防护栏,并进一步加强安全管理。目前,已加装防护栏的河道达到15 千米。

日前,记者在太平河城市广场南岸看到,岸边已安装了一排绿色防护栏。城市水系管理处监察安保科科长对记者说,这一段河道长 3.5 千米,现已全部完成护栏安装,装了护栏后,在这里游泳的人明显减少了。

今年秋季,水系管理部门还将在连心河等易下河游泳地段,加栽绿篱、灌木等植物 1.1 万米,并安装监控,及时发现、制止游泳行为。

在加装防护栏的同时,水系管理部门还在水系河道沿线安装 800 块警示牌、悬挂 700 条警示标语,提示严禁游泳;并配备 100 名保安,维护水系河道安全秩序,保护群众生命安全。

材料 2

某代表团考察国外城市水系建设情况,以下是代表团团长所做的考察笔记:

- 纵观世界范围内的一些著名河流,大多数经历了"先污染,后治理""先开发,后保护"的曲折历程。人们在遭受大自然的报复后,开始更加审慎地思考对河流水系的管理,并在不断实践及摸索过程中,逐步形成较为先进的河流水系规划理念及成熟的管理经验,值得我们借鉴。

- 英法两国的水管理体制不尽一致,但还是有许多共同之处,值得我们学习。英法两国都建立了比较完备的水事法律法规体系,社会各界都能够严格遵守,一切水事活动都依法办事。法律明确规定了国家、地方等各级管理机构的责任、权力和义务;同时把参与水事活动的各政府机关、部门、企业的职责明确分开,各自在法律赋予的权限范围之内充分发挥作用。两国都对违规排污等违法事件进行严管重治。

- 英法两国在长期的工业化过程中,针对供水和水污染问题,通过立法不断改进水资源的取水许可权属管理和水资源的开发利用与保护工作,逐步完善管理体制,现已由过去的多头分散管理基本上统一到以流域为单元的综合性集中管理。一切与水有关的活动均由流域水管部门统一管理,具体可再按政、事、企分工合作,互相配合。

- 从20世纪70年代起,一些城市化程度很高的欧美发达国家,开始重视对城市河流湿地的保护,并着手对部分已经被破坏的城市河流湿地进行回归自然的修复,广泛采用"多自然型河流"的理念建设城市生态河堤,构筑近、亲水的城市滨水空间景观等,在确保防洪安全的基础上,恢复城市河流湿地的自然生态和环境功能。20世纪70年代中期,德国进行了关于自然的保护与创造的尝试,在全国范围内开始拆除被混凝土渠道化了的河道,将河流恢复到接近自然的状态。

- 早在1903年,美国著名设计师葛里芬在澳大利亚新首都堪培拉设计方案中,提出了一个人与自然融合一体的城市规划方案:在位于市中心的地带开凿一个人工湖,它将首都一分为二。湖的东、西两端各有一座横跨湖面的大桥,又将全城连成一体。这座人工湖为堪培拉城市整体空间的优美格局奠定了基础。

- "人水共存"理念改变了传统的把洪水逐出城市的抗洪策略,提出城市水系应结合城市土地利用规划和楼宇结构技术,通过不断提高区域水面率,调整雨水径流的下渗和蒸发比例,逐步恢复水系自然循环之路。在维持水体生态平衡的同时,允许部分低洼地区作为洪水期的滞洪区,把洪水纳入城市景观的重要组成部分,强调了人水之间的和谐共存。

- "健康工作河流"理念既强调了保护河流生态系统的重要性,也承认人们适度开发水资源的合理性,力图在河流保护与开发利用之间取得平衡。其关键点是,确保被管理的河流既处在一种合适的工作水平上,又处在一种合适的健康状态中。"健康工作河流"理念既强调保护和恢复河流生态系统的重要性,也承认了人类社会适度开发水资源的合理性;既划清了与主张恢复河流原始自然状态、反对任何工程建设的绝对环保主义之间的界线,也扭转了"改造自然"、过度开发水资源的盲目行为,力图寻求开发与保护的共同准则。

- "动态河流管理"是从区域河流水系角度把流域作为一个系统进行考虑、分析。动态河流管理吸取河道水系建设管理中以往的经验教训,在管理过程中依据河流生态、公众反馈和新的信息,不断改进、调整管理方法。

- 在流域管理过程中,一些国家的合作分为两个层次,即国家之间的合作和地区之间的合作。协作机制包括信息的交流,定期的会晤、协调,增加了双方认同和合作的机会。

- 英法两国的河道管理费用除来自防洪保安税、城市居民生活和工厂的污水排放费、特殊工业污染费、罚款收费外,其余全部由政府拨款,为流域河道管理提供了强有力的资金保障。

- 在英法两国,水管理活动不仅仅是政府的职能,也是沿河工厂、企业、农场主和居民共同的利益所在。投资者或投资者集体,在参与计划的实施过程中发挥了重要的作用。各类水务理事会参加重要的决策讨论,充分发表意见,使得决策具有广泛的透明度和可操作性。对污染情况的监督,则主要依靠民众举报。

- 英法两国十分重视建立和健全各种监测网站。沿河的监测点,除了常规的水文监测,更重要的是监测水质变化,并实时公布,供各界查询。完善的监测体系已成为管理部门决策及执法的重要依据。

材料3

汉代许慎《说文解字》中说,"儒,柔也"。一个"柔"字,切中要义,味道全出。宋词专家叶嘉莹先生在一档节目中就特地提到了中国文化的"弱德之美"。她由"儒"字的"柔"这一本义出发,加以阐释,把儒家所代表的中国文化性格多维度地彰显出来了。

"儒"字中含一个"需"字,"需"有"等待"之义。孔子就说过:"君子藏器于身,待时而动,何不利之有?"孔子这里说的其实就是"需"的意思,它体现的显然是一种等待的姿态。

华裔英籍女作家韩素音,在描述一位华侨时说:"他是个中国人,有极好的耐心,能等待和忍耐。"这的确典型而鲜明地体现了中国人所特有的品性。韩素音在参观走访了中国内地之后,曾经感慨道:"我在这里重新发现了中国的弹性——它所固有的柔顺性,这使它不受外界危机的影响,同时也使它克服一次又一次动乱。"因此,我们虽说"儒者柔也",但并不是说柔就是软弱无力,就是废弃一切作为。老子认为,"天下莫柔弱于水",但是"攻坚强者莫之能胜",这正是"天下之至柔,驰骋天下之至坚"的道理所在。俗话说的"水滴石穿",就是"以柔克刚"的一个十分典型的例子。

其实,我们只有通过"水"的意象,才能最真切地体味到"儒"之"柔"。柔是"水"最为突出的特性。在中国文化中,以水喻道是有其古老传统的。譬如,老子说"上善若水",他还说"弱者道之用",此所谓"弱者"指的就是水的柔弱。他又说"水善利万物而不争",就是说,水善于滋养万物而从不争夺,水中因此蕴含着大道理。管子就认为:"水者何也? 万物之本原也。"如此等等,不一而足。我们知道,水是不定形的,它被放进怎样的容器中就成为什么样子的形状,但正因为没有一种固定不变的形状,所以才能变成一切可能的形状,这正是"道"的品格。更为重要的是,它以隐喻和象征的方式,透露出中国文化的传统性格。以水来比喻道的高明之处在于,它的意义是双关的:一方面确立了存在论的基本意象,让人们能够由此及彼地去领会"道"的深刻内涵;另一方面又奠定了道德论的基本取向,借助于水的"至柔"性格来凸显道德的品性。

应该说,中国传统文化所采取的等待姿态,与儒家固有的"柔"的性格之间,是有极深的渊源关系的,它在很大程度上影响着中国人同自然界、同他人打交道的方式。

在这里,不妨比较一下古典技术同现代技术在文化性格和文化取向上的分野,我们从中可以更深切地体会出中国古代文化的柔性特点。这种文化取向塑造出来的古典技术,不具有征服自然界的进攻性和侵略性。例如我国古代伟大的水利工程都江堰,就是采取因势利导、巧夺天工的办法,而不是采取逆自然而行的办法,使大自然为人类造福。它可以涝排洪、旱蓄水,通过自然而然的方式来对水加以调节。

材料4

近日,"秋水长天 水美中国"采访团调研了G市的水生态文明建设情况。记者经过走访发现,G市某些区县的"水生态十扶贫"模式,对欠发达地区在保持青山绿水的同时大力推进脱贫工作,具有很强的借鉴意义。

G市以山地、丘陵为主,占总面积的80.98%。全市溪水密布,河流纵横。G江是G市最大的河流,其在市内各地又分布有一级支流两条,二级支流十条。资料显示,20世纪

80 年代,G 市所辖的三区十四县水土流失面积达到 28.37%。经过 30 多年的治理,部分地区的生态环境有了明显改善,基本实现了从穷山恶水到青山绿水的转变。

周大姐五年前从上河县城回到了园村老家经营农家乐,记者沿河查看水草长势时,她正在岸边洗菜,竹篮里盛满了自家地里产的水灵灵的白萝卜。

"在县城打工时听说家里的河治好了,还建了漂流项目,就回来开个农家乐,现在每年能挣十多万,比打工好多了。"周大姐的脸上带着笑意。

石县大畲村村主任张某更是直言,"治理前这里就是穷山恶水,治理后可以种莲、种烟、种水稻,还能发展旅游业。"

大畲村的"南庐屋"始建于清朝乾隆年间,历经风雨仍巍然屹立,现在还有人居住,是游客体验客家民俗文化的好去处。

在"南庐屋"旁的一棵大树下,几位村民正坐在石凳上聊天,村里的年轻姑娘文文解答了记者关于为何新房子没人住的疑惑,"这是村里统一规划,我们出钱盖的,建好时间不长,有些人家还在装修呢。"

当记者到达宁县还安小流域时,县水保局副局长符某站在种满了脐橙的山坡上介绍了小流域治理的诀窍:山顶戴帽涵养水源,山腰开垦梯田种果,山窝挖塘筑库养鱼和供水抗旱。

据悉,在小流域治理过程中,宁县坚持把水土流失治理和现代农业发展结合起来,把小流域治理同水保科技示范园建设结合起来,按照"整体规划、分步实施、多业并举、滚动发展"的思路,通过项目资金扶持,引导治理大户——绿森现代农业生态科技开发有限公司,租用了 1500 多公顷水土流失山地。

绿森公司的现场管理人员赖某,退休后来扶贫点工作,带领乡亲们在保持水土的同时增加收入,黝黑的脸庞见证了这位老人对种植脐橙的热爱。

下山时记者遇到骑着摩托车上山干活的李大哥,他是绿森公司的雇工,年近六旬。他描述了自己的收入情况,"60 到 80 块钱一天,每个月能干 15 到 20 天。将山地租给绿森公司的农户,5 年后还能分到每亩两成的利润。"

"年纪大了,在外面打工挺难的,现在的收入已经很不错了。"李大哥对家门口的工作显得很满意。

石县水土保持科普示范园所在的地方曾经林草稀疏,农田水利设施简陋,土壤贫瘠,沙土流失严重,生态环境脆弱。示范园项目启动后,通过工程措施与生物措施、农业耕作措施相结合,治山与治水相结合,坡面治理与沟壑治理相结合,建成了"名、优、特、新"的经济果木林,实现了生态和经济效益的有机统一。

示范园于 2014 年 10 月启动建设,吸引了大量民间资本及广大群众参与水土流失治理。在建设过程中,采取了政府主导、部门配合、统一规划设计的方式,将示范园区建设与生态旅游有机结合,使水土资源得到了最大程度的保护性开发。

鸿达生态农业开发有限公司参与了这一园区的建设。公司负责人黄某已经投资了约两千万。他告诉记者:"自己投资一部分,政府配套一部分。"

黄某在深圳有家贸易公司,生意不错。"本来就是想回家开个农家乐试一试,没想到政府这么重视,就留下来了。"在忙着让记者品尝园区产的葡萄时,他眼神坚定地讲了下一步的打算,"把水留住,把山治好,让乡亲们过上好日子。"

G市水保局局长对黄某的自学能力赞不绝口:"他办公室里讲水保的书比我还多呢。"

"民营水保大户雇当地的农民参与治理和开发,群众可直接获得和外出务工一样的报酬,也进一步推动了水土流失治理工作。"石县水保局的王某这样解释"水生态+扶贫"的好处。

小陈就是回乡的外出务工人员,在鸿达公司一个月的收入有4000多元。"以前在广东打工,离家太远,现在可以骑摩托车上班,还可以照顾到家里。"

"脐橙飘香,水保先行"就是生态优先和民生优先并重的鲜活案例,是水土流失地区百姓对水生态文明建设的充分肯定,也是"水生态+扶贫"模式开花结果的生动写照。

材料5

《易经》是中国最早的哲学著作之一。易者变也,易经主旨是万物皆变。水变化多端:水无定形,随境而适;水有三态,常温为水,低温结冰,高温化气,云雨雾露霜雪雹皆水之不同形式。水无处不在:土壤中含水,岩石中有结晶水,植物从根到叶皆含水,动物从头到脚皆含水,人体含水量高达60%以上。无处不在的水千变万化,我们的祖先可能首先从水的变化中悟出万物皆变,这成为千古不易之哲理。

水的形态千变万化,其结构却非常简单。水分子由一个氧原子和两个氢原子构成,是自然界最简单的化合物之一。这阐明一条重要的哲理:宇宙万物千变万化,万变不离其宗,复杂源自于简单。古今中外伟大的哲学家和科学家均深谙此理。老子曰:"道生一,一生二,二生三,三生万物。"爱因斯坦说:"更简单的理论,涵盖更多不同内容,具有更广阔的应用,这才是更令人信服的理论。"皆此之谓也。

孔子曰:"智者乐水,仁者乐山;智者动,仁者静。"师从善动之水可以益智,这种"智者乐水"和"智者动"的说法很容易获得认同。不过,仁者也是乐水的。海纳百川,水与仁者均具有包容性,此其一。孔子曰:"仁者人也。"仁者普济众人,水惠及一切生物。每逢大旱,禾苗枯焦,赤地千里,一场甘霖普济众生,此其二。孔子还提倡中庸之道,主张凡事不可走极端。水适度有益,过多则成灾;正如父母关爱子女有利其健康成长,溺爱则反害之。《论语》说:"过犹不及。"此乃至理,水的哲学岂能例外?回顾生物进化史,从一个共同祖先不断分化出各种物种,水在每个环节都起到关键作用。对生物起源目前尚无定论,陆地起源说、深海起源说、宇宙起源说……众说纷呈,有待验证。但无论何种起源都离不开水。水是一切生物所必需,无水则无生物。水孕育出一切生物,此乃至仁大爱。明乎此理,仁者怎能不乐水?仁者智者携手悠游于山水之间,既乐山又乐水,仁智兼备相得益彰。

材料1,1925字,讲某市围绕水系建设,针对随之出现的问题逐一采取措施,如绿化、亮化、交通、执法、安全体系建设等;材料2,1685字,主要内容为某代表团团长对英法两国水系建设情况的记录。从这些国家的水事法律法规、水资源的管理、湿地保护、城市规划、创新理念、合作层次、经费来源、监督检测等方面进行了阐述;材料3,1087字,讲述"儒"之"柔"与水之"柔"的内在联系;材料4,1663字。从记者的视野,多角度讲述水生态在扶贫中所起的重要作用;材料5,753字。从古今中外的哲学家的论说中,引出水的性象与水中所蕴含的哲学道理。从以上材料可见,每个给定材料虽然具体内容五花八门,但主题都是围绕着"水"展开的。

（三）作答要求

作答要求是根据给定材料，提出的具体答题要求。答题者要认真阅读作答要求，写出相应答案。

二、申论考试要求

（一）考查能力

申论考试是对考生综合能力的测评。省级以上（含副省级）综合管理类职位申论考试和市（地）级以下职位申论考试要求考生具备以下能力。

（1）对于省级以上（含副省级）综合管理类职位，申论考试主要测查报考者的阅读理解能力、综合分析能力、提出和解决问题能力、文字表达能力。

① 阅读理解能力——要求全面把握给定材料的内容，准确理解给定材料的含义，准确提炼事实所包含的观点，并揭示所反映的本质问题。

② 综合分析能力——要求对给定材料的全部或部分的内容、观点或问题进行分析和归纳，多角度地思考材料内容，做出合理的推断或评价。

③ 提出和解决问题能力——要求借助自身的实践经验或生活体验，在对给定材料理解分析的基础上，发现和界定问题，做出评估或权衡，提出解决问题的方案或措施。

④ 文字表达能力——要求熟练使用指定的语种，运用说明、陈述、议论等方式，准确规范、简明畅达地表述思想观点。

（2）对于市（地）级以下职位，申论考试主要测查报考者的阅读理解能力、贯彻执行能力、解决问题能力和文字表达能力。

① 阅读理解能力——要求能够理解给定材料的主要内容，把握给定材料各部分之间的关系，对给定资料所涉及的观点、事实做出恰当的解释。

② 贯彻执行能力——要求能够准确理解工作目标和组织意图，遵循依法行政的原则，根据客观实际情况，及时有效地完成任务。

③ 解决问题能力——要求运用自身已有的知识经验，对具体问题做出正确的分析判断，提出切实可行的措施或办法。

④ 文字表达能力——要求熟练使用指定的语种，对事件、观点进行准确合理的说明、陈述或阐释。①

（二）注意事项

申论常见的写作问题有：结构编排不合理，行文层次划分以及衔接不够紧凑；思考问题角度单一，对给定材料不得要领，行文缺少理论支撑；语言表达不能够凸显行政文书严谨、规范的基本要求，偏于一般性的评论等。因此，作答过程中，考生应做到以下方面。

（1）宏观微观相结合。纵使给定材料纷繁复杂，但实则存在内在联系，要善于从宏观把握材料，发现其相通之处，从微观开始阐述。

（2）广度深度相交替。要多角度分析问题，深入挖掘表面现象里的实质和问题的核心。

---

① 考查能力项目依据《中央机关及其直属机构 2017 年度考试录用公务员公共科目考试大纲》。

（3）布局谋篇科学合理。下笔之前要设定好文章框架，使文章结构言之有序。

（4）思维缜密，思路清晰。在拟好的文章框架下，保持清晰的思路，要体现申论的缜密性特点。

（5）层次分明，观点明确。切勿将申论写成散式的文章，观点必须明确，爱憎分明，不可模棱两可，含混不清。

（6）表述客观，严谨凝练。要客观评价，用词要求严谨、凝练。

（7）意见中肯可行。文章中提出的意见和建议在现实生活中要具有可行性，并能体现考生的远见卓识，而不是天马行空式的畅想与不切实际的空想。

第二节　申论写作步骤

申论写作，考生应做到以下几点：一是必须具有较强的政策理论依据，符合大政方针、政策和法律法规，应认真学习国家基本政策理论，提高政策理论水平，要站对立场，才能保证分析问题的方向和解决问题的办法是切实可行的；二是提出的解决办法必须符合实际、符合党政机关工作规律，要符合科学发展观及和谐社会建设，要有针对性地在调查研究的基础上解决问题，明确指导思想，实事求是；三是文章结构必须规范，语言必须准确、严谨、鲜明、简练。文章应开门见山、重点突出、条理清晰，文字要精练、简明扼要。

一、阅读理解

快速而有效地阅读给定材料，确定文章立意是申论写作的前提。快速阅读可以节省出更多的时间用于写作；而有效地阅读指边读边概括文章内容和主旨，分析各个材料之间的内在联系，思考作文立意。要抓住材料中的以下两个要素。

（一）找准题干关键词

通过题干中的关键词，得到有效信息，一般情况下考生要抓住原因、影响、对策关键词，通过关键词分析得到文章的立意。如"中国在能够输出价值观之前，是不会成为一个真正的大国的"。通过关键词分析会发现，价值观输出是成为大国的基础，因此就可以得到文章立意，即输出价值观，实现大国梦。

（二）分析题干逻辑关系

题干中句子一般存在因果、并列、递进等关系，通过逻辑关系梳理得到文章立意。如根据"我们或许应该如作家米兰·昆德拉所言，要'慢下来'，因为自在有为的生活是急不得的"一段话，写一篇文章。题干中有因果关系出现，从而得到立意，"慢下来享受自在有为的生活"或"自在有为的生活需慢下来"。

二、拟定标题

在申论阅卷过程中，阅卷老师首先评判的就是文章标题，可以说标题拟定得成功与否直接决定阅卷老师对试卷的宏观印象，因此，如果不是给定标题，那么拟出一个符合要求又高质量的标题对于考生来讲至关重要。

（一）标题拟定要求

（1）准确。标题写作要准确,准确有两层含义,一是符合材料所表达的真实意思,即符合文章的立意。二是符合主流价值观,符合国家大政方针政策。

（2）明确。标题必须是明确的观点,"海洋的开发与保护""论海洋的开发与保护"等都不是明确的观点,而"海洋的开发和保护要兼顾"就可以。

（3）新颖。标题是阅卷老师看的第一个部分,要写的有特色,可以运用比喻、对仗、引言。

（二）标题的写法

第一种是"主题+对策、观念、理念",即标题由两个部分构成,前一部分为主题词,后一部分为实现主题词应采取的对策、观念及理念。例如,"实干兴邦圆梦中国""破解官员形象危机需要转变工作作风"。

第二种写法是"主题+意义、作用、目的",即前一部分为主题词,后一部分为主题词实现的意义、作用、目的等。例如,"破解官员形象危机提升政府公信力""爱岗敬业扬起职业道德新风范"。

（三）标题优化

学会标题的常规写法只是第一步,在此基础上,还需要对标题进行优化,可以运用引言法和对仗法。

（1）引言法。引言法主要分成两个部分:一个主标题,一个副标题,主标题为引言部分,可引用的内容为名言警句、诗词、经典歌词、电影名称以及一些俗语,副标题为文章的立意或者总论点。例如:

① 总论点为"幸福中始终充满着缺陷",标题可优化为:"金无足赤,人无完人——幸福始终充满缺陷"或者"人有悲欢离合,月有阴晴圆缺——幸福始终充满缺陷"。

② 总论点为"好政策的价值标准为满足公民的意愿、滋养公民的理性和德行",标题可优化为:"民愿 民智 民德——论好政策的价值追求"。

③ 总论点为"解决金融危机,信心比金钱更重要",标题可优化为"寒冬已至春不远——破解金融危机信心比黄金更重要"。

（2）对仗法。对仗法主要是将标题的两个部分语言进行优化,使两边的短句结构相同（常用的结构为动宾结构）,字数相等。例如:

① 总论点为"好政策的价值标准为满足公民的意愿、滋养公民的理性和德行",优化为"良好政策理德同行"。

② 总论点为"经济的增长能够促进经济的发展",优化为"推动消费增长,助力经济腾飞"。

对仗结构常用的动词有:推进、推动、实现、拉动、促进、助推等。

三、巧妙开篇

开篇也叫开头,是写作的难点之一,精彩的开篇相当于文章的点睛之笔。因此,开篇对于文章至关重要。

（一）开篇点题，提出论点

紧扣给定材料，用一段话开门见山、简明扼要地提出自己的观点。给定材料中的问题都有明显的倾向性，阅读理解时要明白主要问题是什么，对策要合理可行，论点一定要明确。

（二）开篇结构科学合理

开篇结构一般有三层：第一层，交代事件。根据材料，首先提出某年某月某日在某地发生了某事件或出现了某种现象；第二层，提出对事件或现象的观点和看法，揭示主题；第三层，谈事件或现象的影响。为了让开头更有气势、更加凝练，可采用排比句、递进关系连词或成语。

（三）开篇注意事项

（1）开篇过于简单，没有引用和过渡，直接提出想要表达的观点。

（2）不能很好地针对材料中出现的问题提出对策，而且不能恰当地提出所要表达的观点。

（3）开篇过于空泛，没有实质内容，存在形式主义。

（4）简单或直接引用给定材料中的事件或现象，缺乏总结概括能力。

【例文 16-1】

给定材料罗列了解决我国农村农民问题的多种意见，其中反映了两种不同思路。请你以《评解决我国农村农民问题的两种思路》为题，写一篇 800～1000 字的文章。

长期以来，农村农民问题一直是我国社会主义现代化进程中的老大难问题。由于农村的长期落后，农村自身的各种建设搞不上去，无数的农民至今仍然在物质贫困和精神贫困中挣扎。显然，这一问题已经成为影响我国社会全面发展的巨大阻力。在当今经济市场化、社会法治化的形势下，这一问题显得更为突出、更为严重。它不但关系到农村、农民的前途和命运，更关系到整个国家的发展大计。（开篇）

（资料来源：《申论写作研究》，运丽君编著，南开大学出版社 2014 版）

【简析】 该例文开篇层层递进，分析深入透彻，为下文提出解决思路做铺垫。首先，开篇就提出："农村农民问题一直是我国社会主义现代化进程中的老大难问题。"紧接着从农村农民自身情况与社会环境两个方面进行了深入分析：农村农民自身情况方面，农村落后、建设搞不上去，农民的物质与精神贫乏；社会环境方面，随着经济市场化和社会法治化完善，城乡差距拉大，使农村农民的问题更加突出。结束语强调解决的必要性，农村农民问题"不但关系到农村、农民的前途和命运，更关系到整个国家的发展大计"。

【例文 16-2】

请结合给定材料，以"民生之依"为题，写一篇议论文。

"悠悠万事，民生为重；政之所兴，在顺民心"。民生问题，是关乎个人、国家和社会的大问题，而社会保障则是这个大问题中的关键一环。社会保障是民生之基、民生之依，直接关系到人民群众的切实利益，是百姓生存、发展的重要保证，影响着社会稳定发展的大局。（开篇）

（资料来源：《申论写作研究》，运丽君编著，南开大学出版社 2014 版）

【简析】 该例文开篇引用名言,论证民生的重要性,随后直接提出"社会保障是民生的关键一环",对题干"民生之依"的问题进行回答,对社会保障的作用和意义进行阐述。

四、撰写主体

申论考生依据对现实生活的观察和认识,提炼所要表达的观点,再依据中心观点的需要,从现实生活中选取一些典型材料,形成文章的主体。这个过程实则论证的过程。申论文章主体要求是观点突出、论述充分、条例清晰、结构匀称。文章的主体结构一般采用并列式和递进式。

(一)主体写作技巧

(1)段首体现主旨句。段首体现主旨句能够使段落内容一目了然,突出想要表达的观点。

(2)段落主旨句要整齐划一。每段主旨句应使用相同句式或者结构相同的句子,这样可使每段的段首句在形式上整齐一致。

(3)段落主旨句要紧扣材料与文章中心观点。文章在开头提出要表达的主体内容或中心论点,各段落主旨句都应该与之相呼应,同时起支撑作用;段落的主旨句应避免概括过大或者过虚。

(4)主旨句不宜过多。对给定材料理解不深、概括提炼不到位,只提出主旨句或者观点句,会使段落中出现过多主旨句,必然影响文章最终效果。如2012年深圳公务员申论文章:

推进社会管理 引导公众参与

当前,我国处于社会转型期,同时也是各种矛盾凸显期,加之信息传播速度惊人发展,容易引发社会突发性群体事件,这对于社会经济稳定发展极为不利。为此,如何推进社会管理工作成为当前各级政府的重要工作。社会管理,很多人理解为是政府的事,与公众无关。……因此,社会管理需要、也必须充分调动公众参与社会管理,形成政府与公众上下联动,才能使社会更加稳定、和谐。(中心论点)

推进社会管理,必须调动公众参与的积极性。(主旨句)……展开论述

推进社会管理,要形成良好的制度机制。(主旨句)……展开论述

推进社会管理,需要全社会形成良好的社会氛围。(主旨句)……展开论述

(二)论证技巧

分析事件或现象,指出其影响之后,要在主体部分对自己的观点进行论证,以证明论点是正确的,是有依据的。这就需要有充分的论据,论据包括事例论据和理论论据,事例论据是指举一些实例,包括历史故事、名人逸事、现实社会中的各类事件和现象等;理论论据可以是一些著名理论、名人名言。进行论证时,语气要肯定,不要持模棱两可的态度,不要出现"可能""如果"等词语。

【例文16-3】

网络直播应成为价值出口

网络直播虽是风口,也需规范。继2016年11月,国家网信办发布《互联网直播服务管

理规定》之后，一些地方立法也开始跟上。不久前，江苏省人大常委会审议广播电视管理条例(草案)拟规定，禁止无证平台发布节目，从而以法治手段给网络直播"上规矩"。

一台计算机、一个账号就能搭成一个直播间，便捷的生产方式下，网络直播圆了很多草根的明星梦。然而在一片红火之下，网络直播乱象频发也颇遭诟病。前不久，国家新闻出版广电总局叫停新浪微博、AcFun、凤凰网等网站的视听节目服务，引起关注。最近又有媒体报道，一些直播平台上用户信息被泄露，网络主播随意拨打粉丝提供的手机号，进行调侃或飙脏话，以此吸睛，引起舆论哗然。一段时间以来，网络直播中涉黄涉暴、内容低俗化等不时成为热点，正说明了规范的必要性。(提示：列举网络直播存在的问题)

直播平台需要摆脱野蛮生长，已经成为各方共识。(提示：主旨句)《互联网直播服务管理规定》要求对直播实施分级分类管理，建立互联网直播发布者信用等级管理体系，采取"主播实名制登记""黑名单制度"等措施，正是对症下药之举。(提示：网络直播对策积累)此次江苏省拟进一步规范网络直播，比如考虑到国家立法层面尚未规范公共视听载体，仅有相关规范性文件规定，在实践中监管缺乏有力法律依据的情况，草案拟结合当地实际规定，县级以上广播电视行政部门对本行政区域内的公共视听载体播放广播电视节目实施监督管理，从而在地方立法层面完善了相关制度，不让不法行为有机可乘。

当前，网络直播正在从"颜值直播"向"价值直播"转型，平台淘汰期也为时不远，直播行业应该把握这个风口。(提示：主旨句、对策)据中国互联网络信息中心发布的第四十次《中国互联网络发展状况统计报告》显示，以秀场直播和游戏直播为核心的网络直播业务保持了蓬勃发展趋势，运营正规化和内容精品化是当前发展的主要方向。2016年年底，白发教授直播数学课受到追捧，有网友为听直播授课放弃游戏，称相见恨晚。(提示：事例论证)事实上，专业知识需求、信息传播不只是直播界的清流，也是任何时代的刚需。靠拼颜值、秀下限、打法律擦边球的眼球经济，即便一时喧哗，最终也会被时代所淘汰。

传递文化和价值，网络直播大有可为。(提示：主旨句、对策)不久前，一些网络直播团队前往非遗文化发源地，走访非遗技艺传承人，向网友展示了南京云锦、龙泉青瓷、古琴艺术等多项世界级非遗项目，直播覆盖观看人数近3000万。(提示：事例论证)其中，在对中国陶瓷工艺大师陈坛根的直播中还赶上了瓷器开窑，清脆的瓷片开裂声宛如穿越千年的文化之音，与现代人隔空对话。让"高大上"的文化火起来，活在社会公众身边，网络直播让人感受到了另一种正向力量。

规范方能更红火。(提示：主旨句、对策)让价值内容成为网络直播的风向标，还需要规范和监管发力。江苏等地的地方立法提示我们，当网络直播站在风口转向的节点，如何通过科学立法予以引导，仍然考验着规则制定者。各方立足实际情况，因地制宜，确立规则体系和监管制度，才能在抓住互联网创新契机的同时，做到规范引导，使网络直播成为主流价值和时代精神的出口。

(资料来源：国家公务员考试网)

【简析】 该例文通过江苏省发布的规定，引出话题——网络直播需要规范。作者列举了网络直播存在的问题，验证了直播规范的重要性。通过白发教授直播数学课、网络直播团队走访非遗技艺传承人等事例告诉我们，网络直播只有把握风口，运营正规化，传递文化和价值,才大有可为。价值内容是网络直播的风向标,需要及时规范和监管,因地制宜,才能让网络直播成为主流价值和时代精神的出口。

五、结尾

结尾与开头同样重要,也是文章的重要组成部分,好的结尾能够更加突出文章主题、增强文章感染力。结尾作用有两点:一是概括全文,在恰当时机结束文章,既不是虎头蛇尾,也不是画蛇添足,做到完整表达文章主旨;二是发人深省。文章结尾应做到高度凝练,同时拔高主题,令人回味。

申论文章的结尾主要有以下几种形式。

(1)无结尾形式。在行文上把所有的表达内容表达完毕时,无论是语言还是内容已经无话可说,是一种自然结束,所以是没有任何形式的结尾方式。

(2)照应文章标题。在结尾时与标题所反映的主题相呼应,以起到在最后进一步突出主题的作用。

如以下文章结尾:

2012年深圳公务员考试《申论》第三题请就"政府工作与公众参与"这个话题,自拟题目,写一篇议论文。要求观点明确,论据结合,条例清晰,语言流畅,字数 800~1200 字。(50分)

推进社会管理　　引导公众参与

胡锦涛同志指出,要支持人民团体参与社会管理和公共服务,发挥群众参与社会管理的基础作用。社会管理事关一个国家的稳定和发展,每个人都积极参与进来,群策群力才能把社会管理好,从而使社会更加和谐、稳定。(尾段)

(3)照应文章的开头。有的申论文章在标题中没有点明观点或主题,但是开头段落中明确提出。此类文章就需要在结尾部分与开头形成相照应的关系,以起到再次阐述说明或者强调观点的作用。

【例文 16-4】

政策保护与科技进步并重　　提高粮食生产能力

党的十七届三中全会把推进农村改革发展、保障粮食安全作为 2020 年前一项重大战略任务,胡锦涛总书记在河南、安徽考察农村工作,也一再强调了保障粮食安全的重要意义。自古以来,仓廪实、衣食足则天下安,否则天下必然不会太平。我国要建设和谐社会,要统筹城乡发展,要实现全体人民共同富裕,就要从根本上改善粮食安全,坚持政策保护与科技进步并重提高粮食生产能力。(首段)

……

粮食安全事关我国经济发展、社会稳定和国家自立的全局,保障粮食安全,对实现全面建设小康社会的目标、构建社会主义和谐社会和推进社会主义新农村建设具有十分重要的意义。最近一些国家出现的粮食危机再次提醒我们,对粮食问题决不可掉以轻心。只要我们把中央和国务院的有关方针政策落到实处,把政策扶持同科技支撑结合起来,就能确保

人民群众的粮食需求,就能确保国家的粮食安全,在国际竞争中占据主动位置。(尾段)

(资料来源:《申论写作研究》,运丽君编著,南开大学出版社 2014 版)

【简析】 该例文开头结合十七届三中全会与胡锦涛总书记在河南等省考察讲话的背景,提出了推进农村改革发展与保障粮食生产安全的战略任务,这与中央精神相符合,也准确地概括了全文的中心论题,并与对胡锦涛总书记讲话深入思考的立意要求紧紧相扣,把保障粮食安全提高到了贯彻党中央的决策部署的高度,充分体现出对材料的理解能力。在文章中指出保障粮食安全的重大意义,同时把三中全会有关的部署与胡锦涛总书记讲话内容整合为一条对策坚持政策保护和科技进步并重,提高粮食生产能力,概括目标是保障国家的粮食安全,归纳的途径是提高粮食生产,两条对策是政策保护、科技进步,较好体现了题意。

在文章结尾使用的反例是国际粮食危机,进一步突出保障粮食安全的意义,观点提升到提高国家竞争力和在国际竞争中抢占有利位置的高度,实现了紧密扣题并与开头互相呼应。

【例文 16-5】

守卫精神的火种

有一种光华,笼罩着中华民族的精神家园;有一种火苗,跃动在民族灵魂的奥林匹克山上;有一种烈焰,温暖了绵远的文明情思,那就是友善!(首段)

……

我们不能因为屡受伤害就失去与丑恶斗争的信心,因为我们需要守卫我们的精神火种——友善!(尾段)

(资料来源:国家公务员考试网)

【简析】 该例文开头提出了论点,并快速入题,在结尾再次提出,形成与开头相互呼应的结尾形式,突出论证的力度。

(4)概括总结全文。这是指结尾对全文进行归纳概括总结,概括内容要准确无误,文字要简洁明了。例如:

变"虚功"为"实做" 推动公民道德建设

道德是一个民族的境界,道德是社会和谐的基石。青县,一个只有 40 万人口、名不见经传的北方小县,却在公民道德建设方面做出如此大的成绩,涌现出大批道德模范,主要源于青县一直把公民道德建设摆到与经济建设同等重要的位置来抓,持之以恒予以重视,使得道德建设更好地变虚为实,通过建机制、强组织、抓载体、浓氛围,弘扬了正气,形成了倡善崇德的良好局面。

公民道德建设是一个地区发展与幸福的基础,加强公民道德建设,是增强文化软实力的客观要求,是科学发展、社会和谐的现实需要。青县的道德建设经验表明,社会和谐与否,很大程度上取决于社会环境、社会风气的好坏。良好的社会风气影响着投资环境,同时也对经济的发展产生间接性的影响。道德建设看似很"虚"不好量化,有一定的原因所在。从公民思想道德建设本身来看,道德建设内容"看不见""摸不着",很难从具体方面进行细致把握。从抓公民道德建设的行动上来讲,我们以往活动中一度出现过"假、大、空",说做不一的表面文章,且不能一贯坚持,常前紧后松。因此,唯有将公民道德建设落到实处,变"虚功"为"实做",才能营造好环境、引导好发展,促进道德与经济建设相互借力的良性循环。

推动公民道德建设,要崇尚内容之实。要将公民道德建设的内容做实,意指使之具有具体、形象、生动的特点,不能束之高阁、无限上纲。要倡善行,崇好人,从群众易于接受的领域突破,让人人知好人,才有助于学好人、做好人。可以开展如"孝敬模范""教子模范"等评选活动,通过推选各个领域的道德模范,将公民道德建设内容变得更为丰富实在。

推动公民道德建设,要解决形式之实。公民道德建设不能搞形式主义,否则活动便丧失了其真正的意义。学雷锋、积善行,做好人、行善举,不止于感动,而需要付诸实实在在的行动,需要更多人的参与,需要更广泛的社会覆盖面。要搭平台建载体,激发更多的人行善从善,力求以群众喜闻乐见、简便易行、恰如其分的方式达到思想道德建设的目的。可以开设专题栏目,对道德模范及其事迹进行表彰宣传;可对道德模范进行物质奖励及针对部分困难道德模范家庭开展帮扶救助活动,将建设形式落实到位。

推动公民道德建设,要解决制度之实。制度不保,道德难建。健全的体制机制对公民道德建设的发展有着重要的保障作用。要建机制明责任,不断强化对公民道德建设工作的领导和部署,坚持把公民道德建设作为一项基础性、根本性工作,纳入经济社会发展全局,和其他工作一起部署考核,常抓不懈。可结合实际制定道德规范标准,完善党政机关道德规范,并将其作为评价和使用干部的重要依据。

公民道德建设是软实力,软实力也是硬道理。青县的经验用事实证明市场经济社会同样可以形成良好的道德风尚。公民道德建设是一项复杂的社会系统工程,要想变"虚功"为"实做",既要靠教育,也要靠制度。将公民道德建设的内容、形式和制度落实到位,才能使公民道德建设在建立社会主义市场经济的过程中不断得到完善和巩固,使全体公民的道德水平在实践中不断得到提高,为全面推进建设有中国特色社会主义事业提供强大、持久的精神动力。(提示:结尾概括总结全文)

（资料来源:《申论写作研究》,运丽君编著,南开大学出版社 2014 版）

（5）深化主题。这是指在结尾时对题目或者指定的范围、依据的理解语句进一步加以发挥或强调,使结尾与文章一脉相承,结构紧凑,起到深化主题的作用。如以下文章结尾。

2012 年 4 月 21 日联考申论第三题:根据材料中"只有了解天空才能扎根大地,只有了解地球才能扎根地球,只有了解生命才能扎根生命",自拟命题写一篇 800～1000 字的文章。（50 分）

尊重与爱护,以生命的名义

只有了解天空才能扎根大地,只有了解地球才能扎根地球,只有了解生命才能扎根生命。生存的现实无奈给人类选择的艰难,但当这种选择与生命矛盾,我们更应该仰望天空,以高远的道义和良知去拥抱生命、敬畏生命、爱护生命,而不管这种生命是同类还是异类,

唯其如此，人类的生命才能在万物生命的生生不息中获得真正源源不断的动力，找到真正永恒存在的根基。（尾段）

（6）提出建议。这是指结尾时发出感召或期待，起到增强启发性和感染力的作用。如以下文章结尾：

环境——生存的希望

为了我们拥有的楼宇，为了我们正陶醉的霓虹，为了这历尽艰辛的人类文明，为了我们的未来，别再让自私的欲望充塞头脑了，重新面对我们的世界吧！用爱心去抚平大自然的创伤吧！因为只有青山常在、绿水长流，我们的生存才有希望。（尾段）

（7）引用名言。这是指在结尾中引用名言或者诗句，起到进一步强化主题，以加强文章说服力和感染力。如以下文章结尾：

人无德不立　国无德不兴
——大力加强道德建设促进社会和谐发展

康德曾说："世界上有两件东西能够深深地震撼人们的心灵，一件是我们心中崇高的道德准则，另一件是我们头顶上灿烂的星空。"相信随着公民道德建设的大力提倡，我国公民道德建设会取得长足的进步与发展，社会主义精神之花必将灿烂绽放，吾国必将长治久安。（尾段）

谈　合　作

古诗云："梅须逊雪三分白，雪却输梅一段香"。人贵有自知之明，扬长避短，善于和别人合作，才能创造出事业中的"雪中梅"来。（尾段）

结尾要避免以下几点：一是草率结尾。如果申论写作时间安排不合理，在阅读理解和文章前半部分占用了过多时间，那么受到时间限制，必然在结尾处草草收笔，使文章变得虎头蛇尾。二是照抄开头。有些考生在申论结尾处直接照抄开头，起不到深化主题或归纳总结的效果。三是头尾不符，即结尾离题，无法和开篇首尾呼应、贯通一气。

第三节　申论样卷解析

【样卷1】

一、背景材料

给定材料1：

张女士与丈夫都是独生子女，随着单独二胎政策的逐渐开放，他们在大女儿4岁的时候，又生一个儿子。新生儿的诞生将家人的注意力全部吸引了过来。

"邻居们有时候会逗孩子，'你妈妈会更爱小弟弟，不管你了怎么办？'"张女士说，每逢有邻居这样问,女儿就会眼巴巴地看着自己,表情非常可怜。她说,虽然知道邻居们只是逗孩子,没有恶意,但是听了还是不舒服,她更能理解女儿可怜的心情。

所以在坐月子的时候,尽管不能抱孩子,公公婆婆也不允许女儿到屋里来打扰妈妈,她还是坚持把门打开,每天吃饭的时候坚持让女儿和自己一起吃。"这样孩子心里会好受些。"张女士说,不然真的觉得会对大女儿造成非常大的伤害。她说,有时候别人说多了,女儿心里终归是会难过的。

张女士的担心并非杞人忧天,这些已经在她女儿甜甜的心理上产生了阴影。在弟弟的满月酒上,一位姨妈对甜甜说:"你妈妈有了弟弟,今后只爱你弟弟,不爱你了。"对于一个孩子来说,最恐惧的事情莫过于失去妈妈的爱了。一句"你妈妈只爱弟弟,不爱你了"对于孩子来说无异于是晴天霹雳。在此后的几个月内,这个疑问一直让甜甜纠结、恐惧和不安。似乎是恨这个小小的婴儿夺走了妈妈的爱,甜甜经常趁着大人不注意的时候打弟弟,到后来甚至发展到当着大人面就会无缘无故地打弟弟、掐弟弟。

给定材料 2:

小宇在江北区某中学读初一,因父母常年经商,家里经济条件非常好。从小宇上幼儿园起,父母就经常带他到世界各地去旅行,给小宇的零花钱也是其他同龄小孩的好几倍。不过让小宇父母引以为傲的是,儿子并没有因为自家有钱就显出强烈的优越感。

"小宇喜欢和小朋友玩耍,还常请小伙伴到家里来,和大家分享零食等,小区的许多小孩都爱和他玩。"据小宇的妈妈张女士介绍,但从小宇上了初一后,一切就变了。张女士说,小宇上初中后,依然像小时候那样常请班上的同学吃零食,从国外旅行回来也会给同学们带礼物。最初,同学们都很喜欢小宇,接受了他的好意。可慢慢的,大家对小宇的态度就变了。

"他们说悄悄话总是躲着我,下课玩的时候不喊我,放学也不和我一起走了,让我感到非常难过。"在儿童医院心理科,小宇小声地将自己的遭遇告诉心理专家梅其霞教授。

"这还不算什么,还有几个同学平时不理我儿子,背后还尽说我儿子的坏话!"怨气冲天的张女士说,那几个同学居然还经常硬要让儿子帮他们付钱买东西。

"我对他们那么好,真心把他们当朋友,我也不知道为什么他们那么不喜欢我。"提起同学,小宇的眼眶有些红了。他告诉记者,即使平时跟自己最要好的那几个同学,一转身却在其他同学处说自己的坏话。有的同学还四处说小宇钱多人傻,老是想炫耀自己有钱,最好骗。发展到现在,全班几乎所有同学都在排斥小宇,小宇每次去上学就觉得很痛苦,常把自己关在房间里茶饭不思。这让张女士和老公担心不已,于是带着孩子去医院寻求医生的帮助。

梅其霞教授说,要防治类似的校园"冷暴力",孩子的家长以及教育工作者应当密切关注孩子的心理变化,努力做到防患于未然。青少年也应培养阳光的心态,在遭遇校园"冷暴力"时,应及时向家长或教师反映,及时沟通解决。

给定材料:3

先看一下近期发生在校园里的一些情况。

(1) 西安"绿领巾"

西安市某实验小学开展了这样一个实验之举:给表现差的一年级学生佩戴绿领巾,表现好的学生佩戴红领巾。调皮、学习不好的学生就得戴绿领巾,老师要求上学、放学都不能解开,不然就在班上点名批评。

（2）包头"红校服"

内蒙古自治区包头市某中学,向初二、初三年级学习成绩前50名的学生发放红校服,而普通学生只能穿蓝色或白色校服。红校服背面,印有白色"包某中优秀生"的大字,下面还有"××房地产"的字样。

（3）枣庄"三色作业"

山东枣庄某中学根据学生成绩好坏,为学校部分班级的学生发放红、黄、绿三种颜色的作业本。绿本题目只有排在班级前30名的学生可以做,剩余学生只能做黄本和红本题。

（4）东莞"黑名单"

东莞市某中学被曝存在"黑名单"制度——学校把一些爱说话、很调皮的学生列入"黑名单",进入此名单的学生下学期将不能报名入学。

种种现象,让被归类为"差生"的学生自尊心很受伤。出乎意料的是,学校的解释还很统一:为了激励学生。

面对这些现象和解释,网友和专家纷纷站出来,表明自己的观点。

清华大学副教授蒋劲松:绿领巾戴在孩子的脖子上,是对一个年幼的孩子的公开羞辱,它告诉所有人,这是一个差生。学习成绩不是评判学生素质的唯一标准,就算评判无误,把评判结果公之于众,并以极其鲜明的方式固定强化,都涉嫌歧视和侮辱人格,"人为划分等级,不必要公开彰显等级、固化等级,这些做法都是对人的歧视。"

北京师范大学心理学院副教授林丹华:如果在成长过程中,不被同伴接纳,甚至被同伴嘲笑,这会造成心理上深层次的伤害,比扇一记耳光带来的负面作用更大。

21世纪教育研究院副院长熊丙奇:如果教师群体本身就存在各种心理问题,能避免他们在教学以及与学生的交往中出现各种非理性行为,甚至把学生作为自己负面情绪的出气筒吗?

欧伟强:此前坊间热议为何中国出不了乔布斯,有色教育正是一大毒瘤。人为把学生分成红黄蓝、优中差,非此即彼。殊不知创新的本质在于变,在于破坏性思维。给学生贴上标签就有了禁锢思想的可能性。

孙骏毅:孔子提倡"因材施教",绝不是把学生分成好与差,而是指针对不同对象实施其可以接受的教育。反观现在的教育者唯分数论、人格歧视,以陈规陋习管理现代教育;嘴上喊教改,十年无效果;相当一部分教师人格有缺陷,既缺乏教学新理念,又缺少行之有效的教学手段。

网友夏余才:在现实生活中,差生只能坐后排、靠边站的现象,可谓屡见不鲜。凡是有过"差生"经历的人,内心深处都曾有过"差生"的阴影。自卑、丧失信心、看低自己,等等,让他们一度很"屈辱"地活着。也正因为如此,一些"差生"要么自甘堕落,要么做过类似自残的过激行为。

一位网易网友的诗评颇有些意思:当年门下三千第,不分贵贱皆同窗……如今难觅寒门子,全靠父荫来衬帐,校园已非求学地,此间铜臭胜书香……一己无德难成患,一师无德满群殃……

给定材料4：

近日，由上海交通大学新媒体与社会研究中心、上海交通大学舆情研究实验室主办的《新媒体与社会》（第四辑）发布了《中国校园"冷暴力"的舆情研究及对策分析》报告（以下简称"报告"），报告指出，校园"冷暴力"的责任主体主要是教师，教师个人素质应引起重视。

近年来，以歧视学生，造成学生心理、精神伤害等行为为主要特征的校园"冷暴力"事件层出不穷，持续引发公众对教育公平、教育制度改革、师德师风建设等教育热点问题的关注。

报告通过对2008年至2012年国内发生的若干起校园"冷暴力"事件进行盘点总结发现，区别对待型事件最为普遍，如舆论影响较大的"绿领巾"事件、"红校服"事件、"三色作业本"事件等，占比约为36.84%；其次为孤立型事件，如全班隔离"问题学生""民主投票"被退学等，占比21.05%；此外，还有训斥打骂型、嘲讽挖苦型、威胁型、冷漠型等事件表现形式，对学生心理造成极坏影响。

报告认为，一味以升学考试为目标的应试教育制度主要是强调智力素质的发展，甚至把智力素质、分数高低当成评价学生的唯一标准，在这种社会压力下，大部分学校只注重考试分数、名次和升学率，抹杀了学生的个性和创造性思维，严重忽视了学生在道德品质、身心健康、审美情趣等方面的发展。

中国传统的"棍棒底下出孝子""不打不成器"等教育理念根深蒂固，部分教师缺乏对赏识教育、快乐教育等西方新型教育理念的学习与认知，容易在批评学生时做出伤害学生自尊心的歧视行为。

通过对校园"冷暴力"热点事件的统计发现，校园"冷暴力"的责任主体主要是教师，占有68.42%；其次是学校的责任，占有31.58%。报告认为，教师终身制度容易造成教师之间的不良竞争，并由此产生教师品行素质、教学教育能力的下降和师德修养的缺失。

给定材料5：

李先生的儿子涛涛（化名）学习成绩并不突出，但他每天都会蹦蹦跳跳地跑进学校，是因为他的画贴在了学校美术厅里……北京史家胡同小学的这个美术厅，未必展出了最好学生的最好作品，但这里给孩子的信心和对学校的憧憬是无法估量的。

"学校绝对不能成为孩子害怕的场所。给孩子公平的教育并不意味着给孩子同样的教育，必须尊重孩子的差异。孩子热爱绘画、热爱天文应该与热爱奥数和英语得到同样的肯定和鼓励。"王欢谈到了设立画展的初衷。

任何教育方式的前提都是爱护和尊重，正确的批评和惩戒能给孩子正面的激励。其实，绝大部分的"冷暴力"是老师和家长存在爱的心，却做出了错的事。"冷暴力"与正激励之间到底差什么？孙云晓和王欢举例说明如下。

比如，让每个做错事的孩子交错误分析书，写清楚错在哪？伤害了谁？为什么这样做？类似的做法能让孩子反思自己，认识自己，这样的做法是正激励；同样，如果一个孩子犯错，家长或者老师惩罚他抄写一百遍唐诗或者罚站一小时，这样的做法就是错误的惩戒，很可能引发孩子负面的情绪。

再如，某学校尝试将一门课程作业按照难易度分成三种，让孩子自主选择。孩子因为自尊心,开始都会选择最难的,但时间长了,他们会做出自我调整,哪怕孩子每次都选择做最容易的作业,只要他努力认真地完成,老师就应该给予同样的表扬和奖励,这样的做法就是正面的;反之,如果老师提前按照学生的成绩,将学生分成三种,让他们完成不同的作业,这样的做法就是"贴标签",就会挫伤孩子的自尊心,就是"冷暴力"。

给定材料6:

"要么忍,要么狠,要么滚。"这是许多职场人的生存法则。初入职场,大家都想快速与同事打成一片,交到新朋友,顺利开展工作,表现出彩,获得领导的认可。但真正进入职场后,不少职场人或多或少都会遭遇到职场"冷暴力"。

今年刚毕业的颖颖应聘到一家珠宝公司当文秘。为了尽快适应工作环境,性格温和的颖颖对待同事时刻笑脸相迎,热情相待,对于同事的求助,更是有求必应。"现在,大家都习惯性地让我帮忙买东西、交资料或者值班,即使这些事不是我分内的事。"颖颖苦恼地说,大家把自己当成了办公室里帮忙"跑腿"的最佳人选,虽然不情愿,但是为了维持良好的同事关系,只能选择强忍。

从事市场营销的刘先生在岗位上摸爬滚打了多年,终于在今年年初升到了总经理助理的位置。"现在,不论晚上还是周末,只要总经理有应酬,都得陪他去。"工作经验丰富的刘先生对于上司这样的安排自然心知肚明——上司说事你挡酒,这些陪客户吃饭的应酬就是变相加班加点。"以工作和争取业绩的名义要你牺牲自己的休息时间也没办法啊,因为你找不到更好拒绝上司的理由啊。"刘先生说,自己见多了得罪上司被"穿小鞋"、遭打压的例子,为了保持良好的上下级关系,也只能忍了。

良好的同事关系是顺利开展工作的前提。在职场工作中,大家都会为了保持良好的同事以及上下级关系,在工作中都会选择尽量做到和和气气。而不少人却也因这样的处世态度,一味接受,没有拒绝,进而琐事缠身。

去年毕业后,梓忻顺利进入某事业单位工作。"我在的单位部门只有我一个年轻人,刚刚大学毕业,其他同事大多都已经结婚生孩子了,由于较大的年龄差异,自己与同事之间的感情难以培养。"梓忻说。同事们经常谈论的话题莫过于:你家的孩子最近怎么样、和老公最近闹了点别扭……这些话题都让梓忻插不上嘴。作为新人,在日常工作和生活中,梓忻言语也十分谨慎,不敢与办公室的老同事们随意开玩笑……在她看来,同事们过去的社会经历以及现在关心的事情,都与她大不相同,自己实在很难走进他们的圈子,工作上难以形成默契。工作上遇到的烦心事找不到人倾诉,生活中遇到了困难也羞于向人开口,因此,梓忻经常因孤单和寂寞而情绪低落。上个月月底,梓忻狠下了心,递交了辞职信,重新寻找工作。

给定材料7:

近年来,"雷"人之语不绝于耳。山东某区主管文化的领导对记者扬言:"我是管文化的,你敢曝光,我就叫它关闭。"东北某县县长在召开棚户区改造动员大会上,告诫该县有的居民"不要以卵击石"。面对村民哭诉,有人竟告诉她,"一楼二楼别去,要去就去(跳)五楼。"

冷漠的态度、讥讽的语言、变相的恐吓……"雷人语录",虽然没有对群众造成肉体上的直接伤害,却严重地挫伤了群众的感情,辜负了群众的信任。从这个意义上说,个别干部的

"雷人语录"是伤害群众心灵和感情的"冷暴力",应该引起高度重视。

语言的"冷暴力",不是通过殴打等行为暴力解决问题,而是通过故意不理睬、讽刺或恫吓的方式,对他人进行精神上、心理上的伤害和侵犯。有人形容说,冷言冷语,是宗旨意识、责任意识的弱化,是对群众感情的践踏。如果任其发展,不但对公务人员的形象和威信产生负面影响,还可能破坏干群关系,激化社会矛盾。

有人认为,对群众"一没打、二没骂",既不犯法、又不违纪,"说两句过头话",没啥大不了的。也有人认为,个别人的"雷人语录",是一时"口误",没必要较真。可是,我们不能因为这样的冷言冷语没有触犯法纪,就忽视它的消极影响和破坏力。

"言为心声。"语言的背后是感情、是思想、是知识、是素质。"雷人语录"是表象,深层问题是党性意识淡薄,官僚作风严重。有的党员干部不重视群众,看不起群众,甚至视群众为"草民"。有的党员干部会上称官衔,会下称"老板",把自己当成凌驾于人民之上的"官老爷"。以"官老爷"的心态面对"草民",不傲慢、不冷漠才怪。

毛泽东同志曾批评党内一些干部对群众"不关心其痛痒,漠然置之"的倾向。他指出,见损害群众利益的行为不愤恨、不劝告、不制止、不解释,听之任之,是自由主义的表现,是一种腐蚀剂,是严重的恶劣倾向。胡锦涛同志曾尖锐地指出,有的干部"对群众呼声和疾苦置若罔闻,对关系群众生命安全这样的重大问题麻木不仁",要求党员干部提高宗旨意识、责任意识。

马克思主义执政党,最大的政治优势是密切联系群众,最大的危险是脱离群众。因此,对于伤害群众感情的语言"冷暴力",我们决不能听之任之,而要严肃对待,认真整改。

给定材料8:

不久前发生的乌鲁木齐持械袭警案以及湖南长沙街头砍杀事件,国内媒体在报道犯罪嫌疑人时都有意识地没有强调其民族身份。这表明我们的媒体工作正在变得成熟。

每次涉疆暴恐事件发生后,维吾尔族民众也都是直接的受害者。新疆百姓出新疆,需要经过更严格的安检,需要特殊个人信息上报,在打车、入住宾馆等方面都面临一些麻烦。我们知道这样做也很无奈,保障社会安全是政府的职责,也是民众的根本利益所在,但现实生活的种种遭遇,不可避免地会影响心情,可能会造成民族隔阂。

制造汉族和维吾尔族对立是暴恐分子的一大图谋。我们不能让他们得逞,不能将对极少数暴恐分子的仇恨转嫁到新疆籍群众身上。暴恐分子是全国人民共同的敌人,维吾尔族民众需要积极主动支持政府的反恐,其他各民族群众也应对维吾尔族民众的感受更多理解,尤其避免生活中给他们一种"冷暴力"。

全国政协主席俞正声2014年3月14日的讲话让不少维吾尔族群众深为感动,他指出,昆明"3·01"事件以后,有些地方把矛头对准了普通的维吾尔族群众,限制维吾尔族群众的人身自由,检查住所证件,甚至驱赶相关人员。这些都是违反民族政策的非常愚蠢的做法,正中了暴恐分子的下怀。这种简单化、粗暴化的做法,离间了民族关系,严重影响了民族团结,给暴恐分子以可乘之机。俞正声的讲话说明,恐怖袭击以后的"冷暴力",其危害不可小觑。

后来云南大理警方对要求维吾尔族生意人阿某限期离开表示歉意,阿某继续正常生活。长沙砍人事件中,警方对相关5名关系人及时解释还了他们清白。《环球时报》

近日召开在京维吾尔族人士座谈会并发表特别报道,反响很好,令很多人反思自己的日常表现。这是媒体主动去消除隔阂、真诚沟通的努力。这些都是破除"冷暴力"的良好开端。

二、作答要求

(1) 根据"给定材料1～5",归纳概括青少年遭受"冷暴力"的原因。(10分)

要求:全面准确,条理清晰。不超过200字。

(2)"给定材料3"中,林丹华说:"如果在成长过程中,不被同伴接纳,甚至被同伴嘲笑,这会造成心理上深层次的伤害,比扇一记耳光带来的负面作用更大。"请结合给定材料,谈谈你对这句话的理解。(10分)

要求:全面,简明;条理清晰;不拘泥于给定材料。不超过300字。

(3)"给定材料6"讲述了职场"冷暴力"的一些现象,为了解现在职场"冷暴力"现状,由你负责设计一份调查问卷,请设计出该问卷内容所应列出的主要问题。(20分)

要求:① 写出明确具体的设问;

② 设问应当分类并对每类中的每个设问标注序号;

③ 内容全面,用语得体;

④ 不超过400字。

(4)"给定材料8"中俞正声指出了暴恐事件后的冷暴力现象。为纠正部分民众的错误行为,弘扬民族团结,请你结合"给定材料8"写一份倡议书。(20分)

要求:① 不必注意格式,结合"给定材料8",但不拘泥于给定材料;

② 语言生动,有感染力;

③ 不超过500字。

三、参考答案

(一)(1)题答案提示

长辈:亲人对青少年进行无恶意的错误引导;父母缺乏对孩子权利的保护,将自身价值观强硬授予孩子而不注重方法。

同龄人:受社会不良风气影响,形成了错误的价值观和世界观;道德观偏颇。

学校:传统的教学方式和教育理念缺乏对学生自尊心的尊重和保护;教师品行素质、教育教学能力下降和师德素质缺失。

社会:唯分至上的应试教育制度,致使教育功利化。

受害者自身:缺乏平衡心态的能力;缺少求助意识。

(二)(2)题答案提示

这句话强调了"冷暴力"对青少年造成的心理伤害是十分严重的。

"冷暴力"会伤害学生自尊心,使其产生心理阴影,甚至由此引发暴力或过激行为;禁锢了学生的思维,抹杀了学生的个性和创造力;使学生缺乏对道德的评判能力,易导致畸形心理,丧失审美能力。

因此,为了青少年的身心健康,应采取以下措施。①健全法律建设和监督机制,对利用自身权威造成学生被孤立的教师进行严惩。②加强教师师德素质建设,优化教育手段,更新教育理念,维护职业道德。③教师应正确引导学生,树立正确的价值观和世界观,秉持团结友爱的思想。④学生应培养积极向上的心态,友善对待同学。⑤青少年应积极进行心态调整,主动寻求他人帮助。

（三）(3)题答案提示

一、个人资料

(1) 您的性别？

(2) 您的年龄？

(3) 您的工龄？

(4) 您的学历？

二、企业资料

(1) 您目前所属单位的性质？

(2) 您目前所属单位的员工学历构成？

(3) 您目前所属单位经常组织集体活动吗？您参加的频率？

三、人际方面

(1) 您对单位的上下级关系、同事之间的关系满意吗？

(2) 您遭遇过上级、同事的无视吗？

(3) 您在什么情况下受到了无视？

(4) 您的同事是否遭受过无视？

(5) 您是否遭遇过上级、同事的讥讽？频率如何？

(6) 您在什么情况下受到了讥讽？

(7) 如果单位员工全都不和一名员工说话,您会主动和他(她)说话吗？

(8) 就您自身,或您身边的现象来看,什么样性格的员工容易受到职场"冷暴力"？

(9) 就您自身,或您身边的现象来看,哪个年龄段的员工容易受到职场"冷暴力"？

(10) 就您自身,或您身边的现象来看,什么学历的员工容易受到职场"冷暴力"？

(11) 您是否考虑过离职？

四、心理方面

(1) 您是否因害怕被别人孤立而焦虑？焦虑程度如何？

(2) 如果遇到上述焦虑,您会求助于什么途径？

(3) 您是否有无论如何都无法融入公司氛围的想法？

（四）(4)题答案提示

倡 议 书

"五十六个民族,五十六枝花,五十六族兄弟姐妹是一家……"这首歌曲对每个中国人来说都耳熟能详,道出了各民族相亲相爱的场景。

近年来,随着几次牵涉到少数民族同胞的暴恐事件的发生,出现了限制某些少数民族群众人身自由、检查住所证件,甚至驱赶相关人员的现象,严重伤害了少数民族普通群众的感情。俞正声在 2014 年 3 月 14 日的讲话中更是称其为非常愚蠢的做法,是正中恐怖分子下怀的做法。

我们须清楚,恐怖分子只是极少数的人,可能出现在任何民族中,而支撑我们国家发展的是千千万万无辜的民众。但这些无辜民众在面临着恐怖威胁的同时,居然还要受到其他同胞的不解,甚至是冷言冷眼,这是让人无比心痛和悲哀的。

因此,我们在此发出倡议,拒绝恐怖袭击后的"冷暴力"行为:

一、停止一切破坏民族团结的行为。我们要分清恐怖分子和无辜民众的区别,用心关怀无辜民众。停止限制其人身自由、拒绝其居住生活等行为;不冷言冷语、不用有色眼镜看待少数民族群众,要平等对待所有同胞。

二、搭建保护平台。我们要用爱心搭建一个保护无辜民众心灵的平台,用一个善意的眼神、一句温暖的关怀、一个简单的帮助使无辜民众摆脱恐怖事件带来的震惊和悲伤。

相信通过我们每个人的努力,必能战胜恐怖分子,维护民族和谐。

(资料来源:公务员考试网——事业单位考试综合应用能力 A 类真题样卷及参考答案解析)

【样卷 2】

一、注意事项

(1)本题本由给定材料与作答要求两部分组成。考试时间为 180 分钟。其中,阅读给定材料参考时限为 50 分钟,作答参考时限为 130 分钟。

(2)请在题本、答题卡指定位置上用黑色字迹的钢笔或签字笔填写自己的姓名和准考证号,并用 2B 铅笔在准考证号对应的数字上填涂。

(3)请用黑色字迹的钢笔或签字笔在答题卡上指定的区域内作答,超出答题区域的作答无效!

(4)待监考人员宣布考试开始后,才可以开始答题。

(5)所有题目一律使用现代汉语作答,未按要求作答的,不得分。

(6)监考人员宣布考试结束时,考生应立即停止作答,将题本、答题卡和草稿纸都翻过来留在桌上,待监考人员确认数量无误、允许离开后,方可离开。

严禁折叠答题卡!

二、给定材料

给定材料 1:

随着现代化转型日益加快,中国逐渐变成了世界上生活节奏最紧张的国家之一。现在,越来越多的人开始重视从紧张的节奏解脱出来,享受闲适。有学者表示,这种心理的变化轨迹正是社会进步的表现,体现了后工业时代的幸福导向型生活。随着这种观念的流行和它所催生的产业经济,未来人们会有更加丰富多彩的选择。

某地以城市主干道为中心的部分城区被辟为了供市民体验的休闲生活街区。然而,街区内外可谓冰火两重天。一方面,街区内骑自行车的人、步行的人、摆地摊的人,悠然自得;另一方面,在范围更广的周边路段,平常就不顺畅,再加上很多出行的私家车分流至此,拥堵状况可想而知。本来周末出门,很多时候就是不得已的,有的是要加班,有的是趁周末去超市采购或带孩子短途旅游……开车出来就是为了图个快、图个方便。现在速度确实降下来了,人们的心里恐怕只有更多的焦躁,还何谈享受生活呢?这种矛盾值得人们深思。

事实上,要想让人们在某一种生活状态中得到享受,那首先得是人们的自主选择,而只有依靠整体性的社会发展,人们才有充分的选择权。法国于 1998 年首先得到"无车日",那时法国人均 GDP 就已经达到 24000 美元,每周工作时间更是少到让人羡慕的 35 小时。反观中国目前的情况,2014 年人均 GDP 刚超过 7000 美元,相当多的劳动者为了体面的生活,连法定的带薪休假甚至双休都放弃了,此时就谈休闲生活,未免过于奢侈了。

倡导休闲生活,要以现实为基础,尊重公众的选择权,尤其是避免给公众"添堵"。倡导要发挥作用,靠的是公众的自觉影响,如果不顾现实情况,违背人们的自主意愿,倡导休闲不仅无法落地生根,甚至会因为给公众"添堵"而招致反感。职能部门要做的更加精细,考虑更全面,让公众真正感受到好处、享受到便利,所倡导的休闲生活就会成为人们自然而然的选择。

给定材料 2:

当下社会,一切都和速度直接挂钩:飞机当天往返,火车夕发朝至,教育要趁早,就业要抢先,毕业就买房,爱情变速配。21 世纪以来社会变革加快,利益结构调整,人们的经济地位被重新洗牌,对未来前景的不确定,使很多人心浮气躁,这与转型期带来的阵痛密切相关。

以往,只要是名牌大学毕业,就不愁找不到称心的工作;现在,城市化进程的不平衡性导致大城市人口拥挤,选择"好"职业的难度加大,即使是名校硕士、博士,找到的工作也不一定合意。为了在竞争激烈的就业市场占得先机,大学生纷纷成为"考证族"。王某是一名法律系在读研究生,刚刚通过国家司法考试,拿到了法律职业资格证。研究生还没毕业,为什么现在就急着参加司法考试?王某说,有了证,马上就能在律师事务所实习,就业时就能抢先一步。

互联网时代,每天遇到海量信息,而面对各种诱惑,身处不断的比较中,很多人担心被时代落下,害怕被别人超越。赵某是某 IT 公司的软件工程师,最近刚跳槽到另一家规模更大的公司。大学毕业不到 5 年,他已经换了 3 份工作。"房价涨,收入低,晋级慢,在网上看到别的公司待遇更好,就想通过不断跳槽寻找新机会。"赵某说。

大城市生活不易,单是房价就已经透支了很多人大半辈子的财富,再加上高昂的教育费、医疗费等,一个人不拼命工作还真不行。某微博用户晒出一张图片:"山东某知名 IT 公司要求员工申请自愿放弃年休假,实行 6×12 小时工作制:每天工作 12 个小时、每周工作 6 天,春节、国庆等长假期间也要随叫随到。"面对如此苛刻的要求,却有不少人积极响应。一位响应者说,"对我们年轻人而言,大学毕业后能前行多远,不仅仅是个人能力的问题,如果没有父辈的外部支援,自己又不使劲上位,很难在大城市站稳脚跟。"

美国发明家富兰克林说过:"时间就是生命,时间就是金钱。"这句话作为大工业时代的座右铭,影响了整个世界。快速、高效的观念深入人心,成为人们自觉不自觉的选择。现代社会物质条件的进步也加剧了人们的这种心理。电话不普及的时候，人们已经习惯了几天才收到一封信，但在手机随处可见的今天，几分钟内对方没有回短信，人们就会嫌慢；在自行车与有轨电车还是主要出行工具的时候，等半个小时的公交车不足为奇，但现在，出行越来越便捷，却连打的都还忍不住叮嘱司机开快点。互联网的出现更大大改变了人们的生活方式，速度更快，变化更多，时间的价值更宝贵。很多人习惯了 24 小时开机，习惯了半夜被人从梦中叫醒谈工作，习惯了长期频繁加班。这种生活给现代人带来物质回报的同时，也导致了精神的疲惫和身体的损害。某网站的调查显示，我国已成为全球工作时间最长的国家之一，人均劳动时间超过日本和韩国。一些白领虽然报酬较高，但白天夜里都要紧张工作，生活很不规律。

某互联网公司的一位员工说："连夜加班，刚开始你也许无法适应，但是时间久了你会觉得，如果周围人都在加班，你早走了就显得很特别。虽然没有强制加班的规定，但公司里许多人都在'抛妻弃子'、挑灯奋斗。因为你不加班，就比不过加班的人。"有人估算，我国每年因过劳去世的人多达 60 万，其中媒体人、科技工作者、互联网企业员工中死于过度疲劳的比例最高。

不停加班，带来了一系列健康问题，频繁跳槽、朝三暮四对心理的影响也不容小觑。比如，盲目跳槽的人在辞职过程中的无奈，重新选择时的焦虑，以及应聘新企业来回的奔波，都会极大地影响个人情绪。尤其是跨地区跳槽，从一个熟悉的环境到一个陌生的环境，前景的不确定性会给人带来更大的心理压力。

我们还是发展中国家，很多方面不能跟发达国家比，确实需要加快发展、早日富强，而且在中国推进市场化的进程中，人民群众有改善生活的强烈需求，这是中国社会保持较快发展的内在动力，处于这样的历史阶段，想要控制发展速度并不容易。因此，根本的解决之道不在于刻意放缓发展节奏，而在于防范快速发展过程中容易出现的失衡。政府要建立健全社会保障体系，创造更畅通更多元的发展通道，减轻人们的工作和生活压力。同时，个人也要积极调整心态，特别是年轻人初涉职场，要学会找到适合自己的节奏和平衡点，留出空间去调整身心状态，审视事业的计划和目标，体会人生的意义。

给定材料 3：

随着经济社会发展，越来越多的人在度假方式上，开始追求一种闲适的节奏；或是在家陪陪家人，或在田园放松心灵，或做点无用的事……这正是社会更加成熟自信、文明进步的一种表现。

在黄金周假期前两天，A 市市民汪先生因担心人满为患，取消了长途出游的安排。当换种度假方式时，他很快便开始享受这种新的节奏了。汪先生携妻儿来到郊区一个水库，在青山绿水间垂钓，中午就地野餐，傍晚则将一天的收获带回家做成美味鱼汤。汪先生告诉记者说："尽管只钓到七八条小鱼，但一家人在一起的亲近感让我觉得幸福不过如此，这种生活正是我向往的。"28 岁的胡女士则在黄金周期间选择宅在家里做家务、看书、喝茶……她说："刚工作时遇到假期不是在各家亲戚间奔波，就是在人山人海的景点抢镜头，不然就觉得虚度了。现在我宁愿做什么事都无须紧赶慢赶，享受悠闲的生活。最好的景致就在自己心里。"

A 市位于我国西部地区，具有丰富的旅游文化资源，是一座以旅游闻名的小型城市。

近年来,该市以休闲生活为旅游新卖点,提出"在这里正大光明地浪费光阴""没有任何一件事情是必须做的,只需随心住下,随性闲游!"等旅游消费主张来吸引游客,受到游客们的青睐。

2016年,A市新市长上任后,经过调查研究,系统提出了"打造休闲生活旅游城市,提高居民生活幸福感"的构想,重点围绕本地旅游资源,加强规划建设,将现代化理念与传统生活方式相结合,进一步打造"四季如春、休闲养生"的旅游生活城市,使游客和本地市民在这里不仅可以享受现代化带来的各种便利,更可以过上一种健康闲适的幸福生活。这一构想的提示得到了市民的支持。

给定材料4:

近年来,泰山景区注重泰山主体文化的重现,以文化体验为主的观光游发展迅猛,游客总量逐年攀升。在游客量保持较高水平的同时,如何解决好均衡游客分布、延展产业链条,让游客留下来的问题,实现从景点旅游向全域旅游的转型,成为泰山景区发展的一项重点。为了营造最具中国特色的国际慢城,打造闲适从容的理想栖居,泰山景区规划建设泰山慢谷,打造景区东西两翼"慢生活"区,调整泰山景区旅游发展供给侧,希望通过引入慢城文化探秘泰山亲切、闲适的另一面,以平安长寿、健康养生、闲适宜居、泰山文化为四大特色,建成国际慢城。未来,泰山慢谷的建设将有效疏解泰山人流,吸引更多客源,增加旅客停留时间,从而带动消费,促进经济腾飞。

泰山景区无论是区位条件,还是自然资源、文化资源,都有利于建设国际慢城。根据初步规划,泰山慢谷面积为62.37平方千米,包括大津口乡下辖的9个行政村和天烛峰、玉泉寺两个景区,区位条件得天独厚。天烛峰和玉泉寺两个景区的开发已经成熟,能迅速融入泰山慢谷的建设中。大津口乡位于泰山东部,交通便利,乡政府驻地距高铁泰山站12千米。乡里有两条主要道路,连接全乡大部分村落。乡内河流大多为自然河流,村落建设基本都沿河流分布。大津口乡共计1.5万余人,民风淳朴,居民仍然保持有机餐饮的习惯,人口规模和生活方式都适合建设慢城。大津口乡还是山东省"乡村记忆工程"试点乡镇,拥有独特的自然环境和优越的宜居环境,以及丰富的非物质文化遗产和丰厚的人文历史。

泰山慢谷的总体定位是以壮美山川、深谷秀水、古树茶园、石筑原乡为生态基底,以慢生态、慢出行、慢生活、慢产业、慢服务、慢协作为营造方式,将国际慢城理念与泰山文化自然双遗产深度融合,突出泰山独有的生态特色、文化特色,打造集养生、休闲、度假、体验等中高端旅游产品于一体的国际慢城。

泰山慢谷力推自身独有的特色,包括全时旅游、标志产品等。结合四季特色,推出四季慢运动、四季慢生活,春赏花采茶、夏耕读研学、秋登高采摘、冬养生滑雪,同时开发系列标志土特产、吉祥物、工艺品等。

泰山慢谷的建设摒弃了将慢城建设等同于旅游开发、旧村改造的传统模式,创新提出了"景区、园区、社区、乡村"共建共享的模式。泰山慢谷将泰山的历史文化、民间传说进行梳理,通过智慧解说系统、旅游项目、体验项目等弘扬泰山文化。根据区域内不同的自然和文化优势,泰山慢谷进行分区规划。核心区域在慢谷小镇周围,这里将举办泰山论坛、文艺表演、美术展览等。此外在不同的区域分别建设花乡慢谷、禅修慢谷、养生乐园、耕读农园、记忆家园、慢活彩色森林等。

泰山慢谷通过科学的规划和论证,将建有一路、两心、两环、四区、四带。其中"一路"指的是生态旅游之路;"两心"指的是作为文化休闲旅游核心的慢谷小镇,作为原住民公共服务中心的慢村集镇;"两环"指的是由山地河谷风情怀、乡村田园情怀;"四区"指的是南部文化旅游服务区、中部运动休闲体验区、东部养生研学体验区、北部原乡风情体验区;"四带"则为汉御道七彩田园风情带、天烛峰古松古坞风情带、周御道幽谷瀑布风情带、玉泉寺古木禅意风情带。

给定材料 5:

中国车市在经历了迅猛扩张,成为世界最大单体市场的同时,也渐渐放慢了自己向前的步伐,如同中国经济一样,步入新常态阶段。D 公司十二年前的白手起家,如今已经赫然位居行业第一集团,所创造的速度奇迹在业界声名显赫。从最初的单一车型开始,到如今已经成功完成了主流市场区间的全产品布局;从最早只有一个工厂,到现在的四地八厂;从初始的单一合资品牌,到现在坐拥主流合资两大品牌;从零起步到 600 万保有客户,这一切只用了 12 年的时间,D 公司就很快速地完成了从"小字辈"到"大体系"的转变。

然而,在中国车市进入"新常态"已然不可逆转的今天,D 公司过去单纯的快速发展模式已经不适用了,对此,该公司周总表示:"车市的新常态只是意味着车市进入到一个新的发展阶段,速度下了一个台阶,并不意味着车市发展的黄金时代已经结束。在新常态下,快是一种质量,慢是一种智慧。未来我们要从'要素驱动'转化为'创新驱动',对企业体系进行全面的优化升级,努力实现'快'与'慢'的平衡,以更稳健、更具核心竞争力的姿态,去应对车市新常态。"

随着互联网、信息技术的发展,消费观念的成熟,中国车市进入了以用户为中心的精细化、个性化时代,D 公司顺应时代变化,通过基于大数据分析的营销管理和创新,继续保持迅捷的市场反应速度、高效的体系反应能力、迅速的消费相应能力。公司专门成立了数据营销部门,打造国内首个汽车品牌自建的线下线上一体化开放平台,通过互联网手段持续跟踪、收集、分析消费者的需求变化趋势,根据所得结论及时制定和推进符合用户兴趣点的营销计划;同时,产品年轻化的节奏也依然保持着"快"的本色,不断推出符合年轻人口味的高颜值产品。

与此同时,为了实现企业高效的执行力,D 公司在其内部进一步提升企业的全价值链体系竞争力,着力打造高效务实具有凝聚力的经营团队,整合企业及合作伙伴资源,增强每个工作环节的协同效应,让所有部门为同一目标共同发力,实现体系竞争力的最大化。

如果说 D 公司过去的发展模式是"要素驱动",那么如今全新体系竞争力的打造,就是以"创新驱动"为核心,推动品牌建设、产品营销、人才体系等每一个层面的发展。D 公司坚持品牌向上战略,升级创新自主品牌,不断引进最新技术的国外品牌,以更具时代感的品牌印象去赢取更多年轻用户的心。公司旗下的某品牌早已启动了以纯电动汽车为方向的新能源汽车发展战略,未来将以"用户体验"为核心,通过一系列的营销手段,逐步将先机转化为市场优势,全面推进该品牌的市场普及,形成新的市场增长点。人才体系的全面升级是确保体系竞争力向卓越跨越的最基本保障。对此,D 公司启动了被称为"企业大学"的人才培养计划,针对不同发展阶段、不同类型的员工精心设计培训项目,努力打造核心关键人才团队,通过一揽子人才提升战略去挖掘年轻人才,充分发挥优秀年轻员工的创新活力,让新思想、新创意成为 D 公司下一阶段发展的核心驱动力。

给定材料 6：

以下材料是某学校暑假致家长的一封信。

尊敬的家长：

您好！

您的孩子考试结束，顺利离校返家，假期生活已然开启。学业成绩将由班主任随后发放，敬请查收。

如果我们用庄子"无用方为大用"的观点来谈孩子的教育和成长，或许会被当下的社会斥为无稽之谈，因为实用主义哲学早已深入人心。成绩至上、目标第一的教育论或已洗去了许多人头脑中培养孩子的乐趣，一些父母总是在盼望孩子快点长大，快一点达成父母心中的期盼。

法国哲学家卢梭说："大自然希望儿童在成人以前就要像儿童的样子。如果我们打乱了这个秩序，就会造成一些早熟的果实，既不丰满也不甜美，而且很快就会腐烂；我们将造就一些年纪轻轻的博士和老态龙钟的儿童。"当我们环视周围，不是可以看到很多实用教育导致的伪成熟的孩子吗？学习成为他们生活的唯一，童年的乐趣、少年的轻狂、青春的热情统统因为无用而被压抑。为了成绩、名次，为了全能的素质而拼尽全力。待到毕业时他们不知道自己需要什么，不知道生活的乐趣所在，他们只会在压抑的中学之后挎着行囊朝着高校走去，却不是朝着志趣前行。孩子们在匆促的跋涉中疲于奔命，却无暇慢下来欣赏周边的风景，认真地发现自我。

我们学校从不否定学业和成绩的作用，我们学校还强调的是不断唤醒孩子的自律、自觉、自省，激发他们潜藏的能力、志趣、爱好，以"无用"的阅读、思考、交流来充实他们生命的厚度，拓展他们生命的宽度。当他们走出校门后，不会因为生活的艰辛而失去创造的灵感，不会因为大学的自由而变得松散怠惰，也不会因为五光十色的诱惑而失去心中的信念。

父母养育孩子，不正是在等待、守护一朵花的盛开吗？不管他们是迎春而笑、凌寒而开或是含苞待放，他们都是独一无二的孩子，我们要做的就是慢慢地呵护、静静地等待。我们是否该像审视自己的生活一样去审视对孩子的教育呢？我们是否会在深沉的思索中看到生活中的无用种种，却是孩子以后人生中宝贵的点点滴滴呢？

祝您的孩子在静好的岁月中，自在生长！

三、作答要求

（1）根据"给定材料 2"，概括当前社会上求快风气形成的主要原因。（20 分）

要求：全面、准确、简明，有条理，不超过 200 字。

（2）根据"给定材料 6"，围绕孩子的教育和成长问题，谈谈你对庄子"无用方为大用"观点的理解。（15 分）

要求：分析透彻，语言简明，条理清楚，不超过 150 字。

（3）假设你是"给定材料 3"中 A 市市政府的工作人员，请参考"给定材料 4"泰山慢谷项目建设的经验，草拟一份关于推进 A 市休闲生活旅游城市建设的建议书，供市领导参

考。(25分)

　　要求：① 列出建议书的提纲即可；

　　　　　　② 紧扣主题，条理清楚；

　　　　　　③ 建议具体可行；

　　　　　　④ 不超过 400 字。

　　(4) 结合给定材料，以"平衡"为主标题，自拟副标题，联系实际，自选角度，写一篇文章。(40分)

　　要求：① 立意明确，认识深刻；

　　　　　　② 内容充实，结构完整；

　　　　　　③ 思路清晰，语言流畅；

　　　　　　④ 总字数 1000～1200 字。

四、参考答案

(一) (1)题参考答案

　　外因：①社会转型期变革加速，利益结构调整，经济地位被改变；②城市化进程不平衡性增添就业压力；③城市生活成本高，缺乏家庭支持、压力大；④互联网时代改变人们生活方式，信息大、诱惑多、易比较，物质进步加剧人们求快心理；⑤国家发展需要速度。

　　内因：①对未来不确定，增加浮躁；②害怕落后，在比较中失衡；③受周围环境影响，行动与大家一致；④频繁跳槽、前景不确定性导致负面情绪、心理压力；⑤有改善生活的强烈需求。

(二) (2)题参考答案

　　(1) 家长尊重孩子成长的自然规律，培养生活乐趣，引导孩子阅读思考交流，释放天性，发现自我，唤醒自律自觉自省，激发能力志趣爱好。

　　(2) 这可以充实扩宽孩子的生命，培养创造的灵感，在自由的环境中积极进取，坚持心中的信念。

　　(3) 希望家长摒弃实用主义、成绩目标至上的教育观，慢慢呵护、静静等待，让孩子自在生长。

(三) (3)题参考答案

关于推进 A 市休闲生活旅游城市建设的建议书

　　一、背景：①群众已开始追求闲适生活，如黄金周假期，部分市民改变了度假方式，享受悠闲生活。②A 市具有丰富的旅游文化资源，以休闲生活为旅游卖点也吸引了大量游客。③经过调查研究，A 市系统提出了"打造休闲生活旅游城市，提高居民生活幸福感"的构想。

　　二、意义：疏解人流，吸引客源，增加游客停留时间，带动消费，促进经济发展。

　　三、对策：①打造景区慢生活区，调整旅游发展供给侧。引入慢城文化，结合地方特色，建设国际慢城。②利用生态基底，以慢生态、慢出行、慢生活、慢产业、慢服务、慢协作为营造方式。深度融合国际慢城理念与文化自然双遗产,突出地方生态文化特色,打造立体化旅游产品。③创新共建共享模式。梳理、弘扬本地文化,分区规划,在核心区域举办文化活动,在其他区域建设自然项目。

以上建议,供领导参考。

（四）(4)题参考答案

平　衡

——学好"快与慢"的辩证法

知识爆炸、信息洪流,科技日新月异、社会急速变迁、经济飞速发展……这是一个变化的时代,更是一个发展的时代,凡事追求更高、更快、更强,却发现经济失稳、精神失调、生活无趣、环境沉闷。其实,越是在变革的时代,越应该学习"平衡"的智慧,学好快与慢的辩证关系,从而把握节奏、掌握方法、优化路径、协调发展。

快工作的同时,要学会慢生活,追求个人在物质与精神上的平衡,更要追求心态的平衡。诚然,升职加薪、买房买车、上有老下有小的压力逼迫我们不得不努力工作,可是我们忘了,工作最终是为了生活。一个寓言说道:一群人急匆匆地赶路,突然一个人停了下来。旁边的人很奇怪:为什么不走了?停下的人一笑:走得太快,灵魂落在了后面,我要等等它。走得太快就容易忘掉心灵需要抚慰,精神需要丰富,家人需要关爱,生活需要享受。正如"慢生活"倡导者卡尔·霍诺说,"慢生活"不是支持懒惰,放慢速度不是拖延时间,而是让人们在生活中找到平衡、找到乐趣。

除了个人,很多企业也是忙东忙西、盲目跟风,什么热门做什么,什么来钱快投资什么,在经济的洪流中迷失。

快发展已然过时,中国经济步入新常态的今天,企业应该追求速度与品质的平衡,传统发展方式和现代技术的平衡。当前市场上存在一些急功近利的不良风气,过快发展下难免出现一些粗制滥造、仿制山寨、成本低廉的产品,看似走得很快,其实束缚了长远、可持续的发展。现在呼吁的工匠精神,追求的便是精益求精、认真雕琢、臻于完美,这其实就是一种平衡的智慧。

平衡的艺术在城市文化、地域特色的打造上尤为迫切,居住环境需要实现人文历史与自然环境的平衡。"罗马不是一天建成的",不管是旅游景点、经典城市还是特色小镇都需要历史的积淀、文化的延续、生态环境的保障,以及服务设施的完善。现在各地出现了千城一面、"高仿"建筑,无非因为照搬外表容易,来钱快。可是要实现像泰山景区、西湖景区一样的品牌、品质、品位的生活和产业却不容易,需要平衡生态、文化、经济的关系,需要平衡快慢的关系。

总之,平衡不是懒惰,不是倒退,不是慢,而是一种更健康的心态,更科学的配置资源,更符合规律的促进成长。个人在快节奏下找到舒适的状态,培养积极乐观的心态,善于减压和调节情绪;企业在快发展下更加注重细节,追求品质,改善管理,善用人才;而居住和旅游环境更要在快发展下保持个性,延续历史,保护环境,形成特色品牌。

"拳头缩回去,是为了更有力地打出去。"平衡就像中国的太极拳,不是不发展,而是更好地发展,更科学地发展,更持续地发展。让我们把握好快与慢的平衡,不急不缓、不浮不躁、循序渐进、稳稳当当地前进吧!

(资料来源:公务员考试网——2017年山西公务员考试申论真题卷)

【思考训练】

1. 注意事项

(1) 本题由给定材料与作答要求两部分构成。考试时限为180分钟。其中,阅读给定材料参考时限为50分钟,作答参考时限为130分钟。

(2) 所有题目一律使用现代汉语作答。未按要求作答的,不得分。

(3) 阅读给定材料,按照"作答要求"作答。

2. 给定材料

给定材料1:

一篇题为《独一无二的"中国范儿"》的文章在网上传播,其中下面两段文字尤其引起了网友的热评:"一个民族有自己的'民族范儿',一个国家有自己的'国家范儿'。我华夏泱泱大国,五千年的传承,形成了自己独一无二的'中国范儿'。'和为贵'一直是我国传统文化的重要内容,从汉唐直至当代,彰显着大国气度。航海家达伽马,在到达非洲大陆时树起了旗帜,标示葡萄牙王室的主权。然而他不知道,比他早一百多年,一位叫郑和的中国人早已到达了非洲。郑和并没有树立标示大明主权的旗帜,而是树立了一座丰碑,一座友好而和平的丰碑。拒绝侵略,传递友好,这就是我中华的气度,我们的'大国范儿'。"

有网友点评说:这样的文章读得人热血沸腾,豪情万丈,表现出了中华民族的"大国意识",看过之后不禁为我是中国人而自豪。

还有网友围绕着"大国意识"进一步加以阐述:大国意识不是简单的经济头脑,更深层次的是民族自豪感和生活充实感;大国意识是种具备长远眼光的素质,不是满足眼前蝇头小利的市侩;大国意识是种崇尚奉献的执着,不是吝于个人付出的自私;大国意识的背后是民族崛起的魂魄。这位网友认为,一个具备了大国实力的国家究竟能否赢得作为大国的相应尊重,究竟能否发挥与大国身份相称的作用,很大程度上取决于他的国民是否具备明智而坚定的大国意识。

也有网友认为:国家形象是一张名片。树立大国意识的过程,也是中国的国家形象被世界充分认可的过程,这就要求国人具备与大国形象相匹配的公民素质。这是崛起的大国对公民提出的内在要求,国民要注意自己的一言一行,让自己的行为举止与大国形象相称,展现大国风采。每个中国人都应自觉树立大国意识,不断提高素质,这是提升中国软实力不可或缺的环节。

与此相关,国民素质问题也自然引起网友的广泛关注和热议。一位在埃及旅游的中国网友发布了一条微博,微博里卢克索神庙浮雕上赫然刻着中文"某某到此一游"。实际上,个别中国游客在境外不文明举动引发的争议一直不断。泰国国家旅游局一官员说,随着中国来泰国游客数量的急剧增加,泰国民众对中国游客的投诉也越来越多。中国游客留给泰国人的负面印象主要有三:不守秩序、在公共场合大声喧哗;乱扔垃圾、随地吐痰;不尊重当地习俗。有些中国游客进入寺庙不脱鞋,偷着躲着穿鞋进入,这被认为是对当地宗教信仰的极大亵渎。

在欧美国家,有的中国游客表现同样不佳。美国一大学教授对记者说:"中国游客素质参差不齐,有的人会在公共设施上乱涂乱画,随地吐痰,上厕所不冲水。"在法国,去教堂都要穿着整齐并脱帽,同时禁止拍照。但有些中国人去教堂参观时总是急急忙忙,不注重自己的仪容,还随意拍照。

在国内,媒体曝出的低素质事件也让人瞠目。某市地铁上,一名男子到车门附近给孩子把尿,有乘客提醒劝阻,这位父亲不仅丝毫没有歉意,反而对其大打出手,而其他乘客都在围观,无人出面制止。在瑞士飞往中国的航班上,一名中国乘客因为前面的同胞将座椅后倾,感觉自己的空间太小,发生争执扭打,飞机也因为二人的斗殴被迫返航。

有专家认为:这些事情让人看到,不注重提升国民的道德水平和文明素质,社会必然要付出沉重的代价,这也与中国在国际舞台上日渐提升的大国地位不相称。

给定材料 2：

中国自古是礼仪之邦,诚信知理、与人为善是中华民族引以为荣的优良传统。如今,中国正处于经济中高速持续发展的重要时期,物质财富的日渐丰富,给社会风气带来了一定影响。为此,我们迫切需要进一步加强社会主义精神文明建设,提升软实力。

习近平总书记在会见全国文明城市、文明村镇、文明单位和未成年人思想道德建设工作先进代表时指出,要大力加强社会公德、职业道德、家庭美德、个人品德建设,营造全社会崇德向善的浓厚氛围。

近来,国人的不文明行为屡被曝光。如何引导和推动全体人民树立文明观念、争当文明公民、展示文明形象,成为近年来全国"两会"不少代表委员关注的话题,他们从各自的角度给出建议。

"书香社会"的提法"亮相"政府工作报告。全国人大代表 Y 在接受记者采访时说,她对李克强总理在政府工作报告中提到的"倡导全民阅读,建设书香社会"特别赞同。读书能让人的心静下来。要提升国人的文明素质,提升国人在海外的形象,倡导全民阅读十分必要。

Y 说,现在的道德教育多是口号,人们不喜欢。用阅读潜移默化地熏陶国民,效果会更好。现在,大城市的图书馆不够多,中小城市和县城的图书馆更少,人们想读书,但没地方读。因此她建议各地多建一些图书馆。

全国人大代表 W 认为,今天到处都是低头族,他们看手机、刷微博、看微信,真正读书的人太少了。如果一个民族没有文化知识做支撑,将来无论做什么都会有局限性,厚度不够。

W 说,她今年带来一个关于制定图书馆法的议案。欧美一些国家规定,社区方圆十公里之内一定要有一个图书馆,创造条件引导人们阅读。我们也应当营造这样的环境。大学里面有非常好的图书馆,应该让公众共享。

全国政协委员 T 在接受记者采访时表示,文明缺失等现象是存在的,但他相信情况会渐渐变好。很多人在国外看到同胞的不文明行为时,都会感到很难为情。一些人出国后的表现像暴发户,大声喧哗,随地吐痰,甚至做出其他不文明的事。要改变这种状况,需要一个过程,需要国民在接受社会文明素养教育的同时,不断加强自身文明修养,领导干部、公众人物尤其要做好表率,起到示范作用。

全国政协委员 G 建议,应当传承和发扬优秀传统文化,擦亮国人"礼仪名片",使社会主义核心价值观与人们的日常生活紧密联系起来,在落小、落细、落实上下功夫。

G 指出,目前社会上出现不少违反传统礼仪规范的现象,如父慈子孝蜕化成纯金钱性的抚养和赡养义务,邻里和睦蜕化成老死不相往来的"家庭孤岛",尊师爱生蜕化成合同式的知识供给等。一些优良的传统道德和礼俗在现代化过程中逐渐流失,如果没有全社会的重视和共同坚守,我们可能会进入物质丰盈,但精神贫瘠、文化缺失的状态。他建议,深入挖掘古代文明礼仪的精华,结合现代文明和现代生活的特点,归纳整理行业和地域礼俗,并编制礼仪教材,让文明礼仪进企业、进学校、进社区、进家庭,成为全社会的共同遵循。

习近平总书记说,要把精神文明建设贯穿改革开放和现代化全过程、渗透社会生活各方面;特别是要让中华民族文化基因在广大青少年心中生根发芽。

全国政协委员 K 说,在大学工作多年,他发现在大学生中社会责任感缺失,对家庭缺乏情感关怀等现象越来越突出。K 认为,孝敬父母是最基础的道德教育。他建议,以大学生作为弘扬优秀孝文化的突破口,借鉴中国传统"孝文化"中的积极因素,培养大学生的孝德之心、仁爱之心,在高校开设孝道教育的国学课程,将传统孝文化列入公选课内容,增强大学生的孝道意识。同时,大力开展以"孝爱"为主题的教育活动,引导学生从我做起,从小事做起,自觉在言行中体现孝爱美德。

W 认为,文化艺术发展和创新的根本,是人才的培养。教育部颁布了新的文件,要求学生从中学开始,都要具有音乐和美术的基础知识,这非常好。从孩子抓起,这对提升整个国民的文化素质是一个非常有力的举措。他引用了欧洲一位哲学家的话:"孩子出生后,要给他鲜花,让他视觉上看到美;给他音乐,让他听觉上建立音的概念。"W 认为,这就是在体现素质教育。

给定材料 3:

学者 F 谈起自己在大学教授《中国文学史》和《古典文学作品选读》两门课的体会时说:"为什么要学这些课? 因为这些作品里,集纳了大量国学精华,学了确实可以净化人的心灵。我认为,眼下的大学教育,需要重新重视传统文化课程。"

在 F 看来,我们这个时代虽然崇尚科学,科技也越来越重要,但归根结底,科技由人来掌握。如果人的道德修养、文明素质不够,现代化早晚会毁于一旦。所以,在培养各行各业人才的同时,必须加强文化修养教育,它是一种潜移默化的东西,能让人受益终身。

"不学礼,无以立。"F 说,这句话出自《论语》,意思是:一个人不学"礼",不懂礼貌,不讲礼仪,就不懂得怎样做人、处世。或者说,一个人不懂得基本的规矩,就难以在家庭和社会中立身行事。而如果把"礼"与"立"做更宽泛的理解,那么是否"学礼",是否懂得规矩,还事关公民意识的自觉、民族素质的提高、民族文化精神的弘扬乃至中华民族的复兴大业。或许正因如此,习近平总书记在十八届中纪委第五次全会上提出要"严明政治规矩""把守纪律讲规矩摆在更加重要的位置"。

一位资深媒体人 L 强调,如果不利用传媒,不能旗帜鲜明地打出美与丑、善与恶的旗帜,全民素质的提升就缺了一条重要途径。"我每天早晨上班开车时都听新闻广播。其中一个频道每天 8 点钟都会请一个权威人士来做公益报时,十几秒钟,几句话,传递出来的却是主流媒体倡导的一种价值观。久而久之,听众就会被正能量感染,这就是潜移默化。"

"早晨8点是黄金时段,拿出来做广告应该能挣很多钱。但如果媒体只想着经济效益,忘记了自己的责任,那是很悲哀的,这个社会就没救了。"在他看来,新闻宣传主管部门必须对大众传媒进行引导与监督,保证媒体都有一定的黄金时段用来进行公益宣传,提高国民素质。

L向记者提到了某电视台一则让自己感动的公益告。"广告上一位患了阿尔茨海默病的父亲,什么都不记得了,但吃饭时还没忘儿子爱吃饺子,把饺子装进自己口袋,要给儿子带回去,广告语是'他忘记了许多事情,但从未忘记爱你'。这则广告触碰了我最柔软的神经,让我思念我的父亲。一个好的公益广告,能直击人的心灵,自然就起到了净化心灵的作用。这样的优秀公益广告太少了,媒体人如果自己都没做到真善美,他们在宣传真善美时都不投入感情,那还怎么教化别人呢?"

国家旅游开发研究中心张主任指出,新的旅游法规定,旅游者在旅游活动中应当遵守社会公共秩序和社会公德,尊重当地的风俗习惯、文化传统和社会公德,尊重当地的风俗习惯、文化传统和宗教信仰,爱护旅游资源,保护生态环境,遵守旅游文明行文规范。如果不遵从这些规定,就违法了。旅游法虽然只针对旅游业,但这步迈得很踏实。"在有章可循的前提下,还要做到有章必依,违章必罚。"

中国要进步,提升国人的素质刻不容缓。邓小平当年曾道出过这一点的重要性:"我们国家,国力的强弱,经济发展后劲的大小,越来越取决于劳动者的素质,取决于知识分子的数量和质量。"如今,中国GDP全球第二,高速铁路迅猛延伸,载人航天器和载人潜水器把炎黄子孙送到了太空和深海……我们必须有与之相匹配的、不断提升的道德水准和个人素质,才能让中华民族的伟大复兴不仅体现在国家经济力量的强大,更是民族精神深远、长久的延续。

给定材料4:

中国当代相当一部分艺术家都在自己的创作中把"中国元素"和"中国符号"作为自己破茧而出的支撑点,这从艺术家黎明(化名)的行为、装置、水墨实验、油画、综合材料等借助不同的艺术材质和媒介、运用不同的语言表达方式的艺术创作中,可以直观反映出来。"中国精神"已经构成黎明创作心理环境的地理地貌和现实图景。在黎明早期的油画作品中,长城形象的运用既突出了中国元素、中国符号的意味,又在深层次中隐含着艺术家对纵深历史时空的挖掘以及与历史进行对话的强烈要求。他的装置作品《为长城延伸一万里》的展示,一路从北京大学、长城司马台,穿越昔日的罗马帝国,牢牢楔入欧洲文明发源地的希腊奥林四斯山。其中蕴含的中国精神凸显了百年中国现代化进程中裹挟的极度不安的民族自尊与殖民语境中的主体性精神,这正是黎明表现大国意识的一个前提。

正是在这一点上,黎明不同于其他习用中国元素、中国符号的艺术家,他的巨幅综合材料系列作品也许最能反映他的艺术精神和中国精神的共振。布面、牛皮卡纸、水墨、长城风化的泥土、油墨、丙烯、工业胶粘剂等,在黎明的作品中构成时空、地理、人文三位一体的对话关系。在这类作品中,黎明表现出对于中国精神和本土语言的强烈自信,挖掘的是中国传统文化在科技理性主义以摧枯拉朽之势洗劫世界的当下,如何以中国精神的文化想象,展开大国意识的责任抱负。

黎明的作品不拘泥于艺术的园囿,包孕的是良知、人性和无尽的情怀,在黎明的行为水墨实验作品《捉影》系列中,我们可以从艺术家用中药为长城疗伤的创意中,感受艺术家良知的源头来自中国传统博大精深的文化精神,也从而使黎明将自身放置在作为一个中国文化责任担当上。正是源于这一责任意识,他一路实施着《捉影》的系列创作。而《捉影》本身的动机,在黎明策划执行的一系列展览的命名中,已经给出了现实的答案,比如"与传统打一照面""水墨主义""水墨社会"等,其中的水墨精神就是东方文化精神。

黎明还采用现代化机械制造冰砖,以冰雕的技法塑造基督教堂。无论他塑造的教堂多么壮观、华美,在城市的建筑丛林中依然那么渺小、微不足道。而上帝在哪里? 这不是艺术家讨论的问题。在这一装置作品中,我们感受到的是艺术家对西方在圣经宗教信仰上的文明的质疑和对自身文化立场的反省。同样地,《亚当与夏娃》描绘了人类走出伊甸园后的无所归依,将人性投射到现实语境中,表达了物欲横流、人性异化的浮躁焦虑心理,也指证了西方存在主义以人为中心的无端无助。毫无疑问,其捕捉到的影子背后是中国精神的内核——天人合一的境域。

给定材料5:

"善待自己,让自己的心态平和;善待家人,有任何问题好好思考、好好解决;善待周边亲友和陌生人,不让自己成为垃圾人,不给身边人传递负能量。"当调查问卷问及应当如何提升国民素质、优化社会生态环境时,网友"巫眯"如是回答。

"自己努力做一个文明有教养的人,教育孩子做一个文明礼貌的人,监督家人亲友做一个文明礼貌的热人,在社会公共空间做文明的表率,积极传播正能量。"网友"心灵之约"说。

"我温柔地对待这个世界,也得到了这个世界的温柔对待。"网友"夏河"说,她会微笑地对待生活中接触到的人,时刻记得使用礼貌用语,感恩生活中每一个帮助过她的人。正因为姓的礼貌与温和,多次轻易地化解了一些小麻烦。有一次,她开车等红灯时,将挡位挂在空挡,孩子说要喝水,她就伸手到副驾驶座上拿水。因为路面有下坡,车子下溜,碰到了前面的一辆卡车。"夏河"赶紧停车上前表达自己的歉意,并主动询问卡车司机要赔多少钱。没想到对方大度地说:"没关系,车子撞得不严重,不用赔钱了。""夏河"连声道谢,并主动留下自己的手机号码,让那位好心的司机如果发现遗留问题可以随时找到她。

网友"子曰"和"雨后"认为,传统文化被漠视也是导致教养缺失的原因之一。网友"子曰"说:"家长、老师必须从自身做起,以身作则,践行传统文化精髓,领会其中真谛,并结合当今社会大背景,努力修身养性,三五个月内,肯定会影响到一些人。"

"我是老师,也是家长。从学生的作文中,从儿子的讲述中,我不时能看到听到孩子礼貌言行遇冷的情形。每当那样的时候,我都很痛心,会及时跟孩子沟通,纾解他们心中的委屈和郁闷。"

说起生活中的礼貌言行遇冷,某小学校长 D 很有感触。她认为,孩子的文明礼仪培养和教养养成离不开家长、老师和社会的呵护与培育,而来自家长和老师的每一次疏忽,带给孩子心灵的伤害会远远超过其他人。

前两年,国内媒体曾聚焦教师无视或漠视学生问候这一现象,并引发了社会诸多层面的讨论。对此,D 深有感触。她要求老师必须与孩子"温暖互动",对孩子的问候与需要及时给予温暖回应,要有目光接触,要面带微笑。如果发现不小心冷落了个别孩子,一定要及时跟孩子沟通说明情况。

D说,言行举止有教养,一方面是为了真诚表达自己内心的感激,让别人感到愉快,另一方面也是因为,这样做能让自己感到愉悦。更何况,旁边或许还有儿子或者学生呢,作为家长和老师,必须时刻以身作则,注意言行礼貌,不断提升自身素养。

某大学教授N说:"国民素养提升非一日之功,家长、教师应率先垂范,言传身教,多给青少年正能量。从我做起,从现在做起,一定有希望!"

给定材料6:

有教育专家撰文指出:"教育走得太快,灵魂跟不上了。"该文择要如下:

教育的问题出在哪里?教育的核心问题不是出在我们学生的能力、不是出在改革、不是出在技术层面,而是我们的教育缺乏灵魂的东西。中国的教育技术层面已经走得太快了,"灵魂"跟不上了。

柏拉图说过一句话:"教育非他,乃心灵的转向。"印度哲学家克里希那穆提写了一本书《教育就是解放心灵》。解放心灵,按柏拉图的语境来说心灵究竟应该转向哪里?我认为是转向爱、转向善、转向智慧。

适合的就是最好的教育,每一个学生成才的途径和方式都没有确定的指向。

教育的新常态就是要摒弃浮躁、功利,回归到教育规律,慢慢地、静静地、悄悄地做,不浮躁、不显摆,一定会有我们想要的结果。那个时候我们的孩子不管是分数、才能,还是能力都很好,他们的灵魂也很丰满。

亚里士多德曾说过:"教育必须基于三个原则:中庸、可能和适当。"

"中庸",用孔子的话说就是"去其两端,取其中而用之",总之不偏左不移右,不偏下不偏上,守中为上。做教育不要太过头了,也不要不够。什么叫过头?在技术层面上不断地改,改得我们老师都不知道怎么上课了,领导也不知道怎么布置工作了,就是过了头,忘记了还有教育规律,还有教育自身内在的东西。

"可能"是指我们要知道孩子的未来具有一切可能性,现在他所学的甚至他的才能,他的分数,都不能代表他今后能做什么,会做什么。但我个人认为这些都不能丢,这样才能够确保未来的可能性存在。

"适当",指教育的方式方法要符合规律,要适合孩子。不要看到邻居家的孩子琴棋书画什么都学,也要把自己的孩子送去学。这样思考问题就错了,不适合他的学了没用,一定要让孩子学他内心喜欢的东西。

蒙田说:"教育不是为了适应外界,而是为了自己内心的丰富。"古希腊哲学家西塞罗说:"教育的目的是让学生摆脱现实的奴役,而非适应现实。"如果一味去适应外界社会,结果就把社会最乱的东西学会了,主流价值却全部忘了。

3. 作答要求

(1)阅读"给定材料2",概括全国"两会"代表委员们所关注的若干问题,及其所给出的具体建议。(15分)

要求:全面、准确、简明,不超过200字。

(2)"给定材料3"引用了《论语》中的话:"不学礼,无以立。"请以这句话为中心议题,联系社会现实,自拟题目,写一篇文章。(35分)

要求：① 自选角度，见解深刻；

　　　② 参考"给定材料"，但不拘泥于"给定材料"；

　　　③ 思路清晰，语言流畅；

　　　④ 总字数为 1000～1200 字。

（3）某美术馆正在策划艺术家黎明的作品展，请根据"给定材料 4"，为这一作品展撰写一则导言。（20 分）

　　　① 围绕黎明的创作宗旨、作品材质及其艺术追求等方面作答；

　　　② 内容具体、层次分明、语言流畅；

　　　③ 不超过 400 字。

（4）某区一所中学举办"文明素养教育主题宣传周"活动，假如你是该区文明办的负责人，校方请你在这次活动的开幕式上讲话。请结合"给定材料 5"，写一篇题为"素质养成，从学会道谢和应对致谢开始"的讲话稿。（20 分）

　　　① 内容具体，符合实际；

　　　② 对象明确，切合题意；

　　　③ 语言生动，有感染力；

　　　④ 不超过 500 字。

（5）"给定材料 6"中说"中国教育技术层面已经走得太快了，'灵魂'跟不上了。"请根据"给定材料 6"指出这句话的含义。（10 分）

　　　要求：全面、准确，不超过 150 字。

（资料来源：公务员考试网）

参 考 文 献

[1] 钱谷融.中国现代文学作品选[M].上海：华东师范大学出版社,1999.

[2] 杨义.中国现代小说史[M].北京：人民文学出版社,2001.

[3] 洪子诚.中国当代文学史[M].北京：北京大学出版社,2007.

[4] 王吉鹏,等.鲁迅作品新论[M].沈阳：辽宁人民出版社,2012.

[5] 袁行霈.中国文学史[M].北京：高等教育出版社,2014.

[6] 郁贤皓.中国古代文学作品选[M].北京：高等教育出版社,2015.

[7] 张伯行.唐宋八大家文钞[M].杭州：浙江古籍出版社,2012.

[8] 冯友兰.中国哲学简史[M].北京：新世界出版社,2004.

[9] 傅道彬,于茀.文学是什么[M].北京：北京大学出版社,2002.

[10] 马跃,许贻斌,梁丽丹.大学语文[M].沈阳：辽宁教育出版社,2011.

[11] 王伟萍,韦燕宁.大学语文[M].北京：北京师范大学,2011.

[12] 陈洪.大学语文[M].北京：高等教育出版社,2005.

[13] 霍唤民.财经写作教程[M].北京：高等教育出版社,2004.

[14] 丁法章.新闻评论教程[M].北京：中国人民大学出版社,1998.

[15] 刘明华,徐泓,张征.新闻写作教程[M].北京：中国人民大学出版社,2008.

[16] 沈爱国.消息写作学[M].杭州：杭州大学出版社,1996.

[17] 孙在国.营销策划实务[M].成都：西南财经大学出版社,2012.

[18] 运丽君.申论写作研究[M].天津：南开大学出版社,2014.

[19] 李华楠.公务文书写作无师自通[M].长春：吉林大学出版社,1998.

[20] 魏建周.新编机关公文实务全书[M].北京：人民日报出版社,2012.

[21] 李保初,吴明芳.应用文写作技巧[M].北京：华文出版社,2006.

[22] 王青山,王金山.财经应用文写作[M].北京：高等教育出版社,2013.

[23] 朱熹.四书章句集注[M].北京：中华书局,1983.

[24] 胡适.胡适全集[M].4卷.合肥：安徽教育出版社,2004.

[25] 蔡元培.蔡元培全集[M].3卷.杭州：浙江教育出版社,1997.

[26] 罗家伦.文化教育与青年[M].北京：商务印书馆,1945.

[27] 何兆武,文靖.上学记[M].北京：生活·读书·新知三联书店,2008.

[28] 余光中.余光中散文集[M].北京：国际文化出版公司,2014.

[29] 屈复.楚辞新集注[M].上海：上海古籍出版社,2002.

[30] 金开诚,高路明,董洪利.屈原集校注[M].北京：中华书局,1981.

[31] 贾平凹.贾平凹散文自选集[M].桂林：漓江出版社,1993.

[32] 张承志.黑骏马[M].重庆：重庆出版社,2009.

[33] 唐敏.女孩子的花[M].福州：福建人民出版社,1992.

[34] 傅雷.傅雷家书[M].北京：生活·读书·新知三联书店,1998.

[35] 马其昶(校注),马茂元(整理).韩昌黎文集校注[M].上海：上海古籍出版社,1986.

[36] 王英志(校点).袁枚全集[M].南京：江苏古籍出版社,1993.

[37] 季羡林.赋得永久的悔[M].北京：人民日报出版社,2007.

[38] 顾学颉(校点).白居易集[M].北京：中华书局,1979.

[39] 刘学锴,余恕诚(选注).李商隐诗选[M].北京:人民文学出版社,1986.

[40] 鲁迅.鲁迅小说全集[M].兰州:兰州大学出版社,1998.

[41] 王小波.沉默的大多数[M].北京:中国青年出版社,1997.

[42] 韩少功.性而上的迷失[M].济南:山东文艺出版社,2001.

[43] 李兴华,吴嘉勋.梁启超选集[M].上海:上海人民出版社,1984.

[44] 鲁迅.鲁迅全集[M].北京:人民文学出版社,1981.

[45] 张爱玲.张爱玲小说全集[M].北京:北京十月文艺出版社,2009.

[46] 钱钟书.围城[M].北京:人民文学出版社,1980.

[47] 钱钟书.写在人生边上[M].北京:中国社会科学出版社,1990.

[48] 杨绛.杂忆与杂写(增订本)[M].北京:生活·读书·新知三联书店,2010.

[49] 周国平.迷者的悟[M].西安:陕西人民出版社,1995.

[50] 刘宝楠.论语正义[M].北京:中华书局,1990.

[51] 杨伯峻.孟子译注[M].北京:中华书局,1960.

[52] 王文锦.大学中庸译注[M].北京:中华书局,2008.

[53] 陈鼓应.老子注释及评介[M].北京:中华书局,1984.

[54] 王先谦.庄子集解[M].北京:中华书局,1987.

[55] 司马迁.史记选[M].北京:商务印书馆,2014.

[56] 班固.汉书·李广苏建传[M].北京:中华书局,1962.

[57] 余嘉锡.世说新语笺疏[M].上海:上海古籍出版社,1993.

[58] 罗贯中.三国演义[M].北京:人民文学出版社,2010.

[59] 蒲松龄.聊斋志异[M].北京:人民文学出版社,1981.

[60] 曹雪芹.红楼梦[M].北京:人民文学出版社,2000.

[61] 汪曾祺.汪曾祺全集[M].北京:北京师范大学出版社,1998.

[62] 朱熹.诗经集传[M].上海:上海古籍出版社,1987.

[63] 彭定求,等.全唐诗[M].上海:上海古籍出版社,1986.

[64] 陶洁.名家美文精译50篇[M].南京:译林出版社,2008.

[65] 仇兆鳌.杜诗详注[M].北京:中华书局,1979.

[66] 阿尔贝·加缪.加缪文集(精选本)[M].南京:译林出版社,1999.

[67] 冯浩.玉谿生诗集笺注[M].上海:上海古籍出版社,1979.

[68] 霍松林,等.宋诗鉴赏辞典[M].上海:上海辞书出版社,1987.

[69] 周汝昌,等.唐宋词鉴赏辞典[M].上海:上海辞书出版社,1988.

[70] 霍松林.宋诗鉴赏举隅[M].北京:中国青年出版社,2011.

[71] 叶嘉莹,朱德才,等.辛弃疾词新释辑评(上册)[M].北京:中国书店,2006.

[72] 俞平伯.唐宋词选释[M].北京:人民文学出版,1979.

[73] 施议对.纳兰性德集[M].南京:凤凰出版社,2011.

[74] 萧统.文选[M].上海:上海古籍出版社,2007.

[75] 蒋星煜,等.元曲鉴赏辞典[M].上海:上海辞书出版社,1990.

[76] 董诰.全唐文[M].上海:上海古籍出版社,1990.

[77] 柳宗元.柳河东集[M].上海:上海人民出版社,1974.

[78] 傅德岷.宋词名篇赏析[M].成都:巴蜀书社,2011.

[79] 缪钺,等.宋诗鉴赏辞典[M].上海:上海辞书出版社,1987.

[80] 穆旦.穆旦诗集(1939—1945)[M].北京:人民文学出版社,2000.

[81] 冯至.十四行集[M].北京：解放军文艺出版社,2000.

[82] 艾青.大堰河[M].北京：人民文学出版社,2000.

[83] 舒婷.舒婷的诗[M].北京：人民文学出版社,1994.

[84] 郑愁予.郑愁予的诗·不惑年代选集[M].南京：江苏凤凰文艺出版社,2016.

[85] 卞之琳.卞之琳代表作·三秋草[M].北京：华夏出版社,2008.

[86] 姜育恒.驿动的心[Z].台北：飞碟企业股份有限公司,1987.

[87] 周杰伦.跨时代[M].上海：上海声像出版社,2010.

[88] 海子.海子诗选[M].天津：天津人民出版社,2015.

[89] 顾城.顾城的诗[M].北京：人民文学出版社,2012.

[90] 杨自伍.美国文化读本[M].上海：华东师范大学出版社,1996.

附录一　诗歌、散文、小说的阅读与鉴赏

一、诗歌的阅读与鉴赏

中国是诗歌的国度，从几千年前出现的《诗经》开始，中国文学史便一直和诗歌紧密相连，诗歌占据了文学作品的绝大篇幅，诗歌创作是最主要的文学创作活动之一。20世纪初，随着"西学东渐"，大量的西方文学作品涌进中国，人们在继承传统诗歌艺术和学习西方诗歌艺术的同时，创造出了独具风格的白话诗，中国的诗歌史由此进入了古诗、白话诗共存的局面，两者互相推动，齐头并进，丰富了中华民族的灿烂的文学园地。

何其芳说："诗是一种最精练的集中反映社会生活的文学样式，它饱含着丰富的想象和感情，常常以直接抒情的方式来表现，而且在精练与和谐的程度上，特别是节奏的鲜明上，它的语言有别于散文。"诗歌不同于一般的文学样式，学习和欣赏诗歌，是要能读懂诗歌，要能真切地感受到诗歌中的美，获得强烈的审美享受。而要读懂诗、欣赏诗，就必须了解诗，特别是要掌握有关诗歌的基本知识。

（一）诗歌的分类

诗歌的分类方法有很多：按照形式的不同，可分为格律诗和自由诗；按照内容性质的不同，可分为抒情诗和叙事诗；按照历史的发展顺序，可分为古体诗（也称古诗）、近体诗（也称格律诗、今体诗）、现代诗（也称自由诗、白话诗）。就古代诗歌而言，又有诗、词、曲等不同形式，每种形式还可细分。

（二）诗歌的特点

概而言之，诗歌主要有以下四大特点。

1. 强烈的感情色彩

古希腊哲学家德谟克利特说："没有一种心灵的火焰，没有一种疯狂式的灵感，就不能成为大诗人。"郭沫若也说过："诗人是感情的宠儿。"所有诗歌都是用来传达诗人内心深处的强烈情感的，古人说的"诗言志""诗缘情""不平则鸣"都包含了这方面的意思。诗歌中不仅有大量直接抒情的文字，即便是非抒情性的文字也必然染上了诗人浓郁的感情色彩，王国维所说的"一切景语皆情语"，便是任何诗歌语言都包含作者感情的明证。诗歌之所以具有感人至深的艺术魅力，其核心就在它所包含的真挚感情。但不同诗人借诗歌所抒发的感情有其具体性、独特性，需要我们细细品味。

2. 含蓄美

诗歌所蕴含的强烈的感情色彩往往不是直接呈现出来的，诗人通常以高度的概括能力，运用各种意象将自己的感情含而不露地表达出来，从而达到一种"言有尽而意无穷"的

艺术效果,使诗歌更耐人寻味,更具魅力。

3. 短小精悍

文字简明扼要是诗歌区别于其他文学样式的重要特点,但"麻雀虽小,五脏俱全",文字的简要并不会影响诗人思想感情的表达,诗歌往往能运用有限的字句表达一种意境深远、耐人寻味的思想内涵。

4. 音韵美

古诗都是押韵的,还讲究平仄;新体诗同样讲究整体的节奏和韵律感。几乎所有的诗歌读起来都朗朗上口,有抑扬顿挫的节奏感和回环流畅的音乐感。

（三）诗歌的欣赏

诗歌是作者情感体验的集中体现。欣赏诗歌就是在联想和想象的基础之上,融入自己的思想感情,使之与诗歌中表述的思想感情产生共鸣,从而达到陶情冶性的目的。欣赏诗歌可以从以下几方面入手。

1. 反复诵读、激发想象

大量诵读、反复吟咏是培养语感、提高鉴赏能力的有效途径。古人常说"熟读唐诗三百首,不会作诗也会吟",说的就是这个道理。在抑扬顿挫、富有感情的诵读中,诗的韵味、诗的意境、诗的情感才能被逐渐地品味出来。在读诗的同时,还需展开想象。想象是引发情感的桥梁,在想象中还原诗歌给我们描绘出的形象画面,在感悟中体味作者的诗情,这样,我们就会进入诗人所营造的独特意境中,与作者产生情感共鸣。

2. 把握诗歌的语言特点

语言是诗歌的载体,分析语言是进行诗歌鉴赏的重要环节。只有准确地理解了作品的语言,才有可能对其进行更进一步的评价和鉴赏。诗歌语言特点具有如下种类:一是清新,其特点是用语新颖,不落俗套;二是平淡,其特点是选用确切的字眼直接陈述,或用白描,不加修饰,显得真切深刻、平易近人;三是绚丽,其特点是有富丽的辞藻、绚烂的文采、奇幻的情思;四是明快,其特点是斩钉截铁,一语破的;五是含蓄,其特点是意在言外,常常不是直接叙述,而是曲折倾诉,言在此而意在彼,或引而不发,或欲说还休,让读者去体味;六是简洁,其特点是干净利落,言简意赅。把握住诗歌的语言特点之后,我们才能以此为基础进一步把握诗歌深层面的深刻含义。

3. 把握诗人的独特风格

由于作家的生活经历、感情气质、艺术素养等各不相同,因而在创作中表现出各自独特的格调、气派和趣味,这就形成了作家的不同主体风格。如曹操的诗风古直悲凉;陶渊明的诗风平淡自然;谢灵运的诗风富艳精工;孟浩然的诗风清淡质实;李白的诗风飘逸俊秀;杜甫的诗风沉郁顿挫;韦应物的诗风清新典雅;贾岛的诗风萧瑟悲愁;李商隐的诗风深情绵邈;杜牧的诗风含蓄绰约。再如李煜的词风伤感细腻;欧阳修的词风清丽明媚;范仲淹的词风苍凉悲壮;苏轼的词风旷达豪迈;柳永的词风缠绵悱恻;秦观的词风情真意切;李清照的词风婉约凄切;辛弃疾的词风气势雄壮;姜夔的词风清妙秀远等。我们应通过自己的鉴赏活动,加强对作家作品的感性认识,从而归纳出各个作家的主体风格。了解诗人的主体风格,有利于更好地把握他们在诗中表达的思想感情。

4. 鉴赏诗歌的意象，领会诗歌的意境

意象是诗歌中浸染了作者主观感情的客观物象。把握意象中所蕴含的作者情感，是鉴赏诗歌的必要手段。例如，我们可以从"孤帆远影碧空尽，唯见长江天际流"中的"孤帆""远影"等意象中，体会到作者目送友人乘舟远去时的依依不舍之情。再如，"今宵酒醒何处，杨柳岸，晓风残月"中，"杨柳""晓风""残月"等意象传达出了作者浓郁的伤别情怀。意象的内涵是极为丰富的，一个意象一定程度上就是它所对应的物象的文化史。通常情况下，一个意象诗人往往侧重其最重要的文化内涵，如"菊花"意象常用以象征人品格的高洁，"月"意象常用以表达怀乡思亲之情，"竹"意象常用来表示隐士的志节等。有时候，一个意象兼具多种含义，这就需要读者仔细分析、细细品味了。

众多的意象构成了诗歌的意境，意境是诗歌形象画面和作者思想感情的和谐统一体。领悟诗歌的意境是鉴赏诗歌的最高层级。通过对诗歌意境的领会，读者可以得到美的享受、情感的熏陶、心灵的净化。领悟意境要注重比较、挖掘求新、联想创新。如陆游《卜算子·咏梅》与范成大《霜天晓角·梅》两首咏梅都偏重于虚写，以梅喻人，借梅抒怀，但意境不同。从环境看，陆词选了一个风雨黄昏，突出环境的凄苦，奠定了梅花的寂寞形象；范词为笔下的梅花选择了一个雪后月夜的环境，烘托了梅花的幽独形象。从作者的感情寄托来看，陆词着重反映梅花不邀宠、不取媚，独自承受风雨打击，独自承受孤独凄苦的独立顽强的精神品质。范词中的梅花没有陆词梅花的多层次品格，只呈现出一种极具神韵的幽怨之美，与独倚画楼的幽怨女子形象互相映衬，相得益彰。

5. 把握诗歌的思想内容

要正确理解诗词的思想内容，最有效的方法莫过于知人论世，即准确把握作者及其生活时代的相关背景。正如鲁迅先生所说的："倘要论文，最好是顾及全篇，并且顾及作者全人，以及他所处的社会状态，这才较为确凿。"如李清照的《如梦令》，我们必须联系当时的背景——李清照与赵明诚夫妇感情笃厚，但是"结缡未久，明诚即负笈远游，易安殊不忍别"（刘逸生《宋词小札》）。只有知道这一层背景，我们才能领会作者作这首词时所要传达的情怀：既有爱花惜春的遗憾，又有红颜易老的伤感，更有惜别怀人的烦闷。然后我们才能体会这首词"于短幅中藏有无数曲折"的妙处。

6. 分析诗歌的艺术手法

艺术手法是指诗歌创作的技巧，诗歌的形象性与抒情性必须借助于各种艺术手法，才能最终完美地呈现出来。要对诗歌的创作技巧进行鉴赏，首先要知道诗歌有哪些常用的艺术手法。诗歌的艺术手法包括表达方式、结构特点、修辞手法等。诗歌的表达方式主要有记叙、描写、议论、抒情四种，以描写和抒情最为常见。描写方式又有动静结合、虚实结合等不同；抒情方式也有直抒胸臆、借景抒情、寓情于景、情景交融等的分别。诗歌的结构特点，常见的有首尾照应、层层深入、先总后分、先景后情、过渡、铺垫、伏笔等。诗歌主要的修辞手法有：对偶、比喻、拟人、借代、夸张、排比、反复、象征等。除上述各种手法之外，诗歌还惯用赋、比、兴、衬托、对比、渲染、卒章显志、欲扬先抑、联想想象、语序倒置等艺术手法。知道了这些艺术手法，我们就拥有了解剖诗歌的"显微镜"和"手术刀"，经过不断的训练，我们很快就能掌握诗歌创作的各种规律。

读诗须用活法，忌用死法，掌握相关的鉴赏技法固然有利于理解诗歌的内涵，但理解诗

歌的终极意义是在领会其情感并内化为自我的品格修养。所以,读诗的最高境界是在不断的生活历练中,在不断的情感体验中,去领会诗歌永无止境的精神魅力。

二、散文的阅读与鉴赏

散文这个名称,随着文学的发展,它的含义和范围也不断地演变。我国古代把与韵文、骈体文相对的散体文章称为"散文",即除诗、词、曲、赋之外,不论是文学作品还是非文学作品,都一概称为"散文"。现代的散文是指除诗歌、戏剧、小说以外的文学作品,包括杂文、小品文、随笔、游记、传记、见闻录、回忆录、报告文学等。近年来,由于传记、报告文学、杂文等已发展为独具特色的文体,我们通常所说的散文,其包含范围又有所缩小。

(一)散文的特点

作为一种最为常见的文体,散文具有以下特点。

(1)形散而神不散。"形散"主要是说散文取材十分广泛自由,不受时间和空间的限制;表现手法不拘一格,可以叙述事件的发展,可以描写人物形象,可以托物抒情,可以发表议论,而且作者可以根据内容需要自由调整、随意变化。"神不散"主要是从散文的立意方面说的,即散文所要表达的主题必须明确而集中,无论散文的内容多么广泛,表现手法多么灵活,无不为更好地表达主题服务。

(2)取材广泛多样,联想丰富奇巧,不受时间、空间、地域的限制。

(3)篇幅短小精练,立意深远、集中,从作者所见、所闻、所思、所感中来表现现实生活的本质。

(4)结构自由洒脱,形式多样纷繁;可根据内容需要精心剪裁,散得开,收得拢。

(5)表现方法灵活,富于变化发展;可以融叙事、描写、抒情、议论于一体,也可以夹叙夹议、状物写景、由景触情;它不要求有完整的故事情节和完整的人物形象,也不要求展示矛盾发展的全过程。

(6)语言朴素和谐、凝练优美。作者可用不同风格的语言来表现自己的思想、经历、爱好、个性。

(二)散文的鉴赏

散文的鉴赏,必须要求读者准确地把握上述散文的特点。为了更好地鉴赏散文,我们可以从以下几方面入手。

1. 要识得散文"文眼"

凡是构思精巧、富有意境或写得含蓄的诗文,往往都有"眼"的安置。鉴赏散文时,要全力找出能揭示全篇旨趣和有画龙点睛妙用的"文眼",以便领会作者为文的缘由与目的。"文眼"的设置因文而异,可以是一个字、一句话、一个细节、一缕情丝,也可以是一景一物。

2. 要抓住散文线索,厘清作者思路

结构是文章的骨架,线索是文章的脉络,两者是紧密联系的。抓住散文中的线索,便可对作品的思路了然于胸,不仅有助于理解作者的写作意图,而且也是对作者谋篇布局本领的鉴赏,从而透过散文的"形散"的表象抓住其传神的精髓,遵循作者的思路,分析文章的立意。线索通常有以下几种:以事物的形象(这个事物的形象往往有深刻的内涵和丰富的象征意义)为线索,如巴金的《灯》;以感情的发展为线索,如杨朔的《荔枝蜜》;以时间顺序为线索,如刘白羽的《长江三日》;以空间顺序为线索,如朱自清的《绿》;以人物活动为线索(以"我"最为常见),如鲁迅的《从百草园到三味书屋》;以事理为线索,如唐弢的《琐忆》。

3. 把握散文意象,构建散文意境

赏析散文的意境应缘景入情。在把握语言的基础上,将语言符号所代表的内容转换成具体可感的物象,融入作者和读者的双重感受后,明确清晰的意象,然后找出意象构成的各要素间的关系和意象群之间的内在关系,结合作者情感、创作背景、读者的真切体验,建构起符合文章主旨又体现读者个性的意境来,使读者与作者在一定层面上达到情感的共鸣。不同类型的散文,其以意象构建意境的方式有所不同,一般来说,把握写景状物的散文的意境要从景物特征入手,把握记事述人的散文意境要从典型细节入手。明确意象,构建意境,读者可以徜徉于美妙超俗的艺术世界,得到舒心惬意的美的享受、美的启迪,这是鉴赏的真谛。

4. 展开想象和联想,领会文章的神韵

所谓"想象和联想",是指读者选定了主要的鉴赏切入点后,随着作者的行文思路,对文章中的情与景、事与理,进行主观的体验与感受,要么由此及彼,要么由表及里,要么由现实到未来,要善于通过比较,进行发散思维,从而使阅读内容经过读者自己的再创造而得到拓展和丰富。刘勰《文心雕龙·神思》有"文之思也,其神远矣。故寂然凝虑,思接千载;悄焉动容,视通万里;吟咏之间,吐纳珠玉之声;眉睫之前,卷舒风云之色其思理之致乎!"。谈的就是想象和联想在文学鉴赏中的非凡作用。比如读李乐薇的《我的空中楼阁》,在欣赏了"山中小屋"的优美画卷后,我们可以通过想象和联想,将生活在小屋中的作者形象想象成陶渊明或王维,这样就抓住作者寄情山水、向往清幽闲适的"立意";或者,我们还可以将作者的形象想象成李白或欧阳修,那么,作者笔下的小屋就如李白笔下的敬亭山、欧阳修笔下的滁州山水一样充满了美感和灵性,这样,我们就抓住了作者对自然美的追求的"立意"。想象和联想可以扩展作品的内涵,真正体现读者的再创造,再现美的意境。另外,想象和联想可以深化文章的题旨,激发读者的求知欲。

5. 对散文进行理性、独立的分析评价

"分析评价"就是对鉴赏对象的各主要特征进行宏观和理性的思考。"分析评价"是文学作品鉴赏过程中最高级的一环。不同的人,站在不同的角度,可能会对同一事物做出不同的评价。在散文的鉴赏中,我们要重点培养理性和独立思考评价的能力:即能结合文章的创作背景、作者的心理特征及自己的生活、情感积累对文章做出客观、合理且独具个性特征的评价。具备了这种评价能力,可以使我们在文学鉴赏中不受世俗眼光、流行思维羁绊,从而从更高、更远处把握文章的精髓。比如巴金的《灯》,我们需要对"灯光"所蕴含的哲理进行分析评价。如果联系时代背景和作者当时的思想,从政治层面来看,"灯"给人们照明、指路,使人感到祖国的希望和光明,从而表达了作者抗战必胜的信念。如果抛开写作背景,从普遍意义上看,"灯"便可以进一步象征着人世的光明和温暖,象征不断进取的生活信念。

6. 品味散文的语言

品味语言是在客观把握文章内容的基础上,对文中富有警策作用、能够代表作者风格、对文章主旨表达有决定作用、巧妙运用各种修辞手法的意蕴丰厚的重点语句和语段进行深人的思考与赏析,体会其深刻含义和潜在美感。品味散文的语言要以作品的题旨、情境为参照系,还要综合考查它们的句式结构、在语段中的地位、相邻句、在全文的作用以及所运用的表达方式、修辞手法等。

三、小说的阅读与鉴赏

小说能多角度地、细致深入地反映现实生活,是广大读者最喜闻乐见的一种文学体裁。究竟怎样鉴赏小说,也许各人的看法不同,所用的方法也不尽一样。但万变不离其宗,小说的鉴赏总离不开以下两个方面:一是了解作者的生平、思想及他所生活的时代背景;二是鉴赏小说各种构成要素(小说有三大要素,即人物形象、故事情节和环境描写)。下面,我们分别从作者的生平思想、小说的人物形象、故事情节和环境描写这四个方面具体谈谈怎样鉴赏小说。

（一）了解作者的生平、思想及他所生活的时代背景

要正确理解一部作品,有必要了解作家的思想感情、思维方式,以及他所处的社会环境、作品所反映的社会生活背景。小说是社会生活在作家头脑中的反映,也是作家思想感情的表现。一部作品所反映的主题,总是与作家的身世、生活、思想感情以及他所处的时代环境分不开的。因此,我们在理解小说主题时,必须"知人论世"。

鲁迅先生指出《水浒传》与《施公案》《彭公案》《三侠五义》的思想内容之所以不同,是和时代有关的。"《水浒传》中人物在反抗政府;而这一类书中的人物,则帮助政府,这是作者思想的大不同处,大概也因为社会背景不同之故罢。"(《中国小说的历史的变迁》)如果不理解时代背景对作者的影响,也就不可能理解《水浒传》的深刻主题。

（二）鉴赏小说的人物

1. 从作者对人物的介绍和评价来把握人物

总体而言,文学塑造人物不外乎概括性表现(或称直接表现)与戏剧性表现(或称间接表现)两种类型。概括性表现就是作者对人物的思想倾向与性格特征进行直接评论,甚至明确地解释创造人物的动机;戏剧性表现就是通过人物自身的行为过程来暗示,犹如戏剧演出一样让观众在人物自身动作的展览中获得某种启示。因此,从作者对人物的介绍与评价这种概括性的叙述去把握人物,也就成为我们鉴赏小说人物最为直接的一个步骤。

2. 从人物的语言、行动和心理描写来分析人物

小说刻画人物的主要方法,是通过描写人物的语言、行动和心理来表现人物的思想感情和性格特征的。一方面,俗话说"言为心声",即人物语言是人物思想性格的直接表白,至于作者对人物心理活动的描写,就更不待言了;另一方面,作品中人物的行动,又是人物思想性格的生动表现,同样不能忽视。比如阿Q自己打自己的嘴巴,孔乙己为自己偷书所作的辩解,华威先生到处赶着开会,说起话来满口官腔,等等,都很好地表现了人物的个性特征,要仔细分析。

3. 从人物活动的社会历史背景来理解人物

小说里的人物,都是在一定的社会历史背景下活动的。鉴赏人物,如果离开了人物活动的社会历史背景,就不可能正确地理解人物,更不能理解人物形象的社会意义。这不仅

是因为人物的个性形成与他的生活环境有关，更重要的是，作者每塑造一个人物，都是把他作为一定历史时期的典型人物来塑造的。或者说，一个人物形象的成功与否，不但要看他是否有鲜明的"个性"，还要看他是否具有广泛的"共性"。而对人物"共性"的分析，就必须放在一定的社会历史背景中去考察。

前面我们谈到对人物语言、行动和心理描写的分析，这是侧重在个性方面的，但是，如果只分析人物的个性而忽视共性，我们也就不能从中发现更多的人，这样的鉴赏就未免失之肤浅。反过来，如果只分析共性，把活生生的人物解剖成一个空骨架，也难以说明典型的普遍性，不过是一个时代精神的"躯壳"而已。

4. 从多种不同的角度对人物作面面观

在过去很长一段时间里，我们对小说人物的鉴赏与分析一直停留在固有的、静态的和单一的线性思维上，而且它几乎成了我们的审美鉴赏"习惯"。这主要是根植于特殊的社会环境，小说人物塑造几乎成了某种政治宣传的需要，因而人们鉴赏这类小说也不是甚至也不可能是从审美的角度去欣赏，这是不正常的。只有当我们对一个成功的人物形象作多角度的观照，诸如心理学的、社会学的、政治学的、美学的等，我们对这个人物的理解也就不再是那么浅薄、单一和乏味了。

（三）鉴赏小说的情节

1. 找出线索，厘清情节的来龙去脉

一般而言，故事情节从发生到结局，前后是有着某种内在联系的，这种内在联系也就是贯穿在整个作品中的情节线索。只要找到了这条贯穿整个作品的线索，情节的来龙去脉也就容易把握了。这当然是我们鉴赏情节的首要任务。不过，小说情节线索并不是指我们一般所说的时间线索或空间线索，而是指作品里的基本矛盾冲突所构成的情节发展线索。例如，鲁迅的《祝福》，祥林嫂与鲁四老爷的矛盾冲突，这就是构成情节的主要线索。由于作品篇幅长短的不同以及作品内容的特点，小说情节线索又有主线、副线和明线、暗线之分。鉴赏小说情节，如能抓住情节的线索，把握其来龙去脉，将有助于我们在分析作品时统观全局，全面地把握作者的意图。

2. 由事见人，看情节发展如何为人物塑造服务

情节是人物性格发展的历史，是作为人物运动的形式出现的。所以，鉴赏情节应该由事见人，将人物性格与情节联系起来分析。我们仍以《孔乙己》为例。孔乙己到酒店喝酒，周围的人对他嘲笑、与他争辩的情节，正是要表现孔乙己偷窃、迂腐的坏毛病；孔乙己教"我""茴"的四种写法和分豆给孩子们吃的情节，又是表现孔乙己的自傲和善良的品性；孔乙己被丁举人打断腿后爬着到酒店喝酒，又谎称腿是跌断的情节，则表现他受欺凌的悲惨命运和讲面子的弱点。小说就是通过这一系列的情节描写来完成孔乙己复杂性格的刻画的。阅读鉴赏时，要逐一分析、挖掘情节的意义。

3. 见微知著，从场面和细节分析情节对表现主题的意义

作品的情节是由若干个场面构成的，场面是由很多个细节组成的。分析场面和细节是鉴赏情节的进一步深入，同时也只有这样的情节鉴赏才显得具体、充分和中肯。请看老作家魏金枝对《阿Q正传》的一段情节分析："写一个犯人在最后受判时画押，通常总是迟疑地颤抖地执着笔，无可奈何地画上一笔就算，鲁迅写阿Q的画押就大大不同，他写的画押却是独一无二的阿Q式的：一面是'使尽平生的力气画圆圈'；而另一面却是'这可恶的笔不但很沉重，并且不听话，刚刚一抖一抖地几乎要合缝，却又向外一耸，画成瓜子模样了。'我看，即使没有看过《阿Q正传》全文，不知道阿Q平生为人，单就这一节画押来看，阿Q的麻木、无知以及精神胜利法，岂不是都尽情地表露出来，然而那只是一个最后判决的场面描写。"由此抓住场面和细节的情节鉴赏就不是浮光掠影地阅读了，应对我们有所启示。但有人阅读小说，只顾看热闹，单纯追求故事情节紧张曲折，而不想想作者通过一定的情节究竟提出了什么问题，这些问题有何社会意义，又是如何解决的，等等，这就不得要领了。

4. 赏析技巧，注意发现作者组织情节的艺术匠心

小说情节的生动曲折、波澜起伏和扣人心弦，应该说是所有优秀小说的显著特点。什么地方是伏笔，什么地方是照应，什么地方是有助于塑造人物的精彩描写，哪些地方是游离于情节之外、荒诞不经的"噱头"等，都要细细加以赏析。例如，《红楼梦》刘姥姥三次进荣国府的情节，即可看出它具有复沓回旋、含意深远的特点。这三次均是写同一个人物进荣国府，但每次却是各不相同。一进，只让刘姥姥见了王熙凤，借此给读者展示了荣国府这个诗礼簪缨之族、温柔富贵之乡的豪奢；二进，刘姥姥见了贾母，又是饮宴，又是饱览，让读者见到了荣国府也有各种矛盾，由此埋下了贾府即将败落的伏笔；三进，则那位曾向刘姥姥伸出援助之手的琏二奶奶也不得不向她呼救了，一层更深一层。鉴赏这样的情节，我们不仅要注意情节本身的变化，还要注意发掘情节所预示着的主题意义。同时，又可看到，作者在组织情节时所显现出的胸有全豹、高屋建瓴的艺术特点。

（四）鉴赏小说的环境描写

1. 分析环境对主题思想的暗示

环境描写不管它的直接作用如何，最终是为表现作品主题服务的。王国维曾说："一切景语皆情语"，即一切描写景物的文字都在于写作者之情意。所以，我们鉴赏小说，就应注意从环境描写中揣摩作品的主旨。

在更多的情况下，环境描写可能主要是为展示人物的行动和命运以及刻画人物的性格创造必要的条件，提供生动的衬景，但同时也是以间接的形式表现主题。在《红楼梦》中，作者写蘅芜院的环境："阴森透骨"，屋外长着"愈冷愈苍翠"的"奇草仙藤"，屋内"一色玩器全无"，像"雪洞一般"。这样的环境正好衬托出带着金锁而高唱"妇德法"的薛宝钗阴冷无情、装愚守拙的性格特征。这一性格特征的揭示，不仅透露出作者对薛宝钗其人的思想倾向，同时也可看出封建礼教虚伪性的一面，而这正是作品主题的内容之一。

环境描写一般是写实的，但有时也可能带有象征或隐喻的性质，这样也就自然地对主题起着一种暗示作用。

2. 分析环境对人物形象的烘托

小说环境，不论是社会环境还是自然环境，与小说人物的思想与行动均有着密切的联系，而且因为小说是以写人为中心，环境描写对人物形象的烘托始终是最基本的任务。鉴赏小说的环境描写，不能不注意理解环境与人物的关系，努力发掘它深刻的思想意义。环境描写对人物的烘托可以是正面的，也可以是反面的，前者叫正衬，后者叫反衬，这里不细述。

3. 分析环境对小说氛围的创造

小说感染读者的一个重要因素,是作家特别注意创造一种特有的小说氛围,而创造小说氛围的主要手段就是通过环境描写的渲染、创造和加强的。鲁迅小说《药》的开头是:"秋天的后半夜,月亮下去了,太阳还没有出,只剩下一片乌蓝的天;除了夜游的东西,什么都睡着。"在华老栓为儿子买"药"走在街上时:"……街上黑沉沉的一无所有,只有一条灰白的路,看得分明。"这样的自然环境给人以死气沉沉、非常压抑的感觉,使人感受不出一点生命的活动。联系小说的时代背景,我们还会进一步感受到1907年革命者秋瑾被害后的那种沉寂冷肃的氛围。

4. 分析环境对小说情节的推动

因为小说以写人物为中心,而人物与环境的紧密关系,又导致特定的环境可使人物产生某种相应的行为动机,从而推动故事情节向前发展。在反映更为广阔、复杂的社会生活的小说中,环境是人物命运形成和演变的客观条件和原因,特别是西方批判现实主义小说,更是强调"这一个"环境中的人,强调环境对人物及情节的影响和决定作用,因而环境在小说中的这种推动作用会更加明显。

除以上几个方面外,为了更全面准确地把握小说的内容和形式,我们还可以从小说的主旨、语言等方面去鉴赏小说。

附录二　朗诵的方法和技巧

朗诵就是把文学作品转化为有声语言的创作活动,朗诵是一门艺术,也是一项创造性的活动。朗诵不仅可以提高阅读能力,增强艺术鉴赏力,更为重要的是,通过朗诵,可以陶冶性情,开阔胸怀,文明言行,增强理解。

一、朗诵与朗读的区别

(一)选材种类不同

朗读的选材十分广泛,而朗诵在选材上只限于文学作品,而且只有辞美、意美、脍炙人口的文学精品,才适合朗诵。

(二)应用范围不同

朗读是一种教学宣传形式,主要用于课堂学习和电视、电台播音。朗诵是一种艺术表演,多在舞台上或文娱活动中使用。

(三)表现形式不同

朗读平实、自然,可以边看边读,目的是准确表达原作的思想内容。在实际朗读过程中,它的表达是有"度"和"分寸感"的,引而不发,留有余地。朗诵生动、优美,脱稿成诵,面对观众,语音动听悦耳,态势语言和谐优美、自然大方(眼神、表情、手势等),既传达作品的思想感情,又能引起听众的共鸣,目的在于艺术表演,使听众受到思想感情熏陶和语言美的享受。感染性比朗读要强烈,奔流而下,一泻千里,为了增强表演效果,往往还需化妆、配乐,布设舞台灯光、背景等。

二、朗诵的分类

朗诵的形式一般包括独诵、对诵、合诵三种。独诵是一个人朗诵,朗诵者可男可女,可老可少,它是朗诵最常用的一种方式,适合篇幅精短、感情贯一、人物形象不多的文章。其特点是灵活、自然。对诵是两人组合朗诵,对诵者一般是男女异性,也可以是同性两人,对诵便于抒发情感,加强变化,有利于展示作品意境,唤起听众的想象力,拨动听众的情弦,产生良好的共鸣。对诵角色选取时应考虑双方音色协调,音高、音域一致,外貌形象般配。合诵是三人或三人以上参加的大型朗诵,又叫集体朗诵。集体朗诵适合体现情感起伏大、情节复杂、人物众多、篇幅较长的作品,它要求声音洪量,力量强劲,鼓动性强,具有磅礴的气势和感人的力量。

三、朗诵的准备

（一）精选朗诵材料

朗诵是一种传情的艺术。朗诵者要很好地传情,引起听众共鸣,首先,要注意材料的选择。选择材料时,首先要注意选择那些语言具有形象性而且适于上口的文章。因为形象感受是朗诵中一个很重要的环节;干瘪枯燥的书面语言对于具有很强感受能力的朗诵者也构不成丰富的形象感受。其次,要根据朗诵的场合和听众的需要,以及朗诵者自己的爱好和实际水平,在众多作品中,选出合适的作品。

（二）品味作品内容

1. 正确、深入的理解

朗诵者要把作品的思想感情准确地表现出来,就需要透过字里行间理解作品的内在含义。做到这一点,首先,要清除障碍,搞清楚文中生字、生词、成语典故、语句等的含义,不要囫囵吞枣,望文生义。其次,要把握作品创作的背景、作品的主题和情感的基调,这样才会准确地理解作品,才不会歪曲原作的思想内容。

2. 深刻、细致的感受

有的朗诵,听起来也有着抑扬顿挫的语调,但就是打动不了听众。如果不是作品本身有缺陷,那就是朗诵者对作品的感受还太浅薄,没有真正走进作品,而是在那里。"挤"情、"造"性。听众是敏锐的,他们不会被虚情所动,所以,朗诵者要唤起听众的感情,使听众与自己同喜同悲同呼吸,必须仔细体味作品,进入角色,进入情境。

3. 丰富、逼真的想象

在理解感受作品的同时,往往伴随着丰富的想象,这样才能使作品的内容在自己的心中、眼前活动起来,就好像亲眼看到、亲身经历一样。通过深入的理解、细致的感受和丰富的想象,使己动情,从而也使听众能与自己产生共鸣。

四、朗诵的方法

（一）停顿

停顿指语句或词语之间声音上的间歇。停顿一方面是由于朗诵者在朗诵时生理上的需要;另一方面是句子结构上的需要;再一方面是为了充分表达思想感情的需要。同时,也可给听者一个领略和思考、理解和接受的余地,帮助听者理解文章含义,加深印象。停顿包括生理停顿、语法停顿和强调停顿。

1. 生理停顿

生理停顿即朗诵者根据气息需要,在不影响语义完整的地方作一个短暂的停歇。要注意,生理停顿,不要妨碍语意表达,不要割裂语法结构。

2. 语法停顿

语法停顿是反映一句话里面的语法关系的,在书面语言里就表示为标点。一般来说,语法停顿时间的长短同标点大致相关。例如,句号、问号、叹号后的停顿比分号、冒号长;分号、冒号后的停顿比逗号长;逗号后的停顿比顿号长;段落之间的停顿则长于句子间停顿的时间。

3．强调停顿

为了强调某一事物，突出某个语意或某种感情，而在书面上没有标点，在生理上也可不作停顿的地方作了停顿，或者在书面上有标点的地方作了较大的停顿，这样的停顿我们称为强调停顿。强调停顿主要是靠仔细揣摩作品，深刻体会其内在含义来安排的。

（二）重音

重音是指朗诵、说话时句子里某些词话念得比较重的现象。一般用增加声音的强度来体现。重音有语法重音和强调重音两种。

1．语法重音

在不表示什么特殊的思想和感情的情况下，根据语法结构的特点，而把句子的某些部分重读的，叫语法重音。

2．强调重音

强调重音是指为了表示某种特殊的感情和强调某种特殊意义而故意说得重一些的音，目的在于引起听者注意自己所要强调的某个部分。语句在什么地方该用强调重音并没有固定的规律，而是受说话的环境、内容和感情影响。同一句话，强调重音不同，表达的意思也往往不同。

3．强调重音与语法重音的区别

（1）从音量上看。语法重音给人的感觉只是一般的轻重区别，而强调重音则给人鲜明突出的印象。强调重音的音量大于语法重音的音量。

（2）从出现的位置看。强调重音可能与语法重音重叠，这时语法重音服从于强调重音，只要把音量再加强一些就行了。有时，两种重音出现在不同的位置上，此时，强调重音的音量要盖过语法重音的音量。

（三）语速

语速是指说话或朗诵时每个音节的长短及音节之间连接的紧松。说话的速度是由说话人的感情决定的，朗诵的速度则与文章的思想内容相联系。一般来说，热烈、欢快、兴奋、紧张的内容速度快一些；平静、庄重、悲伤、沉重、追忆的内容速度慢一些。而一般的叙述、说明、议论则用中速。

五、朗诵训练

（一）共鸣训练

声带所产生的音量是很小的，只占人们讲话时音量的5％左右，其他95％左右的音量，需要通过共鸣腔放大得来。共鸣腔是决定音色的重要发音器官，直接引起语音共鸣的是声带上方的喉、咽、口、鼻四腔，此外，胸腔和头腔也有共鸣作用。说话用声是以口腔共鸣为主，以胸腔共鸣为基础。共鸣器以咽腔为主又可分为高、中、低三区共鸣。高音共鸣区，即头腔、鼻腔共鸣，音流通过该区共鸣，可以获得高亢响亮的声音；中音共鸣区就是咽腔、口腔共鸣，这里是语音的制造场，是人体中最灵活的共鸣区，音流在这里通过，可以获得丰满圆润的声音；低音共鸣区，主要是指胸腔共鸣，音流通过该区共鸣，可以获得浑厚低沉的声音。

要想使说话的声音好听和持久,就要正确地运用共鸣腔。而运用共鸣腔的关键就是要处理好"畅"与"阻"的对立和统一关系。所谓"畅",就是整个发音的声道必须畅通无阻,胸部舒展自如,喉部放松滑润,脊背自然伸直,以便声音不憋不挤,形成声柱流畅地奔涌出来。所谓"阻",并不是简单地把声音阻挡住,而是不让声音直截了当地通过声道奔涌出来,让它通过共鸣器加工、锤炼,变得洪亮、圆润、雄浑、优美动听。

（二）呼吸训练

气息是声音的动力来源。充足、稳定的气息是发音的基础。有的人讲话或唱歌声音洪亮、持久、有力,人们赞叹说他(她)"中气"很足,相反,有的人说话或唱歌音量很小,有气无力,上气不接下气,像蚊子嗡嗡叫一样,使人难以听清,这种人则"中气"不足。其间除了身体素质的区别外,还有一个气息调节技巧问题,即呼吸和讲话的配合、协调是否恰当的问题。

正确呼吸方法,应当采用由胸腹式联合呼吸法(也称丹田呼吸法),即运用小腹收缩,丹田的力量控制呼吸。郭兰英在谈到运用这种呼吸方法时说:"唱歌时小肚子常是硬的,唱得越高就越硬。"

胸腹式联合呼吸介于胸式呼吸和腹式呼吸两者之间,是两者的结合。具体方法如下:

吸气:小腹向内即向丹田收缩,相反,大腹、胸、腰部同时向外扩展,可以感觉到腰带渐紧,前腹和后腰分别向前、后、左、右撑开的力量。用鼻吸气,做到快、静、深。

呼气:小腹差不多始终要收住,不可放开,使胸、腹部在努力控制下,将肺部储气慢慢放出,均匀地外吐。呼气要用嘴,做到匀、缓、稳。在呼气过程中,语音一个接一个地发出后,组成有节奏的有声语言。

（三）声带训练

在通常情况下,人们说话时,声带的振动频率在 60～350 赫兹。声带的振动频率决定了发音的音响、音高、音色。声带对发音起很大的作用。声带的好坏,既有先天因素,也有后天的训练和保护。

1. 声带训练

最基本的方法是,清晨在空气清新处"吊嗓子":吸足一口气,身体放松,张开或闭合嘴,由自己的最低音向最高音发出"啊"或"咿"的连续声响,还可以做高低音连续变化起伏的练习。

2. 声带运用

第一,在长时间计划之前,声带要做准备活动。方法是:将声带放松,用均匀的气流轻轻地拂动它,使之发出细小的抖动声。可以逐渐加大到一定分量,使声带启动,以适应即将到来的长时间运动。

第二,在人数较多或场合较大的地方讲话时,发音要轻松自然,处理好节奏;特别是起音要高低适度,控制好音量,充分利用共鸣器的共鸣作用,要运用"中气"的助力来说话,不能直着嗓子叫喊,否则,声带负担过重,会导致声带很快不堪重负,变得嘶哑,影响效果。

六、实训设计

（1）运用以上相关知识,朗诵徐志摩的诗歌《再别康桥》。

再 别 康 桥

徐志摩

轻轻的我走了,正如我轻轻的来;
我轻轻的招手,作别西天的云彩。

那河畔的金柳,是夕阳中的新娘;
波光里的艳影,在我的心头荡漾。

软泥上的青荇,油油的在水底招摇;
在康河的柔波里,我甘心做一条水草!

那榆荫下的一潭,不是清泉,是天上虹;
揉碎在浮藻间,沉淀着彩虹似的梦。

寻梦? 撑一支长篙,向青草更青处漫溯,
满载一船星辉,在星辉斑斓里放歌。

但我不能放歌,悄悄是别离的笙箫;
夏虫也为我沉默,沉默是今晚的康桥。

悄悄的我走了;正如我悄悄的来;
我挥一挥衣袖,不带走一片云彩。

（2）朗诵巴金的《我的心》,注意文章的感情基调。

我 的 心

巴 金

近来,不知什么缘故,我的这颗心痛得更厉害了。

我要对我的母亲说,妈妈,请你把这颗心收回去吧,我不要它了!

记得你当初把这颗心交给我的时候,你对我说过:"你的爸爸一辈子拿了它待人爱人,他和平安宁地度过了一生,临死,他把这颗心交给我,要我将来在你长成的时候交给你,他说,'承受这颗心的人将永远正直幸福,并且和平安宁地度过他的一生。'现在你长大成人了,也就承受了这颗心,带着我的祝福,到广大的世界中去吧。"

这些年来,我怀着这颗心走遍了世界,走遍了人心的沙漠,所得到的只是痛苦和痛苦的创痕,正直在哪里? 和平在哪里? 幸福在哪里? 这一切可怕的声音哪一天才会听不见? 这一切可怕的景象,哪一天才会看不到? 这样的人间悲剧,哪一天才不会再演? 一切都像箭一般的射到我的心上,我的心已经布满了痛苦的创痕,因此,它痛得更厉害了。

我不要这颗心了,有了它,我不能闭目为盲;有了它,我不能塞耳为聋;有了它,我不能吞炭为哑;有了它,我不能在人群的痛苦中找寻我的幸福;有了它,我不能和平地生活在这个世界上;有了它,我再也不能生活下去了。

妈妈呀,请你饶了我吧,这颗心我实在不要,不能够要它。

我夜夜在哭,因为这颗心实在痛得受不住了,它看不得人间的惨剧,听不得人间的哀号,更受不得人间的凌辱。我想要放它走,可是,它被你的祝福拴在我的心房内。

我多时以来就下决心放弃一切。让人们去竞争,去残杀。让人们来虐待我,凌辱我,我只愿有一时的安息。可我的心不肯这样,它要使我看、听、说。看我所怕看的,听我所怕听的,说别人所不愿听的,于是我又向它要求到,心啊,你去吧,不要苦苦地恋着我,有了你我无论如何不能生活在这个世界上啊,求你,为了我幸福的缘故,撇开我去吧! 它没有回答,因为它如今知道,既然它被你的祝福拴在我的心房上,那么,它也只能由你的诅咒而分开。

妈妈,请你诅咒我吧,请你允许我放走这颗心去吧,让它去毁灭吧,因为它不能生活在这个世界上,而有了它我也不能生活在这个世界上! 在这样大的血泪海里,一个人一颗心算得了什么? 能做什么? 妈妈,请你诅咒我吧,请你收回这颗心吧,我不要它了!

可是,我的母亲,已经死了很多年了。